Karl Friedrich Weitzmann

Geschichte der Klaviermusik

Karl Friedrich Weitzmann

Geschichte der Klaviermusik

ISBN/EAN: 9783743397330

Hergestellt in Europa, USA, Kanada, Australien, Japan

Cover: Foto ©Thomas Meinert / pixelio.de

Manufactured and distributed by brebook publishing software (www.brebook.com)

Karl Friedrich Weitzmann

Geschichte der Klaviermusik

GESCHICHTE
DER
KLAVIERMUSIK
VON
MAX SEIFFERT.

HERAUSGEGEBEN ALS
DRITTE, VOLLSTÄNDIG UMGEARBEITETE UND ERWEITERTE AUSGABE
VON

C. F. WEITZMANN'S
GESCHICHTE DES KLAVIERSPIELS UND DER KLAVIERLITTERATUR.

NEBST EINEM ANHANGE:
GESCHICHTE DES KLAVIERS
VON
OSKAR FLEISCHER,
PROFESSOR DER MUSIKWISSENSCHAFT AN DER UNIVERSITÄT BERLIN.

I. BAND.
DIE ÄLTERE GESCHICHTE BIS UM 1750.

LEIPZIG
DRUCK UND VERLAG VON BREITKOPF & HÄRTEL
1899.

Vorwort.

In der musikwissenschaftlichen Litteratur füllte Weitzmann's »Geschichte des Klavierspiels und der Klavierlitteratur« seiner Zeit eine wesentliche Lücke aus. Sie war in ihrer Art das beste Werk über diesen Gegenstand, wie aus der weiten Verbreitung und Beachtung, die beide Auflagen (1863 und 1879) gefunden haben, zur Genüge erhellt. Der Wunsch, ihr diese Bedeutung durch eine neue, dritte Ausgabe auch fernerhin zu sichern, mag deshalb wohl berechtigt erscheinen.

Wie schon der vorliegende Band zeigt, hat sich die Neuausgabe nicht auf die Revision der Weitzmann'schen Darstellung allein beschränkt, sondern auch auf teilweise erhebliche Umarbeitungen erstreckt. Dank des schönen Aufschwunges, den die Musikwissenschaft in den letzten Jahrzehnten genommen hat, sind ja doch die Grundlagen unserer geschichtlichen Erkenntnis wesentlich bessere geworden. Und gerade für die Geschichte der Klaviermusik und des Instrumentenbaues ist durch die Forschung so viel neues Material an den Tag gebracht und das alte so vielseitig untersucht worden, dass unsere Arbeit sich notwendig die Aufgabe stellen musste, weiter zu umfassen und tiefer zu greifen, als es Weitzmann möglich war. Einen breiteren Raum nimmt also zunächst die biographische Darstellung ein; sie giebt mit Hilfe älterer Quellen oder neuerer Schriften in Kürze alles das an, was für die individuelle Bedeutung jedes Meisters auf dem Gebiete der Klaviermusik in Frage kommen kann. Die Bibliographie der Klavierwerke selbst ist ebenso reichhaltiger geworden; sie hat im Besonderen auf die Feststellung der Fundorte Wert gelegt, um dem Leser die Beschäftigung namentlich mit der älteren Zeit zu erleichtern. Auf Grund dieses erweiterten Materiales haben wir sodann den Versuch einer fortlaufenden geschichtlichen Entwickelung der Klaviermusik in ihren Formen, ihrem Stil und ihrer Technik gemacht, derart, dass sich die mehr oder weniger grosse Bedeutung der einzelnen Meister und Nationen für den Fortschritt der Kunst aus ihrer Nebeneinanderstellung wie von selbst ergeben musste. Das Hilfsmittel, durch Notenbeispiele die Anschaulichkeit der Darstellung zu befördern, ist im Text sehr häufig angewendet worden; dafür sind andererseits die Musikbeilagen weggefallen, da sie ihren Zweck nur unzureichend erfüllen. Sie derartig zu erweitern, dass sie als vollständige Beispielsammlung einen Ergänzungsband für sich bildeten, dazu lag vorläufig keine Veranlassung vor. Für diesen Verlust werden die ungleich zahlreicheren Abbildungen zur »Geschichte des Klaviers«, die grösstenteils nach Originalen der reichen und wertvollen Berliner Sammlung hergestellt worden sind, hoffentlich einigermassen entschädigen. Um den nicht gleichartigen Bedürfnissen der Leser Rechnung zu tragen und die Lektüre nicht durch die Verschiedenheit des darzustellenden Stoffes zu beeinträchtigen, schien es uns ratsam, alles Bio- und Bibliographische, sowie die notwendigen Exkurse dem Text in kleineren Typen einzuverleiben, den Nachweis der Quellen und Litteratur in Anmerkungen zu führen. So mag das musikliebende Publikum, dem es nur auf den geschichtlichen Zusammenhang im Grossen ankommt, seine Befriedigung finden ohne dass der Musikhistoriker, dessen Wünsche weiter gehen, auf ihre Erfüllung zu verzichten braucht. Dass die Menge des Materiales bei solcher Behandlung eine Teilung der Arbeit in zwei Bände erheischte, bedarf wohl keiner Entschuldigung. Der vorliegende erste Band umfasst die Zeit bis um 1750, er schliesst ab mit Bach, Scarlatti, Rameau und Händel. Der zweite wird sich mit der neueren Zeit beschäftigen, im Anhang die »Geschichte des Klaviers« und ein ausführliches Register über beide Bände bringen.

Ein kurzes Wort noch an unsere Fachgenossen! Es wird vielleicht bemerkt werden, dass hier und da Quellenschriften der neuesten Zeit von uns unberücksichtigt geblieben sind. Hofheimer's Leben und Wirken (S. 7) wäre nach Waldner's neuen »Nachrichten über die Musikpflege am Hofe zu Innsbruck« genauer zu schildern gewesen. Bei Cabezon (S. 49, Anm. 1) fehlt die Angabe, dass der Neudruck seiner *obras de musica* durch Pedrell erfolgt ist. Bei der Besprechung der italienischen Musik des 16. und 17. Jahrhunderts (S. 24 ff., 122 ff.)

vermisst man die Benutzung eines sehr wertvollen Aufsatzes von L. Torchi über diesen Gegenstand (*Rivista musicale italiana*). Für die Darstellung der englischen Virginalmusik im 16. Jahrhundert (S. 54 ff.) ist W. Nagel's »Musikgeschichte Englands« nicht zu Rate gezogen worden. Unter den benutzten neueren Sammelwerken älterer praktischer Musik sind E. von Werra's beide Orgelbücher (Regensburg, Pustet) nicht genannt. Der Grund dieser Mängel liegt darin, dass Ausarbeitung und Druck dieses Bandes zwei Jahre in Anspruch nahmen. Die betreffenden Kapitel waren fertig, bevor die Werke der genannten Autoren erschienen oder rechtzeitig zu unserer Kenntnis kamen, um noch benutzt werden zu können. Das Sündenregister sei gleich noch um das Bekenntnis vermehrt, dass durch ein Satzversehen das Erscheinungsjahr des Tabulaturbuchs von Paix (S. 14) »1583« fehlt. Eine Bitte um Nachsicht haben wir bezüglich der Angaben von Fundorten auszusprechen. Gerade auf dem Gebiete der Klaviermusik liegt die Quellenkunde sehr im Argen. So verhältnismässig gut wir, was Deutschland betrifft, durch die Bemühungen Eitner's und anderer Bibliographen daran sind, so wenig ist doch bisher zur Erschliessung der instrumentalen Schätze von den Bibliotheken Italiens, Frankreichs, Englands, Österreichs gethan. Manches Werk mag hier und da noch vielfach anzutreffen sein; wir mussten froh sein, überhaupt einen Fundort nachweisen zu können.

Zum Schluss erfüllen wir die angenehme Pflicht, mit aufrichtigem Danke der vielfachen und uneigennützigen Hilfe zu gedenken, die uns von mehreren Seiten zuteil geworden ist. Unser Dank gilt in erster Linie Herrn Oberbibliothekar Dr. A. Kopfermann in Berlin, der durch seine unermüdliche Zuvorkommenheit und wahrhafte Liberalität unsere Arbeit von Anfang bis zu Ende gefördert hat, sodann den Herren Chordirektor E. v. Werra in Konstanz und J. S. Shedlock, B. A in Teddington, für ihre schätzenswerte Mitwirkung an einzelnen Abschnitten des vorliegenden Bandes.

Berlin, Weihnachten 1898.

Oskar Fleischer. Max Seiffert.

Inhalt.

Erstes Buch.
Die Anfänge der Klaviermusik.
Von 1450 bis um 1600.

Erstes Kapitel: Deutschland. S. 1—24.
K. Paumann und die Kunst des Organisierens, 2 ff. Verhältnis zwischen Klavier- und Orgelmusik, 3. — A. Schlick, 6. — P. Hofheimer und sein Schülerkreis, 7 f. — H. Buchner, 9 ff. — Die Koloristen: E. N. Ammerbach, 12; B. Schmid d. Ä., 13; J. Paix, 14; A. Nörmiger, B. Schmid d. J., J. Woltz, 15. Ihre Kunst der Variation, 22 f.

Zweites Kapitel: Italien. S. 24—47.
A. Willaert, J. Buus, ihr Verdienst um die Ausbildung der kontrapunktischen Formen der Fantasie und des Ricercars, 26 ff. — A. Gabrieli und die Form der Toccata, 34 ff. — Cl. Merulo und seine Toccaten, 39 f.; seine Spieltechnik, 41. — Gio. Gabrieli, seine Erweiterung des Ricercars, 42 ff. — G. Diruta's »Transilvano«, 44 ff.

Drittes Kapitel: Spanien. S. 47—51.
F. A. de Cabezon, 48 ff.

Viertes Kapitel: Frankreich. S. 51—53.
Atteignant's Sammelwerke. 51 ff.

Fünftes Kapitel: England. S. 54—72.
Quellen der englischen Virginalmusik, 54 f. — Die englische Choralbearbeitung, 58; Fantasie, 58 f.; Lied- und Tanzvariation, 60 ff. — Kompositionsstil, 63 ff. — Ansatz zu instrumentaler Programmmusik, 68 f. — Äussere Spieltechnik, 69 f.

Sechstes Kapitel: Die Niederlande. S. 72—90.
T. Susato's Sammelwerke, 73 f. — J. P. Sweelinck, 75 ff. — Klavierbüchlein der S. van Soldt, 84. — P. Philips; J. Bull, 86 ff. — P. Cornet, 89.

Zweites Buch.
Die Entstehung der Klaviersuite.
Von 1600 bis um 1650.

Erstes Kapitel: Deutschland. S. 91—121.
Süden: S. Mareschall, 92 f. — C. Luython, 93. — S. Lohet, A. Steigleder, Th. Bodenstein, 94 f. — H. L. Hassler, 95. — Jak. und Kasp. Hassler, 96. — Chr. Erbach, 97 f. — A. Holtzner, 99. — J. Klemme, 100 ff. — J. E. Kindermann, 103. — J. U. Steigleder, 103 ff.

Norden: S. Scheidt, 109 ff. — H. Scheidemann, 117 ff. — Die Einwirkungen des dreissigjährigen Krieges auf die deutsche Musik, 119 ff.

Zweites Kapitel: Italien. S. 122—146.
    L. Grossi da Viadana und die Kunst des Generalbasses, 122 ff. — G. Frescobaldi, 126 ff.

Drittes Kapitel: Portugal. S. 146—149.
    M. R. Coelho, 146 ff.

Viertes Kapitel: Holland. S. 150—152.
    A. van Noordt, 150 ff.

Fünftes Kapitel: Frankreich. S. 152—165.
    J. Titelouze, H. du Mont, Ch. H. de la Barre, 152 f. — A. Champion de Chambonnières 153 ff. — Die französische Lautenmusik und die Suitenform, 156 ff. — G. G. Nivers, 160. — Hurdelles, L. Couperin, 161 ff. — Anstoss zum modernen Dur- und Mollsystem, 163 f.

Drittes Buch.
Die Ausbildung der Suite und die Anfänge der Klaviersonate.
Von 1650 bis um 1720.

Erstes Kapitel: Deutschland. S. 166—262.
    Wien: W. Ebner, 167 ff. — J. J. Froberger, 169 ff. — A. Poglietti, 180 ff. — J. K. Kerl, 185 ff. — F. T. Richter, G. Reutter d. Ä., G. Muffat d. Ä., 189 ff.
    Nürnberg: H. Schwemmer, G. K. Wecker, J. Drechsel, B. Schultheiss, 194 ff. — J. Pachelbel, 196 ff. — J. Ph. Krieger, 208. — J. Krieger, 209 ff. — Chr. Fr. Witte, 214.
    Südwesten: S. A. Scherer, 215 f. — B. Spiridion a monte Carmelo, 216 ff. — J. Speth, 221. — F. X. A. Murschhauser, 222 ff. — J. K. F. Fischer, 224 ff.
    Thüringen: J. R. Ahle, W. K. Briegel, J. Chr. Bach, 231 f. — A. N. Vetter, J. H. Buttstett, 233 ff. — F. W. Zachau, 236. — D. Vetter, 237. — J. Kuhnau, 237 ff.; seine Sonaten, 242 ff.; biblische Historien, 246 ff.
    Norden: J. A. Reincken, 255 f. — Chr. Flor, G. Böhm, 256 ff. — J. A. Coberg, D. Buxtehude, 259 ff.

Zweites Kapitel: Italien. S. 263—283.
    M. A. Rossi, 263 f. — M. Cazzati, F. A. M. Pistocchi, 264 f. — F. Fontana, 265 ff. — G. C. Aresti, C. F. Pollaroli, 267 f. — B. Pasquini, 268 ff. — A. Scarlatti, 281. — L. Penna, 282.

Drittes Kapitel: Frankreich. S. 283—306.
    N. A. le Bègue, 283 ff. — Perrine, J. H. d'Anglebert, 286 ff. — L. Marchand, 289 f. — Fr. Couperin, 290 ff.; *L'art de toucher le Clavecin*, 300 ff.

Viertes Kapitel: England. S. 306—314.
G. Jeffries, 307. — J. Tilleth, Th. Strengthfeild, M. Lock, 308 ff. — Playford's Sammelwerke, 310. — G. B. Draghi, H. Purcell, 314 ff.

Viertes Buch.
Die klassische Blütezeit der Suite.
Von etwa 1720 bis um 1750.

Erstes Kapitel: Deutschland. S. 315—409.
Wien: J. J. Fux, Gio. Castello, 316. — Gottl. Muffat, 316 ff. — K. Kolb, 325 f.
Nürnberg: W. H. Pachelbel, 327 f. — J. M. Leffloth, W. Förtsch, 329.
Südwesten: M. Scheuenstuhl, 329. — Justinus, 330 f. — C. M. Schneider, 331. — F. A. Maichelbek, 334 ff. — J. K. Simon, 336 ff. — Isf. Kayser, 339 f. — A. Büx, 340.
Norden: V. Lübeck, 341. — J. Mattheson, 342 ff. — G. Ph. Telemann, 350 ff. — Kreysing d. J., 357. — J. V. Görner, K. J. F. Haltmeier, 358 f. — Der Berliner Musikerkreis, 359.
Thüringen: Chr. Reichardt, J. Schmid, 360 f. — J. P. Kellner, 361 ff. — J. N. Tischer, 368 f. — Chr. Pezold, H. Stölzel, 370. — Chr. Graupner, G. Gebel, 371 ff. — J. S. Bach, 372 ff.; Jugendwerke, entstanden in Ohrdruf, 373, Lüneburg und Arnstadt, 374 ff. Weimarer Periode: Beschäftigung mit italienischer Kammermusik (Vivaldi, Marcello usw.), 377 ff.; ihr Einfluss auf sein Schaffen, 379 ff. Meisterwerke der Köthener Zeit: Kammersonaten mit obligatem Klavier, 384 f.; Inventionen und Sinfonien, 386 f.; Wohltemperiertes Klavier I, 387 ff.; Französische Suiten, 391. In Leipzig: Englische Suiten, 392; Deutsche Suiten, 393 ff.; Konzerte für ein und mehrere Klaviere, 397 f.; Italienisches Konzert, 398; Goldberg'sche Variationen, 399 ff.; Wohltemperiertes Klavier II, 401 f.; Kunst der Fuge, 403 f. Bach's Fingersatz, 405 f. Bach als Lehrer, Verzeichnis seiner Schüler, 407 f.

Zweites Kapitel: Italien. S. 409—431.
Dom. Zipoli, 410 ff. — G. Grieco, N. A. Porpora, 413 f. — F. Durante, 414 ff. — Dom. Scarlatti, 419 ff. — B. Marcello, 426 ff. — D. Alberti, 428. — G. B. Pescetti, 429. — G. A. Paganelli, 430.

Drittes Kapitel: Frankreich. S. 431—443.
J. F. Dandrieu, 431. — F. d'Agincourt, L. C. Daquin, 432 f. — J. Ph. Rameau, 434 ff.; *Méthode de la méchanique des doigts*, 439 ff.

Viertes Kapitel: England. S. 443—461.
Sammlungen von J. Walsh, 443. — W. Babell, 444. — Klavierschulen, 444. — G. F. Händel; Jugendkompositionen, 446 ff.; erste Sammlung Klavierstücke (1720), 451 ff.; zweite und dritte Sammlung, 454 ff.; sechs Fugen, vierte Sammlung, 456 f.; Kammermusik mit obligatem Klavier, 458; Händel's Virtuosität und Technik, 459 f.

Erster Band.
DIE ÄLTERE GESCHICHTE BIS UM 1750.

Erstes Buch.
Die Anfänge der Klaviermusik.
Von 1450 bis um 1600.

Erstes Kapitel.
Deutschland.

Bis in die Mitte des 15. Jahrhunderts zurück vermag die Musikforschung an der Hand erhaltener Dokumente die Entwickelung des Klavierspieles und der Klavierlitteratur zu verfolgen, also fast fünf Jahrhunderte hindurch. Um jene Zeit traten in Deutschland die ersten Anfänge einer kunstmässigen Pflege der Klaviermusik sichtbar zu Tage, Anfänge, die freilich nicht im Entferntesten ahnen lassen, welche Ausbreitung und Bedeutung dieser Zweig der praktischen Tonkunst gewinnen sollte. Den bescheidenen Platz, den die besaiteten Tasteninstrumente damaliger Zeit hinsichtlich ihrer kleinen Bauart und ihrer geringen Klangfähigkeit neben der Kirchenorgel, der »Königin der Instrumente«, und ihren häuslichen Abarten, dem Portativ und dem Regal, und endlich neben der immer beliebter werdenden Laute einnahmen, soll der Anhang dem Leser zeigen. In diesem Buche werden wir sehen, wie die für die genannten Instrumente bestimmte Musik auch in ihrem inneren Wesen jenem äusseren Machtverhältnis entspricht. Von der Orgel nimmt die Entwickelung der kunstmässigen Instrumentalmusik ihren Ausgang. Ihre Spieltechnik und ihr Kompositionsstil sind lange Zeit hindurch für das Klavier — mit diesem Namen wollen wir fortan die dem häuslichen Spiel dienenden Tasteninstrumente im Gegensatze zur Kirchenorgel bezeichnen — in erster Linie massgebend, so lange, bis man sich, namentlich durch die Laute darauf geführt, der feineren technischen Unterschiede in der Behandlung der Orgel und des Klaviers mehr und mehr bewusst wurde und bis man dieser wachsenden Erkenntnis auch den entsprechenden künstlerischen Ausdruck zu geben vermochte. Der älteste deutsche Organist, von dem nicht bloss Zeugnisse des Ruhmes und Lobes, sondern auch Kompositionen auf unsere Zeit gekommen sind, ist Conrad Paumann.

P. wurde um 1410 in Nürnberg als armer Leute Kind geboren. Schon bei der Geburt blind, erweckten ihm seine Anlagen sehr früh unter den vornehmen Bürgern der Stadt einige Wohlthäter, die den Knaben in der Musik unterrichten liessen. So erwarb er sich denn vielseitige Fähigkeiten — er spielte ausser der Orgel noch Laute, Geige, Flöte, Trompete, beherrschte die Kunst des Kontrapunktes meisterlich und eignete sich, durch ein gutes Gedächtnis unterstützt, die sämtlichen Melodien des Kirchengesanges an — Fähigkeiten, die seine Wahl zum Organisten an St. Sebaldus in Nürnberg durchaus rechtfertigten. Als er sich 1446 verheiratete, war er ein so angesehener Künstler, dass ihn Rosenplüt in seinem Spruche von Nürnberg (1447) als die merkwürdigste Persönlichkeit der Stadt feierte. Von seiner Vaterstadt drang sein Ruhm weit ins Land hinaus; Fürsten beriefen ihn an ihren Hof, um seine Kunst zu hören und mit ritterlichen Ehren zu lohnen. In späteren Jahren siedelte P. als Hoforganist Herzog Albrechts II. nach München über, wo er am 25. Januar 1473 starb. Er wurde in der Frauenkirche beigesetzt. Sein noch heute dort vorhandenes Grabdenkmal zeigt ausser seinem Bilde und den von ihm gespielten Instrumenten die Inschrift: »*Anno MCCCCLXXIII* an S. Pauls bekerung abent ist gestorben und hie begraben der kunstreichst aller instrumenten und der musica maister Kunrad Pawmann Ritter purtig von Nurnberg und plinter geboren dem got genad.« Ob die etwa vierzig Jahre nach seinem Tode auftauchende Überlieferung[1], P. habe die deutsche Lautentabulatur erfunden, wirklich zutreffend ist, kann hier dahingestellt bleiben.

Über Paumann's Bedeutung als Orgel- und Klavierspieler, als Komponist und Lehrer giebt die Betrachtung seines Handbuchs der Orgelkunst, das er wohl selbst *fundamentum organisandi* nannte, und das er beim Unterrichte seiner vielen Schüler zu Grunde legte, genügenden Aufschluss. Das Buch ist uns freilich nicht in authentischer Fassung direkt aus seiner Hand überkommen. Eine kritische Sichtung der Quellen,[2] die je nach dem geistigen Standpunkt des Schreibers und Schülers von Paumann mehr

---

1) Seb. Virdung, Musica getutscht, Basel 1511.
2) Die erste Quelle fand F. W. Arnold als Adnex zum sogenannten Lochamer Liederbuch (gräfl. Bibliothek zu Wernigerode) und gab sie, unterstützt durch H. Bellermann, nebst einer gründlichen geschichtlichen und biographischen Einleitung, die auch oben verwertet wurde, kritisch heraus (Fr. Chrysander's Jahrbücher f. mus. Wiss., II. Bd., Leipzig, Breitkopf & Härtel, 1867, S. 66 ff., 177 ff.). Eine zweite Quelle hat neuerdings R. Eitner in dem *Ms. Mus.* 3725 der Kgl. Hof- und Staatsbibl. zu München gefunden, von ihm »Buxheimer Orgelbuch« bezeichnet (s. die Beilage zu den Monatsheften f. M., Jahrg. 1887 f.). Nicht unwichtige Nebenquellen hierzu sind *Ms. Mus.* 3232 in München und *Ms. Z.* 8037 der Kgl. Bibl. zu Berlin (s. J. J. Maier's Katalog d. Münchener Musikhandschr. S. 125 ff. und die Monatsh. f. M. 1874, S. 67 ff., 147 ff.).

oder weniger getreulich den Verlauf seines Unterrichts widerspiegeln, lässt uns jedoch mit einiger Sicherheit mindestens die Hauptumrisse seines Lehrgebäudes erkennen.

Paumann's *fundamentum organisandi* gliedert sich in drei Teile. Der erste von ihnen giebt eine gedrängte Übersicht über das Aussehen und die Geltung von den Noten, Pausen und Taktzeichen der damaligen Vokalmusik. Der zweite Teil stellt das älteste Lehrbuch für den instrumentalen Kontrapunkt dar. Durch eine methodisch geordnete Sammlung von Beispielen zeigt Paumann, wie man melodische Fortschreitungen in Sekunden, Terzen, Quarten, Quinten und Sexten durch eine lebhaftere Gegenstimme begleiten lassen kann, (*ascensus et descensus simplex*, *per tercias*, *quartas, quintas, sextas*). Darauf folgen kurze Kadenzformeln für die einzelnen Töne des Hexachords (*Pausae*) und in gleicher Weise länger ausgedehnte Orgelpunkte (*Redeuntes simplices super sex voces*). Kontrapunktübungen zu Melodien, die abwechselnd steigen und fallen, beschliessen den theoretischen Kursus. Der dritte Teil endlich lässt uns einen tiefen Einblick in die instrumentale Kunst Paumann's und seiner Zeit gewinnen, da er einen überreichen Schatz der damaligen Spiellitteratur vor unseren Augen ausbreitet.

Dem zwanglosen Nebeneinander von Präambeln, Choralfigurationen und Bearbeitungen weltlicher Lieder deutschen, italienischen und französischen Ursprunges sieht man es auf den ersten Blick hin freilich nicht an, ob und wie Paumann und seine Zeit einen **Unterschied zwischen Orgel- und Klaviermusik** machten. Denn das musikalische Gepräge der Stücke, mögen ihnen kirchliche oder weltliche Melodien zu Grunde liegen, ist ein vollkommen einheitliches. Jedoch die äussere Bestimmung der Stücke, die nicht immer die gleiche gewesen ist, lehrt uns den Unterschied herauszufinden. Die Beteiligung der Orgel an dem liturgischen Aufbau der Gottesdienste hielt sich nämlich zu Paumann's Zeiten, wie neuere Forschungen[1]) erwiesen haben, noch in ganz bescheidenen Grenzen. In erster Linie war es Aufgabe des Organisten, dem Priester wie dem Chore die richtige Intonation zu übermitteln, und dann, an Stelle des Chores und auch im Wechsel mit ihm einzelne Stücke der Messe auszuführen. Dieser kirchliche Gebrauch veranlasste die Ausbildung zweier musikalischer Grundformen: des kurzen Vorspiels, der Intonation (*Praeambulum*) und des Umkleidens (Kontrapunktierens) einer gegebenen

---

[1] G. **Rietschel**, Die Aufgabe der Orgel im Gottesdienste bis in das 18. Jahrhundert, Leipzig, Dürr'sche Buchhandlung, 1893, S. 5 ff.

kirchlichen Melodie mit lebhafteren Gegenmelodien, der Choralfiguration. Vorbild und Muster dieser zweiten Form fand man in der vokalen Musik. Der Beruf der Organisten hatte aber noch eine weltliche Seite. Um auskömmlich zu leben, waren sie noch auf Nebenerwerb ausserhalb der Kirche angewiesen[1]), und solcher bot sich ihnen besonders aus der Teilnahme an allerhand Festlichkeiten, wie Hochzeiten, Taufen, Ratsmahlzeiten, Zusammenkünften von Gewerken und ähnlichen Veranstaltungen. Dabei waren natürlich Melodien aus der kirchlichen Messe übel angebracht, eher noch Orgelpräambeln, ganz vorzüglich jedoch Lieder und Tänze, welche in der weltlichen Gesangsmusik besonders gepflegt waren. Diese wechselseitig kirchliche und weltliche Thätigkeit der Organisten erklärt zur Genüge, warum sie Kirchlich und Weltlich äusserlich zu scheiden unterliessen: in einem und demselben Buch, das den doppelten Spielbedarf in sich barg, führten sie eben bei jeder Gelegenheit ihre ganze Kunst bei sich. Im übrigen werden die Organisten den richtigen Takt und das Bewusstsein, dass Choralfigurationen der Kirchenorgel, Liedbearbeitungen aber dem häuslichen Klavier angemessen sind, ohne Zweifel besessen haben. Wenn Kirchenordnungen und Chroniken hier und da über das Spielen weltlicher Stücke beim Gottesdienste Klagen erhoben, so richteten sich diese sicherlich nur gegen Missgriffe Einzelner, nicht gegen ein künstlerisches Deficit des ganzen Standes.[2])

Die für das Klavier bestimmten Liedbearbeitungen sind gleich den Choralfigurationen der Vokalmusik entlehnt. Zwar lassen sich nur für einige Übertragungen die vokalen Originale nachweisen; da jedoch die übrigen in ihrer Gestaltung keine Abweichung aufweisen, darf für sie füglich dasselbe Verhältnis angenommen werden. Doch mit welchem Rechte — das ist nun die offene Frage — dürfen wir angesichts einer so intimen Anlehnung von Paumann's *fundamentum organisandi* an die Gesangslitteratur von selbständiger Orgel- und Klaviermusik sprechen? welche charakteristischen Merkmale kennzeichnen denn den gespielten Liedsatz gegenüber dem gesungenen?

Eine Vergleichung der Übertragungen mit ihren Originalen[3]) lässt gewahren, dass der Tenor, die in der Mitte liegende Haupt-

---

[1] Rietschel, a. a. O. S. 26.
[2] Vergl. Rietschel, a. a. O. S. 37 f.
[3] Besonders lehrreich ist die Parallele zwischen dem Liede »Der summer« (Lochamer Liederbuch Nr. 44) und seinen Bearbeitungen »Domit ein gut Jare« (Wernigeroder Hdschr. Nr. 24 und Buxh. Orgelb. S. 27).

melodie des Liedes, gesungen oder gespielt, übereinstimmend verläuft. Die den Tenor umschliessenden Gegenmelodien jedoch zeigen in der Klavierbearbeitung eine grössere Beweglichkeit als im gesungenen Liedsatz, weil das Klavier den melodisch einfachen Gang der Singstimmen mit mannigfaltigen Verzierungen (Koloraturen) ausgestattet hat. Lange Noten des Gesanges sind auf dem Klavier durch eine Anzahl kleinerer Werte umspielt, Melodiesprünge durch die Mitteltöne ausgefüllt, die einfachen Melodieabschnitte und Schlüsse (Kadenzen) mit zierlichen Figuren ausgeschmückt. Dies Verfahren, ursprünglich einfache Tonfolgen durch Einfügen neuer Töne zu kolorieren und zu diminuieren, macht nun das instrumentale Wesen von Paumann's Stücken aus. Freilich nicht in dem Sinne, als ob er es erst erfunden hätte. Denn die Kunst der Koloratur war längst vordem des Gesanges Ureigentum. Die ganze Ausbildung der Sänger von damals und später lief darauf hinaus, dass sie fähig wurden, während des Singens von Kompositionen nach gewissen Regeln solche Auszierungen anzubringen[1]. Auch zu dem Urteil, dass Paumann's Koloraturen über die Gesangsverzierungen hinaus einen Fortschritt zur instrumentalen Selbständigkeit bezeichneten, fehlt vorläufig die nötige Begründung, da der Stand der Forschungen auf diesem Gebiete einen Vergleich noch nicht zulässt. Ist ein Rückschluss von den späteren Zeiten aus gestattet, so hielten sich zu Paumann's Zeit die vokale und instrumentale Koloratur zum Mindesten das Gleichgewicht, wenn nicht gar die vokale die überlegene und künstlerisch wertvollere war. Ein äusseres Merkmal scheidet jedoch unzweideutig die instrumentale Koloratur von der vokalen. Im Gesang wurden die Verzierungen je nach der musikalischen Tüchtigkeit der Sänger im Momente der Aufführung improvisiert, Paumann zeichnete aber die Stücke vorher mit allen Verzierungen auf. Und während die Sänger nur durch das lebendige, unmittelbare Beispiel ihres Lehrers sich ein Geheimnis dieser Kunst nach dem andern mühsam aneigneten, stellte Paumann in einem methodisch geordneten Lehrbuch alles Lernenswerte seinen

---

[1] Friedr. Chrysander's Abhandlungen über Lod. Zacconi als Lehrer des Kunstgesanges (Vierteljahrsschr. f. Musikwiss., Leipzig, Breitkopf & Härtel, 1891 S. 337 ff., 1893 S. 249 ff., 1894 S. 531 ff.) verbreiten darüber ein ganz neues Licht. Von dem Fortgange der neuesten Neumenforschungen steht zu erwarten, dass sie noch viel tiefer liegende Wurzeln der eigentümlichen Gesangspraxis blosslegen werden, s. O. Fleischer, Neumenstudien, Teil I, Leipzig, Fr. Fleischer, 1895. C. v. Winterfeld's Ansicht (Joh. Gabrieli, II. T., S. 103), dass der Ursprung der Koloratur auf das Klavier zurückzuführen sei, hat schon v. Wasielewski (Gesch. der Instrumentalmusik im 16. Jahrh., Berlin, Guttentag, 1878, S. 153 f.) als haltlos nachgewiesen.

Schülern vor Augen: zunächst die Grundsätze der Gesangsnotation und dann die schrittweisen Übungen im verzierten instrumentalen Kontrapunkt (*organisare*). Dies ist der eigentliche Grund, der dazu berechtigt, Paumann's Lehrbuch als den ersten Anfang der deutschen Klaviermusiklitteratur zu bezeichnen.

Eines dürfen wir allerdings dabei nicht ausser Acht lassen. Jede Kunst ist ein Produkt langsamer, logischer Entwickelung, nicht momentaner Schöpfung; Paumann ist deshalb sicherlich nicht der Erste gewesen, der Klavier und Orgel spielte, der Gesangskompositionen auf ihnen vortrug und die Verzierungen schriftlich fixierte, statt sie zu improvisieren. In Allem hat er seine Vorgänger gehabt, bei denen er seine Ausbildung erhielt; ob das Deutsche oder Ausländer waren, wissen wir leider nicht. Paumann ist nur der Erste, dessen Wirken nicht spurlos der Vergessenheit anheimfiel. Sein *fundamentum organisandi* schätzen wir deshalb nicht eigentlich als Kunstleistung dieser nur zufällig im Lichtkreis der Geschichte gebliebenen Einzelperson, sondern vor allem als Gesamtbild der instrumentalen Kunstübung vor und zu seiner Zeit.

Im Einzelnen den besonderen Anteil festzustellen, der von den Errungenschaften seiner Zeit auf Paumann selbst zu entfallen hat, dürfte erst auf Grund tiefer greifender Untersuchungen möglich werden. Ein Moment lässt sich indessen schon jetzt deutlich erkennen. Obschon blind, war Paumann ein bedeutender Virtuose auf mehreren Instrumenten. Von seiner Heimat aus unternahm er mehrfach Kunstreisen, er weilte sogar einige Zeit in Italien. Er kehrte nicht ohne einen Schatz neuer Erfahrungen und Eindrücke wieder heim. Darin wird der Grund zu erblicken sein, dass zu Paumann eine Anzahl von Schülern eilte, die von ihm über den Kreis der auch anderswo in Deutschland erreichbaren Spielfertigkeit hinaus geführt sein wollten, dass er eine Schule bildete, die an seinem Lehrgebäude festhielt und an dessen Vervollkommnung weiter arbeitete. Der erzieherische Einfluss, den Paumann also weithin ausüben konnte, wird mit sein geschichtliches Hauptverdienst sein; er wird auch verhindert haben, dass Paumann, wie so viele andere, die mit ihrer Kunst isoliert da standen, zu bald dem Gedächtnis der Nachwelt entschwand.

Dem durch Paumann und seine Schüler in Nürnberg und München geschaffenen Kunstcentrum ähnlich traten in der Folgezeit noch andere deutsche Städte hervor. An der Residenz und Universitätsstadt Heidelberg, wo der blinde Organist Arnold Schlick sen. wirkte, dürfen wir vorüber gehen. Denn seine beiden gedruckten Werke, »Spiegel der Orgelmacher vn̄ Organisten«

(Mainz, Peter Schöffer, 1511) und »Tabulaturen etlicher lobgesang vnd liedlein vff die orgeln vn lauten« (ebenda, 1512), kommen für die Geschichte des Klavierspiels nicht näher in Betracht[1]. Wir müssen aber in Wien verweilen, wo uns die Persönlichkeit Paul **Hofheimer's**, des Begründers der Wiener Organistenschule, als höchst bedeutend entgegen tritt.

H., 1459 zu Radstadt im Salzburgischen geboren[2], hatte eine ähnlich vielseitige Ausbildung wie Paumann genossen. Er spielte nicht nur mehrere Instrumente, sondern befasste sich auch mit ihrem Bau und sann auf Verbesserungen desselben[3]. Nachdem H. bis zum Tode des Erzherzogs Sigismund von Tirol (1496) dessen Organist gewesen war, trat er gegen 1500 in den Dienst Kaiser Maximilians I. über[4] und wurde Hoforganist an St. Stephan in Wien, in welcher Stellung er über dreissig Jahre thätig blieb. Um 1536 zog sich H. vom Amte zurück, lebte noch einige Zeit in Salzburg und starb hier 1537. Am Hofe Maximilians standen Kunst und Wissenschaft hoch in Ehren; Musiker wie Heinrich Isaac und Ludwig Senfl, Gelehrte, Humanisten wie Conrad Celtis fanden hier für ihre Bestrebungen thatkräftigste Förderung. Auch H. wurde ein angesehenes Mitglied dieses Kreises. Maximilian gab in seinem »Triumphzug« (1512) H. als »Organistenmaister« einen Ehrenplatz; er verlieh ihm auch den Adel. Gelegentlich einer Zusammenkunft Maximilians mit den drei Königen von Ungarn, Böhmen und Polen wurde H. wegen seines meisterlichen Orgelspieles während des Festgottesdienstes zum Ritter des goldenen Sporens ernannt. Einen wie grossen Anteil H. an den musikalischen Bestrebungen des Humanismus nahm, beweist die Komposition der Horazischen Metren, womit er sich noch in seinen letzten Lebensjahren beschäftigte. Dies Werk selbst erschien nach seinem Tode, begleitet von zahlreichen Lobgedichten seiner humanistischen Freunde[5]. Ausser den Oden ist nur weniges von H.'s Arbeit gedruckt worden: einige Lieder in Forster's Sammlungen[6]. Anderes existiert noch handschriftlich[7] oder in Bearbeitungen seitens späterer Musiker (Newsidler, Ochsenkhun, Ammerbach).

Hofheimer galt seinen Zeitgenossen als ein Fürst der Tonkunst, der in ganz Deutschland seines Gleichen nicht

---

[1] Beide Werke sind herausgegeben von R. Eitner (Monatsb. f. M. 1869), geschichtlich gewürdigt von R. Schlecht (ebenda 1870) und A. G. Ritter (Z. Gesch. d. Orgelspieles, Leipzig, M. Hesse 1884).
[2] Fétis (biogr. univ.) giebt irrtümlich 1449 als Geburtsjahr an. Der Gewährsmann für das richtige Datum ist Garcaeus (Astrologiae methodus Basel 1570).
[3] Joh. Cuspinianus (de Caesaribus) spricht davon. Die betreffende Stelle hat Gerber (Alt. Lexik., Artikel »Paulus«) excerpirt.
[4] C. Paesler, Fundamentbuch von Hans [Buchner] von Constanz (Vierteljahrsschr. f. Mus. 1889, S. 5 Anm. 4).
[5] R. von Liliencron, Die Horazischen Metren in deutschen Kompositionen des 16. Jahrhunderts (Vierteljahrsschr. f. Mus. 1887, S. 26 ff., 51 ff., 1891, S. 126 ff. Anm.).
[6] R. Eitner, Bibliographie der Musiksammelwerke, Berlin 1887.
[7] A. W. Ambros, Gesch. d. Musik, III. Bd. (2. Aufl.) S. 383.

hatte[1]). Othmar Luscinius rühmte ihm begeistert nach, dass er mit der Sicherheit kompositorischer Technik und mit der Eleganz virtuosen Spiels eine wohlthuende Wärme des Empfindens und blühende Kraft des Ausdrucks zu vereinigen wusste[2]). Dieses subjektive Urteil nebst den erhaltenen Liedbearbeitungen Hofheimers für Klavier[3]) würde seine geschichtliche Bedeutung nicht in ihrem ganzen Umfange erkennen lassen. Denn auch Hofheimer's Hauptverdienst ist augenscheinlich nicht aus seinen Kompositionen abzuleiten, sondern aus dem Umstande, dass er die Errungenschaften und die Methode seiner virtuosen Kunst einer grossen, weitverzweigten Generation von Schülern übermittelte, die darauf fussend die Instrumentalmusik einer logisch mit der Vergangenheit zusammenhängenden und also erspriesslichen Entwickelung entgegenführten.

Über Hofheimer's Schule sind wir viel genauer unterrichtet als über die Paumann's[4]). Von einigen Schülern sind freilich nur die Namen bekannt: **Bolfgangus** in Wien, **Schachinger** in Passau, **Johannes**, aus Köln gebürtig und Hoforganist in Dresden[5]) Von andern sind wenigstens einige wenige Proben ihrer Leistungsfähigkeit erhalten: **Conrad** in Speier[6]), Othmar **Luscinius**[7]), hauptsächlich in Strassburg wirkend. Noch andere lassen sich zwar nicht als direkte Schüler, aber doch als zu Hofheimer's Richtung zugehörig erweisen: Hans **Weck**[8]) in Freiburg i./Br., Oswald **Holtzach**[9]) aus Basel, Leonhard **Kleber**[10]), aus Göppin-

---

1) Cuspianius, a. a. O.: *magister Paulus musicorum princeps, qui in universa Germania parem non habet.*
2) *Musurgia* 1536, S. 16: *Magna illi in re Musica gerenda inest gravitas, neque leporis minus. Nihil non patente erumpit meatu, ubi ubi ille manus, animumque intenderit. Nihil ieiunum apparet, nihil frigidum, at neque languet quippiam in illa angelica harmonia: quin immo ubere vena, ac patente meatu, fervent & succulenta sunt omnia. Neque vero illi satis est eruditum resonasse, nisi etiam amoenum quiddam & floridum concinuerit.*
3) Sie befinden sich in Kleber's und Kotter's Tabulaturbüchern und in *Ms. F.* IX. 57 der Baseler Universitäts-Bibliothek.
4) Durch die *Musurgia* des *Luscinius*, S. 17.
5) J. A. Gleichens Dressdenische Reformations- und Hof-Prediger-Historie, Vorbericht S. 98.
6) Ein Stück von ihm steht in Kleber's Tabulatur (Bl. 58). Dagegen ist ihm das mit »Spyra« bezeichnete Stück im Buxheimer Orgelbuch (vgl. Eitner, S. 9, 15) aus chronologischen Gründen nicht zuzuweisen.
7) Er ist mit zwei Stücken in Kleber's Tabulatur vertreten.
8) Kotter's Tabulaturen enthalten zwei Tänze von ihm.
9) *Ms. F.* VI. 26. c. zu Basel ist ein Ausschnitt seines Fundamentbuches.
10) Von ihm rührt eine umfangreiche Sammlung von Orgel- und Klaviermusik her, die in den Jahren 1520—1524 geschrieben wurde (*Ms. Z.* 26 der Kgl. Bibliothek zu Berlin). Das letzte Blatt enthält wichtige biographische Details. Diese, sowie die Stellung Kleber's hat eingehend behandelt H. Loewenfeld, L. Kleber und sein Tabulaturbuch, Charlottenburg 1897 (Dissertation).

gen gebürtig, zuletzt Organist in Pforzheim, Georg **Scharpf** aus aus Augsburg, 1509 Hoforganist in Stuttgart[1]). Alle werden aber überragt von den beiden bedeutendsten Schülern Hofheimer's, **Hans Kotter,**

geboren in Strassburg, seit etwa 1510 Organist zu Freiburg i. Br., eng befreundet mit dem als Humanist und Musikfreund bekannten Professor der Rechte in Basel, Bonifacius Amerbach, seit 1536 »Leermeister« in Bern[2]; Schreiber zweier wichtiger Sammlungen von Orgel- und Klaviermusik[3]),

und endlich **Hans Buchner,** dem ältesten und wichtigsten Vertreter der Hofheimer'schen Richtung.

B. wurde am 26. Oktober 1483 in Ravensburg geboren. Bald nach 1500 muss er Hofheimer's Unterricht genossen haben, da er 1512 bereits »ain bestimpte anzal jare« in Konstanz als Organist thätig gewesen zu sein erklärt. Am 9. Januar 1512 wurde B. kontraktlich für den lebenslänglichen Dienst an den beiden Orgeln im Dom zu Konstanz verpflichtet. In den zwanziger Jahren verursachte hier die Einführung der Reformation grosse Unruhen. Es kam zwar noch einmal zu einem Vergleich, indem alle Dombeamten, darunter auch »Maister Hans organist«, 1525 dem Rate der Stadt einen Eid schwuren; aber bereits 1526 verliessen das Domkapitel und die gesamte Geistlichkeit die vom katholischen Glauben abfällige Stadt. Es ist anzunehmen, dass auch B. mitging; denn in den späteren Akten wird er nicht mehr als amtierender Organist genannt. Vielleicht zog er nach Zürich, wo wenigstens später eine Tochter von ihm lebte. Sein Tod erfolgte in der Zwischenzeit von 1538—1541. Dass B.'s künstlerischer Ruf schon in jungen Jahren sehr vorteilhaft war, geht aus seiner frühen Ernennung in Konstanz hervor. Im Jahre 1545 wurde sein Spiel sogar schon dem Hofheimer's zur Seite gestellt. Hinsichtlich seiner Kompositionen sind wir nicht bloss auf einzelne spärliche Drucke und handschriftliche Quellen angewiesen, sondern es ist auch das Hauptwerk, ein umfangreiches Handbuch des Orgelspiels, das er wohl während der Musse seiner letzten Jahre zum Besten seiner Kinder (»sinen kinden verlossen«) verfasste, unversehrt erhalten[4]). Es nennt sich »*Fundamentum, sive ratio vera, quae docet quemvis cantum planum, sive* (*ut vocant*) *choralem redigere ad iustas diversarum vocum symphonias*«, eine Anweisung, »ein jedes chorgesang zu rechter simphony bringen in allerley stimmen«, wie der deutsche Titel lautet[5]).

Buchner's Fundamentbuch umfasst eine theoretische und eine

---

1) J. Sittard, Gesch. d. Musik am Würtembergischen Hofe, Stuttgart, I, 1890, S. 6. Kleber's Tabulatur (Bl. 67) enthält ein Stück von ihm.
2) C. Paesler, Vierteljahrsschr. f. M. 1889, S. 3, 7.
3) *Ms. F.* IX. 22 und 58 der Baseler Universitäts-Bibliothek.
4) Verschiedenes Material über Buchner brachten die Monatshefte für M. (Jahrg. 1873, 1878, 1881, 1891, 1893). Carl Paesler (Vierteljahrsschr. f. Mus. 1889) hat sich durch eine gründliche und gewissenhafte geschichtliche Würdigung und teilweise Neuausgabe des Fundamentbuches sehr verdient gemacht, und E. v. Worra (Dr. F. X. Haberl's Kirchenmus. Jahrbuch, Regensburg, Pustet, 1895, S. 88 ff.) hat durch die Mitteilung einiger unbekannter Akten den Lebensgang des alten Meisters dankenswert aufgehellt.
5) Das Buch befindet sich als *Ms.* 284 auf der Züricher Stadtbibliothek. Eine danach für Bonif. Amerbach 1551 gefertigte Kopie ist *Ms. F. I.* 8 der Baseler Universitäts-Bibliothek.

praktische Hälfte. Die theoretische gliedert sich in drei Teile, in denen die ganze Kunst des Orgelspiels erschöpfend abgehandelt sei. Der erste Teil befasst sich mit der Spieltechnik der Tasteninstrumente: giebt neun durch Beispiele erläuterte Regeln für den Fingersatz (*de commoda digitorum applicatione*), vergleicht die Noten und Pausen der Vokalmusik mit denen der Orgeltabulatur (*de clavium instrumentorum cum Musicae scala collatione*). Der zweite Teil ist eine Anweisung, mehrstimmige Gesangsstücke für den Gebrauch auf Tasteninstrumenten in Orgeltabulatur abzusetzen (*de ratione compositas cantiones transferendi in tabulaturam*): lehrt die Takteinteilung, die Anordnung der Stimmen unter einander und ihre Auszierung durch Koloraturen. Der dritte Teil baut sodann auf diesen Vorkenntnissen die Lehre auf, wie man auf der Orgel jede kirchliche Melodie zu einem mehrstimmigen Spielstück ausgestalten kann, die Lehre vom eigentlichen *fundamentum* (*de ratione quemvis cantum planum redigendi ad iustas duarum, trium aut plurium vocum diversarum symphonias, quam rationem uno nomine fundamentum vocant*). Die mannigfaltigen und ausführlich begründeten Regeln dieses Teiles veranschaulicht Buchner noch durch eine Reihe von Tabellen. Er zeigt in ihnen, wie man eine Choralmelodie, je nachdem sie in Sekunden-, Terzen-, Quarten- und Quinten-Schritten auf- oder absteigt und je nachdem sie im Diskant, Tenor oder Bass liegt, mit zwei Gegenstimmen begleiten, wie man über den einzelnen Tönen der Scala lange Orgelpunkte (*voces redeuntium in ut, re* etc.) bilden, wie man endlich Melodien, die in Sekunden, Terzen, Quarten und Quinten steigend oder fallend verlaufen, fugenartig verarbeiten soll. Damit schliesst die theoretische Hälfte des Orgelbuchs, dessen zweite Hälfte aus Orgelkompositionen Buchner's über Melodien der katholischen Messe, Introiten, Responsorien, Sequenzen und Hymnen besteht.

Schon diese kurze Übersicht lässt erkennen, eine wie hohe geschichtliche Bedeutung dem Fundamentbuch Buchner's innewohnt. Es bildet den schlagendsten Beweis, dass Hofheimer mit seiner Schule die von Paumann zuerst bezeichnete Richtung der Entwickelung des Klavierspiels nur fortgesetzt hat, dass die Kreise Paumann's und Hofheimer's sich geschichtlich aufs Engste verbinden. Die Lehrmethode, bei 'der älteren Schule Paumann's nur aus der Anordnung und Gruppierung der Erläuterungsbeispiele in ihren einzelnen Phasen erkennbar, ist von der jüngeren Schule Hofheimer's zu einem übersichtlichen, in sich gefestigten Gebäude erweitert worden. Was dort nur mit Beispielen angedeutet wird, ist hier mit klaren Worten und fasslichen Regeln ausgedrückt. Die Scheidung von Orgel- und Klaviermusik je nach der äusseren

Bestimmung der Stücke liess sich dort nur aus den allgemeinen Vorschriften der Kirchenordnungen folgern, hier zeigt sie sich aber prinzipiell vollzogen. Buchner's Fundamentbuch, das wesentlich für die kirchlichen Bedürfnisse der Organisten berechnet ist, enthält in seinem praktischen Teile keine Liedbearbeitung für Klavier. Seine Übertragungen weltlicher Lieder aufs Klavier sind dagegen nur in solchen Sammlungen zu finden, die, wie die Paumann'sche, kirchliche Orgel- und weltliche Klavierstücke nebeneinander in sich bergen [1]).

Einige geschichtlich nicht unwichtige Details mögen den Zusammenhang der beiden Kreise und die von ihnen erreichte Höhe der Kunstfertigkeit beleuchten. Für den Fingersatz, zu dessen Bezeichnung die Hofheimer'sche Schule die Zahlen

[linke Hand]   [rechte Hand]
4   3   2   1   5   5   1   2   3   4

gebraucht, stellt Buchner folgenden Grundsatz auf: Man soll die Finger nicht planlos und unbedacht auf die Tasten setzen, sondern möglichst die folgenden Noten des Taktes ins Auge fassen; sorgfältige Vorüberlegung führe zur vorteilhaftesten Applikation. Daraus leitet er den Fingersatz ab für diatonische Folgen schneller Töne

und für länger gehaltene Intervalle

Von Paumann's Schule ist kein Fingersatz überliefert. Man darf jedoch aus der Übereinstimmung beider Schulen in Allem, was die Notation betrifft, vermuten, dass die ältere keinem wesentlich hiervon abweichenden Gebrauche gefolgt sein wird.

---

[1]) Sie befinden sich in Kleber's und Kotter's Tabulaturen.

Die Notation, deren sich Paumann und Hofheimer bedienten, ist die ältere deutsche Orgeltabulatur.¹) Ihr Hauptmerkmal besteht darin, dass der Discantus, die oberste Stimme, mit den Zeichen der Mensuralnotation auf ein Liniensystem für sich eingetragen ist, während die übrigen Stimmen mit den Tonbuchstaben der Tabulatur darunter gesetzt sind. Charakteristisch für die Notation der Oberstimme sind die Zeichen für Tonerhöhung und mordentartige Verzierung mit unterem Hilfston. Die einzelnen Modifikationen im Ziehen der Notenbalken, in der Oktavenzählung, in der Reihenfolge der Stimmen, in der äusseren Gestalt und Benennung gewisser Dinge, Modifikationen, die uns das Streben der geschichtlichen Entwickelung von Paumann bis Buchner nach stetiger Vervollkommnung erkennen lassen, können hier ausser Betracht bleiben.²)

Die Bestrebungen Paumann's, Hofheimer's und ihrer Schüler breiteten sich ohne Zweifel viel weiter aus, als wir heute noch zu sehen vermögen. Die musikalische Erziehung von damals hatte ein viel individuelleres Gepräge und hinterliess für lange Zeit viel individuellere Spuren, als es heutzutage bei der Konservatorien-Schablone und bei dem universalen Charakter der Musik und ihrer Litteratur möglich ist. Aber aus den nächsten dreissig Jahren nach Buchner's Tode besitzen wir keine geschichtlichen Dokumente, die uns vom weiteren Verlauf der begonnenen Entwickelung Kunde geben. Erst vom Jahre 1570 ab lässt sich wieder eine historische Kontinuität feststellen. Wir wollen uns zunächst die Persönlichkeiten, um die es sich dabei handelt, vor Augen führen.

Der erste Repräsentant dieser neueren Periode ist Elias Nicolaus »sonst **Ammerbach** genandt«.

In fremden Ländern ausgebildet, wo er »viel versucht, gelitten und ausgestanden«, wurde A. 1560 Organist der Thomaskirche in Leipzig. »Unter dem Drucke gegenwärtigen Jammers, Sorgen und Bekümmernis« wegen der herrschenden Pest kam er 1571 sein erstes Orgel- und Klavierbuch erscheinen unter dem Titel »Orgel oder Instrument Tabulatur. Ein nützlich Büchlein, in welchem notwendige erklerung der Orgel oder Instrument Tabulatur, sampt der Application, Auch fröliche deutsche Stücklein vnnd Muteten, etliche mit Coloraturen abgesetzt, desgleichen schöne deutsche Tentze, Galliarden vnnd Welsche Passometzen zu befinden ... Leipzig, durch Jakob Berwaldts Erben«³). In der Vorrede verspricht A., wenn ihm Beifall zu teil würde, noch ein grösseres und künstlicheres Buch zu edieren, das bereits im grossen fertig sei. Seine Hoffnung erfüllte sich; denn 1575 erschien ein Werk von

---

1) Facsimilierte Proben findet man mehrfach, namentlich in den oben angegebenen Quellenschriften über Paumann, Schlick und Buchner.
2) Alles Nähere findet man in C. Paesler's Abhandlung über Buchner.
3) Exemplar in der Leipziger Stadtbibliothek, einst im Besitze Joh. Seb. Bach's.

ihm, betitelt: »Ein New Kvnstlich Tabulaturbuch, darin sehr gute Moteten vnd liebliche deutsche Tenores jetziger zeit auff die Orgel vnnd Instrument abgesetzt, auffs beste colorirt ... Gedruckt zu Leipzig durch Johan. Beyer, in verlegung Dietrich Gerlachs zu Nürnberg«[1]). A.s drittes Werk ist eine Neuauflage und teilweise Umarbeitung des ersten Werkes und erschien 1583 unter dem Titel »Orgel oder Instrument Tabulaturbuch, in sich begreiffende eine notwendige vnnd kurtze anleitung, die Tabulatur vnnd application zuversteben, ... darnach folgen allerleichtest gute Deutsche, Lateinische, Welsche vnd Frantzösische stücklein, neben etlichen Passomezen, Galliarden, Repressen vnnd Deutschen Dentzen ... Nürnberg, *typis Gerlachianis*«[2]).

Die Anlage von Ammerbach's Tabulaturbüchern weist den uns von Paumann und Hofheimer her bekannten Grundriss auf. Eine »kurtze Anleitung« giebt in gedrängter Form Aufklärung über das Tonsystem, die Buchstaben und sonstigen Zeichen der Tabulatur, über die Regeln des Fingersatzes, über den Mordent und über das Stimmen der Tasteninstrumente. Von einigen Besonderheiten des Fingersatzes abgesehen — Ammerbach bezeichnet die Reihenfolge der Finger mit

```
        l. H.              r. H.
     4 3 2 1 0         0 1 2 3 4
```

und ändert bezw. ergänzt Buchner's Fingersatz in Folgendem:

— bietet Ammerbach im theoretischen Teile gegen seine Vorgänger nichts wesentlich Neues. Darauf folgt der praktische Teil, eine reiche Auswahl von übertragenen und zum teil kolorierten kirchlichen und weltlichen Gesangsstücken.

Nächst Ammerbach ist **Bernhard Schmid** der Ältere zu nennen.

S., um 1522 geboren, 1560 Organist an St. Thomas in Strassburg, 1564 am Münster daselbst, 1578 in Gemeinschaft mit den Organisten Wilh. Endlo von Nürnberg und Paul Bollner von Freisingen Examinator der reparierten Münsterorgel in Ulm[3]), gestorben 1592, liess 1577 erscheinen »Zwey bücher

---

[1]) Das Antiquariat von A. Cohn in Berlin besass 1882 ein Exemplar.
[2]) Ein Exemplar besitzt die Gesellschaft der Musikfreunde in Wien. Das Verhältnis dieser drei Werke untereinander ist eingehend behandelt von A. G. Ritter (Z. Gesch. des Orgelspieles, I, S. 113 ff.) und Eitner (Monatsh. f. M. 1882, S. 151 f.). Musikproben bieten Rittter (a. a. O., II., S. 103) und F. M. Böhme (Gesch. d. Tanzes, Leipzig, Breitkopf & Härtel, 1886, II, S. 67 ff.).
[3]) S. Herrn Elias Frik ausführliche Beschreibung von dem Anfang, Fortgang, der Vollendung und Beschaffenheit des Münster-Gebäudes zu Ulm. Herausgegeben von M. Gotthard Haffner, Ulm 1777, S. 61.

Erstes Buch: Die Anfänge der Klaviermusik.

Einer Neuen Kunstlichen Tabulatur auff Orgel vnd Instrument. Deren das Erste ausserlesene Moteten vnd Stuck zu sechs, fünff vnd vier Stimmen, das ander Allerley schöne Teutsche, Italienische, Frantzösische, Geistliche vnd Weltliche Lieder, mit fünff vnd vier Stimmen, Passamezzo, Galliardo vnd Täntze in sich begreifft ... Strassburg, bei Bernhart Jobin.«[1]) Durch seinen Sohn erfahren wir, dass die Exemplare dieses Werkes »in sehr Kurtzer zeit alle distrahirt vnd verkeufflig hingegeben, nachmalen auch von vilen so wol Aussländischen als Inheimischen vleissig gesucht worden«. ...

Schmid sieht zum ersten Mal von einer Anleitung zum Absetzen von Vokalstücken in Tabulatur ab. Das Gleiche ist bei seinen Nachfolgern der Fall. Die Kenntnis jenes Verfahrens gilt also von jetzt an als selbstverständlich; die Thätigkeit der Herausgeber besteht fortan nur in der Beschaffung und Kolorierung der Musikstücke, die, ganz gleich, ob sie kirchlichen oder weltlichen Zwecken dienen, friedlich neben einander stehen.

Weiterhin kommt Jacob **Paix** in Betracht.

P., wahrscheinlich einer aus den Niederlanden eingewanderten Organistenfamilie entstammend, geboren 1556 in Augsburg, wo sein Vater, Peter Paix, Organist an St. Anna war († 22. Februar 1567), wurde Organist in Laugingen und veröffentlichte hier als sein erstes Werk «Ein Schön Nutz vnnd Gebreuchlich Orgel Tabulaturbuch. Darinnen etlich der berümbten Componisten, beste Moteten, mit 12. 8. 7. 6. 5. vnd 4. Stimmen ausserlesen, dieselben auff alle fürneme Feste des gantzen Jars gesetzt, Zu letzt auch allerhand der schönsten Lieder, *Pass' è mezzo* vnd Täntz colorirt ..., In verlegung Georgen Willers. Getruckt bey Leonhart Reinmichel zu Laugingen.«[2]) Hierin sind auch Stücke des Vaters und des Grossvaters, Gilles Paix, enthalten. Später gab P. noch Vokalwerke und eine musikalische Schrift an den Tag[3].

In einem kurzen Vorwort »an den Keuffer« hebt Paix die Notwendigkeit hervor, den Daumen mehr zu gebrauchen, was ja auch schon Ammerbach that. Um die vielstimmigen Stücke auf der Orgel und dem Klavier bewältigen zu können, war Paix darauf bedacht gewesen, »wie drey Stimmen mit einer hand gegriffen, vnnd demnach ein Coloratur könte mitlauffen.« Er schlägt nun das natürlichste Mittel vor: »so man mit dem Daum an der rechten hand auch haltet, wirt die Coloratur mit dem hindern vnd kleinen finger leichtlich gefürt. Dessgleichen auch mit der lincken Hand geschehen kan.«

---

[1]) Exemplare in Leipzig, München und Wolfenbüttel. Siehe A. G. Ritter's Besprechung des Werkes (a. a. O., S. 124 ff.). Musikproben bei Eitner (Tänze des 15.—17. Jahrh. [Beilage zu d. Monatsh. f. M. VII] S. 108 ff.), Ritter (a. a. O., II, S. 103) und Böhme (a. a. O., II, S. 74 ff.).

[2]) Exemplare in Berlin, Wolfenbüttel, Wien (Gesellsch. d. Musikfr.). Siehe A. G. Ritter (a. a. O., S. 126 ff.). Neudrucke bei Ritter (a. a. O., II, S. 105) Eitner (Tänze u. s. w. S. 108 ff.), Böhme (a. a. O., II, S. 77).

[3]) Siehe die Lexika Gerber's, Forkel's Allg. Literatur d. Mus., Eitner's Bibliographie der Musik-Sammelwerke.

Aus der nächsten Zeit haben sich mehrere handschriftliche Tabulaturen erhalten. Von dreien derselben — einer Tabulatur vom Jahre 1585, einst einem gewissen »Christof Löffelholtz von Colberg« gehörig[1]), einer andern vom Jahre 1593[2]) und einem »Tabulatur-Buch Auff dem Instrument Christianus Hertzogk zu Sachsen«[3]) — weiss man freilich nicht, ob sie von Musikern oder Musikliebhabern, denen man Manches nachsehen müsste, herrühren. Mit einem Musiker in angesehenster Stellung, Augustus **Nörmiger**, haben wir es aber bei einer vierten Handschrift zu thun.

N.'s Persönlichkeit ist in der Musikgeschichte bisher nur wenig hervorgetreten[4]). Zu dem erst neuerdings bekannt gewordenen Datum seiner Anstellung als Hoforganist in Dresden (12. Dezember 1581) fügt sich nun ein umfangreiches Zeugnis seiner künstlerischen Thätigkeit. »Auff gnedigstes begeren des Herrn Friedrich Wilhelms, Hertzogens zu Sachsens« überreichte N. 1598 ein sauber geschriebenes, fast wie ein Druck aussehendes und schön gebundenes »Tabulaturbuch auff dem Instrumente In welchem erstlichen D. Martini Lutheri Deutzsche Geistliche Lieder, auff die fürnemsten Feste, Catechismum vnd Psalmen, so des Jahrs vber in der Christlichen Kirchen vnd sonsten zu gebrauchen verordnet, Hernach aber, als anders theils viel auferlesene schöne weltliche Lieder, Auffzüge, Intraden, Paduana, Passamezi, Galliarde, Polnische, Teutsche vnd andere Täntze, neben gewönlichen auff vnd abführungen Fürstlicher Personen, wenn sich dieselben zum Tantze begeben, welche Freulein Sophia, Hertzogin zu Sachsen, meisten theils schlagen kan, gefundenn werden.«[5])

Am Ausgange der Periode stehen zwei Druckwerke: das eine von **Bernhard Schmid** dem Jüngeren,

S., Sohn und Nachfolger des Älteren als Organist an St. Thomas und am Münster zu Strassburg, veröffentlichte 1607 ein »Tabulatur-Buch Von Allerhand ausserlesenen, Schönen, Lieblichen Praeludijs, Toccaten, Motteten, Canzonetten, Madrigalien vnnd Fugen von 4. 5. vnd 6. Stimmen: dessgleichen künstlichen Passomezen vnd Gagliarden. Strassburg. In verlegung Lazari Zetzners«.[6])

das andere von **Johann Woltz**.

W., seit etwa 1575 Organist in Heilbronn, wurde etwa 1617 Pfarrverwalter daselbst, im Organistenamt von seinem Sohn Elias Woltz gefolgt, der 1624 nach Würzburg ging[7]), und gab 1617 heraus »*Nova Musices Organicae Tabulatura. Das ist: Eine newe art teutscher Tabulatur, etlicher ausserlesenen Lateinisch: vnd Teutschen Motetten vnd Geistlichen Gesängen,

---

1) *Ms. Z. 34 fol.* der Kgl. Bibliothek Berlin.
2) *Ms. Z. 115 fol.* ebendort.
3) *Ms. J. 307m* der kgl. öff. Bibliothek in Dresden.
4) Siehe Walther's Lexikon (Dressdenische Hof-Organisten), R. Kade (Vierteljahrsschr. f. M. 1889, S. 234), O. Kade (Monatsh. f. M. 1897, S. 45).
5) Die Kgl. Bibliothek zu Berlin besitzt dies Werk in *Ms. Z.* 89. kl. 4 obl.
6) Exemplare in Berlin, Wolfenbüttel, Prag, Cistercienserstift Hohenfurt. Siehe A. G. Ritter (a. a. O., S. 130 ff.). Musikproben bei Eitner (Tänze u. s. w. S. 117 f.).
7) Monatsh. f. M. 1881, S. 48.

auch schönen lieblichen Fugen, vnd Canzoni alla Francese ... mit 4. 5. 6. 7. 8. 10. 12. vnd mehr Stimmen .... Welche auff Orgeln, Positiff, vnd andern clavirten Musicalischen Instrumenten nützlich können gebraucht werden ... Getruckt zu Basel durch Johann Jacob Genath.«[1])

Überschauen wir nun die ganze Zeit von Ammerbach an bis zu Woltz, so bemerken wir, dass in ihr die wesentlichsten älteren Kunstprinzipien lebenskräftig geblieben sind. Die Alten spielten kirchliche Chorstücke oder ahmten ihren Stil auf der Orgel nach und übertrugen mehrstimmige Lieder und Tänze auf das Klavier. Dem entsprechend stellten die Theoretiker vom Anfang des 16. Jahrhunderts die Forderung auf, man müsse frühzeitig und fleissig die Singekunst treiben, um im Instrumentenspiel Tüchtiges zu leisten[2]). An diesem Grundgedanken halten auch die Neueren fest. Das äussere Schema, nach dem Ammerbach seinen Lehr- und Lernstoff anordnet, ist im Ganzen dasselbe geblieben, wie wir es von Paumann und Hofheimer her kennen.

Indem die Alten Gesangsstücke auf Orgel und Klavier übertrugen, fügten sie gleichzeitig zur Belebung des gesungenen Satzes Koloraturen und Diminutionen bei. Dasselbe Verfahren setzen die Jüngeren fort. Durchaus koloriert sind zwar nur die Bücher von B. Schmid d. Ä., Paix und B. Schmid d. J.; Ammerbach aber lässt einen Teil der Stücke unkoloriert und Woltz setzt sogar nur den schlichten Vokalsatz in Tabulatur ab. Jedoch war es nicht ihre Absicht, dass die Stücke auch ohne Koloratur gespielt werden sollten. »Eine vertige vnd geschwinde Hand — so sagt der jüngere Schmid — ist einem Organisten nicht die geringste Zier, sonderlich so sie rein gebraucht wirt«. Ammerbach stellt die schlichten und ausgeschmückten Sätze einander gegenüber, damit die Anfänger daraus die rechte Anwendung der Koloraturen ersehen möchten. Woltz aber enthält sich derselben aus dem Grunde, weil ja doch ein jeder Organist »seine besondere Application, Coloraturen und Mordenten« habe und er Niemandem vorgreifen wolle. Das ist auch der Grund, warum seit dem älteren Schmid die »Anleitung« in Fortfall kam.

Bei den Alten dominierte die Orgel dermassen, dass ihre Spieltechnik und ihr Kompositionsstil auf die kleinen Klavierinstrumente bestimmend einwirkten. Wenigstens hinsichtlich der Technik räumt auch noch Ammerbach ihr diese Bedeutung ein. Unter den Instrumenten, so bemerkt er, »behelt die Orgel billich

---

[1]) Exemplare in Leipzig, Breslau, Wolfenbüttel, Basel. Siehe A. G. Ritter (a. a. O., I, S. 133 ff., II, S. 106 ff.).
[2]) Siehe Virdung's Musica getutscht (1511) und M. Agricola's Musica instrumentalis (1529).

den vorzug, denn man darauff, wegen vielfaltiger Regiester vnd mancherley stimwercks, eine grosse varietet vnd künstliche Abwechselung der stimmen suchen vnd haben kan, dergleichen auff andern Instrumenten nicht zu befinden. Es ist auch die Orgelkunst andern vorzuziehen, das sie mehr denn auff einerley Instrumenten kan gebraucht werden. Denn wer diser Kunst recht bericht, kan dieselbe auff Positiven, Regaln, Virginaln, Clavicordijs, Clavicimbalis, Harficordijs, vnnd andern dergleichen Instrumenten auch gebrauchen.« Dasselbe Verhältnis liegt auch in der Bestimmung ausgedrückt, die Woltz seiner Tabulatur giebt.

Ebenso deutlich, wie das die alte und neue Zeit gemeinsam umschliessende Band, treten nun aber auch die Merkmale hervor, die das Fortschreiten der jüngeren Richtung über die Ziele der alten hinaus kennzeichnen. Es sind zunächst äusserliche Umstände. Die Tabulaturen bleiben jetzt nicht mehr handschriftlich auf einen engen, in sich geschlossenen Kreis beschränkt, sondern sind durch den Druck verbreitungsfähig gemacht. An die Seite mündlicher, schulmässiger Tradition ist also noch eigenes, unbeschränktes Studium aus allgemein zugänglichen Büchern getreten, aus denen Jeder die Belehrung, nach der er verlangt, schöpfen kann. Auch die Notation hat an Einheitlichkeit und Übersichtlichkeit der Darstellung wesentlich gewonnen.

War die ältere deutsche Orgeltabulatur ein Produkt von zwei einander fremden Elementen, der Liniennotation für den Diskant und der Buchstabennotation für die anderen Stimmen, so führt die neuere deutsche Orgeltabulatur den Gebrauch der Tonbuchstaben für die Notation aller Stimmen konsequent durch[1]). Durch stetiges Abfeilen dessen, was ihrer leichten und bequemen Handhabung im Wege stand, ergab sich denn am Ende dieses Zeitraums eine Tonschrift, die sich, obschon sie für Druckwerke fernerhin nicht mehr in allgemeine Anwendung kam, im Privatgebrauch besonders der norddeutschen Organisten im 17. Jahrhundert und vereinzelt noch bis gegen Ende des 18. Jahrhunderts lebendig erhalten hat.

Bedeutungsvoller als dies sind aber die inneren Momente. Neben der Übertragung von Gesangsstücken auf Tasteninstrumente pflegten die Alten als gleich wichtig noch die selbständige Instrumentalkomposition, die Kunst, gegebene Melodien mit frei erfundenen Kontrapunkten zu umkleiden. Der Quell eigener Kompositionsthätigkeit ist dagegen bei den Jüngeren versiegt; ihre Aufgabe

---

[1]) Facsimilia dieser Notation findet man tu. A. in H. Bellermann's »Kontrapunkt« und in Riemann's Beitrag zur Festschrift der Firma C. G. Röder (1896).

erblicken sie lediglich im Absetzen und im Kolorieren und Diminuieren von Werken anderer Meister. Man hat deshalb diesen Zeitraum nicht ohne Recht die deutsche Koloristenperiode genannt.

Ein wesentlicher Unterschied besteht sodann in der Beschaffenheit der Koloraturen. Die Koloratur der Alten ist künstlerisch feiner und musikalisch vornehmer, als die der Koloristen. Dort sind die Verzierungen mannigfaltig, und sie fügen sich so organisch dem ganzen Tonstück ein, dass erst ein Vergleich mit der vokalen Vorlage die Einschiebsel erkennen lässt. Bei den Koloristen haben wir es aber nur mit wenigen, stereotyp wiederkehrenden, schematischen, formelhaften Figuren zu thun, die dem Tonstück, ohne dass die musikalische Logik es erheischte, rein äusserlich und in ermüdender Zahl aufgeklebt erscheinen. Die Alten denken melodisch; sie respektieren den gesangsmässigen Verlauf der Stimmen, wie sie sich einander nähern, kreuzen und entfernen. Den Koloristen aber liegt der akkordische Griff (»Streich«) am Herzen; sie sorgen sich, wie die vokale Polyphonie mit zwei Händen am einfachsten zu bewältigen sei, und scheuen sich nicht, wie wir an Woltz sehen, die hohen Töne einer tiefen Stimme und die tiefen Töne einer hohen Stimme aus ihrem Zusammenhange zu reissen und sie in der Tabulatur einfach dahin zu setzen, wo sie leicht gegriffen werden können.

Der Koloristen Mangel an eigener Produktionskraft und ihre Inferiorität gegenüber der älteren Zeit hinsichtlich ihres Geschmackes in der Handhabung der Koloratur sind ja nun offenbar. Die Erkenntnis dieser Thatsache darf aber gleichwohl nicht dazu verleiten, die geschichtlichen Konsequenzen ihrer Bestrebungen, in denen Keime für die weitere Entwickelung schlummerten, zu übersehen oder für Nichts zu achten.

<small>Dies ist nach dem Vorgange Ritter's[1] öfter geschehen. Zur Begründung hat man dafür den Ausspruch des zeitgenössischen Hermann Finck[2] und mehrere Kirchenverordnungen[3] herangezogen. Finck's Schilderung trägt nun aber deutlich genug die Absicht, karikieren zu wollen, zur Schau; und prüft man sie genau, so ist sie auch gar nicht so beweiskräftig, da sie nur gegen das sinnlos lange und phrasenhafte Spiel von Passagen ohne melodischen Kern eifert. Auch die Kirchenordnungen wollen nur dem Übermass und der gelegentlichen Unangemessenheit des Orgelns steuern, damit der Gottesdienst, die Predigt und das Gemeindelied nicht darunter litten. Niemand</small>

<small>[1] Allg. musik. Ztg., Leipzig 1869, »Die Koloristen«. Vergl. dagegen Vierteljahrsschr. f. M. 1891, S. 149 ff.
[2] Das Citat aus Finck's *Practica musica* (1556) findet man öfter, u. A. bei Ambros, Ritter, Rietschel.
[3] Rietschel, a. a. O. S. 38 ff.</small>

aber bekämpft die Koloratur als solche. Im Gegenteil, sie wurde, wie wir oben sahen, unbehindert und ruhig weiter betrieben.

Die Orgel tritt in der Koloristenperiode, wie auch aus den gleichzeitigen Kirchenordnungen ersichtlich ist, in immer engere Beziehungen zu dem Kirchenchor und seiner Litteratur. Demgemäss finden wir in den Büchern der Organisten neben Stücken aus der katholischen Messe Motetten, Choräle und geistliche Lieder (Ammerbach, Schmid d. Ä., Paix, Nörmiger[1])). Aus diesem Hand-in-Hand-gehen mit dem Chore entwickelte sich seit dem Anfang des 17. Jahrhunderts ganz naturgemäss die Begleitung des Gemeindegesanges durch die Orgel, eine Aufgabe, die vordem der Chor zu erfüllen hatte[2]) und durch deren Übernahme die Orgel zu einem liturgisch bedeutungsvollen Faktor wurde, wie er von der Reformation ursprünglich gar nicht einmal vorgesehen war. Noch einen anderen geschichtlichen Prozess sehen wir auf dem Gebiet der Orgelmusik durch die Koloristen sich anbahnen. Die Pflicht, mit Präambeln den kirchlichen Sängern die richtige Intonation zu geben, hatten, man ersieht es aus den Kirchenordnungen deutlich, auch die Koloristen. Wenn sie aber solchen Präambeln in ihren Druckwerken weiter keine Beachtung schenkten, so muss man daraus schliessen, dass diese Stücke meist improvisiert wurden und dann wohl Gebilde ohne Ansatz zu irgend einer festen Form waren[3]). Auch hierin kündigt sich mit dem Anfang des 17. Jahrhunderts ein Wandel an; Präludien, Toccaten und Fugen, von italienischen und ihnen nachfolgenden deutschen Meistern komponiert, machen sich neben den Chor-

---

[1]) Ausser den Werken dieser Männer sind hier noch einige andere zu nennen, die, als hauptsächlich für den kirchlichen Gebrauch bestimmt, oben nicht angeführt wurden:
   1. »Tabulaturbuch auff Orgeln vnd Instrument, darinne auff alle Sontage vnd hohen Fest auserlesene, liebliche vnd künstliche Motetten ..., ohne Coloraturen gesetzt werden, damit ein jeglicher Organist solche Tabulatur auff seine Application bringen kan. Leipzig, Joh. Beyer, 1583.« Der Autor dieses von Ritter nicht beachteten Werkes (Exemplare in Berlin und Wolfenbüttel) ist Johann Rühling, von Born[a], Organist zu Döbeln«, der Vater des Dresdener Kreuzkantors Samuel Rühling (s. Karl Held, Das Kreuzkantorat zu Dresden, Vierteljahrsschr. f. M. 1894, S. 288 ff.).
   2. Eine handschriftliche Tabulatur eines gewissen »Fischer Morungensis« von 1595, dem Thorner Ratsarchiv (Ms. XIV, 13a) gehörig. Vergl. dazu G. Döring, Z. Gesch. der Musik in Preussen, Elbing 1852, S. 187 ff.
   3. *Ms. acc.* 4440 von 1600/1 auf der Kgl. Bibliothek Berlin.
   4. Die sogenannte Cellische Tabulatur von 1601. Siehe Ritter, a. a. O., S. 107 ff.
[2]) Siehe Vierteljahrsschr. f. M. 1891, S. 216 f.
[3]) Darauf zielt wohl auch Finck's Ausspruch hin.

stücken geltend (Schmid d. J., Woltz). Es sind Kunstformen eines fremden Landes, die auf das Schaffen der deutschen Organisten entscheidenden Einfluss gewinnen. Auf diesem von den letzten Koloristen betretenen Wege schritt die weitere Entwickelung des deutschen Orgelspiels fort.

Die Bereicherung um die erwähnten freien Instrumentalformen kam nun auch der eigentlichen Klaviermusik zu statten. Da dieselben nicht, wie die Chor- und Choralsätze, einen ausgeprägt kirchlichen, sondern vielmehr einen allgemein musikalischen Charakter besassen, war es nur natürlich, dass das Klavier, von Alters her an die Gefolgschaft der Orgel gewöhnt, auch seinerseits sich an der Ausbildung der freien Formen beteiligte. Daraus resultierte jenes schwankende Wesen, das bis weit ins 17. Jahrhundert hinein ihnen anhaftete: sie sind polyphon gearbeitet im Sinne der Orgel, verzichten aber auf deren ungleich grössere Darstellungsmittel (Pedal) zu Gunsten des Klaviers. Die freien Formen repräsentieren gewissermassen das Grenzgebiet zwischen Orgel- und Klaviermusik, auf das vorläufig beide gleiches Anrecht haben, bis sich die Orgel endlich die Entscheidung über seine definitive Gestaltung sichert. Nicht weniger bedeutend ist der Fortschritt, den die Klaviermusik in der Beherrschung des ihr eigenen Gebietes während der Koloristenperiode gemacht hat. Neben dem Lied verschiedener Nationen finden wir in den Klavierbüchern die aus ihm hervorgegangenen höheren Kunstformen des Madrigals, der Canzona, Canzonetta, Chanson, des deutschen Gesellschaftsliedes, vor allen Dingen aber den bei den Alten nur in viel bescheidenerem Masse beachteten Tanz. Eine Unzahl nationaler Tanzformen und lokaler Tanzmelodien wandert als Allgemeingut von einer Hand zur andern: italienische (Passomezzo, Gagliarda, Intrada, Paduana), französische (Galliarde, Branle, Ballet), englische (Goia, Ballet), deutsche, polnische, preussische, ungarische, anhaltische Tänze; daneben eine bunte Menge von Gelegenheitsstücken, wie fürstliche Mummereitänze, Herzog Moritz- und Kaiserintanz, Calvinischer, Toten- und Schäfertanz, der hl. drei Könige und der Mohren Aufzug. Aus diesem ungemein fruchtbaren Nährboden spross die für das 17. Jahrhundert in Deutschland überaus wichtige Form der Suite hervor.

Wie sich während der Koloristenperiode der in der älteren Zeit schon vorhandene äussere Unterschied zwischen Orgel- und Klaviermusik in den Kompositionsformen noch verstärkte und vertiefte, so bildete sich jetzt allmählich auch ein innerer Unterschied im Kompositionsstil heraus. Die Schreibart Paumann's

und seiner nächsten Nachfolger für die Orgel schloss sich dem
Wesen der kirchlich vokalen Polyphonie aufs Engste an. Von
dieser Gebundenheit sich zu befreien war das Ziel der Koloristen.
Sie begriffen, dass Gesetze der Melodiebildung, die für die Treff-
sicherheit beim Gesange notwendig waren, für die instrumentalen
Übertragungen nicht mehr Geltung zu behalten brauchten. Die
Orgel konnte ja nichtdiatonische, chromatische Töne und ver-
minderte oder übermässige Intervalle ganz bequem intonieren.
Die bewusste Anwendung dieser Freiheiten zusammen mit den
zu Manieren erstarrten Auszierungen giebt dem Orgelstil der
Koloristen ein neuartiges Gepräge. Die Gesangspolyphonie blieb
zwar auch später noch der Quell, aus dem die Orgelkunst ihre
stärkste und beste Kraft schöpfte; aber die Orgel wahrte dabei
dem Gesange gegenüber die einmal gewonnene, unbeschränktere
Selbständigkeit ihres Stils.

Auf die Ausbildung eines selbständigen Klavierstiles wirkten
mehrere Momente bestimmend ein. Das deutsche Lied entwand
sich im Laufe seiner Entwickelung dem ihm ursprünglich an-
haftenden künstlichen Kontrapunkt der Motette und verlegte
die Hauptmelodie aus dem Tenor in die oberste Stimme, die nun
von den übrigen mehr homophon und harmonisch begleitet wurde.
Da aber unsere deutschen Komponisten ihre Lieder als »lustig
zusingen, vnd auff allerley Instrumenten zugebrauchen« in die
Welt sandten, so war es nur natürlich, dass sich das Klavier,
stets in engstem Zusammenhang mit dem Lied bleibend, gleichfalls
dem harmonischen Akkord, dem Gegenpol der Orgel, zuwandte.
Auf diesem Wege, die eigentlichen Grundlagen seines Wesens zu
erkennen, wurde das Klavier noch entschiedener fortgetrieben
durch die ausschlaggebende Macht, die von der Laute auf die
weltliche Instrumentalmusik seit etwa der Mitte des 16. Jahrhunderts ausgeübt wurde. Wo man Lieder sang oder zum Tanze
aufspielte, immer war es in erster Linie die Laute, deren man
sich zur Ausführung der Musikbegleitung bediente. Ob Hoch
oder Niedrig, jeder erachtete damals die Pflege des Lautenspiels
im häuslichen Kreise fast als ein Gebot des guten, gesellschaft-
lichen Tons; die Verbreitung des Klavierspiels in heutiger Zeit
ist etwa annähernd damit zu vergleichen. Die Laute aber, in
ihren Liedübertragungen und im Gebrauch der Koloraturen
ursprünglich der »Organistisch art«[1]) folgend, kam gleich dem

---

[1]) Siehe den Titel zum 2. Teil von H. Newsidler's Lautenbuch (1556)

Lied sehr bald zu akkordischer Behandlung hin [1]. In diesem Sinne war sie mit der Herbeischaffung ihrer Litteratur, mit der Normierung ihrer Kompositionsformen und ihrer eigenen Spieltechnik bereits fertig geworden, als das Klavier sich eben zu den ersten Schritten dazu anschickte. Da das Klavier wie die Laute seinen Wirkungskreis in der Häuslichkeit suchte, da beide bezüglich ihrer Litteratur und ihrer Klangfähigkeit völlig übereinstimmten, so war es gleichfalls nur natürlich, dass das aufstrebende Klavier, soweit es sich um weltliche Musik handelte, von dem Wesen der herrschenden Laute sich aneignete, was ihm zusagte und förderlich sein konnte. Schon bei Ammerbach kontrastiert denn auch das harmonische Wesen der Lieder und Tänze ziemlich scharf gegen die kirchlichen Orgelstücke. Noch krasser tritt der Gegensatz in der Tabulatur Nörmiger's und in den drei anderen oben genannten Handschriften hervor. Während die oben liegende Melodie sich frei entfaltet und mit mannigfachen, bunten Koloraturen ihr Spiel treibt, sind die früheren kontrapunktischen Gegenmelodien zu einfachen Akkorden zusammengeschrumpft, die hier und da der Melodie Stütze und Halt geben. Alle diese Stücke hier tragen so unverfälscht das typische Gepräge der Lautenmusik zur Schau, dass man auf Grund der musikalischen Beschaffenheit allein schwerlich feststellen könnte, für welches Instrument sie bestimmt seien; Titel und Notation beseitigen erst den Zweifel.

Mit der Eigenart des Lautensatzes gingen aber noch gewisse Formenprinzipien auf das Klavier über, die, da sie in gleicher Weise weder im Gesange noch bei der Orgel üblich waren, am positivsten den entscheidenden Einfluss der Laute auf die Gestaltung des Klavierstiles erweisen. Das deutsche Tanzlied in der zweiten Hälfte des 16. Jahrhunderts besass wohl die Eigentümlichkeit, dass ihm ein »Nachtantz« folgte, der in der Taktart von seinem Haupttanz abwich, aber dessen melodischen und harmonischen Grundstoff deutlich hörbar beibehielt. Tanz und Nachtanz standen im Verhältnis zu einander, wie Thema und Variation in anderem Takte. Viel früher vorhanden und ausgedehnter im Gebrauch war dasselbe Verhältnis jedoch beim Lautentanz, den nun das Klavier übernahm. Hier korrespondieren als zusammengehörige Paare Passomezzo und Saltarello, Paduana und Gagliarda, deutscher Tanz und »Sprungk drauff, Nachtantz, Proportz oder Kehrab«. Das deutsche Lied liess dies Prinzip der rhythmischen

---

[1] Nähere Ausführungen über diesen Punkt findet man bei E. Radecke, Das deutsche weltliche Lied in der Lautenmusik des 16. Jahrhunderts (Vierteljahrsschr. f. M. 1891, S. 285 ff.).

Variation nach dem Aufkommen der italienischen Monodie ungenützt wieder fallen, in der Klaviersuite des 17. Jahrhunderts lebte es jedoch als ein wichtiger Faktor für das Wesen dieser Form weiter. Auch das Prinzip der **melodischen Variation** verdankten die Koloristen der Lautenmusik. Hier, nicht in der Praxis des Gesanges, auch nicht bei der Orgel, fanden sie Vorbilder für das Verfahren, kurze Tanzstücke oft hintereinander zu wiederholen, doch so, dass bei jeder Wiederkehr sich nur die harmonische Grundstruktur gleich blieb, die obenliegende Melodie dagegen mit anwachsender Steigerung der Beweglichkeit in schweifende Koloraturen zerlegt wurde, die gleichwohl die Haupttöne der ursprünglichen Melodie noch deutlich heraushören liessen. Auch diese Art der Variation blieb in der Folgezeit ein Hauptausdrucksmittel des Klaviers.

Diese enge Anlehnung der Koloristen an die Formen und den Stil der Lautenmusik erklärt nun endlich einen Punkt, auf den hauptsächlich gestützt man bisher der Koloristenperiode eine künstlerische Bedeutung absprechen zu dürfen glaubte, nämlich ihre Sorglosigkeit gegen allen Anstand des reinen, regelrechten Satzes eines Palestrina oder Orlando Lasso. Quinten- und Oktavenfolgen zu vermeiden galt als erstes Gesetz kontrapunktischer Stimmführung; wurden solche Fortschreitungen aber einmal durch den Zusammenklang bedingt, so musste man durch Stimmenkreuzung den Anstoss zu beseitigen wissen. Sowohl im schriftlichen Bilde, wie in lebendiger Ausführung durch Sänger wurden also solche Parallelen wesentlich gemildert oder verdeckt. Die Quinten- und Oktavenfortschreitungen aber, selbst wenn sie im Stimmengewebe verdeckt erschienen, mussten bei den Übertragungen von Gesangsstücken auf ein Instrument ganz nackt zu Tage treten. Hier gab es kein Mittel, dem Ohre Stimmenkreuzungen deutlich zu machen und ihm so den Eindruck ganz regelrechter Quinten- und Oktavenfortschreitungen zu verwischen. Ganz und gar unmöglich war das bei der Laute wegen ihrer Notation, die nur auf Griffe, nicht auf die Wiedergabe von Stimmführung berechnet war, und wegen ihrer Applikatur, die mit nur vier Fingern zu operieren hatte. Die ganze Technik des Lautenspiels forderte also geradezu gebieterisch ein völliges Hintansetzen aller Regeln des strengen vokalen Satzes. Die Laute musste sich darauf beschränken, die Zusammenklänge, wie sie das zu übertragende Tonstück enthielt, im Grossen und Ganzen und in möglichster Fülle wiederzugeben, aber dies ohne Rücksicht darauf, ob die einzelnen Töne der Akkorde in jedem Falle auch nach den Regeln der Kunst weiter geleitet wurden. Und zu dem, was durch die Technik des Instrumentes verschuldet wurde, trat das noch hinzu, was die Anwendung der Koloratur, die bezüglich der Quinten und Oktaven an keine Vorschriften gebunden war, mit sich brachte. Wenn also die Koloristen, dem Vorbild der Lautenspieler folgend, unverzagt Dreiklangsfolgen riskierten, so waren sie sich bewusst, damit nichts zu thun, was in den weiten Kreisen, wo man auch die Laute schätzte, Anstoss erregen könnte. Und über den Eifer der strengen Quintenjäger wussten sie sich hinwegzusetzen, wie uns die Bemerkungen von Ammerbach und Paix lehren. Damit nahm es sogar die nächste Periode, in der ein nachhaltiger künstlerischer Schaffenstrieb wieder erwachte, noch nicht allzu genau.

Wir sind am Ende der ersten Periode des deutschen Klavierspieles angelangt. Wir haben seine Entwickelung von den ersten Schritten an der Hand der Orgelkunst bis zu den durch die Blüte des Lautenspiels hervorgerufenen Ansätzen einer selbständigen, eigenartigen Technik beobachtet. Wir haben gesehen, wie sich diese Entwickelung während eines Zeitraumes von etwa 150 Jahren in einzelnen Phasen vollzog, von denen jede an die Errungenschaften der vorhergehenden logisch anknüpfte, um darauf fussend den Weg zu neuen Gesichtspunkten zu finden. Nun, um die Wende des 16. Jahrhunderts, machen sich in Deutschland von mehreren Seiten her fremde Einflüsse geltend, die auf den von den Koloristen eingeschlagenen Entwickelungsgang belebend und fördernd einwirken, die dem deutschen Kunstschaffen einen frischen elastischen Schwung geben. Unsere nächste Aufgabe muss es also sein, bevor wir den Fortschritt in Deutschland betrachten, die Kunstübung der andern Länder, die für uns so vorbildlich wirkte, näher ins Auge zu fassen.

Zweites Kapitel.
Italien.

Wie unter den Hauptstädten Italiens Rom um die Pflege der kirchlichen Tonkunst, Neapel um die Veredelung des volkstümlichen, weltlichen Gesanges, Florenz um die Entwickelung der Monodie und des musikalischen Dramas, so hat sich Venedig, die mächtige Handelsrepublik, deren siegreiche Flotten ihr alle Reichtümer des Orients zuführten und deren lebendiger Verkehr mit allen Völkern der alten Welt Wissenschaften und Künste frühzeitig zur herrlichsten Blüte gedeihen liess, besonders um die Ausbildung der Instrumentalmusik und eines dem Charakter derselben angemessenen und von dem des Gesanges unterschiedenen Kompositionsstiles verdient gemacht. Die Organisten und Kapellmeister von der S. Marcokirche, jene seit dem 14., diese seit dem Ende des 15. Jahrhunderts in ununterbrochener Folge uns bekannt[1]), waren bedeutende Musiker, die dem Kunstleben Venedigs einen hohen Aufschwung gaben. Ihr ausgezeichneter Ruf zog eine grosse Anzahl lernbegieriger Kunstjünger herbei, die entweder als Nachfolger ihrer Meister in Venedig verblieben oder ihre erworbenen Kenntnisse nach anderen Orten des Heimatlandes hin verpflanzten.

Wie beschaffen die instrumentale Kunst der venetianischen Musiker des 14. und 15. Jahrhunderts war, dafür bietet sich nicht der geringste positive Anhalt. Zu einer Zeit, wo in Deutschland Paumann, Schlick und Hofheimer bereits den Anfang zu einem schulmässigen Betriebe der instrumentalen Spiel- und Satztechnik gemacht hatten, beschränkt sich die italienische Musikgeschichte nur auf Namen, Daten und ganz vereinzelte allgemeine Züge, Reflexe des ruhmvollen Lobes, mit dem die Venetianer ihre grossen Meister bedachten[2]). Erst im 16. Jahrhundert stossen wir auf Nachrichten, aus denen sich Schlüsse über die Bedeutung des italienischen Klavierspiels ziehen lassen. Im 16. Jahrhundert pflegten die italienischen Reichen ihre Töchter in Nonnenklöstern erziehen und in den Wissenschaften, Künsten und namentlich auch in der Musik unterrichten zu lassen. Das Lieblingsinstrument der jungen Mädchen war das Monacord. Das Spielen dieses Instrumentes galt jedoch in gewissem Sinne nicht als wohlanständig; und um es darauf zu der vollkommenen Fertigkeit der Berufsmusiker zu bringen, hielt man ein Studium von etwa zehn bis zwölf Jahren für notwendig[3]).

---

1) Ihr aktenmässiges Namensverzeichnis giebt C. v. Winterfeld (Joh. Gabrieli u. s. Zeit, I. T., S. 197 ff.).
2) Siehe darüber C. v. Winterfeld (a. a. O., I. T., S. 19 ff.) und A. G. Ritter (a. a. O., S. 8 f.).
3) Um 1529 hatte Elena, die Tochter des als Gelehrter und als Dichter berühmten Pietro Bembo, ihren Vater gebeten, an jenem Unterrichte teilnehmen zu dürfen. Bembo's schriftliche Antwort ist uns aufbewahrt worden und lautet in dem Passus über das Klavierspiel also: »Was Deine Bitte betrifft, das »Monacord« spielen lernen zu dürfen, so erwidre ich darauf, da Du es Deines zarten Alters wegen noch nicht wissen kannst, dass sich das Spielen nur für eitle und leichtfertige Frauen schickt; ich aber wünschte,

Um die Mitte des 16. Jahrhunderts endlich traten nun auch die ersten Ansätze einer instrumentalen Litteratur zu Tage. Es ist merkwürdig genug, dass der Anstoss dazu nicht von einheimischen, sondern fremden Künstlern ausging. Unter den ersten ist Adrian **Willaert** zu nennen.

W., von den Italienern sehr häufig *Messer Adriano* nur genannt, wurde um 1490 in Roesenare (*Roulers*), einem Orte an der Seeküste Flanderns, geboren[1]). Sehr jung ging er nach Paris, um die Rechte zu studieren, unterbrach aber dies Studium, um sich völlig der Musik zu widmen, darin von Jean Mouton, einem Schüler des Josquin du Près, unterrichtet[2]). Später kam er als Kapellsänger an den Hof König Ludwigs II. von Ungarn (1516 bis 1526), lebte auch eine Zeitlang in Ferrara und wurde endlich zum Kapellmeister an S. Marco erwählt. In dieser Stellung hatte er, wie auch die Organisten, den Klavierunterricht an einigen Nonnenklöstern zu erteilen. Von zwei Urlaubsreisen in die Heimat (1542, 1556) abgesehen, wirkte W. bis an seinen Tod (7. Dezember 1562) ununterbrochen in Venedig[3]). Seine hervorragende geschichtliche Bedeutung liegt hauptsächlich in der Einführung der wechselchörigen Motette und in der Veredelung der vulgären Form der italienischen Frottola zum Madrigal[4]). Das für die Instrumentalmusik wichtige Werk W.'s ist betitelt »*Fantasie, Recercari, Contrapunti a tre voci di M. Adriano & de altri Autori, appropriati per cantare & sonare d'ogni sorti di stromenti, con due Regina Coeli, l'uno di M. Adriano & l'altro di M. Cipriano sopra un medesimo canto fermo. Novamente per Ant. Gardano ristampati. In Venezia appresso di A. Gardano. 1559*[5]).« An dem Inhalt dieser, wohl hauptsächlich vom Verleger besorgten Sammlung sind ausser W. noch Antonio **Barges**, Kapellmeister der Kirche *della C'a grande* in Venedig, und der sonst nicht weiter bekannte **Jeronimo da Bologna** beteiligt.

Neben Willaert wirkte sein Landsmann Jacobus **Buus** in Venedig.

---

dass Du das liebenswürdigste und reinste Mädchen der Erde wärest. Auch würde es Dir wenig Vergnügen und Ruhm verschaffen, wenn Du schlecht spieltest. Um aber gut zu spielen, müsstest Du dieser Uebung zehn bis zwölf Jahre spenden, ohne je an etwas Anderes denken zu können. Ueberlege einmal selbst, ob sich das für Dich schicken würde. Wenn nun Deine Freundinnen wünschen, dass Du spielen lernen möchtest, um ihnen Vergnügen zu machen. so sage ihnen, Du wollest Dich vor ihnen nicht lächerlich machen, und begnüge Dich mit den Wissenschaften und mit Handarbeiten.« Siehe Caffi, *Storia della musica sacra*, Venedig 1854, I, S. 95.
1) Nach den Untersuchungen von E. Vander Straeten (*La musique aux Pays-Bas*, I, 248 ff.). Früher galt Brügge als Geburtsort.
2) Gius. Zarlino, *Le dimistrattoni harmoniche*, Venedig 1571.
3) Siehe Vander Straeten's biographische Studie über Willaert (a. a. O., VI, S. 174 ff.).
4) Näheres darüber findet man bei Winterfeld (Joh. Gabrieli u. s. Zeitalter) und Ambros (Gesch d. Mus., Bd. III).
5) Exemplar in München. Nr. 10 dieses Werkes hat Wasielewski (Gesch. der Instrumentalmusik, Beisp. Nr. 17) neu gedruckt.

Zweites Kapitel: Willaert. Buus. Bendusi. 27

Anfang des 16. Jahrhunderts wahrscheinlich in Brügge geboren als Spross einer musikalisch tüchtigen Familie, kam B. nach vorübergehendem Aufenthalt in Frankreich nach Venedig. Als hier der erste Organist an S. Marco, Bald. da Imola starb, wurde B. unter den zahlreichen Bewerbern fast mit Einstimmigkeit als der grösste Virtuos bezeichnet und ungeachtet einiger, gegen ihn angezettelter Intriguen 1544 erwählt. 1550 nahm er Urlaub, um in dringenden Geschäften seine Heimat aufzusuchen, kehrte aber, als die bewilligten vier Monate verstrichen waren, nicht wieder zurück. Die Kirchenvorsteher liessen ihn nun durch den venetianischen Gesandten in Wien, wo also B. augenscheinlich verweilte, an die Rückkehr erinnern. B. stellte darauf Gehaltserhöhung als Bedingung hin. Die Vorsteher mochten diese aber nicht bewilligen und wählten 1554 Girol. Parabosco, einen Schüler Willaert's, zu B.'s Nachfolger. So blieb B. in Wien, wo er den Kapellisten gemäss 1553—1564 als Hoforganist wirkte. Man weiss nicht genau, ob er 1564 starb oder ob er in diesem Jahre noch anderswohin wanderte[1]. Ausser Motetten und Madrigalen veröffentlichte er auch Instrumentalwerke, von denen jedoch nur eins erhalten geblieben ist: »*Ricercari da cantare & sonare d'organo & altri stromenti*«, Venedig, A. Gardano, 1547[2].

Neben den Werken von Willaert und Buus sind noch zwei von dem berühmten venetianischen Musikverleger A. Gardano veranstaltete Sammlungen typische Vertreter des Klavierspiels um 1550. Ihre Titel lauten:

»*Intabolatura nova di varie sorte de balli da sonare per arpichordi, Clavicembali, Spinette, & Manochordi, raccolti de diversi Eccellentissimi Autori, novamente dati in Luce, & per Antonio Gardano con ogni diligentia stampata. Libro primo. In Venetia appresso di A. Gardano. 1551*[3].«

und

»*Opera nova de Balli di* Francesco Bendusi *a quattro accomodati da cantare & sonare d'ogni sorte de stromenti novamente dati in luce. In Venetia appresso di A. Gardano. 1553*[4]«

Fassen wir die Erstlinge der italienischen Instrumentallitteratur näher ins Auge. Mit Ausnahme der Sammlung Gardano's von 1551 sind alle angeführten Werke in erster Linie für den Gesang, in zweiter für Instrumente bestimmt (*accommodati da*

---

1) Siehe die ausführlichen Forschungen von E. Vander Straeten (a. a. O., VI. S. 269 ff.).
2) Exemplar in München. Nr. 4 daraus ist von v. Wasielewski (Gesch. d. Instrumentalmusik, Beisp. 18) und Nr. 2 von R. Schlecht (Gesch. d. Kirchenmusik, Regensburg 1871, S. 360) veröffentlicht worden.
3) Exemplar in Bologna (*Liceo musicale*) vorhanden nach Angabe Wasielewski's (a. a. O., S. 127), aber in dem grossen Kataloge von Gaspari-Torchi nicht genannt. Wasielewski (Beilage Nr. 29) teilt zwei Stücke mit, das eine davon, *Venetiana Gagliarda*, aber auffälliger Weise im ₵-Takt (statt 3/2).
4) Exemplar in München. Zwei Stücke giebt Wasielewski (Beilage Nr. 30).

cantare & sonare d'ogni sorte de stromenti). Zum Gebrauche für die Sänger sind sie denn auch in einzelnen Stimmheften, wie Vokalwerke, gedruckt. Den Instrumentisten blieb es überlassen, sich daraus eine Art Partitur der Stücke in der ihnen geläufigen Tabulatur herzustellen.

Die Tabulatur der italienischen Orgel- und Klavierspieler um die Mitte des 16. Jahrhunderts bediente sich nicht, wie die deutsche, der Tonbuchstaben, sondern der Notenformen und der Linien, wie sie in der Mensuralmusik üblich waren. Man kannte verschiedene Verfahren, den gleichzeitigen Verlauf mehrerer Stimmen in einem für den Spieler übersichtlichen Bilde darzustellen. Erstlich nahm man ein System von soviel Linien, als für das zu intavolierende Stück notwendig waren, bezeichnete durch Vorsetzung der fünf Hauptschlüssel (*claves signatae*) die tonliche Bedeutung der Linien und Zwischenräume und besorgte danach das Eintragen der verschiedenen Stimmen[1]. Für den Druck war dies Verfahren jedoch nicht geeignet. Späterhin spaltete man das eine, 10- oder mehrlinige System in zwei von je 5 bis 8 Linien und gewann so die Möglichkeit, die Griffe der rechten und linken Hand deutlich von einander zu sondern. In der Anwendung des Kupferstichs für den Musikdruck fand dazu 1586 Simone Verovio ein bequemes Vervielfältigungsmittel[2]. Dies Verfahren, sowie ein drittes, die Stimmen auf einer entsprechenden Anzahl von Liniensystemen einzeln partiturförmig untereinander anzuordnen[3], blieben fortan für Orgel und Klavier vorzugsweise im Gebrauch. Nur in einzelnen Fällen, wie bei der Gardano'schen Sammlung von 1551, ist die italienische Lautentabulatur für Klavier benutzt worden.

Wie im Druck, so zeigt sich auch in der Kompositionsweise das vorbildliche Muster des Gesangstiles. Die Melodiebildung und das Zusammengehen der Stimmen erscheinen durchaus den Gesetzen der Vokalmusik unterworfen. Nicht ein Moment ist zu finden, das einen instrumentalen Charakter verriete. Es handelt sich eben um Vokalkompositionen, die auch gespielt werden sollen und können.

»Was kann das nun für eine Musik sein, die sich auf kein bestimmtes Ausdrucksmittel stützt? ‚Zum Singen' mit beliebigem Text ‚und zum Spielen auf allerlei Instrumenten' können nur Tonsätze von vollkommener Gleichgiltigkeit dienen. Wer überall

---

[1] Siehe H. Bellermann (Der Kontrapunkt, 2. Aufl., Berlin 1877, S. 58) und H. Riemann (Studien zur Gesch. d. Notenschrift, Leipzig, Breitkopf & Härtel, 1878, S. 183 und Taf. IX).
[2] Es wurde im *Diletto spirituale, Canzonette a 3 et 4 voci*, Rom 1586, zuerst angewendet; s. Fr. Chrysander (Allg. Musikalische Ztg., Leipzig, 1879, Nr. 11—16) und H. Riemann (Anhang zur Festschrift der Firma C. G. Röder, Leipzig 1896, Tafel V).
[3] Dies geschah zuerst in dem Werke »*Tutti Madrigali di Cipriano di Rore a quattro voci, spartiti et accommodati per sonar d'ogni sorte d'Instrumento perfetto*«, Venedig, Angelo Gardano, 1577.

in der Welt zu Hause ist, hat im Grunde keine Heimat« [1]). Dem äusseren, eben geschilderten Eindruck mag dies Urteil über die Leistungen eines Willaert wohl entsprechen, aber nicht den thatsächlichen inneren Verhältnissen. Adrian Petit Coclicus, ein Schüler des Josquin du Près, führt einmal [2]) aus: »Das Erste, was von einem guten Kompositoren verlangt wird, ist: dass er verstehe, kontrapunktische Melodien aus dem Stegreif zu singen« (*contrapunctum ex tempore canere*). Ein solcher Meister des extemporierten Kontrapunkts war nun Willaert [3]), und nicht er allein, sondern überhaupt die italienischen Musiker seiner Zeit. Ein Komponist befleissigte sich damals nur, die Noten gemäss den Forderungen der harmonischen Regeln zu setzen, aber der Ausführende war verpflichtet, das Geschriebene oder Gedruckte durch improvisiert beigefügte Ornamente, durch Koloraturen und Diminutionen erst ausdrucksvoll zu gestalten. Dies galt sowohl für den Sänger, als für den Spieler [4]). Wie kann man also aus der einfachen Partitur der Stücke von Willaert, Buus u. s. w. ihren Wert für die Instrumentalmusik ermessen, wenn man die eigenartige Thätigkeit der im Moment des Vortrages frei hinzukomponierenden Musiker ausser Acht lässt, wenn man vergisst, dass die Partitur uns gar nicht ein Abbild der wirklichen Klänge giebt?

Bei einem Werke wie Gardano's Sammlung von 1551, die für das Klavier allein bestimmt ist, sind wenn nicht alle, so doch die hauptsächlichen instrumentalen Verzierungen angedeutet. Da eine solche Andeutung bei den übrigen Werken, die für Gesang oder Instrumente bestimmt waren, unterblieb, so folgt daraus, dass der Ausputz des musikalischen Grundrisses in beiden Fällen wohl nicht in gleicher Weise vorgenommen wurde. Die Improvisationskunst der Sänger musste sich der Bedeutung des zu singenden Textes fügen; ihre Koloraturen waren musikalische Accente der durch ihren Sinn hervorstechenden Worte [5]). Die Spieler, die auf einen Text keine Rücksicht zu nehmen brauchten, verfielen naturgemäss darauf, je nach ihrer individuellen Erfindungskraft den Koloraturen einen freieren Zug und grösseren Raum zu geben. Das Regulativ für die gespielten Verzierungen konnte nur ein rein musikalisches sein, es hiess Beachtung der Tonfähigkeit des

---

[1]) A. G. Ritter (a. a. O., S. 11).
[2]) *Compendium musices*, Norimbergae 1552, auf Bogen Ly.
[3]) Fr. Chrysander, Lod. Zacconi (Vierteljahrsschr. f. Mus., 1891, S. 539 f.).
[4]) C. Krebs, Girol. Diruta's *Transilvano* (Vierteljahrsschr. f. Mus., 1892, S. 371 ff.).
[5]) Fr. Chrysander, L. Zacconi (Vierteljahrsschr. f. Mus., 1893, S. 263).

jeweilig behandelten Instrumentes. Am wenigsten bedurfte die
Orgel mit ihren andauernden Tönen der virtuosen Nachhilfe, in
höherem Masse aber das leicht verhallende Klavier und noch
stärker die Laute, der doch bis zu einem gewissen Grade die
harmonische Fülle des Klaviers abging. Dass man nun die musikalische Ornamentik, deren Wesen in jedem Falle sich gleich
blieb, thatsächlich je nach dem Umfang und der Häufigkeit ihrer
Anwendung als vokal oder instrumental empfand, werden wir
später durch eine bedeutsame Geschichtsquelle vom Ende des
16. Jahrhunderts bestätigt finden. Aus diesen Anschauungen der
Zeit heraus, nicht aus den dürren Worten der Titel, gewinnen
wir also den richtigen Massstab für eine objektive Würdigung
der Werke hinsichtlich ihrer instrumentalen Bedeutung.

  Willaert, Buus und Bendusi wählten die einfachste Form
des Stimmendrucks für ihre Werke, da diese mehreren musikalischen Zwecken zu dienen bestimmt waren, für den Gesang und
für das Instrumentenspiel, diejenige Form, die beiden Kunstübun-
gen die gemeinsame Grundlage war, auf der aber Beide in verschiedener Weise aufbauten. Der Umstand nun, dass es in Italien
nicht nötig war, den Spielern alle Ornamente vorzuschreiben,
lässt uns deutlich den Unterschied zwischen der Kunstfertigkeit
der Italiener und derjenigen der Deutschen erkennen. Die Italiener
waren geborene Meister der Koloratur, die ihnen dermassen in
Fleisch und Blut übergegangen war, dass sie in jedem Augenblick mit Geschick und Geschmack, ohne immer besonderer Direk-
tiven zu bedürfen, damit operieren konnten. In Deutschland, wo
diese Kunst nicht heimisch war, standen die Musiker auch nicht
auf gleicher Höhe der Fertigkeit. In der ganzen Zeit von Paumann bis zu den Koloristen zeigten sich die deutschen Organisten
bestrebt, ihren Mangel an freiem Improvisationstalent durch vorherige sorgfältige Ausarbeitung aller Schnörkel und Verzierungen
auszugleichen. In dem schlichten Aussehen der Partitur jener
italienischen Werke haben wir also nicht ein Anzeichen dafür zu
erblicken, dass es den alten Meistern an instrumentalem Sinn
und Ausdrucksvermögen gebrach, sondern im Gegenteil den Beweis, dass bei ihnen die Abhängigkeit von der Gesangskunst mit
einer viel grösseren Freiheit des Instrumentenspiels gepaart war,
als wir in derselben Periode bei den Deutschen vorfanden.

  »Zu spielen auf allerhand Instrumenten« — diese Bestimmung
konnte doch nur auf Instrumente abzielen, die zur Wiedergabe
polyphoner Stücke überhaupt fähig waren: d. h. von Tasteninstrumenten die Orgel und das Klavier mit ihren Abarten und von
Zupfinstrumenten die Laute. Alle übrigen Instrumente fanden

bloss eine melodische, keine akkordliche Behandlung und kamen deshalb erst in zweiter Linie in Betracht. So nennt denn auch Buus ausdrücklich die Orgel und Gardano (1551) das Klavier als Tonwerkzeug. Und ferner applizierte man nicht ein und dasselbe Stück auf alle möglichen Instrumente, sondern man machte dabei Unterschiede, die die Natur der Verhältnisse nahe legte. Die Tänze und Übertragungen weltlicher Gesänge (Gardano 1551) sind dem Klavier allein zugewiesen; sie haben mit der Kirchenorgel nichts zu schaffen. Wenn aber in Italien so gut wie anderwärts einmal gelegentlich der Missgriff gethan wurde, in der Kirche weltliche Stücke zu spielen, so stellte die Strenge des Kirchenregiments das liturgische Taktgefühl doch bald wieder her[1]). Die Fantasien, Ricercari und Kontrapunkte gehören dagegen hauptsächlich auf die Orgel (Buus); an diesen Formen nimmt aber, sofern sie nicht ausgeprägt kirchlichen Charakter tragen, auch das Klavier Teil. Wir stossen also hier auf dieselbe Unterscheidung zwischen der kirchlichen Orgel und dem häuslichen Klavier und auf dieselbe Gemeinsamkeit beider in den vom Choral wie vom Tanz unabhängigen Formen, die wir bei den Deutschen bereits bemerken konnten.

Die Erkenntnis der gemeinsamen Züge, die dem Anfangsstadium sowohl der deutschen, wie der italienischen Instrumentalmusik aufgeprägt sind, schärft nun auch den Blick, ihre wesentlichen Unterschiede wahrzunehmen. Der künstlerisch reiferen Anwendung der Koloraturen seitens der Italiener ist schon gedacht worden. Nächst dem fällt bei ihnen die viel tiefer gehende Scheidung des Klaviers von der Orgel auf. Bei den Deutschen bahnte sich erst seit Ammerbach (1571) ein von der Laute begünstigter, selbständiger Klavierstil an; doch blieb dabei äusserlich der Zusammenhang mit der Orgelmusik bestehen, wie man an dem buntwechselnden Inhalt der Tabulaturen ersieht. Bei den Italienern aber steht gleich zu Anfang die Klaviermusik sicher auf eigenen Füssen. Was ihr allein gebührt, teilt sie nicht erst noch mit der Orgel (Gardano, 1551). Und mit seiner Art zu intavolieren, auf eine zierlich bewegte Oberstimme vorerst zu achten, die Polyphonie der Begleitstimmen auf volle Griffe einzuschränken, die nur die Folge der Grundharmonien festhalten, und schliesslich das Schwergewicht auf Tanzformen, wie Passamezzo,

---

1) Das Tridentiner Konzil (1545—1563) beschloss in der 22. Sitzung: *Ab Ecclesia musicas eas, ubi sive organo, sive cantu lascivum aut impurum aliquid miscetur, ... arceant.*

Gagliarda, Pavana, Saltarello, zu verlegen, stellt sich das Klavier von vornherein auf die Seite der Lautenmusik. Am auffälligsten und zugleich geschichtlich am wichtigsten ist nun endlich der Vorsprung, den die Italiener vor den Deutschen in der Ausbildung freier Instrumentalformen gewonnen haben. Die doppelte kirchliche Funktion der Orgel, zwecks sicherer Intonation selbständig zu präambulieren und andererseits mit den Sängern zu alternieren, hatte in Deutschland zwei Formen gezeitigt: das musikalisch ziemlich unbedeutende Präambulum und die mannigfaltige Choralbearbeitung, welch letztere in der zweiten Hälfte des 16. Jahrhunderts von der kolorierten Motette abgelöst wurde. Dass die italienischen Organisten in der Kirche die gleichen Aufgaben zu erfüllen hatten, geht aus dem Inhalte der Werke von Willaert und Buus hervor. Die *Contrapunti* beruhen auf der Umkleidung einer als *canto fermo* benutzten geistlichen Melodie durch zwei Gegenstimmen, die sich wechselseitig imitieren, entsprechen also den deutschen Choralbearbeitungen, wie sie schon von Paumann, Schlick und Hofheimer gelehrt und geübt wurden. Das von Kirchenmelodien unabhängige, selbständige Orgelspiel dagegen zeigt sich uns nicht in der Dürftigkeit kurzer Präambeln, sondern in Gebilden von grösserer Ausdehnung, die in ihrem Bau bereits feste Formengesetze befolgen, in den **Fantasien** und **Ricercaren**.

Mit dem Namen Fantasie und Ricercar bezeichnete man i.. 16. und 17. Jahrhundert nicht allgemein dieselben musikalischen Formen. Ganz absehen muss man von der Bedeutung dieser Begriffe in der Lautenmusik. Denn deren sehr oft dilettantische Vertreter kümmerten sich anscheinend wenig um das Zutreffende der Formennamen; sie waren zufrieden, überhaupt solche zu haben. Auch in der Orgel- und Klaviermusik behielten aber die Bezeichnungen nicht fortdauernd denselben ursprünglichen Sinn; dieser musste sich je nach der Entwickelung, die mit den Formen in den verschiedenen Ländern und unter der Hand verschiedener Komponisten vorging, mannigfaltig modifizieren. Mich. Prätorius definiert nun die beiden ormen mit folgenden Worten[6]):

»*Fantasia, Capriccio.*«

Wenn einer nach seinem eignem *plasier* vnd gefallen eine *Fugam* zu *tractiren* vor sich nimpt, darinnen aber nicht lang *immoriret*, sondern bald in eine andere *fugam*, wie es ihme in Sinn kömpt, einfället: denn weil ebener massen, wie in den rechten Fugen kein Text darunter gelegt werden darff, so ist man auch nicht an die Wörter gebunden, man mache viel oder wenig, man *digredire, addire, detrahire,* kehre vnd wende es wie man wolle. Vnd kan einer in solchen *Fantasien* vnd *Capriccien* seine Kunst vnd *artificium* eben so wol sehen lassen: Sintemal er sich alles dessen, was in der *Music*

---

1) *Syntagma musicum*, Bd. III, 1619, S. 21.

tollerabile ist, mit bindungen der *Discordanten, proportionibus* &c. ohn einigs bedencken gebrauchen darff; doch dass er den *modum* vnd die *Ariam* nicht gar zu sehr vberschreite, sondern in *terminis* bleibe.

Fuga: Ricercar.

Ricercare: mit fleiss erforschen, vnd nachsuchen, dieweil in tractirung einer guten Fugen mit sonderhabrem fleiss vnd nachdencken aus allen winckeln zusammengesucht werden muss, wie vnd vff mancherley Art vnd weise dieselbe in einander gefügt, geflochten, *duplirt, per directum et indirectum seu contrarium*, ordentlich, künstlich vnd anmuhtig zusammen gebracht, vnd biss zum ende hinausgeführt werden könne.«

Fast hundert Jahre später erklärte dagegen der Italiener Dom. Scorpione[1]): Ricercare sei nichts anderes, als zwei oder mehr Stimmen einzuführen, die man wechselweise sucht, was natürlich nur mit Imitationen, mit mehreren kontrapunktischen Motiven, mit einem bunten Durcheinandergehen der Stimmen und mit sonstigen kontrapunktischen Kunstgriffen möglich ist; das sei die wahre Art des Ricercars.

Fantasie und Ricercar haben in des Prätorius Erklärung das eine Merkmal gemeinsam: die künstliche und möglichst vielseitige Behandlung des Themas. Ihren Unterschied macht die Anzahl der Themen aus; das Ricercar habe nur eines, die Fantasie aber mehrere. Scorpione dagegen erkennt das Wesen des Ricercars gerade in der Ausarbeitung mehrerer Themen (soggetti); sein Ricercar läuft also der Fantasie des Prätorius parallel. Dass dieser Widerspruch nicht durch die musikalische Praxis selbst, sondern durch einen Irrtum des Prätorius hervorgerufen ist, wird die folgende Darstellung zeigen.

Die Ricercari von Buus, zeitlich den Willaert'schen Kompositionen vorangehend, weisen bis auf eine Ausnahme alle diejenige Kunstform auf, die Michael Prätorius als Fantasie bezeichnet. Sie setzt sich aus einer Reihe lose an einander gehängter oder in einander verschränkter Abschnitte zusammen, die für sich je ein besonderes Motiv fugenartig behandeln. Die Anzahl der Abschnitte scheint keiner Regel unterworfen zu sein, so wenig wie eine innere Beziehung oder Verwandtschaft der einzelnen Abschnittmotive als zum Wesen der Form gehörig erkennbar ist. Auch kommt es nicht auf ein strenges Festhalten an der ersten Gestalt des Motivs an; dieses erscheint vielmehr gelegentlich auch in verlängerten oder verkürzten Werten und im Rhythmus verschoben. Das eine Ricercar[1]) weicht nur insofern von dem geschilderten Formprinzip ab, als es von Anfang bis zu Ende an nur einem Hauptthema festhält und aus und an ihm die verschiedenen kontrapunktischen Möglichkeiten zu entwickeln sucht. Dies

---

1) »*Ricercare non è altro, se non introdurre due, è più parti, le quali scambievolmente si ricerchino, il che non si può fare, senza qualche imitatione, con più soggetti, con rivoltamenti delle parti, e con altri artefìciosi Contrapunti, ch'è il vero modo di ricercare.*« Siehe C. Krebs, G. Diruta (Vierteljahrsschr. f. M. 1892, S. 376, Anm.).

2) Nr. 4; es ist das von Wasielewski mitgeteilte Stück.

Stück wäre also nach des Prätorius Auffassung ein Ricercar in eigentlichem Sinne, nach unserer eine Fantasie.

Der Titel von Willaert's Werk nennt ausser den bereits charakterisierten *Contrapunti* Fantasien und Ricercari als den Inhalt. Von den einzelnen Stücken ist freilich nicht angegeben, ob sie der einen oder andern Gattung angehören sollen; aber sie tragen, bei genauerer analytischer Prüfung, dasselbe formale Gewand, wie die Buus'schen Stücke. Am häufigsten zeigt sich die Folge locker aneinander gereihter Motive, die abschnittweise fugiert werden, in geringerem Masse aber das Bestreben, die musikalischen Grundgedanken aus einem Kern zu entwickeln, sie in erkennbaren melodischen Zusammenhang zu bringen. Analog den Buus'schen Formen werden wir also auch in dem Willaert'schen Werk die Aneinanderkettung mehrerer, verschiedenartiger fugierter Themen als Wesen des Ricercars, in dem Streben dagegen nach einem einheitlichen motivischen Leitfaden das Prinzip der Fantasie zu erblicken haben. Das ist wiederum das Gegenteil von dem, was Prätorius erklärt.

Diesen ersten Anfängen folgte nun in Italien eine an bemerkenswerten Einzelheiten überaus reiche geschichtliche Entwickelung der Spieltechnik und Kompositionsgattungen der kirchlichen Orgel sowohl, wie des häuslichen Klaviers. Diese Entwickelung Schritt für Schritt zu verfolgen, kann hier nicht unsere Aufgabe sein.[1]) Es wird genügen müssen, die Hauptvertreter der einzelnen Phasen kennen zu lernen, aus deren Hand die italienische Klaviermusik jenes typische Gepräge empfing, das auch manchen Musiker von fremder Nationalität zur Nachahmung reizte. Wiederum sind es Musiker Venedigs, die wir die Höhepunkte der Musikgeschichte einnehmen sehen; vorerst Andrea **Gabrieli**.

<small>G., in den ersten Jahrzehnten des 16. Jahrhunderts in Venedig geboren, war ein Schüler Willaert's, wurde 1536 Sänger und am 30. September 1556 Organist an der zweiten Orgel zu S. Marco in Venedig. Hier wirkte er, bis er hochbetagt 1586 starb. Vorübergehend war er auch einmal anlässlich der Krönung Maximilians II. 1562 in Deutschland zugegen gewesen[2]). Seine bedeutendsten Schüler waren sein Neffe Gio. Gabrieli, der Deutsche H. L. Hassler und der Holländer Sweelinck. Wie durch seine Vokalwerke und durch die Schöpfung der Instrumental-*Suonata*, ist G. auch durch seine Orgel- und Klavierkompositionen wichtig. Von letzteren sind folgende erhalten: 1) »Ricercarj di A. G. ... composti & tabulati per ogni sorte di stromenti da tasti, novamente stampati & dati in luce. Libro secondo. In Venetia</small>

<small>1) Einen kurz skizzierten, noch sehr der Spezialforschung bedürftigen Überblick darüber bietet A. G. Ritter (a. a. O., I, S. 18 ff.).
2) A. Sandberger, Historische Anmerkungen für das Programmbuch. des .. Festkonzerts zu Ehren Lasso's (Separatabdruck, München 1894, S. 3)</small>

Zweites Kapitel: Andrea Gabrieli.

appresso Angelo Gardano. 1585.«¹) (Darin 11 Ricercari von Andrea, 2 von Gio. Gabrieli.) 2) »*Concerti di Andrea, et di Gio: Gabrieli ... Continenti Musica di Chiesa madrigali, & altro, per voci & stromenti Musicali. Novamente dati in luce. Libro primo & secondo. In Venetia appresso Ang. Gardano. 1587.*«²) (darin 1 *Ricercar per sonar*). 3) »*Madrigali et Ricercari di A. G. a quattro voci, novamente stampati & dati in luce. In Venetia, appresso Ang. Gardano. 1589.*«³) 4) »*Il terzo libro de Ricercari di A. G. ... Insieme uno Motetto, due madrigaletti & uno capriccio sopra il Pass' è mezo Antico, in cinque modi variati, & tabulati per ogni sorte di stromenti da tasti. Novamente stampati, & dati in luce. In Venetia appresso Ang. Gardano. 1596.*«⁴) Der zweite Druck eines 1571 erschienenen Werkes 5) »*Canzoni alla Francese per sonar sopra istromenti da tasti; tabulate da .. A. G. ... Con uno madrigale nel fine & uno capriccio a imitatione bellissima. Novamente date in luce. Libro sesto & ultimo. In Venetia, appresso Ang. Gardano, 1605.*«⁵) 6) »*Intonazioni d'organo di A. G. et di Gio: suo nipote .. composte sopra tutti li dodici toni della musica. Novamente stampate & poste in luce. Libro primo. In Venetia appresso Ang. Gardano. 1593.*«⁶) (Darin 8 *Intonazioni* und 4 Toccaten von Andrea, 11 *intonazioni* von Gio. Gabrieli.) Einzelne Stücke gingen in spätere Sammlungen über: 5 Toccaten in den ersten Teil von Girol. Diruta's »*Transilvano*« (1597), 8 Intonationen, 2 Toccaten, 1 Canzona alla Francese in das Tabulaturbuch B. Schmid's d. J. (1607)⁷), 1 Canzona in den dritten Teil der Woltz'schen Tabulatur (1617). Die Intonationen stehen endlich noch in einer 1617 vollendeten, auf dem Rücken das »*Gabrieli Musicalia*« bezeichneten Handschrift italienischen Ursprunges.⁸) Von diesem reichen Bestande ist nur weniges durch Neudruck allgemein zugänglich gemacht worden.⁹)

Das Ricercar A. Gabrieli's weist im Prinzip dieselbe Form auf, wie das seiner venetianischen Vorgänger; es sind mehrere, nicht verwandte Motive, die darin nach einander einer fugierten Behandlung unterworfen werden (1., 2. und 4. Werk). Es sind jedoch auch hier zuweilen Züge bemerkbar, die an das Wesen der Fantasie streifen. In einem Ricercar¹⁰) wird nur ein Thema bearbeitet, doch so, dass in der Mitte des Stückes durch vierfache

---

1) Exemplar in Bologna, *Liceo musicale*. Eine Ausgabe von 1575 besitzt die Baseler Universitäts-Bibliothek.
2) Exemplare in Regensburg, Wien, Frankfurt a. M., Augsburg, Treviso, Bologna.
3) Exemplar mit allen Stimmen in Basel.
4) Exemplare in Bologna und Basel.
5) Exemplare in Bologna und Augsburg.
6) Exemplare in Bologna und Basel.
7) Bei den Intonationen hat Schmid die beiden Gabrieli verwechselt; er schreibt Andrea zu, was dem Giovanni gebührt, und umgekehrt.
8) *Ms. fol.* 888 der Lütticher Universitäts-Bibliothek, beschrieben von A. G. Ritter (a. a. O., I, S. 48 f.); vergl. aber Werke J. P. Sweelinck's, Deel I, deutsch. Vorwort, S. IV.
9) Siehe v. Wasielewski (a. a. O., Beilage, Nr. 20, 22, 23, 24, 25, 27, 28), woher A. G. Ritter (a. a. O., II, Nr. 1) geschöpft hat. Dem Erstgenannten ist auch die ausführlichste Nachricht von A. Gabrieli's Werken zu danken (a. a. O., S. 187 ff.).
10) Wasielewski's Beispiel Nr. 20.

und dann durch doppelte Verlängerung zwei neue entstehen. Die Form gewinnt dabei durch die deutlich ins Ohr fallende Dreiteiligkeit an Abrundung und Übersichtlichkeit. Eine ähnliche Wirkung erreicht ein anderes (2. Werk), das am Schlusse das erste Thema mit seiner ganzen Durchführung wiederholt. Dieses Stück ist übrigens der älteste litterarische Vertreter des konzertierenden Spiels auf zwei Instrumenten. Die Organisten an S. Marco, Annibale Padovano (1552—1556) und Girolamo Parabosco (1551—1557), pflegten nämlich, durch die doppelchörigen Motetten darauf geführt, bei feierlichen Gelegenheiten auch auf beiden Orgeln konzertierend zu spielen[1]), ein Gebrauch, den ihre Nachfolger A. Gabrieli und Claudio Merulo fortsetzten[2]).

Ein typisches Beispiel für die Fantasieform ist die *Fantasia Allegra*[3]). Auf die Durchführung des Themas

folgt ein kleinerer zweiter Abschnitt über die freie, nicht intervallgetreue Umkehrung des Themas in dieser Gestalt

Im dritten Abschnitt gesellt sich endlich dazu ein drittes Motiv, das weiter nichts als die kolorierte Umkleidung des zweiten ist, wie man sieht

Neben dem Ricercar und der Fantasie treten uns bei A. Gabrieli zwei neue Formen entgegen, Intonation und Toccata, die in eigentlichem Sinne dem deutschen Präludium entsprechen. Sie haben zweifellos auch vorher schon lange existiert, waren

---

[1] »*Hannibal Patavinus primus author fuit illorum concentuum, quibus postea utraque praeclara et eximia illa organa basilicae Sancti Marci, uno eodemque tempore pari, quod mira quadam consonantia ac suavitate pulsantur. Qui quidem concentus tum demum summa cum aurium iucunditate, atque animi oblectatione longe gratius auditur, quum ipse princeps cum universo senatu in purpura hoc templum Nativitatis, vel Resurrectionis Dominicae, sacratissimisve diebus aliis summa cum veneratione supplex ingredit;«* s. Scardeoni *(De antiquitate urbis Patavii*, Basel 1560, S. 264) und auch Winterfeld (Joh. Gabrieli, II, S. 112 f.).
[2] C. Krebs (Vierteljahrsschr. f. M. 1892, S. 345 f.).
[3] Wasielewski's Beisp. Nr. 22.

jedoch anfänglich nur formlose Gebilde kleineren Umfanges, aus dem Augenblick heraus improvisiert. Nunmehr, im vorgerückteren Stadium der Entwickelung, gewinnen sie auch eine eigene musikalisch-litterarische Bedeutung.

Mich. Prätorius[1]) definiert die Toccata als »ein Praeambulum oder Praeludium, welches der Organist, wenn er erstlich vff die Orgel oder Clavicymbalum greifft, ehe er ein Mutet oder Fugen anfebet, aus seinem Kopf vorher fantasirt, mit schlechten entzelen Griffen, vnd Coloraturen, &c. Einer aber hat diese, der ander ein andere Art, davon weitläufftig zu tractiren allhier vnnötig. . . . Sie werden aber von den Italis meines erachtens, daher mit Namen Toccata also genennet, weil Toccare heisst *tangere, attingere*, vnd Toccato, *tactus*: So sagen auch die Italiäner; *Toccate un poco*: Das heisst, beschlagt das Instrument, oder begreifft die Clavier ein wenig: daher *toccata* ein Durchgriff oder begreiffung des Claviers gar wol kan genennet werden.«

Die Herkunft von Gabrieli's Intonationen und Toccaten aus dem freien kirchlichen Präambulieren verrät sich deutlich; in beiden Formen werden lang gedehnte, breite Akkordfolgen (»schlechte entzele Griffe«) von frei sich ergiessenden Figurationen abgelöst, die sich zu immer grösserer Lebendigkeit entwickeln. Der Name Intonation ist derjenigen Form verblieben, in der die genannten beiden Elemente musikalischen Gestaltens sich in kürzester und einfachster Weise verbinden[2]). Die ausgedehntere Form aber, bei der auch gern mitten im Figurenspiel plötzlich ein Fugenthema auftaucht und ricercarmässig behandelt wird, bis es vor Koloraturen und Passagen wieder verschwindet, ist als Toccata bezeichnet[3]).

Intonationen, Toccaten, Ricercari und Fantasien, das sind Stücke, die in erster Linie für die Orgel, in zweiter auch für das Klavier bestimmt waren. Die Orgel ist dagegen prinzipiell von den übrigen Stücken auszuschliessen. Ohne weiteres leuchtet dies ein bei den Variationen über ein *Pass' è mezo* und bei den kolorierten Madrigalen (4. und 5. Werk). Aber auch bei den *Canzoni alla Francese* begreift die Bestimmung *per ogni sorte di stromenti da tasti* nicht die Kirchenorgel in sich. Denn diese Stücke sind nicht, wie man häufig ausgesprochen findet, selbständige Fugenformen und als solche vornehmlich für die Orgel berechnet, sondern Übertragungen von weltlichen, gesungenen Canzonen, also Stücke, die auch in Italien als nur dem Klavier zugehörig galten. Die vokale Abstammung der Gabrieli'schen Spielcanzonen ist übrigens gar nicht zu verkennen. Die Gliederung in zwei

---

1) *Syntagma musicum*, III, 1619, S. 25.
2) Wasielewski's Beisp. Nr. 27a.
3) Wasielewski's Beisp. Nr. 28.

Teile, die beide repetiert werden[1]), ist keine besondere Abart der Fuge, sondern durch den Bau der vokalen Vorlage bedingt; die Teile entsprechen dem Auf- und Abgesang des strophischen Liedes. Die Thätigkeit des Komponisten besteht lediglich in der Auszierung mit Diminutionen.

Die |Canzon ariosa (1596) von A. Gabrieli beginnt mit folgendem Motiv:

Mit diesem Motiv in genau derselben Fassung beginnt auch die Canzona d'Antonio Mortaro detta l'Albergona (1609)[2]). Frescobaldi hat zwei Fantasien geschrieben, deren Hauptthema stark an dies Motiv anklingt, einmal in der Tonfolge:

und das andere mal so:

Sein Schüler Froberger hat das Gabrieli'sche Motiv ebenfalls zweimal benutzt; erstens in einem Ricercar[4]) (mixolydisch mit Umkehrung des Themas):

und zweitens in einer Fantasie[5]) (phrygisch, mit freigebildeten Kontrapunkten):

---

1) In der Canzon ariosa (Wasielewski's Beisp. Nr. 23) wird die Reprise durch Wiederholungszeichen vom Spieler gefordert, in der Canzon Francese deta Vng gai berger di Crequillon (Wasielewski's Beisp. Nr. 25) dagegen ihm ausgeschrieben an die Hand gegeben.
2) Sie steht in Diruta's 2. Teil des Transilvano einfach spartiert und koloriert. Die einfache Partitur hat Ritter (a. a. O., II, S. 22), beide Fassungen C. Krebs (Vierteljahrsschr. f. Mus. 1892, S. 379 ff.) mitgeteilt.
3) Beide Stücke enthält Ms. fol. 191 der Kgl. Bibliothek zu Berlin (fol. 58, 59).
4) In der Sammlung des Louis Bourgeat (Mainz 1693).
5) Im libro secondo di Toccate, Fantasie &c. (Autograph i. d. k. k. Hofbibliothek zu Wien). Siehe dazu S. W. Dehn (Analysen dreier Fugen J. S. Bach's, Leipzig, Peters, 1858, S. 31).

Endlich erscheint das Thema in Froberger's Fassung als Thema einer Fuge von J. C. F. Fischer[1]) und von J. S. Bach[2]). Derartige Wanderungen sind für die Musikgeschichte manchmal wichtige Fingerzeige. Zu ähnlichen Beobachtungen wird sich noch öfter Gelegenheit bieten.

Gleich bedeutsam für die Geschichte der Klaviermusik war ferner A. Gabrieli's unmittelbarer Amtsgenosse Claudio Merulo.

M. wurde 1533 in Correggio geboren, studierte die Musik bei Willaert und erhielt noch im jugendlichsten Alter die Organistenstelle am Dome zu Brescia. Als aber mit dem Ableben des oben erwähnten Parabosco im Jahre 1557 die erste Orgel der Kathedrale von Venedig eines Spielers bedurfte, gewann M. neun namhaften Bewerbern um diese Stelle den Rang ab. Hier entfaltete er eine vielseitige Thätigkeit als Komponist von Motetten und Madrigalen, als Drucker und Herausgeber (1566 mit Fausto Bethanio zusammen, dann bis 1574 allein)[3]), besonders aber als Orgelmeister und Lehrer. Unter seinen Schülern war Girolamo Diruta der fähigste. Im Jahre 1584 verliess M. Venedig, um der ehrenvollen Berufung zum Hoforganisten des Herzogs von Parma zu folgen. In Parma wirkte er noch zwanzig Jahre, mit Gunstbezeugungen aller Art überhäuft und vom Herzog mit der goldenen Kette und dem Titel eines *Cavaliere* ausgezeichnet, und starb daselbst am 4. Mai 1604. Von seinen Werken für Orgel und Klavier sind uns folgende erhalten: 1) »*Toccate d'intavolatura d'organo di C. M. ... Libro primo, in Roma, appresso Simone Verovio*, 1598.«[4]) 2) »*Toccate ... libro secondo ... 1604.*«[5]) 3) »*Ricercari d'intavolatura d'organo lib. primo. In Venetia* [appr. Claudio Merulo] 1567.«[6]) 4) *Ricercari ... libro secondo ... 1609.*«[7]) 5) »*Canzoni d'intavolatura d'organo di Cl. M. ... a quattro voci, fatte alla Francese. Novamente da lui date in luce, et con ogni diligentia corrette. Lib. primo. Venetia, Ang. Gardano 1592.*«[8]) Ausserdem sind noch einige gleichzeitige oder spätere gedruckte oder handschriftliche Quellen zu nennen. Es enthalten von M. die »*Canzon di diversi per sonar con ogni sorte di stromenti a quatro, cinque & sei voci. Novam. stampate. Libro primo. In Venetia, Presso Giac. Vincenzi, 1598*«[9]) 2 Canzonen, Diruta's »*Transilvano*« 1 (1597) 2 Toccaten, B. Schmid's d. J. Tabulatur (1607) 1 Toccata, Woltzens Tabulatur (1617) 10 Canzonen, eine Handschrift vom Jahre 1617[10]) 3 Toccaten und 3 unbenannte Stücke, eine Berliner Handschrift[11]) 4 Ricercar[12]).

---

1) *Ms. acc.* 159, Kgl. Bibliothek Berlin.
2) Wohltemperiertes Klavier, 2. Teil, *E* dur. Siehe Ph. Spitta (J. S. Bach, I, S. 821; II, S. 667 Anm.).
3) Siehe die Bibliographien Eitner's und Vogel's.
4) Exemplare in Bologna und Berlin.
5) Exemplar in Berlin.
6) Exemplar in Berlin.
7) Wahrscheinlich in Bologna zu finden.
8) Exemplar in Basel. Vorrede abgedruckt durch C. Krebs (Vierteljahrsschr. f. Mus. 1892, S. 378).
9) Exemplar in Basel.
10) Ms. fol. 888 in Lüttich; s. ob. A. Gabrioli.
11) Ms. acc. 666.
12) Einzelne Toccaten M.s sind vielfach neugedruckt worden: von Winterfeld (Jos. Gabrieli, III, S. 62), Fétis (Traité complet d. l. théorie et d. l. pratique de l'harmonie), A. Farrenc, (*Le trésor des Pianistes*, vol. II), Commer (*Musica sacra* und Sammlung der besten Meisterwerke f. d. Orgel), R. Schlecht

Die Canzonen Merulo's sind Übertragungen von Gesangsstücken aufs Klavier, in der Behandlung nichts wesentlich Neues aufweisend. Auch die Mehrzahl seiner Ricercari ist dem Herkommen gemäss aus einzelnen fugierten Abschnitten mit je einem besonderen Motiv aufgebaut. Wie bei seinen Vorgängern, kann man aber auch bei ihm an einzelnen Stellen das Bestreben erkennen, der ursprünglich losen Form des Ricercars ein strafferes inneres Gefüge zu geben. Merulo bedient sich dabei eines Kunstmittels, das bei den früheren Meistern noch nicht zu so klarer und bewusster Anwendung gelangt ist (3. Werk, Nr. 2). Das ganze Stück hindurch wird ein Thema festgehalten und daneben die Umkehrung desselben. In der Mitte, wo A. Gabrieli durch Verlängerung des Themas einen neuen Abschnitt formieren würde, erreicht dies Merulo, indem er eine zwanglos sich dem Thema anschmiegende Gegenmelodie während des ganzen Mittelsatzes dem Thema als Gefährten mitgiebt und sie auch allein fugiert, ein Verfahren, das in der Entwickelung des Ricercars zur modernen Fuge hin einen wichtigen Schritt nach vorwärts bedeutet.

Am bemerkbarsten entfaltete aber Merulo seine Eigenart in der Toccata. Neu sind allerdings nicht die musikalischen Elemente der Form, sondern die Art ihrer kompositorischen Verarbeitung. Diese Elemente — breite getragene Harmonien, rollende Passagen, gebrochene Akkorde, dazwischen wie von ungefähr auftauchende kleine Melodien, die lebhaft fugiert werden — folgten sich bei A. Gabrieli ziemlich unvermittelt einander, während sie Merulo sich gegenseitig organisch durchdringen und verknüpfen lässt. Die Starrheit der massigen Anfangsharmonien belebt er durch innere Beweglichkeit. Die raschen Gänge und lebendigen Figuren durchdringen bunt und mannigfaltig das Stimmengewebe, das sich vordem mehr nur in griffmässigen Akkorden fortzog. Die Fugenthemen treten nicht plötzlich auf und wieder ab, sondern sie künden sich vorher an und tauchen auch aus dem Gewirr der nachdrängenden Figuren mehr oder weniger deutlich immer noch wieder empor. Fugierte Zwischensätze endlich werden nicht einmal bloss, sondern mehrfach eingeschoben. Auf demselben Wege

---

Gesch. d. Kirchenmusik), A. Reissmann (Musikgeschichte, I. Bd), Körner-Ritter (Orgelfreund, Bd. V), Ritter (Z. Gesch. des Orgelsp.), Weitzmann (Gesch. d. Klavierspiels, 2. Aufl.), 1 Toccata und 2 Ricercari endlich von Catelani. Die notwendige Aufgabe aber, die reifsten und instruktivsten Werke M.'s in einem geschlossenen Rahmen der Neuzeit wieder zugänglich zu machen, harrt jedoch noch ihrer Erfüllung. Von neuerer Litteratur über M. seien die beiden bio- und bibliographischen Skizzen von A. Catelani (*Memorie della vita e delle opere di C. Merulo. Milano, Ricordi,* 1859) und Bigi (*Claudio Merulo,* Parma 1871) genannt.

also, wie A. Gabrieli, aber an einem weiter gelegenen Ziele fand Merulo einen künstlerisch ungleich höheren Typus für die Toccata, als jener. So fügte er ihrem ursprünglichen Merkmal phantastischer Ungezwungenheit noch das neue inneren Zusammenhanges, musikalisch logischer Entwickelung hinzu [1]).

Merulo ist auch der erste Meister, von dessen Spieltechnik wir etwas Näheres wissen. Die Urteile seiner Zeitgenossen lassen ihn als einen eminenten Virtuosen erscheinen; er selber hatte aber nicht das Zeug, sich in wissenschaftlich erschöpfender Weise über das Intime seiner Kunst auszulassen. Wie jedoch in Zacconi der Mann erstand, der die von Meister auf Schüler vererbte Praxis des venetianischen Kunstgesanges zu einem systematisch geordneten Lehrbuch zusammenfasste, so fand auch Merulo in seinem Schüler Girolamo Diruta den fähigen Kopf, der aus den vielen sprunghaften Äusserungen und Anregungen während des persönlichen Unterrichts bei Merulo dessen Methode herauszulösen und in übersichtlicher Weise darzustellen vermochte. Das Buch, das Diruta verfasste, fand dermassen den Beifall und die Zustimmung des sich verstanden sehenden Meisters, dass Merulo ein warm empfehlendes Vorwort dazu schrieb. Es ist ein geschichtliches Verdienst Diruta's, in diesem Buche die Mitteilung einer Anzahl kleiner Züge, die für die Charakteristik Merulo's von grossem Werte sind, nicht unterlassen zu haben [2]). Die technischen Spielregeln Merulo's sind uns dadurch vollständig bekannt.

»Der Organist und Klavierspieler sollen — so verlangte es Merulo — ihren Sitz so wählen, dass der Körper sich vor der Mitte der Tastatur befindet. Zweitens sollen sie keine Bewegungen mit dem Körper machen, sondern diesen und den Kopf gerade und anmutig halten. Drittens sollen sie darauf achten, dass der Arm die Hand leitet, dass die Hand immer gerade zum Arm steht und nicht höher oder tiefer als dieser gehalten wird, wie man es bei schlecht gewöhnten Spielern beobachten kann. Viertens sollen die Finger ganz gleichmässig, nicht bloss die zum Spielen gerade erforderlichen über den Tasten stehen, aber ein wenig gekrümmt; ausserdem aber muss die Hand über der Tastatur locker und weich gehalten werden, ohne Kraftaufwand, wie wenn man ein Kind streichelt (*accarezzare*), denn ohne das können sich die Finger nicht mit Präcision und Schnelligkeit bewegen.« Endlich müssen die Spieler

---

[1]) Vergl. dagegen das Urteil Winterfeld's (Joh. Gabrieli &c., II, S. 104 f.), dessen Wert indessen schon von Wasielewski (a. a. O., S. 147 f.) beleuchtet ist.

[2]) Siehe C. Krebs, G. Diruta's *Transilvano* (Vierteljahrsschr. f. Mus. 1892, S. 322 ff.).

auf die Eigenart und die Tonfähigkeit ihres Instrumentes gebührende Rücksicht nehmen. »Zum Beispiel, wenn auf der Orgel eine Brevis oder Semibrevis gespielt wird, so hört man sie ihren vollen Wert hindurch erklingen, ohne die Taste öfter als einmal anzuschlagen;. spielt man eine solche Note aber auf einem Kielinstrument, so wird sie kaum bis zur Hälfte ihres Werkes erklingen. Dieselbe Wirkung, welche auf der Orgel der Wind hervorbringt, muss man auf dem Klavier durch die Schnelligkeit und Geschicklichkeit der Hand ebenfalls zu erreichen suchen, indem man die Taste öfter hintereinander anschlägt, die Melodie nicht abreisst, sondern sie mit Trillern und anmutigen Verzierungen ausschmückt.« Der Bau der Instrumente bedingt endlich die Verschiedenheit ihres Anschlages. »Auf der Orgel sollen sich die Finger gut ablösen; sie sollen die Tasten andrücken, nicht schlagen, damit die Melodien gleichmässig andauernd, nicht zerrissen erklingen. Die Kielinstrumente verlangen dagegen ein Schlagen, damit die Docken und Federn gut ansprechen.« »Claudio Merulo — so bemerkt Diruta noch — ist nur deshalb so anmutsvoll und einnehmend als Virtuos, weil er die vorher gegebenen Regeln beobachtet.«

Giovanni **Gabrieli**, Andreas Neffe, Schüler und Erbe, führte die venetianische Richtung des Orgel- und Klavierspieles ihrer grössten Bedeutsamkeit zu.

G., der Inschrift seines Leichensteines[1]) zufolge, 1557 in Venedig geboren, erhielt von seinem Oheim die grundlegende musikalische Ausbildung, als deren erste Frucht bereits 1575 ein Buch Madrigale erschien. Einer von Orlando di Lasso gegebenen Anregung folgend, ging G. 1575 nach München, wo er bis 1579 blieb[2]). Bei diesem längeren Aufenthalte in Deutschland bahnten sich vielleicht schon die intimen Beziehungen an, die späterhin in der herzlichen Freundschaft mit H. L. Hassler, G. Gruber und der Familie der Fugger zum Ausdruck kamen. Am 7. November 1584 wurde G. Merulo's Nachfolger an der ersten Orgel zu S. Marco, als solcher wirkte er somit kurze Zeit noch in engster Gemeinschaft mit seinem Oheim Andrea († 1586). Die Bedeutung seiner grossen mehrchörigen Vokalwerke, seine neue Art, den Chormassen einen selbständig konzertierenden Instrumentalkörper entgegen zu stellen, die neuen Formen seiner Instrumentalwerke — all dies ist längst eingehend behandelt[3]). G. starb am 12. August 1612, nachdem er in H. Schütz einen ihm geistig ebenbürtigen Schüler herangebildet hatte (1609—1612). — Die Quellen für G.'s Orgel- und Klavierstücke fliessen nicht reichlich. Ausser den bei A. Gabrieli genannten Intonationen und zwei Ricercaren erschienen von ihm 1593 zwei Bücher Ricercari. Für diese Werke

---

1) Sie ist mitgeteilt von Fétis (*Biogr. univ.*). Vergl. auch Monatsh. f. M. 1887, S. 26.

2) A. Sandberger (Historische Anmerkungen &c. S. 9).

3) Winterfeld (Johannes Gabrieli und sein Zeitalter, Berlin, Schlesinger, 1834), Wasielewski (a. a. O., S. 137 ff.).

ist indes noch kein Fundort nachgewiesen worden. [Zugänglich sind nur einige Stücke, die sich in gedruckten oder geschriebenen Sammlungen gleicher oder späterer Zeit befinden: 1 Toccata und 1 Canzona in Diruta's *Transilvano* (1. T. 1597); alle Intonationen von 1593 und 1 Toccata in B. Schmid's Tabulatur (1607)[1]; 1 Canzona in Woltzens Tabulatur (1617); einige Intonationen in einer Londoner Handschrift (1618,[2]); 4 Kompositionen endlich in einer Berliner Handschrift (1620—1625)[3], wovon 3 als Canzonen eine als Ricercare bezeichnet sind[4].

Anspruch auf grossen geschichtlichen Wert können Giovanni Gabrieli's Intonationen und Toccaten, soweit sie bekannt sind, nicht erheben. Jene richten sich nach der von A. Gabrieli festgesetzten Norm, diese bewegen sich in den vor Merulo üblichen formalen Grenzen. Seine Canzonen [5] ferner sind ebenfalls nur zum Spielen eingerichtete Übertragungen vokaler Sätze. Dagegen hat Giovanni Gabrieli die Ausbildung des Ricercars um einen wesentlichen Schritt gefördert.

Dem Streben seiner Vorgänger, trotz der Mehrheit der thematischen Gedanken dem Ricercar eine gewisse Geschlossenheit und Konzentration der Form zu geben, schliesst sich Gabrieli auf ganz eigenartige Weise an. Die Mehrheit der Motive, das charakteristische Kennzeichen des Ricercars, lässt er durchaus bestehen. Der Gefahr jedoch, dabei in mühselige Breite und Weitschichtigkeit zu verfallen, beugt er vor, indem er die Themen sich zu einer verschiedenartigen Bedeutung entwickeln lässt. Ein Thema bildet

---

1) Die andere, von Schmid ebenfalls mit G.'s Namen bezeichnete Toccata stammt jedoch von Diruta her; s. Wasielewski (a. a. O., S. 118, Anm. 2).

2) *Ms.* 29, 486 des Britischen Museums.

3) *Ms. fol.* 191 der Kgl. Bibliothek. Beschreibungen dieser Quelle geben Winterfeld (a. a. O., II, S. 107 ff.), Ritter (a. a. O., S. 49 ff.) und Vierteljahrsschr. f. Mus. (1891, S. 155, Anm. 2).

4) Neugedruckt ist auch nur weniges: eine der oben erwähnten sogenannten Canzonen bei Winterfeld (Joh. Gabrieli &c.); 1 Ricercar und 1 Intonation bei Wasielewski (a. a. O., Beisp. Nr. 21, 27); 1 Ricercar und 1 Intonation bei Ritter (a. a. O., II, Nr. 7, 8). Eine Neuausgabe aller Ricercari wäre wünschenswert.

5) Die »Canzonen« der Berliner Handschrift sind weiter nichts als Ricercaren und keine Canzonen in dem bisher giltigen Sinne, d. h. Übertragungen von Vokalstücken. Die Benennung rührt auch nicht von Gabrieli selbst her, sondern von dem ersten Schreiber der Handschrift, anscheinend einem Süddeutschen (ca. 1620), der in die feinen Unterschiede der früher üblichen Formen nicht genau eingeweiht war. So erklärt sich am natürlichsten die Abweichung der Form dieser »Canzonen« von den gleichnamigen Schöpfungen Gabrieli's für das Orchester. Danach erledigen sich auch alle Folgerungen, die Winterfeld (a. a. O., II, S. 106 ff.) aus der mühsam und künstlich konstruierten Gemeinsamkeit beider Gattungen zieht. Derartigen Unsicherheiten und Schwankungen beim Benennen von Stücken begegnet man in der handschriftlichen Überlieferung des 16. und 17. Jahrhunderts überaus häufig.

den Hauptgedanken, dem sich die anderen Themen unterordnen; sie begleiten ihn entweder als ständige Kontrapunkte, oder sie formieren zwischen den einzelnen Durchführungen ein motivisches, belebteres Zwischenspiel, von dessen Grund sich das frisch einsetzende Hauptthema jedesmal besonders wirkungsvoll abhebt. Diese Formengebung, von Merulo, wie wir sahen, schon einmal versucht, von Gabrieli aber durchgeführt, leitet unmittelbar fast zur modernen Fuge über. Von diesen Stücken darf also mit Recht gelten, was einmal von den Instrumentalcanzonen Gabrieli's gesagt worden ist[1]: »wir besitzen in ihnen wohl die ersten, bedeutenderen Vorbilder der späteren Fugenform«.

Wir können die Darstellung der von Willaert und Buus begründeten, von den beiden Gabrieli und Merulo dann hauptsächlich geförderten venetianischen Klavierkunst nicht beenden, ohne des schon erwähnten Girolamo Diruta ausführlicher zu gedenken, als des Verfassers eines Lehrbuches nämlich, das uns alle Errungenschaften der Schule in übersichtlicher Anordnung und in systematischem Zusammenhange noch einmal vorführt, das ihre geschichtliche Tragweite im Ganzen wie ein Scheinwerfer so hell beleuchtet.

D., zwischen 1554 und 1564 in Perugia geboren, trat 1574 in den Franziskanerorden zu Correggio ein. Seine erste musikalische Erziehung war, wie er selbst erzählt, keine gute. In dem Bestreben, seine Fehler zu verbessern, begab er sich deshalb auf eine Studienreise, besuchte verschiedene bedeutende Musikstädte und kam schliesslich nach Venedig. Seine Lehrer, deren Kunst und Methode er sich zu eigen zu machen suchte, waren Costanzo Porta; Gius. Zarlino, A. Gabrieli und ganz besonders Cl. Merulo. In Venedig blieb D. bis mindestens zum Jahre 1593; 1597 war er Organist am Dom zu Chioggia, 1609 zu Gubbio. Sein Todesjahr ist uns unbekannt. Sein Lehrbuch erschien in zwei Teilen. Der Titel des ersten lautet: »Il Transilvano. Dialogo sopra il vero modo di sonar Organi, & instromenti da penna. ... Nel quale facilmente, & presto s'impara di conoscere sopra la Tastatura il luogo di ciascuna parte, & come nel Diminuire si deveno portar le mani, et il modo d'intendere la Intavolatura; provando la verità, et necessità delle sue Regole, con le Toccate di diversi eccellenti Organisti ... In Venetia, Appresso Giac. Vincenti. 1597.«[3] Der zweite Teil ist betitelt: »Seconda parte del Transilvano. Dialogo .... Nel quale si contiene il vero Modo & la vera regola d'intavolare ciascun canto, semplice & diminuito con ogni sorte di diminutioni: & nel fin dell' ultimo libro v'è la Regola, la qual scopre con brevità e facilità il modo d'imparar presto à cantare. ... In Venetia appresso Giac.

---

1) Winterfeld, Joh. Gabrieli &c. II, S. 111.
2) Die erste Ausgabe von 1593 ist bisher verschollen; Exemplare der zweiten sind nur in Bologna (Lic. mus.) und London (Britisches Museum) vorhanden.

Vincenti. *1609.*«[1]) Wegen seiner Klarheit, Verständlichkeit und praktischen Brauchbarkeit erlebte das Lehrbuch in seinen beiden Teilen zu Anfang des 17. Jahrhunderts vielfache Neuauflagen[2]. Den Wert des Buches erhöht die Beigabe von zahlreichen Kompositionen damals berühmter Organisten: Cl. Merulo, A. Gabrieli, G. Gabrieli, Luzz. Luzzaschi, Ant. Romanini, P. Quagliati, Vinc. Bell'haver, Gius. Guami, Ant. Mortaro, Gabr. Fatorini, Adr. Banchieri und Diruta selbst[3]).

Diruta's Lehrbuch ist in Dialogform geschrieben und wie manches andere Werk vom 16. und 17. Jahrhundert nach einer der das Gespräch führenden Personen benannt. Ein Bewohner Siebenbürgens (*un Transilvano*) — so fingiert der Verfasser — kommt nach Venedig, um hier allerlei Musikalien, besonders aber Schulen für Instrumente zu sammeln. Eben will er sich zu Diruta begeben, um von ihm über die Methode des Orgelspiels belehrt zu werden; da geht dieser zufällig auf der Strasse daher und lässt sich nach einigen Begrüssungen bereit finden, den Bittenden in eine Kirche zu führen und ihm an der Orgel Rede und Antwort zu stehen.

Diruta erklärt zunächst die Bezeichnung der Tasten mit den entsprechenden Tonnamen (das *alfabetto musicale*), die Notengattungen, die Wirkung der verschiedenen accidentellen Zeichen (♭, ♯, ♮) und giebt eine »Vorschrift, um die Orgel regelrecht mit Würde und Anmut zu spielen,« wobei er ausdrücklich auf den **Unterschied, die Orgel oder das Klavier zu spielen**, aufmerksam macht[4]). Nach diesen allgemeineren Vorbemerkungen geht er dann zum Fingersatz über, die einzelnen Finger dabei in der heute noch üblichen Weise mit Ziffern bezeichnend (den Daumen mit 1 u. s. w.) und unterscheidend zwischen guten und schlechten Noten je nach ihrer Stellung im Takt und also auch zwischen guten und schlechten Fingern. Er zeigt die Methode des Fingersatzes bei Doppelgriffen (*consonanze*) und bei den verschiedenen Verzierungsarten (*diminutioni;* 1) *grado,* 2) *salto bono* und *cattivo,* 3) *groppi,* 4) *tremolo*). Nun wird das Verfahren besprochen, einen beliebigen Gesang aus den Stimmen in die Orgelpartitur zu übertragen. Daran schliessen sich Fingerzeige, wie ein in die Orgelpartitur übertragenes Stück mit Diminutionen zu

---

1) Exemplar in Bologna.
2) Siehe Gaspari-Parisini, Katalog des *Liceo mus.* in Bologna, I. Bd., S. 207 ff.
3) Eingehende Würdigung ist D.'s Werk durch C. Krebs, Gir. Diruta's *Transilvano* (Vierteljahrsschr. f. Mus. 1892, S. 307 ff.) zuteil geworden. Er und Ritter (a. a. O.) haben auch einige Stücke D.'s neugedruckt.
4) Es sind die oben in dem Abschnitt über Merulo mitgeteilten Anweisungen.

verzieren sei. »Das Diminuieren ist eine Kunst, die viel Einsicht erfordert; denn man muss dazu ein guter Sänger und Komponist sein.« Damit sei in Kürze der Inhalt des Buches angedeutet, soweit es auch für das Klavier Geltung hat; der Rest geht nur die Orgel an.

Das Gesamtbild der italienischen Klavierspielkunst am Anfang des 17. Jahrhunderts ist, wie wir nun wohl sagen dürfen, dem der deutschen in seinen Hauptzügen überaus ähnlich. Beide stehen sie unter dem charakteristischen Zeichen des Gesanges. Die Ausbildung der Spieler soll in beiden Ländern zu der Fertigkeit führen, alle Arten von kirchlichen und weltlichen Gesängen aufs Instrument zu übertragen und sie dabei mit Verzierungen auszustatten, die sämtlich aus der Gesangskunst entlehnt sind. Der Koloriertbätigkeit der deutschen Organisten, die ihnen das wenig ehrenvolle Epitheton »Koloristen« verschaffte, entspricht auch bei den Italienern hier und da ein geschmackloses Übermass im Anbringen von Diminutionen, wodurch, wie Diruta tadelnd bemerkt, die reizvolle Wirkung der Kompositionen und die Anmut der Melodien nur zerstört werden. Es ist also der koloristische Zeitgeist des 16. Jahrhunderts mit seinen guten und schlechten Seiten, dem hüben wie drüben jede Kunstäusserung unterworfen ist. Die Stufe künstlerischer Bedeutung, zu der sich das italienische Klavierspiel erhob, ist jedoch eine ungleich höhere, als bei den Deutschen. Diruta's *Transilvano* ist so recht ein Massstab dafür.

Das Streben der deutschen Klaviermusik nach grösserer Unabhängigkeit von der Orgel ist, wie wir sahen, freilich vorhanden gewesen; aber es blieb latent und kam nicht auch zur entsprechenden äusseren Darstellung. Diruta trennt beide Instrumente mit aller Schärfe; er betont, dass jedes aus seinem Charakter heraus zu einer ihm besonderen Spielweise gelangen müsse, und illustriert diese in einer Reihe von Bemerkungen, »die von so überraschend scharfer Beobachtung einer mustergiltigen Praxis zeugen, dass sie auch heute noch dieselbe volle Geltung beanspruchen dürfen, wie vor dreihundert Jahren«[1]). Die Fingersatzangaben bei den Deutschen beschränken sich nur auf eine geringe Anzahl von Beispielen verschiedenartiger Tonfolgen. Die Angaben Diruta's jedoch »haben das Gute, dass sie ganz abstrakt und so allgemein wie möglich gehalten sind, infolge dessen auch eine ziemlich weitgehende Anwendbarkeit finden können«[2]). Die

---

1) C. Krebs (a. a. O., S. 362).
2) C. Krebs (a. a. O., S. 363 f.).

Verzierungen bei den Deutschen schrumpften allmählich immer mehr zu ganz stereotypen Floskeln zusammen, deren Anwendung der äusseren Mannigfaltigkeit und der inneren Notwendigkeit entbehrte. In den Diminutionen der Italiener dagegen pulsiert blühendes Leben. An Anzahl viel grösser, sind sie ausserdem noch modifikationsfähig; sie kehren, je nachdem sie längere oder kürzere Notenwerte ersetzen, eine neue Seite heraus, sie haben nicht immer dasselbe einförmige Gesicht. Die musikalischen Formen endlich sind es, durch die die Italiener am sichtbarsten den Deutschen überlegen erscheinen. Bei den Koloristen hatte von freieren instrumentalen Formen nur das Präambulum ein bescheidenes Dasein gefristet. Aus diesem selben primitiven Keim entwickelten aber die Italiener die Intonation und die grossangelegte Toccata; anderen Vorbildern folgend, fanden sie dazu noch den Weg zu den Kunstgebilden des Ricercars und der Fantasie, Formen, denen das Deutschland des 16. Jahrhunderts kein Gegenstück zur Seite zu stellen vermag.

Bei diesem gegenseitigen Verhältnis beider Länder zu einander in Sachen der Klavier- und Orgelmusik ist es also kein Wunder, wenn, wie wir später sehen werden, Deutschland gerade aus Italien eine Menge neuer Anregungen sich verschaffte, um seinem eigenen Kunstschaffen neue Ziele zu stecken.

Drittes Kapitel.
Spanien.

Die Musik Spaniens ist in ihrer geschichtlichen Entwickelung längst noch nicht voll erkannt, geschweige denn für die allgemeine Kulturgeschichte ausgiebig berücksichtigt worden. Die Schuld daran hat man von dorther auf das übrige Europa abwälzen wollen. Darin spricht sich jedoch eine Verkennung der Sachlage aus. Bei der grossen Seltenheit altspanischer Musikdrucke und -Handschriften auf den europäischen Bibliotheken war es wohl vor allen Dingen Pflicht der einheimischen Forscher selbst, Hand anzulegen, um die Dokumente der musikalischen Vergangenheit ihres Landes, so viele ihrer den Unbilden der Zeit getrotzt haben, zu sammeln und der wissenschaftlichen Welt darüber Aufschluss zu geben. Da dies aber nicht geschah, so ist auch die

Klage nicht berechtigt, dass Andere die fühlbare Lücke nur in ungenügendem Masse ausgefüllt hätten. Erst in neuerer Zeit haben sich einige Forscher an die Aufgabe gemacht, die Schätze ihrer heimatlichen Archive und Bibliotheken zu heben und dadurch das Fundament für eine wissenschaftliche Behandlung der Musikgeschichte Spaniens zu legen [1]).

Durch seine grossartigen Entdeckungen war Spanien für die Politik und den Handel Europas im 16. Jahrhundert ein eminent wichtiger Faktor geworden, das Weltreich, in welchem die Sonne nicht unterging. Dieser Aufschwung zog nicht minder eine Steigerung der geistigen Volkskraft nach sich, die in den Wissenschaften und Künsten zur Offenbarung gelangte. Spaniens Hochschulen waren berühmte und rege besuchte Bildungsstätten. Damals hatte das Land seine grossen Maler, seine grossen Dichter; damals blühte auch die Musik in allen ihren Zweigen. Der bedeutendste Orgel- und Klavierspieler nun, dessen sich Spanien im 16. Jahrhundert rühmen konnte, war **Felix Antonio de Cabezon**.

C., 1510 in Madrid geboren, wirkte vornehmlich als Hoforganist und Klavierist König Philipps II., in dessen Gefolge er mit nach Italien, Flandern und England reiste. C. starb in Madrid am 26. März 1566, vom König durch eine ruhmvolle Grabinschrift geehrt[2]). C. hinterliess eine umfangreiche Sammlung von Spielstücken, die sein ältester Sohn unter folgendem Titel herausgab: »*Obras de Musica para tecla, arpa y vihuela; de Antonio de Cabezon . . . Recopiladas y puestas en cifra par Hernando Cabezon su hijo. Ansi mesimo Musico de camera y capilla de su Magestad . . . Madrid, Francisco Sanchez. 1598.*«[3]) Die Zifferntabulatur, in die Hernando do Cabezon das Werk (wahrscheinlich aus der gewöhnlichen Notenschrift) umschrieb, bezeichnet die Töne der Leiter von *f* an mit den Zahlen 1 u. s. w., bezeichnet Erhöhung und Erniedrigung durch beigefügtes ♭ und ♯, unterscheidet die Oktaven

---

[1]) a. **Eslava**, *Museo organico español*, Madrid 1854, eingeleitet durch eine *breve memoria historica de los Organistas españoles*, von der Ritter (a. a. O., I, S. 69 ff.) einen Auszug bietet. — *Lira sacro-hispana: gran eleccion de obras de musica religiosa, compuesta de los mas accreditados maestros españoles, tanto antiguos, como modernos*, Madrid 1869, in 10 Bänden mit biographischen Notizen. b. **Menendez y Pelayo**, *Historia de las Ideas Estéticas en España*, Madrid 1883. c. **Riaño**. *Critical and biographical notes on early Spanish music*, London (Quaritsch) 1887. Vgl. dazu O. **Fleischer**'s kritisches Referat (Vierteljahrsschr. f. Mus. 1888, S. 270 ff.). d. **Pedrell**, *Hispaniae schola musica sacra. Opera varia seculi XV. XVI. XVII. et XVIII.* Barcelona und Leipzig (Breitkopf & Härtel) 1893 ff. e. **Vander Straeten**, *La musique aux Pays-Bas. Tomes 7⁰ & 8⁰, les musiciens néerlandais en Espagne*, Brüssel 1885, 1888.

[2]) Ihr Wortlaut steht in **Walther**'s Lexikon.

[3]) Exemplare auf der Berliner und Wolfenbütteler Bibliothek.

in einer der deutschen Orgeltabulatur und die Notenwerte in einer der italienischen Lautentabulatur ähnlichen Weise[1]).

Die Bestimmung von Cabezon's *obras de musica* erinnert zunächst lebhaft an das deutsche »für Orgel vnd Instrument« und an das italienische »con ogni sorte di stromenti«. Vorerst hat Cabezon die Tasteninstrumente (*tecla*), d. h. Orgel und Klavier, sodann die ebenfalls noch akkordfähige Harfe oder Laute (*arpa*) und endlich die Streichinstrumente (*vihuela*) als Ausführungsinstrumente im Sinne.

Wie die Tabulaturen der Deutschen und wie Diruta's *Transilvano* stellt sich auch Cabezon's Werk als instrumentales Lehrbuch dar. Auf einleitende Bemerkungen über die Tabulatur und den Fingersatz bei Passagen, Doppelgriffen und Trillern, welch letzterer übrigens mit Diruta's Vorschriften übereinstimmt, folgt eine lange Reihe von Übungsbeispielen und Kompositionen, die in methodischer Ordnung vom zweistimmigen Satz über den drei-, vier- und fünf- bis zum sechsstimmigen leiten. Wie Diruta durch sein Lehrbuch den mündlichen Unterricht zu ersetzen bestrebt war, so meint auch Cabezon, dass ein Anfänger nur einige Tage bei einem tüchtigen Spieler sich unterweisen lassen müsse; für die ferneren Studien sei dann sein Buch völlig ausreichend.

Den Musikstücken näher tretend, sehen wir, dass es insonderheit die Orgel ist, für deren Bedarf zu sorgen Cabezon bestrebt war. Ihre überwiegende Mehrzahl besteht aus kolorierten Motetten und aus Choralbearbeitungen mannigfaltiger Form, beredten Zeugen der hohen Bedeutung, die die Kunst des Orgelspiels in Spanien erlangt hatte. Unter den Formen, die sowohl der Orgel, wie dem Klavier eignen, fehlt bezeichnender Weise die freischweifende Toccata gänzlich. Die *Tientos* sind Ricercari, fugierte Durchführungen mehrerer Motive in mehreren Abschnitten[2]). Was sie von den italienischen Ricercaren unterscheidet, ist der charakteristische Umstand, dass für die Motivbildung auch der Schatz kirchlicher Melodien ausgebeutet wird. Die Gattung steht also hier nicht in der Mitte zwischen Kirchlich und Weltlich, sondern verrät schon deutlich eine kirchliche Tendenz. Als Merkwürdigkeit

---

[1]) Die Nachbildung einer Seite in Lichtdruck und eine (allerdings nicht korrekte) Übertragung des darauf befindlichen Stückes giebt Riemann (in Röder's Festschrift S. 25 und Tafel VI). Eine ausreichende Beschreibung des Werkes und der Neudruck einiger Stücke daraus ist Ritter (a. a. O., I, S. 74 f., II, Nr. 47—52) zu verdanken. Die Neuausgabe des ganzen Werkes seitens der am stärksten interessierten Kreise dürfte wohl nur eine Frage der Zeit sein.

[2]) P. Cerone (*El Melopeo y Maestro*. Neapel 1613, S. 691) gebraucht die Termini *Ricercario* und *Tiento* thatsächlich in gleichem Sinne.

ist eine *Fuga a quatro vozes, todas las vozes por una* zu erwähnen. Den Grundstock bildet eine aus vielen kleinen Stückchen zusammengesetzte Melodie, die von drei Stimmen streng kanonisch nachgeahmt wird. Ihr Ganzes ergiebt ein Ricercar strengster Form. In eigentlicher und engster Beziehung zum Klavier stehen endlich die Variationen (*Diferencias*) über weltliche Lieder und Tänze, sowie die kolorierten (*glosados*) weltlichen Gesänge, Stücke, die sich beim Vergleich mit den entsprechenden Schöpfungen der Deutschen um diese Zeit ebenfalls als relativ bedeutend erweisen. In der Anwendung der Diminutionen (*glosa*) vertritt Cabezon die vornehme Art der Italiener, die Mässigung mit künstlerischem Geschmack paaren. Vor allem aber verdienen die Variationen Beachtung. Bei den Deutschen und Italienern liess sich als leitendes Prinzip nur das äusserliche Streben erkennen, von Variation zu Variation die Umspielungen der zu Grunde liegenden Melodie in ihrer Beweglichkeit zu steigern. Bei Cabezon ist nicht die Lust an der Spielfertigkeit die alleinige Triebkraft der Variationen, sondern es verbindet sich damit das Bemühen, gleichzeitig den inneren Ausdruck der Musik von Variation zu Variation möglichst zu beleben. Die Kontrapunkte, die die Melodie begleiten, sind nicht beziehungslos und überstürzen sich nicht regellos, sondern sie halten während je eines Abschnittes aus und umranken mit gefälligen imitatorischen Windungen wie Arabesken den Hauptkern. —

Durch dieses sein Hauptwerk, wie durch seine Söhne machte Cabezon in Spanien Schule. Wie diese sich im Einzelnen weiter ausbreitete, das zu verfolgen ist aus Gründen, die oben schon angezeigt wurden, nicht thunlich. Es muss uns genügen, durch einen kurzen Einblick in jenes eine Anschauung gewonnen zu haben, in welcher Weise Spaniens Klaviermusik sich dem musikalischen Zeitbilde einfügt, das uns aus der Betrachtung der deutschen und italienischen Kunstgeschichte entgegentrat. Wir sind dabei auf ganz ähnliche Grundzüge der historischen Entwickelung gestossen. Wie in den andern Ländern, wuchs auch in Spanien das Wesen des instrumentalen Spieles aus der Vokalmusik hervor. Auf diesem Grunde erstarkte zunächst die Kunst des Orgelspiels, das dann für die übrigen Tasten- und Saiteninstrumente Vorbild und Halt bot. Im Verlauf dieses ganz analogen Prozesses erreichte Spaniens Klaviermusik eine Höhe, die den anderen zum Mindesten nichts nachgiebt.

Wie weit nun Cabezon's Verdienst daran reicht, lässt sich vorläufig nicht entscheiden. Wie es scheint, hat nämlich Spanien, Italien ähnlich, den eigentlichen Anstoss zum nachhaltigen Schaffen auch erst vom Auslande erhalten. Karl V. (1517—1555) sowohl wie Philipp II. (1555—1598) hielten sich Hofkapellen, in denen Fremde, Italiener, besonders aber Niederländer, den Einheimischen zeitweilig an Zahl erheblich überlegen waren. Beide Könige sparten auch keine Mühe und kein Opfer, um für jede etwa entstehende Lücke in der Kapelle aus den Niederlanden sofort Ersatzkräfte zu beschaffen und so dem Zugang einer fremden Kunstübung nach Spanien dauernd den Weg zu ebnen. Italienische Meister können es nicht gewesen sein, die Spaniens instrumentale Kunst beinflussten; sonst hätte die vornehmste Spielform Italiens, die Toccata, in Spanien eine eifrige Pflege erfahren müssen. Also waren es Niederländer, die ja auch in Italien erst das Ricercare anbauten. Auf ihre wesentliche Beteiligung weist die Variationstechnik Cabezon's ganz besonders hin, wie wir später noch sehen werden.

Viertes Kapitel.
Frankreich.

Frankreich befinden wir uns in einer ähnlichen Lage wie Spanien gegenüber. Es ist der Geschichtsforschung noch nicht gelungen, eine Kontinuität der Entwickelung während des 16. Jahrhunderts festzustellen. Alles, was wir aus dieser Zeit kennen, besteht aus sieben Sammlungen, die der Pariser Verleger Pierre Attaignant um 1530 veranstaltete und zum Druck brachte. Diese Sammlungen betiteln sich:

1) »*Magnificat sur les huit tons avec Te deum laudamus et deux Preludes, le tout mys en tabulature des Orgues Espinettes et Manicordions. ... Kal'. Martii 1530.*«

2) »*Tabulature pour le ieu Dorgues Espinetes et Manicordions sur le plain chant de Cuncti potens et Kyrie fons. Avec leurs Et in terra. Patrem. Sanctus et Agnus Dei* ... [o. J.].

3) »*Treze Motetz musicaulx avec ung Prelude, le tout reduict en la Tabulature des Orgues Espinettes et Manicordions et telz semblables instrumentz ... Kal'. April'. 1531.*«

4) »*Dix neuf chansons musicales reduictes en la tabulature des Orgues Espinettes Manichordions, et telz semblables instrumentz ... Jdibus Januarii 1530.*«

5) »*Vingt et cinq chansons musicales reduictes en la tabulature des Orgues Espinettes Manicordions et telz semblables instrumentz musicaulx* . . . Kal'. Februarii 1530.«

6) »*Vingt et six chansons musicales reduictes en la tabulature des Orgues Espinettes Manicordions et telz semblables instrumentz musicaulx* . . . Non. Februarii 1530.«

7) »*Quatorze Gaillardes neuf Pavennes, sept Branles et deux Basses Dances le tout reduict de musique en la tabulature du ieu Dorgues Espinettes Manicordions et telz semblables instrumentz musicaulx*« . . . [o. J.][1]).

A. druckte ausserdem noch mehrere Tanzsammlungen in Stimmbüchern. Da sich aus ihnen aber für uns keine neuen Gesichtspunkte ergeben, können sie hier ausser Betracht bleiben. Die französische Orgeltabulatur weicht nur in wenigen Punkten von der italienischen ab. Erstlich beschränkt sie sich für jede Hand auf ein Fünfliniensystem; den Vorteil, den jene durch mehr als 5 Linien hatte, erreicht diese durch häufigeren Schlüsselwechsel innerhalb des Stückes. Die Notenformen haben sodann bei zwei Gattungen eine andere Gestalt: ♩ und ♪ erscheinen bei A. als: ♪ und ♫. Die grösseren und kleineren Werte haben aber das bekannte Aussehen[2]).

Orgel und Klavier erscheinen auch bei Attaignant in engster Gemeinschaft. Was für das eine Instrument bestimmt ist, dient auch dem andern, ohne dass dabei die Sonderinteressen jedes einzelnen verletzt würden. Die Erkenntnis, dass die Bearbeitungen kirchlicher Melodien und die kolorierten Motetten auf der Kirchenorgel, die kolorierten Chansons und die Tänze dagegen auf dem häuslichen Klavier ihren musikalischen Daseinszweck in vollem Masse erreichten, dürfen wir ohne weiteres als bei den französischen Spielern vorhanden gewesen voraussetzen.

In der Sitte, Gesangswerke kirchlicher und weltlicher Bestimmung zum Spielen einzurichten und dabei durch Einfügen von lebhaften Gängen und Figuren in das harmonische Gewebe gewissermassen eine Neuschöpfung vorzunehmen, erblickten wir die allgemeine Signatur der Instrumentalmusik des 16. Jahrhunderts. Frankreichs Orgel- und Klaviermusik steht genau auf demselben Niveau. Die Motetten, Chansons und Tänze bei Attaignant. sind alle ausgezierte Übertragungen vokaler Sätze (*reduictes de musique en la tabulature*); und das Verfahren, solche Auszierungen vorzunehmen, unterscheidet sich prinzipiell in Nichts von dem in Deutschland, Italien und Spanien üblichen.

---

1) Ein vollständiges Exemplar dieser Drucke befindet sich in der Hof- und Staatsbibliothek zu München.

2) Um die Beschreibung der angeführten Werke und um den Neudruck mehrerer Stücke aus ihnen haben sich R. Schlecht (Monatsh. f. M. 1870, S. 122 ff.); Ritter (a. a. O., I, S. 57 ff., II, S. 75 ff.), Eitner (Tänze des 15. bis 17. Jahrh., S. 78 ff.) und Böhme (Gesch. d. Tanzes, II, S. 65 f.) verdient gemacht.

Das Gebiet der Klaviermusikformen ist im Vergleich zu dem der späteren Venetianer ein beschränkteres, da fugenartige Gebilde wie Ricercari und Fantasien gänzlich fehlen, dem der gleichzeitigen Deutschen jedoch gegenüber gestellt, von Bedeutung. Die *Preludes* stehen bereits auf der Höhe der A. Gabrieli'schen Intonationen und der deutschen Präludien; sie haben die Zeit der Improvisation und der musikalischen Gedankenarmut hinter sich. Die Tänze sind indessen noch wichtiger. Tänze spielten ja auch die Deutschen, aber ihren Formen haftete noch kein charakteristisches Gepräge an; ihr Unterschied lag meist nur im Namen, nicht im Typus. Die Tänze der Franzosen tragen jedoch markante individuelle Züge, die im Rhythmus und in der musikalischen Behandlung hervortreten. Jetzt schon haben Pavane und Gaillarde den motivischen Zusammenhang gefunden, der bei den Deutschen erst in späterer Zeit Regel wird. Durch so intensive Pflege des Tanzes reifte die französische Klaviermusik in der Folgezeit zu der wichtigen Rolle heran, die sie bei der endgiltigen Formierung der Klaviersuite im 17. Jahrhundert spielen sollte.

Wie die Entwickelung der französischen Klaviermusik nach Attaignant bis dahin verlief, das bedarf leider auch erst noch der wissenschaftlichen Aufklärung. Wir müssen, wie bei Spanien, froh sein, einen besonders günstig gelegenen Punkt des geschichtlichen Werdens wenigstens mit einem Blick haben streifen zu können.

Fünftes Kapitel.
England.

England war nicht zu allen Zeiten an musikalischer Produktionskraft so arm, wie es seit langem im Rufe steht. Im 16. Jahrhundert, wo es in Politik und Handel zu Grösse und Macht aufstrebte, war es, wo England auch eine Blütezeit der Litteratur und der Musik erlebte. Dieser Aufschwung bahnte sich während der Regierung Heinrichs VIII. (1509—1547) an und erreichte unter der musikalisch selbst sehr fähigen Königin Elisabeth (1558—1603) seinen Höhepunkt[1]). Neben der Kirchenorgel war das Virginal das vornehmste Tasteninstrument, dessen Spiel frühe schon in allen Schichten des Volkes beliebt war. Heinrichs VII. Gemahlin Elisabeth betrieb das Virginalspiel mit Eifer. Wir erfahren, dass 1502 auf einem Feste in Westminster Hall sich zwölf Fräulein auf dem Virginal hören liessen[2]). Im Jahre 1552 waren in der Kapelle Eduards VI. (1547—1553) neben den Sängern, Lautenschlägern, Harfen-, Flöten-, Rebeck- und Sackpfeifenspielern, den Trompetern und Trommlern auch drei Virginalspieler thätig[3]). In die Zeit der Königin Elisabeth fällt nun der nachweisbare Beginn einer ausgebreiteten Orgel- und Klavierlitteratur, deren Hauptvertreter meistens zugleich die damals bedeutendsten Meister der kirchlichen und weltlichen Chorkomposition waren.

Mit den Quellen für unsere Kenntnis des englischen Klavierspiels im 16. Jahrhundert hat es eine eigene Bewandtnis. Die weitaus grösste Menge der Kompositionen ist nur handschriftlich erhalten. Die wichtigsten Handschriften sind folgende:

1) *Fitzwilliam Virginal Book*, früher unter dem Namen *Queen Elizabeths Virginal book* bekannt[4]). Die Handschrift ist nicht auf einmal entstanden, sondern im Laufe mehrerer Jahrzehnte niedergeschrieben worden (ca. 1564 bis 1625). Da sie als unmittelbarer Ausfluss der musikalischen Praxis während langer Jahre erscheint, gebührt ihr die weitaus grösste geschichtliche Beachtung. Von Komponisten sind hierin vertreten: William Blitheman, John Bull, William Byrd, Giles und Richard Farnaby, Galeazzo, Orlando Gibbons, Hooper, William Inglot, Robert Johnson, Elias Kiderminster, Marchant, Thomas Morley, John Munday, Thomas Oldfield, Jehan Oystermayre, Martin Peerson, Parsons, Gio. Pichi,

---

[1]) W. Nagel, Annalen der englischen Hofmusik (Beilage z. d. Monatsh. f. M. 1894).
[2]) A. Farrenc (*Préliminaires* des *trésor des Pianistes*, Paris 1861, S. 8).
[3]) W. Nagel (a. a. O., S. 23).
[4]) Befindlich im Fitzwilliam-Museum in Cambridge.

Peeter Philips, Ferdinand Richardson, M. S., Nicholas Strogers, Jan Pietersz. Sweelinck, Thomas Tallis, William Tisdall, Thomas Tomkins, F. Tregian, Thomas Warrock.

2) *Ladye Nevells Booke* vom Jahre 1591[1]). Diese Handschrift enthält nur Stücke von William Byrd.

3) *William Forsters Virginal book* vom Jahre 1624[2]. Den Inhalt bilden Stücke von W. Byrd, Tho. Morley, John Ward.

4) *Benjamin Cosyns Virginal book*[1]). Hierin stehen Stücke von Bevin, Bull, Byrd, Cosyn, Gibbons, Strogers, Tallis, Thomas Weelks[2]).

5) *Tablature Mr. Dr. John Bull, 1629*[3]). Sämtliche Stücke, eins ausgenommen, sind von Bull komponiert.

Als beachtenswerte Nebenquellen kommen dazu mehrere Handschriften des British Museum in London:

6) Ms. 31, 403 mit Kompositionen von Bevin, Blitheman, Bull, Byrd, Gibbons, Soncino, Tallis.

7) Ms. 30, 513 mit Kompositionen von Allwood, Blitheman, Jobinson, Redford, Shelbye, Sheppard, Tallis.

8) Ms. 31, 392, Stücke Byrd's enthaltend.

9) Ms. 30, 485, im wesentlichen ein Auszug aus 2).

10) Ms. 29, 485 Klavierbüchlein der *Susanna van Soldt, 1599* mit Stücken von Bassano, Byrd.

Noch einiges kann das Festland beisteuern:

11) Ms. 191 fol. der Kgl. Bibliothek zu Berlin. Von Engländern sind hier vertreten: William Brown, John Bull, James, J. Kennedy, Carolus Luython, Pet. Philips.

12) Ms. 888 der Universitäts-Bibliothek zu Lüttich, Stücke von P. Philips und Will. Brown enthaltend.

13) Ms. 17, 771 der k. k. Hofbibliothek zu Wien mit Kompositionen von John Bull[4]).

Die goldene Zeit der Musik unter Elisabeth war bereits vorüber, als der erste Druck von Virginalmusik erfolgte. Im Jahre 1611 erschien ein Werk mit folgendem Titel: »*Parthenia or the Maidenhead of the first musicke that ever was printed for the Virginalls. Composed by three famous Masters: William Byrd, Dr. John Bull & Orlando Gibbons . . . Ingraved by William Hole . . . Printed at London by G. Lowe.*«[5]) Dies Werk ist nicht nur das erste, sondern, soviel wir wissen, auch das einzige gedruckte Denkmal der englischen Klaviermusik des 16. Jahrhunderts. Gleichzeitig ist es für die Geschichte des Notendruckes insofern von Belang, als es den ersten englischen Musikkupferstich in der Art Simone Verovio's repräsentiert, dessen Verfahren sichtlich zum Vorbilde gedient hat[6]).

Die Notation, in der alle Virginalstücke (in den englischen Drucken und Handschriften wenigstens) aufgezeichnet sind, hat am meisten Ähnlichkeit

---

1) In der kgl. Bibliothek des Buckingham Palace.
2) Eine ausführliche Beschreibung der bisher genannten Handschriften hat W. Barclay Squire für Grove's Dictionary of music (»*Virginal music*«) geliefert.
3) *Ms.* 23, 623 im Brit. Museum zu London.
4) Siehe Näheres darüber in der *Tijdschrift voor Noord-Nederlands Muziekgeschiedenis* (Amsterdam 1895, V, S. 40 f.).
5) Exemplare in London (Buckingham Palace und British Museum).
6) Fr. Chrysander, Abriss einer Geschichte des Musikdruckes (Allg. Mus. Ztg., Leipzig, 1879).

mit der italienischen *Intavolatura*. Sie bedient sich der Linien und Notenköpfe, normiert jedoch die Anzahl der Linien für die rechte und linke Hand auf je sechs. Besondere Eigentümlichkeiten bestehen zudem in dem Gebrauch geschwärzter Noten bei eintretender dreizeitiger Taktmessung und in der Anwendung mannigfacher Verzierungszeichen, die verschiedenartig geformt erscheinen [1]).

Es ist sicherlich nicht die reizloseste Aufgabe, die der Durchforschung der Musikgeschichte Englands gestellt ist, aus der intimen Kenntnis des nachgewiesenen reichen Quellenmaterials einerseits und andererseits aus der kulturellen Bedeutung von Orgel und Klavier für Gottesdienst und Häuslichkeit im wechselnd katholischen oder puritanischen England des 16. Jahrhunderts Schritt für Schritt den Weg festzustellen, den hier die Entwickelung der Virginalmusik gegangen ist. Anfänglich war das Orgelspiel Personen geistlichen Standes anvertraut: in Pfarrkirchen einfachen Mönchen, Kanonikern · in Kathedralen und Kollegiatkirchen; draussen in der Welt ergötzten sich die Musikfreunde am Virginal. In Thomas Tallis gelangte dann, soviel bekannt ist, der erste weltliche Musiker zum Organistenamt; nun, da der Bann gebrochen, folgten Andere wie Robert Parsons und William Blitheman nach. Gewiss hat es aber seine guten geschichtlichen Gründe, wenn man beobachtet, dass es gleichwohl nur Choralbearbeitungen sind, die von dem Schaffen der ältesten Generation weltlicher Organisten Zeugnis ablegen. Das macht-

---

[1]) Näheres darüber findet man in der Deutschen Vorrede zu Deel I der Werke J. P. Sweelinck's (S. VI ff.). Ein Facsimile aus den *Parthenia* geben Rimbault und Farrenc (s. unten). Über die Ausführung der Virginalverzierungen macht nähere Angaben Edw. Dannreuther (*Musical Ornamentation*, London, Novello, I, 1893). Angesichts des nachgewiesenen reichen Bestandes an alter Virginalmusik erscheint ziemlich dürftig, was davon durch Neudruck jedermann zugänglich gemacht ist. Einzelne wenige Proben findet man in den Musikgeschichten von Hawkins (*A general history of the science and practice of Music*, London 1776), Burney (*A general history of music*, London 1776—1789), Busby-Michaelis (Allgemeine Geschichte d. Musik, Leipzig 1821), sowie in den Sammelwerken von Pauer (Alte Klaviermusik, zweite Folge, Leipzig, B. Senff, 1867) und Weitzmann (Gesch. des Klavierspieles, 2. Aufl., S. 324 ff.). Einen grösseren Anlauf nahmen Rimbault (Bd. 19 der *Musical Antiquarian Society*, London 1847) mit einem teilweisen, aber sehr fehlerhaften Neudruck der *Parthenia*, mit einem vollständigen Neudruck derselben, aber dabei leider von Rimbault ausgehend, Farrenc (*Le trésor des Pianistes*, vol. II, Paris 1863). Als wesentlicher Fortschritt ist die Herausgabe des *Fitzwilliam Virginal Book* durch J. A. Fuller Maitland-W. Barclay Squire (Leipzig-London, Breitkopf & Härtel) zu begrüssen. Freilich ist auch dadurch noch nicht die Hauptaufgabe gelöst: nämlich aus den vielen handschriftlichen Varianten eine kritisch gesicherte Fassung der Stücke zu gewinnen und diese dann nicht in der willkürlichen, zufälligen Reihenfolge der Handschriften, sondern geordnet nach den Komponisten herauszugeben. Wenn dies geschehen ist, wird ein Überblick über den Fortgang der Entwickelung nicht mehr erschwert sein.

volle Aufblühen der eigentlichen Virginalmusik jedoch, ihre völlige Selbständigkeit und überragende Höhe der Orgel gegenüber kamen erst in der jüngeren Generation der Schüler jener Meister, durch Männer wie William Byrd, Orlando Gibbons, John Bull, Peeter Philips, zu weithin sichtbarem Ausdruck. Ihr künstlerisches Erbe übernahm eine dritte Generation, ein Thomas Morley, Thomas Tomkins, Elway Bevin, Ferdinand Richardson, John Munday. Aber nicht den stufenweisen Aufbau dieser Entwickelung wolle hier der Leser erwarten; denn dazu ist ja die wissenschaftliche Vorarbeit nur zu einem kleinen Teile erst geleistet. Von den Persönlichkeiten vielmehr absehend, wollen wir ganz im Allgemeinen den Bereich der englischen Virginalmusik um 1600 zu überblicken versuchen. Auch so wird sich die Höhe des künstlerischen Niveaus, zu der England dem Festlande gegenüber gelangte, annähernd sicher bestimmen lassen.

Die musikalischen Sphären der Orgel und des Klaviers haben die Engländer anscheinend in ähnlicher Weise gegen einander abgegrenzt, wie die Musiker der Länder, die wir bisher betrachtet haben. Auf der Orgel, also im Rahmen des Gottesdienstes, fanden die Bearbeitungen von Gregorianischen Kirchenmelodien vorzugsweise ihre Verwendung, während auf dem Klavier die kolorierten Übertragungen von Gesangsstücken und die Variationen über Volkslieder und Tänze erklangen. Mit dem Präludium und der ausgebreiteteren Form der Fantasie ist auch hier das Gebiet bezeichnet, an dessen Bestand beide Instrumente gemeinsam partizipieren. Die äusseren Merkmale dieser Formen, wie wir sie bisher immer ziemlich übereinstimmend fanden, kehren ebenfalls in ähnlicher Weise in England wieder. Für die Choralbearbeitungen giebt die kirchliche Melodie den festen Halt ab, an dem sich wechselnde kontrapunktische Gebilde, diesen umspielend oder begleitend, fortranken. In den weltlichen Variationen dagegen erscheinen die Grundharmonien als das bleibende Element, über das die Variationskunst der Komponisten ein immer lebhafteres, wechselvolleres und farbigeres Neubild der ursprünglichen Melodie ausbreitet. Die kolorierten Vokalsätze ferner sind für den Spieler mit allem Zierrat der Kunstfertigkeit ausgestattete Musikstücke, wie sie, nur massvoller, die damaligen Sänger während des Vortrages improvisierend hervorriefen. Das Präludium und die Fantasie endlich ergeben sich ganz unabhängig von bekannten kirchlichen oder weltlichen Melodien; sie lassen die ungebundene Schaffenskraft des Komponisten sich bethätigen, dort im zwanglosen Wechsel von volltönenden Harmonien, frei schweifenden Passagen und allerhand Spielfiguren, hier im kunstvolleren Durchführen selbstgewählter Motive. Hinter dieser Betbätigung von Grundanschauungen, die auch auf dem Festlande für die Entwickelung der Klaviermusik massgebend gewesen waren, steckt jedoch weiterhin ein gutes Teil englischer Eigenart. Wir sehen sie in scharf charakteristischen Zügen sich kund thun.

In der Choralbearbeitung war das Festland von der Figuration eines *cantus firmus*, von dem einfachsten Gegensatz lebhafter Kontrapunkte zu einer gleichmässig ruhig dahinfliessenden Melodie ausgegangen. Kunstvollere Arten der Bearbeitung fand man dazu in der fugierten und motettenartigen Durchführung[1]. Hier machte aber die Entwickelung Halt; der vokale Stil bildete das vorläufig unübersteigbare Hindernis. Den Weg darüber hinweg sehen wir nun die Virginalisten gehen. Die den Choral begleitenden Kontrapunkte sind bei ihnen im Grunde nicht mehr vokale Melodiegebilde, sondern abgerundete, instrumentale Figuren und Motive, denen die prägnante Rhythmik und das Hinstreben zu Harmoniewirkungen ein neuartiges Gepräge aufdrückt. Diese Motive treten auch nicht einmal bloss' auf, um musikalisch belanglos rasch wieder zu verschwinden, sondern sie sind von vornherein so gebildet, dass sie ganze Strecken hindurch festgehalten werden können; und am Ende ergiebt sich dann, durch eine leise Änderung an ihrer rhythmischen oder melodischen Fassung, ein neues Figurenmotiv, das nun wieder für länger verwendbar ist[2]. Neben diesem geschickten Fortspinnen und Weiterbilden kontrapunktischer Gedanken wird in den englischen Choralbearbeitungen noch ein anderes Prinzip stark betont: das der Variation. Eine und dieselbe Melodie erscheint mehrmals hintereinander behandelt. Die Melodie bleibt in allen Variationen unverändert, variiert wird ihr kontrapunktisches Gewand. Indem die begleitenden Kontrapunkte zu den einzelnen Melodietönen nicht immer wieder dieselben Harmonien andeuten, sondern ihren Standpunkt möglichst wechseln, indem sich ferner die Anzahl der Stimmen und die Lage der Grundmelodie in den einzelnen Variationsabschnitten ändern, wird es möglich, den der Melodie innewohnenden harmonischen Reichtum möglichst allseitig zu erschliessen und verschiedenartig zu beleuchten[3].

Die von Willaert und Buus in Italien angebaute Fantasie

---

[1] Die höchsten Resultate, welche hier erzielt wurden, findet man bei H. Buchner; siehe K. Paesler (Vierteljahrsschr. f. Mus., 1889, S. 84 ff.).
[2] Siehe Blitheman, Parsons, Anonymus, Bull (*Fitzwilliam Book* [Maitland-Squire] I, S. 181; II, S. 135; I, S. 121; I, S. 135, 138, 160. II, S. 34, 64).
[3] Siehe Tallis, Bull (*Fitzwilliam Book* I, S. 427, II, S. 1; I, S. 163).

war, wie wir sahen, eine dem Ricercar nahe verwandte Form.
Sie tritt nun mit allen ihren wesentlichen Merkmalen auch in
England auf. Ein Thema stellt den Faden dar, um den herum
sich die Form krystallisiert. Die ersten Kontrapunkte zum Thema
werden aus diesem selbst geschöpft. Durch motivische Umbildung entstehen daraus dann neue, mehr kontrastierende, die sich
in bekannter Verkettung einander ablösen. Das Hauptthema erscheint während dessen in ursprünglicher Gestalt, den Notenwerten
nach verlängert oder verkürzt. »Mit sonderbahrem Fleiss vnd nachdencken — um des Prätorius Worte zu gebrauchen[1]) — wird
aus allen winckeln zusammengesucht, wie vnd vff mancherley
Art vnd weise die Fugé in einander gefügt, geflochten, *duplirt*,
per directum et indirectum seu contrarium, ordentlich künstlich
vnd anmuthig zusammen, vnd biss zum ende hinausgeführt werden
könne«[2]). Daneben aber bezeichnen die Virginalisten noch andere
Formengebilde mit dem Namen Fantasie. Da ist eine Reihe von
Stücken, die mit einer verhältnismässig langen fugierten Durchführung des Themas beginnen, im weiteren Verlaufe aber nach
und nach neue Motive vorbereitet erscheinen lassen, um sie in
kürzeren Abschnitten und lebhafter zu fugieren[3]). Mit Vorliebe
verflüchtigen sich dabei die anfänglich gemessen schreitenden,
melodischen Themen zu blossen Spielfiguren, und an die Stelle
eines festen kontrapunktischen Stimmengewebes tritt ein lockeres
und zwanglos imitatorisches Spiel. Hätte man es hier nicht mit
englischer, sondern italienischer Litteratur zu thun, so wäre man
versucht, diese Art von Fantasien als aus einer Vermischung von
Ricercar und Toccata hervorgegangen zu betrachten[4]). Eine dritte
Gruppe von Fantasien endlich steht auf derselben Stufe, wie die
italienischen *canzoni alla francese*; sie sind Umbildungen vokaler
Sätze zu Spielstücken. Den vokalen Ursprung bezeugen manche
Einzelheiten, vor allem die häufig zu beobachtende Wechselchörigkeit des Satzes und dann die Gliederung der Stücke in
mehrere Teile mit Reprisen, die entweder ausgeschrieben oder
durch Wiederholungszeichen kenntlich gemacht sind — Dinge
also, die dem Wesen der Fantasie als Fugenform nicht anhaften[5]).
Dieser Gruppe gehören somit auch die Stücke an, die sich durch
die Nennung ihrer vokalen Vorbilder im Titel (allerdings ohne

---
[1]) Siehe oben S. 33 f.
[2]) Siehe Bull, Byrd, Philips (*Fitzwilliam Book* I, S. 183, 422; 395; 335).
[3]) Siehe Gibbons (*Parthenia* [Farrenc], S. 34).
[4]) Siehe Munday, Byrd, Strogers, Bull (*Fitzwilliam Book* I, S. 19, 37, 357, 423).
[5]) Siehe Byrd, Philips, Morley (*Fitzwilliam Book* I, S. 188, 406; 352; II, S. 57).

den Zusatz *Fantasia*) offen als Übertragungen bekennen¹). Jedenfalls ist beide Male das Verfahren der Transskription das nämliche. Aber diese Koloraturstücke machen doch einen ganz anderen Eindruck, als die analogen Produktionen der festländischen Musiker. Die Verzierungen erscheinen hier nicht als äussere Zuthaten, sondern als frische, lebenskräftige und selbständige Gedanken; sie sind als prägnante Motive organisch mit dem ganzen Stimmengeflecht verbunden und innig mit dem Gefüge der Harmonien verschmolzen.

Musikalisch und geschichtlich am höchsten stehen aber die Leistungen der Virginalisten in der Variation von Liedern und Tänzen. Die primitivste Art der Variation, wie wir sie bisher überall gepflegt fanden, nämlich auf stets sich gleichbleibendem Grunde der Harmonien mannigfaltige, in der Beweglichkeit zunehmende Umbildungen der Melodie zu schaffen, ist auch in England der Ausgangspunkt für alle Kunst des Variierens. Es gehört zum Wesen der weltlichen Variation, dass die harmonische Grundstruktur und die Hauptlinien der Melodie, wie sie beide im Musikempfinden des Volkes fest gewurzelt sind, trotz aller Veränderungen dem Ohr deutlich bleiben. Man bemerkt aber bald, dass die Engländer selbst dies einfachste Formenprinzip mit viel tieferer Gründlichkeit als andere zu behandeln wussten. Ihre Variationskunst ist nicht bei dem gesangsmässigen Kolorieren und Diminuieren stehen geblieben, wo schnelle Figuren und Passagen ohne Ordnung und Ziel sich jagten und wo über trockene Akkordfolgen eine bewegtere Oberstimme sich hinzog; sie hat sich vielmehr zu echt instrumentaler Freiheit durchgerungen. An allen Enden spriessen frische muntere Motive hervor, die in anmutiger, ungesuchter Natürlichkeit die Hauptmelodie umkleiden und, das Harmoniegefüge gleichzeitig durchsetzend, dieses mit jener zu einem musikalisch geschlossenen, durch einen Pulsschlag belebten Ganzen vereinigen. Überall bekundet sich das Bestreben, durch Festhalten an einem zur Begleitung geschickten kleinen Motiv, durch Bevorzugung einer eigenartigen Rhythmik und durch Betonung irgend eines besonderen, meist instrumental gedachten Ausdrucksmittels jeder einzelnen Variation ein charakteristisches, sie vor den anderen auszeichnendes Gepräge aufzudrücken.

Lied und Tanz, bei den anderen Völkern meist von gleich kurzer Ausdehnung und einfacher Gliederung, halten sich in der englischen Musik nicht also das Gleichgewicht. Während das Volkslied jener Zeit zum Aufbau seiner Melodie nur sehr geringe

---

1) Siehe Philips (*Fitzwilliam Book* I, S. 280, 312, 317, 329, 332, 346).

Mittel braucht und sie mit Vorliebe aus wenigen Melodiestückchen, die mannigfach kombiniert werden, zusammensetzt[1]), hat der Tanz grössere Dimensionen angenommen. Zwei Teile mit Wiederholung, die für das variierte Lied als äusserste Grenze der Ausdehnung gelten, sind für den Tanz als Minimum erforderlich. Die Mehrzahl der Tänze, Pavanen und Gagliarden, besteht sogar aus drei Teilen, und diese erstrecken sich zudem melodisch viel weiter, als beim Liede. Dies Verhältnis ist nun auf die Variationskunst der Virginalisten nicht ohne Einfluss geblieben; es hat sie in der Technik der Variation einen merklichen Schritt weitergeführt. Je kürzer die Liedmelodie war, desto näher lag es und desto leichter musste es fallen, musikalisch wirksame Kontraste zwischen den einzelnen Variationen zu schaffen. Dies geschieht denn auf verschiedene Arten. Begleit- und Umspielungsmotive, die die eine Variation von der rechten Hand durchführen lässt, gehen bei der nächsten Variation zur linken Hand über[2]). Die Melodie verlässt ferner ihren bisher ausschliesslich behaupteten Platz und erklingt von Variation zu Variation in je einer der Unterstimmen[3]). Es wechseln sodann Variationen, in denen die intakt gelassene Melodie von Figurationen begleitet wird, mit solchen, in denen die Melodie selbst sich in eine Kette von Figuren auflöst, wo ihre Haupttonschritte als die Hauptspitzen dieser Tonbewegungen erscheinen, oder Variationen, die überwiegend mit fugenhaften Imitationen ausgestattet sind. Endlich wird zu Gunsten der Steigerung des Kontrastes selbst an einem Grundpfeiler der Form gerüttelt. Scheint nämlich kein Ausdrucksmittel mehr zur Variation der Melodie geeignet, so wird schliesslich diese ganz aus der Hand gelassen, und es baut sich auf der festgehaltenen Harmoniefolge ein Gebilde auf, das melodisch ausser allem Zusammenhang mit dem Thema steht. Spieler und Hörer müssen sich die Hauptmelodie beim Vortrage erst hinzudenken[4]). Hat die Liedvariation vor allem mit motivischer Kleinarbeit zu thun, so weisen andererseits die Tanzvariationen einen entschiedenen Zug zu grosser Form auf. Nicht der scharfe Kontrast kleinerer Abschnitte gegeneinander, sondern dass sich vom Anfang durch die drei Teile mit ihren Wiederholungen hindurch stufenweise und wohl vermittelt alle Ausdrucksmittel einstellen und bis zur höchsten Lebendigkeit steigern, das ist hier das

---

[1]) Reichhaltiges Material, sich davon zu überführen, findet man bei W. Chapell, *Popular Music of the olden time* (London 1855 ff.).
[2]) Siehe Bull (*Fitzwilliam Book* I, S. 1.)
[3]) Siehe Byrd (*Fitzwilliam Book* I, S. 267).
[4]) Siehe Gibbons, Byrd (*Fitzwilliam Book* I, S. 144; 218, 226).

Prinzip. Die Ausdehnung, die dabei das Tanzstück gewinnt, ist so gross, dass es meist mit der einen Durchführung der Melodie sein Bewenden hat. Werden aber die drei Teile samt ihren Wiederholungen nochmals einer Bearbeitung unterzogen, so schliesst sich diese nicht unmittelbar an die erste an, sondern beansprucht einen selbständigen Platz wie die erste[1]. Diesen aufs Grosse gerichteten Zug der Tanzvariation wird man am besten gewahren, wenn man die Pavanen und Gagliarden, die auch in England, wie anderwärts, melodisch eng zusammen gehören[2]), als ein Ganzes in Betracht zieht.

Unter den Variationen nehmen die Stücke, denen anscheinend als Gattungsname die Bezeichnung *Ground* beigelegt ist, eine eigenartige Sonderstellung ein. Da ist zum Beispiel ein Stück, das mit seinem Thema an die einförmige Melodik des Glockengeläuts (*The bells*) anknüpft; es beginnt:[3])

Ein anderes entwickelt sich aus einem träumerischen Wiegenliedmotiv:[4])

---

1) Siehe Bull (*Fitzwilliam Book* I, S. 174).
2) So gehören zusammen die Tänze im *Fitzwilliam Book*, I, S. 27 : 32, 99 : 117, 124 : 129, 54 : 149, 124 : 177, 203 : 209, 291 : 296.
3) Byrd (*Fitzwilliam Book* I, S. 274).
4) Tomkins (*Fitzwilliam Book* II, S. 87).

Fünftes Kapitel: Englands Virginalmusik.

In einen ganz kleinen Kreis nur scheint die melodische und harmonische Ausdrucksfähigkeit dieser kurzen Motive gebannt zu sein; und doch, welchen Reichtum vermögen die Komponisten durch ihre Variationskunst daraus zu erwecken! Als Hauptmelodie oben erklingend, schmiegen sich die Motive vielfarbig wechselnden Harmonieverbindungen an; als Harmoniebasis verwendet, lassen sie die mannigfaltigsten Gebilde aus sich heraufsteigen: so ersetzen sie durch Vielseitigkeit und Wandlungsfähigkeit, was ihnen etwa durch ihre Kürze an Bedeutung abgeht. Im Bewusstsein dieser Freiheit, der durch die Anlehnung an Lied oder Tanz keine festen Schranken gezogen sind, nimmt die Schaffenskraft des Komponisten ungehinderten Flug. Die ganze Fülle der variierenden Kleinkunst kann sich erschöpfen; alle Reize, die nur irgend in der Melodie oder in den Harmonien verborgen liegen, können sich entfalten; die virtuose Spieltechnik endlich türmt die einzelnen Gedanken immer höher übereinander — es ist die Freude ungebundensten Formens und Gestaltens, die aus jeder Note hervorleuchtet. Was so aus den schlichten, einfachen Themen entquillt, sind Fantasiegebilde grossen Stils, instrumentale Stimmungsbilder erlesenster Art.

Wie im inneren Ausbau der Kompositionsformen, so besitzen die englischen Virginalisten auch in ihrer Schreibweise besondere Eigentümlichkeiten. Das eine hauptsächlichste Merkmal, dass sie stets nach motivischer Ausdrucksweise trachten, dass sie jeden musikalischen Gedanken durch Umbildung oder Weiterführung bis in seine letzten Ausläufer zu verwerten wissen, trat in der bisherigen Darstellung mehrmals zu Tage. Dazu gesellt sich noch ein anderes. Die Polyphonie in der Virginalmusik ist nur eine scheinbare; das gilt nicht nur von den eigentlichen Klavierstücken, sondern auch von der fugierten Form der Fantasie. Die Stimmenanzahl ist überaus selten von Anfang bis zu Ende durchgeführt, vielmehr erweitert oder beschränkt sie sich innerhalb eines Stückes sehr oft willkürlich, je nachdem es im Bedürfnis nach einer vollen Harmonie zu liegen scheint. Bald hier, bald da tauchen frei eintretende Stimmen auf. Ein anderes Mal übersteigen und kreuzen sich die Stimmen und verschwinden dann ganz ohne Fortsetzung. Weiter kommen Passagen, die durch alle Stimmen hindurch rollen und zum teil von der rechten, zum teil von der linken Hand gespielt werden. Dadurch entsteht denn ein kapriziös verwickeltes Gewebe, in welchem, wie sich Scheidt treffend äussert, »die Parteyen so wunderbarlich unter einander springen, dass manch guter Gesell sich nicht recht drein schicken, und welches Discant, Alt, Tenor oder Bass sey, wissen kan«[1]) Das polyphone Stimmengewebe ist eben ein ganz lockeres.

Kann ein Zweifel darüber bestehen, auf welchem Wege die Virginalisten zu solchem Kompositionsstil gelangt sein mögen, so wird ihn ein Blick auf gewisse Ausdrucksmittel, die fast jedem Komponisten ganz geläufig sind, bald zerstreuen. Das Nachschlagen beider Hände bei Akkordgriffen[2]) —

die Intervall- und Akkordbrechungen verschiedenster Art —

---

[1]) *Tabulatura Nova* (1624), 1. Teil, Vorwort »An die Organisten«.
[2]) *Fitzwilliam Book* I, S. 56.
[3]) *Fitzwilliam Book* I, S. 159.
[4]) *Fitzwilliam Book* I, S. 159.
[5]) *Fitzwilliam Book* I, S. 160.

das schnell hintereinander erfolgende Angeben eines und desselben Tones —

alles dies und vieles Ähnliche ist offenbar aus der Spieltechnik des Klaviers heraus und für diese geschaffen. In den Choralbearbeitungen der ältesten Generation weltlicher Organisten sucht man denn auch thatsächlich vergebens nach ähnlichen stilistischen Symptomen. Aber nur eine kleine Spanne Zeit weiter, da breitet sich die Lied- und Tanzvariation aus, und in ihr finden die Virginalisten den Quell, aus dem nach allen Seiten ihrer Kunst frische Kraft und neues Leben sich ergiessen. Nun erstarkt die Sprache des Klaviers zur Fähigkeit, ausdrucksvolle Motive zu formen; dem Drange folgend, den Schatz an populären Melodien für das Klavierspiel auszumünzen, werden sich die Komponisten je länger je mehr der spezifischen Ausdrucksmittel bewusst, die die eigenartige Klangwirkung des Virginals in sich birgt. So

---

1) *Fitzwilliam Book* I, S. 161.
2) Ebenda I, S. 3.
3) Ebenda I, S. 6.
4) Ebenda I, S. 4.

bildet sich unter ihren Fingern ein ganz neuer, sowohl vom Gesang, wie von der Orgel unabhängiger, freier Klavierstil. Und dieser entspricht so sehr dem Kunstempfinden des Volkes und seiner Meister, dass er sich über seine ursprüngliche Sphäre hinaus schnell Geltung verschafft. Alle eben bezeichneten Eigentümlichkeiten dringen in diejenigen Formen ein, auf deren Gestaltung eigentlich zunächst die Orgel ein Anrecht besass, in die Choralbearbeitung und in die freien Formen des Präludiums und der Fantasie. Auf demselben Wege findet gleichzeitig auch das weltliche Formenprinzip der Variation in die Choralbearbeitung Eingang; denn irgend eine liturgische Veranlassung, die Choralfiguration mit der Variation zu vermengen, lag sonst nicht vor. Darin also besteht eben die hohe geschichtliche Bedeutung der englischen Virginalmusik: sie ist die erste Verkörperung einer Kunstanschauung, die, durch die Variationskunst gefestigt, den Bann der vokalen Orgelpolyphonie und der gesangsmässigen Koloratur durchbrochen und mit einer Sicherheit und Vollendung, von der man auf dem Festlande noch weit entfernt war, den Klavierstil auf eigene Füsse gestellt hat.

Auf dies Resultat, dass wir es bei der Virginalmusik mit einer rein instrumentalen Kunst zu thun haben, führt uns auch die Betrachtung einiger Dinge zurück, deren wir nun noch kurz zu gedenken haben. Eine jener oben genannten, eigentlichen Fantasien [1]) benützt als Thema die sechs Töne des Dur-Hexachords, das auf- und absteigend in folgenden Lagen erscheint und so bearbeitet wird:

---

[1]) Siehe Bull (*Fitzwilliam Book* I, S. 183).

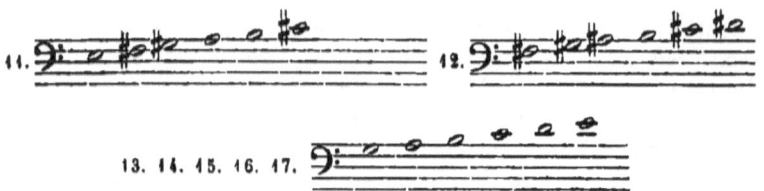

Angesichts dieses Schemas müssen wir uns vergegenwärtigen, dass die Melodik des 16. Jahrhunderts allgemein eine prinzipiell diatonische war; das ergab sich schon aus dem Wesen der sogenannten Kirchentonarten, die dem damaligen Tonsystem zu Grunde lagen. Tonerhöhungen und -Erniedrigungen und somit leiterfremde Modulationen kamen nur selten und dann als besondere Würze zur Anwendung. Unter den Männern nun, die aus diesem engen Anschauungskreis zu einer freieren Auffassung des ganzen Tonsystems zu gelangen suchten, ist mit als Erster Willaert zu nennen. Er machte beim Unterricht darauf aufmerksam, dass das Intervall eines jeden Ganztones in zwei Halbtöne, eine jede Oktave also, wie schon die Griechen gelehrt, in zwölf ihrem gegenseitigen Verhältnisse nach ganz gleiche Halbtöne geteilt werden könne. Zog er nun auch selbst aus dieser Erkenntnis noch keinen praktischen Nutzen, so trugen doch seine Schüler Nicolo Vicentino, Cipriano de Rore und Gioseffo Zarlino wesentlich dazu bei, der Chromatik Eingang und Geltung zu verschaffen. Die Wirkung dieser Bestrebungen äusserte sich im Klavierbau, wie man des Näheren im Anhang erfahren wird, und auch in der Praxis, hier allerdings vorläufig erst im Vokalsatz. Das erste Buch der chromatischen Madrigale von Cipriano de Rore (1544) ist in dieser Hinsicht ein geschichtlicher Markstein. Die in Rede stehende Hexachord-Fantasie bezeichnet nun den Übergang jener chromatischen Versuche auf das Gebiet der Klaviermusik, ihre Bereicherung um ein Ausdrucksmittel von enormer Tragweite, da sich so ein Ausblick auf eine Fülle von Modulationsmöglichkeiten eröffnete, zu denen von der Diatonik kein Weg führte. Es ist wichtig, den Unterschied zwischen der Chromatik der Italiener und der der Engländer zu statuieren. Bei den Ersten kam es stets darauf an, einen Text, auf welchem dem Sinne nach ein besonderer Accent ruhte, musikalisch entsprechend zu illustrieren. Den instrumental denkenden Engländern ist dagegen die Chromatik, mit der sie nur allgemein den Begriff eines gesteigerten Affekts verbinden, ein instrumentales Hilfsmittel. Sobald sie chromatische Gänge, gewöhnlich den Raum einer Quarte durchmessend, anwenden, verknüpfen sie damit eine Begleitungsfigur, die dem chromatischen Tongang gleich ein bestimmtes harmonisches Gepräge aufdrückt und ihn für die musikalische Verwertung geschmeidig macht. Es sind, wie man an den Beispielen sieht, kleine rhythmische Motive, begrenzt durch die Terz oder Sexte zu den einzelnen Tönen der chromatischen Quarte.

Das konzertierende Spiel auf zwei Instrumenten war in Italien aufgekommen[3]). Aber die dafür bestimmten Stücke galten zunächst allerhand Instrumenten, von Tasteninstrumenten besonders der Orgel. Die Engländer sind es wiederum, die den neuen Gedanken für das Klavier zuerst nutzbar machen. Eine Liedbearbeitung *for two Virginals*[4]) ist das Beweisstück. Das erste Virginal ist hierbei mit dem ziemlich schmucklosen und in der Harmonie fast ärmlichen Vortrag der Hauptmelodie bedacht, während das konzertierende Instrument auf Schritt und Tritt die variierende Umspielung dazu giebt.

Merkwürdige Ansätze zur Programmmusik weist eine von den Fantasien auf, in denen ricercar- und toccatenartige Formenelemente gemengt sind[5]). Die einzelnen Abschnitte tragen ver-

---

1) Philips (*Fitzwilliam Book* I, S. 324).
2) Tomkins (*Fitzwilliam Book* II, S. 54).
3) Siehe oben S. 36.
4) Farnaby (*Fitzwilliam Book* I, S. 202).
5) Munday (*Fitzwilliam Book* I, S. 23).

schiedene Überschriften: die ruhig verlaufenden, polyphon gehaltenen *faire* oder *calme wether*, die mit schnell hin und her zuckenden kleinen Sechzehntelfiguren ausgestatteten *lightning*, die rollende Passagen in der linken Hand auszuführen haben *thunder*. So folgen sich mehrmals schön Wetter, Blitz und Donner, bis das für unsere Anschauung ungefährliche Naturschauspiel einem ungetrübt herrlichen Tage (*a cleare day*) weicht. Tonmalerei ist keine Erfindung der Neuzeit erst; sie hat nachweisbar bis zu gewissen Grenzen schon in der Gesangskunst des vorchristlichen und christlichen Altertums eine Rolle gespielt. In dem modernen Sinne, dass irgend ein hervorragender Wortausdruck durch musikalische Mittel in seiner bildhaften Wirkung noch gesteigert wird, haben die venetianischen Meister zuerst Tonmalerei getrieben. Sie beschränkte sich indessen auf den Gesang und brauchte noch die unmittelbare Verknüpfung mit dem Worte. In dieser englischen Fantasie haben wir die ersten Proben auf instrumentalem Gebiet vor uns. Das Wort dient dem Komponisten nur dazu, dem Hörer und dem Spieler die allgemeine Stimmung zu übermitteln; ihre Ausdeutung im Einzelnen bleibt Beiden überlassen.

Von der äusseren Spieltechnik der Virginalisten endlich wissen wir nur wenig. Nach dem Titelkupfer der *Parthenia* zu schliessen, das uns eine das Virginal spielende junge Dame vorführt, war die Handhaltung so leicht und ungezwungen, wie sie **Merulo** und **Diruta** als unerlässlich für ein virtuoses Klavierspiel bezeichnen[1]). Die Fingerhaltung der Miss verstösst jedoch insofern gegen eine Hauptregel, als der vierte und fünfte Finger der linken Hand vor der Tastatur herabhängen, statt, zu sofortiger Verwendung bereit, über den Tasten zu schweben. Den Mangel an generellen Vorschriften darüber, wie es die Virginalkomponisten mit dem **Fingersatz** gehalten wissen wollten, ersetzen in etwas einige Angaben, die sich gelegentlich in Handschriften vorfinden, z. B.:

---

[1]) Siehe oben S. 41.
[2]) *Fitzwilliam Book* I, S. 70.

Die Fingerzählung erfolgt, wie man zunächst sieht, bei den Virginalisten nicht in entgegengesetzter Richtung, mit dem Daumen resp. Zeigefinger beginnend, sondern in paralleler Richtung:

L. H.	R. H.
1 2 3 4 5	1 2 3 4 5.

Dies Verfahren, das auch von anderer Seite her[4]) als um 1600 in England üblich bestätigt wird, werden wir später zu Purcell's Zeiten noch gelten sehen. Weiterhin lassen die angeführten Beispiele erkennen, dass der englische Fingersatz bei Läufen und Sprüngen sich nicht wie der italienische auf die drei mittleren Finger beider Hände beschränkt, sondern in ausgedehntem Masse noch den fünften und in bescheidenerem auch den Daumen heranzieht. Ferner sieht man das Prinzip des Fingerwechsels bei öfterem Anschlag einer und derselben Taste betont. Grössere Intervalle werden endlich, wie dem Titelkupfer der *Parthenia* zu entnehmen ist, unter Zuhilfenahme des Daumens gegriffen.

---

1) *Fitzwilliam Book* I, S. 74.
2) Ebenda I, S. 82.
3) Ebenda I, S. 196.
4) Ms. 31, 403 im Britischen Museum zu London.

Die für die Charakteristik der englischen Virginalmusik wichtigsten Punkte dürften wohl in Vorstehendem zur Erörterung gelangt sein. Es erübrigt nur noch, danach ihren Wert für die allgemeine Musikgeschichte zu bemessen. Werfen wir einen Blick auf das Musiktreiben zu Elisabeths Zeiten. Die Blüte des englischen Madrigals entspross einem Schössling des italienischen; die Psalmenkomposition entstand unter dem Drängen einer Bewegung, die sich zuvor schon durch die Kulturstaaten des Festlandes erstreckt hatte; der Ruhm, »dass unter ihnen fürtreffliche Musicanten, die auff Violinen oder Geigen, fürnehmlich auff der Violen di Gamba über die Masse wol spieleten«[1]), fiel den Engländern erst zu, nachdem Jahrzehnte lang italienische *violls* in der Hofkapelle vorbildlich gewirkt hatten. Die Virginalmusik dagegen hat England aus sich selbst geschaffen; in dieser Beziehung gab es damals nirgends eine Kunstpraxis, die, höher organisiert als die englische, dieser ein anregendes Vorbild hätte sein können. Gewiss ist es richtig, dass das englische Klavierspiel nicht von völlig neuen künstlerischen Grundlagen ausging, dass auch in ihm anfänglich der vokale Geist des 16. Jahrhunderts zu spüren war; ebenso richtig aber auch, dass es im kräftigen Feuer der Variationskunst sich die instrumentale Waffe schmiedete, diesen am ersten und am gründlichsten zu überwinden. Daran wird nichts geändert durch den Hinweis etwa, dass die eine Gattung der Fantasie die formalen Kennzeichen italienischer Herkunft trägt, dass Eigentümlichkeiten, wie die Anwendung der Chromatik, des Spiels auf zwei Klavieren, der Tonmalerei ebenfalls in Italien zuerst bemerkbar waren. Denn wir dürfen nicht vergessen, dass diese Entlehnungen erst zu einer Zeit stattfanden, wo das eigentliche Wesen der Virginalmusik schon zur Reife gediehen war dass sie von Männern ausgingen, die, wie wir sehen werden, durch bestimmte äussere Umstände sich dazu veranlasst sahen, und dass man endlich Anlehnungen, die zu selbständigen Neuschöpfungen führten, nicht als Beweise einer untergeordneten Abhängigkeit gelten lassen kann.

Der isolierten geographischen Lage des britischen Inselreiches entspricht auch seine Bedeutung als Faktor in der Entwickelung der musikalischen Kunst. Mit seinen Errungenschaften und seinem Streben zu weiteren Zielen ist es fast zu allen Zeiten auf sich gestellt gewesen. Was davon langsam und bruchstückweise seinen Weg zum Festlande fand, war meist nicht dazu geeignet, eine

---

[1]) Joh. Rist, »Das Aller-Edelste ... der gantzen Welt« (siehe Fr. Chrysander's Exzerpt daraus, Leipzig. Allg. Mus. Ztg., 1881, S. 676.)

klare, vollständige Einsicht in die künstlerische Stellung des abgelegenen Landes zu verstatten, noch auch tiefgreifende und nachhaltige Eindrücke zu hinterlassen. Eine Zeit kam jedoch, wo England mit grösstem Erfolge aus seiner Reserve hervortrat; es war um 1600. Religiöse und politische Wirren brachen über das Land herein, die Stätten der Kunst verödend und den Künstlern die Stützen ihrer Existenz zerbrechend. Da zogen die englischen Musiker in Schaaren zum Festlande hinüber, wo sie auch erschienen, mit offenen Armen empfangen und durch Gewährung hervorragender Ämter geehrt; hier in der Fremde fanden sie nun das Verständnis, das die eigene Heimat ihnen versagte. So geschah es, dass die künstlerischen Traditionen, die England hinter sich abbrach, in der Musikpflege des Festlandes wieder auflebten und auf die Weiterbildung der Kunst hier entscheidenden Einfluss gewannen. Den Hauptweg, den die Virginalmusik einschlug, wird das nächste Kapitel zu verfolgen haben.

Sechstes Kapitel.
Die Niederlande.

Auf den Nachweis des tiefeinschneidenden Einflusses, den die alte niederländische Tonkunst durch ihre Hauptrepräsentanten **Dufay, Ockeghem, Josquin du Près, Obrecht, Willaert, Orlandus Lassus** und **Sweelinck** vier Jahrhunderte hindurch auf die abendländische Musik ausgeübt hat, ist von der Musikforschung unseres Jahrhunderts viel fleissige Arbeit gerichtet gewesen [1]. Und zwar mit ansehnlichem Erfolge; denn dadurch ist die historische Bedeutung der Niederländer für die Musik in fast demselben Masse, wie die für die Malerei weiten Kreisen der Gebildeten zum Bewusstsein gekommen. Freilich, spricht man von den alten Nieder-

---

[1] Als das Wichtigste ist anzusehen, was **Fétis** (*Mémoire sur cette question: Quels ont été les mérites des Néerlandais*, Amsterdam 1829), **Kiesewetter** (Die Verdienste der Niederländer um die Tonkunst, Amsterdam 1829; Geschichte der europäisch-abendländischen Musik, Leipzig, 2. Aufl. 1846), **Ambros** (Geschichte der Musik, Bd. III), **Vander Straeten** (*La musique aux Pays-Bas*, 8 Bände) und die **Vereeniging voor Nederlands Muziekgeschiedenis** (*Bouwsteenen*, 1869 ff. 3 Bände, *Tijdschrift*, 1885 ff. 5 Bände) an den Tag gebracht haben, zahlreiche Monographien, vereinzelte Beiträge zu Zeitschriften, Neuausgaben u. A. ungerechnet.

ländern, so denkt der Musiker zunächst wohl immer an ihre Verdienste um die Komposition, um die Ausbildung des vokalen, künstlich polyphonen Stils, an ihr ruhmvolles Wirken als Mitglieder der berühmtesten Kapellen Deutschlands, Italiens, Spaniens und Frankreichs, weniger an ihre Leistungen auf instrumentalem Gebiet, das ja allerdings auch von der Forschung nicht eben allzu häufig betreten worden ist. Und doch ist die Rolle, die sie hier als Orgel- und Klavierkomponisten spielten, von einiger Wichtigkeit. Wir wollen sie in gedrängten Zügen darzulegen versuchen.

Aus den niederländischen Archiven sind in beträchtlicher Zahl geschichtliche Daten über alte Organisten wieder ans Tageslicht gezogen worden; sie reichen zum Teil sogar um ein Jahrhundert vor Paumann zurück. Aber vom Anfang einer niederländischen Klavierlitteratur können wir doch erst angesichts der Werke von Willaert und Buus sprechen, d. h. seit etwa 1550. Das Wirken beider Meister kam nun freilich hauptsächlich Italien zu gute, und dieses Umstandes wegen musste es im Rahmen der italienischen Musikgeschichte gewürdigt werden[1]). Trotzdem dürfte man kaum fehlgreifen, wenn man annimmt, dass die instrumentalen Werke der Beiden auch den Standpunkt reflektieren, den das niederländische Orgel- und Klavierspiel dieser Zeit erreicht hatte, dass also die Konsequenzen, die sich an die *Contrapunti*, *Ricercari* und *Fantasie* von Willaert und Buus knüpften, ebenso für die Niederlande im Allgemeinen zutreffen. Mit diesen Formen ist jedoch nicht der ganze Bestand der niederländischen Klavierspiellitteratur erschöpfend aufgeführt; das lehrt uns eine Anzahl von Sammelwerken, die bald danach erschienen und deren Titel zunächst genannt seien:

1) »*Het ierste musyck boexken mit vier partyen daer inne begrepen zyn XXVIj niewe amoreuse liedekens in onser neder duytscher talen, gecomponeert by diversche componisten, zeer lustich om singen en spelen op alle musicale instrumenten ghedruckt Tantwerpen by Tielman Susato ... 1551*«.

2) »*Het tweetste musyck boexken ... XXVIj niewe amoreuse liedekens ... zeer lustich om singen en spelen op alle musicale instrumenten ... Tantwerpen by Tielman Susato ... 1551*«.

3) »*Het derde musyck boexken begrepen int ghet al v onser neder duytscher spraken, daer inne begrepen syn alderhande danserye, te wetens Basse dansen, Ronden, Allemaingnien, Pavanen ende meer andere, mits oeck vyfthien nieuwe gaillarden, zeer lustich ende bequaem om spelen op alle musicale instrumenten, ghecomponeert ende naer dinstrumenten ghestelt duer* Tielman Susato .... *1551*«[2]).

---

1) Siehe oben S. 26 ff.
2) Ein vollständiges Exemplar aller drei Bücher befindet sich auf der Kgl. Bibliothek zu Berlin. Dem dritten Buch hat Eitner (Tänze u. s. w. S. 89 ff.) einige Proben entnommen.

4) »*Dat ierste boeck banden niewe duytsche liedekens, met III. IIII. V. VI. ende VIII. partyen. Van excellente Musiciens nu corts in Musycke ghestelt, bequaem om te singhen, ende op instrumenten te spelen. Gedruct tot Maestricht by my Jacop Baethen, 1554 inde maent van November* [resp. *October*], *voor hem ende Hendrick Peymans*« [1]).

5) »*Psalmen David, Vyfftich, mit vier partyen, seer suet ende lustich om singen ende speelen op verscheiden jnstrumenten, gecomponeert by M.* Cornelius Buschop, *ende nu erstmaell ter eeren Godts, ende ter liefden allen Musikers ende Speelluyden in druck gestelt... Dusseldorff* [Jacob Bathenius?] *1568*« [2]).

6) »*Liber primus leviorum carminum, omnis fere generis tripudia complectens, Padovanas nimirum, Passomezo, Alemandas, Gaillardas, Branles e similia, omnibus instrumentis musicis apprime convenientia....
Premier livre de danseries, contenant plusieurs Pavanes, Passomezo, Almandes, Gailliardes, Branles etc. Le tout convenable sur tous instruments musicalz... Lovanii, apud Petrum Phalesium. Antwerpiae apud Joannem Bellerum. 1571*« [3]).

Die Praxis des vom ganzen Kontinent betriebenen koloristischen Klavierspieles hatte also um 1550 und noch geraume Zeit danach auch in den Niederlanden ihre Stätte. Wohl fanden Meister, wie Willaert und Buus in den *Contrapunti, Ricercari* und *Fantasie* den Anfang, der zur Ausgestaltung selbständiger Formen führen sollte; aber ihren Hauptbedarf für das Orgel- und Klavierspiel in Kirche und Haus deckten auch die niederländischen Spieler mit den Vokalformen der kirchlichen Motette, des geistlichen Psalms, des weltlichen Lieds und mit dem Tanzrepertoire der Spielleute. Die Komponisten sorgten mit ihren Werken vorerst für den Gesang und liessen sie nach altem Gebrauch deshalb in Einzelstimmen drucken. Die Stimmenausgabe, wie sie war, fand dann unmittelbare Verwendung für die verschiedenartigen Zwecke der alten Orchester. Die Orgel- und Klavierspieler mussten aber weiter für sich sorgen; ihnen stand es frei, was sie benutzen wollten, sich zu intavolieren. In welcher Weise das Letztere in den Niederlanden geschah, dafür sind Quellen bisher noch nicht gefunden worden. Es liegt jedoch geschichtlich nichts näher, als die Annahme, dass auch in diesem Punkte analog den Anschauungen der anderen Länder verfahren wurde, dass also die Niederländer bei der Intavolatur gleichzeitig die Kolorierung ihrer Vorlagen besorgten. Thaten sie dies nicht schriftlich, wie man nach dem Beispiel von Willaert und Buus meinen

---

1) Das einzige bisher bekannt gewordene Exemplar besitzt bis auf den Diskant vollständig die Gymnasialbibliothek zu Heilbronn.
2) Die Superius-Stimme liegt in Göttingen, die andern drei Stimmen besitzt München. Eine Neuausgabe des Werkes enthält *Uitgave XXI* (1898) der *Vereeniging v. N.-N. M.*
3) Ein vollständiges Exemplar ist in Heilbronn.

möchte, so doch sicherlich *ex improviso* während des Vortrags. Auf jeden Fall unterliessen sie die Koloratur nicht, das zeigen die Lautentabulaturen eines Adriansen, Thysius und Joachim van den Hove handgreiflich.

Die letzten beiden Jahrzehnte des 16. Jahrhunderts aber gaben der niederländischen Koloraturpraxis eine ganz neue Wendung. Als den Meister, der durch die Bedeutung seines kompositorischen Schaffens und durch die Virtuosität seines Spieles am meisten dazu beitrug, wenn er nicht überhaupt den ersten Anstoss dazu gab, haben wir Jan Pieterszn **Sweelinck** zu betrachten.

S., in der Zeit zwischen dem 28. April und 16. Oktober 1562 zu Amsterdam geboren, erhielt seine erste musikalische Ausbildung bei seinem Vater Pieter Sweelinck, der an der dortigen *Oude Kerk* als Organist bestellt war († 1573) und selbst ein nicht unbedeutender Musiker gewesen sein muss. Wahrscheinlich 1578 begab sich der Jüngling mit pekuniärer Unterstützung seitens der städtischen Regierung nach Venedig, das ja mit den grossen niederländischen Handelsplätzen in lebhaftem Verkehr stand, um bei Zarlino die Komposition zu studieren. Dass S. bei dieser Gelegenheit auch zu den beiden grossen venetianischen Orgelmeistern, A. Gabrieli und Cl. Merulo, in intime künstlerische Beziehungen trat, ist nur nahe liegend und ausserdem aus seinen späteren Werken zu erweisen. Aus Venedig kehrte S. 1580 zurück und erhielt sofort die inzwischen seit dem Tode seines Vaters von verschiedenen Organisten — darunter dem oben genannten Corn. Boskop (Buschop) — verwaltete Stelle an der *Oude Kerk*, in der er bis an sein Lebensende († 16. Oktober 1621) wirkte. Als Mensch und als Künstler genoss er schon frühe sehr hohes Ansehen: S. gehörte dem *Muidenkring* an, d. h. dem litterarisch und musikalisch gebildeten Kreise von Männern, die sich um den Dichter P. Hooft in dessen Schlosse zu Muiden zusammenfanden; durch die Komposition des ganzen Marot-Beza'schen Psalters wurde er der geistige Mittelpunkt des aus vornehmen Liebhabern und Musikern bestehenden Amsterdamer *Collegium musicum*, das die Pflege des Madrigals und der geistlichen Musik auf sein Panier gesetzt hatte. Über sein Orgel- und Klavierspiel lauten zeitgenössische Berichte begeistert: so oft S. in Amsterdam spielte, fand ein grosser Zulauf statt; jeder mochte sich rühmen, dies Wunder von einem Organisten gekannt, gesehen und gehört zu haben. Die Kunst seiner Improvisation beleuchtet folgende kleine Anekdote. Einstmals liess er sich von seinen Freunden dazu drängen, wozu er sich sonst nicht leicht verstand, ihnen etwas vorzuspielen. Da habe er denn über 25 Variationen zu dem Liede *Den lustelijcken Mey is nu in zijnen tijdt* improvisiert und dann immer noch dies und jenes Stück gespielt, was sie hören müssten. S. war endlich ein vortrefflicher Lehrer, der sich nicht lange mit vielen Worten aufhielt, sondern kurz und bündig verfuhr und durch die Unmittelbarkeit seines Beispieles wirkte. Er »bezeigte sich immer sehr gravitätisch und etwas sonderbar; nahm ein hohes Wesen an; und liebte die äuserste Nettigkeit in allem seinen Thun, wie der Holländer Gewohnheit ist«. Kein Wunder also, dass von weither Schüler zu ihm eilten. Von S.'s holländischen Schülern hat sich nur Michael Utrocht einen bekannten Namen gemacht; seine besten Schüler waren Deutsche: S. Scheidt aus Halle, P. Siefert aus Danzig, M. Schildt aus Hannover, J. Prätorius und H. Scheidemann aus Hamburg. Da gerade die beiden Letztgenannten durch ihre Schüler wiederum einen starken Einfluss auf die Musikpflege in Hamburg ausübten, so nannte man S. hier den »Hamburgischen Organistenmacher«. S.'s Werke für Orgel und Klavier sind zu seinen Lebzeiten nicht gedruckt worden; trotzdem hat sich eine beträchtliche Zahl handschriftlich erhalten [1]).

Die äussere Bestimmung der Spielstücke Sweelinck's — der Choralvariationen für die Orgel vorzugsweise, der Fantasien und Toccaten für Orgel wie für Klavier, der Lieder und Tänze für Klavier allein — charakterisiert ihn hinreichend als einen Meister des 16. Jahrhunderts, der fest auf den Schultern seiner Vorgänger steht. Aber der aufmerksame Leser kann schon aus dieser Andeutung der von Sweelinck gepflegten Kompositionsformen entnehmen, dass zwei neue Elemente hier dem niederländischen Orgel- und Klavierspiel zugeführt erscheinen: nämlich die Toccata und die Choralvariation. Betrachten wir zunächst diese Formen Sweelinck's näher.

Die Toccaten Sweelinck's sondern sich in zwei Gruppen. Bei der einen [2]) sind die beiden gegensätzlichen Elemente der Toccata — breite, volle Harmonien und schnell strömende Passagen, rasche Spielfiguren — durch einen fugierten Zwischensatz getrennt; die andere Gruppe [3]) sieht dagegen von einem solchen Fugato ab. Die genau entsprechenden Vorbilder für diese beiden Spielarten der Toccata erkennt man unschwer in der Toccata und in der Intonation A. Gabrieli's [4]). Wenn Sweelinck für die zweite Gruppe die Gabrieli'sche Bezeichnung Intonation nicht beibehalten hat, so gab augenscheinlich nur der äussere Grund dazu Veranlassung, dass Sweelinck's Stücke den engen Rahmen der Intonation verlassen und den Umfang der eigentlichen Toccata zu erreichen streben. Die Choralbearbeitungen [5]) Sweelinck's sind Variationsreihen. In allen ihren Abschnitten bleibt die Melodie als *cantus firmus* unverändert; der Variation unterworfen

---

[1]) Das bio- und bibliographische Quellenmaterial über Sweelinck hat bis jetzt am vollständigsten F. H. L. Tiedeman (Einleitung zu *Uitgave* VI, 1876, der *Vereeniging v. N.-N. M.*) zusammengestellt. Die Orgel- und Klavierwerke bilden den ersten Band der von der *Vereeniging* besorgten Gesamtausgabe der Werke Sweelinck's (Leipzig, Breitkopf & Härtel, 1894). Ihre kunstgeschichtliche Bedeutung findet man in dem Aufsatz »J. P. Sweelinck und seine direkten deutschen Schüler« (Vierteljahrsschr. f. Mus. 1891, S. 145 ff. Ein zusammenfassendes Referat ist in der *Tijdschrift der Vereeniging*, Deel IV, 1 zu finden) erörtert. Die hier gewonnenen Resultate können, obwohl sich die Basis für unsere geschichtliche Erkenntnis inzwischen erheblich vergrössert hat, auch heute noch als im Allgemeinen zutreffende gelten.
[2]) Neuausgabe Nr. 14—16.
[3]) Neuausgabe Nr. 17—21.
[4]) Siehe oben S. 37.
[5]) Neuausgabe Nr. 25, 26.

sind dagegen ihre Lage und ihre kontrapunktische Begleitung, welche letztere, von der Zweistimmigkeit ausgehend, von Variation zu Variation die Stimmenanzahl vergrössert. Diese eigenartige Verschmelzung der Choralfiguration mit der weltlichen Variation hatten in genau derselben Weise bereits die älteren englischen Virginalisten vollzogen[1]. Ihrem Vorbilde folgte also Sweelinck; denn die liturgische Stellung der Orgel im reformierten Kult Hollands war nicht derart, dass sie ihre Spieler unabhängig von der englischen Praxis zu diesem neuen Prinzip hätte leiten können.

Die Betrachtung auch der übrigen Kompositionsformen lässt über die Richtigkeit dieser ersten flüchtigen Beobachtung keinen Zweifel bestehen. Der Name Fantasie dient Sweelinck als Inbegriff für mehrere Formenbildungen, von denen zwei als die wichtigsten hier zu erörtern sind. Die eine Gruppe von Stücken[2] zeigt eine grosse dreiteilige Fugenform, deren einzelne Teile wieder untergegliedert sind. Der erste Hauptteil entspricht mit seinen drei Durchführungen des Themas (die dritte ist eine Engführung) etwa einer modernen Fuge. Der zweite Hauptteil erhält sein Gepräge dadurch, dass das Thema nur in einfacher oder selbst doppelter Verlängerung auftritt, während die begleitenden Kontrapunkte sich zu glatt fliessenden, rhythmisch bewegteren Melodien und Passagen verflüchtigen, und dass der Satz, zweistimmig beginnend, bei jedem neuen Themaeinsatz sich ausweitet, bis die Vierstimmigkeit wieder erreicht ist. Der dritte Hauptteil endlich verwertet das Thema in einfach oder doppelt verkürzter Fassung, bedient sich ebenfalls lebhaften Figurenwerks, der Engführung, der allmählichen Zunahme der Stimmenzahl und schliesst nach einem schlichten Auftreten des ursprünglichen Themas unter einfacher harmonischer Begleitung mit einer breiten, toccatenartigen Koda ab. Die Sonderstellung der zweiten Sorte von Fantasien[3] ist durch den Zusatz *op de manier van een echo* kenntlich gemacht. Sie beginnen fugenartig oder mit einem frei gestalteten, aber polyphon behandelten Einleitungssatz. Die Fortsetzung bleibt jedoch nicht so kompakt, sondern löst sich in die Figuren einer eigentümlichen Spielmanier auf, die eben als Echo bezeichnet wird. Auf dem Grunde oder unter der Oberfläche von ruhig fortschreitenden, nur leicht bewegten Harmonien ergeht sich eine rhythmisch lebhaft gehaltene Stimme, welche kurze Melodiestücke

---

[1] Siehe oben S. 58, 66.
[2] Neuausgabe Nr. 1—6.
[3] Neuausgabe Nr. 9—13.

in einer höheren Lage f, dann in einer tieferen p (oder umgekehrt) ausführt. Zweitens werden auch längere oder kürzere Tonfolgen und Akkordverbindungen entweder ganz oder in ihrem letzten Teile genau in derselben Lage, wie sie zuerst f ertönten, p wiederholt. Der Schlussteil läuft dann in ein mehr oder weniger ausgedehntes Figurenspiel aus.

Für diese Mehrdeutigkeit des Formennamens Fantasie findet man eine volle Aufklärung, sobald man sich vergegenwärtigt, welche Stellung die Italiener[1]) und auf der anderen Seite die englischen Virginalisten[2]) zur Fantasie einnahmen. In den Ricercari von Willaert, Buus, beiden Gabrieli und Merulo beobachteten wir Verlängerung, Verkürzung und Umkehrung des Themas, Benutzung von schnelleren Melodien, die sich dem Thema ständig als Gefährten beigesellen und, selbst fugiert, dessen Neueintritt wirksam hervorheben, — Elemente also, die eine auffällige Annäherung der Ricercarform an die Fantasie verursachten. Denn diese Elemente zerstörten die dem Ricercar ursprünglich anhaftende Gleichstellung der behandelten Themen und stellten eines als den Hauptgedanken hin, dem sich die anderen unterordnen mussten. Gleichwohl behielten die Italiener für dies neue Gebilde den Namen derjenigen Form bei, von der sie ausgegangen waren. Das Ricercar in italienischem Sinne war den Engländern nicht geläufig, wohl aber die Fantasie. Indem sie nun ihre Kontrapunkte zu dem einen Thema als Motive ausprägten und neue möglichst immer durch Um- und Weiterbildung früher gebrauchter zu gewinnen suchten, so gelangten sie, wenn auch auf anderem Wege, zu dem ähnlichen Formenresultat, wie die Italiener. Sweelinck's erste Fantasiegattung ist im Wesentlichen eine Vereinigung der beiden Spielarten des italienischen Ricercars und der englischen Fantasie. Die von den Italienern hin und wieder angedeutete grosse Dreiteilung ist von Sweelinck im Gegensatz zu den Virginalisten zum Prinzip erhoben; diesen verdankt er dagegen die musikalisch logische Weiterentwickelung und Ausnützung der kontrapunktischen Gegenmotive. Es ist wohl zu beachten, dass Sweelinck für dies Produkt nicht den beschränkteren Begriff des Ricercars, sondern den freieren der Fantasie beibehielt, die mit allen ihren Ausdrucksmitteln ungehindert schalten und walten konnte. Die zweite Fantasieform Sweelinck's ist, denkt man sich den mittleren Echosatz hinweg, bereits in einer anderen Art englischer Fantasien vorgebildet, die in gewisser Weise Fuge und

---

[1]) Siehe oben S. 33 f., 35 f., 40, 43 f.
[2]) Siehe oben S. 58 f.

Toccata in sich vereinigte¹). Durch die Einfügung des Echosatzes erscheint der toccatenhafte Charakter der Form noch wesentlich gestärkt, und zwar, was beachtenswert ist, mehr im Sinne Merulo's²) als Gabrieli's.

In den **Lied- und Tanzvariationen** endlich steht nun Sweelinck mit seinem ganzen Denken und Fühlen fest auf dem Boden der englischen Virginalmusik. Sie ist ihm offenbar die Schule gewesen, wo er gelernt hat, auf alle nur erdenkliche Arten einen melodischen Grundgedanken zu umkleiden, zu umspielen und aus ihm instrumentale Motive herauszuschälen. Alle die Errungenschaften, zu denen wir die Virginalisten gelangt sahen³), finden wir deshalb in gleichem Masse bei Sweelinck wieder. Nur der Umstand trennt Sweelinck von jenen, dass er ihre letzte Konsequenz, die Melodie beim Variieren schliesslich ausser Rechnung zu lassen, nicht mitmacht.

Wie der Ausbau von Sweelinck's musikalischen Formen im Grossen, so verweisen uns auch mannigfache Einzelheiten seiner Kompositionstechnik im Kleinen auf seine bewusste Anlehnung an die italienische und englische Kunst hin. Die chromatische Quarte mit dem instrumentalen Gegenmotiv der Engländer⁴) spielt so bei Sweelinck eine grosse Rolle; sie tritt sogar als Thema einer grossen Fantasie auf⁵). In der Heranziehung ursprünglich vokaler Ausdrucksmittel geht er aber noch über die Engländer hinaus. Das Echo, die Mehrchörigkeit und die Sequenzenbildung der Italiener werden von ihm ebenfalls in rein instrumentalem Sinne zur Anwendung gebracht. Sind ferner die vielen Diminutionen Zacconi's und Diruta's, die auch Sweelinck überaus häufig benutzt, Früchte seines Aufenthaltes in Italien, so bezeugen andererseits alle die Figurenmotive, wie sie nur durch genaue Beobachtung des Klaviertones entstehen konnten⁶), und die lockere Handhabung des polyphonen Satzes⁷) Sweelinck's inniges Vertrautsein mit dem Wesen des englischen Virginalspiels, wodurch sogar die Übereinstimmung in gewissen Eigentümlichkeiten der Notation hervorgerufen wurde⁸).

---

1) Siehe oben S. 59.
2) Siehe oben S. 40 f.
3) Siehe oben S. 60 ff.
4) Siehe oben S. 67 f.
5) Neuausgabe Nr. 1.
6) Siehe oben S. 64 f.
7) Siehe oben S. 68.
8) Vierteljahrsschr. f. Mus. 1891, S. 146 ff.

Nach diesen kurzen Andeutungen über den Zusammenhang, aus welchem heraus Sweelinck's instrumentales Schaffen geschichtlich zu würdigen ist, wird es kaum Jemanden überraschen, auch in der Wahl thematischer Motive eine gewisse Geistesverwandtschaft Sweelinck's mit italienischen und englischen Musikern damaliger Zeit zu bemerken. **Palestrina** bearbeitete in einem Madrigal¹) folgende Melodie:

Co - sì le chio - me mie so - a - ve - men - te

Das Aufsteigen dieses Motivs bis zur Quinte und das Berühren der Sexte finden sich bei diesem Komponisten auch sonst überaus häufig. In noch gedrängterer Form hat A. Gabrieli's Schüler, H. L. Hassler, dies Thema mehrfach benutzt: in einem deutschen Madrigal²) —

Ich scheid von dir mit ley - de

in einem italienischen Madrigal³) —

Dol - cis - si - mo ben mi - o

und endlich in einer lateinischen Motette⁴), hier noch dazu unter Beantwortung des Themas durch seine Umkehrung. —

ve - ni - - - - te.

Genau so und ebenfalls mit Beantwortung *in motu contrario* benutzt es nun Sweelinck ausser in einem Gelegenheitskanon für eine grosse Fantasie⁵):

---

1) Band 28 in F. X. Haberl's Gesamtausgabe, S. 239 ff.
2) »Neue Teutsche gesang nach art der welschen Madrigalien«, Augsburg 1596 (2. Ausg.), Nr. 16.
3) »*Madrigali*«.... Augsburg 1596, S. 10.
4) Caspar Hassler's »Sacrae symphoniae« ... (2. Ausg.) Augsburg 1601, Nr. 67.
5) Neuausgabe Nr. 3.

Sechstes Kapitel: J. P. Sweelinck.

H. Schütz, ein Schüler Gio. Gabrieli's, verarbeitet in einer *Symphonia sacra*[1]) zu den Worten *Surgam et circuibo* folgendes Motiv:

Mit einem parallelen Gedanken:

beginnt Sweelinck eine Echofantasie[2]). Folgendes Motiv:

unterwirft **Schütz** in den *Cantiones sacrae*[3]) einer gedrängten Engführung. Ebenso verfährt Sweelinck mit demselben Motiv im fugierten Mittelsatz einer Toccata[4]):

Die Lied- und Tanzmelodien dagegen hat Sweelinck vorzugsweise dem Schatz der englischen Volksmusik entnommen, Melodien, die wir schon in den Bearbeitungen der Virginalisten zum teil kennen gelernt haben. Von besonderem Interesse nach dieser Richtung hin ist Sweelinck's *Pavana Philippi*[5]). Das Original hierfür ist nämlich eine Pavane von P. **Philips**[6]), die Sweelinck unter Benutzung der Figurenmotive noch reichlicher mit Klavierornamenten ausgestattet hat.

Dass Sweelinck sich in seiner Heimat zum Träger von fremden Kunstanschauungen machte, die nach Seiten der Form sowohl, wie des musikalischen Ausdruckes den heimischen Standpunkt zu heben geeignet waren, das ist die eine Hauptseite seiner künstlerischen Persönlichkeit. Ebenso hervorragend ist jedoch

---

1) Bd. 5 in **Spitta's** Gesamtausgabe, S. 86.
2) Neuausgabe Nr. 10.
3) Bd. 4 in **Spitta's** Gesamtausgabe, S. 33.
4) Neuausgabe Nr. 15.
5) Neuausgabe Nr. 29.
6) *Fitzwilliam Book* 1, S. 343. »*The first one Philips made*« — so lautet ein handschriftlicher Zusatz zum Stück.

auch seine Individualität, die einen nicht minder stark ausgeprägten Charakter besitzt. Ihr wohnt vor allem die Kraft inne, fremde Schaffensideen nicht nur mit vollstem Verständnis in sich aufzunehmen, sondern auch sie in der geistigen Werkstatt mit dem eigenen Besitz zu einem geschlossenen Ganzen zusammen zu schweissen und dann als neue, höhere Kunsteinheit wieder auszugeben. Die Gewandtheit der Formengebung ist der wesentlichste Gewinn, den Sweelinck aus Italien heimbrachte. Daraus haben nicht bloss die Variationen den Vorteil des abgerundeteren und harmonischer gegliederten Aufbaues gezogen; der Gewinn kam selbst den eigentlich italienischen Formen zu Gute — man nehme nur eine der grossen Fantasien vor Augen. Bei einer derartig komplizierten Weitschichtigkeit der Form und bei einem solchen Reichtum kontrapunktischer Kombinationen jedem Detail die ihm geeignetste Stellung anzuweisen, das Ganze so zu gliedern, dass weder Ohr noch Auge die Übersicht über die Architektonik verlieren, und überhaupt eine so weit gespannte Form zu entwerfen—, das hat bei den Italienern Keiner zuvor vermocht. Von den Engländern hat sich Sweelinck den Stil ihrer kompositorischen Schreibart mit allen Eigentümlichkeiten angeeignet; natürlich findet man ihn unverfälscht und rein in den Variationen. Die motivische Kompositionstechnik der Engländer hat jedoch nicht weniger auf alle übrigen Formen gestaltend eingewirkt. Die Durchsichtigkeit und Ruhe, die das Ricercar der nur kombinierenden Italiener auszeichnen, haben Sweelinck's Fantasien nicht. Mit der vorwärts drängenden, motivischen Satzweise ist eine Fülle von neuer Kraft und Energie des Ausdruckes in sie hineingeströmt, dass sich die Wandungen der Form ins Weite dehnen müssen.

Sweelinck besass zu allem diesen »eine gantz eigene Fingerführung, die sonst ungewöhnlich, aber sehr gut war[1]«. Wir sind durch eine besonders günstige handschriftliche Überlieferung in der Lage, an einer Reihe von Beispielen prüfen zu können, nach welchen Grundsätzen sich Sweelinck's Fingersatz richtete:

---

[1] Mattheson's »Ehrenpforte«, S. 329.

Sechstes Kapitel: J. P. Sweelinck.

Die Fingerzählung ist, wie man sieht, nicht die englische, sondern die italienische Diruta's. Ebenso der Fingersatz, namentlich bei auf- und absteigenden Figuren. Aufsteigend benutzt die rechte Hand den dritten und vierten Finger, die linke den dritten und zweiten, absteigend jene den dritten und zweiten, diese den dritten und vierten. Daumen und kleiner Finger treten zu den Mittelfingern nur selten hinzu; wo sie es thun, sind die tech-

---

1) Die vorstehenden Beispiele siehe Neuausgabe S. 62.
2) Neuausgabe S. 76.
3) Neuausgabe S. 81.
4) Neuausgabe S. 85 ff.

nischen Gründe dafür leicht erkennbar. Auf die eigentümliche Daumenfolge der linken Hand, die ja den bekannten Fingersatzregeln für Intervallgriffe entspricht, und den Fingerwechsel bei öfterem Anschlagen einer Taste sei nur kurz hingewiesen. Angesichts dieser Übereinstimmung Sweelinck's mit der venetianischen Schule wird es kaum nur Zufall sein, dass die Fingersatzangaben gerade in den Toccaten und toccatenhaften Echofantasien Sweelinck's angebracht sind.

Sweelinck's Stellung in der Geschichte der Klaviermusik lässt sich nach diesem analytischen Streifzug durch seine Kompositionen eindeutig bestimmen. Man unterschätzt sein Kunstschaffen, das den innersten Bedürfnissen seiner Zeit Rechnung trug, will man es nach dem subjektiven Schönheitsmassstab eines modernen Musikers aburteilen, und überschätzt es, wenn man seine Person, die doch nur ein festes Glied in der langen Kette der Kunstentwickelung ist, zu einem »Gründer der Instrumentalmusik« zu stempeln sucht. Sein Verdienst besteht darin, dass es ihm zu einer Zeit, wo die Klavierspielkunst seiner Heimat noch im Banne der Koloratur lag, gelang, jene durch die Einführung grossartigerer Formen aus Italien und freierer, echt instrumentaler Ausdrucksmittel aus England auf eine Stufe der Bedeutung zu erheben, die die höchste, am Ende des 16. Jahrhunderts erreichte Höhe bezeichnet.

Wie der zum wesentlichen Teile durch Sweelinck herbeigeführte Aufschwung des holländischen Klavierspiels auch die Kreise der Dilettanten mit sich riss, ist aus einer Quelle ersichtlich, die schon aus dem Grunde Beachtung verdient, weil die Forschung sonst nicht viel ähnliches Material kennt. Es ist ein Klavierbüchlein;[1]) als ursprüngliche Besitzerin hat sich »Susanne van Soldt, 1599« eingeschrieben, augenscheinlich eine Holländerin, die, nach dem Inhalt des Büchleins zu schliessen, zum englischen Hofe und zur Lady Nevill in Beziehungen stand. Auf eine Notentabelle und ein lehrreiches Fingersatzbeispiel[2]) —

---

[1]) *Ms.* 29, 485 des Britischen Museums zu London. Siehe eine kurze Notiz darüber in der *Tijdschrift der Vereeniging v. N. N. M.*, 1896, V. S. 139.
[2]) Freundlichst kopiert von Mr. J. S. Shedlock in Teddington.

folgen darin in buntem Wechsel geistliche Lieder und Psalmen, kolorierte Vokalstücke und Tänze verschiedener Nationen. Alte und neuere Zeit reichen sich in diesem Buch die Hände. Als besonders eigentümlicher Rest von dem älteren Koloraturverfahren hat sich in den Psalmensätzen der jedesmal beim Leitelon am Zeilenschluss angebrachte Triller erhalten. Den reformierten Psalmen aber stehen in gleich bedeutender Anzahl die neueren Tänze gegenüber, die zum teil in England sehr bekannt waren, Lieblingsstücke der Lady Nevill, Tänze eines Bassano, eines Mitgliedes sicherlich der Künstlerfamilie, die am englischen Hofe ein Jahrhundert lang in angesehener Stellung gewirkt hat[1]).

Die Niederlande bildeten um 1600 weder politisch, noch konfessionell ein geschlossenes Ganzes. Die nördlichen Provinzen hatten sich 1578 zu einer auf völlige Gegenseitigkeit gegründeten Union zusammengethan und das reformierte Glaubensbekenntnis zur Staatsreligion erhoben. Der südliche Teil, etwa das heutige Belgien, verblieb dagegen unter spanischer Oberhoheit und unter der strengen Zucht des katholischen Kirchenregiments. Aus der Thatsache, dass in der Klaviermusik des nördlichen Holland italienische und englische Einflüsse massgebende Bedeutung erlangten, würde also noch nicht von selbst folgen müssen, dass dies ebenso im südlichen Belgien der Fall war. Wenn nun gleichwohl die Entwickelung des belgischen Klavierspiels nach derselben Richtung weiterging, so war dies erstlich durch eine Strömung im Kunstgeschmack der Zeit hervorgerufen, die auch Belgien tief durchdrang. Wie in Amsterdam vornehme Gönner und Musikliebhaber ein *Collegium musicum* zur besonderen Pflege des weltlichen Madrigals und der geistlichen Psalmenkomposition gründeten[2]), so beförderten die Statthalter der spanischen Niederlande durch die Fürsorge für ihre Hofkapellen das Wachstum der Kunst im Gesang und Instrumentenspiel. In Antwerpen lebte zudem ein Verleger, Peter Phalese, der mit weitschauender Geschäftsklugheit seinen Vorteil und die Kunstbedürfnisse seiner Zeit ersah, der ausser heimischen Produkten fremde Werke, italienische, französische und englische, in Mengen auf den Markt brachte. Auch die Niederlande erlebten infolge dessen eine kurze Blüte des Madrigals, die, wenn sie auch nicht so reiche Früchte, wie in England zeitigte, doch für die Geschichte nicht zu übersehen ist. So kann man es denn wohl begreifen, dass auch das belgische Klavierspiel von den mannigfachen neuen Kunstbeziehungen,

---

[1]) Siehe W. Nagel (a. a. O., S. 19).
[2]) Siehe Sweelinck's Werke, *Deel III*, Vorwort.

die sich hier kreuzten, nicht unberührt blieb, um so mehr, als seit etwa 1600 bedeutende auswärtige Virtuosen und Komponisten ins Land kamen und die angesehensten musikalischen Ämter erhielten. Einer der ältesten dieser fremden Einwanderer war wohl Peeter **Philips.**

Über P.'s Lebensumstände ist nur wenig bekannt. Als geborenen Engländer bezeichnet er sich selbst auf den Titeln seiner Werke. Sein Geburtsjahr wird zwischen 1550 und 1560 anzusetzen sein; denn das älteste Klavierstück von ihm[1]) ist am Ende mit der Jahrzahl 1580 versehen. In welcher Stellung P. in England wirkte, weiss man nicht. Jedenfalls trat gegen Mitte der neunziger Jahre ein jäher Wechsel in seiner äusseren Lage ein. Die *Pavana dolorosa*, die P. 1593[2]) fürs Virginal bearbeitete, schrieb er nämlich, wie eine handschriftliche Überlieferung meldet[3]), in der Gefangenschaft. Es scheint, als ob religiöse Dinge ihm diese zuzogen; denn P. war und blieb, nach der Dedikation seiner *Cantiones sacrae* (1612) an die hl. Jungfrau zu schliessen, ein überzeugter Katholik. In der Heimat litt es ihn nun nicht mehr. Er soll 1595 kurze Zeit in Rom geweilt haben[4]), von 1596 an aber war Antwerpen sein Aufenthaltsort. In diesem Jahre begann er mit der Herausgabe von Madrigalwerken, die ihm die Berufung als Hoforganist des Statthalters Erzherzog Albert und seiner Gemahlin Isabella eintrugen. Seines Amtes innerhalb des ihm zusagenden neuen Wirkungskreises muss er getreulich gewaltet haben, da ihm am 9. März 1610[5]) die Einkünfte eines Kanonikats in Soignies gewährt wurden, nachdem ihm vorher solche aus Béthane zugeflossen waren. Das Todesjahr P.'s ist unbekannt; 1624 war er aber noch am Leben, da er in diesem Jahre aktenmässig als Sachverständiger in Orgelbausachen genannt wird[6]). — Von seinen Klavierstücken ist nur eins zu seinen Lebzeiten gedruckt worden;[7]) alles Übrige verdanken wir handschriftlicher Überlieferung[8]).

Nächst Philips ist John **Bull** zu nennen.

B. wurde 1563 in der Grafschaft Somersetshire geboren und erhielt von seinem neunten Lebensjahre an gründlichen musikalischen Unterricht beim Hoforganisten William Blitheman. Seine erste Anstellung erhielt B. 1582 als Organist an der Kathedrale zu Hereford; von hier aus wurde er dann im Januar 1585 Mitglied der königlichen Kapelle. Nach 14jähriger Beschäftigung mit der Musik erwarb er sich am 9. Juli 1586 das Baccalaureat an der Universität zu Oxford. Nachfolger Blitheman's († 1591) geworden, erhielt B. am 7. Juli 1592 von der Universität zu Cambridge den Doktortitel. Auf den Vorschlag der Königin Elisabeth wurde B. an das 1595 gegründete

---

[1]) Pavana im *Fitzwilliam Book* (I. S. 343): *the first one Philips made*.
[2]) Siehe *Fitzwilliam Book* I, S. 321.
[3]) *Ms. 191 fol.* (Kgl. Bibliothek Berlin) macht im Register folgenden Zusatz zu dem Titel des Stückes: *composta in Prigione del P. P.*
[4]) Fétis (*Biogr. univ.*).
[5]) Grove (*Dictionary of music*).
[6]) Vander Straeten (*La musique aux Pays-Bas*, III, S. 314).
[7]) Von Salomon de Caus (*Institution harmonique* ... Frankfurt, Jean Norton, 1615); siehe Vander Straeten (a. a. O., VI, S. 510 f.).
[8]) Die Hauptquelle ist das *Fitzwilliam Book* (I, S. 280 ff.). Einige neue Stücke kommen dazu aus *Ms. 191* (Berlin) und *Ms. 888* (Lüttich).

Gresham College als erster Musikprofessor berufen, als welcher er wöchentlich zwei englische Vorlesungen zu halten hatte. Im Jahre 1601 unternahm B. eine grössere Reise, daheim durch Thomas Byrd (den Sohn William B.'s) vertreten; er besuchte die Niederlande, Frankreich und Deutschland, überall ob seiner stupenden Virtuosität angestaunt. Nach dem Tode der Königin blieb B. in der königlichen Kapelle. Nachdem er sich mit Erlaubnis des Bischofs von London 1607 verheiratet hatte, gab er das Professorat am College auf, trat aber 1611 noch in den Dienst des Prinzen Heinrich von Wales. Im Jahre 1613 schied B. mit Zustimmung des Königs aus dem Verbande der Kapelle und begab sich nach Brüssel, wo er neben Juan Zacharias, P. Cornet, P. Philips, Vinc. Guami Hoforganist des Erzherzogs Albert wurde. Endlich folgte er dem 1617 verstorbenen Romb. Waelrant als Organist der Kathedrale zu Antwerpen nach und legte am 31. Dezember den Amtseid ab. Seine Wohnung lag in der Kirche selbst, da wo heute der Concierge haust. Hier starb B. am 12./13. März 1628 und wurde am 15. März begraben[1]. — Ausser den in der *Parthenia*-Sammlung enthaltenen Stücken B.'s ist während seines Lebens keine Klaviermusik gedruckt worden. Dafür hat sich handschriftlich eine sehr grosse Menge erhalten[2]).

Die musikgeschichtliche Bedeutung beider Klaviermeister braucht nach den Bemerkungen, die oben über die englische Virginalmusik im Allgemeinen gemacht wurden, nicht noch einmal erörtert zu werden. Wohl aber werden wir einige besondere Einzelheiten berücksichtigen müssen; denn diese erweisen die nach der Lebensführung beider Künstler freilich nicht weiter auffällige Thatsache, dass sie sich zunächst selbst in der Fremde musikalisch akklimatisierten, und zwar in verschiedenem Masse.

Philips wurde angeregt, sich in der italienischen Toccata zu versuchen, in einer Form also, die bei den eigentlichen Virginalisten nicht heimisch war. Ausserhalb des Formengebietes der englischen Virginalmusik steht auch die nicht kleine Anzahl seiner Koloraturstücke, die bis auf eine Ausnahme auch erst seit 1595, also nicht auf englischem Boden entstanden. Somit liegt es nicht zu fern, aus der mehrfachen Thema-Verkürzung und

---

[1]) Die bisherigen Hauptquellen für Bull's Leben waren Ant. a Wood (*Hist. & Antiquit. Universit. Oxoniensis*) und John Ward (*The lives of the Professors of Gresham College*, London 1740); darauf beruhen die Angaben der Lexika von Walther, Gerber und von Mattheson (s. Marpurg's »Beyträge«, Bd. IV, S. 413 ff.). Erst neuerdings sind die Einzelheiten über Bull's Aufenthalt in Brüssel und Antwerpen durch Léon de Burbure (s. *Guide Musical*, 1861, Nr. 25 f.) und über sein Vorleben in England durch Grove's *Dictionary* bekannt gemacht worden.

[2]) Die Hauptquellen sind: *Fitzwilliam Book*; *Cosyns Book* (Buckingham Palace); Ms. 34, 403 und Ms. 23, 623 (London, Brit. Mus.), Ms. 191 (Berlin); Ms. 17, 771 (Wien, Hofbibl.). Von den Stücken abgesehen, die in den Neudrucken der *Parthenia* und des *Fitzwilliam Book* stehen, können nur vereinzelte Proben, wie sie Burney, Busby und Pauer (s. o. S. 54) bieten, als zugänglich namhaft gemacht werden. Es wäre wohl an der Zeit, die erhaltenen Werke dieses grössten englischen Klaviervirtuosen, eines Liszt seiner Zeit, in einer kritischen Neuausgabe der Welt wieder zu schenken.

-Verlängerung, die er in einer Fantasie abweichend von den Gepflogenheiten der übrigen Virginalisten verwendet, ebenfalls eine gewisse Rücksichtnahme auf italienische Vorbilder zu entnehmen. Der weiter gereiste Bull hat sich nach mehreren Seiten hin umgethan. Seine virtuose Variationskunst fand neue Anregung in den Melodien deutscher, französischer und holländischer Lieder und Tänze;[1]) seine kontrapunktische Gewandtheit trieb ihn zu Versuchen mit der Form des Ricercars[2]), mit der er in England nicht nötig hatte sich abzufinden.

Wenn nicht alles täuscht, gaben persönliche Beziehungen beider Organisten zu Sweelinck ihnen die Veranlassung, ihren künstlerischen Gesichtskreis in der angedeuteten Weise zu erweitern. Wie wir von Sweelinck wissen, dass er einen Tanz von Philips bearbeitete[3]) und einen Kanon von Bull in sein Kompositionslehrbuch aufnahm[4]), so liegen auch Beweise vor, dass Jene genauere Bekanntschaft mit dem holländischen Meister gemacht haben. Philips stand nicht an, Sweelinck den »klügsten und kunstreichsten Organisten seiner Zeit« zu nennen;[5]) und es war auch andererseits gewiss mehr als ein äusserer Zufall, wenn Bull wenige Monate nach Sweelinck's Tode jene *Fantasie op de fuga van M: Jean Pieterss.*[6]) (15. Dez. 1521) und danach die Variationen über *Den lustelijcken Mey* (30. Mai 1622)[7]), eine von Sweelinck's Lieblingsmelodien, schrieb. Die Anregung, sich mit der italienischen Litteratur bekannt zu machen, erhielt Bull nicht von dem Holländer allein, sondern auch von Vinc. Guami, seinem Mitorganisten, einem Mitglied der bekannten italienischen Organistenfamilie. So erklärt es sich, wenn Bull auch eine *Fantasia op de fuga van La Guamina* schrieb[8]).

---

1) Von deutschen Melodien kommt die Allemande des Herzogs von Braunschweig vor, von französischen *Les bouffons, Canarie*, von holländischen *Den lustelijcken Mey*.
2) Sie stehen in *Ms.* 23,623, Bl. 144 ff.
3) Siehe oben S. 81.
4) Vierteljahrsschr. f. Mus. 1891, S. 153.
5) Baudartius *(Memoryen ofte Cort Verhael der Gedenckweerdichste Gheschiedenissen van Nederland*, Arnhem [2. Ausg.] *1624*, II S. 163) sagt bei der Meldung von Sweelinck's Tod: Er war »beroemd voor den alder cloecksten ende constichsten Organist deser eeuwe. Welcken lof de constrijcke Organist ende Musicien Pedro Philippi Organist binnen Brussel, ende alle andere hem geern gheven, hem eerende als eenen Phoebus ofte Apollo«.
6) Sweelinck's Werke, *Deel* 1, S. 125.
7) *Ms.* 23, 623 Bl. 28.
8) Die Originalkomposition von Gios. Guami, eine *Canzona francese*, steht in Woltzens Tabulatur (Teil III, Nr. 45), neugedruckt bei Ritter (a. a. O., II, S. 15), Bull's Bearbeitung in *Ms.* 23, 623 Bl. 58.

Wie sich unter diesen neuen, internationalen Eindrücken das belgische Klavierspiel über seinen älteren Koloraturstandpunkt erhob, ·das können wir nun an den Werken Pieter **Cornet's** ermessen.

Von den Lebensumständen C.'s, der übrigens nicht mit dem gleichnamigen niederländischen Sänger der Madrider Kapelle[1]) zu verwechseln ist, wissen wir kaum das Notdürftigste. Er war Organist in der Hofkapelle zu Brüssel, und zwar 33 Jahre lang, wie aus einem Schreiben seiner Witwe hervorgeht[2]). Da er am 30. September 1625 noch lebte[3]), so ist sein Wirken in Brüssel etwa von 1593 bis 1626 und danach sein Geburtsjahr nahe an dasjenige Sweelinck's anzusetzen. Dass er Niederländer war und zu der Familie des als Komponisten bekannten Severin Cornet gehörte, dafür sprechen mehrere Anzeichen. — Von C.'s Werken sind nicht viele überliefert, dafür aber in einer Glaubwürdigkeit, wie sie sonst nur Autographe beanspruchen können[4]).

Tragen Cornet's Tänze und Variationen einen ausgeprägt englischen Charakter, so ist auf der andern Seite das Wesen seiner Fantasien und der einen Toccata echt italienisch. Die Fantasien müssten eigentlich Ricercari genannt werden; denn sie bestehen aus einer Kette von Satzgliedern, die aus der fugierten Bearbeitung mehrerer Themen hervorgehen. Die Kennzeichen der Fantasieform, dass zwischen den verschiedenen Themen ein motivischer Zusammenhang waltet, dass am Schlusse wie aus alter Erinnerung das erste Thema noch einmal heraufsteigt, kommen nur nebenher zum Vorschein. Die Toccata hat keinen fugierten Zwischensatz, weist aber eine innige Verschmelzung der akkordischen und melodischen Elemente auf. Die nähere Betrachtung beider Formen lässt Merulo als direktes Vorbild erkennen, und zwar so unzweideutig, dass man annehmen möchte, Cornet habe bei Merulo persönlich seine Studien getrieben.

Bei dem Belgier Cornet kommen danach dieselben künstlerischen Momente zu Tage, wie bei dem Holländer Sweelinck: italienische Form und englische Satztechnik. Während sie jedoch bei Cornet sich einander unvermittelt gegenüberstehen, hat sie

---

1) Vander Straeten (a. a. O., Bd. VIII, S. 93 ff.).
2) Vander Straeten (a. a. O., Bd. V, S. 156).
3) Nach einer handschriftlichen Bemerkung in Ms. 191 (Berlin) fol. 65.
4) *Ms. 191 fol.* der Kgl. Bibliothek zu Berlin enthält von Cornet 1 Choralbearbeitung, 5 Fantasien, 1 Toccata, 2 Corranten. Sie sind zum teil von einem Schreiber geschrieben, der im Register Cornet *mio maestro* nennt und im Text das Datum des Empfangs der Stücke anzeigt (s. Vierteljahrsschr. f. Mus. 1891, S. 155, Anm. 2). Einige Bemerkungen über Cornet findet man bei Ritter (a. a. O., I, S. 52); der Neudruck einiger Stücke (II, S. 60 ff.) ist freilich nicht zuverlässig. Die Fantasien wären wohl würdig, insgesamt neu herausgegeben zu werden.

Sweelinck in seinen Werken zu harmonischer, gegenseitiger Durchdringung geführt und sie nach Verschmelzung zu einer neuen Kunsteinheit umgeprägt.

Wir haben unseren geschichtlichen Rundgang zum ersten Male vollendet. Als die vornehmsten Träger der Entwickelung der Klaviermusik im 16. Jahrhundert erkannten wir dabei, was die Ausbildung der musikalischen Formen betrifft, die Italiener und hinsichtlich des aus der Klangfähigkeit des Klaviers heraus gearteten, selbständigen Kompositionsstiles die Engländer. Auf der Schwelle des 17. Jahrhunderts traten dazu die niederländischen Klaviermeister in den Vordergrund; in ihren Werken schlossen die künstlerischen Errungenschaften jener beiden Nationen einen festen Bund. Das nächste Buch wird uns nun zu zeigen haben, wie auf dieser neuen Grundlage, deren sich nach und nach auch die übrige klavierspielende Welt bemächtigte, die Entwickelung des Klavierspiels fortschritt und je nach den besonderen geschichtlichen Voraussetzungen einen höheren Standpunkt erreichte.

Zweites Buch.

Die Entstehung der Klaviersuite.
Von 1600 bis um 1650.

Erstes Kapitel.
Deutschland.

Nicht in völliger Abgeschlossenheit gegen das Ausland — wird man glauben dürfen — ging die Entwickelung des deutschen Klavierspiels im 16. Jahrhundert, soweit wir sie beobachtet haben, vor sich. Wie die deutsche Vokalmusik durch zahlreiche Fäden mit der Kunst Italiens und der Niederlande eng verknüpft war, so sehen wir auch die für die Annahme eines gleichen Verhältnisses auf instrumentalem Gebiet notwendigen Voraussetzungen erfüllt: es lassen sich Namen genug von italienischen und niederländischen Organisten anführen, die im 16. Jahrhundert an den wichtigeren deutschen Fürstenhöfen Amt und Brot hatten. So bedeutend und neuartig aber war, wie wir uns aus dem ersten Buch erinnern, ihre Kunst zu Anfang des Jahrhunderts doch nicht, um auf die Entwickelung in Deutschland einen bestimmenden und allgemein bemerkbaren Einfluss auszuüben. Im Ausland war ja vorerst auch nichts Anderes als in Deutschland Aufgabe der Organisten: das figurierende und kolorierende Orgel- und Klavierspiel. Seit der Mitte des Jahrhunderts begannen sodann die nationalen Unterschiede deutlicher zu werden; während die Welschen und Niederländer rüstig voran schritten, blieben die Deutschen mit der selbständigen Produktion zurück, sie verfolgten vielmehr den Weg der Koloratur bis zum letzten Ende. Aber obwohl sie dies thaten, so liessen sie doch die künstlerischen Vorgänge im Auslande nicht gänzlich ausser Acht. Wir können noch deutlich die verschiedenen Grade ihres Interesses für die Welt draussen erkennen. Dem einen oder andern deutschen

Organisten kam zufällig ein fremdes Werk in die Hände, das seinen Zwecken dienlich sein konnte[1]). Die Herausgeber von Tabulaturen fanden dann ein Genügen darin, ihrem Publikum gelegentlich ausser den Koloratursachen auch neue Stücke aus fremden Landen vorzusetzen; so thaten es Paix, Schmid d. J. und Woltz. Nun, da die Aufmerksamkeit einmal angeregt war, fand das Wirken von einigen fremden Organisten, die in Deutschland dauernd heimisch wurden, mehr Beachtung und Verständnis. Man begann, ihnen das Neue abzulauschen und nachzuahmen; ausreichende Proben davon hat Woltz erhalten. Schliesslich blieb die letzte Konsequenz nicht aus, dass die deutschen Kunstjünger den Wanderstab ergriffen und in die Fremde zogen, um sich an Ort und Stelle danach umzuthun, was ihnen zu lernen frommen könnte, dass sie heimgekehrt mit vollem Bewusstsein und aus künstlerischer Überzeugung für die Verbreitung ihrer wertvollen Errungenschaften eintraten und Schule machten. Nicht durch jähen Bruch also mit allen Traditionen der Koloristenperiode herbeigeführt, sondern durch geschichtlich natürliche Vorgänge langsam vorbereitet, kam nun über Deutschland wieder eine Zeit fruchtbaren Gedeihens. Gewiss, den Samen spendeten fremde Länder; dass er aber aufging und Früchte hervorbrachte, haben wir der redlichen Arbeit der deutschen Koloristen zu verdanken.

Von den Ausländern, die nicht bloss dem Namen nach und mit einzelnen ihrer Werke den deutschen Organisten bekannt wurden, sondern persönlich unter ihnen standen und neben ihnen wirkten, haben wir zwei besonders zu erwähnen. Der erste ist Samuel **Mareschall.**

M. wurde im Mai 1554 zu Doornick (Tournai) in Flandern geboren. Wo er seine Ausbildung erhielt, ist unbekannt. Jedenfalls studierte er ausser Musik noch die Rechte, da er sich später auch *Notarius publicus* nennt. Im Jahre 1576 erhielt er das Bürgerrecht und das Amt des städtischen Organisten in Basel; später wurde er dazu noch Musicus der Universität. In diesen Stellungen wirkte er bis in sein hohes Alter; noch im April 1640 war der 86jährige Mann künstlerisch thätig. Die Musikgeschichte kannte M. bisher nur als Komponisten des reformierten Psalters. Neuerdings sind mehrere autographe Tabulaturen[2]) ans Licht gezogen worden, die auch über seine Stellung zur Orgel- und Klaviermusik ein sicheres Urteil verstatten.

---

1) Das Wolfenbütteler Exemplar von Cabezon's Tabulatur (1578) gehörte z. B. einst dem Augsburger Organisten Gregor Aiclinger.
2) *Ms. F.* IX. 47 [8. Sept. 1638]; *Ms. F.* IX. 50 [22. Aug. 1639]; *Ms. F.* IX. 49 [12. Jan. 1640]; *Ms. F.* IX. 48 [28. Apr. 1640] — sämtlich der Baseler Universitätsbibliothek gehörig. Ausführliche Beschreibung davon giebt Jul. Richter's Katalog (S. 91 ff.). In welcher Weise Mareschall für seinen Bedarf die Notation der deutschen Orgeltabulatur umformte, dessen geschieht dabei Erwähnung.

Obwohl Mareschall's Lebenszeit sich noch über die ganze erste Hälfte des 17. Jahrhunderts erstreckte, gehört seine musikalische Persönlichkeit doch in den Rahmen der Koloristenperiode; denn der Greis verliess den Weg nicht, den er als Jüngling und reifer Mann gewandelt war. Psalmen, weltliche Gesänge und Fugen bilden den Inhalt seiner Tabulaturen. Die musikalische Behandlung der Psalmen und weltlichen Vokalsätze ist eine koloristische; vergebens sucht man nach der Variation und nach thematischer Schreibweise. Nur ein Umstand an ihnen lässt die fremde Herkunft des Mannes erkennen: das freie Schalten mit dem polyphonen Satz. Die Stimmenzahl verengt und erweitert sich, je nachdem die Hände durch Koloraturenspiel in Anspruch genommen oder für vollere Harmoniegriffe verwendbar sind. Die Fugen sind nach den Tonarten geordnet; sie machen die zwölf *toni* samt deren Transpositionen durch. Man erkennt an dieser Reihenfolge unschwer das Vorbild Gio. Gabrieli's, dessen Intonationen[1]) gleichfalls »in den zwölf *Modi* oder *Toni* gesetzt, *in utraque Scala*« sind.

Der andere Ausländer ist Carolus **Luython.**

L. wurde gegen 1550 in Antwerpen geboren. Sein Vater Claude Luython war hier Rektor einer Schule, an der *scientien, sanck ende andere goede manieren* gelehrt wurden. Hier empfing L. wohl seine erste Ausbildung. In seinen Jünglingsjahren scheint er nach Deutschland übersiedelt zu sein, wo er die Gunst Hans Fugger's in Augsburg erlangte[2]). Durch die Dedikation einer Messe lenkte L. die Aufmerksamkeit Kaiser Maximilians II. auf sich, der den jungen Mann am 18. Mai 1576 als Kapellmusiker in Prag anstellte. Im Oktober starb der Kaiser, L. wurde aber in der Kapelle belassen; er versah zeitweilig noch das Nebenamt als Untergarderobier. Nach dem Tode des Hoforganisten Gugl. de Formellis wurde L. auf die Empfehlung des Philipp de Monte am 1. Januar 1582 der Nachfolger. Dazu übernahm L. noch nach dem Tode des de Monte 1603 dessen Funktionen als Komponist der Hofkapelle. Im Jahre 1612 liess sich L. pensionieren. Infolge des dazwischentretenden Regierungswechsels aber (Rudolf II. 1576—1612, Matthias 1612—1619) unterblieb jede Pensionszahlung. Einsam und elend starb L. in Prag im August 1620; die Schuld des Kaisers ist nie getilgt worden, obwohl L.'s Erben nichts unversucht liessen, um zu ihrem Rechte zu kommen[3]). —
L.'s musikalische Bedeutung beruht allermeist auf seinen geistlichen und weltlichen Vokalwerken. Von seinen Instrumentalstücken ist nur eins durch Woltz[4]) erhalten. Bezüglich eines andern Stückes ist seine Autorschaft

---

1) Auch in B. Schmid's d. J. Tabulatur (1607).
2) Siehe die Dedikation von Luython's *Primo libro de Madrigali* (Venedig 1582).
3) Luython's Lebensumstände sind erst neuerdings durch L. de Burbure aufgehellt worden (*Charles Luython, sa vie et ses ouvrages*, Bruxelles, F. Hayez, *1880*). Vorher war man betreffs der Nationalität L.'s ganz im Unklaren.
4) Teil III, Nr. 76. Siehe darüber Ritter (a. a. O., I, S. 50 ff., Neudruck II, S. 55).

zweifelhaft; eine Berliner Handschrift[1]) schreibt es L. zu, während eine Handschrift in Padua[2]) Jakob Hassler als Komponisten nennt, eine Angabe, die nach der Formenanalyse auch mehr Wahrscheinlichkeit für sich hat.

Das einzige, sicher von Luython herrührende Stück, eine *Fuga suavissima*, ist durchaus ein Ricercar: in drei grossen Abschnitten werden drei Themen, die ausser allem motivischen Zusammenhang stehen, fugenmässig behandelt. Der Aufbau der Form gemahnt uns sehr an Cornet's Art; der Kompositionsstil ist, wie bei diesem, rein italienisch.

Den beiden Niederländern sind drei Deutsche gegenüber zu stellen, die, obgleich sie der Koloristenzeit angehörten, mit einigen ihrer Werke die herrschende Richtung verliessen: Simon **Lohet** —

L., anfänglich Archimusikus der Stadt Nürnberg, wurde unter dem Kapellmeister Ludwig Daser Hoforganist in Stuttgart, als welcher er in den Akten zuerst 1587 und zuletzt 1611 genannt wird[3]). Bald danach muss er gestorben sein; denn Woltz, der in seiner Tabulatur (1617)[4]) 24 Fugen von L. mitteilt, spricht von ihm als einem nicht mehr Lebenden.

Adam **Steigleder** —

S., wahrscheinlich ein Sohn des alten Stuttgarter Hoforganisten Ulrich Steigleder[5]), war in Schwäbisch-Hall geboren und wurde 1595 Organist am Dom zu Ulm[6]). Er war noch am Leben, als Woltz 1 Fuge und 1 Toccata von ihm in sein Tabulaturbuch (1617)[7]) aufnahm.

und Thomas **Bodenstein** [Podenstein].

B. war vom 1. September 1600 bis 1612 Organist Kaiser Rudolphs II. in Prag, dann bis 1619 unter Kaiser Matthias in Wien; 1619 wurde er entlassen[8]). Das ist alles Biographische, was man von ihm weiss. Ein Ballett seiner Arbeit ist handschriftlich erhalten[9]).

Die Toccata Steigleder's und das Ballett Bodenstein's verraten ohne Weiteres ihre fremde Herkunft, jene aus Italien, dies aus den Niederlanden. Bezüglich der Fugen muss man an die Erklärung denken, die Schmid d. J. diesen Stücken giebt: er

---

1) *Ms.* 191, Bl. 78b.
2) *Ms.* 1982 der Universitätsbibliothek.
3) J. Sittard (Z. Gesch. d. Musik u. d. Theaters am Württemberg. Hofe, Stuttgart 1890, I, S. 24).
4) Teil III, Nr. 51—74. Sechs dieser Fugen finden sich in einer Münchener Handschrift (*Ms. Mus.* 1581) wieder. Eine Besprechung der Stücke und einige Proben giebt Ritter (a. a. O., I, S. 109 f., II, S. 106 ff.).
5) J. Sittard (a. a. O., I, S. 12 f., 16).
6) Herrn Elias Frik ausführliche Beschreibung des Münster-Gebäudes zu Ulm, 1777, S. 61.
7) Teil III, Nr. 75, 77. Siehe Ritter (a. a. O., I, S. 110).
8) Siehe Köchel, Die kaiserliche Hof-Musikkapelle in Wien (Wien 1869, S. 53).
9) *Ms.* 191, Berlin, Bl. 31b.

nennt sie »Fugen, oder (wie es die Italiener nennen) *Canzoni alla Francese*«. Danach begreift man Form und Charakter der gleichbenannten Stücke Lohet's und Steigleder's. Es sind nicht in modernem Sinne übersichtlich gegliederte, streng fugenmässig durchgeführte Stücke, sondern nur fugenhafte polyphone Gebilde, wie es die italienischen, aus dem Gesang übernommenen Canzonen auch waren. Der vokale Urtypus hat sich zwar bei den Deutschen insofern verwischt, als sie die Zweiteiligkeit der Form und die Reprisen ausser Beachtung setzten. Die wesentlichste Eigentümlichkeit der Canzonen ist den Fugen jedoch geblieben; als ursprüngliche Vokalsätze müssen sie auf dem Instrumente koloriert werden. Wie das anzufangen sei, lehren einige *fugae coloratae*, nach deren Beispiel die Organisten auch mit den übrigen zu verfahren hatten.

Eine kleine Parallele kann als Bekräftigung für die Richtigkeit dieses Zusammenhanges hier angezogen werden. Eine Fuge von Lohet[1]) hat ein Thema, das wir bereits bei A. Gabrieli[2]) fanden:

Die genannten Musiker lebten alle im südlichen Deutschland, an denjenigen Stätten, wo die Hauptvertreter der Entwickelung von Paumann bis zu den Koloristen gewirkt hatten. Wir wissen, dass die politischen und kommerziellen Beziehungen gerade Süddeutschlands zu Italien und den Niederlanden damals überaus enge und rege waren. Es ist also wohl erklärlich, dass man hier nicht nur zuerst fremden Kunstbestrebungen lernbegierig Thor und Thür öffnete, sondern auch hier zuerst auf den Gedanken kam, heimische junge Talente ausser Landes zu schicken, damit sie eine gründliche Fortbildung fänden. Den Anfang machten die Gebrüder Hassler, von denen Hans Leo **Hassler** an erster Stelle zu nennen ist.

H.'s Vater, Isaac Hassler, war Musikus, anfänglich in Joachimsthal am Erzgebirge, später in Nürnberg. Hier wurde H. 1564 geboren, hier erhielt er auch seine Jugendbildung. Im Jahre 1584 begab sich H. nach Venedig, um bei A. Gabrieli zu studieren; im folgenden Jahre aber kehrte er wieder zurück und nahm, wie es scheint als Organist, Dienste bei Octavian, Grafen v. Fugger in Augsburg. Diesen Posten verliess H. 1601, um einem Anerbieten seiner Vaterstadt Folge zu leisten, das ihm einen grossen Wirkungskreis eröffnete: er hatte die Orgel zu spielen, mit Kompositionen aufzuwarten, wo

---

1) Neudruck bei Ritter (a. a. O., II, S. 106).
2) Siehe oben S. 38.

und wann der Rat es wünschte, und die Stadtpfeifer zu unterweisen; in seiner Hand lag also die oberste Leitung der städtischen Musik. Kaiser Rudolph II. berief den Künstler, der sich einen Namen gemacht hatte, an den Prager Hof und ehrte ihn durch Erhebung in den Adelsstand und durch Ernennung zum Hofkomponisten »von Haus aus«. Im Jahre 1608 wurde H. als Kammerorganist an den sächsischen Hof zu Dresden berufen. Wenige Jahre danach, am 8. Juni 1612, starb er in Frankfurt a. M., wohin er seinen Kurfürsten zur Kaiserwahl begleitet hatte[1]). Seine Verdienste um den protestantischen Choral, seine musikgeschichtliche Bedeutung als hervorragender Vertreter italienischen Kunstgeschmackes sind gebührend bekannt. Weniger ist dies mit seinen freien Orgel- und Klavierkompositionen der Fall, die 20 an Zahl, in handschriftlicher Überlieferung vorliegen[2]).

Für die Geschichte der Klaviermusik kommt als zweiter Jakob Hassler in Betracht.

H. reiste ebenfalls, durch den Grafen Christoph Fugger unterstützt, zwecks musikalischer Studien nach Italien. Danach wurde er Organist des Grafen Eitel Friedrich von Hohenzollern[3]) und am 1. Juli 1602 Kammerorganist Kaiser Rudolphs II. in Prag, in welcher Stellung er bis 1611 verblieb[4]). Er soll in Hechingen gestorben sein. Man kennt von ihm ausser seinen Vokalkompositionen 1 Toccata und 3 Ricercari, die handschriftlich erhalten sind[5]).

Der dritte Bruder hiess Kaspar Hassler.

H. war von 1587 bis 1617, wo er starb, als Organist im Dienst der Stadt Nürnberg. Direkte Beweise dafür, dass er persönlich in Italien gewesen ist, lassen sich nicht erbringen. Von seinen Instrumentalstücken ist bis jetzt nur eine Fantasie bekannt geworden[6]).

Mit welchem Nachdruck die Gebrüder Hassler in das Fahrwasser der italienischen Kunst einlenkten, das lässt sich an den Kompositionsformen ersehen, mit denen sie sich befassen. Es sind, von den rein kirchlichen, für die Orgel bestimmten *Introitus* abgesehen, Ricercari, Fantasien, Fugen, Canzonen und Toccaten.

---

1) Die Quellen für Hassler's Biographie verzeichnet Eitner (Chronologisches Verzeichnis der gedruckten Werke von H. L. Hassler und Orlandus de Lassus, Berlin 1874).

2) *Ms.* 191 Berlin; *Ms. Mus.* 1581 München; *Ms.* 1982 Padua. Siehe Ritter (a. a. O., I, S. 143 f., II, S. 115). Zu wünschen wäre es, dass auch die Spielstücke Hassler's durch eine Neuausgabe ihrem unverdienten Vergessensein entrissen würden.

3) Siehe die Dedikation von Jak. Hassler's *Madrigali à sei Voci*, Nürnberg 1600.

4) Köchel (a. a. O., S. 53, 127).

5) *Ms.* 1982 der Universitätsbibliothek zu Padua. Vergl. oben S. 94.

6) Orgeltabulatur des Gymnasiums zum Grauen Kloster in Berlin. Siehe J. P. Sweelinck's Werke, *Deel* I, Deutsches Vorwort, S. II.

Die Ricercari[1]) erweisen schon zur Genüge die spezielle Richtung, der die süddeutschen Meister folgten: es ist die Richtung der Gabrieli. Das Nacheinander der Themata, wie es die ursprüngliche Form des italienischen Ricercars verlangte, herrscht auch bei den Deutschen vor. Daneben kommt aber noch das Formenprinzip Gio. Gabrieli's[2]) zur Geltung, der seine Themata auch neben einander verarbeitet, doch so, dass eines den Hauptgedanken bildet, den die andern nur begleiten und dessen Eintritt sie vorbereiten.

Die Stellung besonders H. L. Hassler's zur italienischen Instrumentalmusik sei durch einige Einzelheiten hier kenntlich gemacht. Er benutzt z. B. für ein Ricercar auch die chromatische Quarte, aber von unten aufsteigend als Thema[3]). Am bezeichnendsten ist jedoch folgende Parallele. Gio. Gabrieli hat dies Ricercarthema

[4])

in erweiterter Gestalt noch einmal verarbeitet:

[5])

Dass Hassler's Ricercarthema

[6])

aus jenen beiden gewonnen ist, lehrt der Augenschein.

Ein nicht minder bedeutender Anhänger der italienischen Richtung war neben den Hasslers Christian **Erbach**.

---

[1]) Von den übrigen Fugenformen und von den Toccaten kann hier leider nichts Näheres gesagt werden, da die Hauptquelle derselben, die Handschrift zu Padua, nicht in einer vollständigen Kopie, sondern nur nach einem thematischen Inhaltsverzeichnis benutzt werden konnte, das Herr Dr. Wolf in Berlin während eines sehr kurz bemessenen Aufenthaltes in Padua anzufertigen die Güte hatte.

[2]) Siehe oben S. 43 f.
[3]) *Ms.* in Padua.
[4]) *Ms.* 191 (Berlin) Bl. 36 b.
[5]) *Ms.* 191 (Berlin) Bl. 37 b.
[6]) *Ms.* in Padua.

E., um 1570 zu Algesheim im alten Kurfürstentum Mainz geboren, war anfänglich Organist des Grafen Markus Fugger in Augsburg. Die Verbindung mit diesem Gliede der vornehmen Mäcenatenfamilie legt die Vermutung nahe, dass E. vielleicht auch persönlich nach Italien kam. Am 13. Juni 1609 erhielt E. die Bestallung als Domorganist in Augsburg[1]). Er muss sich allgemeine Achtung erworben haben, da er 1628 zum Mitglied des grossen Rates erwählt wurde. E.'s Todesjahr ist noch nicht festgestellt. Als sein Schüler ist uns der Dresdener Hoforganist Johann Klemme (1613 bis 1615) bekannt. Von E., der auch als Vokalkomponist nicht unfruchtbar war, ist eine bedeutende Zahl von Orgel- und Klavierstücken handschriftlich erhalten[2]).

Erbach's hauptsächliche Fugenform ist das Ricercar, und zwar in der Art Gio. Gabrieli's; zwei oder noch mehr Motive, von denen eins die Hauptrolle spielt, werden gleichzeitig verarbeitet. Ricercari sind im Grunde auch seine Canzonen. Einen deutlichen Beleg dafür giebt die *Canzon cromattica*[3]) ab. Die absteigende chromatische Quarte bildet das Hauptthema, ihre melodische Fortsetzung das ständige Gegenthema. Im Verlaufe des Stückes werden beide umgekehrt, verkürzt und mannigfach in die Enge geführt — das sind doch alles Merkmale, die dem Ricercar gerade eignen. Die Fugen stehen musikalisch auf dem Standpunkt Lohet's; ein Thema allein spricht sich darin aus, das stets auf denselben Stufen einsetzt. Dabei fehlen alle kontrapunktischen Künste der Fantasie; nur schlichte Melodiegebilde umhüllen das Thema. Den Stücken fehlten nur noch die Gliederung in drei Teile und die Modulationen und Kadenzen in Nebentonarten, um als Fugen in heutigem Sinne gelten zu können. In den Toccaten endlich geht Erbach nur den Weg der Italiener. Teils benutzt er die einfache, aus den Intonationen A. Gabrieli's erwachsene Form, teils die mit einem fugierten Zwischensatz erweiterte desselben Meisters. Ein Fortschritt gegen seine Vorbilder liesse sich nur darin erkennen, dass Erbach den fugierten Zwischensatz länger ausdehnt und den rein toccatenhaften Schlussteil wesentlich verkürzt, wodurch seine Form in ihrem musikalischen Gehalt reicher erscheint.

---

1) Die Urkunde darüber befindet sich noch im Augsburger Stadtarchiv (siehe den Fachkatalog der Musikhistor. Abteilung von Deutschland und Österreich, Wien 1892, S. 149).

2) *Ms.* 191 (Berlin) enthält — nicht gerechnet die Stücke für Orgel allein — 4 Ricercari, 2 Canzonen, 1 Fuge, 9 Toccaten; Ms. Mus. 1581 (München) 4 Ricercari, 2 Canzonen, 4 Fugen, 1 Toccata; ein handschriftlicher Adnex zu M. Newsidler's »Teutsch Lautenbuch, 1574« (Wolfenbüttel) 11 Ricercari, 1 Toccata; Ms. 1982 (Padua) 5 Ricercari, 4 Canzonen, 4 Toccaten; siehe Ritter (a. a. O., I, S. 155, II, 148). Auch Erbach ist unsern Musikern fast ganz unbekannt, hoffentlich aber nicht für immer!

3) *Ms.* 191 (Berlin) Bl. 40 b.

Nicht, ohne ihn zu nennen, dürfen wir an Anton **Holtzner** vorübergehen,

<small>Organist zu München in der ersten Hälfte des 17. Jahrhunderts, von dem man ausser Vokalwerken 3 Canzonen[1]) kennt.</small>

Seine Canzonen weisen uns zum ersten Mal auf ein Formenprinzip hin, das sich so deutlich ausgeprägt bisher noch nirgends zeigte. Es sei an einem Beispiel[2]) erläutert. Das Thema

wird zunächst in der eben angedeuteten schlichten Fugenmanier Erbach's durchgeführt. Darauf folgt nach einer vollen Kadenz ein Abschnitt über das verkürzte und motivisch umgestaltete erste Thema, welches so aussieht:

Nach wiederum voller Kadenz setzt ein neuer Abschnitt in dreizeitigem Taktmass ein, dem der alles Figurenhaften entkleidete, melodische Kern beider Themafassungen zu Grunde liegt:

Das Thema des letzten Abschnittes kehrt endlich zum Taktmass und zur Figur des Anfangs wieder zurück, giebt ihr aber eine sehr lebhafte Gestalt:

Melodische Gedanken umzubilden, sei es durch Verkürzung oder durch sonstige Änderung an der ursprünglichen Fassung, Gegensätze im Innern der Form durch Taktwechsel zu schaffen, — das war in der Klaviermusik dieser Zeit nichts Unbekanntes; es braucht nur an die Engländer erinnert zu werden. Aber in dieser Weise zum Prinzip einer Form erhoben, tritt es uns hier als neu entgegen. Das Vorbild dafür kam denn auch thatsächlich von einer ganz anderen Seite her, aus der Litteratur für Orchester,

---

[1]) *Ms. Mus.* 1581 (München); s. Ritter (a. a. O., I, S. 164, II, S. 112).
[2]) Es ist das von Ritter neugedruckte Stück.

aus den Instrumentalcanzonen Gio. Gabrieli's vor allem. Sie bestanden aus einer Reihe verschiedener Abschnitte, die durch ihr Taktmass konstrastierten; hier und da fand eine motivische Anlehnung und Entwickelung der Grundgedanken statt. Ursprünglich eine ziemlich grosse Zahl solcher Abschnitte umfassend, schrumpfte die Form allmählich zusammen. Dadurch trat die Gegensätzlichkeit der Teile schärfer hervor, und der motivische Zusammenhang gewann an Deutlichkeit. Die auf diesem Wege entstandene Canzona ist also etwas wesentlich Anderes, als die *Canzona alla francese*, die Übertragung eines Gesangsstückes. Wir werden später sehen, welche Rolle diese neue Form in der Fugenkomposition des 17. Jahrhunderts spielte.

<small>Ein oft angezogener Ausspruch des Mich. Prätorius[1]) besagt: »*Sonata à sonando* wird also genennet, dass es nicht mit Menschen Stimmen, sondern allein mit Instrumenten, wie die Canzonen musicirt wird; derer Art gar schöne in Joh. Gabrieli's und andern Autoren *Canzonibus* und *Symphoniis* zu finden seyn. Es ist aber meines erachtens dieses der unterscheyd: dass die Sonaten gar gravitetisch und prächtig uff Motetten Art gesetzt seynd; die Canzonen aber mit vielen schwartzen Notten frisch, fröhlich und geschwind hindurch passiren«. Wie man sieht, kennzeichnet diese Definition nur den verschiedenartigen äusseren Charakter der beiden grossen Orchestermusikformen: der auf breite Akkordwirkungen gegründeten *Suonata* und der flotter gehaltenen Instrumentalcanzona. Auf die Unterschiede im musikalischen Aufbau geht Prätorius dabei gar nicht ein. Die ganze Stelle darf demnach weder auf die Orgel- und Klaviercanzonen, noch auf die *Canzoni alla francese* bezogen werden, was hier und da irrtümlich geschehen ist.</small>

Die Kunstanschauungen der genannten süddeutschen Meister drangen nur auf mündlichem oder handschriftlichem Wege in die Kreise der Musiker hinein. In Johann Klemme lernen wir nun den Ersten kennen, der in einer Art von praktischem Lehrbuch für junge Anfänger[2]) die süddeutsche Kompositionsmethode übersichtlich darlegte.

<small>K., Ausgangs des 16. Jahrhunderts in Öderan bei Freiberg i. S. geboren, kam 1605 unter die Kapellknaben des Kurfürsten Christian II. von Sachsen. Als die Mutation eintrat, wurde er vom Kurfürsten Johann Georg I. behufs weiterer Ausbildung zu Christian Erbach nach Augsburg geschickt, wo er drei Jahre (1613—1615) verblieb. Zurückgekehrt, wurde K. Heinrich Schützens Schüler in der Komposition. In der Kapelle fungierte er daneben wohl als Musikus. Als Georg Kretzschmar 1635 starb, erhielt K. das Hoforganistenamt, welches er 1651 noch bekleidete. Bald danach muss er gestorben</small>

<small>1) *Syntagma musicum*, III, S. 24.
2) In der Vorrede zu seiner Tabulatur bemerkt er: *Sed hac lege, ut omnes sciant, me discentibus, non doctis, Tironibus, non Magistris has [sc. Fugas] composuisse.*</small>

Erstes Kapitel: J. Klemme.

sein, da er in der Kapellliste von 1656 nicht mehr aufgeführt wird[1]). Nicht nur durch eigene Kompositionen, sondern auch durch die Herausgabe von Werken des in pekuniären Bedrängnissen lebenden H. Schütz hat sich K. einen ehrenvollen Platz in der Musikgeschichte gesichert. Sein Instrumentalwerk erschien unter folgendem Titel: »*Partitura, seu Tabulatura Italica, exhibens triginta sex fugas*, 2. 5. § 4. *vocibus, ad duodecim consuetos tonos Musicos compositas; multum ad cognitionem Bassi generalis seu continui facientes; Non tantum Organo, sed aliis quoque Instrumentis accommodas* . . . *Dresdae sumptibus Autoris, Typis Wolffgangi Seyfferti, Anno 1631*«[2]).

Dies Werk ist so gedruckt, dass die einzelnen Nummern partiturförmig über einander stehen. Bezüglich dieser Notation macht Klemme in der Dedikation folgende nicht unwichtige Bemerkung:[3]) Lange Zeit sei bisher die deutsche Orgeltabulatur in den deutschen Landen gebräuchlich gewesen; verwichener Zeit sei aber die Partitur-Tabulatur der Italiener nach Deutschland gekommen und, da sie nützlicher und notwendiger befunden wäre, von den erfahrenen Meistern für den ferneren Gebrauch bevorzugt worden.

Den pädagogischen Zweck von Klemme's *Partitura* erkennt man nicht sowohl an der nach den zwölf *modi* geordneten Reihenfolge der Stücke, als besonders daran, dass er diesen Tonartenzirkel drei Mal durchläuft, zuerst mit zwei-, dann drei- und endlich vierstimmigen Fugen. Zudem enthält sich Klemme jeglicher Chromatik und Koloratur;[4]) ausser grösserer Bequemlichkeit des Druckes erreicht er dadurch den Vorteil der grösseren Klarheit des Kompositionsgerüstes, an dem, wie man geschichtlich ergänzen muss, die Schüler ihre Geschicklichkeit im Auszieren weiter erproben und ausbilden sollten.

Die stillschweigende Voraussetzung des Koloraturverfahrens ist nicht der einzige Rest, der an die ältere Zeit gemahnt. »Für Orgel und andere Instrumente« sind die Kompositionen zu gebrauchen: d. h. für Klavier oder für Orchesterinstrumente. Wählte man letztere zur Ausführung, so mussten die Stimmen aus der *Partitura* natürlich ausgeschrieben werden[5]). Auch das war ja alter Brauch in der Koloraturzeit. Wir machen also von Neuem die Beobachtung, dass der Fortschritt, den die Deutschen

---

1) Siehe Gerber (Neues Lexikon) und Fürstenau (Z. Gesch. d. Mus. und d. Theat. am Dresdener Hofe, I, S. 35 f.).
2) Exemplar in der Ratsschulbibliothek zu Zwickau.
3) *Floruit hactenus in nostra Germania, plures per annos, Tabulatura illa Organica, constans suis literis § characteribus. Floruit bono suo § non contemnendo. Tabulatura alia Italis in usu fuit. Vocant Partituram, § conflata est ex propriis § usitatis sonorum signis. Elapso tempore in Patriam nostram allata est. Visa a peritioribus Musicis, § approbata fuit. Etenim inventa firmioris fundaminis, melioris utilitatis, majoris necessitatis.*
4) Im Nachwort heisst es: *In ipsis Fugis, chromatibus § diminutionibus abstinui, ne opusculum nimium excresceret.*
5) Nachwort: *Si aliis Instrumentis eas canere lubet, singulae voces seorsim scribendae erunt.*

zu Beginn des 17. Jahrhunderts machten, nicht in einer radikalen Verleugnung der früheren koloristischen Kunstpraxis, als vielmehr in einer Befruchtung derselben nach Seiten der Komposition, des selbständigen, freien Schaffens und Gestaltens hin gelegen war.

Der musikalischen Form nach sind Klemme's Fugen, biographisch sehr begreiflich, Ricercari im Stile Erbach's. Es ist ihre Tendenz, mehrere Themata, von denen eins das Bedeutsamste ist, gleichzeitig gegen einander durchzuführen. Um dies überall zu ermöglichen, bedient sich Klemme derselben Freiheiten wie sein Lehrer, der Umkehrung und Verkürzung, bei Engführungen auch leiser melodischer Änderung des Themas. Eine Gruppierung der Form im Innern ist nicht zu spüren. Die Einsätze erfolgen unaufhörlich ohne einschneidende Kadenzen. Die Modulationen bewegen sich ebenfalls noch im Kreise; die Wiederschläge setzen immer auf den gleichen Tonstufen ein.

An Beispielen für eine Übereinstimmung Klemme's mit Erbach in den thematischen Gedanken fehlt es auch nicht. Einem Ricercar Erbach's[1]) mit dem Thema

stellt sich die 26. Fuge Klemme's zur Seite:

Erbach's Ricercarthema[1])

ist, wenn auch nicht von Klemme wörtlich übernommen, so doch der Mutterschoss für das Thema seiner 32. Fuge gewesen:

Weitere Parallelen zwischen beiden Männern werden bei anderer Gelegenheit noch aufzuführen sein.

---

1) Ms. 1982 (Padua).

Den Bestand der süddeutschen Spiel- und Kompositionsrichtung festigte weiterhin Johann Erasmus **Kindermann.**

K., am 29. März 1616 in Nürnberg geboren und am 14. April 1655 als Organist an St. Aegidien daselbst gestorben, war ein fleissiger Komponist[1]. Von seinen Schülern wurden Georg Kasp. Wecker und Heinr. Schwemmer die Bedeutendsten. Einen Band Orgelmusik liess K. unter folgendem Titel erscheinen: »*Harmonia organica in Tabulaturam Germanicam composita. I Praeambula per omnes Tonos Figurales, II Fantasiae, III Fugae, IV Intonationes, V Magnificat.... Norimbergae aere incisa sumptibus Authoris.... Anno 1645*«[2].

Für die Geschichte des Notendrucks ist dies Werk in doppelter Beziehung wichtig. Erstlich ist in ihm noch einmal die deutsche Orgeltabulatur für die Notation verwendet worden; sodann ist es wenn auch nicht das älteste, so doch eines der ältesten deutschen Werke, die mittelst Kupferstiches vervielfältigt worden sind.

Kindermann's *Harmonia organica* bezeichnet einen bedeutsamen Wendepunkt in der Geschichte. Formen, wie Präludien, Fantasien, Fugen, waren bisher so beschaffen gewesen, dass sie in gleicher Weise auf dem Klavier, wie auf der Orgel gespielt werden konnten. Das Orgelpedal kam dabei nicht obligat zur Anwendung; es blieb den Organisten anheimgestellt, durch Zuhilfenahme des Pedals den Vortrag dieser Stücke zu erleichtern und ihre Wirkung zu steigern, oder sich auf die Manuale zu beschränken, wie es die Klavierspieler thun mussten. Kindermann's Werk ist nur für die Orgel allein bestimmt, und, was noch mehr den Ausschlag giebt, das Pedal spielt in ihm eine wesentliche, stilbestimmende Rolle. Nach ihm haben wir fortan zwischen Klavier- und Orgelfugen zu unterscheiden. Die Grenze, die bereits die Koloristen zwischen Klavier und Orgel hinsichtlich ihrer musikalischen Formen und ihres Kompositionsstiles gezogen hatten, ist nun auch bis auf das bisher gemeinsame Gebiet der Fuge verlängert worden. Wie aber jenseits dieser Grenze die verschiedenen Fugentypen sich weiter entfalteten, wird man im Rahmen dieser Darstellung nicht auseinandergesetzt zu finden erwarten.

Eine merkwürdige Stellung abseits von dieser geschlossenen und eng zusammenhängenden Reihe von Persönlichkeiten nimmt endlich Johann Ulrich **Steigleder** ein, der eben aus diesem

---

[1] Man findet seine Werke in den Monatsh. f. M. 1884, S. 87, 81, 137 aufgezählt.

[2] Exemplare besassen Prof. Dr. Wagener (Marburg) und Musikdirektor Spittel (Gotha). Beide sind inzwischen verstorben, und es hat nicht ermittelt werden können, wohin die Exemplare gelangt sind. Eine Besprechung des Werkes und Proben daraus findet man bei Ritter (a. a. O., I, S. 146 f., II, S. 118 f.).

Grunde jetzt erst seine Erwähnung findet, die chronologisch früher hätte erfolgen müssen.

S., gegen 1590 als Würtembergisches Landeskind (und Sohn Adam Steigleder's in Stuttgart?) geboren, war anfänglich Organist zu Lindau am Bodensee, dann seit 1617 Stiftsorganist in Stuttgart, als welcher er auch bei der herzoglichen Kammer-, Kapell- und Hofmusik aufzuwarten hatte. Er starb 1635[1]). Über die Art seiner Ausbildung berichtet S. selbst im Vorwort seines ersten Werkes Folgendes: »Nachdem ich in meiner Jugend, neben erlernung dess Instruments vnd Orgel Schlagens, von meinem lieben Vattern, auch zu Organistischer Composition was zu fantasirendem schlagen in die handt füglich, insonderheit angehallten worden, Habe ich von Erster zeit ahn, biss hierhero, solcher Kunst sovil mir möglich nachgesetzt wie ich den inner ettlich Jaren allerhand Maniren von Gaistlich vnd welltlichen Stücken ein zimbliche abnzahl vffs papyr gebracht«. Von S. erschienen zu Lebzeiten zwei Werke: 1) »*Ricercar Tabulatura, Organis et Organoedis unice inserviens et maxime conducens adornata a J. U. S. . . . eiusdemque Autoris Sumptibus et manibus proprijs Aeri Cupreo Insculpta et Excusa. Anno 1524*« (Die Dedikation vom 7. März 1625)[2]). 2) »Tabulatur Buch, darinn dass Vatter vnser auff 2, 3. vnd 4 Stimmen componirt, vnd viertzigmal varirt würdt, auch bei ieder Variation ein sonderlicher bericht zufinden. Auff Orgeln, vnd allen andern Musicalischen Instrumenten ordenlich zu appliciren . . . Strassburg, Marx von der Heiden, 1627«[3]). Daneben kommt die handschriftliche Überlieferung kaum in Betracht[4]).

S.'s erstes Werk ist für die Geschichte des Notendruckes von besonderer Bedeutung. Wie Verovio in Italien und Hole in England, so war Steigleder in Deutschland der Erste, der den Kupferstich für den Druck von Orgel- und Klaviermusik anwandte. Seine Vorgänger in dieser neuen Vervielfältigungsmethode wird Steigleder schwerlich nicht gekannt haben. Gleichwohl lässt sich bei ihm keine Nachahmung des italienisch-englischen Ductus merken. Seine Arbeit trägt vielmehr alle Anzeichen eines ersten steifen, unbeholfenen Versuchs, zu dem ihm, wie es scheint, alle technischen Hilfsmittel fehlten. Die mit dem Lineal gezogenen Linien lassen nicht überall gleiche Zwischenräume; alles Übrige, Noten wie Schrift und Verzierungen, ist aus freier Hand nur mit Benutzung des Stichels gestochen und macht in seiner Ungleichförmigkeit des Aussehens völlig den Eindruck einer Handschrift. Der Druck ist dazu immer nur einseitig, so dass wie in einem geographischen Atlas auf je zwei bedruckte Seiten zwei leere olgen.

Die Notation Steigleder's weicht in einigen wesentlichen Punkten von der Art der Italiener und Engländer ab. Er gebraucht zwei Notensysteme zu je fünf Linien, er verbindet aber damit nicht die Unterscheidung des Spielanteils beider Hände. Die Stimmenführung ist nicht immer auch äusser-

---

1) J. Sittard (a. a. O., I, S. 297).
2) Die Existenz eines Exemplares (Kgl. Bibliothek zu Stuttgart) wurde erst 1892 durch die Wiener Ausstellung weiteren Kreisen kund.
3) Exemplar in Wolfenbüttel. Einige Bemerkungen über den Inhalt machen Ritter (a. a. O., I, S. 151 f., Neudruck II, S. 139 f.) und W. Tappert (Monatsh. f. M. 1887, S. 13 ff.).
4) Die Orgeltabulatur des Gymnasiums zum Grauen Kloster enthält 1 Fantasie Steigleder's.

lich sichtbar gemacht. Der Stecher hat sich vielmehr die Arbeit erleichtert und, wo es angeht, mehrere Stimmen unter einer Cauda und einem Notenbalken griffmässig zusammengezogen.

Steigleder mag mit diesem neuen Druckverfahren wenig Anklang gefunden haben; denn sein zweites Werk liess er in der den Italienern und Deutschen geläufigeren, partiturmässigen Übereinanderstellung der Stimmen mit beweglichen Typen setzen.

Steigleder's erstes Werk ist allein für die Orgel berechnet, in dieser Hinsicht also ein Vorläufer von Kindermann's *Harmonia organica*. Freilich kündigt sich hier die Emanzipation der Orgel vom Klavier vorläufig nur auf dem Titel an; der Kompositionsstil der Stücke selbst ist durch die Rücksicht auf das Orgelpedal noch nicht beeinflusst, er ist in gleichem Masse dem Klavier, wie der Orgel adäquat. Im zweiten Werk andererseits wird der Orgel eine Form zugewiesen, die als weltlichen Ursprunges zuerst die Domäne des Klaviers war, nämlich die Variation. Die beiden Werke Steigleder's sind, wie man sieht, Vertreter zweier entgegengesetzter Anschauungen: die Okkupation der Fugenkomposition für die Orgel allein lag im Zuge der italienisch-süddeutschen Richtung, die Überführung der Klavier-Variation aber zur Choralbearbeitung war eines der Kunstresultate der englisch-niederländischen Praxis gewesen, das, wie wir noch sehen werden, als Erbteil auch auf Norddeutschland überging.

Dieselbe Mitte zwischen Italienisch-Süddeutsch und Englisch-Niederländisch-Norddeutsch hält Steigleder im Bau seiner Formen inne. Unter dem Begriff Ricercar vereinigt er verschiedenartige Fugentypen: die zweiteilige *Canzona alla francese*, die am Schlusse den ersten Teil wiederholt und dadurch dreiteilig erscheint; die ursprüngliche Ricercarform, in der die Themen nacheinander abtreten, um neuen Gedanken Platz zu machen; die Fantasie, die an einem Thema sich genügen lässt, dies aber verkürzt, verlängert, ummodelt und immerwährend neue Kontrapunkte dazu schafft, — alles also Gebilde italienischer Herkunft. Die Orgel- und Klaviervariationen über den Choral »Vater unser im Himmelreich« befolgen dagegen in ihrer Anordnung ganz das Prinzip der englisch-niederländischen Meister. Mit polyphon gehaltenen Stücken wechseln lebhafte Figurationen, der *cantus firmus* verändert mannigfaltig seine Lage und der Satz seine Stimmenzahl.

Nur in einer Hinsicht dreht sich Steigleder nicht nach zwei Seiten. Sein Kompositionsstil, seine Ausdrucks- und Schreibweise sind konsequent englisch-niederländisch. Sie charakterisieren sich gleichfalls durch die ungezwungen freie Handhabung des polyphonen Satzes, durch das Streben, einmal gewählte Kontrapunkte durch innere Umbildung oder durch Fortspinnen an einem Teil derselben bis zum Äussersten zu verwerten, endlich die Vorliebe für gewisse echt klaviermässige Spielfiguren, wie sie in Italien und in den von ihm beeinflussten Ländern nicht gangbar gefunden wurden. Dies Stilgepräge kommt so rein in allen Stücken Steigleder's zum Vorschein, dass es kaum überrascht, in einigen Ricercari Sweelinck's grosse dreiteilige Fantasieform mit ihren hauptsächlichsten Eigentümlichkeiten wieder anzutreffen, als da sind Themaverlängerung, allmähliches Anwachsen der Stimmenzahl und lebhafte Figuration im zweiten, Engführung im dritten Teil.

Steigleder's Werke spiegeln seine autodidaktische Ausbildung merkwürdig getreu wieder. Mit seinem ganzen Denken und Empfinden gehörte er nicht einer Schule an, deren Eigenart seinem Schaffen einen ganz bestimmten Charakter aufgeprägt hätte, sondern er nahm vielmehr das Gute, wo er es fand; er war Eklektiker, ohne doch die innere Kraft zu besitzen, alle Gegensätze in sich auszugleichen. Seine künstlerische Persönlichkeit mag, gerade weil sie sich von beiden damals herrschenden Strömungen tragen liess, der Mitwelt als bedeutsam erschienen sein, für die geschichtliche Entwickelung ist sie das aber nicht geworden; deren gerader Weg führte, wie wir sahen, nicht über ihn hinweg.

Die Themata von Steigleder's Ricercari weisen uns auf dieselben geschichtlichen Beziehungen hin. Steigleder's Ricercar Nr. 4 mit dem Thema

ist ein Pendant zu Erbach's Ricercar:[1]

Das Thema von Steigleder's 7. Ricercar

---

[1] *Ms.* 191 (Berlin) Bl. 55b; ebenfalls in *Ms.* 1982 (Padua).

erscheint charakteristischer ausgeprägt in Erbach's Fuge[1])

und danach in Klemme's Fuge Nr. 33:

Noch komprimierter ist die Fassung des Themas in Froberger's Fantasia[2])

und in A. Corelli's Violinsonate[3])

deren Anfang bekanntlich Seb. Bach zu einer Orgelfuge[4]) benutzt hat. Die kürzeste Gestalt hat das Thema endlich im Prélude zu Nr. 2 von Seb. Bach's englischen Suiten angenommen:

Ein Ricercarthema Cl. Merulo's[5])

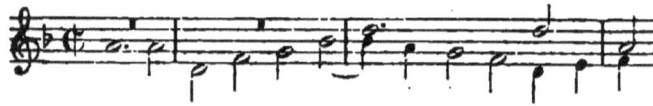

ist ersichtlich das Prototyp sowohl für Jak. Hassler's[6])

---

1) *Ms.* 191 (Berlin) Bl. 53 b; Neudruck des Stückes bei Ritter (a. a. O., II, S. 148).
2) *Libro secondo, sec. parte,* Nr. 5 (Autograph in Wien).
3) *Op.* 3. 12 Kirchensonaten. Neudruck derselben in Fr. Chrysander's »Denkmälern der Tonkunst« (Bergedorf 1871), Bd. III, S. 142 ff.
4) Edition Peters, Serie 5, Heft 4, Nr. 8. Siehe darüber Ph. Spitta (J. S. Bach, I, S. 422 f.).
5) *Libro primo,* 1567, Nr. 4.
6) *Ms.* 1982 (Padua).

wie für Steigleder's Ricercar (Nr. 3) gewesen:

An Gios. Guami's Canzona *la Guamina,*

die ja auch Dr. J. Bull parodierte[1]), lehnt sich eine Canzona Adr. Banchieri's an:

Im Zusammenhange damit stehen Steigleder's Ricercar Nr. 12

und eine Fuge G. Kasp. Wecker's:

Die Entwickelung des deutschen Klavierspieles, soweit wir sie nun verfolgt haben, vollzog sich allein im mittleren und südlichen Deutschland. Der Norden trat während der ganzen Zeit

---

1) Siehe oben S. 88.
2) Sie steht in der Tabulatur von Schmid. d. J. (1607, Nr. 70) und in Ms. 340 (Nr. 16) des Kgl. Joachimsthal'schen Gymnasiums zu Berlin.
3) Im Neudruck bei Ritter (a. a. O., II, S. 120).

bis zum Beginn des 17. Jahrhunderts litterarisch selbständig gar nicht hervor, obwohl auch hier Organisten genug lebten, die zu ernstem Schaffen wohl fähig waren. Nur soviel wissen wir aus den wenigen, vom Norden herstammenden handschriftlichen Überlieferungen[1]), dass auch hier während der zweiten Hälfte des 16. Jahrhunderts die Koloraturpraxis in vollem Schwange war. Das erste Jahrzehnt des neuen Jahrhunderts brachte aber dem norddeutschen Klavierspiel das Erwachen. Wie es die süddeutschen Jünglinge nach Italien zog, so wurde Amsterdam das Ziel für junge Norddeutsche, wo sie Förderung für ihr Kunststreben suchten und fanden. Zur selben Zeit ergoss sich ein Schwarm englischer Instrumentisten und Komödianten, die Niederlande passierend, über Deutschland und zunächst über den nördlichen Strich desselben. Ebenso geschah es nun auch mit der englischen Virginalmusik. Sweelinck wurde der geschichtliche Vermittler zwischen England und Deutschland und seine Schüler die Träger einer norddeutschen Kunstrichtung, die sich neben der älteren, den Süden beherrschenden sehr bald selbständig und eigenartig entwickelte.

Am nachhaltigsten trat Samuel **Scheidt** für die »Niederländische Art« des Orgel- und Klavierspiels ein.

S., 1587 in Halle geboren, wo sein Vater Salinenmeister war, wurde um 1606 Sweelinck's Schüler in Amsterdam. Mitte des Jahres 1609 befand sich S. wieder in seiner Vaterstadt, wo ihn der Administrator Christian Wilhelm als Organisten der Moritzkirche bestellte. Dazu erhielt S. 1620 oder Anfang 1621 noch den Kapellmeisterposten; vom Mai 1624 an war er nur Kapellmeister. Sein Schülerkreis war ein sehr grosser; zeitweilig unterrichtete S. brieflich, seine Amtsgeschäfte nahmen ihn zu sehr in Anspruch. Am 24. März 1654 starb S., von seinen Zeitgenossen als eines der »Drei grossen S« [Scheidt, Schein, Schütz] gepriesen. S.'s Vokalkompositionen harren noch der Würdigung; eher kennt man seine Orgel- und Klavierstücke. Sein Hauptwerk erschien 1624 unter dem Titel »*Tabulatura Nova*. [I] *Continens variationes aliquot Psalmorum, Fantasiarum, Cantilenarum, Passamezo, et Canones.* [II] *Fugarum, Psalmorum, Cantionum et Echus, Tocatae Variationes varias.* [III] *Ky e Dominicale, Credo in unum Deum, Psalmum de coena Domini sub Communione, Hymnos praecipuorum festorum totius anni, Magnificat . . . In gratiam Organistarum praecipue eorum, qui Musice pure & absque celerrimis Coloraturis Organo ludere gaudent.* Hamburgi, impensis Michaelis Heringi, excudebat Laurentius Pfeiffer*«[2]).

Über die in der *Tabulatura Nova* angewendete Notation äussert sich S. im Vorworte also: »Das in dieser Tabulatur ein jeder Stim nur mit Fünff

---

1) Siehe oben S. 10, 19 Anm. 1.
2) Eine Neuausgabe des wichtigen Werkes erschien als Band I der »Denkmäler deutscher Tonkunst« (Leipzig, Breitkopf & Härtel, 1892). Eine eingehende Besprechung desselben nebst allen geschichtlichen und litterarischen Nachweisen findet man in der Vierteljahrsschr. f. Mus. 1891, S. 186 ff.

vnd nit mit sechs Linien auff Engel- vnd Niederländische Manier adornieret, ist der Ehrliebenden Deutschen Organisten halben, weil ich auch ein Deutscher, geschehen, welche denn mehrentheil sich auff die Niederländische art entweder gahr nicht, oder aber nicht recht gründtlich verstehen, in deren sechs Linien auff die rechte, vnd sechs auff die lincke Handt gerichtet, bissweilen auch die Parteyen so wunderbarlich vnter einander springen, das manch guter Gesell sich nicht recht drein schicken, vnd welches Discant, Alt, Tenor oder Bass sey, wissen kan. Als ist eine jede Stimme besonders gesetzt, damit ein jeder dieselbe in die gewöhnliche Buchstaben Tabulatur versetzen könne, vnd nicht grösser müh haben darff, als wann er sonsten ein gedrucktes oder geschriebenes Liedlein, eine Stimme nach der andern, absetzte«. Wenn sich also auch S. von der bisher im Druck üblichen deutschen Orgeltabulatur abwandte und, unter Umgebung der englischen Virginalnotation, die in Italien gern benutzte partiturförmige Anordnung der Stimmen befolgte, so blieb er doch gut Deutsch Das Manuskript, das er zum Druck gab, war in deutscher Orgeltabulatur geschrieben; [1]) und in die gleiche Tabulatur, so erwartete es S., sollten sich die Organisten seine Stücke zum Gebrauch erst wieder absetzen.

Wie hinsichtlich der Notation, so knüpft Scheidt mit dem Inhalt seiner *Tabulatura Nova* zunächst an die lange Praxis der Koloristen wieder an. In buntem Durcheinander birgt sie Choralbearbeitungen, Fantasien, Fugen, Echos, Toccaten, Liedvariationen und Tänze. Bei seinem Publikum setzt der Autor soviel Einsicht voraus, als dazu gehört, um Kirchlich und Weltlich, Orgel- und Klaviermusik nach dem bekannten Grundsatz zu unterscheiden. Nur der dritte Teil macht davon eine Ausnahme, insofern er rein kirchlichen Zwecken der Orgel bestimmt und von aller Koloratur frei gehalten ist. Gerade diese auffällige Stellungnahme Scheidt's, der sich doch des neuen Weges, den er mit seiner *Tabulatura Nova* einschlug, klar bewusst war, ist mit ein handgreiflicher Beweis dafür, dass die junge Künstlergeneration auf die produktionsarme Koloristenzeit nicht mit Geringschätzung zurückblickte, sondern sich als in durchaus natürlichem Zusammenhange mit jener stehend betrachtete.

Aus der Aufzählung der von Scheidt gepflegten musikalischen Formen kann man schon entnehmen, dass zunächst in den freien Gebilden der Fantasie, Fuge, Toccata und des Echos die Signatur seines Lehrers wieder zu finden sein wird. Die nähere Analyse [2]) bestätigt diese Erwartung vollauf. In keinem der genannten Stücke tritt uns die Form so entgegen, wie sie von den Italienern zuerst geschaffen und von den Süddeutschen nachgebildet worden ist, sondern in der charakteristischen Ausprägung, die ihnen der Holländer Sweelinck gegeben hat. Das zeigt

---

1) Siehe das Vorwort zur Neuausgabe S. XII f.
2) Betreffs derselben sei auf die zitierte Abhandlung verwiesen.

sich im Grossen an der Dreiteiligkeit der Fantasien und Fugen, der Verlängerung, Verkürzung und Engführung des Themas, an der Doppelgestalt der Toccaten mit und ohne fugierten Zwischensatz, und im Detail an der motivischen Entwickelung der kontrapunktischen Gedanken, an dem Figurenreichtum englisch-niederländischen Stiles, an der Behandlung der Chromatik und am Echospiel. Wohl geht Scheidt als Jüngerer und Modernerer in Einzelheiten über Sweelinck hinaus; aber alles, was er in dieser Beziehung unternimmt, ist schliesslich doch nur immer eine letzte Konsequenz von dem, was Sweelinck bereits gewollt hat, ein Zu-Ende-führen des von diesem Angedeuteten, eine Frucht der voraufgegangenen Blüte. Die Betrachtung der Folgezeit wird uns auch lehren, dass Scheidt die gerade Richtung der geschichtlichen Weiterentwickelung jener Formen durch seine individuelle Behandlung derselben nicht zu beeinflussen vermochte.

Nicht in diesen Stücken beruht die weittragende Bedeutung von Scheidt's *Tabulatura Nova*, sondern in der Neubelebung eines Kunstzweiges, dem zwar die Koloristen schon aufmerksame Pflege hatten angedeihen lassen, dem aber trotz allem noch die innere Triebkraft fehlte, der weltlichen Variation. Die vordem in Deutschland geübte Variationskunst war, wie wir sahen[1]) ein blosses Kolorieren gewesen, ohne musikalische Logik in der Anwendung der Spielfiguren im einzelnen, ohne Symmetrie in der Architektonik des Ganzen. Wenn also Sweelinck's deutsche Schüler nur einigermassen urteilsfähig und strebsam waren, so musste ihnen gerade die künstlerische Freiheit, mit der die Virginalisten und Sweelinck die Form der Variation in die Höhe gebracht hatten, vor allem offenbar werden und der Aneignung wert erscheinen. Denn das musikalische Fundament der englisch-niederländischen Variationskunst, das akkordisch-harmonische Denken und Fühlen hatten ja auch die Koloristen an der Hand der Lautenmusik gewonnen; von da bis zum motivischen Kompositionsstil und zur charakteristischen Durchbildung der Variationsabschnitte war es kein allzu grosser Schritt mehr. Und Scheidt machte diesen Schritt in seinen Liedern und Tänzen, nicht ohne dabei als jüngerer Meister Sweelinck um eine kleine Strecke zu überholen. Die Anordnung von Scheidt's Variationsabschnitten folgt dem Prinzip der Steigerung. Die einzelnen Formengebilde gestalten sich bei Scheidt aber noch charakteristischer, da er die einmal gewählten Figuren konsequenter festhält und dadurch auch der Führung der begleitenden Stimmen, die ein imitierendes Spiel

---

[1]) Siehe oben S. 23.

treiben, einen strafferen Zug giebt. Von den beiden Hauptgrundsätzen, welche bei der Variation eines weltlichen Liedes zu befolgen sind, steht bei Scheidt derjenige der unveränderten Grundharmonien voran. In den ersten Variationsabschnitten lehnt er sich noch mehr an die Hauptmelodieschritte an; je weiter er sich aber vom Anfang entfernt, desto freier macht er sich von ihnen, betont die Harmoniefolgen und lässt eine reiche, ungezwungene Figuration sich darüber ergehen. Zum Schlusse kehrt er aber wieder zum Anfange zurück. Die ursprüngliche Melodie erscheint ziemlich rein, nur in der *proportio tripla*. Darin verrät sich Scheidt als Deutschen, der den »Nachtantz«[1] nicht missen mag.

Scheidt fand nun in der Fremde die Variation nicht auf weltlichem Gebiet allein, sondern auch auf dem kirchlichen der Choralbearbeitung vor[2]. Zurückgekehrt, erfüllte er nach dieser Seite hin ebenfalls eine überaus bedeutsame geschichtliche Mission. Auf das Feld der vokalen Choralbearbeitungsformen leitet er in seiner *Tabulatura Nova* den ganzen breiten Strom weltlicher Variationstechnik hinüber. Die aus dem Chorsatz entsprungenen Formen Buchner's treten demzufolge in enge Gemeinschaft mit Gebilden, wie sie bisher nur in der Liedvariation gebräuchlich waren. Der polyphone Vokalstil ferner, der in Deutschland der Weiterentwickelung im Wege gestanden hatte, erfährt eine merkwürdige innere Wandlung: die Harmonien sind nun nicht mehr das zufällige Produkt von vokal gedachten, selbständig verlaufenden Melodien, sondern sie bestimmen von vornherein Haltung, Gang und Charakter derselben. Der kontrapunktischen Bearbeitungskunst haftet fortan ein neues Wesen an, das im Grunde nicht polyphoner, sondern harmonisch-akkordischer, also instrumentaler Natur ist. Die Verschmelzung beider bisher getrennten musikalischen Formen wurde für die Zukunft viel folgenreicher, als sie in England und in den Niederlanden den Verhältnissen nach sein konnte. Während dort der Choral für den musikalischen Ausbau der Liturgie nicht wesentlich in Betracht kam, wurde er bei uns gerade zu Scheidt's Zeit ein hochwichtiger Faktor, an dem sich Gemeinde, Chor und Orgel entweder je für sich allein oder Gemeinde und Orgel, Chor und Orgel zusammen oder alternierend beteiligten. Nachdem Scheidt den ersten Schritt gethan hatte, den auf dieser neuen liturgischen Grundlage erweiterten Aufgaben der Orgelmusik gerecht zu werden, folgten ihm die übrigen deutschen Organisten — wir bemerkten

---

1) Siehe oben S. 22.
2) Siehe oben S. 58, 76 f.

es schon an Steigleder — sehr bald nach. Das protestantische Orgelspiel nahm nun einen Aufschwung, der es hinsichtlich der Formen sowohl, wie der Kompositionstechnik weit über die Kunst anderer Kulte erheben sollte.

Scheidt's künstlerische Persönlichkeit nahm ihre Hauptzüge wohl unter dem Einflusse Sweelinck's an, der seinen Schülern die Traditionen der englisch-niederländischen Schule vermittelte. Andererseits aber stand Scheidt's Heimat auch in engen Beziehungen zu den Kunstzentralen Süddeutschlands, sowohl vor, als nach seinem Aufenthalt in Holland. Dass Scheidt davon nicht ganz unberührt blieb, kann man noch deutlich erkennen. Die eigenartige lockere, klaviermässige Polyphonie, die wir in England und in den Niederlanden beobachten konnten, hat Scheidt erheblich gemildert. Wie die süddeutschen Meister, so bevorzugt auch er das Festhalten an der einmal gewählten Stimmenanzahl. Er vermeidet im Mittelteil der grossen Fantasien die allmähliche Erweiterung des zweistimmigen Satzes zum drei- und vierstimmigen; er begiebt sich sogar in den Klaviervariationen der willkürlichen Vollgriffigkeit. Sweelinck's Fantasien waren auf das Prinzip der motivischen Weiterbildung in den Kontrapunkten aufgebaut. Das ist auch bei Scheidt der Fall. Aber daneben kennt er auch das Wesen des neu-italienischen Ricercars, das mehrere Themata gleichzeitig ohne Umbildung verarbeitet. Der von Sweelinck schon zu einem instrumentalen Ausdrucksmittel ausgeprägten Wechselchörigkeit bedient sich sein Schüler in noch verstärktem Masse. Eine gewisse Rhythmik seiner Figuren lässt endlich auf ein Vertrautsein mit den italienischen Madrigalisten schliessen. Das sind alles kleine Züge, die man mit Recht als süddeutsche Stileigentümlichkeiten bezeichnen darf.

Die Doppelseitigkeit von Scheidt's künstlerischen Beziehungen tritt auch in der Wahl seiner thematischen Gedanken zu Tage. Palestrina komponierte ein Madrigal[1]) mit folgendem Anfang:

Jo son fe - rito, abi las - so

Wiederum ist es H. L. Hassler, der dies Stück erstlich in einer Kanzonette (*Jo son ferito Amore*)[2]) und dann in einer Fantasie[3]) thematisch parodierte. In letzterem stellt Hassler ein Gegenthema auf, das, wie man sieht,

---

1) Siehe F. X. Haberl's Gesamtausgabe, Bd. 28, S. 179.
2) *Canzonette a quattro voci.* Nürnberg 1590, Nr. 9.
3) *Ms.* 194 (Berlin), Bl. 71b.

gleich dem ersten ist, wenn man es vom Ende an rückwärts (im Krebsgang) liest. Als Zweiter hat Chr. Erbach Palestrina's Motiv benutzt, aber mit einem selbständig erfundenen Gegenmotiv, in einer Fantasie[1]). Beiden süddeutschen Meistern schliesst sich nun Scheidt an. Er verarbeitet in einer Fantasie[2]) Palestrina's Thema mit Hassler's Gegenthema, ausserdem die chromatische Quarte Sweelinck's auf- und abwärts als zweites Themenpaar. Nach Scheidt nahm noch Klemme das Palestrina'sche Thema für eine zweistimmige Fuge (Nr. 9) wieder auf.

Sweelinck's Fantasiethema[3])

hat Scheidt in zwei Stücken wieder bearbeitet: in einer Fantasie[4]) Note für Note —

und in einem Echo[5]) etwas verkürzt:

Einen merkwürdig weiten Blick über ein grosses Stück Musikgeschichte lässt uns Scheidt's Fantasie über das Hexachord[6]) werfen. Wir erinnern uns, dass in der Schule Paumann's und Hofheimer's die Kompositionsübungen unter Zugrundelegung des Hexachords betrieben wurden. Durch diese alte Gewohnheit, die auch anderwärts bestanden zu haben scheint, ist es wohl begründet, wenn wir bemerken, dass viele spätere Orgel- und Klaviermeister — der Vokalkomponisten dabei gar nicht zu gedenken — die Reihenfolge der Töne des Hexachords als musikalisches Motiv benutzt haben. Nur die Bekannteren seien genannt: W. Byrd[7]), J. Bull[8]), P. Cornet[9]), J. P. Sweelinck[10]), S. Scheidt[11]), H. L. Hassler[12]), J. Klemme[13]), G. Fres-

1) *Ms.* 191 (Berlin), Bl. 46 b.
2) Neuausgabe S. 11.
3) Neuausgabe S. 25.
4) Neuausgabe S. 115.
5) Neuausgabe S. 95.
6) Neuausgabe S. 25.
7) Byrd hat zwei Fantasien geschrieben; die eine verwertet das Hexachord im *ascensus per tertias* (s. *Fitzwilliam Book* I, S. 395, 401).
8) Bull ist ebenfalls zweimal dem Thema näher getreten (*Fitzwilliam Book* I, S. 183, s. oben S. 66; *Ms.* 23, 623 [Brit. Mus.] Bl. 133b).
9) *Ms.* 191 (Berlin), Bl. 16b. Das Stück ist leider unvollständig.
10) Neuausgabe S. 25.
11) Neuausgabe S. 25.
12) Auch Hassler ist mit zwei Ricercari vertreten (*Ms.* 191 [Berlin], Bl. 66a; *Ms.* 1982 [Padua]).
13) Fuge Nr. 36.

cobaldi[1]), J. J. Froberger[2]). Jedes der von ihnen komponierten Werke repräsentiert gewissermassen ein Stück *fundamentum organisandi* des betreffenden Meisters; es giebt kaum einen zweiten Weg, schnell und sicher der Unterschiede und des Fortschreitens in der Kompositionstechnik gewahr zu werden, als an der Hand dieser Hexachordkompositionen.

Über seine äussere Spieltechnik macht Scheidt einige wenige Angaben, die seine Art ausreichend charakterisieren. »Wo die Noten, wie allhier,

zusammen gezogen seind, ist solches eine besondere Art, gleich wie die Violisten mit dem Bogen schleiffen zu machen pflegen. Wie dann solche Manier bey fürnehmen Violisten Deutscher Nation, nicht vngebräuchlich, gibt auch auf gelindschlägigen Orgeln, Regalen, Clavicymbeln vnd Instrumenten, einen recht lieblichen vnd anmuthigen *concentum*, derentwegen ich dann solche Manier mir selbsten gelieben lassen, vnd angewehnet«. Wir begegnen hier dem ersten Ansatz zur dynamischen Regelung des Klavieranschlags. Scheidt bezeichnet sie übrigens als *imitatio Violistica*. Eine zweite Manier, *imitatio tremula organi* genannt, hat folgendes Aussehen:

— sie beruht auf dem öfteren Anschlag einer und derselben Taste. Auffällig ist nur ihre Ableitung vom Orgeltremulant, da doch die englischen Virginalisten und Sweelinck diese Manier schon übten[3]). Durch dies Beispiel Scheidt's gewinnen wir gleichzeitig einen kleinen Einblick in die Methode seines Fingersatzes, der, hiernach zu urteilen, dem englisch-niederländischen gleichkam.

War bei Scheidt ein gewisser geistiger Konnex mit der italienisch-süddeutschen Kunstrichtung zu bemerken, so fehlt er dagegen bei seinen höher im Norden wirkenden Mitschülern. Von ihnen ist zuerst Melchior **Schildt** zu nennen.

---

1) Siehe Haberl's Neuausgabe S. 74.
2) Aus A. Kircher (*Musurgia*, Rom 1650, I, S. 466) von Woitzmann (Gesch. d. Klaviersp., 2. Aufl. S. 338) abgedruckt.
3) Siehe oben S. 70, 83 f.

S. wurde 1592 wahrscheinlich in Hannover als Spross einer angesehenen deutschen Organistenfamilie geboren. Was er nach seiner Studienzeit bei Sweelinck getrieben hat, weiss man nicht. Im Jahre 1623 wurde S. Organist an der Hauptkirche in Wolfenbüttel. Von hier ging er 1626 als Organist und Lehrer der königlichen Kinder an den Hof Christians IV. nach Kopenhagen[1]). Zurückgekehrt erhielt S. 1629 den Organistenposten an der Marktkirche in Hannover, den er bis an sein Lebensende († 22. Mai 1667) verwaltete. In dem »Schildt-Cassel'schen Stipendium« lebt noch heute sein Andenken[2]). Von seinen Klavierwerken sind nur zwei Variationsreihen erhalten[3]).

Schildt's Variationstechnik macht nicht, wie die Scheidt's, Konzessionen an den streng mehrstimmigen Satz. In der ungebundenen Freiheit, wie sie dem Virginalstil eigen war, lässt Schildt das lockere, nur anscheinend polyphone Gewebe über die Melodie und ihre Harmonien dahin wallen. Die einzelnen Variationsgebilde erscheinen deshalb nicht wie sorgfältige, kunstvolle Ausarbeitungen, sondern wie Schöpfungen flüchtiger, sich am Reiz des Klavierklanges erfreuender und belebender Fantasie. Die Virtuosität des Improvisierens scheint denn auch an Schildt, wie an Sweelinck, von den Zeitgenossen besonders bewundert worden zu sein. Denn wir erfahren[4]), »dass man von Schildt gesprochen: Er könne, nachdem es ihm gefällig, spielen, dass man lachen oder weinen müsse«.

Mit der Variationstechnik übernahm Schildt auch den melodischen Stoff aus der englisch-niederländischen Klaviermusik. Die *Paduana Lacrymae* hat John Dowland zum Komponisten; sie wurde mehrfach von den englischen Virginalisten bearbeitet. Im Liede »Gleich wie dass feuwr« weisen die ersten Takte des zweiten Teils eine überraschende Ähnlichkeit mit dem englischen *The New Sa-Hoo*[5]), dem *Est-ce Mars* Sweelinck's und Scheidt's auf.

Das musikgeschichtliche Material über zwei andere Schüler Sweelinck's, Jakob **Prätorius**[6]) in Hamburg und Paul **Siefert**[7]) in Danzig, ist zu gering, als dass es hier in Betracht gezogen werden könnte. Dafür fliessen aber die Quellen über Heinrich **Scheidemann** um so reichlicher.

---

1) Siehe Hammerich-Elling, Die Musik am Hofe Christians IV. (Vierteljahrsschr. f. Mus. 1893, S. 80 f.).

2) Die biographischen Details mit ihren Nachweisen findet man in der Vierteljahrsschr. f. Mus. 1891, S. 220 ff.

3) Aus einem handschriftlichen Adnex zu G. Voigtländer's Oden 1642 (kgl. Bibl. Kopenhagen) mitgeteilt von H. Panum (Monatsh. f. M. 1888, S. 27, 85 ff.).

4) Walther's Lexikon.

5) *Fitzwilliam Book* II, S. 161.

6) Siehe über ihn Vierteljahrsschr. f. M. 1891, S. 239.

7) Eine Orgeltabulatur im Minoritenkonvent zu Wien birgt langgesuchte Orgelkompositionen von ihm. Seine Biographie findet man in der Vierteljahrsschr. f. Mus. 1891, S. 397 ff.

S., um 1595 als Sohn des Organisten Hans **Scheidemann** in Hamburg geboren, wurde wie Jakob **Prätorius** auf Kirchenkosten zu **Sweelinck** geschickt. Nach dem Tode seines Vaters erhielt S. dessen Posten an St. Katharinen, wozu ihm später noch die Funktionen eines Kirchenschreibers übertragen wurden. Von dem hohen künstlerischen Ansehen, dessen er sich erfreute, sind mehrere Zeugnisse vorhanden. Bekannt sind die intimen Freundschaftsbeziehungen, die S. und andere Musiker Hamburgs an den Dichter Johann Rist ketteten. S. erlag den ansteckenden Krankheiten, die 1663 Hamburg heimsuchten[1]). Von S.'s Schülern wurden drei später berühmte Musiker: Werner **Fabricius**, Matthias **Weckmann** und Joh. Adam **Reincken**. Nicht weniger als 23 Orgel- und Klavierstücke S.'s sind handschriftlich erhalten[2]).

Die Hauptquellen für S.'s Werke, die Lüneburger Tabulaturen, haben eine ähnliche Bedeutung, wie des Fitzwilliam Book der Engländer. In Hamburg entstanden, die Zeit von 1586 bis 1672 umfassend und Werke der norddeutschen Organisten vornehmlich enthaltend, erhellen sie ein grosses Stück Musikgeschichte, das uns ohne sie bei dem Nichtvorhandensein von Druckwerken dunkel sein würde[3]). Die hierin angewandte Notation ist die **der neueren deutschen Orgeltabulatur**.

Unter Scheidemann's Kompositionen sind zunächst **sieben kolorierte Gesangsstücke** auffallend. Sie erweisen von Neuem deutlich, dass Sweelinck's Schüler, weit entfernt, eine radikale Reaktion zu betreiben, vielmehr die Bestrebungen der Koloristen nur fortsetzten, indem sie deren Formen und Ausdrucksmittel erweiterten und vermehrten. In Scheidemann's Stücken erscheinen mit der Koloratur der englisch-niederländische Vorrat an klaviermässigen Spielfiguren und die Kunst, sie motivisch in einander zu flechten, vereint. Ihre Bestimmung ist aber jetzt keine doppelte mehr; die durchgehende und berechnete Ausnützung des Orgelpedals und des Spiels auf mehreren Manualen zeigt, dass für Scheidemann bei den Koloratursachen das Klavier nicht mehr in Frage tritt. Aus demselben Grunde sehen wir auch das Echo und die Toccata aus dem Rahmen der Klavierlitteratur sich aussondern. Ihre musikalische Form bleibt wohl im Ganzen dem Sweelinck'schen Vorbilde getreu, ihr Zweck ist aber ein kirchlicher geworden — Pedal und Manualwechsel verraten ihren Übergang zur Orgellitteratur.

---

[1]) Das biographische Aktenmaterial findet man in der Vierteljahrsschr. f. Mus 1891, S. 227 ff. beisammen.

[2]) *Ms. K. N.* 208, 209 und 210 der Lüneburger Stadtbibliothek, *Ms. mus. Am.* 340 des Kgl. Joachimsthal'schen Gymnasiums in Berlin; Adnex zu G Voigtländer's Oden (1642) der Kgl. Bibliothek zu Kopenhagen; Klavierbuch der Anna Maria van Eyl, 1671, Universitätsbibliothek Amsterdam.

[3]) W. **Junghans** (Osterprogramm des Lüneburg. Johanneums, 1870) hat als Erster, wenn auch nicht immer in zutreffender und ausreichender Weise auf ihren wichtigen Inhalt hingewiesen. Leider ist Ritter diesem Winke nicht gefolgt. Die genaue Beschreibung der Tabulaturen wird man in einer späteren Abhandlung des Herausgebers antreffen.

Von fugenartigen Werken Scheidemann's ist je eine Fuga und Canzon erhalten. Es ist zunächst zu beachten, dass diese Formen noch nicht der Alleinherrschaft der Orgel unterworfen erscheinen, sondern dem alten Herkommen gemäss sowohl für die Orgel als für das Klavier bestimmt sind. Im Aufbau der Formen aber erinnert kaum ein Zug an die Sweelinck'sche Schule, wenn man nicht die Themaverlängerung im zweiten Absatz der *Fuga* für einen solchen ansehen will. Denn im Übrigen präsentiert sich die *Fuga* als gleichzeitige Durchführung mehrerer Motive in der Art des italienisch-süddeutschen Ricercars ohne das norddeutsche Element des motivischen Um- und Fortbildens. Die *Canzon* ferner gliedert sich genau so, wie wir es bei Holtzner[1]) schon gewahrten. Aus dem Thema des ersten Teils

entwickelt sich, indem der Takt wechselt, das des zweiten:

der dritte Teil wendet sich zum Anfangstakt zurück, bleibt jedoch thematisch ziemlich selbständig

und läuft toccatenhaft aus. Diese eigentümliche Formenbehandlung fällt aber nicht schwerer ins Gewicht, sobald man erwägt, dass jene Stücke nach 1550 entstanden sind, zu einer Zeit also, wo, wie später erörtert werden wird, auch auf die norddeutsche Kunstrichtung italienische Einflüsse direkt einzuwirken begannen, während vorher Sweelinck ihr Vermittler gewesen war.

Wie bei Scheidt, so tritt nun auch bei Scheidemann die Eigenart seines niederländischen Meisters Sweelinck am frappantesten in der Variation hervor. In den Choralbearbeitungen sowohl — von denen man nur die erweiterten Hilfsmittel der

---

1) Siehe oben S. 99.

spezifischen Orgelspieltechnik in Abzug bringen muss — wie in den Tanzvariationen herrscht unbedingt der englisch-niederländische Klavierstil mit seinem akkordisch-harmonischen Wesen und mit seinem freien Gebahren dem polyphonen Satz gegenüber.

In engem Zusammenhange damit steht Scheidemann's **Fingersatz**, den er, wie auch von anderer Seite bestätigt wird, von **Sweelinck** »gefasst« hatte[1]) Besonders auffällig ist die Fingersatzbehandlung im Beispiel für die linke Hand:

Nicht unerwähnt darf schliesslich bleiben, welchen Eindruck Scheidemann's Zeitgenossen von seiner Persönlichkeit und seinem Spiel hatten. »Scheidemann war freundlich und leutseelig, ging mit jedermann frey und frölich um, und machte nichts sonderliches aus sich selber. Sein Spielen war eben der Art; hurtig mit der Faust, munter und aufgeräumt«. —

Die bisher geläufigen Urteile über den eben besprochenen Zeitraum der Entwickelung des deutschen Klavierspieles dürfen nach dem Gesagten in wesentlichen Punkten als nicht stichhaltig betrachtet werden.

Die verheerende Brandfackel des dreissigjährigen Krieges hatte in dieser Periode Deutschlands Gauen unermesslichen Schaden zugefügt, und es ist ganz gewiss, dass darunter nicht bloss Handel und Wandel, sondern auch Wissenschaft und Kunst zu leiden hatten. Aber die Einwirkungen des Krieges auf die deutsche Musik sind — so scheint es — mehrfach doch wohl etwas übertrieben dargestellt worden. Aktenmässig steht fest, dass da, wo gerade der Kriegsschauplatz war, die Musiker selbst der angesehensten und bisher gut fundierten Kapellen wegen des

---

[1]) **Mattheson's** »Ehrenpforte«.

Aussetzens der Gehaltszahlungen oft in schwere persönliche Bedrängnisse gerieten, dass sich ferner einzelne Fälle moralischer Verrohung auch unter den Musikern ereigneten. Wen das Schicksal hart und rauh angefasst hatte, der musste lange, vielleicht sein ganzes Leben hindurch um seine Existenz kämpfen und konnte sein Kunstschaffen freilich nicht wie unter normalen Verhältnissen entfalten. Dem gegenüber sprechen nun aber auch die Bestände unserer Musikbibliotheken eine deutliche Sprache. Wie gross ist die Anzahl von Musikdrucken, die während des Krieges die Pressen beschäftigten, mögen sie uns erhalten oder nur dem Titel nach bekannt sein! Und wie inhaltsreich sind daneben die vielen handschriftlichen Quellen dieser Zeit! Wer mag vor solchem Reichtum von einem Versiegen oder Erlahmen der schöpferischen Kraft unserer damaligen Musiker sprechen? Es waren nur Ausnahmen, wenn Einzelne den drückenden äusseren Verhältnissen moralisch erlagen; und nicht die Thüringer »Bache« allein, sondern die Mehrzahl der Musiker in allen deutschen Landen war neben ihnen und in höherem Masse als sie unentwegt künstlerisch thätig — ein Kontrast zwischen dem Innenleben und den äusseren Wirren, wie ihn ähnlich auch die Niederländer während ihres grossen Freiheitskampfes wider die Spanier erlebten. Es ist unsere Schuld, die wir das 17. Jahrhundert in Deutschland längst nicht nach allen Seiten hin klargelegt haben, nicht die Schuld der damaligen Zeit, wenn derartige absprechende Urteile über sie noch Geltung haben. Ebenso hat man von einem gänzlichen Bruch mit der Tradition, von einem jähen Aufhören des Zusammenhanges mit der vorausliegenden Zeit und von einem halt- und planlosen Dahinvegetieren als von den Merkmalen der Musik während des dreissigjährigen Krieges gesprochen. Eine seltsame Verkennung der tiefen Logik, die allem geschichtlichen und geistigen Werden innewohnt; — als ob die menschliche Kultur je um einen Schritt fortgerückt sei, der nicht durch so und so viel Erscheinungen und Bemühungen erst vorbereitet und möglich gemacht worden wäre!

Im Vergleich zur Litteratur, die über Deutschlands Produktion auf den übrigen Gebieten der Tonkunst Auskunft giebt, ist die des Klavierspiels wohl zu kurz gekommen. Was wir davon besitzen, mag nur ein Teil dessen sein, was wirklich geschaffen worden ist. Vieles, momentan improvisiert oder auch handschriftlich fixiert, ist ohne Spuren untergegangen. Trotzdem sind die geschichtlichen Reste umfangreich genug, um erkennen zu lassen, dass selbst von Seiten der Klaviermusik kein Grund vorliegt, jenen pessimistischen Urteilen beizupflichten. Die unmittelbaren

Nachfolger der deutschen Koloristen erbten, wie wir öfter bemerken durften, auch deren Kunstpraxis. War den Älteren aber die Koloratur ihr Ein und Alles, so rafften sich die Jüngeren wieder zu einem selbstständigen Schaffen auf, wozu sie aus dem Auslande die nachdrücklichsten Anregungen erhielten. So intensiv war der Eifer, mit dem die jüngere Generation im Bewusstsein der neuerwachten Kraft ihren Vorbildern nachstrebte, dass sie unversehens, obschon sie von Allen gemeinsamen Grundanschauungen ausgegangen war, auf zwei verschiedene Wege geriet. Die Süddeutschen hatten die Höhe der italienischen, namentlich der venetianischen Kunst ins Auge gefasst; sie verlegten sich deshalb besonders auf die Aneignung und Ausbildung der freieren Instrumentalformen, wie Ricercar, Fantasie, Fuge, Canzona, Toccata, die sie vorläufig in ihrer Zwitterstellung zwischen Orgel- und Klaviermusik liessen und die sie in italienischer Manier aufzeichneten. Den Norddeutschen winkte ein anderes Ziel. Sie schlossen mit der italienischen Kunst nicht unmittelbar und ausschliesslich Bekanntschaft, sondern lernten sie an der Hand eines Lehrers näher kennen, der sie gleichzeitig auch in die Traditionen des englischen Klavierspiels einweihte. So kam es, dass das Schwergewicht ihres späteren eigenen Schaffens sich auf die Ausbildung der weltlichen und kirchlichen Variation schob, dass sie früher, als es im Süden geschah, zur orgelgemässen Stilisierung der einzelnen Formen und zu deutlicherer Aussonderung der Klavierlitteratur schritten, dass sie endlich nicht so schnell der altgewohnten Orgeltabulatur entsagten. Auch einen eigenartigen Versuch, die beiden Richtungen wieder zusammen zu führen, sahen wir gemacht, wenn auch vergeblich. Eine Geschichtsperiode aber, die so gewissenhaft die Traditionen ihrer Vorzeit bewahrte und gleichzeitig ein so starkes Streben nach vorwärts bekundete, sollte gegen eine allzu geringe Einschätzung ihres Wertes gesichert sein.

Zweites Kapitel.

Italien.

Während Deutschland in der ersten Hälfte des 17. Jahrhunderts vollauf damit beschäftigt war, nachträglich die Kunsthöhe zu ersteigen, die Italien und die Niederlande bereits am Ende des 16. inne hatten, strebte indessen Italien zu höher gelegenen Zielen aufwärts. Zwei Männer sind es, mit deren Namen alle Errungenschaften eng verknüpft erscheinen, durch die sich Italien in dieser Zeit auf dem Gebiete des Klavierspiels und der Klavierlitteratur auszeichnete. Wir wenden uns zunächst Lodovico Grossi da Viadana zu, dem Begründer der Lehre vom Accompagnement oder Generalbassspiel.

G., von Zeitgenossen und Späteren nach seiner Vaterstadt auch kurzweg Viadana genannt, wurde wahrscheinlich 1564 zu Viadana in der Nähe von Cremona geboren. Nachdem er, wie es heisst, den Unterricht Cost. Porta's genossen hatte, wurde G. 1594 Domkapellmeister in Mantua. Hier trat er 1596 dem Franziskanerorden bei. In Mantua blieb G. bis 1609; danach wurde er Kapellmeister an der Kathedrale in Concordia und 1612 am Dom zu Fano. Hier blieb er nicht lange; denn 1615 bekleidete er die Würde eines Ordensdefinitors in Piacenza. Hatte G. bis dahin zahlreiche Gesangswerke veröffentlicht, so erfährt man über sein späteres Leben gar nichts. Wir wissen nur noch, dass er im Alter von 80 Jahren am 2. Mai 1645 in Gualtieri nahe bei seiner Heimat starb[1]). Desjenige Werk, mit dem G. seine neue Erfindung der Welt zum ersten Male mitteilte, ist also betitelt: »*Cento Concerti Ecclesiastici. A una, a due, a tre & a quattro voci. Con il Basso continuo per Sonar nell' Organo. Nova inventione commoda per ogni sorte de Cantori, & per gli Organisti... In Venetia. Apresso Giac. Vincenti, 1602.*« In einem längeren Vorwort[2]) bespricht G. die Veranlassung zur Komposition dieser Stücke, ihre musikalische Einrichtung und die Ausführung des Generalbasses.

Gelegentlich eines vorübergehenden Aufenthaltes in Rom 1596 oder 1597 war sich Grossi eines Übelstandes peinlich bewusst

---

1) Um die Aufhellung seiner Biographie hat sich A. Parazzi (*Della vita e delle opere musicali di Lod. Grossi-Viadana*, Mailand, Ricordi, 1876) verdient gemacht. Eine für die Bibliographie seiner Werke wertvolle Studie ist Fr X. Haberl (Kirchenmus. Jahrbuch, Regensburg, Pustet, 1889, S. 44 ff.) zu verdanken.

2) Nik. Stein, der 1613 eine Neuausgabe in Frankfurt a. M. veranlasste, fügte dem italienischen Original eine lateinische und deutsche Übersetzung bei. Letztere ist neuerdings von R. Eitner (Monatsh. f. M. 1876, S. 105 ff.) und Fr. X. Haberl (a. a. O. S. 49 ff.) reproduziert worden. Eine moderne Übersetzung des Italienischen lieferte v. Winterfeld (Joh. Gabrieli u. s. Zeitalter, II, S. 59), die jedoch Fr. Chrysander (Allg. mus. Ztg., Leipzig 1877, S. 85 ff.) in wesentlichen Punkten berichtigt hat. Eigenartig ist Haberl's Versuch, Winterfeld's und Chrysander's Fassungen zusammen zu schweissen.

geworden, der damals nicht nur in Italiens Kirchenmusik, sondern auch anderwärts ziemlich allgemein geherrscht zu haben scheint. Es kam häufig vor, dass sich zur Bestellung der damals meist vielstimmig komponierten Kirchenstücke zu wenige Sänger einfanden, einer, zwei oder, wenn es viele waren, drei. Da aber die kirchenmusikalische Litteratur für so wenige Stimmen nur sehr beschränkt war, musste man dann trotzdem zu den vielstimmigen Motetten greifen und diese in der Weise aufführen, dass der Organist die nicht besetzten Stimmen auf der Orgel mitspielte. Ein derartiges Zerreissen des polyphonen Satzes that naturgemäss der Wirkung der Komposition starken Abbruch. Wenn der Organist durch vorherige Intavolatur des Stückes mit diesem nicht genau bekannt war, so musste er in grosse Verlegenheit geraten. Denn es war ihm unmöglich, aus den besonders gedruckten Stimmheften, die er neben einander vor sich sah, schnell zu überblicken, wo sein Einspringen für die Harmonie gerade am Notwendigsten und Unerlässlichsten war. War aber diese gefährliche Klippe nicht vorhanden und der Organist mit dem Stücke durchaus vertraut, so dass er entweder die Ergänzungen richtig vornahm, oder, von den Sängern begleitet, das unverkürzte ganze Stück auf der Orgel wiedergab, machten sich doch andere Mängel störend bemerkbar. Die wenigen gesungenen Stimmen erschienen durch zu häufige Pausen melodisch zerstückelt, nicht sinngemäss gegliedert und textlich verstümmelt.

Diesem Übelstande wollte Grossi mit seinen Konzerten vornehmlich abhelfen. Die Konzerte sind für eine Singstimme gesetzt: Sopran, Alt, Tenor oder Bass — für zwei Stimmen in mannigfacher Kombination: Sopran und Tenor, Tenor und Alt, Alt und Sopran, Sopran und Bass, Bass und Alt, zwei Soprane, Alte, Tenöre oder Bässe — für drei und auch für vier Stimmen; auf alle äusseren Eventualitäten ist somit Bedacht genommen. Die Singstimmen aber trachtete er, dem Ausdrucke und dem Gefüge der Textworte entsprechend, zu gut fliessenden Melodien zu entwickeln, ohne dabei auf eine durchgearbeitete Polyphonie und auf vollständige Harmonie abzuzielen. Das harmonische Fundament, dessen die einzelnen Stimmen zum festen Halt notwendig bedurften und ohne das sie eine nur unvollkommene Wirkung hervorbringen würden, übertrug Grossi dafür den Orgel- und Klavierspielern und liess für sie eine selbständige Bassstimme drucken, die nicht, wie der Continuo einer vielstimmigen Motette, mit der jeweiligen tiefsten Singstimme identisch war, sondern selbständig und frei dem Gesange gegenüber verlief. Zu diesem Continuo mussten die Organisten und Cembalisten diejenigen

Harmonien greifen, die zur Ausfüllung des leeren Abstandes zwischen den Singstimmen und dem Bass notwendig erschienen.

Von den Spezialregeln, deren Befolgung Grossi bei der Ausführung seiner Stücke anempfahl, seien nur die für den begleitenden Spieler genannt. So verlangt

Nr. 2: Der Organist soll sich mit seinen Akkordgriffen ganz schlicht an die Partitur halten, namentlich mit der linken Hand, [denn der Bass darf unter keinen Umständen vom Spieler geändert werden]. Will er indes mit der rechten Hand schnellere Tonbewegungen ausführen, z. B. verzierte Kadenzen oder Koloraturen, so muss er es so massvoll thun, dass die Sänger durch die zu schnelle Geschwindigkeit nicht übertönt oder verwirrt werden —

Nr. 3: Der Organist muss deshalb das zu begleitende Stück vorher genau durchgesehen haben; denn je mehr er sich mit dem Stil und der Satzweise desselben vertraut gemacht hat, umso besser wird er sich mit seinen Akkordgriffen den Stimmen anzuschmiegen wissen —

Nr. 4: Die Kadenzen hat der Organist in ihrer gehörigen Stimmlage anzubringen, z. B. im Bass, wenn der Sänger ein Bassist, im Tenor, wenn er ein Tenorist ist. Es würde immer eine hässliche Klangwirkung ergeben, wenn die Orgel etwa einem Diskantisten gegenüber ihre Kadenz im Tenor anbrächte, und umgekehrt —

Nr. 5: Beginnt das Konzert fugiert, so darf der Organist nicht gleich mit vollen Harmonien zugreifen, sondern nur einstimmig (*tasto solo*) mitgehen. Wenn dann hernach die übrigen Stimmen dazu kommen, steht es ihm frei, nach Belieben mehr Töne zum Bass hinzuzufügen —

Nr. 7: Wenn bei *tutti*-Stellen die volle Orgel eintreten muss, so kann man mit Händen und Füssen [auf dem Manual und Pedal] spielen, aber ohne Hinzuziehung anderer [als achtfüssiger] Register, denn der zarte und schwache Ton der Sänger würde durch die schwere Klangmasse der Orgel nur erdrückt werden —

Nr. 9: Quinten- und Oktavenfortschreitungen sind dem Organisten nicht verboten; er hüte sich nur, solche in Gemeinschaft mit den Singstimmen zu machen —

Nr. 12: Wenn mehrere tiefe Stimmen ein Konzert singen, so darf der Organist nicht in der Höhe begleiten, und umgekehrt auch nicht in der Tiefe, wenn hohe Stimmen singen. Ausgenommen davon sind die Kadenzen, wo man [in Gegenbewegung] um eine Oktave auseinander gehen und durch diese Verschiedenheit der Tonlage den Schwung der Melodie und den Eindruck der Harmonien verstärken kann.

In welchem Umfange und mit welchem Rechte Grossi von diesen Konzerten als von einer »neuen Erfindung« sprechen durfte, lässt ein kurzer Blick auf gewisse parallele Bestrebungen seiner Zeit erkennen [1]).

»Auf die Bearbeitung in Form eines Continuo-Zusatzes wies Zweierlei in der früheren Kirchenmusik hin. Die Anlage der vielstimmigen und mehrchörigen Vokalsätze erstlich bedingte eine einfach harmonische Komposition, bei welcher von Stimmenverflechtung möglichst abgesehen wurde; und die Mitwirkung eines tonhaltenden Instrumentes, oder mehrerer je nach der Zahl der Chöre, wurde hier bald eine Notwendigkeit. Da war es also eigentlich kein Schritt über das Gebiet hinaus, wenn aus den Singbässen der mehrchörigen Motetten ein Continuo gebildet und mit den nötigen Anweisungen zur Begleitung ausgestattet wurde. Das Zweite, wodurch der Continuo hervorgerufen und direkt vorgebildet wurde, lag an dem entgegengesetzten Ende: in den Sätzen für weniger als vier, d. h. für zwei oder drei Stimmen denn einstimmige Gesänge waren ausser den priesterlichen Intonationen oder den Anfängen der fugierten Motive selbstverständlich nicht vorhanden. In diesen wenigstimmigen Sätzen nun, namentlich in den Duetten, machte sich eine Leere bemerklich, nicht eine kontrapunktische, sondern eine musikalische, und eben diese Stücke waren es, welche wesentlich die Überzeugung verbreiten halfen, dass Einzelempfindungen in der Musik auf andere, ergreifendere Weise ausgedrückt werden sollten.« Diese Überzeugung führte zur Ausbildung der Monodie, des rezitativischen Gesanges und des musikalischen Dramas.

»Peri, Cavaliere, Caccini und die ganze Gruppe der dramatischen Experimentisten vor oder neben Grossi erlangten nicht nur im Gebrauch der Ziffern einen kleinen Vorteil über ihn, sondern auch in der Aufzeichnung der Musik kamen sie durch ihr neues Rezitativ unwillkürlich auf ein Verfahren, welches denn überall da als Muster galt, wo die Ziffern verschmäht wurden. Peri's Rezitativ in „Euridice" ist schon genau so aufgezeichnet, wie alle späteren Rezitative in Opern, Oratorien und Kantaten der beiden nächsten Jahrhunderte: die Singnoten stehen

---

[1]) Diesen Punkt gründlich erörtert zu haben, gehört mit zu den vielen Verdiensten Fr. Chrysander's um die Musikwissenschaft (a. a. O., S. 97). Dadurch rechtfertigt sich zur Genüge die Entnahme des obigen längeren Zitats.

oben, die Bassnoten für die Akkorde des Cembalisten auf einem zweiten System darunter. Das gefiel; es war ebenso einfach als deutlich, weil man daraus leicht entnehmen konnte, ob der Begleiter seine Akkorde in hoher oder tiefer Lage halten musste. Hier war die Singstimme zugleich der Harmonieführer, ein besserer, als die Ziffern über dem blossen Grundbasse es sein konnten.«

»Wir entnehmen hieraus, dass Grossi's Verfahren nur den Impuls gab für den allgemeinen Gebrauch, aber keineswegs im Einzelnen für die Praxis massgebend wurde. Er schrieb nur Kirchenmusik, vermied aber die Ziffern, welche doch hauptsächlich auf diesem Gebiete der Kunst heimisch wurden und auch schon vor ihm im Gebrauch waren. Er komponierte eine ganze Reihe von Gesängen für eine einzelne Stimme, aber er wusste sich dasjenige Hilfsmittel nicht zu Nutze zu machen, welches bereits Peri und seine Genossen auf dem weltlich-dramatischen Gebiete angewandt hatten, den Zusammendruck von Grundbass und leitender Singstimme. Nur in der Hauptsache, in der Zusammenfügung von Continuobass und Singstimme, in dessen Selbständigkeit, Bewegungsfreiheit und innerer Durchbildung übertraf er Alle; und er steht daher mit Recht an der Spitze dieser fruchtreichen Bewegung.«

Die Neuerung Grossi's wurde von eminenter Bedeutung für die Musik der folgenden Jahrhunderte. Es blieb kaum eine musikalische Form kirchlichen oder weltlichen Charakters übrig, die nicht von jener Gebrauch gemacht hätte. Dadurch fiel den Organisten und Klavierspielern eine neue bedeutsame Aufgabe zu. Die Lehre vom Generalbassspiel, wie sie Grossi zuerst anbahnte und Andere, wie Agost. Agazzari, Franc. Bianciardi und Gal. Sabbatini, weiter ausbauten, bildete nunmehr einen wichtigen Teil der musikalischen Unterweisung eines jeden Klavierspielers.

Nach anderer Richtung hin epochemachend in der Geschichte des Klavierspieles wurde nächst Grossi Girolamo **Frescobaldi.**

F. wurde am 9. September 1583 in Ferrara getauft. Frühzeitig scheint man aus ihm ein Wunderkind gemacht zu haben. »Schon als Kind wurde er wegen der schönen Singstimme und der Handfertigkeit beim Spielen für einen Engel ersten Ranges gehalten. Noch Knabe von einigen Jahren, wurde er bereits durch verschiedene der hervorragendsten italienischen Städte geführt, überall wegen seines lieblichen Gesanges, seines bezaubernden Spieles auf allen musikalischen Blas- und Tasteninstrumenten, besonders aber auf dem Klavier und auf der Orgel gerühmt und bewundert.« Danach kam F. in die strenge musikalische Zucht des damals sehr berühmten Luzzasco Luzzaschi, Organisten in Ferrara. Bedeutsam wurde ihm für sein ferneres Leben die Gönnerschaft des Erzbischofs Guido Bentivoglio, eines ebenfalls gebürtigen Ferraresen, der den jungen F. nicht nur in die vornehmsten kirchlichen Kreise Roms einführte, sondern ihn auch 1605 mit nach Flandern nahm, wo er in Antwerpen und Brüssel, also in den Hauptstädten der belgischen Musik, neue Erfahrungen und Kenntnisse sammeln konnte. In Belgien erhielt F., falls sich eine bisher nicht bewiesene Angabe[1]) bestätigt, 1607 sein erstes musikalisches Amt als Organist der Kathedrale in Mecheln. Im November 1608 befand sich F. wieder in Rom, wo er, dank seiner kirchlichen Beziehungen, den angesehenen Posten als Organist von St. Peter an Stelle des pensionierten Ercole Pasquini erhalten hatte. Diesen Posten bekleidete er ununterbrochen bis 1628. Im November dieses Jahres erhielt F. vom Kirchenkapitel die Erlaubnis, Rom zu verlassen, und er begab sich nach Florenz als Hoforganist des Herzogs von Toscana. In seinen Erwartungen, eine bessere Lebensstellung zu finden, getäuscht, kehrte aber F. 1633 zu seinem früheren Amte in Rom wieder zurück und verwaltete es bis zum März 1643. Kurze Zeit danach war er noch Organist an der Pfarrkirche von *S. Lorenzo in montibus;* er starb als solcher am 2. März 1644 und wurde in der Zwölfapostelkirche beigesetzt. Von seiner Virtuosität erzählte man sich Wunderdinge. »Nachdem sich der Ruf von diesem erstaunlich und wunderbar begabten Musiker und mirakulösen Organisten verbreitet hatte, kamen mehr als 30000 Zuhörer [in die Peterskirche], und selbst die alten und berühmtesten Organisten waren erstaunt und nicht Wenige von Neid erfasst«. »Seine so schwierigen Symphonien und geistvollen Toccaten spielte er sogar mit verkehrter Hand, d. h. mit der Handfläche nach oben; so beweglich, geschickt und flink waren seine Hände«. Von F.'s italienischen Schülern waren die Bekanntesten Bart. Grassi, Bern. Roncagli und die Römerin Lucia Coppi, von Deutschen J. J. Froberger, Fr. Tunder, N. Kappeler.

Als Komponist war F. überaus fruchtbar[2]), am meisten für Klavier und Orgel. Von seinen Werken sind hier zu nennen: 1) »*I. libro delle Fantasie à 4 ... In Milano, per l'herede di Simon Tini e Filippo Lomazzo. 1608*«[3]). 2) »*Toccate e Partite d'intavolatura di Cimbalo ... Libro primo. In Roma appresso Nicolo Borboni*« (1614—1616)[4]). 3) »*Recercari, et Canzoni franzese fatte sopra diversi obligi in partitura ... Libro primo. In Roma, appresso Bart. Zannetti. 1615*«[5]). 4) »*Il primo libro di Capricci fatti sopra diversi soggetti et arie in partitura ... In Roma. Appresso Luca Antonio Soldi. 1624*«[6]). 5) »*Il secondo libro di Toccate, Canzone, Versi d'hinni, Magnificat, Gagliarde, Correnti et altre Partite d'intavolatura di Cimbalo et Organo*« [Rom, Borbone, 1627][7]). 6) »*Il primo libro delle Canzoni ad 1. 2. 3 e 4 voci. Accommodate*

---

1) Fétis (Vorbericht zu Farrenc's Frescobaldi-Ausgabe).

2) Frescobaldi's Lebensgang zum ersten Male auf Grund archivalischer und bibliographischer Dokumente aufgehellt und im Zusammenhange dargestellt zu haben, ist das Verdienst F. X. Haberl's (Kirchenmus. Jahrbuch, 1887, Regensburg, Pustet, S. 67 ff.).

3) Exemplar in Bologna (*Lic. mus.*). Eine Kopie dieses Werkes, von Bern. Pasquini in seiner Jugend angefertigt, besitzt die Kgl. Bibliothek zu Berlin.

4) Exemplare in Berlin, Rom, Bologna.

5) Exemplare in Berlin, Paris (*Conservatoire*), Rom (*Capella Giulia*).

6) Exemplare in Berlin, London (*Brit. Mus.*), Paris (*Conserv.*), Bologna (*Lic. commun.*), Rom (*Bibl. Casanat.*).

7) Exemplare in Berlin, Wolfenbüttel.

per sonare con ogni sorte de stromenti ... In Roma appresso Gio. Batt. Robletti. 1628«¹). 7) »*In partitura il primo libro delle Canzoni a 1. 2. 3 e 4 voci. Per sonare con ogni sorte di stromenti. Con dui Toccate in fine ... Date in luce da Bartolomeo* Grassi, *Organista in S. Maria in Acquirio di Roma ... In Roma appresso Paolo Masotti. 1628«²).* 8) »*Fiori Musicali di diverse compositioni, Toccate, Kirie, Canzoni, Capricci, e Recercari in partitura a quattro utili par sonatori ... Opera duodecima. In Venetia, Appresso Aless. Vincenti. 1635«³).* 9) »*Canzoni alla Francese in partitura del Signor Gir, Frescobaldi .. raccolte d'Aless.* Vincenti... *Libro quarto. In Venetia. Appresso Aless. Vincenti. 1645«⁴).* Neben diesem reichen Bestande von Druckwerken spielt die handschriftliche Überlieferung⁵) auch keine geringe Rolle. Dass es zu einer umfassenden Neuausgabe der Instrumentalwerke F.'s, die seiner vielseitigen geschichtlichen Bedeutung würdig wäre, noch nicht gekommen ist, darüber wird man sich hoffentlich nicht zu lange mehr zu beklagen haben⁶).

Für den Druck von F.'s Werken kamen alle Vervielfältigungsarten, wie sie bis dahin in Italien gebräuchlich gewesen waren, in Anwendung: Stimmendruck (6. Werk), Partitur in Typendruck (1., 3., 4., 7., 8., 9. Werk) und Intavolatur in Kupferstich (2., 5. Werk). Als Besonderheit der Notation F.'s ist zu erwähnen, dass er sich sowohl der geschwärzten Noten, wie die Engländer, als auch der ungefüllten Viertel- und Achtelnoten, wie die Franzosen, bedient. Alle mordentartigen Verzierungen sind mit *t* bezeichnet.

Waren wir bisher stets darauf angewiesen, aus vereinzelten Druckwerken oder aus handschriftlichen Quellen uns von den Meistern des Klavierspiels ein ungefähres Totalbild vor Augen zu führen, dem es nur selten zu entnehmen war, welche Züge ererbt und welche für die Individualität charakteristisch seien, so befinden wir uns Frescobaldi gegenüber in einer günstigeren Lage. Selbst wenn man die Neuauflagen seiner Werke bei Seite setzt, bleibt doch eine beträchtliche Anzahl von gedruckten Werken übrig, die sich zudem über den grossen Zeitraum von 1608 bis 1645 verteilen. Sie ermöglichen es dem Historiker, die künst-

---

1) Exemplar in Breslau.
2) Exemplar in Berlin (Gymn. z. Grau. Kloster), Wolfenbüttel, Bologna.
3) Exemplare in Berlin, München, Wolfenbüttel, Wien (Minoriten), Bologna, Ferrara. J. S. Bach besass eine Kopie des Werkes (Berlin, Institut f. Kirchenmusik).
4) Exemplare in Berlin, Ferrara.
5) Berlin, München, Wien, Paris, Rom, London.
6) Neuausgaben sind vereinzelt zu finden bei Clementi (*Selection of Practical harmony*, London p. J., Bd. II), Farrenc (*Trésor des pianistes*, Bd. II), A. Méreaux (*Les Clavecinistes*, Paris ca. 1867, Bd. I), E. Pauer (Alte Klaviermusik, Leipzig, Senff), R. Schlecht (Gesch. d. Kirchenmusik, Regensburg 1871), Commer (Sammlung d. best. Meisterwerke f. d. Orgel), Weitzmann (Gesch. d. Klaviersp. 2. Aufl.), J. B. Litzau (1. Buch der Capricci bei Alsbach in Rotterdam), Ritter (a. a. O., II, S. 24 ff.), J. S. Shedlock (*Three pieces for the harpsichord by G. Frescobaldi, J. J. Froberger, J. C. Kerl*; London, Novello, Ewer & Co.). Am reichhaltigsten und nach den Quellen ediert ist F. X. Haberl's Edition (Sammlung von Orgelsätzen aus den gedruckten Werken F.'s, Leipzig, Breitkopf & Härtel, 1889).

lerische Persönlichkeit ihres Schöpfers in ihren Entwickelungsphasen zu beobachten, zu sehen, wie sie sich immer entschiedener und bewusster über ihre geschichtlichen Vorbedingungen emporhebt, um schliesslich ihre Eigenart als einen Grundpfeiler für die Kunstpraxis der kommenden Zeit aufzurichten. Wir dürfen von dieser Möglichkeit auch hier ausgiebigen Gebrauch machen.

Das erste Buch von Frescobaldi's *Fantasie* (1608) giebt uns zunächst einen genaueren Aufschluss über die Richtung und den Höhegrad seines formalen Könnens, bevor er nach Flandern ging; denn die meisten Stücke hatte er, wie er selbst bekennt, schon vordem in Privatzirkeln Roms zu Gehör gebracht. Die kurze Analyse der dritten Fantasie möge dem Leser als Anschauungsmaterial dienen. Das Stück beginnt mit dem Thema

das jedoch bei den verschiedenen Einsätzen durchaus nicht immer real beantwortet wird, sondern hier eine Ausweitung der Intervallschritte, dort eine verschiedene rhythmische Betonung erfährt, sich also in seiner melodischen Fassung vollkommen den Absichten des Komponisten unterordnet. Nach einer Kadenz in der Nebentonart wechselt der Takt, und das Thema erscheint nun in folgender Gestalt

die aber wiederum nicht konsequent, sondern nur im Allgemeinen beibehalten wird. Durch einen Abschluss in der Haupttonart davon getrennt, folgt ein neuer Abschnitt, der zunächst zwei durch Verkürzung aus dem Hauptthema entstandene Gedanken

gegen einander und danach die drei Anfangsnoten des Themas in vierfacher Verlängerung

bearbeitet, die nach einander in allen vier Stimmen erscheinen, begleitet von vielfach wechselnden, motivisch aus dem Thema gebildeten Kontrapunkten. Die hierbei aufgezeigten Formenelemente: die freie, nicht intervallgetreue Beantwortung des Themas, seine Umbildung durch rhythmische Verschiebung, Taktwechsel, Verkürzung, Verlängerung und Umkehrung, das Verflechten derartig verschiedener Themafassungen in einander — diese Elemente kehren in allen übrigen Stücken gleichermassen wieder.

Die Grundlage dieser Form hatten bereits die Meister der venetianischen Schule geschaffen;[1] auf ihr fusst auch Frescobaldi, erweitert sie jedoch nicht unbeträchtlich. Von der Möglichkeit, das Thema in seiner Vieldeutigkeit auszunutzen, machten die Alten einen nur sparsamen Gebrauch. Frescobaldi dagegen kann sich nicht genug thun im stetigen Umformen der melodischen Gestalt des Themas, im Aufsuchen aller nur erfindlichen Verkleidungen. Was ferner Jene nur an einem Thema ausführten, das nimmt Frescobaldi, weiter schreitend, an zwei, drei und vier Themen vor und trägt also auch seinerseits dazu bei, die Grenzen zwischen dem Ricercar und der Fantasie, die selbst in Italien längst nicht mehr fest standen, hinweg zu räumen. So sind denn eigentlich Fantasien nur die ersten drei Stücke, in denen ein einziges Thema den Kern bildet (*sopra un soggetto solo*); alle übrigen müssten Ricercari heissen, und sie wären Gio. Gabrieli'scher Art, wenn ihnen nicht neben der Themenmehrheit noch die Wandlungsfähigkeit der Motive das Gepräge gäbe.

Allein in diesem Jugendwerk Frescobaldi's kommt sein Verhältnis zur venetianischen Schule auch in thematischen Anlehnungen zum Vorschein. Ein Fall ist oben[2] schon erwähnt. Eine zweite Parallele besteht zwischen Gio. Gabrieli's Ricercarthema[3]).

und Frescobaldi's zweiter Fantasie:

In Frescobaldi's späteren Werken dagegen hat sich auf Grund des vorliegenden Materials keine derartige Anlehnung nachweisen lassen. Bedenken wir, dass das Aufgreifen fremden thematischen Guts sowohl vor wie nach Frescobaldi von Niemandem als anstössig betrachtet wurde, so muss Frescobaldi's Gedankenselbständigkeit als Merkmal seiner Persönlichkeit besonders auf-

---

[1]) Siehe oben S. 33 f., 35, 40, 43 f.
[2]) S. 35.
[3]) Das Stück ist aus *Ms.* 191 (Berlin) bei Ritter (a. a. O., II, S. 18) abgedruckt.

fallen. Zu erwähnen ist noch endlich, dass zwei Fantasien Frescobaldi's
(Nr. 6, 12) ein Thema bearbeiten —

das sich die Deutschen J..Ulr. Steiglede r und J. Klemme[1]) zum Vorbild
genommen zu haben scheinen.

Welcher Art die Anregungen waren, die auf den jugendlichen
Frescobaldi, während er in Flandern lebte, einwirkten, ist aus dem
ersten Buch seiner *Toccate e Partite* (1614—1616), die nach dieser
Zeit in der Heimat entstanden sind, deutlich zu ersehen. An der
Behandlung der Toccaten zunächst kann man Frescobaldi als
direkten Fortsetzer der venetianischen Kunstrichtung erkennen.
Die einzelnen Formenelemente, Fugen, freiere Imitationen, glänzendes Laufwerk und breite Akkordfolgen, die bei den Gabrieli's
unvermittelt einander gegenüberstanden, bei Merulo[2]) sodann
ihre starre Abgeschlossenheit abstreiften, um in lebendige Wechselbeziehungen zu treten, — sie haben in Frescobaldi's Toccaten
den Prozess gegenseitigen Durchdringens völlig zu Ende geführt.
Mit einigen rauschenden Akkorden beginnen die Toccaten. Bald
hier, bald dort flechten sich dann aber kleine charakteristische
Figuren ein, die in allen Stimmlagen auftauchen und ihr phantastisches Spiel treiben. bis ein neues Motiv alles Dagewesene
davonspült und sich seinerseits eine Weile behauptet. Da sucht
man vergeblich nach vorwiegend passaggierten oder fugierten
Abschnitten, aus deren Folge sich eine gewisse Architektonik der
Form ergäbe; alle Ausdrucksmittel erscheinen vielmehr bunt
durcheinander gemengt. Die Toccaten strömen dahin, als seien
sie unmittelbare Ergüsse der Phantasie des Spielers, dem es nur
auf die glanzvolle Entfaltung der mannigfaltigen instrumentalen
Klangwirkungen und auf die Bethätigung seines virtuosen Könnens
ankäme[3]). Aber nicht allein die phantastische Ungezwungenheit
des Toccatencharakters hat Frescobaldi über Merulo hinaus zur
Vollendung gebracht; auch der innere Aufbau der musikalischen
Form hat aus seinen Händen ein neuartiges Wesen empfangen.
Merulo's Streben, die einzelnen Gedankenmotive der Toccata in
gewisser Weise aus einander zu entwickeln, sei es durch Um-

---

[1]) Siehe oben S. 106.
[2]) Siehe oben S. 40 f.
[3]) Denselben Eindruck empfing auch der Franzose André Maugars
von Frescobaldi's Toccaten. In einem Briefe von 1639 schrieb er: »Obwohl seine gedruckten Werke hinreichend Zeugnis für seine Tüchtigkeit
geben, so muss man doch, um über sein tiefes Wissen urteilen zu können,
seine improvisierten Toccaten, voll von Feinheiten und bewunderungswür-
digen Erfindungen, hören.«

bildung oder durch eine eigene Art des Verkettens, hat Frescobaldi zum Prinzip erhoben und konsequent durchgeführt. Während Merulo noch häufig in der Koloristen Art Diminutionen anwendet, ohne sie als instrumentales Motiv auszubeuten, steht bei Frescobaldi keine Figur zweck- und nutzlos da; alles ist vielmehr motivisch verwertet und ausgemünzt, deshalb also auch innerlich notwendig und unentbehrlich, so zwanglos und selbstverständlich sich auch Eins aus dem Andern zu ergeben scheint.

Wenn schon die motivische Schreibweise Frescobaldi's gerade dasjenige war, was Merulo's Toccaten noch fehlte, also das Ziel, das ihnen zu erreichen blieb, so ergab sie sich doch nicht unmittelbar aus ihnen für Frescobaldi. Diese neue musikalische Denk- und Anschauungsweise, die, wie wir wissen, eine Errungenschaft der englischen Viriginalmusik war, machte er sich erst in den Niederlanden zu eigen. Den Beweis dafür liefert der weitere Inhalt des genannten Werkes. Tänze, wie es Frescobaldi's Ballette und Correnten sind, braucht man nur neben die gleichbenannten Stücke Cornet's und Bodenstein's zu setzen, um an ihrem Formencharakter und an der klaviermässigen Sorglosigkeit gegen die Regeln strenger Polyphonie die Familienähnlichkeit zu konstatieren. Nebenbei sei noch bemerkt, dass Frescobaldi Ballett, Corrente und Passacagli mehrmals in denselben melodischen Zusammenhang bringt, der früher zwischen dem Tanz und Nachtanz, der Pavana und einer Gagliarda u. s. w. bestanden hat. Am sichtbarsten sind aber die Spuren der niederländischen Schule in den grösseren Variationsreihen Frescobaldi's über Volkslieder oder sonst bekannte Melodien. Aus ihrer Bezeichnung — sie heissen *Partite* und ihre einzelnen Abschnitte *Prima, seconda* &c. *parte* — gehen zwar diese Beziehungen nicht hervor, umso mehr aber aus ihrer musikalischen Faktur. Alle die Merkmale, die einzig der englisch-niederländischen Variationstechnik anhafteten, kommen auch in Frescobaldi's Variationen unverwischt zum Vorschein, mag man auf die Gruppierung der einzelnen Glieder innerhalb des Ganzen, auf den frei-polyphonen Kompositionsstil oder auf die Art sehen, wie Melodie und Grundharmonie trotz aller Veränderungen immer erkennbar hindurchklingen. Auch die *Capricci*, die das Werk beschliessen, sind nur dem Namen nach italienisch; ihr musikalisches Wesen ist dagegen aus den englischen *Grounds*[1]) abzuleiten. Wie diese sind auch jene variationenartige Gebilde über kurze Motive.

Hinsichtlich der Unterscheidung von Orgel- und Klaviermusik

---

1) Siehe oben S. 62 f.

steht Frescobaldi auf demselben Standpunkt wie seine italienischen Vorgänger. Fallen die Tänze und Variationen selbstverständlich dem Klaviere zu, so ist die Bestimmung der Toccaten eine doppelte. Nur einmal, im *Capriccio pastorale*, schreibt Frescobaldi das Pedal vor; jedoch spielt es hier keine obligate Rolle, sondern dient nur dazu, gelegentlich einige tiefe Töne lange auszuhalten.

Was nun aber dies erste Werk Frescobaldi's zu einem geschichtlichen Denkmal von hoher Wichtigkeit macht, das ist eine Reihe von Bemerkungen, die er dem Spieler zur Beachtung empfiehlt und die so eingehend das Detail der Vortragskunst behandeln, wie es vordem noch nicht geschehen war. Der Vortrag seiner Stücke — so sagt Frescobaldi — erfordert eine Art zu spielen, die man nicht dem strengen Takte unterwerfen darf, sondern die man frei auffassen muss. Wie das zu geschehen hat, dafür verweist er auf die modernen Madrigale seiner Zeit. So schwierig diese auch sind, so leicht wird jedoch ihr Vortrag, wenn man gemäss dem Sinn und Ausdruck der Textworte den Takt bald verlangsamt, bald beschleunigt oder ihn zuweilen stark zurückhält. In ähnlicher Weise muss sich der Spieler nach den ausdrucksvollen Stellen seiner Stücke richten, nach den Passagen und Auszierungen. Wo diese häufig auftreten, wird, damit sie geschmackvoll gespielt werden können, ein breiteres Tempo angebracht sein; wo sie fehlen, kann man es jedoch nach Belieben schneller nehmen[1]). In den Toccaten habe er nicht allein darauf sein besonderes Augenmerk gerichtet, sie mit Verzierungen und mit Motiven reich auszustatten, sondern auch darauf, dass der Spieler genügend Kadenzen vorfinde, um die Motive und die Abschnitte, in denen sie behandelt seien, von einander trennen und aufhören zu können, wann es ihm beliebt, ohne bis zu Ende durchspielen zu müssen. Die Anfangsakkorde der Toccaten sollen *adagio* und *arpeggiando* vorgetragen werden;[2]) präziser Akkord-

---

[1]) Demgemäss wäre die 12. Toccata, in der Akkorde mit Bindungen vorherrschen, schneller zu spielen als die übrigen 11.

[2]) Die 1. Toccata muss also so begonnen werden:

Auch die folgenden Beispiele sind der 1. Toccata entnommen.

anschlag ist dagegen in der Mitte der Stücke und, wenn Bindungen sich durch die Akkorde hinziehen, notwendig, damit das Instrument nicht hohl klingt. Um zu verhindern, dass eine Verzierung in die andere übergeht, rät Frescobaldi, die letzte Note eines *trillo*, *salto* und *grado* zu Achteln oder Sechzehnteln zu dehnen, sie jedenfalls in der Geltung von der folgenden Note zu unterscheiden[1]). Wenn die eine Hand einen Triller, die andere dagegen gleichzeitig eine Passage auszuführen hat, so kommt es dabei nicht auf eine genaue Verteilung der Töne beider Hände gegen einander an, sondern darauf, dass der Triller überhaupt nur schnell erfolge, die Passage aber ohne Hast mit melodischem Ausdrucke vorgetragen werde. Gänge von Achteln gegen Sechzehntel dürfen nicht zu schnell gespielt werden; dabei ist dann immer das zweite Sechzehntel etwas zu punktieren[2]). Haben beide Hände Sechzehntelpassagen auszuführen, so wird man die Schnelligkeit der Hände ins beste Licht rücken, indem man die letztvorhergehende Note ein wenig verzögert und dann mit raschem Schwunge die Passage folgen lässt. Kadenzen endlich, selbst

wenn sie in schnellen Noten geschrieben sind, müssen, je näher man der Schlussnote rückt, mehr und mehr ritardiert werden[1]).

Frescobaldi's nächstes Werk, *Recercari et Canzoni francese* (1615), beleuchtet sein Verhältnis zur älteren heimatlichen Kunst von einem anderen Punkte aus. Die fugierten Formen der venetianischen Schule: das ursprüngliche Ricercar, in jedem neuen Abschnitt auch ein neues Thema behandelnd[2]), das Gio. Gabrieli'sche Ricercar mit seiner gleichzeitigen Durchführung mehrerer Themen[3]), die Fantasie, in der ein Thema sich rhythmisch mannigfaltig verändert und in der wechselnde kontrapunktische Nebengedanken es begleiten[4]), — diese Formen, als Ricercari bezeichnet, hat auch Frescobaldi sich zu eigen gemacht. Aber dabei blieb er nicht stehen. Der Fantasie giebt er ein ganz neues Gepräge dadurch, dass er das Thema wie einen *cantus firmus* stets nur in einer und derselben Stimmlage erklingen lässt[5]). Das ältere und neuere Ricercar kombiniert er, indem er zum Thema des neuen Abschnittes noch das des vorhergehenden beigesellt, und so fort, bis schliesslich drei Themata einander gegenüber stehen[6]). Ein anderes Mal[7]) beginnen zwei Stimmen; in freikanonischem Satze tragen sie drei melodische Gedanken vor. Alsdann werden diese als Themen nacheinander für sich vier-

2) Nr. 2 und 8 der Ricercari. Letzteres vermeidet übrigens durchgehends alle Sekundenschritte (*obligo di non uscir mai di grado*).
3) Nr. 1 und 9.
4) Nr. 4.
5) Nr. 6, 7 und 10.
6) Nr. 3.
7) Nr. 5.

stimmig fugiert und am Schluss alle drei vereinigt. Mit dem hellen Blick eines weiterschauenden Geistes — so sieht man — erfasste Frescobaldi auch hier die Möglichkeiten kunstvolleren Gestaltens und Ausbauens.

Den Bau der *Canzoni francese*, die den Schluss des Werkes bilden, müssen wir erst an einem Beispiel (Nr. 3) erläutern. Nach der schlichten Durchführung des Hauptthemas im ersten Satz

gesellt sich im zweiten Satz zum umgebildeten ersten Thema noch ein neues:

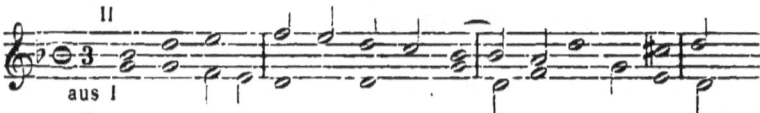

Der folgende, wieder in geradem Takte stehende Satz benutzt beide Themen in neuer motivischer Umgestaltung:

Das Motiv des nächsten, in ungeradem Takt stehenden Satzes

ist durch umgekehrte Bewegung aus dem zweiten Thema entstanden. Der Schlusssatz endlich nimmt noch einmal mit beiden eine motivische Umformung

und eine gemeinsame Durchführung der so gewonnenen drei Melodien vor.

Die formalen Grundzüge zu der veranschaulichten Form
konnte Frescobaldi ebenfalls älteren Vorbildern, Gio. Gabrieli's
Instrumentalcanzonen entlehnen[1]). In der Art und Weise jedoch,
wie Frescobaldi deren Formengerippe mit musikalischem Fleisch
und Blut umgiebt, offenbart sich die bedeutsame Eigenart seiner
künstlerischen Individualität. Die Gabrieli'schen Canzonen waren
hinsichtlich der Zahl ihrer Satzglieder nicht gebunden; Frescobaldi
normiert sie dagegen auf fünf derartig, dass die beiden Sätze
ungeraden Taktes die drei geraden Taktes von einander trennen
— nur in einem Falle (Nr. 5) lässt er es bei drei Sätzen bewenden. Worin Frescobaldi seinen Vorgänger übertrifft, ist also zunächst die von ihm erzielte grössere Abrundung und Übersichtlichkeit der Form. Die Gegensätzlichkeit der einzelnen Glieder
beruhte ferner bei Gabrieli im Wesentlichen auf der Verschiedenheit des Taktmasses; Frescobaldi erhöht sie, indem er die von
Jenem nur gelegentlich angewendete motivische Einheitlichkeit der
Themen als neues Prinzip durchführt. Dadurch ist mit einem
Schlage der musikalische Zweck der Form ein anderer geworden
Gabrieli's Stücke dienten allerhand festlichen Gelegenheiten kirchlicher und weltlicher Art; sie bedurften jenes einigenden thematischen Bandes weniger, da es bei ihnen auf effekt- und kontrast-
reiche Instrumentalwirkungen abgesehen war. Da diese äussere
Bestimmung beim Übertritt der Form zur Orgel- und Klavierlitteratur
wegfiel, musste ihr Zweck ein rein musikalischer werden. Fres-
cobaldi ist es nun, soweit sich dies nach dem vorliegenden
Materiale beurteilen lässt, der der Canzone ihre neue Bestimmung
vorschreibt. Sie erscheint bei ihm als Trägerin einer Abart von
Fugenkomposition, die sich vorher weder im Ricercar noch in der
Fantasie zu voller Ausdehnung hatte entfalten können. Diese
Umprägung der Form hat Frescobaldi mit einer Sicherheit und
Konsequenz vollzogen, dass nichts als ihr Name noch an ihren
frühesten Urgrund der *Canzona alla francese* erinnert.

In dem ersten Buch der *Capricci* (1624) brachte Frescobaldi
wiederum eine neue Formengattung zur Reife. Des Namens Capriccio bedient er sich freilich nicht zum ersten Male; bereits
im ersten Toccatenbuch gab er ihn Gebilden variationenhaften
Charakters. Hier deckt jedoch der Name eine Form von ganz
anderem Wesen als dort. Den besten Ausgangspunkt, das Verständnis dafür aus dem Werke selbst zu erschliessen, bietet das
Capriccio sopra un sogetto (Nr. 11). Das Stück beginnt mit dem
Fugenthema:

---

[1]) Siehe oben S. 99 f.

— dies wird aber nicht in normaler Einfachheit durchgeführt, sondern erfährt bald leichte Änderungen des Schlussfalles. Der Eindruck der Zwanglosigkeit erhöht sich durch das Auftauchen von Kontrapunkten, die, dem Thema entsprungen, rhythmisch keinen schroffen Gegensatz zu diesem bilden. Nun folgen weitere sechs, immer durch volle Kadenzen von einander getrennte Abschnitte über jedesmal neue Umbildungen des Anfangsthemas. Der zweite Abschnitt wechselt gleichzeitig den Takt:

Der dritte Abschnitt gesellt dem Hauptthema einen Nebengedanken zu, der motivisch durch den Schluss des zweiten Abschnitts vorbereitet ist:

Im vierten Abschnitt treten zwei Umbildungen des Themas zusammen; eine von ihnen erscheint dazu noch in umgekehrter Bewegung:

Der fünfte Abschnitt weicht noch einmal vom geraden Takte ab —

---

[1]) Diese Fassung des Hauptthemas hat Frescobaldi bereits in der 5. Canzona (dreisätzig) des vorigen Werkes bearbeitet.

der vom sechsten aber wieder aufgenommen wird:

Im siebenten Abschnitt taucht als Reminiszenz das Motiv des vierten auf, diesmal von drei neuen Gegenmelodien begleitet:

Die nahe musikalische Verwandtschaft dieses Capriccio mit den Canzonen des vorigen Werkes liegt auf der Hand. Nur in zwei Punkten verlässt das Capriccio die Canzonenform: es bindet sich weder an den regelmässigen Wechsel von geradem und ungeradem Takt, noch an die Fünfzahl der Satzglieder, sondern sichert sich nach beiden Seiten hin Bewegungsfreiheit. Dieselbe Beobachtung kann man bei allen übrigen Capricci ebenfalls machen. Den Grund, warum sich Frescobaldi dieser letzten formalen Fessel, die doch, wie wir sahen, eine wohlgegliederte Struktur gewährleistete, entledigt haben mag, wird man in der künstlerischen Idee erblicken dürfen, die Frescobaldi zur Komposition der *Capricci* angeregt hat. Mit jedem Stück verbindet er nämlich den Zweck, irgend ein reizvolles, bizarres Problem in eigenartiger, fesselnder Weise zu lösen. So finden sich im *Capriccio cromatico con ligature al contrario* (Nr. 8) chromatische Motive mit aufsteigender Auflösung aller dabei vorkommenden Bindungen — eine damals unerhörte Kühnheit. Im *Capriccio di durezze*[1]) (Nr. 9) vergeht kein Takt, der nicht einen Vorhalt brächte. Bei einem andern Capriccio (Nr. 11) macht Frescobaldi es möglich, dass zu dem vierstimmigen Satz an gewissen Stellen noch eine fünfte Stimme, das Hauptmotiv singend, hinzutreten kann. In den übrigen Capricci bilden nicht satztechnische Dinge, sondern die vielseitige Verwendbarkeit bekannter musikalischer Motive, wie die Tonreihe des Hexachords, auf- wie absteigend, oder der Kuckucksruf, das Problem des ganzen Stückes. Der problematische

---

1) *durezza* bedeutet nicht harmonische Härte, sondern zeitliche Dauer, musikalisch also Bindung, Vorhalt von Dissonanzen.

Charakter der Capricci bedingte also, wie man nun wohl begreift, zunächst ein Aufgeben der Fünfteiligkeit der Canzona, denn gerade sie legte der nach ungehinderter Entfaltung strebenden Phantasie des Komponisten Zaum und Zügel an. Konnte die Satzzahl aber beliebig bis zum Doppelten steigen, dann musste auch der gleichmässige Taktwechsel als ein pedantisches, stereotypes Formenelement ausser Geltung gesetzt werden. Wo er benutzt wurde, da sollte er nicht erwartet sein, sondern überraschend kommen und erfrischend wirken.

Den *Capricci*, deren Ausführung auf der Orgel oder auf dem Klavier dem Spieler anheimgestellt ist, hat Frescobaldi wiederum einige Bemerkungen über ihre Vortragsweise mit auf den Weg gegeben, die in einigen Punkten die früher mitgeteilten ergänzen. Modern ausgedrückt, besagen diese Bemerkungen Folgendes. Die *Capricci* sind nicht in so leichtem Stil geschrieben, wie die Ricercari. Ihre Hauptschwierigkeit besteht darin, dass der musikalische Sinn und Zweck eines jeden Abschnittes richtig erkannt werden und durch den Vortrag angemessen zum Ausdruck gelangen muss, dass ferner der Spieler der musikalischen Steigerung der Abschnitte folgt und, den Blick aufs Ganze gerichtet, jedem Satzgliede zu seiner Wirkung verhilft. Wer über diese Schwierigkeit nicht hinwegkommen sollte, dem wird geraten, die Stücke einmal erst von Anfang bis zu Ende durchzugehen und dann denjenigen Abschnitt genau zu studieren, der ihm zunächst am meisten zusage. Hat er sich bei diesem die Absicht des Autors und den musikalischen Ausdruck des Passus klar gemacht, so mag er von hier aus an die übrigen Teile herangehen und versuchen, sie alle in ein abgetöntes Verhältnis zu einander zu setzen. Im Einzelnen sind folgende Grundsätze zu befolgen. Der Anfang der Abschnitte sei *adagio* vorgetragen, weiterschreitend entwickele man nach und nach mehr Schwung und Feuer. Die Schlusskadenzen müssen geraume Zeit ausgehalten werden, bevor man mit dem nächsten Abschnitte beginnt. Die Sätze in ungeradem Takt sind verschieden im Tempo zu nehmen: langsam, wenn die Noten grösser sind, schneller, je nachdem sie kleiner sind, noch schneller, wenn drei Viertelnoten den Takt bilden, *allegro* be $6/4$ Takt[1]). Bei einigen Zeitwerten ist es ratsam, sie *arpeggiando*

---

[1]) Das äussere Bild der verschiedenen Fälle sieht so aus:

zurückzuhalten, damit der Anfang des nächsten Abschnitts umso energischer anhebt[1]).

Hielten die bisher besprochenen Werke Frescobaldi's eine gleichmässig aufsteigende Linie der Entwickelung inne, so tritt nun mit dem zweiten Buch der Toccaten (1627) ein auffallender Umschwung ein. Die Gemeinschaft von Orgel und Klavier hinsichtlich ihres Litteraturbedarfs besteht jetzt nicht mehr in dem früheren Umfange. Von den elf Toccaten, die auch dies Buch einleiten, sind vier zum Vortrag auf der Orgel bestimmt; bei zweien von ihnen ist die Benutzung des Orgelpedals, das tiefe Basstöne auszuhalten hat, ein wesentliches Erfordernis, den andern beiden ist eine bestimmte Stelle während der Messe zugewiesen[2]). Weiterhin folgen mehrere *Hinni* und *Magnificat*, ausgesprochen kirchlichen Zwecken dienend.

Aber selbst die Formen, die für das Klavier übrig bleiben, der Rest der Toccaten, die Canzonen, die Liedvariationen und Tänze, haben gegen früher teilweise ein verändertes Aussehen gewonnen. Der phantastische Zug momentaner Improvisation, der schon den Toccaten des ersten Buchs ihr charakteristisches Gepräge gab, tritt hier noch schärfer hervor; durch häufigen Taktwechsel, das bei den Canzonen und Capricci als wirksam erprobte Ausdrucksmittel, erhalten die Tonstücke immer von neuem den Anstoss, in Bewegung und Fluss zu bleiben. Ein neues, geschichtlich bedeutungsvolles Moment kommt auch bei den Variations-

2) Nr. 3 und 4 tragen den Zusatz: *per l'organo da sonarsi alla levatione*, Nr. 5 und 6: *sopra i pedali per l'organo, e senza*.

reihen zur Erscheinung. In der englisch-niederländischen Klaviermusik, der ja Frescobaldi seine Variationstechnik verdankte, war es beliebt, der ganzen Kette von Variationen einzelne Glieder einzufügen, deren Takt einmal eine Abwechselung bot. Frescobaldi hat davon auch Gebrauch gemacht. Hier thut er nun aber noch ein Übriges: er gestaltet die im Takt abweichenden Variationen derartig, dass sie dem Typus gewisser Tanzformen gleichkommen. So kann er denn z. B. die dritte Variation der *Aria detta la Frescobalda* als Gagliarda und die fünfte als Corrente bezeichnen. Diese eigenartige Verbindung von Variation und Tanz, der wir hier zum ersten Male begegnen, sollte für den inneren Ausbau der Klaviersuite von Wichtigkeit werden. Eine grosse Veränderung ist sodann mit den Canzonen vor sich gegangen: eine allmähliche Reduktion der Satzzahl, Schritt für Schritt erkennbar. Von den sechs Stücken dieser Gattung haben zwei[1]) die bekannte fünfgliedrige Gestalt; bei der zweiten von ihnen findet jedoch ein Wechsel nicht zwischen geradem und ungeradem Takt, sondern zwischen lauter ungeraden Taktarten statt. Zwei andere Canzonen[2]) sind viersätzig, die erste durch einfache Verkürzung um den Schlussteil in geradem Takt; die zweite wechselt wiederum nur unter ungeraden Taktarten ab. Die beiden übrig bleibenden Canzonen[3]) bringen es nur auf drei Satzglieder, die sich jedoch in origineller Weise mit einander verknüpfen. Der Übergang zum Mittelsatz ungeraden Taktes und die Rückkehr zum Schlusssatz wieder geraden Taktes erfolgen nicht in strenger Stimmenführung und durch volle Kadenzen, sondern in toccatenhaften, freizügigen Wendungen, die, *adagio* vorgetragen, den Eintritt des belebteren folgenden Abschnittes überraschend und erfrischend wirken lassen. Die motivische Umbildung des Hauptthemas, das erste Formenelement der Canzona, ist natürlich beibehalten. In dieser noch übersichtlicheren Konzentration der Form ist nun, wie wir schon einige Male bemerken konnten[4]), die Canzona von den späteren Komponisten weiter gepflegt worden. Nicht unerwähnt darf schliesslich eine geschichtliche Kuriosität dieses Buches bleiben: eine koloristische (*passaggiato*) Transskription von Archadelt's Madrigal *Ancidetemi pur*. Ihr kommt dieselbe Bedeutung zu, wie den gleichartigen Stücken zeitgenössischer deutscher Organisten[5]).

---

1) Nr. 3 und 5.
2) Nr. 4 und 6.
3) Nr. 1 und 2.
4) Siehe oben S. 99, 118.
5) Siehe oben S. 117.

Das folgende Werk Frescobaldi's, Canzonen für 1, 2, 3 und 4 Instrumente (1628), wird nur deshalb hier kurz genannt, weil sein Schüler Bart. Grassi das Werk im selben Jahre nochmal, aber aus den Stimmen in eine Partitur gebracht, im Druck erscheinen liess. Die alte Sitte der Klavierspieler, andere Gebiete der musikalischen Litteratur sich durch Intavolatur zugänglich zu machen, hat also zu Frescobaldi's Zeiten noch nicht zu bestehen aufgehört; das *per sonare con ogni sorte di stromenti* gilt auch für Orgel und Klavier.

Die neue Richtung, die Frescobaldi mit dem zweiten Buch der Toccaten einschlug, hat er nun in seinem letzten Werk, den *Fiori musicali* (1635), bis zu Ende verfolgt — zwar nicht noch Seiten der spezifischen Orgeltechnik hin, da das Pedal keine obligate Behandlung, ja sogar keine Erwähnung und Berücksichtigung erfährt, wohl aber hinsichtlich der Stellungnahme des musikalischen Inhaltes. Alle Formen, die wir soeben eingehender betrachtet haben, kehren mit ihren Eigentümlichkeiten in Komposition und Spieltechnik darin wieder: Fantasien, Toccaten, Ricercari, Canzonen, Capricci, Bearbeitungen Gregorianischer Kirchenmelodien; aber keine von ihnen hat eine weltliche Bestimmung mehr, sie sollen vielmehr ausdrücklich nur den Zwecken der Organisten nützen und zwar bei gottesdienstlichen Gelegenheiten, die Frescobaldi in jeder Überschrift genau bezeichnet. In seinem letzten Werke erreicht also Frescobaldi den geschichtlichen Wendepunkt, von dem aus fortan Orgel- und Klavierlitteratur getrennt weiter gehen, und über den hinaus wir die Entwickelung der Formen für den Gebrauch der Kirchenorgel nicht mehr verfolgen können.

Ein Heft nachgelassener *Canzoni alla francese* Frescobaldi's das Al. Vincenti zum Druck brachte (1645), ergänzt die vorliegende entwickelungsgeschichtliche Skizze in keinem wesentlichen Punkte. Mit Ausnahme eines Stückes[1], das formell ein Ricercar ist, gehören diese Canzonen derselben Periode an, in der die Canzonen des zweiten Toccatenbuchs entstanden; den Beweis dafür bringen die vielen toccatenhaften Kadenzeinschiebsel. Es sind Versuche Frescobaldi's, von der zuerst festgestellten, fünfsätzigen Form loszukommen, Versuche, bei denen man die abgerundete, symmetrisch gegliederte Struktur der fünf- oder dreisätzigen Canzonen, wie sie Frescobaldi in seinen eigenen Drucken von sich gegeben hatte, vergeblich sucht, die er also, wie man daraus schliessen darf, mit gutem Bedacht der Welt vorenthalten hatte. Dass Vincenti diesem Beispiel nicht auch gefolgt ist, wird

---

[1] Nr. 3.

man ihm heute um so weniger verübeln wollen, weil er uns dadurch Gelegenheit geboten hat, einen noch intimeren Einblick in die geistige Werkstatt Frescobaldi's zu gewinnen [1]).

Es ist einmal [2]) gesagt worden, dass Frescobaldi »auf dem G fsepunkt einer längeren, zu ihm allmählich aufsteigenden eihe von vaterländischen und anerkannten Künstlern stand, durch die er zwar gefördert, nicht aber in seinem Künstlersein bedingt wurde«. Diese Meinung wird jedoch nicht teilen können, wer aus der vorliegenden Darstellung seine Schlüsse zu ziehen geneigt ist. Von den beiden Entwickelungsstadien, die wir Frescobaldi durchlaufen sahen, ist uns das erste, von 1608 bis 1624 reichend, in seiner Richtung als durch die ältere Kunst Italiens und der Niederlande wesentlich beeinflusst erschienen. Was wäre denn geschichtlich auch natürlicher gewesen? Der junge Italiener, auf der Höhe der venetianischen Kunst stehend, konnte sich doch, als er in den Niederlanden weilte, vor den Errungenschaften, deren man sich hier rühmte, nicht die Augen verschliessen; er musste ja am besten sehen und fühlen, worin das formensichere Italien hinter den Niederlanden noch zurückstand, in der Variationskunst und in der motivischen Satztechnik. Aus dieser Erkenntnis heraus entstanden Zug um Zug die ersten Werke, mit denen Frescobaldi in die Öffentlichkeit trat: seine Fantasien, Toccaten und Klaviervariationen, denen die Ricercari, Canzonen und Capricci folgten. In zielbewusster Arbeit vollzog er die Verschmelzung der beiden vornehmsten divergierenden Kunstbestrebungen seiner Zeit und damit zugleich die Weiterführung und Vertiefung der heimatlichen Musik und erfüllte so eine geschichtliche Mission, wie sie ähnlich Sweelinck für die Niederlande und seinen Schülern, Scheidt voran, für Deutschland zugefallen war. Mit dieser ersten Periode von Frescobaldi's künstlerischem Wirken hängt die zweite, sich über sein ferneres Leben hin erstreckende aufs Engste zusammen. Was er in seinen Jünglings- und kräftigsten Mannesjahren an Virtuosität der Spieltechnik, an scharfsinniger Umgestaltung der Formen und an glänzender Verfeinerung der musikalischen Ausdrucksweise aus seiner eigenartigen historischen Stellung heraus errungen hatte, das fiel nun als reife Frucht der kirchlichen Kunst des Orgelspiels zu, genau, wie es bei Scheidt der Fall war. Auch Frescobaldi war demnach nicht als Meister vom Himmel gefallen; aus seiner Zeit heraus

---

1) Fünfteilig sind Nr. 2, 8, 9, 11, sechsteilig Nr. 5, siebenteilig Nr. 4; vierteilig Nr. 1, 6, 7, dreiteilig (ohne Taktwechsel) Nr. 10.
2) Ritter (a. a. O., I, S. 207).

hatte er sich über sie erhoben, so ist auch seine ganze Persönlichkeit aus ihr heraus zu verstehen und zu würdigen.

Ein müssiges Beginnen ist es ferner, bis auf das Genaueste den Grössenunterschied zwischen den drei Riesen des Klavier- und Orgelspiels, Frescobaldi, Sweelinck und Scheidt, feststellen zu wollen[1]). Die geschichtlichen Voraussetzungen, unter denen alle drei heranwuchsen, waren, wenn auch in manchen Punkten ähnlich, so doch im Übrigen sehr verschieden. Ebenso die inneren und äusseren Verhältnisse, unter denen sie später wirkten: der eine ein Reformierter, der andere Katholik, der dritte Protestant; der erste ein Glied eines selbständigen, städtischen Gemeinwesens, der zweite im Zentrum der Macht des päpstlichen Stuhles, der letzte am Hofe eines Vorkämpfers des Protestantismus. So mussten sie sich ja zu Persönlichkeiten von verschiedener Grösse und Bedeutung auswachsen, für deren Abschätzung es durchaus an einem einheitlichen Massstab fehlt. Das sechzehnte Jahrhundert konnte mit Stolz auf einen Palestrina und Orlandus Lassus blicken; wer aber will objektiv entscheiden, wer der Grössere von Beiden war, statt sich zu bescheiden, jeden an seiner eigenen Grösse zu ermessen?

Fragen wir endlich nach den Momenten, die nach Abzug aller geschichtlichen Einflüsse als individuelles Besitztum des Künstlers Frescobaldi verbleiben, so sind vor allem diese zu nennen: seine in frühesten Jahren bereits erworbene Virtuosität der Spieltechnik und seine durch gründliche, tüchtige Schulung abgeklärte, echte musikalische Begabung. Beides ging in glücklicher Ergänzung Hand in Hand vom ersten bis zum letzen Werke. Dem erfindungsreichen und feinfühligen Virtuosen wurden die herkömmlichen Formen zu enge, der mit den Kunstgesetzen vertraute und für alles Neue empfängliche Komponist erweiterte sie. Was der Virtuos, dem Drange seiner Phantasie folgend, im Momente der Improvisation an Unerhörtem wagte, das vermochte der vor keiner Schwierigkeit zurückschreckende, scharfsinnige Tonsetzer mit leichter Gewandtheit in eine wenn auch kühne, doch immerhin für seine Zeit annehmbare und fassliche Form zu bringen. Den Virtuosen bewahrte der Künstler vor Auswüchsen und Verirrungen und empfing dafür von jenem dauernde, gesunde Anregung. Diese stetige, harmonische Wechselwirkung zwischen den beiden künstlerischen Grundeigenschaften Frescobaldi's ist das feste Fundament für seine Werke gewesen, das die Strömungen

---

[1]) Ritter (a. a. O., I, S. 206 ff.) widmet ein ganzes Kapitel dem Vergleiche Scheidt's und Frescobaldi's.

der kommenden Zeiten nicht unterwühlen und fortreissen konnten. Das italienische Orgelspiel freilich ging nach ihm von seiner Höhe unaufhaltsam Schritt für Schritt abwärts; bis heute hat Italien noch nicht seine Ehrenpflicht erfüllt, sich die Werke des letzten und grössesten italienischen Orgelmeisters als dauerndes Besitztum zu sichern. Aber Frescobaldi's Streben und Schaffen war darum doch nicht umsonst gewesen; es lebte und wirkte fruchtbar da weiter, wo auch schon andere fremde Kunstideen mit Sorgfalt und Liebe aufgenommen worden waren, in Deutschland.

Drittes Kapitel.
Portugal.

Der Aufschwung, den die Musik Spaniens im 16. Jahrhundert erlebte, brachte auch für das benachbarte Portugal eine Zeit der Blüte herbei. Politische Verhältnisse wirkten fördernd dabei mit. Im Jahre 1580 hatte König Philipp II. Portugal dem spanischen Reiche einverleibt. Die Hofkapelle in Lissabon blieb jedoch trotzdem bestehen, nur trat sie in engere Beziehungen zu der in Madrid. Obwohl der Nachfolger Philipps II. im Gegensatz zu diesem die niederländischen Elemente aus seinen Kapellen möglichst zu entfernen suchte, behielt er doch die Familie der Craesbeeck im Lande, da ihre Leistungen im Musikdruck der einheimischen Produktion überlegen waren. Nachdem dann 1640 ein Aufstand die Abhängigkeit beendigt hatte, übernahm der Graf von Braganza als Juan IV. die Regierung, ein Mann, der nicht nur als Komponist und Schriftsteller, sondern vor allem als vornehmer Gönner die künstlerischen Bestrebungen an seinem Hofe förderte. Er sammelte eine grossartige Bibliothek von Werken der besten Meister aller Länder, deren Katalog 1649 gedruckt wurde[1]).

Als den wichtigsten Vertreter des portugiesischen Orgel- und Klavierspiels in den ersten Jahrzehnten des 17. Jahrhunderts haben wir mit einigen Worten den Padre Manoel Rodrigues **Coelho** zu erwähnen.

---

[1]) Nähere Mitteilungen über die Thätigkeit der Craesbeeck, sowie über den Inhalt des Bibliothekskataloges, der 1874 von Vasconcellos nach einem alten Exemplar reproduziert worden ist, findet man bei Vander Straeten (*La musique aux Pays-Bas*, VIII, S. 227 ff., 489 ff.).

C., wie er selbst angiebt, zu Elvas geboren, begann im Alter von acht Jahren musikalische Studien zu betreiben. Um 1600 ging er nach Lissabon und wurde nach bestandener Prüfung als Orgel- und Klavierspieler (*tangedor de tecla*) in die königliche Kapelle aufgenommen. Hauptsächlich zum Studiongebrauch für die vielen Schüler, die er in verschiedenen Gegenden des Reiches hatte, verfasste er ein Werk, das, nachdem es seitens der geistlichen Behörden 1617 die Approbation erhalten hatte, Anfang 1620 unter folgendem Titel in Partitur erschien: »*Flores de musica; pera o instrumento de tecla, & harpa .... Em Lisboa: na officina de Pedro Craesbeeck. 1620*[1]).« Über C.'s weitere Schicksale und Werke sind wir nicht unterrichtet.

Mit seinen *flores de musica* steht Coelho fast durchweg auf dem künstlerischen Standpunkt des Spaniers Cabezon[2]). Dies Verhältnis dokumentiert sich schon äusserlich durch die Bestimmung des Werkes für Tasten- und Zupfinstrumente (*tecla & harpa*), durch die gleichfalls sehr grosse Zahl von kirchlichen Orgelstücken, kolorierten (*grosados*) Motetten und Bearbeitungen Gregorianischer Melodien, durch die Benennung der fugierten Stücke (*tentos*) und durch das Fehlen der Toccata. So weitgehende Zugeständnisse wie Cabezon macht allerdings Coelho dem Klaviere nicht, dass er ausschliesslich für dessen Zwecke auch rein weltliche Stücke, Lieder und Tänze, beigefügt hätte.

In welcher Weise sich nun der zeitliche Abstand zwischen beiden Komponisten auch in der Musik bemerkbar macht, lässt sich an den *tentos*, die allein hier in Betracht kommen können, ausreichend ermessen. Die überwiegende Mehrzahl der *tentos* sind eigentlich Ricercari zu nennen, da sie das wesentlichste Formenprinzip der Themenmehrheit und ihrer nacheinander erfolgenden, abschnittweisen Durchführung streng inne halten. Nur drei Stücke[3]), denen die Beschränkung auf ein Thema das Gepräge der Fantasie giebt, wären davon auszunehmen. Stimmt Coelho in diesem Punkt mit Cabezon überein, so weicht er jedoch im Detail der Formenbehandlung stark von ihm ab. Coelho lässt nämlich die Abschnittmotive sich aus einander entwickeln. Dies geschieht durch Weiterbilden des ersten Themas, das er hier verlängert, dort verkürzt, umkehrt, und aus dessen Tonfall er gelegentlich frei ein neues

---

[1]) Ein Exemplar (das früher dem Prof. Wagener in Marburg gehörige) besitzt die kgl. Bibliothek zu Berlin. Notizen über den Inhalt des Werks und Musikproben daraus finden sich nur bei Ritter (a. a. O., I, S. 76 ff. II, S. 93 f.). Dem Holzschnitte, der unmittelbar vor den Noten steht, hat übrigens Ritter eine merkwürdige Deutung gegeben. Es handelt sich dabei jedoch nicht um die h. Maria, die da Orgel spielt, und um den Engel der Verkündigung, der ein Ei (!) in der Hand trägt, sondern um die h. Cäcilie und den Engel, der den Blasebalg handhabt. Das Motiv des Bildes ist, nebenbei bemerkt, niederländischen Ursprungs.
[2]) Siehe oben S. 49 f.
[3]) Nr. 16, 20, 21.

Motiv gestaltet, oder aber, durch Festhalten eines wie zufällig auftauchenden Kontrapunktes und durch dessen weitere Umformung. Bei Cabezon gingen sich die Motive wie fremde Menschen aus dem Wege. Wie mit der Themenbildung, so ist es auch mit der kontrapunktischen Schreibweise. Cabezon's Kontrapunkte waren mehr gesungene Melodien, Coelho schreibt dagegen instrumentale Motive, deren Festhalten jedem Abschnitt sein besonderes Gepräge aufdrückt. Es ist somit die aus der englisch-niederländischen Klaviermusik herstammende motivische Satztechnik, die das Unterscheidungsmerkmal zwischen den beiden Komponisten abgiebt. Wohl kannte sie auch Cabezon, aber er wandte sie vorerst nur in derjenigen Form an, worin er sie kennen gelernt hatte, in der Liedvariation. Während der Zeit bis zu Coelho hin ist die motivische Schreibweise aber auch für die fugierten Formen unentbehrlich geworden. Coelho müssen wir als den ersten Vertreter derjenigen Periode der portugiesischen Klaviermusik betrachten, in welcher sie eine ähnliche Entwickelung soeben vollendet hatte, wie die niederländische zu Sweelinck's, die deutsche zu Scheidt's und die italienische zu Frescobaldi's Zeiten.

Zwei thematische Parallelen mögen die kurz angedeutete historische Stellung Coelho's näher beleuchten. Cabezon's Anfang zu einer Intonation[1])

kehrt im 7. *tento* Coelho's wieder:

Ähnlich, wenn auch ein wenig anders auslaufend, beginnt J. Ulr. Steigleder's Ricercar (Nr. 2)[2]).

Merkwürdiger noch ist folgender Zusammenhang. Coelho's Thema zum 21. *tento*

---

1) Neudruck bei Ritter (a. a. O., II, S. 85).
2) Vergl. dazu oben S. 104.

hat auch Sweelinck in einer Fantasie¹) bearbeitet

unter Benutzung eines kontrapunktischen Motivs —

das mit dem Thema zugleich einer Orgelfuge Seb. Bach's²) zu Grunde liegt

Der geschichtliche Wert von Coelho's *flores de musica* wird noch durch »besondere Vorschriften, um die Stücke mit Vollkommenheit zu spielen« erhöht. Wir erfahren durch sie, dass der Spieler seine Hände gut über den Tasten halten soll, um in jedem Augenblick über einen zuverlässigen Anschlag verfügen zu können, und ferner, wie er in jedem Falle mit den Diminutionen verfahren soll. Näher darauf einzugehen, unterlassen wir aber, da Coelho's Werk demjenigen Cabezon's ähnlich nur ein zufälliger vereinzelter Lichtblick in der für uns sonst dunklen Geschichte der Klaviermusik Portugals ist. Wir verdanken ihm wohl die wichtige Erkenntnis, dass die eigenartige Kunstrichtung, die zu Anfang des 17. Jahrhunderts von England ausgehend sich über die Länder des Kontinents erstreckte, durch die Niederlande vermittelt auch Portugal durchdrang. Für unsere weitere Darstellung aber wird dieser geographisch isolierte, südwestliche Teil Europas nicht weiter in Frage kommen. Es muss Ehrensache der spanischen und portugiesischen Gelehrten sein, vorerst selbst die Erforschung ihrer heimatlichen Musikgeschichte in die Hand zu nehmen, ehe Fernerstehende, denen alles Quellenmaterial fehlt, es wagen dürfen, jene unter allgemeineren Gesichtspunkten zu erörtern.

---

1) Neuausgabe S. 30.
2) Edition Peters, Orgelwerke, Bd. III, S. 85.

Viertes Kapitel.
Holland.

Auffallend wenige positive Zeugnisse bieten sich dem Forscher dar, der einen Einblick in die weitere Entwickelung des niederländischen Klavierspieles in der Zeit unmittelbar nach Sweelinck und Cornet zu gewinnen bemüht ist. Er lernt wohl die Namen einer beträchtlichen Zahl von Organisten kennen, die, nach den Lobsprüchen seitens ihrer Zeitgenossen zu schliessen, als Virtuosen und Komponisten Glänzendes leisteten; allein ihre Werke sind bis jetzt verschollen, und damit ist auch der musikalische Massstab verloren gegangen, der ihr geistiges Verhältnis zur älteren Kunsttradition erkennen lässt. Der Vergessenheit sind sogar die Schöpfungen Dirk Sweelinck's anheim gefallen weder seine eigene Tüchtigkeit, noch der ehrenvolle Nachruhm seines grossen Vaters konnte sie vor diesem Schicksal bewahren. Wissen wir deshalb über das belgische Klavierspiel in diesem Zeitraum gar nichts, so hat sich doch ein Werk erhalten, das hier für Holland in Betracht kommt und wenigstens im Allgemeinen darüber Aufschluss geben kann, welche Früchte aus Sweelinck's künstlerischem Erbe seiner engeren Heimat erwachsen sind. Der Schöpfer dieses Werkes war Anthoni van Noordt.

N., einer Amsterdamer Familie angehörig, die im 16. und 17. Jahrhundert mehrere Musiker zu den Ihren zählte, war Organist der *Nieuwezijds kapel* in Amsterdam bis zum 20. August 1664. Danach übernahm er das Organistenamt an der *Nieuwe kerk*. Da er am 23. November 1673 pensioniert wurde, so darf man schliessen, dass er schon in hohem Alter stand, also etwa um 1613 geboren worden war. Im Jahre 1675 starb N. und wurde am 23. März in der *Zuiderkerk* begraben. Von ihm erschien 1659 folgendes Werk: »*Tabulatuur-Boeck van Psalmen en Fantasyen waar van de Psalmen door verscheyden versen verandert sijn soo inde Superius, Tenor, als Bassus, met 2. 3. en 4. part. . . t'Amsterdam, by Willem van Beaumont*[1]).«

Dies Werk spielt in der Geschichte des Notendrucks insofern eine Rolle, als es für Holland das erste Orgel- und Klavierbuch ist, das mittelst

---

[1]) Das einzige bekannte Exemplar, früher dem Prof. Wagener in Marburg gehörig, besitzt jetzt die kgl. Bibliothek zu Berlin. Einen vollständigen Neudruck des Werkes hat die *Vereeniging voor N.-Nederlands Muziekgeschiedenis* als *Uitgave XIX van oudere Meesterwerken* herausgegeben (Leipzig, Breitkopf & Härtel, 1896). Eine kurze Besprechung findet man bei Ritter (a. a. O., I, S. 56), eine sowohl biographisch, wie musikgeschichtlich eingehendere in der *Tijdschrift der Vereeniging v. N.-N. M.* (Deel V, 1896, S. 85 ff.).

Kupferstichs hergestellt wurde[1]). Für die Lautenmusik war das Verfahren schon früher in Anwendung gekommen[2]). Als Muster haben für N.'s Stecher ersichtlich Hole's *Parthenia* gedient.

Was die Notation N.'s anlangt, so folgt er hinsichtlich der Verteilung der Hände und der Mordentverzierung der Virginalnotation, verbindet damit aber noch die Buchstaben und Zeichen der deutschen Orgeltabulatur, um so die Pedalstimme von den übrigen äusserlich zu unterscheiden.

Noordt hat das Instrument, für dessen Gebrauch er sein *Tabulatuur-Boeck* bestimmte, nicht ausdrücklich genannt. Es kann jedoch keinem Zweifel unterliegen, dass die vielfach mit dem Pedal operierenden Psalmenbearbeitungen den kirchlichen Zwecken der Orgel allein dienen sollten, während es frei stand, die Fantasien, die ohne Pedal gesetzt sind, ebenso gut auf dem Klavier wie auf der Orgel zu benutzen. In diesem Punkte vertritt Noordt also durchaus die Anschauungen Sweelinck's und seiner deutschen Schüler. Die Zugehörigkeit zu Sweelinck's Schule wird auch deutlich, schaut man auf die motivische Kompositionstechnik Noordt's hin. Sie ist bei ihm, dem Jüngeren, allerdings noch schärfer und prägnanter ausgebildet, was wir ja auch bei Scheidt beobachten konnten, im Grunde aber mit Sweelinck's Art nah verwandt.

Bei aller Anlehnung an Sweelinck verfährt jedoch Noordt im Aufbau seiner Fantasien mit bemerkenswerter Selbständigkeit. Aus drei Hauptteilen bestehen seine Fantasien auch; aber er trachtet nicht danach, durch allerlei Künste, wie Verlängerung, Verkürzung und Engführung des Themas und Bildung gegensätzlicher Kontrapunkte, jeden Teil ins Grosse auszudehnen, wie es Sweelinck that, sondern sucht vielmehr die Form zu komprimieren und jenen Fugenkünsten darin einen bestimmten Platz anzuweisen. Der erste Hauptteil bringt nur schlichte Durchführungen des Themas; im zweiten treten frei oder motivisch gebildete Kontrapunkte dauernd dem Thema gegenüber, für den letzten Teil sind die Engführung und auch die Verkürzung des Themas aufgespart. Indem Noordt es dazu noch vermeidet, innerhalb der Teile Ganzschlüsse zu machen, sie vielmehr immer nur am Ende der Hauptteile anbringt, erhält bei ihm die Form ein kompakteres Gefüge und eine grössere Übersichtlichkeit, als bei Sweelinck.

Noordt's *Tabulatuur-Boeck* stellt sich uns somit dar als ein

---

[1]) Noordt sagt darum in der Dedikationsvorrede: *dusdanige Tabulaturen (terwijlse niet op de gewoonlicke wijse van drucken konnen gemeen gemaeckt, maar met platen hier toe afsonderlick gesneden, moeten ghedruckt worden) tot noch toe van niemand hier te Lande in druck zijn uytgegeven.*

[2]) In Nic. Vallet's Lautenbuch, 1615—1616. Siehe darüber D. F. Scheurleer (*Tijdschrift der Vereeniging*, V. S. 13 ff.).

Denkmal einer Zeit, in der die Traditionen der Sweelinck'schen Kunst bei den Holländern noch in vollen Ehren stand. Es ist ein Zeuge dafür, dass Sweelinck nicht nur in Norddeutschland, sondern auch in Holland den Anstoss zum Verfolg einer Kunstrichtung gab, die über Jahrzehnte hinaus noch die Spuren seines Geistes erkennen lässt. Allein, man kann aus ihm auch schon die leise Andeutung des Unterschiedes herausfühlen, der mittlerweile zwischen den beiden Schulen Sweelinck's Platz gegriffen hat. Die deutsche ging kraftvoll ihren Weg bergauf, der der holländischen beginnt sich im Sande zu verlieren. Das Holland, das zu Sweelinck's Zeiten reichlich geben konnte, lenkt jetzt seinen Blick in die Fremde, um von hier neue Anregung zu holen. Die geschichtliche Führung, die Sweelinck als letzter, selbstschöpferischer Meister in der Hand gehabt hatte, giebt es nun für alle kommenden Zeiten ab. Die musikalische Kunst gelangt deshalb doch zu immer grösserer Vollendung, nur sind es andere Faktoren, auf denen ihr Fortschreiten beruht.

Fünftes Kapitel.
Frankreich.

Obwohl wir von den ersten Vertretern der französischen Klaviermusik während der ersten Hälfte des 17. Jahrhunderts nicht genug wissen, um ihre Bedeutung nach allen Seiten hin zu erkennen, seien doch die wenigen Daten hier erwähnt. Jean **Titelouze,**

Priester in St. Omer, 1588 bis 1633 Organist an der Kathedrale zu Rouen[1], Lehrer des André Raison und Gigault,

bemühte sich, ähnlich wie Willaert und seine Schüler[2], um das Problem, die Theorie der Chromatik und Enharmonik zur praktischen Darstellung zu bringen. Von Henri du Mont,

1610 bei Lüttich geboren, in Paris ausgebildet, hier Organist an St. Paul, Korrespondent von C. Huygens, gestorben 1684[3],

---

[1] Fétis (biogr. univ.), Mersenne (Harmonie universelle, Paris 1636—1637, VI, S. 391).
[2] Siehe oben S. 67 und Anhang.
[3] Fétis (biogr. univ.), W. J. A. Jonckbloet & J. P. N. Land (Musique et musiciens au XVIIe siècle. Correspondance et oeuvre musicales de Constantin Huygens. Leyden, 1882 [Uitgave XI der Vereeniging v. N.-N. M.] S. CCXXXVIII ff.), Vander Straeten (a. a. O., I, S. 214).

sind einige Allemanden für Klavier handschriftlich überliefert[1]).
Charles Henry **de la Barre,**

<small>Organist und Klavierspieler Ludwigs XIII. und seiner Gemahlin, Korrespondent von C. Huygens[2]), gestorben 1677[3]),</small>

war, wie es scheint, ein Meister der Variation. Wir kennen von ihm die Transskription eines Liedes Ludwigs XIII. auf Klavier und den ersten Takt der darüber gearbeiteten Variationen. »Freilich wären lauter besondere Typen notwendig — sagt Mersenne[4]), dem diese Kenntnis zu verdanken ist —, um alle *martelemens, tremblemens, battemens* und alle Zierlichkeiten (*gentillesses*) anzudeuten, deren sich der ausgezeichnete Organist zu bedienen pflegt, wenn er Klavier spielt. Aber man wird sie haben, sobald Ballard seine Tabulatur gedruckt hat.« Dass dies geschehen sei, ist nicht nachzuweisen gewesen. Nur einige Allemanden sind handschriftlich bekannt[5]).

Mehr, vor allen Dingen genügend Werke kennen wir nun aber von dem Manne, der nach und neben diesen Musikern wirkte und der als der eigentliche Begründer der von jetzt an sich ununterbrochen fortpflanzenden französischen Klavierschule zu betrachten ist, André **Champion,** nach dem Landgut seiner Gattin gewöhnlich **de Chambonnières** genannt.

<small>Ch., etwa zu Anfang des 17. Jahrhunderts geboren, wurde erster Klavecinist Ludwigs XIV. (1643—1715). Diese Stellung scheint ihn jedoch wenig befriedigt zu haben: 1655 suchte er wenigstens in schwedische Dienste zu gelangen, und 1662 empfahl ihn C. Huygens, mit dem Ch. korrespondierte[6]), an den brandenburgischen Hof. Um so mehr schätzte ihn die musikalische Welt, der er als der bedeutendste Klaviermeister seiner Zeit galt. Aus seiner Schule gingen die berühmten Klavierspieler der nächsten Periode hervor: Hardelles, die drei Brüder Couperin, Henri d'Anglebert, Nic. le Bègue, Gabr. Nivers, Pierre Gautier, Buret. In Ch.'s Todesjahr 1670[7]) erschienen von ihm zwei Bücher Klaviermusik unter folgendem Titel: »*Pieces de clavessin... Livre premier. Paris, Jollain*«[8]) und *Livre second* (o. J.)[9]). Die Werke sind in Kupfer gestochen, ein Verfahren, das durch Christophe</small>

<small>1) In *Ms.* 1503[1] der Münchener Hof- und Staatsbibliothek. Zwei Sätze stehen in L. Köhler's *Les maitres du clavecin* (Collection Litolff, Braunschweig).
2) Jonckbloet & Land (a. a. O., S. CXLVI ff.).
3) Nach dem *Mercure Galant,* 1678, S. 125.
4) a. n. O., VI, S. 391 f., 394 f.
5) *Ms. Vm*[7] 1862 der Pariser Nationalbibliothek. Eine teilweise Kopie dieser wichtigen Quelle, die noch öfters zu erwähnen sein wird, verdanke ich der Güte des Herrn Professor Dr. O. Fleischer in Berlin.
6) Jonckbloet & Land (a. a. O., S. CLXV f.).
7) Nach Titon du Tillet (*Parnasse françois,* Paris 1733, S. 402).
8) Exemplar in Paris (*Conservat.*).
9) Exemplar in Paris (Nationalbibl.).</small>

Ballard für den Druck von Lautenmusik schon in den dreissiger Jahren eingeführt worden war und das nun fast durchweg für die Orgel- und Klaviermusik in Aufnahme kam.

Die *Pieces de clavessin* von Chambonnières scheinen auf den ersten Blick freilich nicht in den Zeitraum einbezogen werden zu dürfen, mit dem wir uns hier beschäftigen. Das Jahr ihres Erscheinens giebt jedoch nicht auch die Zeit ihrer Entstehung an. Chambonnières selbst lässt sich darüber in der Vorrede folgendermassen aus: »Der Nachteil, den die Veröffentlichung von Werken gewöhnlich nach sich zieht, hatte mich zum Entschluss gebracht, mich mit dem Beifall zu begnügen, den die erlauchtesten Personen Europas diesen Stücken zu spenden geruht haben, als ich die Ehre hatte, sie ihnen vorzutragen. Nun werde ich aber von verschiedenen Seiten her benachrichtigt, dass man fast in allen Städten der klavierspielenden Welt einen schwunghaften Handel mit Kopien von meinen Stücken treibt, seien sie noch so fehlerhaft und geeignet, ein falsches Urteil zu erwecken. Deshalb sehe ich mich jetzt veranlasst, sie selber herauszugeben mit allen ihren *agrémens*. So dürften die Sachen dem Publikum nützlicher und für ihren Autor ehrenvoller sein, als alle jene ungenauen Kopien.« Inhaltlich waren also die *Pieces de clavessin* längst Gemeingut der Welt; Chambonnières brachte sie nur deshalb so spät noch zum Druck, um das Seinige gethan zu haben, alle Entstellungen unschädlich zu machen[1]).

Was als unterscheidendes Merkmal der neuen Zeit gegenüber der älteren Attaignant's zunächst in die Augen fällt, ist die Selbständigkeit der Litteratur, in die sich das Klavier nicht mehr mit der Orgel zu teilen hat. Mit dem Aufhören des früheren abhängigen Verhältnisses ist denn auch die Rücksichtnahme auf musikalische Formen, die sowohl für die Orgel als für das Klavier benutzt wurden, überflüssig geworden. Es sind nur Tänze, die hier dem Klavier zugewiesen erscheinen und die wir auch bei Attaignant als den wichtigsten Bestandteil seiner Sammlungen erkannten.

Die Tänze von Chambonnières stehen jedoch nicht mehr in der willkürlichen, beziehungslosen Reihenfolge, wie bei Attaignant und bei den Meistern des 16. Jahrhunderts überhaupt, sondern

---

[1]) Neuausgaben einzelner Stücke von Chambonnières bieten E. Pauer (Alte Klaviermusik, Leipzig, Senff), L. Köhler (*Les maîtres du clavecin*, Braunschweig, Litolff), A. Méreaux (*Les clavecinistes*), Dupont-Sandré (*Ecole de piano du Conservatoire royal de Bruxelles*). Eine vollständige, wenn auch nicht durchaus zuverlässige Ausgabe beider Werke nach dem Original hat Farrenc geliefert (*Trésor des pianistes*, Bd. II).

lassen ein Streben nach bestimmter Gruppierung deutlich hervortreten: eine grössere oder kleinere Anzahl von Tänzen schliesst sich immer zu je einer Serie zusammen, die durch eine allen Gliedern gemeinsame Grundtonart festgehalten wird. Das erste Buch enthält sieben, das zweite sechs solcher Folgen. Auch der innere Ausbau dieser Gruppen verrät ein bewusstes Prinzip. In den meisten Fällen vereinigen sich Allemande, Courante und Sarabande zu einem Ganzen; sie bilden den typischen Grundstock, um den herum sich alles Andere in wechselnder Weise ansetzt. Der Courante folgt einmal eine mit Verzierungen reicher ausgestattete Variation, *Double* genannt, oder statt einer Courante machen zwei oder noch mehrere das Mittelteil der Form aus. An das Ende wird gelegentlich noch eine Gigue, Gaillarde oder ein Menuet hinzugefügt. Auch das Anfangsglied, die Allemande, wird zweimal durch die Pavane ersetzt, anderer Kombinationen nicht zu gedenken. So verschiedenartig aber die Krystallisation der Tanzformen vor sich geht, die eine Tendenz ist immer massgebend dabei, dass es gegensätzliche Elemente sind, die sich aneinander hängen, gegensätzlich im Charakter der Form und im Tempo des Vortrags. Die mässig bewegte Allemande wird von der hurtigen Courante, und diese wiederum von der getragenen, ausdrucksvollen Sarabande abgelöst. In einigen Fällen erhält auch diese ihr rasches Gegenstück in der Gigue.

Einen besonderen Namen hat Chambonnières diesen Formengruppen nicht beigelegt. Wir dürfen sie jedoch Suiten nennen; denn die Form, die wir unter dieser Bezeichnung verstehen, ist in ihren Anfängen in gerader Linie bis hierher zurück zu verfolgen. Wohl aber tragen einzelne Stücke ausser ihren Gattungsnamen (Allemande usw.) noch Überschriften, wie *Iris, L'entretien des Dieux, Jeunes Zéphirs, La Rare, La Loureuse, La toute Belle, La Villageoise, La Dunkerque, La Verdinguette, Les Baricades* — Überschriften, über deren Bedeutung ein wenig später zu reden sein wird.

Noch nach einer dritten Seite lässt die französische Klaviermusik, wie sie uns in den Werken von Chambonnières entgegentritt, einen grossen Fortschritt über Attaignant hinaus erkennen. Der Kompositionsstil ist jetzt ein ganz freier, selbständiger, echt klaviermässiger geworden. In diesen Eigenschaften übertrifft er sogar den englischen Virginalstil. Die Verzierungen, mit denen die älteren Virginalisten ihre Stücke ausstatteten, waren auf zwei Formen nur beschränkt; Chambonnières wendet dagegen sieben verschiedene *agrémens* an. In ihrem Verhalten zum polyphonen Satz stimmen beide Stilarten überein; nicht strenge Polyphonie, sondern nur eine mit dem Klavierklang rechnende freie Andeutung polyphonen Stimmengewebes bringen sie zuwege. Aber der Virginalist operiert dabei noch mehr mit Motiven und kontrapunktischen Künsten als der Franzose, der selbst da, wo er motivisch[1] oder kanonisch[2] schreibt, stets vor allen Dingen auf eine schön geschwungene Harmonie und auf eine gleichmässig und natürlich fortschreitende Melodie sein Hauptaugenmerk richtet, dem alles Figurenbeiwerk nur als Zierde für diese beiden Elemente dient.

Die Frage, auf welcher geschichtlichen Grundlage Chambonnières zu diesen drei Errungenschaften gelangt sein mag, kann aus der älteren Geschichte der französischen Klaviermusik nicht beantwortet werden; diese ist ja nach Attaignant gänzlich aus dem Gesichtskreis der Forschung verschwunden. Aber selbst dann nicht, wenn diese die ältere Zeit klar übersehen könnte, würde ihr Aufschluss uns genügen können. Denn, wenn nicht alles täuscht, war es überhaupt die Lautenmusik, in deren Schoss jene neuen Dinge zur Entwickelung ansetzten.

Die französische Lautenmusik[3] war im 16. Jahrhundert, obwohl die französischen Könige sich nicht allzu hervorragend um die Musik bekümmerten, tüchtig in die Höhe gekommen. Die Zahl der uns überlieferten Namen von Lautenkomponisten, besonders aber Lautenvirtuosen ist keine geringe. Schon aus der Zeit Ludwigs XII. (1498—1515) sind uns einige Namen bekannt; ihre Zahl wächst seit Heinrich II. (1547—1559) beständig und erscheint als beträchtlich unter Heinrich IV. (1589—1610). Sein Lieblingslautenist war Julien Perichon, und zum Teil in seiner Kapelle angestellt waren die Lautenschläger Jacques Mauduit, die Brüder Vosmeny, die Brüder Hedington, ferner Vallet, Ant. Franc. de Freneuse, Bataille, Ballard. Mit Ludwig XIII. (1610—1643) begann aber eine glänzende Aera für die Tonkunst in Frankreich. Der König war selbst Komponist und that auch für die äussere Lage der Berufsmusiker mancherlei. Obwohl er seine persönliche Gunst dem Violon zuwandte, so konnte dies doch bei weitem nicht erfolgreich mit der Laute konkurrieren. Fast alle damaligen Musiker, welcher Gattung sie auch sonst angehörten, spielten Laute. Von Vincent, dem Kapellmeister der königlichen

---

[1] Z. B. in *La Dunkerque, Les Baricades* und in einigen Giguen.
[2] *Gigue en Canon.*
[3] Deren Entwickelung und Bedeutung sind durch O. Fleischer's Abhandlung über *Denis Gaultier* (Vierteljahrsschr. f. Mus. 1886, S. 1 ff.) ebenso gründlich wie klar dargelegt worden — Grund genug, das obige Resumé der genannten Schrift wörtlich zu entnehmen.

Kapelle, wie von dem Surintendanten Anth. Boësset sind Lautenkompositionen auf uns gekommen; von Mezangeau, dem Sieur de l'Enclos, Bocquet, Basset, Chancy, Blanc-rocher, Merville, le Vignon, Besard und vielen Anderen besitzen wir Beweise ihrer Fähigkeit. Welche eminente Stellung die Laute als Gesellschaftsinstrument eingenommen haben muss, sieht man nicht nur an dem Ernste, mit welchem Gelehrte wie der Pater Mersenne und Huygens von ihr sprechen, nicht nur an der Achtung, welche die höchste Aristokratie und der Hof einem guten Lautenspiele zollten, sondern auch an der grossen Menge von aristokratischen Namen, welche in der Lautenlitteratur erschienen, und an der massenhaften Nachfrage nach Lautenkompositionen. Man trieb einen lebhaften Austausch mit Lautenstücken, man schickte sie nach allen Himmelsrichtungen, und fast alljährlich kamen aus der Hofmusikalienhandlung von Ballard neue Sammlungen heraus. »Man sieht in Frankreich die Laute für das edelste aller Instrumente an« — so konnte demnach Mersenne 1637 wohl mit Fug und Recht sprechen.

Die musikalische Bedeutung der Laute in Frankreich während der ersten Hälfte des 16. Jahrhunderts unterschied sich freilich, wie es scheint, in nichts Wesentlichem von der Bedeutung, die das Instrument zur selben Zeit in anderen Ländern wie Deutschland und Italien erlangt hatte. Anfänglich war die Laute von ihrer Eigenschaft als Harmonieinstrument abhängig. Arrangements von Liedern, Motetten und ähnlichen kleineren Formen der Vokalmusik machten ihre Litteratur aus; und wenn die Lautenkomposition sich zu selbständigen Instrumentalformen erhob, Fantasien, Präludien und Tänzen, so wurde sie oft recht leer, trivial, rauh und ungeschickt. Man merkt den Komponisten an, wie sauer es ihnen wurde, die Stücke dem Sinne und dem Charakter des Instrumentes anzupassen. Das wurde während der zweiten Hälfte des 16. Jahrhunderts anders. Die französischen Lautenisten traten in einen sehr intimen Verkehr mit England. Darauf weist schon der äussere Umstand, dass ein berühmtes Werk von Adrien le Roy[1]) 1574 auch in englischer Übersetzung erschien. Ferner wurden die Lautenkompositionen des Engländers Vallentin Bacfarc 1564 in Paris gedruckt. Auch machten sich einige französische Lautenspieler in England ansässig, z. B. Jeban Ballard und Jacques Gaultier *le vieux*. So erklärt sich nicht nur das Eindringen der englischen Verzierungen und Spielmanieren in die französische

---

1) *Instruction de partir toute musique des huit divers tons et tablature de Luth.*

Lautenmusik, sondern auch der merkwürdige Umschwung im Kompositionsstil für die Laute. Aus der Virginalmusik lernte man, Fluss in die Harmonien zu bringen und sie in Nachahmung polyphoner Melodieführung mit einander zu verschmelzen.

Die günstigen äusseren Verhältnisse und das Streben nach innerer Vervollkommnung trafen unter der Regierung Ludwigs XIII. so glücklich zusammen, dass die Kunst des Lautenspiels und der Lautenkomposition in Frankreich sehr bald den Höhepunkt ihrer Vollendung erreichte und die Blicke der übrigen musikalischen Welt auf sich lenkte. Als Hauptrepräsentant der französischen Lautenmusik dieser Periode galt seinen Zeitgenossen Denis Gaultier im Verein mit seinem älteren Vetter Jacques Gaultier. Die geschichtlichen Grundlagen weiter ausbauend, haben sie beide in der That nach mehreren Seiten hin die fernere Entwickelung der französischen Lautenkunst wesentlich beeinflusst. Erstlich führten sie eine Normalstimmung der Laute und dadurch eine einheitliche Tabulatur ein, sodann bildeten sie die englischen Verzierungen, die ursprünglich nur in ihren einfachsten Formen übernommen worden waren, gemäss der Lautentechnik reicher und mannigfaltiger aus, um durch die Trillerchen, Figuren und Schnörkelchen, *tremblemens* genannt, den Lautenton voller, die Melodien flüssiger, graziöser, galanter zu machen. Neu war ferner die Gruppierung ihrer Stücke, in der eine Folge verschiedenartiger Tanzformen nach Tonarten angeordnet erscheint. Ein zusammengehöriges Ganzes innerhalb einer einzigen Tonart bilden so zumeist *Allemande*, *Courante* und *Sarabande*. Gelegentlich steht auch zu Anfang ein *Präludium*, oder der feste Bestand wird durch Einschiebung anderer Formen, wie *Pavane*, *Gigue*, *Canarie*, *Chaconne*, *Gaillarde*, bereichert, oder es wird ein Glied — mit Vorliebe geschieht es mit der *Courante* — einmal oder mehrfach variiert; eine solche Art von Variation heisst *Double*. Ein wenn auch äusserliches, so doch von der Folgezeit mit Begierde acceptiertes Moment griffen endlich die Gaultier's aus der Ballettmusik am Hofe Ludwigs XIII. auf. In der Poesie, die sich hier breit machte, wimmelte es von mythologischen Allegorien, von galanten Schäferidyllen, von Beziehungen auf politische Zeitereignisse und persönliche Intimitäten; je nach dem Rahmen, in dem sie standen, erhielten also die musikalischen Zwischentänze ihre Namen[1]). Diese Mode bürgerten nun die Gaultier's in der Lautenmusik ein. Die Überschriften, die sie ihren Tänzen gaben,

---

1) Siehe auch Wasielewski (Vierteljahrsschr. f. Mus. 1885, S. 536 ff.).

Fünftes Kapitel: Die französische Lautenmusik und Chambonnières. 159

— mythologische Namen[1]), idyllische, genrebildartige Bezeichnungen[2]), persönliche Beziehungen[3]) enthaltend —, dienen ihnen, genau wie den Ballettkomponisten, nur als theatralische Etikettes, nicht als Gesamtausdruck des inneren musikalischen Empfindungsgehaltes[4]).

Stellen wir nun die Werke von Chambonnières vor diesen geschichtlichen Hintergrund, so sehen wir zunächst, dass er das Prototyp für seine Klaviersuiten in der Lautenmusik seiner Jugendzeit fertig ausgebildet vorfand; ferner, dass er von hier mit der Suitenform auch die Mode der Namengebung und die Mannigfaltigkeit seiner *agrémens* übernahm. Wir erkennen sodann, warum der englische Klavierstil, der auch in Frankreich seinen wichtigen Einfluss auszuüben nicht verfehlt hatte, sich doch hier in eigenartiger Weise modifizieren musste. Das Klavier eignete sich ihn ja nicht direkt an, sondern empfing ihn vermischt mit dem Kompositionsstil der Laute, die, ein Melodie- und Harmonieinstrument wie das Klavier, dieses doch durch Tonumfang, Harmoniefülle, Schwierigkeit der Behandlung und durch Bedeutung für die häusliche Musikpflege bei weitem überragte und deshalb jenem das am nächsten liegende, natürliche Vorbild wurde. Vor allem auf die gebrochenen Schlussakkorde, wie diese es sind, —

---

[1]) Z. B. *Phaeton foudroyé*, *Minerve*, *Ulisse*, *Andromede*, *Diane*, *Atalante*, *Mars superbe*, *Artemise ou l'oraison funebre*, *Appolon orateur*, *Diane au bois*, *Circe*, *Cephale*, *Orphée*, *Echo*, *Narcisse*, *Junon ou la Jalouse*.

[2]) *La coquette virtuose*, *La caressante*, *L'héroique*, *L'homicide*, *La gaillarde*, *La pastoralle*, *Le loup*.

[3]) *La dedicasse*, *Tombeau de mademoiselle Gaultier*, *Tombeau de Monsr. de Lenclos*, *Les larmes de Boset*, *Le tombeau de Mezangeau*.

[4]) So sagt auch Baron (Untersuchung des Instrumentes der Lauten, Nürnberg 1727, S. 85):
»Man wird selten eine Französische piece finden, da nicht zum mindesten ein Nahme von einer gallanten Dame dabey stehet, nach welcher, wenn es ihr gefallen, das Stücke genennet worden: e. g. *La despremont*, *La Marquise*, *La Solitaire*, *La belle Magnifique*, *La desolee*, *La pleureuse* etc. Anderer die sie nach ihren Gönnern und guten Freunden genennet, zu geschweigen. Ich kann mir nicht anders einbilden, als dass sie denen Poeten nachahmen wollen, welche ihren schönen Gebieterinnen zu Ehren, Gedichte geschrieben, um sie gleichfalls zu verewigen, wie *Ovidius* und sonderlich *Petrarcha* mit seiner *Laura* gethan.«

sei als auf Nachwirkungen des Lautenstils im Klaviersatz von Chambonnières hingewiesen.

An dem Virtuosen Chambonnières fanden die Zeitgenossen besonders das brillante Spiel, die Sauberkeit der Passagen, die markige Kraft des Anschlags, die Zierlichkeit der Spielmanieren rühmenswert[1]). Über seinen **Fingersatz** hat man keine unmittelbare Nachricht, jedoch wird ein Rückschluss von der uns bekannten Praxis seines Schülers Gabriel Guillaume **Nivers** erlaubt sein.

N., zuerst Organist an St. Sulpice in Paris und dann Nachfolger De la Barre,'s[2]), gab von 1665 an drei Orgelwerke[3]) heraus, deren erstes betitelt ist: »*Livre d'Orgue contenant cent pièces de tous les Tons de l'Eglise. Paris, Ballard, 1665.*« Die Vorrede dazu enthält ausführliche Angaben über Fingersatz und *agrémens*.

Nivers teilt folgende Fingersätze für Tonleitern, Intervall- und Akkordgriffe in beiden Händen mit:

Für die *agrémens* kommen in der rechten Hand meist der dritte und vierte Finger, gelegentlich der zweite und dritte zur Verwendung, in der linken meist der erste und zweite, gelegentlich der zweite und dritte. Nach diesen Angaben zu schliessen, waltete in der Chambonnières'schen Schule eine grössere Freiheit des Fingersatzes, als wir sie bisher beobachten konnten. Das Passa-

---

1) **Le Gallois** (*Lettre a Mademoiselle Regnault de Solier touchant la musique.* Paris 1680) und **Titon du Tillet** (*Parnasse françois*).
2) Siehe **Fétis** (*biogr. univ.*).
3) Exemplar auf der Pariser Nationalbibliothek.

genspiel mit dem Übersetzen der Mittelfinger erscheint uns zwar
noch unbeholfen; mannigfaltig und verschiedenen Möglichkeiten
des Spiels Rechnung tragend sind dagegen die Vorschriften für
Intervall- und Akkordgriffe.

Das Samenkorn der Anregung, das Chambonnières seinem
Schülerkreis eingepflanzt hatte, ging ungemein schnell auf, und
es wuchs eine jüngere Generation heran, die unmittelbar vor den
Augen ihres Lehrers, der ihr sein Alles gegeben hatte, neue Wege
zu suchen und zu gehen unternahm. Nach der Aussage eines zeitgenössischen Autors galt wohl **Hardelles** als vollendetster Nachahmer des Chambonnières'schen Stiles und als eigentlicher **Erbe**
seiner Methode.

H. soll auch sein Lieblingsschüler gewesen sein, dem Chambonnières
sämtliche handschriftlichen Kompositionen hinterliess. H. vererbte sie weiter
an Pierre Gautier, aus dessen Nachlass sie J. J. Rousseau erhalten haben
soll[1]). Von H. selbst befinden sich sieben Stücke in einer Pariser Handschrift[2]).

Doch geschichtlicher Fortschritt vollzieht sich nicht durch vollendete Nachahmung, wie sie Epigonen treiben, sondern immer
nur durch ein scharfes Erkennen und intelligentes Ausbauen der
Lücken, die von den Vorgängern gelassen sind. In diesem weiteren Sinne müssen wir deshalb Louis **Couperin** als den hauptsächlichsten Fortsetzer der Chambonnières'schen Schule betrachten.

C., 1630 zu Chaume in der Landschaft Brie geboren, in der auch das
Landgut Chambonnières gelegen war, kam sehr jung nach Paris, um Schüler
von Chambonnières zu werden. Hier erhielt er dann den Organistenposten an St. Gervais und in der königlichen Kapelle. Ludwig XIV. wollte
ihn sogar zum Kammerklavecinisten machen, was C. jedoch mit Rücksicht
auf Chambonnières ablehnte. Deshalb wurde für ihn die Stelle als
dessus-de-viole eingerichtet. Noch nicht 35 Jahre alt, starb aber C. gegen
1665[3]). Gedruckte Klaviersachen sind von ihm nicht vorhanden, dafür jedoch
handschriftliche in beträchtlicher Anzahl[4]).

---

1) Le Gallois (a. a. O.), O. Fleischer, *Denis Gaultier* (a. a. O., S. 30 f.).
2) *Ms. Vm.* 2106 *in-fol.* Durch Neudruck ist jedoch nichts bekannt geworden.
3) Fétis (*Biogr. univers.*).
4) Sie stehen in *Ms. Vm*[7]. 1862 der Pariser Nationalbibliothek (s. oben S. 153 Anm. 5). Diese Quelle rührt wahrscheinlich aus L. Couperin's eigener Hand her und entstand in den Jahren 1650—1656. Neudrucke lieferten Farrenc (*Le trésor des pianistes*, Bd. III) und Méreaux (*Les clavecinistes*), aber in wenig geeigneter Weise. Erstlich sind nur einige Suiten und selbst diese nicht einmal vollständig und in ihrer richtigen Gruppierung mitgeteilt worden; die *Préludes* vollends haben gar keine Berücksichtigung gefunden.

Couperin bereicherte zunächst die französische Klavierlitteratur um eine Formengattung, deren Name *Préludes* zwar nicht neu war, deren Wesen und Gestalt sich jedoch fremdartig genug mitten unter allen den Tänzen ausnehmen. Die Form ist eine dreiteilige: an eine phantastische Einleitung von gebrochenen Harmonien und lebhaftem Passagenspiel schliesst sich ein als *changement de mouvement* bezeichneter fugierter Mittelsatz an, der wieder einen frei schweifenden Schlusssatz, *suitte* genannt, nach sich hat. Diese Anordnung entspricht, wie man sieht, dem Typus von A. Gabrieli's grossen Toccaten. Aber nur der fugierte Mittelsatz könnte als italienisch passieren; den beiden Aussensätzen ist dagegen ein echt französisches Gepräge aufgedrückt, das sich selbst auf die Notation erstreckt. Die einzelnen Töne, so verschiedene Werte ihnen auch zukommen, sind alle in Semibreven (ganzen Noten) geschrieben, kein Taktzeichen, kein Taktstrich orientiert aber den Spieler, in welche musikalische Ordnung er das Ganze zu bringen hat. Den einzigen Anhalt geben Bogen, die bald eine grössere, bald eine kleinere Anzahl von Noten überspannen und so deren Zusammengehörigkeit andeuten. Diese Notationsweise, die in der Geschichte der Klaviermusik ihresgleichen nicht weiter findet, verstehen wir jedoch nach einem Blick auf die französische Lautenmusik[1]). Danach sind jene Bogen identisch mit den Zeichen der französischen Lautentabulatur, die einzelnen Tönen eine längere Dauer (*tenuè*) vorschreiben sollen, als sie die oberen Mensurzeichen andeuten. Den Gebrauch der Haltebogen acceptierte aber Couperin aus dem einfachen Grunde, weil jene beiden Sätze auch innerlich nichts anderes sind als die Präludien, wie man sie damals für die Laute in ganz bedeutender Anzahl schrieb. Als Beispiel sei der erste Takt des ersten *Prélude* in seiner originalen Gestalt und dann so, wie er etwa vorzutragen sein wird, mitgeteilt:

Die Suiten Couperin's erscheinen in formaler und stilistischer Hinsicht mit den Suiten von Chambonnières aufs engste

---

1) Siehe O. Fleischer (a. a. O., S. 63 f.).

verwandt. Wenn bei Couperin die Verzierungen in geringerer Zahl angebracht und die Stücke nicht so häufig mit Namen belegt sind — wir finden nur *La pastourelle* und *Le Tombeau de Blancrocher* —, so hat das nichts weiter auf sich. Couperin schrieb ja seine Sachen zunächst zum eigenen Gebrauch auf; hätte er sie zum Druck geben sollen, würde er mehr auf jene Äusserlichkeiten geachtet haben. In allem Übrigen aber, was nicht Sache des Spielers, sondern des Komponisten ist, verraten seine Suiten Chambonnières'sche Schule: in dem Klaviersatz, der dem virtuosen Lautenspiel nachgeschaffen ist, und in der Gruppierung der Tanzformen. Allemande, Courante, Sarabande — diese drei sind auch bei ihm die Hauptstützen des Formengebäudes, das durch Einfügung von *Doubles* und anderen Tänzen, wie Chaconne, Passacaille, Menuet, Gigue, Canaries, Volte, Gaillarde, an Umfang gewinnt.

Es fehlt aber auch in den Suiten nicht an Beweisen des Fortschritts. Der jüngere Schüler, der die Grundlagen der Form fertig vorfand, brauchte sich hinsichtlich ihrer Ausdehnung nicht mehr die Mässigung des älteren Meisters aufzuerlegen, der jene teilweise erst schaffen musste. So finden wir denn in den Suiten Couperin's neben solchen, die innerhalb der von Chambonnières gesteckten Grenzen verbleiben, auch andere, die diese mit jugendlicher Keckheit überschreiten. So besteht z. B. die Dmoll-Suite, um eines der krassesten Beispiele anzuführen, aus drei Allemanden, sechs Couranten, acht Sarabanden, Canaries, Volte, Pastourelle, Chaconne, Sarabande, Chaconne, also aus nicht weniger als 23 Tänzen — eine Erweiterung, die offenbar durch das Genre der französischen Ballettänze zu erklären ist[1]).

Resultierte auch aus diesem Fortschritte Couperin's nicht gerade ein grosser musikalischer Gewinn, wie wir später deutlich erkennen werden, so wurde doch sein Vorgehen nach einer anderen Seite hin von allgemeinster künstlerischer Bedeutung. In der Klavier- und Orgelmusik bis zur Mitte des 17. Jahrhunderts, soweit wir sie bisher betrachtet haben, war das System der Kirchentonarten herrschend geblieben, und zwar trotz aller Veränderungen, die ihm durch die weltliche Instrumentalmusik beigebracht wurden und die ihm hier und da Züge gaben, in denen sich unsere modernen Anschauungen von Dur und Moll anzudeuten scheinen. Ein wesentlicher Anstoss zur Ummodelung der älteren theoretischen Begriffe und zur Reduktion der Vielheit von Kirchentonarten auf unser modernes Dur- und Mollsystem ging nun aber,

---

[1]) Diese Erweiterung der Suitenform ist also nicht erst durch François Couperin geschaffen worden; vergl. Ph. Spitta (J. S. Bach, I, S. 695).

so scheint es, von der französischen Lautenmusik aus[1]). In Denis Gaultier's handschriftlichem Lautenbuch sind zwar noch die Namen der Kirchentonarten beibehalten worden, ihre Bedeutung hat sich jedoch völlig geändert; wir haben es hier ausgesprochen mit Ddur, Adur, Fismoll, Emoll, Gdur, Fdur, Gmoll und Amoll zu thun. Aus der Lautenpraxis übernahmen die französischen Klavecinisten ausser Anderem, das bereits erwähnt ist, auch das Streben nach Emanzipierung von dem alten System. Die Suiten des ersten Buchs von Chambonnières stehen in Amoll, Cdur, Dmoll, Ddur, Fdur, Gmoll, Gdur; die des zweiten Buchs wiederholen diese Reihe, jedoch ohne Amoll. L. Couperin geht nun auch hier den Weg seines Lehrers bis zum äussersten Ende, seine Suiten durchlaufen den ganzen Zirkel: Cdur, Cmoll, Dmoll, Ddur, Emoll, Fdur, Fismoll, Gmoll, Gdur, Adur, Amoll, Hmoll — das ist ein fast vollständiges Dur- und Mollsystem, auf alle Grundtöne ausgedehnt, die gemäss der damaligen Temperatur nur irgend in Gebrauch kommen konnten. Marpurg[2]) erzählt einmal: »Die Reduktion der zwölf [Kirchen-] Tonarten auf diese zwo [Dur und Moll] haben wir der Mitte des vorigen Jahrhunderts, und zwar einem Tonmeister in Frankreich zu danken, dessen Nahmen ich vor langer Zeit in einem Buche, worauf ich mich nicht mehr besinne, gelesen habe. Ich habe zu der Zeit keine Acht auf die so merkwürdige Veränderung gehabt, die den Grund zu einer ganz neuen Art von Melodie gewissermassen gelegt hat. Vielleicht weiss oder entdecket jemand anders den Nahmen dieses geschickten Tonkünstlers. Er verdient in der Geschichte der Tonkunst einen vorzüglichen Platz.« Auf diesen sei hiermit für Louis Couperin Anspruch erhoben.

Zum zweiten Male schliesst sich der Ring unserer geschichtlichen Betrachtungen. Die Kunsthöhe, auf die sich Italien, England und die Niederlande am Ende des 16. Jahrhunderts aufgeschwungen hatten, erschien bald den anderen Ländern des Nachstrebens wert. So vollzog sich denn während der ersten Hälfte des 17. Jahrhunderts zwischen den Ländern, die überhaupt an der Entwickelung der Tonkunst Anteil nahmen, ein überaus lebhafter Austausch von Ideen und Anregungen, der allenthalben eine Vertiefung der musikalischen Formen, eine Glättung des

---

[1]) Siehe O. Fleischer (a. a. O., S. 48 ff.).
[2]) Kritische Einleitung in die Geschichte und Lehrsätze der Musik, Berlin 1759, S. 138.

Kompositionsstiles, eine Erweiterung der instrumentalen Ausdrucksfähigkeit und ein Wachsen der technischen Ansprüche und Fertigkeiten herbeiführte. Und zwar das Eine mehr und das Andere weniger, je nachdem sich zuvor die einheimische Praxis entfaltet hatte und je nachdem diese zu einem Anschluss an die Kunst des Südens oder des Nordens neigte. Am Ende dieser Periode finden wir von den Trägern der geschichtlichen Entwickelung nur noch Italien auf dem Platze, dessen Klaviermusik durch Frescobaldi's Wirken in ihrer Anziehungskraft und Fruchtbarkeit von neuem bedeutsam gestärkt worden war. England und die Niederlande haben jedoch ihre führende Rolle ausgespielt: sie treten in die zweite Reihe zurück, während Frankreich ihre Stelle einnimmt. Italiener und Franzosen sind es denn auch, die wir nun in der folgenden Periode um den geschichtlichen Vorrang streiten sehen und deren Führung sich die anderen Nationen überlassen.

Drittes Buch.
Die Ausbildung der Suite und die Anfänge der Klaviersonate.
Von 1650 bis um 1720.

Erstes Kapitel.
Deutschland.

Die kunstgeschichtliche Konstellation, wie sie, auf der einen Seite durch Frescobaldi, auf der anderen durch Chambonnières und L. Couperin geschaffen, 1650 Deutschland umgab, bestimmte alsbald die fernere Richtung des deutschen Klavierspieles. Vereinzelte Anzeichen für diesen Verlauf der Dinge machten sich schon gelegentlich der früheren Darstellung[1]) bemerkbar. Jetzt aber werden wir solche in allen Gegenden hervortreten sehen, je weiter die Zeit rückt, um so zahlreicher.

Wir nehmen unsern Ausgang von der alten Kaiserstadt Wien, der Wirkungsstätte Hofheimer's, die für die Geschichte der deutschen Klaviermusik schon einmal eine wichtige Zentrale gewesen war. Die verständnisvolle Pflege, die Maximilian I. der Tonkunst hatte angedeihen lassen, wurde dieser nicht minder unter seinen Nachfolgern zu Teil. Seitdem Ferdinand II. den Unterricht in der Musik als einen wichtigen Faktor in die Erziehung der Prinzen aufgenommen hatte, steigerte sich sogar bei den Herrschern die Freude an der Musik zur selbstthätigen Ausübung derselben und zum eigenen Schaffen. Die Kaiser Ferdinand III., Leopold I., Joseph I. und Karl VI. waren in ununterbrochener Folge als Tonsetzer thätig[2]). Bis in die Zeiten

---
1) Siehe oben S. 99, 118.
2) Siehe G. Adler (Einleitung zur Ausgabe der musikalischen Werke der Habsburgischen Kaiser, Wien, Artaria, 1892 f.).

Ferdinands III. gehen denn auch die Anfänge der späteren, durch unsere Klassiker zu ihrer höchsten Höhe geführten Wiener Schule (in engerem Sinne) zurück. Als einen ihrer Begründer haben wir zunächst Wolfgang Ebner zu würdigen.

E., 1612 in Augsburg geboren, war vom 1. August 1637 bis zum Febr. 1665 (†) Hoforganist Kaiser Ferdinands III[1]). Von ihm erschien, in Kupfer gestochen, »*Aria Augustissimi ac Invictissimi Imperatoris Ferdinandi III. XXXVI modis variata, ac pro Cimbalo accommodata* ... 1648 Pragae«[2]). Eine ursprünglich lateinisch geschriebene »kurze Instruction und Anleitung zum Generalbass« brachte J. A. Herbst, deutsch übersetzt, in einem seiner Werke zum Abdruck[3]).

Wo Ebner seine Ausbildung empfangen hat, weiss man nicht; sie ist jedoch, wie die nähere Betrachtung seiner 36[4]) Variationen über ein Thema Ferdinands III. lehrt, keine einseitige gewesen. Der *Aria* mit ihren zwölf Variationen folgt eine *Courante* in ebenso vielen Variationen, von denen jedoch die elfte und zwölfte als *Gigue* bezeichnet sind; den Beschluss macht eine *Sarabanda* in wieder zwölf Variationen. Der Urtypus der französischen Suitenform bildet hier, wie man sieht, das Spalier, über das sich die Stücke alle hinweg ranken. Der *Aria* ist gewissermassen die Bedeutung der Allemande suggeriert; ihr gliedern sich als Hauptteile Courante und Sarabande, als Einschiebsel die Gigue an. Das musikalische Gewächs selbst wurzelt dagegen auf dem Boden Frescobaldi's. Er war es ja, der zuerst einzelne Variationsabschnitte zu Tänzen umgestaltete und so der Suitenform ein Element nahe legte, das ihr ursprünglich fremd war: das Band einer gemeinsamen Melodie und eines gemeinsamen harmonischen Grundrisses, die beide nicht nur durch die Variationen, sondern auch durch die verschieden charakterisierten Tanztypen gleich kräftig hindurchklingen[5]). Auch an Einzelheiten der Satz- und Spieltechnik kann man eine ähnliche Beobachtung machen. Auf Frescobaldi zurückzuführen sind Ebner's Verzierungen: *t* für den Mordent und *t longo* für einen ausgedehnten Triller, bezüglich dessen Ausführung man sich auch an Frescobaldi's Vorschriften[6]) erinnern mag. Bei Stellen, wie diese es ist:

---

1) Köchel (D. kaiserl. Hof-Musikkapelle, 1869, S. 58).
2) Exemplare in der Wiener Hofbibliothek, in Darmstadt und im Benediktinerstift Göttweig. Neuausgaben erschienen im Museum f. Klavierspieler (S. A. Steiner & Co. in Wien) und im Anhang zum 2. Bd. von G. Adler's Sammlung der Musik-Werke der Habsburgischen Kaiser (Wien, Artaria). Die textkritische Fassung beider Ausgaben ist allerdings nicht einwandsfrei.
3) *Arte prattica et poetica*, Frankfurt 1653, S. 43 ff.
4) *Et quanquam in plures mutationes foecundum erat thema, illico tamen constiti, quoniam eo in numero series ineral annorum meae Vilae* ...
5) Siehe oben S. 132.
6) Siehe oben S. 134.

kommt es auf einen geschmackvollen Vortrag der Passage in der linken Hand an. Der französische Klavierstil andererseits macht sich in den Schlussakkorden[1]) geltend; sie erscheinen nicht nur in einfacher Brechung, sondern auch orgelpunktartig verlängert wie folgende Beispiele zeigen:

Als spezifisch deutsches Element tritt schliesslich noch Scheidt's *imitatio Violistica*[2]) auf. Es macht deshalb fast den Eindruck, als hätte Ebner seiner internationalen Gewandtheit, die übrigens auch im Detail der Variationstechnik zu bemerken ist, einen besonders sichtbaren Ausdruck geben wollen, indem er die Veränderungen der Aria mit *variatio*, die der Courante und Gigue mit *pars*, die der Sarabande mit *modo* überschrieb.

Die historische Stellung von Ebner's »kurzer Instruction und Anleitung zum Generalbass« sei mit wenigen Worten angedeutet. Grossi's Erfindung hatte sich, wie anderwärts, so auch in Deutschland überraschend schnell Bahn gebrochen. Seit etwa 1620 war der Generalbass in fast alle musikalischen Formen-

---

[1] Siehe oben S. 159.
[2] Siehe oben S. 115.

gattungen als notwendiges Kompositionselement übernommen worden. Gleichwohl war die Praxis des Generalbasses noch zu neu, als dass sich nun gleich darauf eine systematische Theorie des Generalbassspieles hätte aufbauen lassen. Vorläufig erwarb man eine gründliche Fertigkeit darin nur auf dem Wege der Übung und des unmittelbaren Unterrichts von Person zu Person. Die theoretische Auseinandersetzung beschränkte sich dagegen auf einige wenige orientierende Winke, die manche Komponisten ihren Werken mitgaben, die natürlich die Sache selbst wenig erschöpfen konnten, so wichtig sie an sich auch waren. In solcher Art erschienen Generalbassregeln, nach Grossi's Vorbild den Vorreden musikalischer Werke einverleibt, von M. Prätorius, Chr. Demant, Joh. Staden, H. Albert u. A. Hierher gehört also auch Ebner's »Instruction«.

Ein in seinen äusseren Lebensschicksalen minder begünstigter, jedoch an geschichtlicher Grösse bei weitem überlegener Amtsgenosse Ebner's war Johann Jakob Froberger, dessen wir nun ausführlicher zu gedenken haben.

Um F.'s Leben hat die Legende frühzeitig ihre Ranken geschlungen. Nach dem Stande der bisherigen Forschung[1] darf man Folgendes als sicher beglaubigt ansehen. F. wurde um 1600 als Sohn eines Kantors in Halle geboren. Die Familie scheint hier ziemlich zahlreich und musikalisch gewesen zu sein. Wir erfahren wenigstens[2], dass ein Basilius Froberger, aus Halle gebürtig, am Hofe zu Stuttgart Kapellmeister wurde und mehrere Familienmitglieder nach sich zog. Ein schwedischer Gesandter, der durch Halle reiste und von F.'s Stimme entzückt war, soll den Knaben mit nach Wien genommen haben. Hier verlebte F. also seine Jugend- und Lehrjahre, bis er am 1. Januar 1637 als Hoforganist Kaiser Ferdinands II. († Februar 1637) angestellt wurde. Nur bis zum 30. September 1637 hatte er aber dies Amt inne, dann ging er mit 200 Gulden »vertrosteter Massen nach Rom zu Frescobaldi« ab; Ferdinand III. hielt also das Wort, das sein Vorgänger F. gegeben hatte. In Rom trat F. auf Veranlassung des Kaisers zum Katholizismus über, was ihm später von gewisser Seite stark verdacht wurde. Zurückgekehrt, funktionierte F. wieder als Hoforganist vom 1. April 1641 bis Oktober 1645. Danach begab sich F. abermals auf Reisen; wohin, weiss man nicht genau. Im September 1649 weilte er wieder in Wien, um an den Trauerfeierlichkeiten für die gestorbene Kaiserin teilzunehmen und um Kaiser Ferdinand III. Kompositionen zu überreichen. Bald danach reiste er über Dresden, wo eine Begegnung mit dem hier berühmten Matthias Weckmann stattfand, nach den Niederlanden und Frankreich. Handschriftliche

---

[1] Man findet das historische Quellenmaterial kritisch verarbeitet in F. Beier's Aufsatz über J. J. Froberger's Leben und Bedeutung für die Geschichte der Klaviersuite (Waldersee's Sammlung musikalischer Vorträge, Leipzig, Breitkopf & Härtel, Nr. 59/60). Vgl. übrigens auch A. W. Ambros (Gesch. d. Mus., Bd. IV, 2. Aufl., S. 463 ff.).

[2] J. Sittard, Zur Gesch. d. Musik und d. Theaters am Würtemberg. Hofe (Stuttgart, 1890, I, S. 27 f., 32, 39, 43, 44, 46, 49).

Notizen zu einigen Klavierstücken F.'s bezeugen des Näheren, dass er 1650 in Brüssel, 1653 in Paris war. F. zu Ehren veranstaltete eine grosse Zahl Pariser Musiker 1652 ein Konzert, das in weiteren Kreisen Aufsehen erregt zu haben scheint. Allerdings gab es auch damals schon Chauvinisten, die dem »piffre allemand« solche Ehrung von Herzen missgönnten[1]). Von den Musikern, mit denen F. nachweislich gelegentlich dieser Reise in Verkehr trat, können wir die französischen Lautenisten Gallot und Denis Gaultier, die Klaviermeister Chambonnières und Louis Couperin und den niederländischen Staatsmann und Gelehrten Const. Huygens[2]) nennen. Vom 1. April 1653 bis 30. Juni 1657 finden wir F. wieder auf seinem Posten in Wien. Danach verliess er Wien zum dritten Mal und für immer. Man hat viel gefabelt von Urlaubsüberschreitungen F.'s und von kaiserlicher Ungnade und so das Verlassen eines ehrenvollen Postens durch F. erklären wollen. Aber der nächstliegende Grund ist doch wohl dieser: Ferdinand III. starb im März 1657. Der Nachfolger, Leopold I., dankte zunächst nach alter Sitte den bisherigen Hofstaat ab, um sich dann den eigenen zu ernennen. Beim vorigen Regentenwechsel war F. vom neuen Herrscher mit übernommen worden; diesmal hatte er nicht dasselbe Glück, obwohl er Leopold I. durch einen Band eigenhändig geschriebener Kompositionen zu gewinnen versucht hatte. Es scheint, als ob F. nun nirgends mehr eine feste Stellung erstrebte und übernahm, sondern fortan ein ungebundenes Reiseleben als Virtuos führte. So erfahren wir von einer Reise nach England, auf der F. der Sage nach allerlei Abenteuer bestanden haben soll. Doch einen Ort gab es, zu dem F. dann immer wieder gern zurückkehrte: die Residenz der Fürstin Sibylla, einer geborenen Prinzessin von Württemberg, Gemahlin des Herzogs Leopold Friedrich von Montbéliard (Mömpelgard), die F.'s Schülerin und seiner Kunst besonders zugethan war. Sie bezeugt selbst, dass F. »ihr zu Lieb schon manchen weiten weg gethan und ihm keine Mühe dauern lassen, ob er schon nit viel gewinn bey ihr hate«. Hier sollte F. auch seine letzte Ruhe finden. Er starb am 7. Mai 1667 in Héricourt bei Montbéliard und wurde auf Kosten der Herzogin am 10. in Bavilliers »ehrlich« begraben. — F.'s musikgeschichtliche Bedeutung beruht auf der Virtuosität seines Klavierspiels und auf seinen Klavierkompositionen. Letztere liegen teils in Autographen, teils in fremden Handschriften, älteren und neueren Drucken vor[3]).

In F.'s Autographen finden wir neben einander drei Notationsweisen: für die Toccaten zwei mehr als fünflinige Systeme in Frescobaldi's Art, für die Suiten zwei fünflinige Systeme nach französischer Manier, für alle übrigen fugierten Stücke endlich die italienische Partituranordnung. Als Besonderheit im Einzelnen ist noch der Gebrauch der geschwärzten Noten, der ungefüllten Viertel- und Achtelnoten und der *agrémens*, also von Elementen englisch-niederländischer und französischer Herkunft, zu vermerken.

Von den erhaltenen Kompositionen Froberger's bilden die Toccaten, Fantasien, Ricercari, Canzonen und Capricci zunächst

---

1) C. Krebs (Vierteljahrsschr. f. Mus. 1894, S. 232 ff.).
2) Jonckbloet-Land (a. a. O., S. CXCVIII ff.).
3) Näher auf diese Quellen einzugehen, erübrigt sich, da eine durch G. Adler besorgte Gesamtausgabe von Froberger's Werken in drei Bänden zu erscheinen beginnt, deren Vorreden in ziemlicher Vollständigkeit das Material verzeichnen (Denkmäler d. Tonkunst i. Österreich, Jahrg. IV, 1. Wien, Artaria, 1897). Es muss allerdings gesagt werden, dass die hier befolgte textkritische Methode und die Gruppierung der Stücke nicht allen Ansprüchen genügen.

eine Gruppe für sich. Sie bezeichnen erstlich das Gebiet, das bis auf wenige Stücke die altgewohnte Mitte zwischen der Klavier- und Orgelmusik einnimmt; und dann ist ihre innere Struktur auf Schritt und Tritt durch Formengesetze bedingt, als deren Schöpfer und Vertreter wir Frescobaldi kennen gelernt haben.

Von den beiden Arten der Toccatenform, deren sich Froberger bedient, ist die eine, phantastisch und frei schweifende unzweideutig Frescobaldi nachgebildet[1]). Bezeichnend erscheint es, dass Froberger diesen Stücken gerade eine liturgische Bestimmung[2]) gegeben und sie dadurch auf die Orgel allein verwiesen hat, ohne dabei jedoch die besonderen technischen Ausdrucksmittel der Orgel kompositorisch auszunutzen. Die andere Art der Toccaten knüpft zwar formell an die ältere, mit fugierten Zwischensätzen operierende Gestaltung Merulo's[3]) an, erhält aber dadurch einen neuen Charakterzug, dass Frescobaldi's Prinzip thematischer Umbildung, die dieser nur in den Fugen durchführte[4]), auch bei den Fugenthemen der Froberger'schen Toccata in Aktion tritt. So wird nicht allein das bunte, zwischen beiden Händen mannigfaltig wechselnde Figurenspiel ein- oder mehrmals durch fugierte Zwischensätze unterbrochen, sondern diese entwickeln sich motivisch aus einander und stellen in ihrer Folge eine musikalische Steigerung dar, zu der bisher noch Niemand gelangt war. Als frappantes Beispiel für diese neue Art Froberger's betrachte man folgende Umbildung:[5])

Von den Fugenformen Froberger's verrät keine eine einseitige Hinneigung zur Orgel oder zum Klavier. Der formale Einfluss Frescobaldi's auf ihren Bau tritt am unverhülltesten in den Canzonen zu Tage. Sie bestehen in der überwiegenden Mehrzahl aus drei, thematisch eng verwachsenen Abschnitten, haben

---

1) Siehe oben S. 131 f., 141.
2) da sonarsi alla levatione.
3) Siehe oben S. 40.
4) Siehe oben S. 129 ff.
5) Siehe Adler's Gesamtausgabe, Bd. I, Nr. 4 der Toccaten.

also jene vereinfachte Form, die sich Frescobaldi nach einer Reihe von anderweitigen Versuchen als Endresultat ergeben hatte[1]). Frescobaldi's Capriccio bestand aus einer der Zahl nach unbeschränkten Kette von Satzgliedern, die sich thematisch aus einander entwickelten. Dieselbe Form zeigt Froberger's Capriccio; seine Ausdehnung variiert zwischen drei bis sechs Satzgliedern. Die beiden Formen der Fantasie und des Ricercars endlich, die schon bei den Vorgängern Frescobaldi's ihres ursprünglichen Wesens entkleidet waren und für Frescobaldi die Vorstufe zur Canzona und zum Capriccio bedeuteten[2]), sind auch bei Froberger nur ein Tummelplatz für verschiedenartige Formengebilde, die mit dem Grundtypus beider Formen nichts mehr zu schaffen haben. Unter den Fantasien gehen so einher ein siebenteiliges Capriccio über das Hexachord[3]), dann Stücke, die eigentlich Canzonen[4]), andere, die Ricercari[5]) heissen müssten. Unter den Ricercari andererseits stossen wir auf Fantasien[6]) und Canzonen[7]), nur nicht auf eigentliche Ricercari. Die Auflösung der Fantasie wie des Ricercars in eine Reihe von Abschnitten, die mit dem Thema auch das Taktmass wechseln, ist ein derartig hervorstechendes Kennzeichen der Froberger'schen Formenbehandlung, dass ihm gegenüber die einzige deutliche Reminiscenz an die ältere Norm, nämlich die Benutzung der Themaverlängerung, kaum noch charakteristisch erscheint.

Diese formale Seite des Verwandtschafts-Verhältnisses zwischen Froberger und Frescobaldi erschliesst sich dem Auge des Beobachters am ersten. Ein Blick von hier aus in Froberger's Kunstanschauungen, in sein kompositorisches Empfinden und Gestalten lehrt uns, dass er auch hierin seines italienischen Meisters Ebenbild war. Beide haben sie eine durchaus gleich feinfühlige Art, die melodischen Motive ihrer Stücke zu bedeutsamen musikalischen Gestalten zu verdichten. Die Themen der Fantasien und Ricercari schreiten gemessen in langsamen Noten einher, in sich bergend eine grosse Mannigfaltigkeit harmonischer Ausdeutung. Die leitenden Gedanken der Canzonen und Capricci sind lebhaften Schwunges; mit so scharf pointiertem Rhythmus treten sie gleich hervor, dass sie nicht erst einer kontrastierenden Begleitung bedürfen, um zu wirken, sondern über

---

[1]) Siehe oben S. 142.
[2]) Siehe oben S. 130, 135.
[3]) Adler's Gesamtausgabe, Bd. I, Nr. 1 der Fantasien.
[4]) Nr. 3 und 5.
[5]) Nr. 4 und 6.
[6]) Nr. 1 und 4 der Ricercari.
[7]) Nr. 2, 3, 5, 6.

ihre kontrapunktische Durchführung zu herrschen scheinen, wie eine charakterstarke Persönlichkeit über eine untergeordnete Umgebung. Nur ein feiner Unterschied zwischen dem Italiener und Deutschen besteht darin, dass jener mehr dem strengen Ernst, dieser der ruhigen Milde des Empfindens und Sich-Aussprechens zustrebt. Die motivische Schreibweise ferner, die bei Frescobaldi das Produkt aus einer Verschmelzung italienischer und niederländisch-englischer Kunstanschauungen war, ist in derselben vornehmen Abgeklärtheit auf Froberger übergegangen. Bei ihm findet man deshalb auf Schritt und Tritt alle die eigentümlichen Ausdrucksmittel wieder, in denen Frescobaldi's virtuose Stärke lag; — bei Froberger, als dem Jüngeren, sogar noch in einem höheren, bedeutend grösseren Anforderungen an virtuoses Können stellenden Grade.

Mit Frescobaldi[1] teilt Froberger auch in bemerkenswertem Masse die Fähigkeit, seine thematischen Gedanken ohne Anlehnung an ältere Vorbilder selbständig und frei zu schaffen. Ausser in den wenigen während der bisherigen Darstellung nachgewiesenen Fällen[2] lässt es sich nur noch einmal wahrscheinlich machen, dass Froberger ein älteres Thema acceptiert habe. Man halte mit Froberger's Ricercar Nr. 5:

einige oben[3] mitgeteilte Themen von Gio. Gabrieli und H. L. Hassler zusammen.

Eine wesentlich andere Perspektive eröffnet die zweite Gruppe der Kompositionen Froberger's; sie umfasst die Suiten und Variationen, Werke also, die in eigentlichem Sinne als Klaviermusik zu gelten haben.

In allen erhaltenen Suiten Froberger's (23 an Zahl)[4] kehren regelmässig drei Tänze: Allemande, Courante und Sarabande als Grundpfeiler der Form wieder. Fünf der Suiten sind sogar auf diese Dreisätzigkeit beschränkt geblieben, während die übrigen achtzehn noch durch eine Gigue erweitert sind. Ein anderes Mittel, dieses einfache Formenschema reicher auszugestalten, benutzt Froberger auch in der Variation, die er unter der Bezeich-

---

1) Siehe oben S. 130.
2) Siehe oben S. 38, 107.
3) S. 97.
4) Ein bequem zu handhabendes thematisches Verzeichnis derselben enthält die zitierte Schrift Beier's.

nung *Double* der Allemande, Courante oder Sarabande gelegentlich auf dem Fusse folgen lässt. Eine Suite scheint auf den ersten Blick hin von dem geschilderten Formenprinzip abzuweichen; der erste Abschnitt derselben führt nämlich den umständlichen Titel: Trauerstück über den schmerzlichen Heimgang Sr. Majestät des Königs Ferdinand IV.[1]). Aber man erkennt doch bald, dass diese Bezugnahme auf ein Zeitereignis an dem Tanzcharakter des Stückes wenig geändert hat; es ist trotz der Etikette Allemande geblieben. Das Vorbild für seine Suiten kann nun Froberger nur bei den französischen Klaviermeistern gefunden haben; denn sie waren es, bei denen wir die Grundform der Suite zuerst auftauchen sahen und die auch die Doubles und die Sitte der Namengebung zuerst eingeführt hatten[2]). Weitere Bestätigung erhält dieser Zusammenhang, den auch schon die Biographie Froberger's vermuten lässt, durch eine Vergleichung des beiderseitigen Kompositionsstils. Hier wie dort herrscht jene Ungezwungenheit und Freizügigkeit des Klaviersatzes, der selbst da, wo er zur Polyphonie den Anlauf nimmt, doch im innersten Kern nur durch Melodie und Harmonie geregelt wird[3]). Auf beiden Seiten wird der an sich schon ziemlich zierliche Verlauf aller Stimmen durch mannigfaltige Verzierungen (*agrémens*) noch flüssiger und reizvoller gestaltet[4]). Ordnet man endlich Froberger's Suiten nach ihren Tonarten, so gewahrt man in ihnen deutlich dasselbe Streben zum modernen Dur und Moll, dem schon die französischen Suitenkomponisten huldigten. Soweit wie L. Couperin geht Froberger freilich noch nicht vor, aber er steht doch, da er *C*dur, *C*moll, *D*dur, *D*moll, *E*moll, *F*dur, *G*dur, *G*moll, *A*dur und *A*moll anwendet, in einer Reihe mit Chambonnières[5]).

Als Deutscher, der nicht so unmittelbar wie die Franzosen den Werdeprozess der Suitenform hatte durchmachen müssen, bewahrte sich aber Froberger, trotzdem er ihnen sonst Folge leistete, doch genügende Unbefangenheit des Urteils, um in einigen nicht unwesentlichen Momenten seinerseits die übernommene neue Kompositionsgattung weiter zu fördern. Der Gefahr, der die Franzosen, wie wir noch sehen werden, thatsächlich später erlagen, nämlich durch Einschiebung allerhand anderer Bestandteile zwischen die drei Träger der Form diese ins Ungemessene und

---

[1]) *Lamento sopra la dolorosa perdita della Real Maestà di Ferdinando IV Re de' Romani.*
[2]) Siehe oben S. 154 ff.
[3]) Siehe oben S. 155 f.
[4]) S. 155, 158.
[5]) S. 164.

Unübersichtliche auszudehnen — dieser Gefahr ging Froberger dadurch aus dem Wege, dass er sich auf den knappsten Umfang beschränkte, innerhalb dessen jedes einzelne Glied seine Eigenart erst zu entfalten vermochte. Und um selbst auf so kleinem Raume, wie es die viersätzige Suite ist, jedem Zerfall des eigentlich nur lockeren Gefüges vorzubeugen, gab Froberger fast in allen seinen Suiten wenigstens der Allemande und Courante noch einen musikalischen Stützpunkt, der den Franzosen gänzlich fremd war: er liess die Courante bei aller Wahrung ihres Tanzcharakters sich motivisch aus der Allemande entwickeln, indem sie deren Anfangsmelodie umbildete oder zum Mindesten doch ihre Harmoniebasis zum Anhalt nahm. Froberger vertiefte somit die Suite durch ihre Verschmelzung mit dem Prinzip der Variation. Endlich ist Froberger noch in einem äusserlichen Punkte um einen Schritt über die Franzosen hinaus gegangen. Die Überschriften, welche die französischen Suiten oder einzelne Teile derselben erhielten, waren, wie wir gesehen haben,[1]) einer Mode in der Ballett- und Lautenmusik entsprungen und hatten für den musikalischen Inhalt keine zwingende Bedeutung. In der schon erwähnten Suite, die mit dem *Lamento* beginnt, sieht sich aber Froberger veranlasst, auch der Tonmalerei in überraschender Laune Raum zu gewähren. »Den Schluss des *Lamento*[2]) bildet ein handgreiflich malender, nicht misszuverstehender Zug. *Glissando* und *presto* fährt in raschem Lauf die C dur-Tonleiter vom kleinen c im Bass bis zu den lichthellen Regionen des dreigestrichenen c — offenbar die ‚Himmelfahrt‘ des höchstseligen Ferdinand IV. Diese Scala ist die Himmelstreppe, die Jakobsleiter; damit man es ja nicht missdeute, hat Froberger eigenhändig quer über den letzten Takt, so dass das c''' gerade hineinfährt, den offenen, Lichtstrahlen entgegenwerfenden Himmel und drei Cherubköpfchen hingezeichnet. Auch bei den folgenden Sätzen ist Froberger's illustrierende Feder nicht müssig gewesen: die Gigue prangt mit einer Zackenkrone — wohl der ‚Krone ewiger Gerechtigkeit‘ —; zur Courante hat der Komponist ein Crucifix und einen dampfenden Weihrauchkessel gezeichnet; zu der Sarabande ein reich mit Getreideähren bewachsenes Feld[3]) und einen Lorbeerkranz.« Damit macht also Froberger einen ähnlichen Anlauf zur Programmmusik, wie ihn schon ein englischer Virginalist durch die musikalische Schilderung eines vorüberziehenden Gewitters versucht hatte[4]).

---

1) Siehe oben S. 138.
2) So beschreibt Ambros (a. a. O., IV, S. 471) die Komposition.
3) »Anspielung auf Matth. XIII. 8 ?«
4) Siehe oben S. 68.

Nicht unglaubhafte Überlieferung giebt uns von einigen ähnlichen, bisher noch nicht wieder 'gefundenen Versuchen Froberger's Kunde. So soll er ein *Tombeau*¹) und ein *Memento mori*²) komponiert haben; ferner eine »*Plainte, faite à Londres, pour passer la mélancolie,* wobei eine Beschreibung desjenigen, so ihm zwischen Paris und Calais sowohl als zwischen Calais und England von den Land- und Seeräubern widerfahren, auch dass ihn der Engländische Organist gescholten, bei dem Arm zur Thür geführt und mit dem Fuss hinausgestossen;«³) endlich noch eine »*Allemande, faite en passant le Rhin dans une barque en grand peril,* in welcher die Überfahrt und die Gefahr, so sie auf dem Rhein ausgestanden, in 26 Noten-Fällen (d. h. Tonbildern) ziemlich deutlich vor Augen und Ohren gelagert wird«⁴).

Es erübrigen noch einige Worte über Froberger's **Variationen** »auff die Mayerinn«⁵). Nachdem die Melodie in sechs Partiten variiert worden ist, folgen ihnen ein *Courant sopra Mayerin* nebst *Double* und eine *Saraband sopra Mayerin*. War vorher also die Suitenform durch die Variation modifiziert worden, so haben wir jetzt die umgekehrte Erscheinung vor uns, dass das Prinzip der Suite die Gliederung einer Variationsreihe bestimmt. Auf dies Ineinandergreifen der beiden Klaviermusikformen ist jedoch Froberger, durch seine Suiten etwa angeregt, nicht von sich aus verfallen; sondern er sowohl, wie sein Amtsgenosse **Ebner**⁶), that es dem Beispiele **Frescobaldi's**⁷) nach. So erklärt es sich denn auch, dass die ganze Kleinkunst seines Variierens durchaus Frescobaldi'scher Faktur ist und mit dem Suitenkompositionsstil keine tiefe innere Gemeinschaft aufweist.

Von Froberger's äusserer **Spieltechnik**, die man zur Neubelebung seiner Klavierkompositionen doch vor allem kennen müsste, wissen wir aus direkten, authentischen Quellen nur wenig. Diesen Mangel empfinden wir um so fühlbarer, da das Wenige, was wir wissen, zeigt, wieviel wir gerade durch eine reichlichere Überlieferung gewonnen hätten. Rühmte doch der Gesandte W. Swann, als er Froberger 1649 in Wien kennen lernte, diesen als einen Klavierkünstler von seltener Vollkommheit;⁸) und sprach doch Huygens immer nur in den Ausdrücken höchster Bewunderung über Froberger. Die Herzogin Sibylla

---

1) Mattheson (»Ehrenpforte« S. 222).
2) Jonckbloet-Land (a. a. O., S. CCIV).
3) Mattheson (»Ehrenpforte« S. 189).
4) Mattheson (»Ehrenpforte« S. 89; Vollk. Capellm. S. 130; Crit. mus. I, S. 104 ff.).
5) Über die Herkunft und das spätere Schicksal der Liedmelodie geben Ambros (a. a. O., IV, S. 477) und Ph. Spitta (Vierteljahrsschr. f. Mus. 1885, S. 75 f.) einige Auskunft.
6) Siehe oben S. 167.
7) Siehe oben S. 141 f.
8) *homme tres-rare sur les Espinettes.*

hegte die Meinung, »das wer die sachen nit von ihme hern Froberger Sel. gelernet, unmüglich [sie] mit rechter *discretion* zuschlagen [verstünde], als wie er sie geschlagen hat« — und Froberger selbst hat ihr »offt gesagt, das vil von seiner Composition vor ihre Composition ausgeben und doch nit wisten mit umbzugehen, sondern selbige nuhr verderben«. Aber wenn auch Froberger und die ihm Nahestehenden jegliche gründlichere Auskunft über die Eigenart seiner Vortragskunst schuldig geblieben sind, können wir doch bis zu einem gewissen Grade dies Defizit ausgleichen. Wir haben gesehen, dass Froberger als Komponist sich sowohl der Kunstrichtung Frescobaldi's wie derjenigen der französischen Klaviermeister angeschlossen hatte. Hinsichtlich der Form wie des Kompositionsstiles dachte und schrieb Froberger bei Gattungen italienischer Provenienz wie ein Italiener, bei den französischen Suiten wie ein Franzose[1]). Die beiden unter sich verschiedenen Kunstarten waren ihm so fest und sicher in seine eigene Natur hinein gewachsen, dass er sie ohne stilwidrige Vermengung jeder Zeit unabhängig von einander handhaben und deren innere Gesetze selbst noch vervollkommnen konnte. Was liegt da näher als die Annahme, dass der Mann, der als schaffender Künstler jenen internationalen Standpunkt einnahm, denselben auch als vortragender Virtuos nicht verliess, dass er mit dem inneren Wesen der Kunst auch die äusseren Mittel ihrer Darbietung an sich zog, mit andern Worten, dass Froberger dem italienischen und französischen Genre seiner Kompositionen auch mit der entsprechenden Spieltechnik Frescobaldi's oder der französischen Meister gerecht wurde! Von diesen beiden wissen wir dann aber genug, um daraus Anhaltepunkte für Froberger's Spiel zu gewinnen. Zunächst erfordert die italienische Schreibart, wie aus Frescobaldi's Regeln erinnerlich ist[2]), vom Vortragenden ein sorgfältiges, auf glänzenden Effekt abzielendes Herausarbeiten der mannigfachen Diminutionsarten. Dem entspricht auf Seiten eines französischen Suitenspielers neben der korrekten Wiedergabe der *agrémens* jenes tiefblickende Verständnis eines L. Couperin[3]) für den harmonischen Zusammenhang der kraus und wirr durcheinander wirbelnden Tonphrasen, die Fähigkeit, das anscheinend zerfallende Nacheinander der Klänge auf dem Klavier

---

1) Ambros (a. a. O., IV, S. 464) vertritt dagegen die Ansicht: »Froberger arbeitet diese verschiedenen nationalen Elemente so in einander, dass daraus ein eigenthümlicher Styl entsteht, welchen man nicht wohl anders nennen kann, als den Froberger'schen«.
2) Siehe oben S. 133 f., 140.
3) Siehe oben S. 162.

zu einem geschmackvollen Miteinander zu vereinigen. Zweitens aber ist beiderseits besonders darauf zu achten, dass kein Stück beim Vortrag in ein pedantisch gleichmässiges Taktmass eingezwängt werde, sondern dass das Tempo sich nach Massgabe des musikalischen Inhalts bald verlangsame, bald beschleunige, immer aber sich die Frische des Schwunges bewahre, die von einem völligen Aufgehen des Virtuosen im Kunstwerk und von seiner subjektiven Mitarbeit an demselben Zeugnis ablegt. Ist diese ganze Deduktion zutreffend, dann folgt, dass Froberger als Virtuos die Forderungen erfüllte, die wir auch heute an jeden Virtuosen stellen: mit peinlicher Gewissenhaftigkeit das Tonstück, so wie es der Komponist geschaffen hat, zu Gehör zu bringen und dabei doch auch die Subjektivität seiner eigenen Persönlichkeit mitwirken zu lassen.

Diese subjektive Freiheit beim Vortrag eines Kunstwerkes ist jedoch etwas Anderes, als sehr viele Herausgeber älterer Musik darunter haben verstanden wissen wollen. Wir können einem Klavierstück des vorigen Jahrhunderts etwa nicht ohne Weiteres technisch und geistig in demselben Masse gerecht werden, wie dem Tonstück eines Komponisten der Gegenwart. Dazu ist vielmehr immer erst geschichtliche Reflexion von Nöten: man kann ja nicht erwarten, dass ein älteres Werk in Allem und Jedem unseren musikalischen Geschmack befriedige, sondern muss aus der Zeit seiner Entstehung, aus der Eigenart seines Schöpfers heraus, kurz vom Standpunkte der damaligen Gegenwart erst zu begreifen suchen, was der Komponist mit seinem Stück habe sagen wollen. Diese nicht so einfache geschichtliche Vorarbeit ist leider allzu gern bei Seite geschoben worden. Es war ja viel bequemer, von der älteren Musik zu verlangen, dass sie sich auch modernen Augen einigermassen passabel präsentiere. That sie das nicht, so wurden anscheinend unerträgliche Härten der melodischen, harmonischen oder rhythmischen Fassung gestrichen, in leere Stellen klangvollere Akkorde und brillanter klingende Figuren eingeflickt und darüber Phrasierungs-Spitzfindigkeiten gestreut. Dass dadurch der älteren Musik ihr ursprünglicher Charakter genommen und den Komponisten ein Gewand gegeben wurde, das weder ihnen noch ihrer Zeit anstand, hielt man dann mit dem Argument für abgethan: wenn der X oder Y heute unter uns lebte, so würde er jene Veränderungen sicherlich auch anbringen. Von einem solchen ungeschichtlichen, barbarischen Modernisieren kommt man aber erfreulicher Weise in neuerer Zeit immer mehr ab.

Was Ebner im Kleinen war, das war Froberger im Grossen, ein deutscher Musiker von internationaler Bildung und Tendenz, ein »musikalischer Kosmopolit«[1]). Damit ist gleichzeitig seine Bedeutung für die Geschichte der deutschen Klaviermusik abge-

---

[1]) Ambros (a. a. O., IV, S. 464). Derselbe Schriftsteller bezeichnet Froberger auch als »frühesten Salonkomponisten«, macht aber davon durch Einschränkungen soviel Abstriche, die sich übrigens noch vermehren lassen, dass von dem Sinn des Epitheton wenig übrig bleibt und zu Recht besteht. Es wäre deshalb auch besser gar nicht erst erteilt worden.

steckt. Der Umstand, dass Froberger sich als Verfechter fremder
Kunstrichtungen in Deutschland bekannte, würde allein schon
ihm in der Geschichte einen hervorragenden Platz sichern. Um
so mehr darf er darauf Anspruch erheben, da er über seine Vorbilder hinausstrebte und durch eigene Kraft hinauskam. Seinem
Wirken haben wir Wesentliches zu danken. Der Stern von Frescobaldi's Kunst, die Italiens ältere Klavier- und Orgelmusik zum
harmonischen Ausgleich gebracht und der Klaviermusik einen
freien Weg in die Zukunft eröffnet hatte, ging nun den noch tief
im Banne der Orgeltabulatur steckenden Deutschen auf, ihnen
das »Morgenrot einer neuen Zeit« kündend. Und von Frankreich
her zog eine muntere Schaar jugendlich kecker Tanzgestalten
über die deutsche Grenze, nicht minder bereit, bei den Nachbarn
die steife Organistenwürde aus der Klaviermusik hinwegzufegen
und mit revolutionärer Unverzagtheit den bisher so fest dastehen-
den Kirchentonarten ein Bein zu stellen.

Aber die Saat, die Froberger ausstreute, reifte nur langsam
heran. Vielleicht, dass bittere Lebenserfahrungen ihn zum Misan-
thropen geformt hatten; er selbst mochte jedenfalls nicht, »das
seine sachen under andere Leut hände komen täten«. »Dan
ichs ihme auch so oft und viel auf sein begeren versprochen, —
so berichtet die Herzogin Sibylla — niemanden nichts zu geben,
oder wan ich ja Jemanden was geben wolte, mechte ich von
den 2 ersten *oper[ibus]* was zukomen lassen, das andere solte
ich vor mich behalten.« Auch war ja Froberger im Leben nicht
sesshaft genug, um durch stetig andauernden Unterricht einen
grossen Schülerkreis heranzubilden. Die wenigen aber, die sich
wirklich seine Schüler nennen konnten, — ein Kaspar Grieff-
gen, Organist in Köln, Joh. Drechsel in Nürnberg, Ewald
Hinsch [Hintze], Organist in Danzig, und die öfter erwähnte
Herzogin Sibylla — sie reichten, wie es scheint, höchstens in technischer Fertigkeit, nicht aber auch geistig an Froberger heran.
So begreift man es, dass die Mitwelt in Froberger nur den grossen
Virtuosen bewunderte und dass das Verständnis seiner kompositorischen Bedeutung sich weiteren Kreisen erst später erschloss,
als Louis Bourgeat in Mainz seit den neunziger Jahren des 17.
Jahrhunderts einige Sammlungen Froberger'scher Klavierstücke
veröffentlichte, was nach dem Wunsche von Huygens gleich nach
Froberger's Tode hätte geschehen sollen. Die Wiedererweckung
von Froberger's Werken fiel also gerade in eine Zeit, wo das
deutsche Klavierspiel zum ersten Male einem die musikalische
Welt beherrschenden Höhepunkt zustrebte, in die Jugendzeit
Bach's und Händel's. So wurde sein Lebenswerk noch mit

ein Grundstein für das Fundament ihrer Grösse. In einem von Händel's Musikbüchern [1], die er als Knabe anlegte, war auch Froberger vertreten; und »Frobergern hat der selige Leipziger Bach jederzeit hochgehalten, ob er schon etwas alt« [2]). Wir werden später sehen, dass auch in den Werken von Bach und Händel Froberger's Geist lebendig geworden ist.

Darin, dass talentvolle, lernbegierige Kunstjünger mit kaiserlichen Stipendien ins Ausland geschickt wurden und dass sie um neue Anschauungen reicher ihre heimatliche Kunst von weiteren Gesichtspunkten aus betrieben, lag nicht der einzige Grund für den universellen Zug, der die Werke der Wiener Klaviermeister charakterisiert. Nach der gleichen Richtung hin anregend wirkte vor Allem das ganze musikalische Leben und Treiben am kaiserlichen Hofe. Wien war ja stets ein Sammelpunkt für Komponisten, Sänger und Spieler aus aller Herren Länder gewesen, und das Kunstverständnis der Herrscher liess selten eine hervorragende Kraft von ausserhalb ungenützt weiter gehen. So finden wir denn in den erhaltenen Kapelllisten ständig ein bedeutendes Kontingent fremder Künstler namhaft gemacht; die unmittelbare Anregung, die hier an Ort und Stelle von ihnen ausging, darf man nicht unterschätzen. Unter den ausländischen Organisten, die in diesem Sinne eine für die deutsche Klaviermusik bedeutsame Rolle spielten, verdient nun Alessandro **Poglietti** besondere Aufmerksamkeit.

Wann und wo P. geboren und musikalisch ausgebildet wurde, ist nicht bekannt geworden. Wir wissen nur, dass er am 1. Juli 1661 Kammerorganist Kaiser Leopold's I. (1658—1705) wurde, 1678 wegen langjähriger Dienste ein Gnadengeschenk von 100 Thlr. erhielt und im Juli 1683 während der Belagerung Wiens durch die Türken umkam [3]). — Mit zwei Werken trat P. an die Öffentlichkeit: 1) »*Pieces pour le Clavecin ou l'Orgue, 1663*« [4]). 2) »*Ricercari a 4 voci*« [5]). Derselbe Zug der Zeit, der Ende des 17. Jahrhunderts die Erinnerung an Froberger belebte, bewahrte auch weiterhin P. vor dem

---

1) Fr. Chrysander (G. F. Händel, Bd. I, S. 43).
2) J. Adlung (Anleit. z. musik. Gelahrtheit, Erfurt 1758, S. 711).
3) Köchel (die kaiserl. Hofmusikkapelle in Wien, S. 62, 112).
4) Ein Original dieses Werkes ist zwar bisher noch nicht nachgewiesen worden, doch an der wirklichen Existenz lässt folgender Umstand nicht zweifeln. *Ms. 17, 670* in qu. fol. der Kgl. Bibliothek zu Berlin (geschr. Mitte des 18. Jahrhunderts), aus der Fischhof'schen Sammlung in Wien herrührend, enthält eine Reihe von Klavierstücken unter obigem Titel. Eine ganz moderne Hand hat einige Variationen darin mit besonderen Titeln versehen, die ihrer Fassung nach nur einer alten Quelle entnommen sein können und aus denen sich auch eine sichere Datierung des Werkes ergeben wird.
5) Sie befinden sich handschriftlich in der Privat-Musikaliensammlung des Königs von Sachsen in Dresden (vgl. E. Naumann, Neue Berl. Musikztg., 1875, S. 284 ff.) und in Berlin (*Ms. 17, 670*).

Vergessensein: Roger[1]) in Amsterdam, Walsh[2]) in London und Aresti[3]) veröffentlichten in ihren Sammelausgaben mehrere Stücke P.'s. Dies sind die Quellen, aus denen die sonst noch bekannten handschriftlichen Überlieferungen[4]) schöpften. Neugedruckt ist ausser 4 Ricercar[5]) noch nichts; und doch verdienten gerade die Klavierstücke solche Auferweckung von ihrem Bibliotheksschlafe.

Die zwölf Ricercari Poglietti's stehen nicht etwa auf dem musikalischen Boden Frescobaldi's und Froberger's; sie gemahnen vielmehr an die längst vergangenen Zeiten Merulo's und G. Gabrieli's. Es tauchen die alten Formen auf, in denen Umkehrung und Verlängerung des Themas und die Kombination mehrerer Motive eine Rolle spielten. Die puritanische Enthaltsamkeit von allen Spielfiguren und die durchaus vokalmässige Satzweise erinnern uns daran, dass es früher eine Zeit gab, in der die instrumentale Ausputzung solcher Stücke noch dem virtuosen Spieler überlassen wurde, und machen es uns so recht fühlbar, um eine wie grosse Strecke dieser Standpunkt hinter der Kunstpraxis der neueren Zeit zurück gelegen ist. Aber gänzlich hat sich Poglietti des inneren Zusammenhanges mit dem Kunstempfinden seiner Zeit doch nicht entschlagen können. Ihr hat er zu verdanken die bemerkenswerte Sicherheit des kontrapunktischen Stiles, die Gewandtheit im Zusammenfügen des Harmoniegewebes, die Kühnheit der chromatischen Probleme, die Gedankentiefe und Selbständigkeit seiner Themen. Neuen Most in alte Schläuche zu

---

1) *Toccates & Suittes pour le Clavecin de Messieurs Pasquini, Poglietti & Gaspard Kerle*. [1704.] (Exemplar in der Amalienbibliothek des Kgl. Joachimsthal'schen Gymnasiums zu Berlin).

2) *A second collection of toccates, voluntarys and fugues made on propose for the organ and harpsicord compos'd by Pasquini, Polietti, and others the most eminent foreign authors*. (Exemplar in der Kgl. Bibliothek zu Brüssel).

3) *Sonate da Organo di varii autori* [o. O. u. J., ca. 1690]. (Exemplar in München).

4) *Ms. P*. 407 in der Kgl. Bibl. zu Berlin; *Ms.* im Besitze des Herrn Prof. F. Bischoff in Graz (17. Jahrh.); Manches wird vielleicht noch in Wien zu finden sein. In *Ms.* 17, 670 (Berlin) steht ein Ricercar über das Hexachord, angeblich von Poglietti komponiert. Der wirkliche Autor ist jedoch John Bull (s. oben S. 66); Poglietti mag sich dies Stück einmal kopiert haben, woraus denn der unkundige spätere Schreiber auf seine Autorschaft schloss. Die Fuge mit dem Thema:

ist in *Ms. P*. 407 (Berlin) als Poglietti's Arbeit bezeichnet, von M. Clementi (*Selection of practical harmony*, Bd. 2) und Farrenc (*Trésor des pianistes*, Bd. 2) jedoch als Stück Frescobaldi's veröffentlicht worden. Aus stilistischen Gründen ist weder die eine, noch die andere Angabe richtig. Wem dafür die Fuge zukommt, muss vorläufig unerörtert bleiben.

5) Ritter (Z. Gesch. d. Orgelspiels, I, S. 44, II, S. 44).

fassen, seine moderne Tonsprache in der strengen alten Form zu läutern, war wohl auch Poglietti's Absicht. Als ein derartiges Studienwerk verdient es heute noch Beachtung¹).

Eine gewiss nicht zufällige Parallele besteht zwischen Poglietti's Ricercar Nr. 1:

und dem Thema im ersten Allegro des *Concerto grosso* Nr. 6 von Händel²):

Erscheinen die Ricercari Poglietti's als Werke, die der Komponist in der Weltabgeschiedenheit seiner stillen Studierstube schuf, so treiben dagegen seine *Pieces pour le Clavecin ou l'Orgue* hoch oben auf dem Strome der Zeit daher: es ist eine Sammlung recht eigentlicher Modestücke.

Den Reigen eröffnet eine *D*dur-Suite. Die Gruppierung der Teile in ihr ist schon charakteristisch für den Italiener Poglietti. Wir müssen erst eine Toccata mit fugierten Zwischensätzen und eine Canzona, aus zwei thematisch verbundenen Abschnitten bestehend, anhören, ehe wir an den Kern der Form: Allemande, Courante, Sarabande und Gigue, heran kommen. Und diese lösen sich nun nicht scharf kontrastierend einander ab, sondern verzögern ihr Abtreten, indem sich die Allemande in zwei Variationen, die übrigen Tänze, selbst die Gigue, in je einer Double verjüngen. Ferner ist in der harmonischen und melodischen Fassung der Tänze von einem motivischen Zusammenhange unter einander gänzlich abgesehen. Während Froberger die Form einzuengen bemüht war, strebt also Poglietti wieder ins Breite. Auch im Stil weicht dieser wesentlich von der durch Froberger vermittelten französischen Norm ab. Poglietti vermeidet das eigentümliche Zickzack der gebrochenen Harmonien, das dem französischen Geschmack behagte, und verlegt als Italiener allen Nachdruck auf eine glatte, flüssige und elegante Melodik, ohne dabei doch wieder in die Gebundenheit des Orgelsatzes zu verfallen und ohne sich den Gebrauch der französischen *agrémens* zu versagen. Ähnlich steht es mit einer zweiten Suite Poglietti's in Roger's Sammlung.

---

¹) E. Naumann (a. a. O.) hat Poglietti gerade in den Ricercari zu einem »Vorgänger Bach's« stempeln wollen. Aber die Stilähnlichkeiten sind so allgemeiner Natur, dass für die Annahme eines näheren geistigen Verhältnisses zwischen beiden Komponisten kein zwingender Grund vorliegt.
²) Chrysander's Gesamtausgabe, Bd. 30.

Der folgenden *Aria Allemagna con alcuni variazioni sopra l'età della Maestà*[1] liegt ein kleines, marschähnliches Liedchen zu Grunde. Dies ist im Bau völlig abnorm; denn es hat einen Aufgesang von zwei und einen Abgesang von fünf Takten, und ausserdem schliessen beide Glieder in der Tonika. Um so erstaunlicher ist die hervorragende Geschicklichkeit, mit der Poglietti den an sich störenden architektonischen Mangel so weit zu verhüllen gewusst hat, dass dieser unter dem reichen Segen seiner Variationskunst eben nur schwach hervorschimmert. Am Prinzip der Variation, wie es die englischen Virginalisten[2] fest gelegt haben, hat Poglietti freilich nichts geändert, aber aus dem musikalischen Inhalt seiner Stücke weht uns die Luft einer Zeit entgegen, die in ihren Anforderungen an Klangschönheit und an Spieltechnik fortgeschritten und in ihrem melodischen und harmonischen Geschmack entwickelter ist. So stehen denn Poglietti's Variationen unserm Empfinden ungleich näher als jene, ja sie haben teilweise sogar ein völlig modernes Aussehen und Gepräge. Als Proben dieser Art betrachte man die reizvolle Behandlung des Quintsextakkordes in der 7. Double

und die Schlusstakte der vollgriffig gesetzten, majestätisch stolzen 13. Double:

---

[1] ..*sopra l'età della Maestà* bedeutet eine Spielerei, die sich seiner Zeit schon Ebner geleistet hatte: Poglietti setzt dem Alter des Kaisers entsprechend 23 Doubles zur Aria. Dieser Umstand ist es, der die genaue Datierung des ganzen Werkes ermöglicht. Leopold I. war 1640 geboren, also erschien Poglietti's Werk 1663.

[2] Siehe oben S. 60 f.

Bei diesen Variationen hat Poglietti auch der französischen Mode der Überschriften seinen Tribut entrichtet: so steht über der 7. Double »Böhmisch Dudlsack«, der 8. »Hollandisch Flageolet«, der 10. »Bayrische Schallmay«, der 12. »Alter Weiber Conduct«, der 13. »Hanacken Ehrentantz«, der 14. »Französische *Baiselemens*«[1]), der 15. »Gaugler Sailtantz«, der 16. »Polnischer Sablschertz«, der 17. »Soldaten Schnabelpfeif«, der 18. »Ungarische Geigen« und über der 22. »Steyermärker Horn«. Man sieht aus der Nennung verschiedener Nationalitäten, dass die Bezeichnungen zunächst irgend einen politisch-persönlichen Bezug auf Leopold I. hatten. Aber bei der äusserlichen Etikette liess es Poglietti, so wenig wie Froberger, bewenden, sie gab ihm vielmehr auch zur musikalischen Malerei Veranlassung. Man sehe nur den springenden Bogen der »Ungarischen Geigen«:

vergegenwärtige sich den schrillen Klang der »Holländischen Flageolets«:

beachte die Zierlichkeit der »Französischen Verbeugungen«:

und die Kunststückchen der »Gaugler«:

---

1) *baisemens?*

In dasselbe Genre musikalischer Malerei gehören noch schliesslich einige andere Stücke Poglietti's: ein *Capriccio Il Rossignolo*, eine *Petite Air gay pour imitation de Rossignole* und ein *Capriccio vber das hannen vnd henner geschrey*.

Tierstimmen-Imitation auf dem Klavier war nichts Neues, darin war Frescobaldi schon vorangegangen. Ähnliche Beispiele aus Poglietti's Zeit werden wir noch öfter antreffen. Poglietti's Nachtigallenschlag

ist nur insofern von besonderer Bedeutung, als er in Händel's Gedächtnis haften blieb und, etwas verändert, von ihm im ersten Satz seines *Concerto grosso* Nr. 11[2]) neu benutzt wurde:

Den bisher genannten Männern ist nunmehr Johann Kaspar Kerl anzureihen.

K. wurde am 9. April 1627 zu Adorf im sächsischen Vogtlande als Sohn des dortigen Organisten Kaspar Kerl geboren[3]). Seine Jugendzeit scheint K. als Kapellsingerknabe in Wien verlebt zu haben, und als solcher war er beim Kapellmeister Gio. Valentini († 1649) in Kost und Lehre. Die musikalischen Fähigkeiten K.'s müssen früh stark hervorgetreten sein, da er bei eingetretener Mutation behufs weiterer Ausbildung zu Giac. Carissimi nach Rom gesandt wurde. Genauere Daten für den Beginn und die Dauer der Reise lassen sich zur Zeit nicht geben. Auffallend ist es, dass K. nach seiner Rückkehr nicht wieder in die kaiserliche Kapelle eintrat, sondern sich nach München wandte, wo er im Februar 1556 als Vizekapellmeister und bereits im September als »wörkhlicher Kapellmaister« des Kurfürsten Ferdinand Maria angestellt wurde. Hier war K. besonders für Oper und Kirche kompositorisch thätig. Aber trotz mancher Ehrenzuwendungen, die ihm für seine Leistungen von hier und auswärts gemacht wurden, befand er sich oft in pekuniären Schwierigkeiten, die denn schliesslich auch seine ganze Stellung untergruben. Mit dem Ausgang des Jahres 1673 erreichte sein Wirken in

---

1) Siehe oben S. 139.
2) Chrysander's Gesamtausgabe, Bd. 30.
3) Diese Feststellung, die alle bisherigen Annahmen endgültig beseitigt, ist R. Frenzel zu verdanken (Urania, Musikztschr. f. Orgelbau, 1897, S. 77).

München das Ende, im April des nächsten Jahres trat sein Nachfolger an. K. soll, wie die Überlieferung meldet, 1674 Organist an St. Stephan geworden sein, in welchem Amte ihm dann Johann Pachelbel zur Seite stand. Sicher bezeugt sind aber nur sein Aufenthalt in Prag 1679[1]) und seine Thätigkeit in Wien als Hoforganist vom 1. Oktober 1680 bis Ende 1692. Aber auch in Wien ging es K. pekunär nicht viel besser, wie ein noch erhaltenes Bittgesuch aus dem Jahre 1684 beweist. Ende 1692 kehrte K. wieder nach München zurück; hier starb er bald danach, am 13. Februar 1693, und wurde am 16. in der Klostergruft der Augustiner beigesetzt[2]).

K.'s Virtuosität im Klavier- und Orgelspiel kennzeichnet folgende Anekdote. Zur Kaiserwahl und -Krönung Leopolds I. nach Frankfurt gekommen, (1658), erbat er sich vom Kaiser ein Fugenthema, das K. nach einem Präludium erst zwei-, dann drei- und vierstimmig, zuletzt mit Benutzung des Pedals und mit Einführung eines selbsterfundenen Gegenthemas fünfstimmig bearbeitet haben soll. Zuverlässigere Proben seiner Kunst besitzen wir in zwei Werken, die in der Periode seiner Wiener Stellung erschienen: 1) »*Toccate, Canzoni, et altre Sonate, per sonare sopra il Clavicembalo è Organo. Dalli Principali Maestri Sig: Sig: Kerll, Borro, J. P. Krieger: composte. 1673*«[3]). 2) »*Modulatio Organica super Magnificat octo tonis respondens. Monachii, Mich. Wening, 1686*«[4]). Mehrere Stücke kamen dann noch in späteren Sammlungen von G. C. Aresti[5]), Roger und Walsh[6]) heraus, andere blieben handschriftlich[7]). Von diesem Bestande hat wenigstens Einiges den Weg in moderne Ausgaben gefunden[8]). K.'s bedeutendste Schüler waren endlich Ag. Steffani, J. J. Fux, G. Reutter, F. X. Murschhauser.

Ist auch aus chronologischen Gründen nicht gut anzunehmen, dass Frescobaldi noch am Leben war, als Kerl nach Rom kam, so kann es andererseits nicht bezweifelt werden, dass die Hand, die ihm die Praxis des Klavierspiels und der Komposition enthüllte, ihn doch in die Strömung der Frescobaldi'schen Kunst einlenkte. Die Toccaten zeigen zunächst neu-italienische Züge;

---

1) Das Autograph von Kerl's *Capriccio Kuku* (Kgl. Bibl. Berlin, Grasnick'sche Sammlung) trägt die Unterschrift: *A. M. S. G. S. Alexii Honorem. Pragae. Ao. 1679 die 17 Julij.* Hiernach verbessere man meine irrthümliche Quellenangabe bei Shedlock (s. unten).
2) Die biographischen Notizen über Kerl sind zu finden bei F. M. Rudhart (Gesch. d. Oper a. Hofe zu München, Freising 1865, S. 33 ff.), Köchel (D. kais. Hofmusikkapelle, S. 66, 110), Fürstenau (Gesch. d. Mus. u. d. Theat. a. Hofe zu Dresden, I, S. 9, 181 f.), K. Walter (Haberl's Kirchenmus. Jahrb. 1891, S. 72; 1894, S. 60). Einige Bemerkungen über Kerl's Orgelkompositionen macht A. G. Ritter (a. a. O., I, S. 40, 157).
3) Ein Originaldruck ist bisher nicht nachgewiesen worden; in Kopie befindet sich das Werk im Kgl. Institut f. Kirchenmusik zu Berlin.
4) Exemplar in d. k. k. Hofbibliothek zu Wien.
5) »*Sonate da organo di varii autori*« (o. J.).
6) Siehe oben S. 181.
7) Berlin (Kgl. Bibliothek): *Ms. acc. 2, Ms. P. 407*; Berlin (Kgl. Joachimsth. Gymn.): *Ms. mus. Am. 574*; Leipzig (Stadtbibl.): *Ms. 54*.
8) Hawkins (Hist. of Music, IV S. 597), Farrenc (Le Trés. des pianistes, Bd. 3), Fétis (*La science de l'organiste*), Ritter (a. a. O, II, S. 153), Shedlock (*Three pieces by Frescobaldi, Froberger, Kerl*, London, Novello), Pauer (Alte Klaviermusik, Leipzig, Senff), Riegel (Praxis Organoedi, 1869).

sie sind an dem häufigen Wechsel des Tempos und an dem glatten
Fluss der mannigfachen Diminutionsformen zu erkennen. Daneben
hat sich auch Froherger's Art[1]), in kanzonenhafter Weise fugierte
und thematisch fort entwickelte Zwischensätze einzureihen,. Geltung verschafft. Aber als denkender Künstler ist Kerl dabei nicht
stehen geblieben: seinerseits giebt er der Form eine neue Gestaltung, indem er die Behandlung besonderer musikalischer Probleme, wie sie Frescobaldi den Capricci[2]) zu Grunde legte, in
die Toccata mit hineinzieht. So verläuft die eine durchaus chromatisch mit Vorhalten und Bindungen (*cromatica con durezze e
ligature*); eine andere vermeidet durch stetes Springen der Motive
jeden diatonischen Fortschritt (*tutta de salti*). Die Form der
Canzona besteht bei Kerl, wie es seit Frescobaldi immer mehr
üblich wurde, aus drei Abschnitten. Ihr Charakter erscheint aber
gegen früher bedeutsam vertieft; denn Kerl begnügt sich nicht,
die Themata umzubilden und Seitenthemata dagegen aufzustellen,
er lässt darüber noch hinaus bald das Thema, bald die begleitenden Gedanken einen entgegengesetzten Lauf nehmen, dadurch
die kontrapunktische Arbeit von der schematischen Starrheit befreiend. In der Variation, Ciacona und Passacaglia, schlägt
dagegen Kerl kaum wesentlich aus der Art Frescobaldi's; ebenso
wenig auch in der Trennung dessen, was Klavier- und was Orgelmusik sein soll. Eine Toccata mit langgehaltenen, tiefen Basstönen ist mit dem Pedal (*per li Pedali*) zu spielen, gehört also
auf die Orgelbank; alles Übrige bleibt nach alter Sitte dem freien
Ermessen des Spielers überlassen.

Eine eigentümliche, wenn auch erklärliche Wandlung ist dagegen mit dem Capriccio vor sich gegangen. Frescobaldi
war es die am wenigsten eingeengte Form gewesen, die ihm die
Verfolgung eines Fugenthemas bis in seine letzten musikalischen
Konsequenzen gestattete. Denselben Weg sahen wir auch Froberger[3]) betreten, bemerkten jedoch auch ein gewisses Zögern
seinerseits, so weit wie Frescobaldi die Form auszudehnen. Die
Tendenz, das Capriccio auf den Umfang der sonst ganz gleich
gearteten Canzona zurück zu drängen, machte sich danach stärker
geltend; Poglietti's Capricci[4]) sind formell schon Canzonen. Bei
Kerl endlich sind definitiv alle Eigentümlichkeiten des Capriccio
teils auf die Canzona, teils auf die Toccata übergegangen. Mit
dem frei gewordenen Begriff konnte Kerl nun also ein neues
Formenprinzip verbinden. Und dies fand er bezeichnender Weise
in einem Keim, den Frescobaldi zu Beginn seiner Laufbahn wohl

---

[1]) Siehe oben S. 171.   [2]) S. 139.   [3]) S. 172.   [4]) S. 183.

zum Ansatz, späterhin aber nicht zur Reife gebracht hatte, in jenen Capricci, die ein freies, phantastisches Gepräge trugen[1]. Sie führten Kerl zur Bildung einer Form, die wohl fugiert sein kann, es aber nicht mehr zu sein braucht, die nicht an eine mehr oder weniger bestimmte Anzahl von Satzgliedern gebunden, sondern so frei ist, dass in ihr einzig und allein die musikalische Idee gestaltend wirkt. Diese neue Art des Capriccio hat mit der alten nur noch das Problem gemeinsam, wie man an Überschriften wie *La Battaglia* und *Kuku* ersieht, aber sie ist aus der Form geschlüpft, wie der Schmetterling aus der Puppe, und flattert nun in phantastischer Laune umher, aller Regel und Gesetzmässigkeit spottend.

Kerl hat endlich auch mindestens vier **Suiten** geschrieben. Wir kennen aber vorläufig nur ihre thematischen Anfänge aus dem Adnex der *Modulatio Organica*; hoffentlich vermag sie eine glücklichere Hand vollständig wieder zu Tage zu bringen.

Kerl war auch einer der älteren Meister, deren thematische Gedanken Händel in seinen Werken wieder aufleben liess. Dass Kerl's Canzona

in Händel's »Israel in Egypten« für den Chor »Froh sah Egypten seinen Auszug« verarbeitet worden ist, war schon länger bekannt. Die beiden folgenden Parallelen sind aber noch nicht nachgewiesen. Kerl's *Capriccio Kuku:*

war offenbar das Modell, nach dem Händel den ersten Allegrosatz eines Orgelkonzerts[3] formte:

Und Kerl's *Capriccio Steyrischer Hirt:*

---

1) Siehe oben S. 132.
2) Chrysander's Gesamtausgabe, Bd. 48, S. 4.

erscheint, Händelisch geformt —

in der Schlussfuge des ersten Satzes vom *Concerto grosso* Nr. 11 wieder¹).

Über einige andere Klaviermeister am damaligen Wiener Hofe: Ferdinand Tobias **Richter** —

kaiserlicher Hoforganist in Wien seit dem 1. Juli 1683, gestorben am 3. November 1711 im Alter von 62 Jahren²), den freundschaftliche Beziehungen mit Joh. Pachelbel verbanden —

und Georg **Reutter** d. Ä.

1656 in Wien geboren, seit 1697 Theorbist der kaiserlichen Kapelle, seit 1700 Hoforganist und an St. Stephan, späterhin Kapellmeister an St. Stephan, gestorben 29. August 1738³). — Einige Toccaten und Fugen sind handschriftlich erhalten⁴).

sind die Akten zu wenig geöffnet worden, um hier den Anteil genau festzustellen, der ihnen an der weiteren Entwickelung der Klaviermusik gebührt. Diese geschichtliche Lücke wird man vorläufig jedoch insofern leichter ertragen können, als dadurch kein Moment verloren geht, das für die richtige Würdigung Georg **Muffat's**, des Mannes, in dessen Schaffen die bisher verfolgte Richtung ihren vornehmsten Höhepunkt erreicht, von ausschlaggebender Bedeutung wäre.

M. entstammte einer katholischen Familie, die, ursprünglich in Schottland heimisch und später über England verbreitet, aus Glaubensnot nach dem Festlande flüchtete und sich in Savoyen niederliess. M. wurde in Schlettstadt geboren; als ungefähre Zeit ist etwa 1635 anzunehmen. Weiter weiss man, dass M. sich aus dem Elsass nach Frankreich begab, wo er der »unter dem berühmtesten Johann Baptist Lully zu Pariss blühenden Art nebst anderen Music-Studien durch sechs Jahr embsig nachgetrachtet.« Aus Frankreich zurückgekehrt, erhielt M. den Organistenposten am Domstift in Strassburg. Die Unruhen des holländischen Krieges (1672 bis 1679) scheuchten ihn jedoch um 1675 aus dieser Stadt hinweg; er wandte sich nach Österreich und Böhmen, da Kaiser Leopold I. ihm als freigebiger Gönner beisprang. Etwa 1678 trat M. als Organist und Kammerdiener in die Dienste des Erzbischofs von Salzburg und erwarb sich dessen Zufriedenheit in dem Masse, dass dieser die Kosten zu einer Studienreise M.'s nach Italien 1682 auf sich nahm. Hier

---

1) Chrysander's Gesamtausgabe, Bd. 30.
2) Köchel (a. a. O., S. 66, 114).
3) L. Stollbrock (Vierteljahrsschr. f. Mus. 1892, S. 162 ff., 306) hat alles über Reutter Bekannte beigebracht.
4) *Ms. P.* 407, Kgl. Bibliothek Berlin.

lernte M. »die welsche Weise auf dem Klavier bei dem weltberühmten Bernardo Pasquini« kennen und kam auch in persönlichen Verkehr mit Arcangelo Corelli. Zur Säkularfeier des Erzbistums (18. bis 20. Oktober) wieder zurückgekehrt, verlebte M. die Folgezeit in geregelter Organisten-Thätigkeit, die erst 1690 durch seine Übersiedelung nach Passau als Kapellmeister und Pagenhofmeister beim Bischof in eine neue Bahn gelenkt wurde. In Passau starb M. am 23. Februar 1704[1]). — Bevor M. durch seine Pflichten als Kapellmeister völlig auf das Gebiet der Instrumentalkomposition geriet, brachte er noch ein Werk für Orgel- und Klavierspieler, das Fazit seiner Orgelkunst, an den Tag. Es erschien 1690 sein »*Apparatus Musico-Organisticus ... quo duodecim Modulationes, seu Toccatae majores, stylo recentiori concinnatae, exhibentur*«[2]).

»Obgleich ich wohl weiss — so äussert sich Muffat im Vorwort seines *Apparatus Musico-Organisticus* —, dass bereits vor ungefähr siebzig Jahren, zu den Zeiten Frescobaldi's, ein Werk von gleicher Bestimmung, wie das meinige hat, im Druck erschienen ist, so verhehle ich mir auf der anderen Seite doch nicht die starke Abweichung meines Stiles von dem früher gebräuchlichen[3]). Während dieser allgemein bekannt ist, darf jener als ein neuer und eigenartiger gelten; denn ich habe ihn mir durch belehrenden Umgang mit den vorzüglichsten Organisten Deutschlands, Italiens und Frankreichs erst selbst gebildet«[4]). Diese Erwägung, für Muffat der Grund, seinen *Apparatus* zu edieren, präzisiert auch in genügender Klarheit den geschichtlichen Standpunkt, von dem aus wir Spätere den Inhalt des Werkes, vornehmlich die Toccaten, zu würdigen haben.

Frescobaldi war es gewesen, der die Toccata für alle kommende Zeit mit dem virtuos phantastischen Charakter begabt und mit dem Drange nach uneingeschränkter Subjektivität des Ausdruckes beseelt hatte[5]). Freilich geschah dies unter Verzicht auf das Element der fugierten Zwischensätze, das seine Vorgänger

---

1) Biographische Studien über Muffat verdankt man besonders U. Kornmüller (Monatsh. f. M. 1871, S. 127 ff.), L. Stollbrock (Rostocker Dissertat. 1888 und Monatsh. f. M. 1890, S. 87 ff.), E. v. Werra (Haberl's Kirchenmus. Jahrb. 1893, S. 42 ff.; 1898, S. 121).
2) Exemplare in Berlin (Kgl. Bibliothek und Institut f. Kirchenmusik), Leipzig (Stadtbibl.), Wien (Hofbibl.), Kloster Kremsmünster, Benediktinerstift Melk. Die vollständigsten Neudrucke des wichtigen Werkes lieferten Farrenc (Le trésor des pianistes, Bd. 2) und S. de Lange (Leipzig, Rieter-Biedermann, 1888). Leider ist keinem derselben unbedingte Zuverlässigkeit der Textkritik nachzurühmen.
3) .. *at quia jam a septuaginta prope annis ipsis, aio, Frescobaldi temporibus, simile quidpiam Typis commissum fuisse non mihi innotuit, ipse stylus, haud modice hucusque immutatus hanc operam exigere videbatur.*
4) .. *Stylum hunc meum, illa quam praestantissimorum Organoedorum Germaniae, Italiae, ac Galliae praxi ac consuetudine adeptus sum, experientia mixtum, ac nondum adeo notum ...*
5) Siehe oben S. 131 f.

doch schon zu fest der Toccatenform einverleibt hatten, als dass
es Frescobaldi endgiltig daraus wieder hätte entfernen können.
Froberger[1]) und Kerl[2]), die geistigen Erben des grossen Italieners, nahmen deshalb das fugierte Element als musikalischen
Schwerpunkt der Toccatenform wieder auf; dadurch aber, dass
sie dabei zu sehr des Prinzips der Canzona eingedenk waren,
nahmen sie wiederum zu wenig Rücksicht auf die Abneigung der
Toccata gegen alles, was an streng geschlossene Formen streift.
Der diese kurz rekapitulierte Entwickelung der Toccatenform zu
einem befriedigenden Abschluss gebracht hat, das ist nun Muffat.
Von allen den Elementen, die je in der Toccata heimisch gewesen
sind, hat er keines ungenützt gelassen: weder breite, pompöse
Akkordmassen, noch eilende Passagen, imitatorisches Spielen mit
kleinen rhythmischen Motiven oder Fugen. Bei Muffat erlangt
aber auch keines von ihnen ein unverhältnismässiges Übergewicht
über das andere[3]); im schönsten Ebenmasse, in einer Symmetrie,
wie sie nur ein tief und fein empfindender Künstler zu schaffen
vermag, folgen sie auf einander. »Eine jede dieser Toccaten ist
eine Verbindung von verschieden charakterisierten Abteilungen,
in denen auch das ariose [und rezitativische] Element nicht vergessen wurde. Und da alle diese verschiedenen Teile, Licht oder
Schatten werfend, sich gegenseitig ergänzen und heben und endlich zu einem wohlabgerundeten Ganzen sich zusammenschliessen,
indem sie dem Ausdrucke einer gemeinsamen Empfindung dienen,
so dürfen wir bei Muffat von einem kunstwürdig gehobenen Begriff der Toccata reden, wobei instrumentaler Klang und Spielvirtuosität, einst Zweck der Darstellung, nur mehr als Voraussetzung und Mittel für ein freies Künstlerwollen dienen«[4]).

Froberger war der Erste gewesen, der die Spielmanieren
der französischen Lautenisten und Klaviermeister auf deutschen
Boden verpflanzt hatte. Aber wir sahen, dass er als Komponist
zwei Naturen in sich vereinigte, dass er italienisch stilisierte in
Formen, die wie die Toccata und die verschiedenen Fugentypen
vorzugsweise von Italien ausgestaltet waren, und französisch allein
in der französischen Suitenform[5]). Von Muffat lässt sich nicht
das Gleiche sagen. Seine Schreibart stellt sich als eine vollkommen unlösliche Vermischung des italienischen und französischen

---

1) S. 171.
2) S. 187.
3) Selbst nicht die Schlussfuge der Toccata Nr. 7, in der vier Themata
behandelt werden.
4) A. G. Ritter (a. a. O., I, S. 159).
5) Siehe oben S. 177.

Kompositionsstiles dar, die nicht in einer begrenzten Formengruppe, sondern in allem seinem musikalischen Schaffen lebt und webt. Man findet Diminutionen italienischer Art nicht ohne die *agrémens* der Franzosen und umgekehrt. Muffat hat also, indem er diesen Prozess gegenseitiger Durchdringung auch in den Toccaten vollzog, Froberger's Lebenswerk nach der wichtigsten Seite hin zum endgiltigen Ziel gebracht.

Frescobaldi war am Ende seines Lebens dazu gekommen, seine ganze Kunst mit allen ihren Errungenschaften in den alleinigen Dienst der Kirche zu stellen[1]). Froberger und Kerl folgten seinem Beispiele nicht, sondern beharrten, wie es auch Frescobaldi in jüngeren Jahren gethan hatte, bei der Zwitterstellung der Toccaten und Fugen zwischen Orgel- und Klaviermusik. Wiederum ist Muffat derjenige, der dem langen, ungewissen Hinundherschwanken jener Formen ein Ende macht. An die Tradition Frescobaldi's anknüpfend, verweist Muffat seine Toccaten samt ihren Fugenbestandteilen, wie schon der Titel des Werkes lehrt, auf die Orgel. Er thut aber noch mehr, als Frescobaldi: er berücksichtigt dabei stetig die Ausdrucksmittel der Orgel, er schreibt vor, wo das Pedal mit dem Manual zusammengehen kann und wo dieses oder jenes allein zu benutzen sei[2]).

Die formale Vollendung, die einheitliche Stilisierung und die definitive Ausscheidung der Toccata aus dem Bestande der Wiener Klavierschule, alles dies vorgenommen im engsten Zusammenhange mit dem bisherigen geschichtlichen Verlauf ihrer Entwickelung — darin gipfelt die hervorragendste Bedeutung von Muffat's *Apparatus*. Sein Inhalt ist damit freilich nicht erschöpft. Es folgen auf die Toccaten noch einige **Variationsreihen**, für deren Ausführung kein Pedalgebrauch vorgesehen ist, die also einen Appendix von eigentlicher Klaviermusik bilden: eine *Ciacona*, eine *Passacaglia* und zwei Stücke, die nach Ausweis ihrer Titel das taktmässige Aufklopfen der Hämmer auf den Ambos versinnbildlichen sollen[3]), also in die Kategorie der älteren Programmmusik gehören. Aber weder formell noch inhaltlich bietet hierin Muffat Neues. Muffat bereicherte wohl die Orgelkunst durch die Abkehr der Toccata von der Klaviermusik, gab dieser aber keinen für den Verlust entschädigenden Ersatz. Diese geschichtlich nicht minder

---

[1]) Siehe oben S. 143.
[2]) *Literae P. M. Pedale ad Manuale Claviarium simul usurpandum significant. P. S. Pedale solum, M. S. Manuale solum.* Gegen diese völlig unzweideutigen und auch für uns ausreichenden Vorschriften Muffat's ist übrigens am meisten von seinen genannten Herausgebern gesündigt worden.
[3]) *Nova Cyclopeias Harmonica* und *Ad malleorum Ictus Allusio.*

wichtige Aufgabe zu lösen, war, wie wir später sehen werden, seinem Sohne vorbehalten.

Händel wird den *Apparatus* Muffat's sicherlich gekannt haben, wie wir vermuten dürfen. In den Toccaten stösst man auf viele Wendungen, die lebhaft an Händel erinnern, ohne dass sich im Einzelnen Entlehnungen nachweisen liessen. Eine offenbare Parallele liegt jedoch vor zwischen der 3. Variation der *Ad malleorum ictus allusio:*

und dem Mittelsatz im Chor der »Esther«: »Er kommt als Judas Freund«, wo Chor und Orchester zum Text »Land, zittre« in ganz ähnlichen Terzengängen daherbrausen[1]).

Nächst Wien war Nürnberg in der zweiten Hälfte des 17. Jahrhunderts eine bedeutende Pflegestätte der süddeutschen Klaviermusik, allerdings von ganz anderem Schlage als die Kaiserstadt. Das Musiktreiben Nürnbergs war vielmehr auf einen schlicht bürgerlichen Ton gestimmt. Nicht prunkende Feste, wie sie ein Hofleben mit sich bringt, sondern der Gottesdienst und das verständnisvolle Vergnügen der besseren Kreise an erbaulicher und unterhaltender Musik gaben hier den Komponisten Anregung zu ihrem Schaffen[2]). Die Kunstpraxis selbst stand auch nicht unter dem Hochdruck fortdrängender, internationaler Einflüsse; die Tradition pflegend und doch das Gute aus der Fremde nicht verschmähend, entwickelte sie sich langsam in behäbiger Ruhe weiter. Wer hier seine musikalische Schule durchmachte, war dadurch freilich nicht zum Bannerträger neuer Kunstrichtungen, aber sicherlich zu einem Vertreter des guten deutschen Durchschnittgeschmackes prädestiniert. Die Meister, die in Nürnberg wirkten oder von hier in die Welt gingen, haben deshalb nicht den geringsten Teil zu der Solidität des musikalischen Bodens beigetragen, der einen Bach und Händel hervorbringen sollte.

Von den Nürnberger Musikern sind zunächst Heinrich **Schwemmer,**

---

1) Chrysander's Gesamtausgabe. Bd. 40, S. 81.
2) Siehe dazu die Ausführungen A. G. Ritter's (a. a. O., I, S. 140 ff.).

geboren am 28. März 1621 zu Gubertshausen (Franken), kam 1641 nach Nürnberg, starb hier am 26. Mai 1696 als Kapellmeister und Schulkollege an St. Sebaldus[1]).

Georg Kaspar Wecker

geboren am 2. April 1632 in Nürnberg, seit 1654 Organist, gestorben den 20. April 1695[2]).

und Johann Drechsel zu nennen. Ausser einer kleinen Fuge Wecker's[3]) scheinen leider keine Instrumentalkompositionen von ihnen erhalten zu sein. Aber wir wissen wenigstens, wess' Geistes Kinder sie waren: Schwemmer und Wecker hatten bei Kindermann, Drechsel bei Froberger studiert. Tüchtige Männer müssen sie jedenfalls gewesen sein; das lehrt die grosse Zahl von Musikern, die ihre Unterweisung genossen und von denen wir nunmehr Einige näher kennen lernen werden, da von ihrem Können ausreichende Proben auf uns gekommen sind. Wir beginnen mit Benedikt Schultheiss.

S. gab 1679 als »Music-Ergebener« folgendes Werk heraus: »Muht- und Geist-ermunternder Clavier-Lust, Erster Theil: Bestehend in *Praeludien, Allemanden, Couranten, Sarrabanten,* und *Giguen,* auf dem Instrument, Spinet, oder Clavicymbel zu spielen. Nürnberg, bey Michael und Johann Friedrich Endtern«. Der zweite Teil erschien unter gleichem Titel 1680[4]). S. starb am 1. März 1693 als Organist an St. Ägidien in Nürnberg[5]).

Zu der Herausgabe des Werkes fühlte sich S. auch durch den Wunsch bewogen, sich »in der niemal gnug gepriesnen Radier- und Etz-Kunst (zu dero ich ein sonderbares Belieben trage) in etwas zu üben«. Sein Kupferstich ist ähnlich unbeholfen ausgefallen, wie der von J. U. Steigleder[6]). Seine einzigen Hilfsmittel waren Lineal und Stichel.

Der hauptsächliche Wert der »Clavier-Lust« von Schultheiss liegt darin, dass sie zeigt, in welcher formalen Gestalt die Suite in Nürnberg festen Fuss gefasst hat, und zwar nicht allzu lange Zeit nach Froberger's Initiative. Bei Schultheiss ist die Gigue zum integrierenden Bestandteil der Suite geworden. Früher konnte sie fehlen oder, wenn sie da war, nach der Allemande einen beliebigen Platz einnehmen. Jetzt steht sie ein für alle Mal an vierter Stelle, so dass sich demgemäss die Suite aus Alle-

---

1) Gerber (Alt. Lexik.).
2) Walther und Gerber (A. L.)
3) Siehe oben S. 108.
4) Den ersten Teil allein besitzt die Kgl. Bibliothek zu Berlin, beide die Proske'sche Bibliothek zu Regensburg. Eine Einsicht in das vollständige Exemplar wurde durch die gütige Vermittelung des Herrn Dr. F. X. Haberl ermöglicht.
5) Walther's Lexikon.
6) Siehe oben S. 104.

mande, Courante, Sarabande und Gigue bildet. Damit ist gleichzeitig der regelmässige Wechsel zwischen je einem mässigen und lebhaften Tempo ausgesprochen. Zum Überfluss bemerkt Schultheiss noch selbst, man möchte »die Allemanden und Sarabanden etwas langsam, die Couranten aber und Giquen etwas geschwinder und frischer spielen«; dann würden seine Stücke »zu ehrlicher Gemütsbelustigung annehmlich seyn«. Ein variationshafter Zusammenhang, und käme er auch nur im Grundbass zum Ausdruck, herrscht dagegen bei Schultheiss zwischen den beiden ersten Sätzen oder noch weiter hin gar nicht, oder nur so schwach, dass er kaum ins Gehör fällt. Eingeleitet werden die Tanzgruppen des ersten Teils stets durch ein Präludium, das seinem Bau nach — ein imitatorisch oder fugiert behandeltes Allegro-Sätzchen, umrahmt von Passagen oder breiten Akkordgriffen, adagio gespielt — mit der italienischen Toccata verwandt ist. Die Suiten des zweiten Teils beginnen dagegen unmittelbar mit den Allemanden.

Diese formalen Elemente, darf man vermuten, hat der Wind von Wien nach Nürnberg herübergeweht. Die Bezeichnung einer Allemande als *Lamenta* und die Benutzung der Tonarten *C* dur, *C* moll, *D* dur, *E* moll, *F* dur, *G* dur, *G* moll, *A* dur, *A* moll, *H* moll stützen noch die Vermutung. Sehen wir aber zu, was nun hier aus jenen Elementen musikalisch gemacht wurde, so tritt uns der oben geschilderte Unterschied zwischen den beiden Kunstsphären in aller Deutlichkeit vor Augen. Alles was dort gross und prächtig anzuschauen war, ist hier ins Kleine und fast Nüchterne zusammen geschrumpft. Neben den Tanzformen eines Froberger oder gar Poglietti nehmen sich die Schultheiss'schen wie Heinzelmännchen aus; recken jene sich melodisch wie harmonisch in die Höhe und Breite, sind diese nach ein paar winzigen schwachen Schritten an ihrem Ende angelangt. Dort haben die Finger eines tüchtigen Virtuosen gehörig zu thun, hier ist jedes Verzierungszeichen, oder was sonst Schwierigkeiten verursachen könnte, vermieden, als ob die ganze Setzart noch nicht kinderleicht genug sei. Jene schrieben ihre Stücke für Herrscher, die in ihren Ansprüchen verwöhnt waren und auch selbst in hohem Grade virtuose Fertigkeiten besassen, dieser für einige bürgerliche »Liebhaber und Freunde, die ihn zu verschiedenen mahlen hierum ersucht und angesprochen, und weil von dergleichen Clavier-Stücken noch zur Zeit wenige im Druck heraus gegeben worden«.

Schultheiss war zur Zeit der Herausgabe seiner »Clavier-Lust« anscheinend noch jung, ein Umstand, der zum Teil wenigstens die musikalische Harmlosigkeit seines Werkes erklärt. Aber dass dieses andererseits doch einige Züge richtig widerspiegelt, die mehr oder weniger als für Nürnberg typisch zu gelten haben, werden wir aus den Klavierwerken eines Johann **Pachelbel** sogleich erkennen können.

P., am 1. September 1653 zu Nürnberg geboren, erhielt den ersten musikalischen Unterricht bei H. Schwemmer, ging dann auf die Universität des nahen Altdorf, von hier nach Regensburg, wo C. Prentz ihn im Kontrapunkt unterwies. Nachdem P. 1674 bis 1677 als Organistengehilfe K. Kerl's an St. Stephan in Wien das Musiktreiben der grossen Welt kennen gelernt hatte, kehrte er in die heimatliche Gegend zurück, um nach einander mehrere Organistenposten zu bekleiden. Am 4. Mai 1677 trat P., dazu durch seinen Landsmann Daniel Eberlin empfohlen, als Hoforganist in Eisenach an; hier blieb er bis zu seiner Berufung als Organist an die Predigerkirche in Erfurt am 18. Mai 1678. In Erfurt gab P. aus Anlass der herrschenden Pest »Musikalische Sterbens-Gedanken, aus vier variirten Choralen bestehend, 1683«[1]) heraus. Nach zwölfjähriger Thätigkeit hierselbst folgte P. am 1. September 1690 dem Rufe als Hoforganist nach Stuttgart, in ehrenvoller Weise von den Erfurter Kirchenvorstehern verabschiedet. »Leydige Kriegstroublen« brachten P. aber bereits 1692 wieder um Amt und Heim, wofür er jedoch gleich Ersatz in Gotha fand. Von hier berief ihn endlich seine Vaterstadt Nürnberg 1695 als Nachfolger Wecker's zum Organisten an St. Sebaldus. Als solcher liess P. sein »*Hexachordum Apollinis Sex Arias exhibens Organo pneumatico, vel clavato cymbalo modulandas, quarum singulis suae sunt subjectae Variationes. C. N. Schurtz sculps. Norimberg. 1699*«[2]), F. T. Richter und D. Buxtehude gewidmet, erscheinen. P. starb am 3. März 1706. Seine Kunst lebte indes weiter in seinen Schülern. Zum Teil hatten sie direkt seinen Unterricht empfangen (z. B. in Erfurt A. N. Vetter, J. H. Buttstett, J. K. Rosenbusch, J. G. Zahn, J. V. Eckelt; in Nürnberg M. Zeidler, J. G. Chr. Störl, J. J. de Neufville, J. W. Händeler), teils standen sie indirekt seiner Richtung mehr oder weniger nahe (z. B. A. Armstorff, J. C. Graff, G. Kirchhoff, G. F. Kauffmann, J. G. Walther,) J. Mich. Bach, J. Bernh. Bach, H. N. Gerber)[3]).

P. ist eigentlich nie ganz vergessen worden. Durch die grosse Zahl seiner Schüler verbreiteten sich seine Werke über alle Gauen Deutschlands hin, und in späteren Orgelmusiksammlungen tauchte so gelegentlich immer wieder ein Stück von ihm auf. Seitdem Goethe durch einen zufälligen Fund ein gewisses Interesse für P. fasste[4]), ist P.'s Bedeutung als eines der wichtigsten Vorläufer Seb. Bach's immer heller und allgemeiner erkannt worden. Freilich nur so weit, als er Orgelmeister war; als Instrumentalkomponisten und als Klaviermeister hat man ihn aber bisher nicht beachtet. Das Material, um ihn nach der letzten Seite hin zu würdigen, ist nicht min-

---

1) Exemplar unbekannt; einige Nummern daraus sind aber handschriftlich erhalten in *Ms.* Z. 35 (Kgl. Bibl. Berlin).
2) Exemplare in Berlin (Kgl. Bibliothek und Institut f. Kirchenmusik).
3) Die wichtigsten Beiträge über Pachelbel haben geliefert Mattheson (»Ehrenpforte« S. 244 ff.), Winterfeld (Evang. Kirchenges. II, S. 636 ff.), Spitta (J. S. Bach, I, S. 106 ff.), Ritter (Z. Gesch. d. Orgelsp., I, S. 150 und Monatsh. f. M. 1874, S. 119), Sittard (Z. Gesch. & Mus. a. Würtemb. Hofe. I, S. 66 und Monatsh. f. M. 1885, S. 52).
4) Briefwechsel zwischen Goethe und Zelter (Bd. 3, S. 423 ff.).

der reichhaltig. Ausser den genannten beiden Druckwerken ist ein Mehreres und Wichtigeres handschriftlich auf uns gekommen [1].

Pachelbel hat ein grosses Suitenwerk komponiert, das zeitlich dem des Schultheiss ganz nahe steht[2]; wir kennen es durch eine Niederschrift fremder Hand vom Jahre 1683. Auch bei Pachelbel ist die Vierzahl der Tänze feststehend. Sieht er andererseits von einem einleitenden Präludium ab, so erweitert er dafür die Form durch Einlagen. Es ist bezeichnend, dass er als passendsten Ort dafür die Mitte ausersehen hat. Ist das erste Tanzpaar beendet, so bilden sehr häufig eine Gavotte, Bourrée, Aria, ein Ballett oder mehrere von ihnen ein Intermezzo, dem sich dann das zweite Tanzpaar angliedert. Nur in wenigen Fällen rückt er den Schwerpunkt der Form von ihrem natürlichen Zentrum seitwärts ab. Da erhält nämlich die Allemande eine Double, oder statt einer Sarabande stehen zwei am Platze, oder es kommt gar folgendes Gebilde zu stande: Allemande, Courante, Gavotte,

---

[1] Eine vollständige Übersicht über die handschriftlichen Quellen für Pachelbel's Werke würde für die ausserordentliche Beliebtheit und Verbreitung derselben das beredteste Zeugnis ablegen. Der Umstand jedoch, dass dazu weitergreifende, rein musikwissenschaftliche Erörterungen nötig wären, die hier kaum am Platze sind, lässt es wünschenswert erscheinen, dem Leser eine solche bibliographische Lektüre zu ersparen, — um so mehr, als ja Pachelbel auf dem Index der »Denkmäler der Tonkunst in Österreich« steht, man also durch sie seiner Zeit genaue Information erhalten kann. Für unseren Zweck genügt es, am gehörigen Orte jedes Mal zu erfahren, wo die betr. Werke zugänglich sind.

[2] Als Joh. Val. Eckelt (siehe über ihn Jacobs, Vierteljahrsschr. f. Mus. 1893, S. 311 ff.) bei Pachelbel in Erfurt studierte, legte er sich ein Musikbuch an, das er 1690 bis 1692 mit Stücken verschiedener Meister füllte (Ms. Z. 35, Berlin). Er unterliess dabei nicht, seine Quellen zu nennen. So vermerkt er unter der ersten Serie: »So weit bey Pachelbeln gelernt in Erffurt Anno 1690 von ostern an biss nach Johanni. Darnach ist er weg gezogen nach stuckhart [Stuttgart] daselbst er ietzunt Hoforganist«. Weiterhin bemerkt Eckelt: »Die habe ich von ihm [Pachelbel] gecaufft zu den Cohrahlen«; dann: »So weit habe ich sie von vetter Crompholtzen abgeschrieben, die er von Pachelbeln gelernt« und »So weit von [A. N.] Vettern in Erffurt desselben Composition«. Zu der dritten Serie (Crompholtz) gehört eine Klaviersuite in G moll von Pachelbel. Sie besteht aus zwei Allemanden, Courante und Sarabande. Motivischen Zusammenhang mit den beiden letzten Tänzen hat aber nur die eine Allemande; die andere steht für sich allein. Auf der Kgl. Bibliothek zu Berlin befindet sich nun unter Ms. Z. 76 in 4° obl. (Deutsche Orgeltabulatur) eine Suitensammlung, auf deren vorderen Deckel »C. A. A. 1683« eingepresst ist; darin fehlt das erste Blatt mit dem Titel. Bei näherer Untersuchung ergiebt sich, dass der musikalische Inhalt von durchaus einheitlicher Faktur und das Ganze als solches ursprünglich beabsichtigt ist. Es herrscht darin eine bestimmte, nicht durch den Schreiber willkürlich hervorgerufene Ordnung. Ein Blick auf die G moll-Suite — es ist dasselbe Stück Pachelbel's, das auch Eckelt abschrieb! Die Verschiedenheit der melodischen Grundgestalten treibt auch hier schon ihr Spiel. Diese äusseren Gründe, denen innere, stilistische nicht widersprechen, lassen Pachelbel als den eigentlichen Komponisten des ganzen Suitenwerks erscheinen.

Sarabande, Gavotte mit zwei Variationen, Gigue. Vergleicht man nun Pachelbel's Suitenstil mit dem des Schultheiss, so bemerkt man wohl bedeutende Unterschiede. Pachelbel stellt den melodisch-harmonischen Kontakt der einzelnen Tänze, wie ihn Froberger zuerst geschaffen hatte, wieder her; er kargt nicht mit *agrémens*[1]) und beüeissigt sich, anders wie Schultheiss, mindestens eines dreistimmigen Klaviersatzes. Aber ein Zug ist Beiden, dem jüngeren Musikbeflissenen, wie dem erfahreneren Organisten, gemeinsam: die Unentwickeltheit der einzelnen Tanzformen. Die Allemanden Pachelbel's erheben sich vielleicht noch über das Durchschnittsniveau der Schultheiss'schen Muse und erinnern an die virtuose Manier Froberger's; die übrigen Tänze bewegen sich jedoch alle in bescheidenen, engen Grenzen. Er beherrscht nicht einmal ihre Form mit unbedingter Sicherheit, wie mag er sie da mit eigenem Empfinden füllen und beleben!

So wenig hoch der spezifisch musikalische Wert von Pachelbel's Suiten hiernach auch zu veranschlagen ist, so bemerkenswert sind sie dennoch aus musikgeschichtlichen Gründen. Mit der Suitenform hatte, wie wir gesehen haben, auch die moderne Tonalität, unser System von Dur und Moll in Deutschland festen Fuss gefasst[2]). Theoretisch stellte A. Werckmeister[3]) bereits 1698 fest: »Man könnte auch in heutiger Composition gar wohl mit zween *modis* auskommen, wann denn dieselben auff das temperirte Clavier appliciret und auff einen jeden *Clavem* einen *modum*, so insgemein *dur*, und alsdann einen, so *moll* genennet wird, gerichtet werden, dann hat man 24 *triades harmonicas* und kann das Clavier durch den Circul durchgegangen werden«. Die musikalische Praxis in Deutschland hielt damit aber nicht gleichen Schritt. Für das Klavier bestand trotzdem noch eine Temperatur, die, auf dem diatonischen System der Kirchentonarten fussend[4]), den Gebrauch entlegener, namentlich auf den Obertasten der Klaviatur beginnender Skalen erheblich einschränkte. Freie Bahn für alle Tonarten eröffnete erst die gleichschwebende Temperatur, um die sich Männer wie Werckmeister, J. G. Neidhardt gegen Ende des 17. Jahrhunderts bemühten. Dauerte der Kampf zwischen ungleichschwebender und gleichschwebender Temperatur bei Musikern und Theoretikern auch das ganze 18. Jahrhundert

---

1) Als Zeichen dafür benützen die Orgeltabulaturen aus der 2. Hälfte des 17. Jahrhunderts zwei senkrechte Strichelchen (||), die bei Eckelt zu einem Haken zusammengezogen erscheinen (υ).
2) Siehe oben S. 174.
3) »Die nothwendigsten Anmerkungen und Regeln, wie der *Bassus continuus* wohl könne tractirt werden«, Aschersleben 1698.
4) Näheres darüber findet man im Anhang.

hindurch fort, so fiel doch, wie man weiss, die eigentliche Entscheidung bereits 1722 durch Seb. Bach's »Wohltemperiertes Klavier«. Als deutschen Vorläufer Bach's nach dieser Richtung hin haben wir künftighin Pachelbel zu nennen. Seine siebzehn Suiten durchlaufen folgende Tonarten: C moll, C dur, D moll, D dur, E moll, E dur, F dur, G moll, G dur, A moll, A dur, B dur, H moll, Cis moll, Es dur, Fis moll, As dur. Der Quintenzirkel ist zwar noch nicht ganz geschlossen, aber die Zahl der gebräuchlichen Tonarten ist im Vergleich zu Froberger und Schultheiss erheblich erweitert.

Von der tastenden Unsicherheit des formalen Gestaltens, wie sie Pachelbel's Suiten bekunden, ist in seinen Variationen dagegen nichts zu spüren. Sie liegen im gedruckten *Hexachordum Apollinis* vor, sechs Arien mit durchschnittlich ebenso vielen Veränderungen enthaltend, sowie handschriftlich in einer Anzahl von Arien, Passacaglien und Ciaconnen. Auf zwei Wegen hatten wir die Variationskunst der englischen Virginalisten[1]) nach Deutschland gelangen sehen: im Norden bürgerten sie Sweelinck's Schüler[2]), im Süden die Nachfolger des niederländisch gebildeten Frescobaldi[3]) ein. Und der Einfluss der Variation erstreckte sich im protestantischen Norden noch über die Choralbehandlung, die bis dahin an Formen vokalen Ursprunges ihr Genüge gefunden hatte, während der katholische Süden dem Eindringen der Variation in die Orgelmusik vorläufig wehrte. Innerhalb des Kreises, in dem die beiden divergierenden Strömungen zusammen stiessen, vollzog sich nun ein eigenartiger Ausgleich. Die Choralbearbeitung behielt von der weltlichen Variation nur diejenigen Elemente bei, die einer kompakten, kontrapunktischen Behandlung Vorschub leisteten, und die Liedvariation zog sich dafür auf das Prinzip figurierender, aber motivisch verfahrender Umspielung allein zurück. Choral- und Liedvariation, bei Scheidt noch gute Weggenossen, gingen also fortan getrennte Pfade weiter. Wo und wann dies geschah, davon werden wir noch besonders zu sprechen haben. Hier wird es einstweilen genug sein, festzustellen, dass bei Pachelbel der geschichtliche Prozess bereits sein Ende gefunden hat. Grundbass und Melodie stellen auch bei ihm die beiden Grenzlinien dar, zwischen denen sich jede Variation zu bewegen hat. Ihre Schranke wird aber unter keinen Umständen durchbrochen, wie es im Norden und Süden noch zuweilen geschah; niemals verlässt die Melodie ihren natürlichen Platz, um

---

1) Siehe oben S. 60 f.
2) S. 111 f.
3) S. 141 f., 167, 176.

zwischen hindurch auch einmal eine Mittel- oder Unterstimme aufzusuchen, niemals wird auch nur ein leiser Versuch gemacht, aus der Melodie kontrapunktische Begleitmotive zu gewinnen. Immer und überall bleiben die Fortschreitungen des Basses und der Melodie in ihrer ursprünglichen Lage deutlich hörbar. Hand in Hand mit dieser formalen Begrenzung ging auch eine Klärung des Variationsstils, wofür Pachelbel's Stücke ebenfalls Zeugen sind. Nach Ausscheidung aller ernsteren Kontrapunktik ist das anspruchslose Element der Figuration übrig geblieben, dasjenige also, das die Koloristen bereits kultivierten, aber natürlich von grösserer Vollkommenheit und tieferem Gehalt. Nicht diatonisch verlaufende Koloratur allein, sondern auch Zerlegung von Intervallen und Akkorden kommt hier in geschmackvollem Wechsel zu Worte. Alle Motive der Umspielung streben nach prägnanter Rhythmik, nach Erreichung irgend eines bestimmten Spielzweckes, und sie kleben nicht ängstlich an der oben befindlichen Melodie, sondern durchranken in gefälliger Zeichnung die Maschen des ganzen Harmoniegewebes. Pachelbel's Variationsgebilden haftet kein Zug strenger, orgelgemässer Kunst an, sie atmen vielmehr ein Sichgenügenlassen am schlichten harmonischen Inhalt der Melodien, ein sinniges, beschauliches Vergnügen am mannigfachen Reiz des Klavierklanges.

Richten wir von Pachelbel's Liedvariationen, die in ihrer Art als musikalisch vollkommen zu schätzen sind, unsern Blick auf ähnliche Kompositionen der zeitgenössischen Wiener Meister zurück, etwa auf die Poglietti's, so werden wir seltsamer Weise desselben Unterschiedes gewahr, den bereits die Suiten zeigten. Dort operieren Virtuosen mit dem ganzen Umfang der Klaviatur und mit allen zehn Fingern; Klangmassen, die nur irgend erfindlich sind, werden in Bewegung gesetzt, Passagen und Sprünge, so weit es angängig ist, in die Höhe und Tiefe getrieben. Dagegen streift Pachelbel nirgends zu nahe an die Grenze heran, wo der rein virtuose Effekt zu herrschen beginnt, und doch kennt er genau alle Mittel, dem kurzatmigen Ton des damaligen Klaviers zur Wirkung zu verhelfen. Nicht minder erfinderisch, wie Jene im Aufsuchen von charakteristischen Variationsformen, legt er doch ihrer allzu virtuosenhaften Ausnutzung massvoll Zaum und Zügel an, wie es sich für seine bürgerliche Umgebung geziemt.

Die sechs Arien des *Hexachordum Apollinis* stehen in den Tonarten D moll, E moll, F dur, G moll, A moll und — F moll. Die letztere, bemerkt man, fällt eigentlich aus dem System der übrigen heraus; man würde B dur, H moll oder C dur erwartet haben. Der Grund, warum Pachelbel hier F moll einfügte, scheint in seinen

Suiten zu liegen. Dort hat er nämlich *F*moll gerade übersprungen; man darf wohl annehmen, dass er es deshalb nachträglich seinem Zirkel wohltemperierter Tonarten einzuverleiben wünschte. Übrigens ist gerade dieses Stück, das Pachelbel *Aria Sebaldina* nennt, besonders geeignet, dem Leser einen Begriff von seiner anmutigen Melodik zu geben. Die Melodie, mit Auslassung der Mittelstimme, aber mit Andeutung des Grundbasses, möge somit hier Platz finden.

Die Strömung, die von Sweelinck's Schülern ausgehend der kunstvollen Behandlung des deutschen protestantischen Chorals neue Anregung zuführte und in Mittel-Deutschland sehr bald eine reinliche Scheidung der Choralbearbeitung von der Liedvariation ermöglichte, müssen wir eine kurze Strecke weiter verfolgen. Sie schlug noch einmal auf das Gebiet des Orgelchorals zurück, diesmal jedoch einen Rückstand von spezifisch klaviertechnischen Elementen hinterlassend. Der Anstoss dazu ging, wie es scheint, von Pachelbel selbst aus; er gab ihn durch seine »Musicalischen Sterbens-Gedancken«. Diese bestehen aus vier Chorälen mit Veränderungen, die nicht etwa kontrapunktischer Art, sondern durchaus klaviermässig wie seine Liedvariationen sind. Die stilistischen Unterschiede, die man zwischen beiden konstatieren könnte, haben nicht prinzipiell, sondern nur individuell etwas zu bedeuten; sie sind durch den Zwischenraum von 16 Jahren genügend zu erklären. Wie Pachelbel dazu kommen konnte, in eigentlich stilwidriger Weise Choralmelodien einer rein weltlichen Variationstechnik zu unterwerfen, versteht man sehr wohl. Während einer Zeit tiefer moralischer Depression — es herrschte die Pest in Erfurt — suchte er durch seine »Musicalischen Sterbens-Gedancken«

auf grosse Massen einzuwirken. Dazu musste er die Sprache des Volkes reden, d. h. die Variation; die kunstvolleren Formen der Choralbearbeitung gehörten zum Handwerk der Berufsmusiker. Mochte die Gelegenheit zu diesem musikalischen Experiment Pachelbel's auch noch so zufällig gewesen, es hatte doch seine geschichtlichen Konsequenzen. Wir werden sehen, dass die Folgezeit sich mit vollem Bewusstsein nach diesem Präzedenzfall weiter richtete.

Betrachten wir die Suiten und Variationen Pachelbel's als unbedingt zur Klaviermusik gehörig[1]), so führen uns seine übrigen Instrumentalkompositionen wiederum auf die alte Grenzscheide zwischen Orgel- und Klaviermusik. Auf ihr stehen die verschiedenen Fugenarten, Präludien und Toccaten, Formen, deren Mannigfaltigkeit über Pachelbel's geschichtliche Beziehungen ein helles Licht verbreitet.

Von den beiden Arten Pachelbel'scher Toccaten geht uns die eine hier nichts an: nämlich die Orgeltoccaten, die man mit einem Blick an den lang gehaltenen Pedaltönen und an dem überaus lebhaften Figurenwerk darüber hin erkennt. Die zweite Art von nicht ausschliesslich kirchlicher Bestimmung steht aber in den oft beobachteten Wechselbeziehungen zur Klavier- und Orgelmusik, und hier verfolgt Pachelbel eine musikalische Richtung, auf die Frescobaldi[2]) zuerst hingewiesen hat und die von der Wiener Schule innegehalten wurde. Pachelbel kennt keine fugirten Zwischensätze, er vermengt vielmehr Akkordgriffe und Passagen zu einem wechselvollen, stimmungsreichen Tonbilde. Der musikalische Charakter dieser übrigens bei Weitem zahlreicheren Gruppe von Toccaten nähert sich zusehends wieder dem ursprünglichen Begriff der Form: *toccate un poco*. Auch die Ausdehnung giebt einen Massstab dafür ab. Selbst die grössten Exemplare sind nicht so breit angelegt, dass sie als vollwichtige Kunstwerke gelten können; ihnen allen eignet, ganz im Gegensatz zu den Toccaten der Wiener Meister, der Charakter des Präludiums: sie bereiten vor und lassen etwas Folgendes und Bedeutenderes erwarten. Diese Beobachtung kann so ungegründet nicht sein. Denn Pachelbel's Präludien sind in der That nichts Anderes als diese kleineren Toccaten, ein wechselndes, nicht zu weit ausgedehntes Gemisch toccatenhafter Spielelemente. Einige dieser

---

[1]) Das *Hexachordum Apollinis* bestimmt zwar Pachelbel auch für die Orgel mit, aber man wird darin vergeblich nach einer Stelle suchen, wo er auch nur die mindeste Rücksicht auf ihre Spieltechnik genommen hätte und der man nur auf der Orgel in vollem Masse gerecht werden könnte.

[2]) Siehe oben S. 131.

Präludien stehen in der handschriftlichen Überlieferung für sich allein da, die meisten aber leiten eine sich anschliessende Fuge ein.

Pachelbel's **Fantasien** haben mit dem Formenbegriff, den bisher der Name für uns repräsentierte, nicht das Geringste zu thun. Sie halten in ganz neuer Weise die Mitte zwischen dem rezitativischen Wesen der Toccaten und dem melodischen der Tanzform oder Liedvariation inne: sie sind arios, wie gewisse Partien in G. Muffat's[1]) Toccaten. Von dieser Mitte aus neigen sie sich entweder nach der einen oder der anderen Seite mehr hin. Eine G moll-Fantasie[2]) moduliert in vorwiegend toccatenhafter Manier durch die benachbarten ♭-Tonarten, eine andere[3]) treibt ein imitatorisches Spiel mit einem Fugenmotiv, in einer dritten[4]) endlich regen sich allerlei variationenhafte Elemente. In Wien wird Pachelbel den Keim zu dieser sonderbaren Mischform nicht erhalten haben; denn keiner der älteren Meister, die er kennen konnte, hat etwas Ähnliches geschaffen. Es hat vielmehr den Anschein, dass es wieder heimatliche Kunstanschauungen sind, die ihn befruchtet haben[5]).

Es ist einigermassen überraschend, dass Pachelbel, der doch einige Jahre an Kerl's Seite in Wien thätig war, die wichtigsten Fugenformen der Wiener, die Canzona und das Capriccio, gänzlich unberücksichtigt lässt. Von seinen fugierten Sätzen bezeichnet Pachelbel einige als **Ricercari**, und sie sind es auch in demselben Sinne wie diejenigen Froberger's[6]). Das Hauptthema schreitet in gemessenen Notenwerten einher; die kontrapunktische Arbeit besteht im Erfinden gegensätzlicher Melodien, die eine ständige Begleitung abgeben, und in der Durchführung der Gegenbewegung von vornherein oder nachdem das Thema in gerader Bewegung erschöpfend behandelt ist[7]).

Bei dieser Sachlage wird die Themaparallele zwischen Pachelbel's Ricercar

---

1) Siehe oben S. 191.
2) *Ms.* Z. 35 *fol.* 23 r. (Kgl. Bibliothek zu Berlin).
3) Commer (Sammlg. d. best. Meisterwerke f. d. Orgel, S. 152).
4) Commer (a. a. O., S. 158).
5) Näheres würde sich vielleicht nach Auffindung eines Exemplars von Kindermann's *Harmonia organica* (siehe oben S. 103) darüber sagen lassen.
6) Siehe oben S. 172.
7) Einige Beispiele stehen bei Commer (a. a. O., S. 144, 155 f.).

und einem Ricercar **Froberger's**[1])

nicht ganz zufällig sein.

Alle übrigen, polyphon gearbeiteten Stücke heissen jedoch **Fugen**. Das sind Gebilde sehr einfacher Art; ihre Grundgesetze sind tonale Beantwortung des Themas in der Quinte, mehrfache Durchführung desselben und Einschaltung von Überleitungen zwischen die Durchführungen. Die Fugen sind zwei-, drei- und vierstimmig; aber namentlich die Vierzahl wird nicht immer streng innegehalten, da die Stimmen oft je nach dem harmonischen Bedürfnis frei einsetzen oder verschwinden. Irgend welche kontrapunktische Künste, die von Weitem an ältere Fugenformen erinnerten, treffen wir hierbei nicht an: weder Verlängerung noch Verkürzung oder Umkehrung des Themas kommt vor, selbst nicht Engführung. Über das Niveau dieser Fugenform erheben sich allein wenige **Doppelfugen**. Sie setzen sich stets aus drei Einzelfugen zusammen: die erste behandelt in der angegebenen schlichten Weise das erste Thema, die zweite das Gegensubjekt, die dritte beide gleichzeitig. Die sichtbare Annäherung an den modernen Fugenbegriff hat nun Pachelbel zwar nicht zuerst bewerkstelligt, denn sie kündigte sich schon früher bei **Erbach**[2]) und **Wecker**[3]) an; aber Pachelbel hat sie am nachhaltigsten zum Ausdruck gebracht und hat damit Schule gemacht.

Was wir nun endlich von Pachelbel's Spieltechnik wissen, ist so wenig, dass sich darauf kein umfassendes Urteil gründen lässt; gleichwohl seien die Proben seines **Fingersatzes** mitgeteilt[4]).

---

[1]) **Adler's** Gesamtausgabe, Bd. I, Nr. 6 der Ricercari.
[2]) Siehe oben S. 98.
[3]) S. 108.
[4]) Zu finden in *Ms. Z.* 35 (Berlin).

Pachelbel als Klaviermeister, vom historischen Standpunkt aus gesehen, streckt sich nicht so gigantisch in die Höhe, wie der Orgelmeister Pachelbel. Wenn gesagt worden ist:[1] »Pachelbel trug die Errungenschaften des Südens in das Herz Deutschlands hinüber, und bemächtigte sich der dort zubereiteten Elemente, um aus beiden ein Neues, Höheres zu schaffen« — so trifft dies auf Pachelbel's Klaviermusik nur mit Einschränkungen zu. Allerdings sind gewisse virtuose Züge in den Toccaten Reminiszenzen an die musikalische Grossstadtluft, die er in Wien atmete, seine Themen zeigen vielfach eine Kerl sehr ähnliche Physiognomie und die Ricercari wurzeln auf dem Boden Froberger's. Aber die wenigen Jahre, die Pachelbel in jener internationalen Sphäre zubrachte, haben die festen Bande, die ihn künstlerisch an die Heimat ketteten, keineswegs gelockert. Das beweisen seine Suiten, Variationen und Fugen, die weit entfernt, virtuosen Pomp und Glanz zu entfalten, vielmehr nach innen gekehrte Beschaulichkeit und schlichte Sinnigkeit eines Mannes, der in seinem Kämmerlein musiziert, an den Tag legen. Und wo ihn wirklich einmal die Erinnerung an das Wiener Kunsttreiben übermannt, reisst sie ihn doch nicht zu so hohem Fluge hin, dass er vergässe, dem Verständnis seiner bürgerlichen Umgebung nahe zu bleiben. Nicht weil er aus Wien etwas Höheres und Besseres mitgebracht hatte, sondern weil er dem soliden Boden seiner heimatlichen Kunstanschauungen trotzdem nicht entrückt war, deshalb gerade fand er in den thüringischen Landen so viele »geeignete Männer, die ihm mit offenem Sinne und bedeutender Leistungsfähigkeit entgegen kamen, um seinen Bahnen sich anzuschliessen«.

In welcher Ausdehnung sich Pachelbel's Einfluss durch ganz Mitteldeutschland geltend machte, wird, da wir es hier nur mit der Klaviermusik zu thun haben, durch die folgende Darstellung nicht so klar gelegt werden können, als es wünschenswert ist. Um diesen Mangel wenigstens in etwas wieder auszugleichen, mag durch eine Kette von Parallelen gezeigt sein, ein wie dichtes Netz künstlerischer Beziehungen sich um Pachelbel wob.

Unter den vielen Orgelfugen Pachelbel's über und zu dem *Magnificat* der acht Töne[2] beginnt eine mit dem Thema:

---

[1] Ph. Spitta (J. S. Bach, I, S. 108).
[2] Sie befinden sich in zwei Oktavbänden auf dem Institut f. Kirchenmusik zu Berlin und in *Ms. 34, 221* auf dem *British Museum* in London. Beide Quellen sind alte Handschriften.

das er für eine andere Fuge folgendermassen umgestaltet

und für eine dritte Fuge noch mehr komprimiert:

Unter Pachelbel's direkten Schülern hat J. H. Buttstett das erste Thema in ganz eigenartiger Weise für eine Fuge[1]) umgebildet:

Auch Chr. Fr. Witte benutzte es in einer Fuge[2]).

Nach dem Zeugnis der Dedikation des *Hexachordum Apollinis* war Pachelbel mit D. Buxtehude befreundet. Ist es Zufall, dass dieser mit einem seiner schönsten Themen

Pachelbel die Hand reicht und dass er das tiefsinnige Thema noch zwei Mal ausdeutet?

---

1) In J. Andreas Bach's Klavierbuch (Leipzig).
2) In H. N. Gerber's Klavierbuch (Berlin).
3) Spitta's Gesamtausgabe, Bd. I, S. 64.

Buxtehude's Schüler, Vinc. Lübeck, hat das Thema, ähnlich wie Buttstett, wieder in kleinere Notenwerte aufgelöst:

Buxtehude's Antipode, J. Kuhnau, hat sowohl die gesangliche

wie die instrumentale Fassung des Themas

zu fugierten Sätzen benützt. J. S. Bach nähert sich mit dem Thema seiner F moll-Fuge[6]).

Buxtehude's Fassung, während G. F. Händel sich im Chor des »Messias«[7])

Und sei-ne Wun - den un-sre Hei-lung

mehr die gesangliche Ausdrucksweise Kuhnau's zu eigen gemacht hat. Noch pittoresker geformt erscheint das Thema abermals in einer Klavierfuge[8]) Händel's

---

1) Spitta, a. a. O., S. 23.
2) Spitta, a. a. O., S. 78.
3) Ms. P. 801, S. 373 r. (Berlin).
4) »Neuer Clavier-Uebung ander Theil«, 1695 Nr. 6.
5) »Frische Clavier-Früchte«, 1696 Nr. 4.
6) Wohltemperiertes Klavier, I. Teil.
7) In Chrysander's Übersetzung.
8) Chrysander's Gesamtausgabe, Bd. 2, S. 171.

und ebenso in dem Chor von »Israel in Egypten«: »Mit Ekel erfüllte der Trank«[1]).

Mit den angeführten Parallelen ist die Nachkommenschaft des Pachelbel'schen Themas noch lange nicht erschöpfend aufgezählt; sie lässt sich ebenso zahlreich auch durch die klassische und neuere Zeit verfolgen. Doch genüge hier ein Hinweis auf Mozart's *Requiem*:

Ky - ri - e   e - le - i - son

Zu den Nürnbergern, insofern es sich um Klaviermusik handelt, haben wir auch Johann Philipp **Krieger** zu rechnen.

K., am 26. Februar 1649 in Nürnberg geboren, erhielt hier den ersten musikalischen Unterricht bei Johann Drechsel und Gabr. Schütz. Erst 16 Jahre alt, ging er 1655 nach Kopenhagen, um Schüler und Stellvertreter des Hoforganisten Joh. Schröder zu werden. Gegen 1670 kehrte er von hier über Holland und die Rheinländer in die Heimat zurück. K. erhielt 1672 eine Berufung als Kammerorganist in die neu organisierte Kapelle des Markgrafen von Bayreuth und rückte bald danach zum Kapellmeister auf. Durch die Teilnahme seines Herrn am französischen Kriege in Unthätigkeit versetzt, begab sich K. 1673 abermals auf Reisen. Er ging nach Italien, besuchte die vornehmsten Musikstädte und entschloss sich unter Anderem auch dazu, »beym Pasquini das Klavier zu studiren«. Den Rückweg nahm er über Wien, wo er mehrmals vor dem Kaiser Leopold spielte und mit J. K. Kerl in näheren Verkehr trat. In Bayreuth blieb aber K. nicht lange; er nahm seinen Abschied und knüpfte in Frankfurt a. M. und Kassel Beziehungen an, bis er schliesslich 1677 als Kapellmeister des Herzogs von Sachsen-Weissenfels erst in Halle, dann in Weissenfels eine Stätte sesshaften, ruhigen Wirkens fand. K. starb am 6. Februar 1726 in Weissenfels[2]). Ausser seinen Werken für Kammer, Oper und Kirche, die hauptsächlich historische Bedeutung beanspruchen, haben sich auch einige Klavierstücke erhalten.

Eine Passacaglia[3]) J. P. Krieger's entfaltet eine virtuose Bravour, wie wir sie bisher nur bei Poglietti gefunden haben. Besonders ist auf die harpeggierten Akkorde kurz vorm Schluss des sehr ausgedehnten Stückes

---

[1]) Chrysander, a. a. O., Bd. 16, S. 17.
[2]) Die biographischen Quellen über Krieger hat Eitner (Monatsh. f. M. 1897, S. 144 ff.) zusammengefasst.
[3]) Gedruckt 1675; siehe oben S. 186.

Erstes Kapitel: J. Ph. Krieger. Joh. Krieger.

aufmerksam zu machen. Eine achttaktige *Aria* in *B* dur mit 24 Variationen[1]) ist dagegen in der schlichten, anspruchslosen und dabei doch zierlich ausgefeilten, sauberen Figurationsmanier Pachelbel's geschrieben. Die Zuverlässigkeit der Überlieferung beider Stücke steht ausser Zweifel, und wir haben auch bei Pachelbel gesehen, dass die Nürnberger Schule durchaus nicht nur ein Abklatsch der Wiener war. Anders würde man sonst den auffallenden stilistischen Kontrast zwischen beiden Stücken Krieger's kaum begreifen.

    J. P. Krieger hatte seine Kräfte hauptsächlich den vielfachen Aufgaben einer Hofkapelle zu widmen; es ist daher erklärlich, dass von ihm Klavierwerke nur in geringer Zahl vorhanden sind. Bei seinem jüngeren Bruder, **Johann Krieger,** lag kein Grund zur Enthaltsamkeit vor; seine amtliche Stellung gab ihm eher Anregung, auf Klaviermusik bedacht zu sein.

    K., am 1. Januar 1652 in Nürnberg geboren, studierte das Klavierspiel bei G. K. Wecker. Gleich seinem älteren Bruder gelang es ihm zunächst nicht, eine dauernde Anstellung zu erlangen; als er sie aber bekam, nämlich 1681 als Organist und Musikdirektor in Zittau, gab er sie nicht wieder auf. Hier starb er nach 54jähriger Amtsthätigkeit am 18. Juli 1735[2]). K., der sich als Komponist von Kirchenmusik und Singspielen einen Namen gemacht hat, veröffentlichte folgende Klavierwerke: 1) »Sechs *Musicalische Partien,* bestehende in *Allemanden, Courenten, Sarabanden, Doublen* und *Giquen,* nebst eingemischten *Bouréen, Minuetten* und *Gavotten* auf einem *Spinet* oder *Clavichordio* zu spielen, nach einer *arieusen* Manier aufgesetzt. Nürnberg, W. Moritz Endter, 1697«[3]). 2) »Anmuthige Clavier-Übung, bestehend in unterschiedlichen *Ricercarien, Praeludien, Fugen,* einer *Ciacona* und einer auf das

---

    1) Abschrift einer Handschrift von 1715, dem Kgl. Institut f. Kirchenmusik in Berlin gehörig.
    2) Siehe Eitner's bio- und bibliographische Studie über Krieger (Monatsh. f. M. 1895, S. 129 ff.), in deren Anhang auch mehrere Klavierstücke zum Neudruck gebracht sind.
    3) Exemplare in Berlin (Kgl Bibliothek und Kgl Joachimsth. Gymn.), Hamburg und München.

Pedal gerichteten *Toccata*. Nürnberg, W. M. Endter, 1699«[1]). Was handschriftlich überliefert ist[2]), kennen wir meist schon durch die Drucke.

Beide Werke sind übrigens von Belang für die Geschichte des Notendrucks. Die grossen eckigen Notentypen in früherer Zeit erlaubten es nicht, einen mehrstimmigen Orgel- oder Klaviersatz auf zwei Liniensystemen unterzubringen. Dieser Umstand führte zur Anwendung des Kupferstichverfahrens. Doch dies war und blieb teuer, da die Platten nur immer zu einem Werke benutzt werden konnten, wie es andererseits »gar zu mühselig« gewesen wäre, grössere Klavierwerke »in Quantität mit der Feder zu copiren«. Diesem Übelstande abzuhelfen, machte nun G. K Wecker[3]) mit Hilfe seines des Schriftgiessens kundigen Freundes Wolfg. Moritz Endter eine Erfindung, die den billigeren Typendruck in den Dienst der Klaviermusik stellen konnte. Durch Abrundung der Notenköpfe und durch Reduktion ihrer Grösse auf den Raum eines Spatiums wurde es möglich, selbst volle Akkorde auf ein System zu drucken. Diese Erfindung wurde 1695 zuerst für die Herstellung von Wecker's Geistlichen Concerten benutzt und kam auch Krieger's Werken zu statten. Es ist freilich eine optimistische Hyperbel, wenn K. in das Lob ausbricht, seine Werke seien »so wohl gerathen, als wann sie mit der Feder geschrieben oder in Kupfer gestochen wären«.

Im Vorwort zu den Partien bemerkt J. Krieger: »Wo einig *Spatium* oder Raum vorgefallen, hab ich selbigen mit etlichen *Menuetten, Buréen* und *Gavotten* erfüllet, als welche heut zu Tage denen, welche die *Music* und das *Clavier* nicht sonderlich verstehen, bey weiten mehr gefallen als alle andere höhere *Music*; massen ihnen das jenige was lieblich in den Ohren klinget, viel anständiger ist, als die tief-sinnigen Kunststücke.« Krieger's Suiten sind viersätzig, sie bestehen aus Allemande, Corrente, Sarabande, Gigue; die Tanzformen, die sich daran noch anschliessen, bilden also mit der Grundform kein organisches Ganzes. Wirkliche Erweiterungen der Form im Innern nimmt aber Krieger auf zweierlei Weise vor. Einmal setzt er der Tanzgruppe eine *Fantasia* voran, ein Stück, das dem Bau nach Pachelbel's Fantasien[4]) zur Seite gestellt werden muss, das aber wegen der öfteren, ritornellähnlichen Wiederholung der ariosen Anfangstakte jene an Symmetrie der Struktur übertrifft. Mit Vorliebe gesellt sodann Krieger der Sarabande ein *Double* bei, d. h. eine variationsartig reicher figurierte Fassung des voraufgehenden Tanzes. Variation und Double fasste Krieger jedoch nicht als gleichwertig auf, da er auf die Sarabande der sechsten *B*dur-Suite erst zwei Doubles und ausserdem drei Variationen folgen lässt, jene dabei durch gebrochene Akkorde, diese durch koloristische, gangbare Figuren charakterisierend.

---

[1]) Exemplar in Berlin (Joachimsth. Gymn.).
[2]) Berlin (Instit. f. Kirchenmusik), Darmstadt
[3]) Gerber (A. L. unter »Wecker«).
[4]) Siehe oben S. 203.

Musikalisch überragen Krieger's Suiten die analogen Stücke der bisher genannten Nürnberger Musiker um ein nicht Geringes. Seine Tanzformen begeben sich innerhalb der gemeinsamen Grundtonart und ihrer nächsten Modulationen jeglichen melodischen Zusammenhanges, den Froberger und Pachelbel gerade hervorhoben. Dafür entschädigt jedoch Krieger durch eine ungleich künstlerischere Idealisierung der Tanztypen; er weiss, dass er bei ihrer Übertragung aufs Klavier nicht bloss eine Kopie des wirklichen Tanzes, sondern ein durch die Ausdrucksmittel des Klaviers verfeinertes Abbild zu liefern hat. So spricht er denn die Tonsprache des Klaviers nicht in den Allemanden allein, sondern auch in den übrigen Tänzen, vornehmlich in den Giguen. Hatten die anderen Nürnberger ihr Bestes schon mit der Allemande ausgegeben, so vermag sich Krieger's Erfindungskraft noch die übrigen Teile hindurch auf der Höhe der Allemande zu halten, meist aber nimmt sie in den Giguen einen noch höheren Flug.

J. Krieger hatte seine Suiten dem Schönerischen Musikkollegium in Nürnberg gewidmet, »war aber mit der *Dedication* nicht gar glücklich gewesen, da er in dem *Music-Collegio* soviel *Fautores* seiner Arbeit nicht angetroffen, als er verhofft hatte«. Gleichwohl entschloss sich der Verleger zur baldigen Herausgabe der bereits angekündigten »Clavier-Übung«, »angesehen es unbillich wäre, um weniger Missgönner willen, die Beförderung dieses Wercklelns zu unterlassen, das von der *Composition* eines so hochberühmten Künstlers ist, dessengleichen wir im Römischen Reich wenig haben«. Durch die »Clavier-Übung« lernen wir nun Krieger noch von mehreren anderen Seiten her kennen.

In den fünf Ricercari bewahrt Krieger die Traditionen der Schule und stimmt deshalb darin noch am meisten mit Pachelbel zusammen. In allen diesen Stücken Krieger's folgt der Gefährte dem Führer stets mit dem Thema in umgekehrter Bewegung. Drei Ricercari lassen dazu noch einmal die zur Neige gehende Canzonenform aufleuchten, indem sie das Thema rhythmisch umbilden und in einem zweiten Abschnitt gleichfalls einer Bearbeitung *alla riversa* unterwerfen. Der Anfang des ersten Ricercars mag das Gesagte veranschaulichen:

Dass Pachelbel und Krieger auf gemeinsamem Boden stehen, lässt sich zwar auch in den **Fugen** nicht verkennen, — man beachte nur die Kurtzatmigkeit und die wenig scharfe Charakteristik der Themen, sowie gewisse Stellen, wo die Polyphonie von spezifisch klaviermässigen Tongängen

durchbrochen wird. Aber Krieger ist dabei der gewandtere und vielseitigere Kontrapunktiker. Die Überleitungen zwischen den Themaeinsätzen und Durchführungen gewinnt er durchgehends motivisch aus dem Gegensatz zum Gefährten; er bindet ferner die Wiederschläge des Themas nicht an die zuerst gehörten Tonstufen und begnügt sich endlich nicht mit dem Thema allein, sondern fügt im Stile des alten, eigentlichen Ricercars noch ein, zwei, selbst drei neue Themata hinzu. In dieser Weise führt er uns einmal eine Gruppe von fünf Fugen vor Augen; die ersten vier behandeln neben dem Hauptthema ein oder mehrere Gegenthemen, die fünfte kombiniert dann alle vier Hauptthemen

zu einer vierfachen Fuge, ein Kunststück, dem sich kein ähnliches von Pachelbel's Komposition zur Seite stellen lässt.

Die formalen Grundzüge der Krieger'schen Präludien, die übrigens meist einen selbständigen Platz einnehmen, sind dieselben wie die der Pachelbel'schen: mit gangartigen Figuren mischen sich imitatorisch behandelte Partien und breite Akkordarpeggien; bei Krieger überwiegt jedoch erkennbar das Streben nach greifbarer Melodie, wogegen die gehaltlose, lediglich Spieltechnik erweisende Figur in den Hintergrund tritt. Aus demselben Holz geschnitzt ist auch die eine der beiden Toccaten (D dur), die man als ein in den Dimensionen vergrössertes Präludium ansprechen dürfte. Einen merkwürdigen Baustil repräsentiert aber die »auf das Pedal gerichtete Toccata«. In ihrem Einleitungsteil wachsen aus massigen Akkordfolgen, die beide Hände beschäftigen, kurze Motive gesangsdeklamatorischen Charakters hervor:

daran reiht sich ein zweiter Teil, der mit der *Fantasia* vor der ersten Suite durchaus konform ist. Den Beschluss macht endlich eine *presto*-Fuge. Am besten vergleicht man das ganze Stück einer Folge von einem akkompagnierten Recitativ, einer Arie mit Ritornellen und einem fugierten Schlusschor. Dass diese völlig neuartige Gestaltung der Toccata auf eine vorbildliche Einwirkung der damaligen Gesangsmusik wirklich zurückzuführen sein sollte, ist so unmöglich nicht bei einem Manne, der, wie Krieger, sich mit theatralischen Kompositionen lebhaft befasste.

Krieger's Variationstechnik endlich, die in einer *Ciacona* zur Geltung kommt, hält die Mitte zwischen Pachelbel und den Wiener Meistern inne. · Sie ist vorwiegend figurativ, verschmäht aber trotzdem nicht virtuose Effekte, wie ein Beispiel lehren mag:

Nach diesen Andeutungen wäre J. Krieger musikgeschichtlich neben Pachelbel zu setzen. Altersgenossen und aus der Nürnberger Schule hervorgegangen, stellen sie Beide den Höhepunkt derselben dar, doch Jeder in anderer Weise: Pachelbel als Orgelmeister, Krieger als Klaviermeister. In diesem Sinne müssen Beide auch ihren Zeitgenossen als bedeutend erschienen sein. Lassen sich die Spuren der Pachelbel'schen Kunst deutlich und unverfälscht in der Orgelmusik weiter verfolgen, so hat andererseits Krieger geistige Nachfolger in bedeutenden Klavierspielern erhalten. Unter den wenigen deutschen Musikalien, die Händel mit nach England nahm, befand sich Krieger's »Clavier-Ubung«; nach ihrem Inhalt soll er sich zu einem guten Teile gebildet haben, und er empfahl ihr Studium als nutzbringend [1]). Noch unmittelbarer werden wir Kuhnau den Fussstapfen Krieger's folgen sehen.

Ein Abkömmling der Nürnberger Schule war endlich noch Christian Friedrich Witte (Witt) —

um 1660 in Altenburg geboren, in Wien und Salzburg, vor allem aber durch G. K. Wecker in Nürnberg musikalisch gebildet. Der Herzog von Gotha-Altenburg, der die Kosten bestritten hatte, »war mit W.'s erlangten Fähigkeiten und Kenntnissen so wohl zufrieden, dass er Weckern ausser dem bedingten Honorar noch sein Bildniss nebst einem verbindlichen Schreiben zuschicken liess.« W. wurde Altenburgischer Hoforganist und späterhin Kapellmeister. Er starb am 13. April 1716.[2])

Witte's Fugenarbeiten weisen süd- und mitteldeutsche Typen auf. Wir treffen kleine Fugen von Pachelbel'scher Schlichtheit, eine Doppelfuge, aber auf zwei Sätze zusammengedrängt, da das zweite Thema nicht erst für sich, sondern gleich mit dem ersten zusammen behandelt wird, und eine zweiteilige Canzona, natürlich mit Themaumbildung. Von den beiden Partien verlässt nur eine die Normalgestalt, indem sie an die Stelle der Gigue ein Menuet setzt. Auch in der musikalischen Ausgestaltung der Tanzformen erhebt sich Witte kaum über das Niveau Pachelbel's. Doch auf diesem primitiven Standpunkt ist Witte nicht stehen geblieben. An der Übernahme der mannigfaltigen Verzierungen, wie sie bei den neueren französischen Klaviermeistern in Gebrauch waren, und an der Komposition eines *Caprice*, das mit Manieren geradezu überladen ist, erkennen wir, dass Witte mit dem Fortschritt der Gegenwart Fühlung zu gewinnen bestrebt war.

---

[1] Chrysander (G. F. Händel, Bd. III, S. 211).
[2] Näheres über ihn giebt die Allg. Deutsche Biographie. Seine Klaviersachen befinden sich in Berlin (*Ms. Z.* 35, *Ms.* 131 und 7365). Leipzig (Andreas Bach's Klavierbuch), Cassel (*Ms. fol.* 37).

Ausser Nürnberg wurden noch andere südwestdeutsche Städte in der zweiten Hälfte des 17. Jahrhunderts für die Geschichte der Klaviermusik wichtig, allerdings nur dank vereinzelter hervorragender Erscheinungen, nicht etwa auch, weil sich hier besondere Richtungen in kontinuierlicher Schule entwickelten.

Die erste Stelle, chronologisch gerechnet, nimmt Sebastian Anton **Scherer** in Ulm ein.

Über S.'s Lebensschicksale sind wir wenig unterrichtet. Das Meiste erfahren wir durch sein Werk: ›*Operum musicorum secundum, distinctum in libros duos: Tabulaturam in Cymbalo et Organo Intonationum brevium per octo tonos, et Partituram octo Toccatarum usui aptam cum vel sine Pedali. Ad modernam suavitatem concinnatum*... *1664. Ulmae. Typis* Balth. Kühnen.‹[1] S. bekennt, von früh auf vielseitige musikalische Studien betrieben zu haben. Später gab er sich auch mit dem Kupferstich ab. Kurz vor 1664 wurde er Vizeorganist in Ulm, als welcher er den eigenhändig gestochenen ersten Teil des eben genannten Werkes der obersten Kirchenbehörde Ulms widmete. Den in vierzeiliger Partitur mit Notentypen gedruckten zweiten Teil dedizierte S. dem Collegium Musicum in Memmingen (*adhinc aliquot annis institutum, ex omnium Ordinum hominibus honoratissimis constans, qui certis ac definitis diebus ad exercitium Musicum amice conveniunt, ut vel ipsi se in variis instrumentis Musices et cantu exerceant, vel ex auditione istius modi harmonica delectationem capiant*). Am 4. November 1684 wurde S. zum Organisten an St. Thomas in Strassburg ernannt, starb aber hier, wie es scheint, bereits 1685.[2]

Musikalisch trennt Scherer von der Nürnberger Schule eine tiefe Kluft. Er steht gleich den Wiener Meistern unter dem direkten Einfluss der italienischen Kunst; ihr hat er Form und Inhalt seiner Kompositionen zu verdanken. Die Intonationen zu den acht Kirchentönen haben ihr Vorbild in Frescobaldi's *Fiori musicali* und vereinigen in ähnlicher Weise einfach fugierte Arbeiten mit toccatenhaften Präludien. Die grossen Toccaten des zweiten Teils fussen auf gleichem Grunde; es sind grosse phantastische Gebilde, mit allen Stileigentümlichkeiten ausgestattet, die Frescobaldi der Form gegeben hatte[3]. Was den Deutschen von dem Italiener unterscheidet, ist einmal der Umstand, dass Scherer's Schreibweise durch und durch von Chromatik durchsetzt ist, während diese bei Frescobaldi, wenn sie nicht Selbstzweck war, immer erst als letzte Steigerung des Ausdrucks eintrat. Und man kann nicht sagen, dass Scherer's Chromatik stets so geschmackvoll wirkte, wie am Anfang seiner zweiten Toccata:

---

[1] Titel nach Gerber's (N. L.) Angabe. Ein Fundort ist für das Werk bisher nicht nachgewiesen worden, doch lag es Ritter (Z. Gesch. d. Orgelsp., I, S. 153) vor, dessen eigenhändige Kopie zu benützen Herr Chordirektor E. v. Werra in Konstanz gütigst gestattete.

[2] Lobstein, Beiträge z. Gesch. d. Musik im Elsass (Strassburg 1840, S. 60).

[3] Siehe oben S. 131 f.

Zweitens kennzeichnet Scherer eine gewisse Starrheit des harmonischen Gehaltes. Seine Toccaten, so lang ausgestreckt sie auch sind, bewegen sich nur über wenigen vom Pedal gehaltenen Grundtönen. So ruhen, um ein Beispiel anzuführen, die ersten zehn Takte der 1. Toccata auf D, weitere zwölf auf G, die nächsten zehn auf A, siebzehn auf E, zehn auf G, elf auf C, acht auf der Dominante A, von wo der Schlusstakt nach D zurückkehrt. In allen übrigen Toccaten kehrt die Erscheinung ähnlich wieder. Diese harmonische Fessel ist aber nicht dazu angethan, den phantastischen Schwung der Toccaten zu befördern. Auf der Orgel kann die Einförmigkeit des Ausdrucks, die notwendig daraus folgt, durch andere Mittel verdeckt werden; sie tritt aber nackt zu Tage, wenn man die Toccaten nach Scherer's Willen auf das pedallose Klavier bringt, denn hier stehen solche Mittel nicht zu Gebote.

Alles in Allem genommen, erscheint demnach Scherer als eine Persönlichkeit, die sich in richtiger Erkenntnis wohl auf Gewordenes stützte, aber doch nicht geeignet war, dies zur Weiterentwickelung zu fördern. Er steht abseits des geschichtlichen Fortschritts, wie früher J. U. Steigleder.

Auf eine Parallele, die Scherer's Beziehungen zur älteren italienischen Musik illustriert, ist schon von anderer Seite hingewiesen worden[1]). Eine zweite Verwandtschaft besteht zwischen Kerl's *Capriccio Kuku*[2]) und dem ersten Motiv in Scherer's Toccata Nr. 8:

Ohne Einfluss auf die musikgeschichtliche Entwickelung blieb auch Bertold **Spiridion** *a Monte Carmelo* in Bamberg; gleichwohl verdient seine eigenartige Thätigkeit hier besondere Erwähnung.

---

1) Ritter (a. a. O., I, S. 38).
2) Siehe oben S. 188.

S., ein Karmelitermönch im Kloster St. Theodor zu Bamberg, von Geburt ein Italiener[1]), gab folgendes merkwürdige Werk heraus: »*Instructio Nova pro pulsandis Organis, Spinettis, Manuchordiis etc. hactenus in Scientiarum thesauro abscondita, nunc vero magno studio ac labore eruta, adeo facilis ac clara, ut quilibet callens Musicam & Organorum Claviarium* (*capta prima lectione, quae in una duntaxat consistit battuta seu mensura*) *intra paucos menses, se solo, non tantum Praeludia cujusvis generis suaviter, Canzonas vel Fugas eleganter, Toccatas chromatice, Bassum Continuum perfecte sonare, sed insuper simul artem componendi Motettas tam Ecclesiasticas, quam profanas excellenter ediscere valeat. Opus in quatuor partes divisum, omnibus Capellae magistris, Organoedis, Musicesque amatoribus ac Monasteriis, in quibus organorum usus viget, perquam necessarium.*« Der erste Teil erschien, gestochen von Joh. G. Seuffert und gedruckt von Joh. Jak. Immel, Bamberg 1669,1670, der zweite ebenda 1672, der dritte und vierte, von Johannes Sallver, *musicus* in Gerbstädt gestochen, ohne Ort und Jahr [1679][2]).

Der erste Teil von Spiridion's *Instructio Nova* beginnt mit 72 Beispielen, wie man den Übergang von der Dominante zur Schlusstonika, also einen Ganzschluss, auf mannigfaltige Weise ausgestalten könnte. Spiridion formiert diese Beispiele alle nur auf einer Tonstufe mit folgenden Harmonien:

verlangt aber am Ende von seinem Schüler, dass er sich übe, sie durch den ganzen Quintenzirkel hindurch zu transponieren. Und um der Eintönigkeit dieses Studiums vorzubeugen, zeigt er ein sehr einfaches Verfahren, bei jedem Übergang in eine neue Tonart gleichzeitig die nächstfolgende Kadenzformel zu übernehmen. Hielt sich die Variationskunst bisher in den engen Grenzen eines einzigen Taktes, so lässt ihr Spiridion nunmehr einen weiteren Spielraum. Es folgen je 60 Kontrapunkte über folgende Bassgänge:

Spiridion schreibt die Beispiele jedoch nicht alle aus, sondern giebt nur einen oder zwei Takte an und lässt »deren fernere

---

1) Fétis (*Biogr. univ.*).
2) Exemplare dieses von der Musikforschung wenig beachteten Werkes befinden sich in Wien (Minoriten) und Brüssel. Eine gleichzeitige, überraschend druckähnliche Kopie besitzt Dresden (Kgl. öff Bibl.).

ausführung des Lesers Gutdünken heimbgestellt«. Auch insofern geht er über die einfache Kadenzvariation hinaus, als er nicht an dem Verlauf der Bässe unbedingt festhält, sondern auch sie motivisch umspielt. Der zweite Teil der *Instructio Nova* schreitet in ähnlicher Weise fort. Den Anfang bilden *Passaggi*, toccatenhafte Gänge von mehreren Takten, also erweiterte Kadenzformen; es sind 64 an Zahl. Daran schliessen sich wieder je 60 Kontrapunkte über folgende abermals aus dem Hexachord gewonnene Bässe:

die, wie man sieht, weiter ausgreifen als die des ersten Teils und mehr Kombinationsmöglichkeiten in sich bergen. Auch hier deutet Spiridion seine Absicht nur durch einen oder zwei Takte an. Der dritte Teil ergänzt zunächst die Hexachordbässe um einige Formationen:

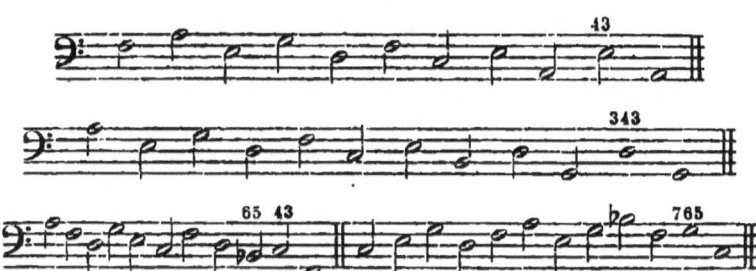

behandelt dann in gleicher Weise chromatische Fortschreitungen und sonst noch häufiger anzutreffende Kadenzwendungen:

Erstes Kapitel: Spiridion a Monte Carmelo. 219

und endigt mit Übungen, die auf eine Gewandtheit im Gebrauch von Bindungen und Vorhalten und auf eine geschickte Ausführung des *trillo* in Ober-, Unter- und Mittelstimme, mit einer Hand oder mit beiden Händen abzielen. Als praktische Zugabe zu der grossen Menge kleiner Übungsbeispiele enthalten alle vier Teile noch eine stattliche Zahl von Klavier- und Orgelstücken, Canzonen, Canzonetten oder Fugen; Toccatinen, Fantasien; Allemanden, Sarabanden, Gagliarden, Correnten, Arien, Ciaconnen.

Die rein musikalischen Fähigkeiten Spiridion's stehen nicht auf einer hohen Stufe; man kann ihn kaum einen guten Dilettanten nennen. Die selbständigen Kompositionen[1]) lassen überaus häufig Inkorrektheiten der kontrapunktischen Satzweise, Mangel an Logik in der Verbindung der Harmonien und an konsequenter Ausprägung und Beherrschung der Formen hervortreten, Dinge, die einem geschulten Musiker von Fach nicht zustossen würden[2]). Es erübrigt deshalb für uns, auf Einzelheiten näher einzugehen. Nur auf einige spieltechnische Bemerkungen wollen wir achten, da sie die italienische Richtung des Mannes bezeugen. Spiridion sagt: »Wo ein Cadenz gefunden wird, so mit beyden Händen lauffen thut, ist besser, dass dieses Läufflein geschehe nicht gar zu geschwind. Wo man aber mit einer Hand muss trillen, und mit der andern Hand ein Läufflein machen, muss man keines weges achtung haben, dass *Nota pro Nota* gespielt werde, sondern der Trill geschehe auff das geschwindest, das Läufflein aber etwas langsamers, sonsten giebts einen üblen Ohrenklang. Wann ein Cadenz keine Trill noch Läufflein hat, muss solche mit

---

[1]) Sie haben ausser Spiridion noch einen gewissen *H. F.* zum Verfasser. Die Persönlichkeit, die hinter diesen Initialen steckt, überragt aber Spiridion in keiner Weise.

[2]) In der Dedikation des dritten Teils gesteht denn auch Spiridion, dass er sein ganzes musikalisches Wissen dem Abt Franziskus vom Zisterzienserkloster in Spezzia verdanke (*cui proinde, quidquid de utraque Musices scientia hac in Nova Instructione possidere videor, totum lubens ascriptum volo*).

einer lustigen Mensur geschlagen, und die Mensur nach möglichkeit verendert werden, ietzt geschwind, ietzt langsamb ... Dann in diesem bestehet die ietzige manier«[1]).

Um so uneingeschränkter haben wir jedoch das hervorragende Lehrgeschick Spiridion's anzuerkennen[2]). Er nimmt mit seinen Übungen den Ausgang vom Hexachord, das er diatonisch, in Terzen, Quarten und Quinten auf- und abwärts auf viele Arten durchschreitet. Das ist allerdings ein Verfahren, das wir schon von den ältesten Anfängen der Klaviermusik her kennen, neu jedoch in dem musikalischen Zweck ist, dem es hier dient. Spiridion erstrebt nicht das kontrapunktische Umkleiden eines *cantus firmus* in verschiedenen Lagen, wie Paumann und seine nächsten Nachfolger, andererseits beschränkt er sich nicht allein auf das Variieren einer gegebenen Tonreihe, wie die Vokal- und Instrumentalkoloristen, sondern er gewinnt aus dem Hexachord alle Möglichkeiten von Bassfortschreitungen, auf die der Generalbassspieler vor der Orgel oder am Klavier gefasst sein muss, ordnet sie systematisch und zeigt, in wie unbegrenztem Masse sich einer und derselben Harmoniewendung mit Hilfe der instrumentalen Spiel- und Variationstechnik ein immer wieder verändertes Aussehen geben lässt. In der Behandlung dieses schematischen Problems ist der als Musiker so sterile und unproduktive Spiridion geradezu unerschöpflich und vielseitig: rund tausend solcher Generalbassbeispiele sind in den vier Teilen der *Instructio Nova* aufgespeichert. Dass der Italiener dies sein Werk gerade in Deutschland veröffentlichte, ist geschichtlich bedeutsam. Was hier ein angehender Musiker über den Generalbass erlangen konnte, bestand höchstens in einigen wenigen Beispielen und Andeutungen, wie sie Komponisten ihren Werken mit auf den Weg gaben[3]). Ein systematisches Lehrbuch existierte nicht, und die Andeutungen nützten mehr dem Erfahrenen, denn dem Lernenden. Dieser gelangte erst durch mühseliges Studium und andauernde Praxis hinter die Geheimnisse der Kunst. Als Spiridion's *Instructio Nova* erschien, muss sie denjenigen Musikern, denen sie in die Hand fiel, geradezu als eine Offenbarung erschienen sein. Und als solche darf sie zum grössten Teil auch unserer Zeit noch gelten. Die *Instructio Nova* Spiridion's gewährt uns von allen Generalbasswerken des 17. Jahrhunderts den tiefsten und unmittelbarsten

---

[1]) Vergl. dazu Frescobaldi's Regeln (oben S. 133 f.).
[2]) Auch darin war Abt Franziskus Spiridion's Vorbild. Rühmt doch der Schüler seinem Lehrer nach, dass er *a Juventute et agilitate stupenda et inventione perrara attendentium animos semper rapuit*.
[3]) Siehe oben S 169.

Einblick in die Generalbasspraxis dieser Zeit. Dass ihr Verfasser eigentlich ein Italiener war, erhöht für uns nur ihre geschichtliche Autorität.

In einer Reihe mit Scherer und Spiridion steht **Johann Speth** in Augsburg, der musikalisch Jene freilich bedeutend überragt.

S., aus Spainshard in der Oberpfalz gebürtig, gab als Organist am Dom zu Augsburg 1693 in Kupfer gestochen heraus: »*Ars magna consoni et dissoni etc.*, das ist: Organisch-Instrumentalischer Kunst-, Zier- und Lust-Garten: In welchem Erstens, Zehen Lehrenreiche, auserlesene *Toccaten*, Zweytens, 8 *Magnificat*, samt denen darzu gehörigen *Praeambulis*, *Versen*, Clausulen etc., Drittens, unterschidliche *Arien*, mit vilen schönen *Variationen*, und andern *Galanterien*, vorgestellt werden. Von so wol Welschen als Teutschen dieser unserer Zeit hochberühmten Meistern verfertiget.«[1]

Es ist besonders die Form der Toccata, die in Speth's Werk Beachtung verdient. Die Mehrzahl hat eine Fuge als Hauptkern[2], eine[3] sogar zwei Fugen, um die herum sich allerlei Elemente, Laufwerk, akkordische Adagio-Sätze und imitatorisches Gewebe, gruppieren. Was sie, die den Muffat'schen Toccaten[4] geistig ebenbürtig sind, von diesen unterscheidet, ist allein die knappere Ausdehnung der Form. Speth begründet sie mit den Worten: »Damit auch der Übende in Erlernung derselben die Gedult nicht möchte verliehren, so seynd sie nicht zu lang noch zu kurtz, nicht in einem Wesen fort, sondern [in] unterschidlichen Absätzen und *Concepten* vorgestellt.« Auch in der Zuweisung der Toccaten an die Orgel scheint Speth Muffat's Beispiel zu folgen. Allerdings ist die alte Gütergemeinschaft hier noch nicht prinzipiell beseitigt, denn Speth sagt: »Das absonderlich in *Toccaten* sich befindende verzeichnete *Pedal* betreffend, ist nicht ohne, dass ausser den grossen Orglen solches selten gefunden wird, muss dahero der *Exercirende* auf dem *Instrument* [Klavier] sich mit der lincken Hand helffen, und solches ersetzen so vil möglich, ohnerachtet solches an meisten Orten [Stellen] nach belieben kan aussgelassen werden.« Endlich setzt Speth den reichlichen Gebrauch von Ornamenten voraus, wenn er selbst sie auch nur spärlich eingestreut hat. »Die *Trilli* und andere Zierlichkeiten, so allhier nicht beygezeichnet worden, werden selbige derer [Lernenden] Lehrmeistern

---

[1] Exemplar in Berlin (Kgl. Bibliothek). Das Werk ist von F. Commer (Kompos. f. d. Orgel aus dem 16., 17., 18. Jh., Leipzig, Geissler, Heft 3 f.) zum Teil neu herausgegeben worden. Siehe A. G. Ritter (Z. Gesch. d. Orgelsp., I, S. 157).
[2] Nr. 2, 3, 4, 6, 7, 8, 10.
[3] Nr. 1.
[4] Siehe oben S. 191.

Geschicklichkeit überlassen.« Auf die *Magnificat*-Bearbeitungen, die ihrer rein kirchlichen Bestimmung wegen hier keine Berücksichtigung erfahren können, folgen schliesslich Variationen (*Partite*) über drei Arien, die *la Todesca*, *la Pasquina* und *la Spagnioletta* betitelt sind. Die Variationstechnik erinnert lebhaft an Frescobaldi's Art.

Speth hat das Werk nicht selbst komponiert, sondern es aus Kompositionen »von so wol Welschen als Teutschen dieser unserer Zeit hochberühmten Meistern« zusammengesetzt. Man wird an der Richtigkeit dieser Thatsache schwerlich rütteln dürfen. Umso auffälliger ist der Umstand, dass trotz der Mehrheit von Komponisten das ganze Werk gleichwohl stilistisch so einheitlich ist. Und wenn der Zusatz auf dem Titel es nicht ausdrücklich verlangte, so würde man schwerlich Veranlassung finden, auf mehrere Verfasser zu raten. Nach dieser Richtung giebt Speth's Sammlung der Musikforschung noch ein ähnliches Rätsel auf, wie G. Voigtländer's »Allerhand Oden und Lieder« (Sohra, 1642).

Als ein Meister von wirklich ausgeprägter Individualität tritt uns nunmehr Franz Xaver Anton **Murschhauser** in München entgegen.

M., aus Zabern im Elsass (bei Strassburg) gebürtig, wurde 1691 Musikdirektor an der Liebfrauenkirche in München. Zu J. K. Kerl, der 1692 nach München zurückkehrte, um hier sein Leben zu beschliessen, trat M. noch in freundschaftliche Beziehungen. M. berichtet, dass er von Kerl »die Unterweisung etlich Jahr lang, als sein liebster, zwar unwürdiger *Scholar*, bisz auf sein seel. Hinscheiden empfangen, derowegen auch alles, was ich in dieser Kunst kan und besitze, nechst Gott, ihme dankbarlich zuschreibe und beymesse.«[1]) M. starb in München 1737. Von seinen Orgel- und Klavierwerken sind erhalten: 1. »*Octi-Tonium Novum Organicum, octo tonis ecclesiasticis, ad Psalmos & Magnificat, adhiberi solitis, respondens; ... cum Appendice nonnullarum Inventionum, ac Imitationum pro Tempore Natalis Domini. Accedit ad Calcem una Partia Genialis Styli moderni. Opus primum. Augustae Vindelicorum, apud L. Kronigerum, & haeredes Th. Goebelij, 1696.*«[2]) Anonym erschien: 2. »*Prototypon Longo-Breve Organicum, exhibens, super tonos figuratos magis usitatos, Modum novum ac artificiosum, tam constringendi quam deducendi. Fugas et Praeambula ... Noribergae Sumtibus W. M. Endteri*« [o. J.].[3]) Beide Werke sind gestochen. Nicht alles, was der Beachtung wert wäre, ist von ihnen zum Neudruck gelangt[4]).

Dass Kerl auf Murschhauser Einfluss ausgeübt hat und dass dieser sogar bis tief auf den Grund der musikalischen Natur

---

1) »*Academia musico-poetica*«, Nürnberg, 1721, Vorwort.
2) Exemplar in Wien (Minoritenconvent) und München.
3) Erster Teil in Berlin, beide Teile in Wien (Minoritenconvent).
4) Einiges veröffentlichten Commer (Komp. f. d. Orgel im 16., 17., 18. Jh.), Pauer (Alt. Klaviermus., Senff.), Köhler (*Les maîtres du Clavecin*). Siehe Ritter (a. a. O. I, S. 158).

Murschhauser's gedrungen ist, daran werden wir auf unserem Gange durch seine Werke bei jedem Schritt freilich sehr deutlich erinnert. Das *Octi-Tonium novum organicum* ist seinem Hauptinhalt nach eine Sammlung von je einem Präludium, fünf Fugen und einem Finale für die acht Kirchentöne des *Magnificat*. Die Fugen darin sind teils ausgeführter, teils ganz kurz gehalten, schreiten in chromatischem oder gravitätischem Stile einher oder folgen dem frischen Zuge lebhafter Themen, behandeln ein oder zwei Themen, diese bisweilen in Gegenbewegung[1]): Nicht nur den Namen[2]), sondern auch die Form dieser Stücke sah Murschhauser vorbildlich in Kerl's *Modulatio Organica*. Bis zu einem gewissen Grade gilt dies auch für das *Prototypon longo-Breve Organicum*. Daneben treten aber die Züge seiner eigenen Persönlichkeit überall scharf und charakteristisch hervor. Im *Octi-Tonium* kommt sie freilich nur in der Themenbildung zum Durchbruch, wie man an der vierten Fuge des zweiten Tons selbst ermessen mag:

im *Prototypon* dagegen bewährt sie ihre schöpferische Kraft und hervorragende Geschicklichkeit auch durch die Behandlung der Fugenform und durch den kontrapunktischen Satz. Hier treibt die alte Canzonenform innerhalb der neuen kleineren Fugenform ganz merkwürdige Mischgebilde zur Blüte, durch Umprägung, Verkürzung, Verlängerung des Themas, durch Engführung der verschiedenen Gestaltungen, durch Benutzung von Gegenthemen in gerader und umgekehrter Bewegung die simple Form der Fuge ungemein vertiefend. Murschhauser verdiente deshalb in der Geschichte der Orgelmusik wohl einen besseren Platz, als der ihm bisher eingeräumt worden ist.

Was Murschhauser eigentlich für die Klaviermusik geleistet hat, besteht aus einer Suite und vier Variationsreihen über geistliche Volkslieder, die sämtlich dem *Octi-Tonium* angehängt sind. Die Suite weist die bekannten vier Tänze auf; vor die Gigue eingeschoben ist ein Menuet, und die Sarabande ist durch ein

---

1) Im Vorwort an den Leser heisst es: *Aliqua latius diduxi, constrinxi alia, Cromatico quaedam aliove Stylo gravi incedere, laetioribus vero alia Subjectis insilire feci, aliqua simplici, nonnulla etiam binis, vel a contrario commistis inter se Subjectis produxi.*

2) *A gloriosis Toccatarum Canzonumque titulis abstinui, sed simplici Pracambulorum ac Fugarum nomine usus sum, quia nucleum sine cortice, quam corticem sine nucleo dare malui; exemplum in hoc secutus famosissimi ... Joan. Caspari Kerll.*

Double erweitert, dem Murschhauser jedoch die Bezeichnung *Partita* giebt, ein Kennzeichen für seine nahen Beziehungen zur Wiener Schule. In den Variationen ist Murschhauser einerseits Kerl's Vorbild gefolgt[1]); andererseits tritt aber bei ihm auch ein neues Moment der Formenbehandlung zu Tage. In der Reihe über das Lied »Last unss dass Kindelein wiegen« charakterisiert Murschhauser die erste Variation dadurch, dass er in den Begleitstimmen möglichst oft ein Terzenmotiv anbringt, das den Kuckucksruf darstellen soll[2]). Von der nächsten Variation ab stellt er diesen ohne Weiteres in den Vordergrund, während die Melodie des Wiegenliedes gänzlich verschwindet. Von dem Lied ist nur das harmonische Gerüst übrig geblieben, auf dem sich unter den wunderlichsten Kapriolen der Kuckuck produziert. In der dann folgenden Reihe wechseln gleichfalls mit figurierenden Variationen solche, die sich ohne Anlehnung an die Hauptmelodie motivisch frei entwickeln. Charakteristisch erscheint es, dass gerade diese Teile fugiert angelegt sind. Die hiermit sich ankündigende Wandlung der Variationsform ist für uns wohl verständlich; es ist Frescobaldi's Capriccio, das etwas von seinem Wesen an die Variation abgegeben hat. Sie ist auch geschichtlich von Bedeutung; denn auf diesem Wege schritt ein Seb. Bach weiter fort.

Für Murschhauser's enge Anlehnung an die süddeutsche Richtung ist folgende Parallele besonders charakteristisch. Ein Fugato in [G. Muffat's Toccata Nr. 2.

erscheint bei Murschhauser[3]) in direkter Nachbildung also:

In eine musikalische Sphäre von ganz anderer Beleuchtung versetzt uns nun die Persönlichkeit eines **Johann Kaspar Ferdinand Fischer.**

---

1) So in der von Köhler veröffentlichten *Aria pastoralis*.
2) *per imitationem Cuculi*.
3) *Octitonium, 5. tonus regularis,* 4. Fuge.

Erstes Kapitel: J. K. F. Fischer.

In den Musiklexicis ist ausser der Thatsache, dass F. Kapellmeister des Markgrafen von Baden (1669 bis 1707) war, nichts über sein Leben zu finden. Anhaltspunkte lassen sich jedoch durch ein geschichtliches Verfolgen der in seinen Werken gegebenen Fingerzeige gewinnen. Von F.'s Klavierwerken kennen wir 1. »*Les Pieces de Clavessin* . . . *Oeuvre II. Slacoverde chez l'Auteur*, *1696*«[1]). 2. (Titelausgabe von 1)) »Musicalisches Blumen-Büschlein, oder Neu eingerichtetes Schlag-Wercklein, bestehend in unterschidlichen *Galanterien*: als *Praeludien, Allemanden, Couranten, Sarabanden, Bourëen, Gavotten, Menueten, Chaconnen etc. Opus II.* Augspurg, In Verlegung dess Authoris . . . bey Lorentz Kroniger und G. Göbels Erben« [1699][2]). 3. »*J. C. F. Fischer* . . . *Principis Ludovici* . . . *olim Capellae Magistri Ariadne Musica Neo-Organoedum per viginti Praeludia, totidem Fugas atque quinque Ricercaras super totidem* . . . *Ecclesiasticas Cantilenas* . . . *Opus praestantissimum ultimumque. Augustae Vindelicorum prostat apud Jos. Frid. Leopoldum. Anno 1715*«[3]). Nach der Opuszahl das vierte, soll dies Werk schon vorher 1702 in Slacoverde und 1710 in Augsburg erschienen sein[4]). — 4) »Blumen-Strauss, aus dem anmuthigsten musikalischen Kunst-Garten des hochberühmten Herrn J. C. F. Fischer's. Augsburg, Joh. Chr. Leopold« [ca. 1730].[5]) Markgraf Ludwig von Baden, Feldmarschall-Lieutenant der Reichsarmee und ein siegreicher Heerführer in den Kriegen gegen die Türken und Franzosen, hatte 1690 eine Tochter des letzten Herzogs von Sachsen-Lauenburg geheiratet und war dadurch in den Besitz von Stadt und Schloss Schlackenwerth in Böhmen an der Eger gelangt. Hier scheint sich der Hofhalt des Markgrafen befunden zu haben; das ist begreiflich, da die Residenz Baden 1688 von den Franzosen gänzlich niedergebrannt und das Stammland fortdauernd ihren Einfällen ausgesetzt war. So erklärt es sich, dass F. seine Werke zunächst in Schlackenwerth veröffentlichte, aber aus dem Wunsche heraus, sie auch in den heimatlichen Gegenden bekannt werden zu lassen, ihren kaufmännischen Vertrieb nach Augsburg verlegte. Da die *Ariadne Musica* 1702 sein letztes Werk war, wird er nicht lange danach gestorben sein. Sein Geburtsjahr ist demnach um 1650 anzusetzen. Neugedruckt ist von F.'s Werken so gut wie gar nichts.[6]) So hat denn seine geschichtliche Bedeutung für die Zeit Bach's und Händel's so lange unerkannt bleiben können.

Partien nennt auch Fischer die Tanzgruppen in seinen *Pieces de Clavessin*; doch was er unter diesen Begriff stellt, schaut doch wesentlich anders aus, als bei den vorgenannten Meistern. Von den sieben Partien Fischer's bequemen sich nur zwei der festgestellten Suitenform an: die eine ersetzt dabei die Gigue durch Gavotte und Menuet, die andere lässt den vier Tanzsätzen noch Bourrée und Menuet folgen. Die übrigen Partien dagegen zerflattern einerseits in ein buntes Vielerlei von mannigfaltigen Tanztypen (Ballet, Menuet, Rondeau, Canaries, Passepied, Passacaille, Bourée, Bransle, Gavotte), die die Fessel des regelmässigen

---

1) Exemplar in Berlin (Kgl. Hochschule f. Musik).
2) Exemplare in Berlin (Kgl. Bibliothek und Kgl. Joachimsth. Gymn.).
3) Exemplare in Berlin (Kgl. Bibliothek u. Kgl. Joach. Gymn.) u. Brüssel.
4) Siehe Lexika von Walther und Gerber (N. L.).
5) Exemplare in Berlin (Kgl. Joach. Gymn.) und München.
6) Siehe A. G. Ritter (a. a. O., I, S. 154, II. S. 144).

Wechsels zwischen Langsam und Rasch, geradem und ungeradem Takt nur noch locker tragen und lediglich durch das Band der gemeinsamen Tonart festgehalten werden. Andererseits laufen sie auf das Gebiet der Variation hinüber und begnügen sich damit, eine Arie oder Chaconne wechselvoll umzugestalten. So kommt es, dass unter allen Partien keine der andern formell völlig gleichartig erscheint. Nur an einer Stelle weisen sie alle eine Übereinstimmung auf: am Anfang, der regelmässig durch ein Präludium gemacht wird. Durch den bisher verfolgten Verlauf der Entwickelung innerhalb Deutschlands ist dieser Ausbau der Suitenform schlecht zu begründen; der Anstoss dazu kam denn auch thatsächlich wiederum aus der Fremde. Während der letzten Dezennien des 17. Jahrhunderts kam nämlich allenthalben an den grossen und kleinen Fürstenhöfen Deutschlands die französische Ballettmusik sehr in Aufnahme; man legte deshalb beim Engagement der Musiker Gewicht darauf, dass sie mit den Erfordernissen jener Gattung vertraut waren. Als bedeutendstes Zeugnis dieser neueren Geschmacksrichtung können G. Muffat's beide »Florilegien« gelten. Dem Beispiel der Fürsten und grossen Herren folgten die breiten Schichten des Volkes nach; die bürgerliche Hausmusik machte im Lauten- und Klavierspiel die Mode mit. Jetzt hielt man die Stunde zur Herausgabe von Froberger's Werken für gekommen, obwohl sie auf der Kunst der älteren französischen Meister fussten; denn nunmehr war es auch dem Laien unmittelbar klar, was der Mann mit seiner Musik bot und wo er hinaus wollte. Die Zeitströmung war so stark, dass selbst konservativ erzogene Männer wie J. Krieger und Witte ihr Konzessionen machten[1]). Fischer aber ist der Erste, der sich mit vollem Bewusstsein und ohne Rückhalt von der eng umgrenzten Form Froberger's abwendete, um das Panier der neufranzösischen Suite zu ergreifen, der Form, die, von vornherein schon expansiv veranlagt[2]), in dieser Eigenschaft von den Komponisten immer mehr bestärkt wurde, wie die spätere Darstellung zeigen wird. Fischer ebnete somit eine Bahn, auf der ein Gottlieb Muffat weitergehen konnte.

Die Anlehnung an die moderne Suite Frankreichs wäre als ein vielleicht zweifelhaftes Verdienst Fischer's anzusehen, wenn dadurch nicht auch eine eigenartige Verschmelzung französischen Geistes mit deutschem Empfinden bedingt worden wäre. Eine solche ist aber allenthalben zu beobachten, wo man nur hinschaut. Das prägnante Herausarbeiten der typischen Tanzrhythmen, worin

---

1) Siehe oben S. 210, 214.
2) S. 163.

die Franzosen von jeher den Deutschen überlegen waren[1], hat sich Fischer wie keiner sonst neben ihm zu eigen gemacht. Gegen seine jugendfrischen, kecken, lebensprühenden Tanzgestalten nehmen sich die Krieger'schen unbeholfen und steifbeinig genug aus. Die französischen Verzierungen, von Froberger schon einmal eingeführt, waren unter den Händen der deutschen Organisten bis auf wenige wieder verschwunden. Fischer belebt sie von Neuem zu einer grösseren Mannigfaltigkeit, die ja auch zum guten Teil die Anmut der französischen Klaviermusik ausmachte. Wie sich jedoch Fischer als guter Deutscher nicht zu einem Übermass im Gebrauch der *agrémens* verleiten lässt, so teilt er mit den Franzosen auch nicht eine gewisse Flachheit des harmonischen Gehalts und Ausdrucks. Das deutsche Gemüt, das gern über tiefsinnige Harmonien nachgrübelt und sich an kontrapunktisch kunstvollerem Gefüge erfreut, kommt überall zum Vorschein. Einige Proben mögen dies beweisen:

[1] S. 58.
[2] Partie Nr. 1, Sarabande.
[3] Partie Nr. 3, Präludium.

Des letzten Beispieles brauchte selbst ein Seb. Bach sich nicht zu schämen.

Ein kurzes Wort müssen wir noch den Präludien gönnen, denn sie haben sich, entgegengesetzt den Tänzen, ihr Deutschtum gänzlich bewahrt. In ihnen reicht Fischer J. Krieger die Hand; wie dieser gestaltet er seine Präludien aus toccatenhaften Elementen, die rein figurativ bleiben oder sich motivisch vertiefen, oder mischt Akkordharpeggien mit Laufwerk und recitativischen Melodiebruchstücken. Aber auch hierin ist Fischer in Etwas der künstlerisch Überlegene; seine Motive bedeuten musikalisch mehr und erfahren eine tiefergreifende Behandlung. Seine Akkorde sind stellenweise nicht mit einem Griff zu fassen, da sie sich zu weit ausbreiten; sie sind es, die die inneren Kontraste des Ausdrucks steigern. Auch einer eigenartigen Neuformation begegnen wir im zweiten Präludium. Beide Hände haben nur volle Akkorde anzugeben in gleichmässigen Achtelschlägen, untermischt mit Sechzehnteln. Es ist ein gemessenes Orgelpräludium mit Bindungen, Vorhalten von Dissonanzen und ihren Auflösungen, in die Sprache des Klaviers übersetzt, übrigens ein Stück voll Bach'scher Schwermut. Ein paar Takte verdienen, hier zu stehen:

---

1) Partie Nr. 8, Chaconne.

Unsern Altklassikern Bach und Händel wird das Werk Fischer's nicht unbekannt gewesen sein. Die musikalische Luft, die hierin weht, haben sie in vollen Zügen eingeatmet; diese Beobachtung kann Jeder machen, der nur oberflächlich die Hauptwerke jener beiden Meister kennt. Es ist deshalb kein Zufall, wenn wir bei dem Einen oder Andern auf Tonsätze stossen, deren Stimmung keimhaft schon von Fischer vorgebildet ist. In diesem Sinne vergleiche man etwa Fischer's Präludium Nr. 4 mit Bach's Gdur-Präludium im ersten Teil des »Wohltemperierten Klaviers«, den Schluss des Präludiums Nr. 6 mit dem der Emoll-Orgelfuge[1]), den fünften und sechsten Takt der *Aria* (Partie Nr. 6) sowie der Variationen mit den Variationen der *Aria* in Händel's Dmoll-Suite (Nr. 3).

Fischer's *Ariadne Musica* ist ihrer Bestimmung nach eigentlich ein Werk für Orgelspieler und enthält in dem uns angehenden Teile Präludien mit dazugehörigen Fugen. Der Komponist hat indessen nur in den Präludien Pedalgebrauch vorgeschrieben und auf ihn stilistisch gerechnet, in den Fugen dagegen nicht. Von der Form der Präludien gilt, was eben über die Klavierpräludien gesagt wurde, nur herrscht hier das melodiöse Element der Pachelbel'schen Fantasie vor. Die Fugen sind teils Fughetten, teils kleine einfache Fugen, in der Art, wie sie Kerl, Pachelbel, Speth und Fischer selbst (»Blumen-Strauss«) zu den Versen des *Magnificat* geschrieben haben, nicht in der künstlicheren Form eines Murschhauser oder J. Krieger. Doch Fischer's Stücke hier unterscheiden sich von jenen wesentlich durch den Umstand, dass die Themata nicht aus den *Magnificat*-Melodien gewonnen und auch nicht an die diatonische Melodik der acht Kirchentöne gebunden sind; sie sind vielmehr freigeschaffene Bildungen. Und dann geht die Absicht, die der Komponist mit ihnen hat, auf etwas ganz Anderes hinaus. Er will nämlich dem Organisten einen Faden an die Hand geben, mit dessen Hilfe er sich durch die Menge der neueren Dur- und Moll-Tonarten hindurchfinden kann, — daher der sonderbare Titel. So durchschreitet denn Fischer mit je einem Präludium und einer Fuge Cdur, Cismoll, Dmoll, Ddur, Esdur, Phrygisch, Emoll [mit 2♯!], Edur, Fmoll, Fdur, Fismoll [mit 4♯!], Gmoll, Gdur, Asdur, Amoll, Adur, Bdur.

---

[1]) Ed. Peters, Orgelwerke Bd. 3, S. 89.

Hmoll [mit 3♯!], Hdur, Cmoll. Pachelbel in seinem Suitenwerk[1]) ging nur an siebzehn Tonarten heran, bei Fischer fehlen nur noch fünf bis zum vollen Umfang des »Wohltemperierten Klaviers« von Bach. Dann ist ferner wohl zu beachten, dass Fischer nicht Suiten, sondern Präludien und Fugen den Quintenzirkel durchmessen lässt, also gerade Formen, zu denen auch Bach griff, Grund genug, Fischer neben Pachelbel und Buxtehude den Ehrenplatz eines wichtigen Vorläufers des grossen Thomaskantors fernerhin nicht mehr zu versagen. Rein musikalisch betrachtet, repräsentiert dazu Fischer's *Ariadne*, wie der Verleger ganz richtig auf dem Titelblatt bemerkt, sein bestes und reifstes Werk. Selbst das kleinste Sätzchen verrät den Meister der Form, den empfindungsreichen, gedankentiefen Harmoniker, den gewandten Kontrapunktiker. Die *Ariadne* sollte deshalb auf jedes deutschen Organisten Notenpult zu finden sein; sie würde noch heute wesentliche Dienste leisten. Stellt man freilich Fischer unmittelbar neben Bach, so ist's um seine Grösse geschehen. Aber aus seiner eigenen Zeit hebt er sich zweifellos als eine der vornehmsten und tüchtigsten künstlerischen Erscheinungen heraus. Die Mitlebenden empfanden das auch; sie rechneten ihn »unter die stärksten Klavierspieler seiner Zeit« und rühmten ihm nach, »die Bezeichnung der Manieren, sowie den guten Vortrag überhaupt auf diesem Instrumente in Deutschland verbreitet und bekannt gemacht zu haben«.[2])

Seb. Bach hat die *Ariadne* Fischer's nicht nur gekannt, sondern ihr auch Ehre widerfahren lassen. In Fischer's Esdur-Fuge

wird man unschwer das ältere Modell für Bach's Gmoll-Fuge (Wohlt. Kl. I)

erkennen. In ähnlicher Weise hat Fischer's Präludium zur phrygischen Fuge mit dem Motiv

---

[1]) Siehe oben S. 199.
[2]) Gerber (N. L.)

und seinen abgestossenen Begleitakkorden Bach zu einer Sonata für Violine
allein und einer Dmoll-Orgelfuge[1])

inspiriert. Eine dritte Parallele ist bereits oben[2]) gelegentlich einer weiter
zurück reichenden Verwandtschaftskette nachgewiesen worden.
Das Fismoll-Thema Fischer's:

das im Thema des ersten *Magnificat* von J. Speth seinen Vorläufer findet:

hat in der Fuge von Händel's Fmoll-Suite (Nr. 8)

seine glänzendste Interpretation erhalten.

Wiederum an der Zeitgrenze angelangt, die diesem Abschnitt
unserer Darstellung gesteckt ist, wenden wir uns nunmehr zu
dem thüringischen Mitteldeutschland, um die Beschaffenheit der
hier blühenden Kunstpraxis, als Pachelbel nach Eisenach und
Erfurt kam, näher ins Auge zu fassen. Drei Männer sind es besonders, in deren Werken sich der musikalische Typus der Gegend
deutlich abspiegelt:

Johann Rudolf **Ahle** —

geboren 24. Dezember 1625 in Mühlhausen, auf dem Gymnasium in Göttingen
und der Universität in Erfurt ausgebildet, 1654 Organist an St. Blasius in
Mühlhausen, später Mitglied des Rats und Bürgermeister, gestorben 8. Juli
1673. Ausser Choralbearbeitungen sind mehrere Toccaten und Fugen auf
uns gekommen[3]).

---

1) Edition Peters, Orgelwerke Bd. 3, S. 48.
2) S. 38 f.
3) Die alte Quelle derselben, ein Tabulaturbuch eines gewissen Georg
Grobe von 1675, ist leider den Weg alles Fleisches gegangen (s. Spitta,
J. S. Bach, I, S. 275, 387 Anm.). Glücklicherweise hatte aber Ritter (Z. Gesch.
d. Orgelsp., I, S. 168 f.) vorher eine Kopie davon genommen. Wohin diese
nach seinem Tode gelangte, ist unbekannt.

Wolfgang Karl **Briegel** —

geboren 1626 in Pommern, anfänglich Organist in Stettin, um 1650 Hofkantor in Gotha, um 1670 Kapellmeister in Darmstadt, wo er 1710 starb. Von seinen Komposition kommt eine Fuge in Betracht.[1]

und Johann Christoph **Bach** —

geboren 8. Dezember 1642 in Arnstadt, 1665 Organist in Eisenach, gestorben am 31. März 1703. Eine Fuge und drei Variationenwerke sind von ihm erhalten[2].

Über die musikalischen Träger des Namens Bach, deren keiner »zu seiner Ausbildung Italien besucht oder die Unterweisung eines fremdländischen Meisters genossen« hat, ist einmal[3] treffend geäussert worden: »strebsam und emsig suchten sie sich stets mit den neuen Erscheinungen und Kunstrichtungen vertraut zu machen, aber sie zogen diese in sich hinein, ohne sich ihnen hinzugeben«. Wir dürfen dies Urteil auch für die thüringischen Klaviermeister neben den »Bachen« getrost gelten lassen. Die Einwirkungen des Südens zeigen eine Toccata und ein *Durett (con durezze)* überschriebener Satz Ahle's. Die virtuose Pracht eines Frescobaldi ist auf dem Wege bis hierher zwar stark verblasst, doch sind die Reste des Formenfundaments noch deutlich zu erkennen. Von der norddeutschen Schule Sweelinck's, deren südlichstes Gebiet Scheidt in Halle einnahm, acceptierten die Thüringer die Variation, aber unter Verzicht auf alle mehr kontrapunktischen Bildungsformen, die sie lieber der Choralbearbeitung überliessen, also den Nachdruck auf ein figurierendes Um- und Einkleiden von Tanz und Lied verlegend. Chr. Bach zeigt darin eine Meisterschaft, die selbst Pachelbel nur mit Wenigem überboten haben dürfte. In der Fugenarbeit endlich hielten sie sich an das nächstliegende Vorbild der Nürnberger Schule. So sind die Fugen Ahle's, Briegel's und Bach's weder Capricci oder Canzonen des Südens, noch auch Fantasien des Nordens, sondern Fugen im Stile eines Wecker, anspruchslos, fast nüchtern hinsichtlich des Themas, einfach und übersichtlich in der Struktur der Durchführungen, mehr einem akkordisch-harmonischen Wesen zuneigend, denn kühner, fest gewebte Polyphonie.

Die dreizehn Jahre eines Aufenthaltes in Thüringen gingen an Pachelbel nicht vorüber, ohne in ihm von diesem Kunsttreiben, wie es sich auf dem schmalen Grenzstreifen zwischen Nord und Süd und unter nicht nach aussen hin glänzenden Verhältnissen

---

1) In der ebengenannten Quelle befindlich (s. Ritter, a. a. O., I, S. 174).
2) Spitta (a. a. O., I, S. 126 ff.), Ritter (a. a. O., I, S. 163).
3) Spitta (a. a. O., I, S. 37).

entwickelte, tiefere Eindrücke zu hinterlassen. Was Pachelbel späterhin in der Variation und Fuge leistete, hat er sicherlich zum Teil dem Thüringer Lande zu verdanken. Je mehr man ihn hier aber als kunstverwandt schätzte, um so höher musste auch sein Einfluss gerade auf die Thüringer Musiker wachsen und die Zusammengehörigkeit der Nürnberger und Thüringer Schule sich festigen. Allerdings knüpfte nicht Pachelbel's Hand allein die Fäden des musikalischen Einverständnisses zwischen Thüringen und Nürnberg; in gleichem Sinne wirkten neben ihm noch Männer wie J. und J. Ph. Krieger und Chr. Fr. Witte. Aber sie zogen nicht so weite Kreise an, wie Pachelbel; dieser wurde doch die eigentliche Sonne, um die herum die jüngern Gestirne mehr oder weniger nah kreisten. Begreiflich ist dies zunächst bei Musikern, die Pachelbel's Schüler waren, wie Andreas Nikolaus Vetter —

geboren 30. Oktober 1666 in Königsee, 1684 Schüler Wecker's, 1688 dann Pachelbel's in Erfurt und 1690 dessen Nachfolger in Erfurt, 1691 als Hoforganist nach Rudolstadt, wo er noch 1732 lebte[1]).

Vetter schreibt Klaviervariationen über Choralmelodien, wie Pachelbel. Seine Fugenkunst[2]) erstreckt sich gleichfalls bis zur Doppelfuge, die jedoch, wie bei Witte, nur zweiteilig ist.

In weiterem Umfange ist dies geschichtliche Verhältnis ersichtlich bei Johann Heinrich Buttstett —

geboren 25. April 1666 in Bindersleben bei Erfurt, Schüler Pachelbel's, seit 1684 Organist an mehreren Kirchen der Stadt, gestorben 1. Dezember 1727. Im Übrigen bekannt durch eine Streitschrift gegen Mattheson, machte er sich auch durch folgendes Werk einen Namen: »Musicalische Clavier-Kunst und Vorraths-Kammer. Leipzig. Joh. H. Kloss, gedruckt in diesem [1713] Jahr, *Jacob Petrus sculpsit Erffurtti*«[3]) [einseitiger Kupferstich].

Buttstett hatte mit seiner »Clavier-Kunst« grosse Absichten. »Den Vorrath belangend, so ist solcher zwar noch schlecht — wie er sagt —; allein der grossen *Fugen* und *Ricercaren*, welche mit und ohne *Contrapunct* gesetzet, bringe einige 100 zusammen, so theils schon *elaboriret*, theils aber *inventiret* und *disponiret* sind: *Fugetten*, kurtze *Praeludia*, und allerhand kleine Phantasien, wie solche in Catholischen Kirchen bey *Choral*-Aemptern und in *Vespern* wohl zu gebrauchen, bey 1000, welche alle dem Liebhaber zu *communiciren*, über dieses auch in denen angefangenen *Cho-*

---

1) Näheres über Leben und Werke s. Allg. Deutsche Biographie unter »Vetter«. Die Klavierstücke stehen in *Ms. fol. Z. 35* (Berlin, Kgl. Bibl.) und in einem Ms. des Kgl. Instituts f. Kirchenmusik.

2) Die beiden Gmoll-Fugen (*Ms. Z. 35*, fol. 62 v., 63 r.) rühren aus J. K. Kerl's *Modulatio Organica* her, sind also nicht Vetter's Arbeit, wie der Schreiber angiebt.

3) Exemplar in Berlin (Kgl. Bibliothek), eine zweite Auflage von 1716 in Wien (Hofbibliothek); eine Kopie befindet sich in Brüssel.

ralen, wie sie in denen Evangelischen Kirchen gebraucht werden, fort zufahren ... ohne was mir noch an *Toccaten, Sonaten, Ouverturen* und *Suiten* einfallen wird, ... gesonnen bin.« Wie sehr wir bedauern dürfen, dass das Werk nicht wirklich zu Ende gekommen ist, dessen werden wir aus dem Inhalt des Anfangsheftes bald gewahr.

Schon das erste Präludium, dem späterhin noch ähnliche folgen, tritt in einem für uns neuen Gewande auf. Kurz abgestossene Töne, kleine Figuren, mit grosser Fixigkeit dahinjagende Passagen, die beide Hände beschäftigen, ohne sich mehrstimmig auszubreiten oder motivisch zu verdichten, dazwischen einmal einige wirkliche Akkordgriffe — das sind die Mosaiksteinchen, aus denen sich Buttstett's Stück zusammensetzt. Es wurzelt wohl im Urgrund der italienischen Toccata, wie ein Vergleich mit Ahle lehrt; aber das Gewächs, wie es hier vor uns steht, hat eine durchaus andere Formation und einen neuen Charakter angenommen. Musikalischen Gehalt hat ein solches Stück nicht; es soll lediglich manuelle Fertigkeit offenbaren und gleichzeitig seinen vorbereitenden Zweck erfüllen. Dem Präludium folgt ein *Capriccio.* Ein Blick auf dessen Thema, das sich an das Präludium übrigens anlehnt —

belehrt uns, dass wir es mit einem Capriccio im Sinne eines Poglietti oder Kerl zu thun haben, worin es dem Komponisten nicht auf kontrapunktische Künste, sondern auf ein spieldosenhaftes Fortspinnen der geschwinden Figuren, wie in einem modernen *Perpetuum mobile,* ankommt. Ebenso verhält es sich mit Nr. 4, Präludium und Fuga. Das Thema der letzteren ist nur etwas ruhiger gehalten,

trotzdem aber nicht geeigneter zu einer kunstmässigen Bearbeitung.

In striktem Gegensatze zu diesen Stücken zweifellos klaviermässigen Charakters stehen zwei andere, ernsthafter gearbeitete. Nr. 3 folgt auf ein vollgriffiges, mit Bindungen und Vorhalten operierendes Präludium (im Stile einer Pedaltoccata Frescobaldi's) ein dreisätziges Ricercar, das sich erst über einem Thema von langsamen Noten, dann über ein bewegteres, endlich über beide zusammen ausbreitet, formell also einer Doppelfuge Pachelbel's gleicht. Origineller ist die Canzona (Nr. 5), die aufgebaut ist, wie ein Frescobaldi'sches Capriccio; sie besteht aus sechs Abschnitten, die sich in folgender Weise thematisch entwickeln, um am Schluss in eine Doppelfuge auszulaufen:

Nicht allein in der Umbildung des Themas, auch im Aufbau der einzelnen Abschnitte, die bis auf den letzten lauter schlichte Fugen sind, stossen wir auf viele Pachelbel'sche Züge.

Buttstett, der in seinen **Variationen** (Nr. 2) völlig auf dem Standpunkt der übrigen Thüringer steht, teilt diesen nicht unbedingt in seinen **Suiten**. Auf Allemande, Courante, Sarabande lässt er beide Male ein Menuet und ein Air (bezw. Aria) folgen; hierin, wie in der Anwendung der Manieren (*agrémens*), die er sogar noch häufiger als **Fischer** ausstreut, verrät Buttstett eine offene Hinneigung zu den französischen Meistern. Musikalisch ist er ihnen freilich nicht ebenbürtig, die Eleganz ihrer Tanzrhythmen steht seiner Feder nicht in gleichem Masse zu Gebote. Immerhin übertrifft er darin J. **Krieger** noch in Etwas. Dass wir übrigens bei Buttstett zuerst offiziell dem Namen »*Suite*« begegnen, wird sich der Leser schon bei dem Zitat' des Vorworts gesagt haben.

An diesen nur kurz skizzierten Bestrebungen der mitteldeutschen Klavierkunst nahmen ausser **Pachelbel's** Schülern noch einige ihm ferner stehende Musiker Teil, so besonders **Friedrich Wilhelm Zachau** —

geboren 19. November 1663 in Leipzig als Sohn eines Stadtmusikus, 1684 Organist an der Liebfrauenkirche in Halle, gestorben am 14. August 1712[1]), Lehrer G. F. Händel's.

Eine **Fantasia**[2]) seiner Arbeit kennzeichnet durch die Thematik ihrer drei Abschnitte

ihre Gemeinschaft mit **Krieger's** Ricercaren und **Froberger's** Canzonen.

---

1) Alles Quellenmaterial findet man in der Allg. Deutschen Biographie zusammengestellt.
2) Neugedruckt von **Commer** (Sammlg. d. best. Meisterwerke f. d. Orgel, S. 173). Siehe darüber auch **Ritter** (a. a. O., I, S. 203).

Auch Daniel **Vetter** ist hier zu erwähnen —
geboren in Breslau, man weiss nicht wann; Schüler von W. Fabricius, 1679 dessen Nachfolger als Organist an St. Nikolai in Leipzig, gestorben 1721. V. gab heraus: »Musicalische Kirch- und Hauss-Ergötzlichkeit, bestehend in den gewöhnlichen geistlichen Liedern, so durchs gantze Jahr bey öffentlichen Gottes-Dienst gesungen werden . . . in Kupfer *radirt* herausgegeben«;); Teil I 1709 (1716), Teil II 1713¹).

Die »Musicalische Ergötzlichkeit« Vetter's ist so eingerichtet, »dass allemahl der Choral eines jedweden Liedes auf der Orgel, nachgehends eine gebrochene *Variation* auf dem *Spinett* oder *Clavichordio* zu *tractiren* folget«, in einer Art, wie sie Pachelbel zuerst festgestellt hat.

Eine geschichtliche Ausnahmestellung, ähnlich wie Fischer im Südwesten, nimmt nun Johann **Kuhnau** im Rahmen der mitteldeutschen Klaviermusik ein.

K., am 6. April 1660 zu Geysing am Erzgebirge geboren, wohin die Grosseltern wegen der Protestantenverfolgung in Böhmen geflohen waren, bezog zunächst als Alumnus die Kreuzschule in Dresden; so kam er früh in ein musikalisches Fahrwasser²). Männer, wie Al. Hering, Jac. Beutel und Vinc. Albrici waren hier seine Förderer. Beim Ausbruch der Pest 1680 kehrte K. in seine Heimat zurück, um aber schon nach wenigen Wochen nach Zittau zu übersiedeln, wo er bis zum Eintreffen J. Krieger's das Musikdirektorat leitete. Danach bezog er 1682 die Leipziger Universität und that sich musikalisch derart hervor, dass er 1684 zum Organisten der Thomaskirche erwählt wurde. Später, 1701, rückte er zum Thomaskantor und Universitätsmusikdirektor auf. Als solcher starb er am 5. Juni 1722, in seinem Amte von Seb. Bach gefolgt. K. »besass eine Begabung von phänomenaler Vielseitigkeit, hatte in der Sprachkunde, Mathematik, Rechtswissenschaft sich gründliche Kenntnisse erworben, war auch ein witziger musikalischer Schriftsteller«. In der Geschichte der praktischen Musik haben ihn vornehmlich seine Klavierwerke berühmt gemacht³): 1) »Neuer Clavier Übung Erster Theil. Bestehend in sieben Partien aus dem Ut, Re, Mi oder Tertia majore eines jedweden Toni . . . Leipzig 1689« [1695]. 2) »Neuer Clavier Übung Andrer Theil. Das ist: Sieben Partien aus dem Re, Mi, Fa, oder Tertia minore eines jedweden Toni, benebenst einer Sonata aus dem B . . . Leipzig 1692« [1695, 1703, 1726]⁴). 3) »Frische Clavier Früchte, oder Sieben Sonaten von guter

---

1) Weitere Notizen über Vetter giebt die Allg. Deutsche Biographie. Exemplare des Werkes befinden sich in Berlin (Kgl. Bibliothek, Kgl. Joach. Gymn.) und Brüssel.

2) K. Held, Das Kreuzkantorat zu Dresden (Vierteljahrsschr. f. Mus. 1894, S. 310).

3) Auf seine geschichtliche Bedeutung ist Spitta (J. S. Bach) am meisten eingegangen; einen besonderen Abschnitt widmet Kuhnau's Sonaten J. S. Shedlock (*The Pianoforte Sonata*, London, Methuen & Co., 1895).

4) Exemplare beider Teile in Berlin (Kgl. Bibl.), Wien (Hofbibl. u. Minoritenkonvent), Leipzig, Brüssel, Haag (Scheurleer).

Invention und Manier.. Leipzig 1696« (1700, 1710, 1719, 1724]¹). 4) »Musicalische Vorstellung einiger Biblischer Historien. In 6. Sonaten ... Leipzig, Imman. Tietz, 1700«²). Alle vier Werke sind in Kupfer gestochen. Die Thatsache, dass erst Ausländer³) uns durch Neudrucke K.'s Werke zugänglich machen müssen, kann uns nur tief beschämen. Denn dass die deutschen Ausgaben einzelner Stücke⁴) K.'s ausreichten, um das Andenken an den Schöpfer der deutschen Klaviersonate zu ehren, wird wohl Niemand behaupten wollen. — Als Schüler Kuhnau's haben wir besonders Chr. Graupner und J. Fr. Fasch zu nennen.

Auf den Titel »Neue Clavier-Übung« ist Kuhnau nicht von ungefähr verfallen. J. Krieger hatte schon vor ihm eine »Anmuthige Clavier-Übung« verfasst, die zwar erst 1699 im Druck erschien, aber bereits 1680 im Wesentlichen fertig vorlag⁵), also zu einem Termin, wo sich Kuhnau und Krieger in Zittau wenn auch nur für kurze Zeit einander näher treten sollten. Auch ein geistiger Zusammenhang zwischen der Suitenkomposition beider Meister lässt sich kaum von der Hand weisen. Er ist freilich nicht zu bemerken, wenn man nur äusserlich Form und Stil beiderseits in Vergleich zieht⁶). Jede Partie Kuhnau's hat einen Einleitungssatz, über dessen Form wir noch zu sprechen haben werden. Daran schliesst sich, eine Partie ausgenommen⁷), zwar meist die bekannte Vierzahl von Tänzen, aber der Komponist nimmt sich doch mehrfach die Freiheit, die Grundform zu modifizieren. So lässt er an die Stelle der Gigue ein Menuet, eine Bourrée oder Aria treten, ersetzt die Sarabande durch eine Aria, erweitert Allemande oder Sarabande durch ein Double oder schiebt mitten in das letzte Tanzpaar eine Gavotte hinein. Frei verhält sich Kuhnau auch dem ersten Tanzpaar gegenüber. Hält er gelegentlich die Kadenzwendungen, des Basses Hauptschritte und die wesentlichsten Melodielinien der Allemande auch in der Courante fest, so sieht er ein anderes Mal mehr oder weniger davon ab. Mit den Verzierungen ferner, die Kuhnau im Vorwort zum ersten Teil

---

1) Exemplare in Berlin (Kgl. Bibl. u. Joach. Gymn.), Leipzig, Wien, Benediktinerstift Göttweig, Brüssel, Haag (Scheurleer).

2) Exemplare in Berlin, Wien.

3) »Clavier-Übung« und «Clavier-Früchte« hat Farrenc (Trésor Bd. 3) ediert; mit der Herausgabe der »Biblischen Historien« hat Shedlock (London, Novello) kürzlich begonnen.

4) Man kann sie sich aus den verschiedenen Sammlungen Becker's, Fischhof's, Pauer's und Köhler's gefälligst heraussuchen.

5) Ein Ms. im Kgl. Institut für Kirchenmusik zu Berlin trägt diese Jahreszahl. Wir haben um so weniger Grund an ihrer Richtigkeit zu zweifeln, da das Ms. aus Forkel's Nachlass stammt.

6) Vergl. oben S. 210.

7) 2. Teil, Gmoll: Präludium, Allemande, Courante, Sarabande mit Double.

ausführlich erläutert, sowie mit den Tempi des Vortrages treibt er gleich Fischer in neufranzösischem Fahrwasser. Den »Incipienten« legt Kuhnau ans Herz, »dass man vors erste die Couranten nach französischer Art, absonderlich aber die Giguen und Menueten etwas hurtig, hingegen die Sarabanten und Arien langsam, und dann das andere sonst mit guter Discretion zu tractiren pflege.« Nun sehe man aber durch diese äusseren Dinge hindurch auf den musikalischen Kern und Inhalt des Werks. Nirgends erschaut man hier eine Spur von der prägnanten Tanzrhythmik und der leichtgeschürzten Grazie der Franzosen, die sich Fischer zum Vorbild nahm; die Tonsprache Kuhnau's trägt vielmehr ein durchaus mitteldeutsches Gepräge, wie es sich am ähnlichsten in J. Krieger's Suiten widerspiegelt. Freundliche Behäbigkeit, sinnige, mehr dem Ernst zugeneigte Ruhe des Empfindens, die weder durch lebhafte Accente noch durch herbe Kontraste gestört wird, das sind die Hauptzüge, die alle Stücke durchziehen.

Kuhnau's eigentliche musikalische Stärke ist weniger in den Partien selbst, als in ihren Einleitungssätzen zu spüren. Unter ihnen sind verschiedene Formentypen vertreten. Die Fmoll-Partie beginnt mit einer *Ciacona*, die übrigens einen gleichen Grundbass hat, wie die Fischer's. Der Fdur-Partie geht eine *Sonatina* vorauf. Es überrascht, auf diesen Namen hier zu stossen; ihm kommt jedoch nur die ursprüngliche Bedeutung des Klangstückes zu. Formell hat sie mit unserem modernen Begriff noch nichts zu thun; arios beginnend, läuft sie fugiert aus. Kuhnau gebraucht diese Bezeichnung auch nur ein Mal; alle übrigen Einleitungssätze nennt er Präludien. Die eine Gruppe derselben zeigt uns den Klaviertechniker Kuhnau von einer sehr vorteilhaften Seite. Sie lehnen sich nämlich an keine der älteren freien Spielformen an; sie sind lediglich Klavierstücke, geschaffen, um einen bestimmten klaviertechnischen Spielzweck zu bewältigen, in ähnlicher Weise, wie es in Süddeutschland Fischer versuchte. In diesen Stücken, von denen wenigstens die Anfänge hier stehen mögen —

haben wir die ältesten wirklichen Vorläufer der modernen Klavierettide vor uns[1]). Die zweite Gruppe der Präludien ist ebenso wichtig. Ihren Urgrund haben sie in den mit fugierten Zwischensätzen ausgestatteten Toccaten. Aber bei Kuhnau sind die toccatenhaften Elemente auf den Umfang und die Bedeutung eines Präludiums wieder zurückgedrängt während die Fugen die Hauptsache bilden. Die Präludien des ersten Teils haben bis auf

---

[1]) C. Krebs (Vierteljahrsschr. f. Mus. 1892, S. 375) will wegen einiger diminuierter Toccaten bereits Diruta die »Schöpfung der Instrumentaletüde« zusprechen. Er übersieht dabei aber die eigentümliche Stellung der Toccata zwischen Orgel und Klavier, berücksichtigt nicht, dass der Lehrzweck die auffallende Sonderung der Spielfiguren verursachte, und vergisst vor Allem, dass dann doch schon vor Diruta solche Toccaten längst im Schwange waren.

die Adur-Suite einfache Fugen, während die Partien des zweiten Teils »mit unterschiednen wohl ausgesonnenen Fugen, darunter meistens Contra-Subjecta gemischet, ausgeputzet worden: wobey denn nicht alleine die Incipienten, sondern auch die, welche des Claviers und der Composition mächtig sind, das ibrige antreffen werden. Jene finden Gelegenheit sich zu exerciren: diese aber der Sache weiter nachzudencken, und den Geist zu dergleichen, oder auch wohl zu einer bessern Erfindung auffzumuntern.« Nicht umsonst macht Kuhnau so viele Worte von seinen Fugen: die Kunst, die er in ihnen entwickelt, ist in der That von geschichtlicher Bedeutung. Seine Doppelfugen baut Kuhnau nicht in mehreren Sätzen auf, wie es die Nürnberger und Thüringer Meister thaten, sondern er führt sofort nach dem Thema auch das Gegenthema ein. Auch die Art, wie er seine Themen in einfachen und doppelten Fugen behandelt, bezeichnet einen wesentlichen Fortschritt. Kuhnau hält sich ganz streng allein an das Tonmaterial, das ihm das Thema mit seiner melodischen Fortsetzung in gerader und umgekehrter Bewegung darbietet. Damit kontrapunktiert er, daraus gewinnt er die Überleitungen zu weiteren Durchführungen; ihm laufen nicht vorschriftswidrig rein klaviermässige Passagen mit unter, die auf das Themamaterial gar keinen Bezug haben, wie es bei Pachelbel häufig, selbst auch zuweilen bei J. Krieger, der im Übrigen die Fugenkunst anlangend wohl Kuhnau's ebenbürtiger Partner war, passierte. Mit einem Worte: die Fuge und Doppelfuge von moderner Form liegen in Kuhnau's »Clavier-Übung« fertig ausgebildet vor uns. Was ihnen noch fehlt, sind allein ein stärkerer Atem und ein freierer Schwung; ihrem präludierenden Zweck entsprechend kommen sie noch etwas kurz weg. Mit den Fugen fand denn auch Kuhnau den stärksten Beifall bei seinen Zeitgenossen. Selbst ein so kritisch veranlagter Kopf wie Mattheson[1]) kargte nicht mit Lob. Er sagt: »Zu Mustern dieser Arbeit der Doppel-Fugen, mit mehr als einem Haupt-Satze, und zwar, was erstlich die Ausführung mit zweien *Subjectis* anlanget, will ich von gedruckten Sachen die Kuhnauischen und Händelischen Wercke auf alle Weise angepriesen haben.«

Die Tonartenfolge in Kuhnau's »Clavier-Übung« ist eine planvolle; der erste Teil durchläuft Cdur, Ddur, Edur, Fdur, Gdur, Adur, Bdur, der zweite die entsprechenden Molltonarten, nur bildet hier Hmoll das Pendant zu Bdur. Hinter dem Tonartenzirkel eines Couperin, Pachelbel und Fischer bleibt Kuhnau

---

1) »Der Vollkommne Capellmeister«, Hamburg 1739, S. 431.

zwar beträchtlich zurück, aber gleichwohl steht er doch mit beiden Füssen auf dem modernen Tonsystem.

Im Grossen und Ganzen betrachtet, erscheinen uns die Partien in Kuhnau's »Clavier-Übung« als tüchtige, wegen einiger individueller Züge geschichtlich beachtenswerte Arbeiten, gleichwohl aber nicht so bedeutend an musikalischem Gehalt, dass sie stärker als Krieger's Partien die Welt zu erregen im Stande waren. Dass dies dennoch geschah, hatte einen anderen Grund, der in der dem zweiten Teil angehängten *Sonata* liegt. Dieser ersten Sonate, da sie Beifall fand, liess Kuhnau, um das warme Eisen zu schmieden, unverzüglich sieben weitere in den »Frischen Clavier-Früchten« folgen. »Ich habe mir nicht viel Zeit darüber genommen — bemerkt Kuhnau dazu —; ich habe diese sieben *Suonaten* in einer Hitze[1]), wiewohl auch neben meinen andern Verrichtungen, hingeschrieben, dass ich jeden Tag eine verfertiget, und also dieses Werk, welches ich des Montags in einer Woche angefangen, den nechst folgenden Montag der andern Woche drauff beschlossen habe.« Damit vollbrachte Kuhnau für die Geschichte der deutschen Klaviermusik eine epochemachende That; er legte den ersten Grund zur deutschen Klaviersonate, wie es Froberger bezüglich der Suite gethan hatte. Eben weil Kuhnau eine ganz neue Formengattung inaugurierte, deshalb beeilte sich Jedermann, mit seinen Werken nähere Bekanntschaft zu schliessen.

Ein Jahrhundert etwa müssen wir zurückgehen, wollen wir die Hauptfäden aufgreifen, deren Verknüpfung zur Bildung der Kuhnau'schen Sonate führte. Ursprünglich lag dem Namen *Suonata* nichts Anderes zu Grunde, als der einfache Gegensatz zur *Cantata*; unter jener verstand man ein Musikstück zum ausschliesslichen Gebrauch für Instrumente. Zu einer ausgeprägten Kunstform erhoben wurde die *Suonata* durch Gio. Gabrieli; sie gliedert sich bei ihm in zwei Teile, deren erster breit, prächtig und pathetisch angelegt ist, wogegen der zweite, fugierte kontrastiert[2]). Diesen Wechsel von Rasch und Langsam in der Gabrieli'schen *Suonata* acceptierte nun die italienische Kammersonate für eine oder zwei Violinen mit *basso continuo*; sie erweiterte sich jedoch nicht nur auf ein mindestens doppeltes Paar solcher Sätze, sondern schuf sich dazu noch ein wichtiges neues Formenelement. Der Wechsel des Tempos eignete ja auch der Suite. Wollte man nicht ganz in ihr Fahrwasser geraten, wozu die Gefahr durch gelegentliche Benutzung von Tanztypen in der Violinsonate nur zu nahe

---

1) D. h. in einem Zuge.
2) Siehe oben S. 100.

lag, so musste man wenigstens die Tonarteneinheit der Suite in der Sonate aufgeben, was denn auch bald ziemlich durchgängig geschah. Weiterhin gelangte man dazu, die gleichartigen Stücke, sowohl die *Allegri* wie die getragenen Sätze, in ihrem Charakter verschiedentlich abzustufen, in der Weise, dass das erste *Allegro* wuchtiger und fugiert auftritt, das zweite dagegen leicht und flott dahinstürmt, dass ferner das zweite *Adagio* musikalisch erschöpfender und tiefer eingreift, als das erste. Als Hauptmeister der Kammersonate haben wir unter den Italienern Gio. Legrenzi, Gio. Batt. Bassani und Arcangelo Corelli, unter den nachschaffenden Deutschen Dietr. Becker, Joh. Rosenmüller, Ph. Böddeker, J. J. Walther und Fr. H. v. Biber zu nennen.

Dies nur ganz oberflächlich angedeutete Vorleben der *Suonata* erklärt zur Genüge die musikalische Grundform der ersten acht Klaviersonaten Kuhnau's. Sie bestehen gleich den älteren Violinsonaten teils aus fünf, teils aus vier Sätzen freier Gestaltung, die auf verschiedene Weise, durch Veränderung von Tonart, Taktmass, Tempo oder Charakter, zu einander einen Kontrast bilden. Gleich jenen kennzeichnet sie ferner die ungebundene Freiheit, mit der sie die Grundform in mannigfaltigen Varietäten zur Erscheinung bringen. Neben der Regel, dass einem schnellen Satz ein langsamer folgt, kommt das umgekehrte Verhältnis als Ausnahme zur Geltung. Ebenso tritt auch in mehrfacher Kombination der Fall ein, dass die Kontrastwirkung der Sätze nur durch einige der genannten Faktoren geschaffen wird. Tonart und Taktmass bleiben, Tempo und Charakter wechseln; und ist bisweilen das Tempo zweier Sätze konstant, so unterscheiden sie sich durch die anderen Merkmale. Von dem Vorrecht, die schnellen und langsamen Sätze ihrem Charakter nach keiner Schablone zu unterwerfen, macht sodann Kuhnau nicht minder Gebrauch, wie seine instrumentalen Vorgänger. Unter die freien Gebilde mischt er Tanzformen, wie *Ciaccona*, *Courante* und *Gigue*, oder die zweiteilige Liedform, *Aria*. Unter dem Tonartenwechsel endlich versteht er nicht nur das Verweilen eines Zwischensatzes in einer verwandten Nebentonart, sondern allgemeiner auch jedes beliebige Abweichen von der Haupttonart; so stehen z. B. der zweite und dritte Satz der Gmoll-Sonate in Bdur, der vierte, zweiteilig, beginnt in Esdur, moduliert am Schluss des ersten Teils nach Gmoll und endigt in Dmoll; die beiden Aussensätze allein bewegen sich in Gmoll. Kuhnau räumt denn auch unumwunden ein, dass es ihm darauf ankam, die in der Instrumentalmusik gangbare Form mit ihren Eigenschaften in die Klaviermusik einzuführen. Er sagt: »Ich habe auch hinten¹) eine Sonate aus dem B mit beygefüget, welche gleichfalls dem Liebhaber anstehen wird. Denn warumb solte man auff dem Claviere nicht eben, wie auff andern Instrumenten, dergleichen Sachen tractiren können? da doch kein einziges Instrument dem Claviere die Praecedenz an Vollkommenheit jemahls disputirlich gemacht hat.«

Freilich, wenn man für zwei oder mehr Violinen und einen harmoniefüllenden Generalbass zusammen komponiert, so ist das ein ander Ding, als wenn man mit dem Klavier allein zu rechnen hat. Die Freiheit der kontrapunktischen Bewegung, die dort durch die Verschiedenartigkeit der Klangfarben noch gesteigert wird, ist hier von der Fingerfertigkeit eines Spielers allein abhängig gemacht. Darum erklärt Kuhnau weiter: „Ich nenne es [das Klavier], in Ansehung anderer [Instrumente] vollkommen, doch nicht gegen einer mit vielen Stimmen wohlgesezten künstlichen Sonate, oder Concerte, weil man dasjenige, was sonsten viel Personen verrichten müssen, daselbst [auf dem Klaviere] nicht allezeit so, dass keine Stimme aussen bleibe [d. h. ausgelassen wird], continuiren kan. Oder, so man ja mit der Continuation der Stimmen stricte verfahren wolte, so würde viel gezwungenes mit unterlauffen, und die Annehmligkeit in manchem Stücke sich verlieren.« Diese Schwierigkeit zu überwinden, war jedoch das Klavier durch eine lange Entwickelung fähig gemacht worden. Die Formen, über die die Klaviermusik zu Kuhnau's Zeiten verfügte, waren ja fast alle ursprünglich nicht ihr eigen gewesen. Aber durch das Diminuierverfahren der Koloristen, durch die Variationspraxis der Virginalisten und durch die Übernahme des Lautenstiles seitens der französischen Suitenmeister hatte die deutsche Klaviermusik gelernt, den Schein der vollen Polyphonie zu wahren, ohne ihren strengen Gesetzen völlig unterworfen zu sein. Kuhnau gesteht darum ganz ehrlich, es mit der Andeutung des polyphonen Sonatensatzes auf dem Klavier ebenso gehalten zu haben, wie mit den Partien, in denen er sich »nach Anleitung berühmter Meister, bisweilen mit Fleiss etwas negligent erwiesen, eine Stimme verlassen, und hingegen anderswo eine neue mit ergriffen.« Es sind besonders einige Allegro-Sätze²), die unter diesem Gesichtspunkt Beachtung verdienen. Sie bauen sich aus zwei Motiven auf, die aber nicht zu einer Doppelfuge verarbeitet sind, sondern sich auf einem gleichmässig fortschreitenden Harmoniefundament zwanglos

---

1) Am Ende vom 2. Teil der »Clavier-Übung«.
2) »Frische Clavier-Früchte«; 1. Sonate, Satz 1; 2. Sonate, Satz 1 und 3; 5. und 6. Sonate, Satz 3; 7. Sonate, Satz 1.

und lebhaft austummeln. Wir haben von ihnen denselben Eindruck, als wenn zwei Violinen, von einem harmoniefüllenden Cembalo begleitet, gegen einander konzertieren und in Terzen und Sexten zusammen laufen. Kuhnau's Sätze sind gewissermassen Klavierauszüge solcher Duette. Das motivische Spiel der fingierten Violinen sucht er vor allen Dingen nachzuahmen. Wo dies sehr lebhaft ist, entzieht er den begleitenden Harmonien die Fülle oder verlegt den Bass in eine leichter spielbare Region; wo die Violinen ihre Bewegung mässigen, greift auch das Klavier voller aus.

Kuhnau ist zweifellos zuerst in Deutschland auf den Gedanken gekommen, die Instrumentalsonate der Klaviermusik zuzuführen. Freilich werden wir sehen, dass zur selbigen Zeit auch italienische Kiaviermeister die nämliche Fährte aufgespürt hatten. Es fragt sich also, ob Kuhnau von diesen italienischen Versuchen Kenntnis besass oder ob er selbständig vorging. Eine definitiv entscheidende Antwort darauf werden allerdings nur Spezialforschungen erteilen können; solche liegen zur Zeit noch nicht vor. Inzwischen aber kann man doch aus einigen Momenten Schlüsse ziehen, die der Wahrscheinlichkeit nicht völlig entbehren.

Eine ähnlich mehrsätzige Form, wie die Sonate, war den Deutschen längst in der Suite geläufig. Die Marschroute der Suite war jedoch viel mehr gebunden: alle ihre Sätze mussten sich in derselben Tonart bewegen, und ihr musikalischer Charakter hatte sich fest normierten Tanztypen anzuschmiegen. Ein denkender deutscher Musiker, dessen Streben auf möglichst freie, der individuellen Stimmung entsprechende Tonbilder ausging, musste bei einem Vergleich beider Formen unschwer der Vorzüge der Sonate gewahr werden. Diesen Vergleich hat Kuhnau in der That angestellt. Er nennt, wie er sagte, seine »Clavier-Früchte« Sonaten, um zu zeigen, dass er »auff allerhand *Inventiones* und Veränderungen bedacht gewesen, worinne die *Suonaten* vor den blossen *Partien* einen Vorzug haben sollen«. Wer aber fähig war, den ideellen Zusammenhang beider Formen klar zu erkennen, dem dürfen wir auch die Kraft zutrauen, für sich allein den Schritt aus der Enge der Suite heraus in den weiteren Spielraum der Sonate hinein zu wagen. Eine so freizügige Form, wie die Instrumentalsonate, war den deutschen Organisten auch von einer anderen Seite her nichts ungeheuer Neues. Näher noch als die Suite war ja Muffat's Toccata mit der Sonate verwandt: Würden in ihr die einzelnen Abschnitte mehr zu selbständigen Sätzen verdichtet worden sein, statt häufig direkt in einander überzugleiten, und würde das ursprüngliche Wesen der Toccata mehr zurücktreten, dann käme das Bild von Muffat's Toccata dem der Kuhnau'schen Sonate gleich. Denn die wesentlichen Grundzüge, Wechsel und Kontrast in Tonart, Taktmass, Tempo und Charakter, haben sie beide gemeinsam. Das Vorbild von Muffat's Toccaten hat denn auch Kuhnau ersichtlich nahe gelegen. Das verraten Kuhnau's Adagio-Sätze, die arios oder toccatenhaft angelegt, analogen Abschnitten Muffat's zum Verwechseln ähnlich aussehen. Das bekundet sich ferner durch das Auftreten von rein klaviermässigen Fugen und Doppelfugen, die Kuhnau übrigens genau so ausführt wie in seiner »Clavier-Übung«. Noch ein drittes Moment ist ins Treffen zu führen. Kuhnau besass eine ehrliche Natur, der nichts ferner lag, als sich mit fremden Federn zu schmücken. Waren ihm ältere Meister in gewissen Dingen voraus gegangen, so verfehlt er nicht, ihren Namen mit der schuldigen Achtung zu nennen. Bei seinem ersten Sonatenversuch lesen wir aber nichts der Art. »Ich habe eine Sonate beygefüget; denn warumb solte man auff dem Claviere nicht eben, wie auff andern Instrumenten, dergleichen Sachen tractiren können?« So spricht nur ein Mann, der sich von jeglicher Nachahmung frei weiss. Hätte er sich unberechtigt das Verdienst angemasst, und hätte er einfach kopiert, was man in Italien that und von dem man auch in Deutschland wusste, so wäre er bald genug seines Ruhmes von den Zeitgenossen entkleidet worden. Und das ist doch keineswegs geschehen.

Als natürliche Konsequenz seiner ersten Sonatenversuche stellen sich Kuhnau's »Biblische Historien« dar. Auch sie begreifen eine Mehrheit kontrastierender Sätze in sich. Sie erweitern jedoch den künstlerischen Rahmen der früheren Sonaten insofern, als ihr musikalischer Gehalt im Hörer nicht nur Affekte allgemeiner Art, sondern ganz bestimmte Vorstellungen und Empfindungen wecken soll. Kuhnau legt nämlich den Sonaten sechs biblische Geschichten zu Grunde, deren wechselnde Situationen er durch entsprechende Tonbilder zu illustrieren unternimmt. Er giebt also Programmmusik in Form von Sonaten.

[Sonate 1.]

»Der Streit zwischen David und Goliath.

exprimiret 1. Das Pochen und Trotzen des Goliaths.
2. Das Zittern der Israeliten, und ihr Gebet zu Gott bey dem Anblicke dieses abscheulichen Feindes [1]).
3. Die Hertzhafftigkeit Davids, dessen Begierde dem Riesen den stoltzen Muth zu brechen, und das kindliche Vertrauen auff Gottes Hülffe.

---

1) Mit Benutzung der phrygischen Choralmelodie »Aus tiefer Not schrei ich zu dir«.

4. Die zwischen David und Goliath gewechselte Streit-Worte, und den Streit selbsten, darbey dem Goliath der Stein in die Stirne geschleudert, und er dadurch gefället, und gar getödtet wird.
5. Die Flucht der Philister, ingleichen wie ihnen die Israeliten nachjagen, und sie mit dem Schwerte erwürgen.
6. Das Frolocken der Israeliten über diesem Siege.
7. Das über dem Lobe Davids von denen Weibern Chorweise musicirte Concert.
8. Und endlich die allgemeine in lauter Tantzen und Springen sich äusernde Freude.

[Sonate 2.]

Der von David vermittelst der Music curirte Saul.

praesentiret 1. Sauls Traurigkeit und Unsinnigkeit,
2. Davids erquickendes Harffen-Spiel, und
3. Des Königs zur Ruhe gebrachtes Gemüthe.

[Sonate 3.]

Jacobs Heyrath.

man höret 1. Die Freude des gantzen Hauses Labans über der Ankunfft des lieben Vetter-Jacobs.
2. Jacobs durch den verliebten Schertz erleichterte Dienstbarkeit.
3. Dessen Hochzeit, die Glücks-Wünsche, und das von der Rahel Gespielinnen gesungene Braut-Lied.
4. Den Betrug Labans, da er dem ehrlichen Vetter und Bräutigam an statt der Rahel die Lea an die Seite leget.
5. Den in der Hochzeit-Nacht vergnügeten Bräutigam, dabey ihm zwar das Hertz was böses saget, er aber solches gleich wieder vergisset und einschläffet.
6. Jacobs Verdruss über dem Betruge.
7. Jacobs neue Hochzeit-Freude oder die *Reprise* des vorigen.

[Sonate 4.]

Der todtkranke und wieder gesunde Hiskias.

praesentiret 1. Das betrübte Hertz des Königes Hiskias, über der Todes-Post, und das sehnliche Bitten umb seine Gesundheit, in einem *Lamento*, mit dem Vers: Heil Du mich lieber Herre, aus dem Liede: Ach Herr mich armen Sünder.
2. Sein Vertrauen, dass Gott sein Gebet schon erhöret habe, und ihm die Gesundheit gewiss geben, auch vor seinen Feinden Ruhe schaffen werde, in dem Vers: Weicht all ihr Ubelthäter, mir ist geholffen schon. Aus ermeldtem Liede.
3. Die Freude über seiner Genesung, dabey er denn manchmahl an das vorige Ubel dencket, dasselbe aber bald wieder vergisset.

[Sonate 5.]

Der Heyland Israelis, Gideon.

bedeutet
1. Den Zweiffel Gideons an der von Gott ihm gethanen Versprechung des Sieges.
2. Seine Furcht bey dem Anblicke des grossen Heeres der Feinde.
3. Seinen gewachsenen Muth über der Erzehlung des Traumes der Feinde und dessen Deutung.
4. Das Schmettern der Posaunen und Trommeten, ingleichen das Zerschmeissen der Krüge, und Feld-Geschrey.
5. Die Flucht der Feinde und das Nacheilen der Israeliten.
6. Die Freude über dem *remarquablen* Siege der Israeliten.

[Sonate 6.]

Jacobs Tod und Begräbniss.

praesentiret
1. Das bewegte Gemüthe der Kinder Israel bey dem Sterbe-Bette ihres lieben Vaters.
2. Ihr Betrübniss über seinem Tode, ingleichen ihre Gedancken, was darauff erfolgen werde.
3. Die Reise aus Egypten in das Land Canaan.
4. Das Begräbniss Israelis und die dabey gehaltene bittere Klage.
5. Das getröstete Hertz der Hinterbliebenen«.

»Ich bin nicht der erste — erklärt Kuhnau in der Vorrede —, der auff dergleichen *Invention* gerathen ist: denn sonst würde man von des berühmten Frobergers[1]) und anderer *excellenten* Componisten[2]) ihren unterschiedenen Batailles, Wasserfällen, *Tombeaux*, wie nicht weniger von gantzen auff dergleichen Art gesetzten Sonaten nichts wissen, da die beygefügten Worte die *Intention* dieser *Autorum* immer mit haben entdecken sollen«. Die Worte sind bescheidener, als sie zu sein brauchten. Wohl kennen wir aus älterer Zeit programmatische Klaviersuiten, aber nicht ebensolche Sonaten[3]). Und selbst wenn Kuhnau darin die Priorität nicht zukäme, so bliebe er immerhin der Erste, der über

---

1) Siehe oben S. 175.
2) Siehe Munday (S. 68), Frescobaldi (S. 139), die französischen Klaviermeister (S. 159), Poglietti (S. 184 f.), Kerl (S. 188), Muffat (S. 192).
3) Kuhnau spricht zwar »von gantzen auff dergleichen Art gesetzten Sonaten«. Aber die Beschreibung, die er weiterhin von einer solchen giebt, zeigt, dass es Suiten waren, er also den Begriff Sonate hier nur in dem allgemeinen Sinne als Spielstück anwendet. Er erzählt: »Ich habe vor wenigen Jahren eine *Sonata* von einem berühmten Chur-Fürstl. Capell-Meister [Kerl?] gehöret, die der *Autor La Medica* genennet. Nachdem er nun, so viel ich davon behalten, das Winseln des Patienten und seiner Anverwandten, ingleichen wie sie zum *Medico* lauffen, und ihm die Noth klagen, vorgestellet hatte, so kam endlich hinten eine *Gigue*, darunter die Worte stunden. der Patient lässet sich wohl an, ist aber doch nicht völlig wieder gesund.«

die Berechtigung und die Grenzen des Programmes auf dem Gebiete der Instrumentalmusik Klarheit zu schaffen versucht hat, und darum der wichtigste Vertreter der Programmmusik in älterer Zeit.

»Es ist bekandt — so beginnt Kuhnau seine Auseinandersetzung —, dass alle *Virtuosen*, sonderlich die aus der *Antiquität*, durch die Music fast dasjenige auszurichten bemühet gewesen, was die Meister in der Redner-, Bildhauer- und Mahlerey-Kunst vermögen«, nämlich »die Gemüther der Zuhörer nach ihrem Willen zu lenken«. Freilich hat man sich »gemeiniglich der *Vocal*-Music bedienet, wenn man in denen Gemüthern was son-. derliches *operiren* sollen, weil die Worte zu deren Bewegung viel, ja das meiste, beytragen. Denn gleichwie die Rede schon vor sich selbst viel würcket, also bekömmt sie vollends durch die Music eine durchdringende Krafft«. »Unter andern hat, meinem *Iudicio* nach, ein gewisser *Autor* [Ag. Steffani] [1]) was sonderliches und *admirables* in der *Expression* der *Affecten* und anderer Dinge gewiesen«. Schwieriger erscheint die Sachlage, »wo die blosse *Instrumental-Music* den gehörigen *Affect* bewegen soll«. »Wenn man Z. E. den Gesang der Vogel, als des Kuckucks, und der Nachtigal, das Glocken-Geläute, den Canonen-Knall, die Trompeten und Paucken *imitiret*«, also »gewisse *Affectus* [objektiv] vorstellet«, so kann »der Zuhörer die gehabte *Intention* des *Componisten* bald mercken, wenn sie auch schon mit Worten nicht angedeutet worden«. Auch die allgemeinen »*Affecten* der Traurigkeit und Freude lassen sich durch die [Instrumental]-Music leichte vorstellen, und sind eben die Worte dabey nicht nöthig, es sey denn, dass man ein gewiss *Individuum* dabey andeuten muss, damit man Z. E. das *Lamento* eines traurigen Hiskiä nicht etwa vor eines weinenden Petri, klagenden Jeremiä, oder eines andern betrübten Menschen halten möge«. Suchet aber der Komponist »den Zuhörer selbst zu dem *intendirten Affect* zu bewegen, bald zur Freude, bald zur Traurigkeit, bald zur Liebe, bald zum Hasse, bald zur Grausamkeit, bald zur Barmhertzigkeit«, so wird er, selbst »wenn er sich auf die *Principia Artis*, die *Proprietät* des *Modi*, der *Intervallorum*, das *Tempus*, *Metrum* und dergleichen recht verstehet«, gewahr werden, »dass die *Complexiones* der Menschen gantz unterschieden sind. Denn nachdem der *Humeur* der Zuhörer ist, nachdem wird auch der *Musicus*

---

[1]) Kuhnau verschleiert den Namen durch ein Zahlenrätsel, das laut handschriftlicher Notiz im Berliner Exemplar, von Heinr. Meissner (Das Einmahleins *cum notis variorum*, Dresden und Leipzig, 1703, S. 364) aufgelöst ist.

seine *Intention* schwer oder leichte erlangen. Ein lustiger Geist kan ohne Schwierigkeit zur Freude oder zum Mitleiden gebracht werden, da hingegen ein Künstler grosse Mühe haben wird, wenn er dergleichen bey einem *Melancholico* oder *Cholerico* ausrichten soll«. »Da sind die Worte allerdings nöthig, wenn es der klingenden *Harmonie* nicht so übel oder schlimmer gehen soll, als denen Stummen, deren Sprache von den wenigsten verstanden wird«, nötig, damit die Musikstücke »*in aliquo tertio* mit der vorgestellten Sache sich vergleichen lassen«. »Also *praesentire* ich· in der ersten Sonata das Schnarchen und Pochen des Goliaths durch das tieffe und wegen der Punkte trotzig klingende Thema

und übrige Gepolter;

die Flucht der Philister und das Nacheilen durch eine *Fuga* mit geschwinden Noten, da die Stimmen einander bald nachfolgen;

In der dritten, den verliebten, vergnügten und zugleich ein Unglück fürchtenden Bräutigam durch eine anmuthige Melodie

nebst etlichen untermischten etwas frembden *Tonis* und Clausulen;

ingleichen den Betrug Labans durch die Verführung des Gehörs und unvermuthete Fortschreitung aus einem *Tono* in den andern (welches auch die Italiäner *Inganno* heissen); Ingleichen den Zweiffel Gideons durch etliche hin und wieder immer eine *Secunde* höher angefangene *Subjecta*, nach Arth der ungewissen Sänger, welche ihre *Tonos* auff eine solche zweiffelhaffte Weise zu suchen pflegen;

und andere Dinge durch was anders, welches nur *per Argumentum Similitudinis* sich darauff schicket. Und gehöret in solchen Fällen eine gütige *Interpretation* darzu. Denn brauchen die Worte, die doch am geschicktesten sind, die Gedancken des Redenden dem andern zu verstehen zu geben, zuweilen eine gute Auslegung, so wird auch der *Musicus* zu entschuldigen seyn, wenn er die dem andern vorgestellte dunckeln *Conceptus* mit Worten erklähret«. Auf eine »gütige *Interpretation*« rechnet denn auch Kuhnau in den »Biblischen Historien« ganz besonders. Eben weil er weiss, dass reine Instrumentalmusik nicht die absolute Macht besitzt, bestimmte Empfindungen des Komponisten in gleicher Stärke und nach gleicher Richtung hin bei jedem Hörer hervorzurufen, deshalb bedarf er der Worte, »die zur Fassung seiner *Intention praepariren* wollen«. Endlich ist Kuhnau einsichtig genug, von Niemandem zu verlangen, er solle seine Illustrationen für die einzig richtigen und angemessensten halten. »Wofern der geneigte *Musicus* etwa nichts nach seinem Geschmacke hierinnen antreffen sollte: Wie ich denn selber jetzo bey Verfertigung dieser Vorrede eines und das andere davon, nachdem es bereits von der Kupffer-Presse gekommen, geändert und verbessert wünschen möchte; so denke er nur, dass ein versuchtes Werk nicht gleich das erste mahl gerathen müsse« [1]).

Mit den »Biblischen Historien« errang Kuhnau einen vollen Erfolg; wurden doch nun mehrfache Neuauflagen seiner Werke nötig, um der Nachfrage zu genügen. Dem wird auch Scheibel's abfälliges Urteil[2]) wenig Abbruch gethan haben. Dass dieser gegen Dinge ankämpfte, die Kuhnau gar nicht behauptet hatte, wird auch damals jeder Verständige eingesehen haben. Die programmatische Tendenz wird in erster Linie die Aufmerksamkeit weiter Kreise auf die »Biblischen Historien« gelenkt haben. Dann übte auch der Stoff selbst seine Anziehungskraft aus. Es war ja die Zeit, wo Deutschland noch in den ersten Versuchen steckte, biblische Oratorien zu schaffen. Diese haben ersichtlich auf die Gestaltung der »Biblischen Historien« bestimmend eingewirkt. Denn Kuhnau hat »vorzugsweise Situationen gewählt, welche eine möglichst einfache und ungemischte Empfindung durchdringt«[3]), deren Aneinander-

---

[1]) Wir haben Kuhnau nach Möglichkeit für sich selbst sprechen lassen. Man möge danach ermessen, mit welchem Rechte seine Darstellung als *confused* bezeichnet werden darf (s. J. S. Shedlock, *The Pianoforte Sonata*, S. 52).

[2]) »Zufällige Gedanken von der Kirchen-Musik« (Frankfurt und Leipzig, 1721) S. 18: »Derjenige *Auctor*, welcher unterschiedene Biblische Historien mit ihrem Affect hat wollen auf dem Clavier *exprimiren*, hat zwar seine Geschicklichkeit hierinnen sehen lassen, doch wird er niemanden zu dem Affect bereden, den er doch ihm hat wollen beybringen. Wofern es nicht drüber gedruckt stünde, so müst ich lange rathen, was diese oder jene Phantasie bedeuten sollte«.

[3]) Spitta (J. S. Bach, I, S. 235).

reihung aber ein oratorienhaft dramatisch bewegtes Gesamtbild
ergiebt. Nicht zuletzt wird man sich des rein musikalischen
Wertes der »Biblischen Historien« bewusst geworden sein. Die
Sonatenform, die in den früheren Werken als sichtbare Spuren
ihres eigentlichen Ursprunges stellenweise noch die Eierschalen
der Violinsonate an sich trug, hat sich hier dem Umfange des
Ganzen, wie dem musikalischen Gepräge des Einzelnen nach fast
zu völliger Selbständigkeit hindurch gerungen. Die Zahl der
Sätze erscheint nicht fest normiert; sie richtet sich ganz nach
der Zahl der Situationen, die Kuhnau als psychologische Haupt-
momente der biblischen Begebenheit entnommen hat. Der Charakter der Sätze ist sodann, — homophone Partien, wie Jacobs
»anmuthige Melodie«, und Übertragungen recitativischer Schreibweise in der Art J. Krieger's[1]), z. B. in »Sauls Traurigkeit«:

als fremdartig vielleicht ausgenommen — ein rein klaviermässiger.
Fugen und Doppelfugen sprechen das gewichtigste Wort, daneben
finden Toccatenelemente, Tanztypen, klaviermässig eingerichtete
Choralbearbeitungen Verwendung. Über das alles hin ist aber
eine Fülle neuer, geistreicher Einfälle ausgeschüttet, wie sie das
Programm nun einmal bedingte und von denen wir einige mitgeteilt haben. Sie alle hier aufzuzählen, würde zu weit führen.
Wer eine Historie zur Hand nimmt, dem werden sie leicht in
die Augen fallen, und der wird auch die schöpferische Kraft
Kuhnau's, die sich darin gerade am deutlichsten äussert, aus
jedem Zuge herausfühlen. Die »Biblischen Historien« »sind durchweg so musikalisch interessant, dass sie noch jetzt jedem ver-
ständigen Spieler Genuss bereiten«[2]). Möchte also der Wunsch,
dass sie in einer guten Neuausgabe dem deutschen Volke wieder
in die Hand gegeben werden, nicht zu lange seiner Erfüllung
harren! —

Dass Kuhnau eine musikalische Grösse war, auf die sich der Blick
unserer Altklassiker ganz besonders richtete, lässt sich, abgesehen von stili-

---

1) Siehe oben S. 213.
2) Spitta (J S. Bach, I, S. 234).

stischen Beeinflussungen, auf die wir erst später zurückkommen werden, durch eine Anzahl von thematischen Entlehnungen nachweisen. Ein ziemlich unscheinbares Thema Kuhnau's[1])

hat Seb. Bach[2]) für eine *Fantasie* aufgegriffen.
Eine Doppelfuge Händel's[3]), —

die er bekanntlich in »Israel in Egypten« dem Chor »Er schlug alle Erstgeburt Egyptens«[4]) wiederum zu Grunde gelegt hat, wurzelt mit ihrem Hauptthema in einer Fantasia von P. Cornet[5]):

Zu dem Gegensubjekt hat wahrscheinlich Kuhnau's Fuge[6])

den Anstoss gegeben. Dies Thema Kuhnau's spielt auch in der Bachischen Familie eine Rolle. Mit einem neuen Gegenthema vereint, benutzt es Seb. Bach in einer *Toccata con Fuga*[7]):

und nach ihm J. Christian Bach[8]):

---

1) »Clavier-Übung«, Teil 1, Nr. 1, Einleitungsfuge.
2) Spitta (J. S. Bach, I, S. 317 f).
3) Chrysander's Gesamtausgabe, Bd. 2, S. 161.
4) Chrysander, a. a. O., Bd. 16, S. 59.
5) *Ms. fol.* 191 (Kgl. Bibl. Berlin), fol. 17 v.
6) »Clavier-Übung«, Teil 2, Nr. 5, Präludium mit Fuge.
7) Edition Peters, Heft 210, Nr. 3.
8) Pauer (Alte Meister, Bd. 1, S. 26).

Ein Motiv ferner, das Kuhnau in der »Clavier-Übung«[1]) sowohl, wie in den »Biblischen Historien«[2]) bedeutsam verwendet:

scheint Händel bei der charakteristischen Illustration der »dicken Finsternis« in »Israel in Egypten«[3]) vorgeschwebt zu haben. Von einer vierten Parallele ist schon oben[4]) gesprochen worden.

Um das Gesamtbild der deutschen Klaviermusik in der zweiten Hälfte des 17. Jahrhunderts nach allen Seiten hin abzurunden, müssen wir nun noch einen Gang durch die norddeutsche Litteratur unternehmen. Zu lange wird er uns nicht aufhalten. Denn von dem Bestreben, jeden Fortschritt in der Formenentwickelung, jede Bereicherung der Spieltechnik und jede Erweiterung der instrumentalen Ausdrucksfähigkeit zunächst und am intensivsten der Orgelkunst zu Gute kommen zu lassen, wichen die Norddeutschen auch in dieser Periode nicht ab. Was sie für das Klavier eigentlich thaten, gleicht also nur Nebenschösslingen eines in höhere Regionen strebenden Hauptstammes.

In Hamburg, der bedeutendsten Kunstzentrale Norddeutschlands, wirkte Jean Adam **Reincken**.

R., am 27. April 1623 in Deventer geboren, kam frühzeitig nach Hamburg. Sicher ist, dass er hier 1640 Scheidemann's Schüler war. Seit 1658 seinem Lehrer im Organistenamt an St. Katharinen adjungiert, folgte er ihm definitiv 1664. Hier wirkte er bis in ein hohes Alter hinein. Erst 1718 erbat er sich seinen Schüler A. H. Uthmöller zum Substituten. R. starb am 24. November 1722 und wurde in seinem Erbbegräbnis in der Marienkirche zu Lübeck beigesetzt. Bekannt ist, dass Seb. Bach von Lüneburg aus öfter zu Fuss nach Hamburg pilgerte, um R. zu hören[5]), bekannt auch, dass Bach noch einmal 1720 vor grosser Versammlung sich hier hören liess und dass R. zu ihm sagte: »Ich dachte, diese Kunst wäre gestorben, ich sehe aber, dass sie in Ihnen noch lebt«[6]). Dem Charakter des Menschen R., der nach Mattheson's Schilderung nicht als der beste erschien, haben neuere Forschungen erst Gerechtigkeit widerfahren lassen[7]). — R. war vor allem ein bedeutender Orgelmeister, als solcher auch von Einfluss auf Seb. Bach. Der Kammermusik widmete er ein grosses Suitenwerk. Endlich gehörte er zu den ersten Begründern der Hamburger Oper. Von Klavier-

---
1) Teil 2, Nr. 1, Gigue.
2) Nr. 6 »Das Begräbnis Israelis und die dabey gehaltene bittere Klage«.
3) Chrysander, a. a. O., Bd. 10, S. 55.
4) S. 207 f.
5) Spitta, J. S. Bach, I, S. 193 f.
6) Spitta, a. a. O., S. 628 f.
7) Siehe J. C. M. von Riemsdijk (*Tijdschrift der Ver. v. N.-Nederl. Muz.* II, S. 61 ff.); F. G. Schwencke (Zeitg. f. Literat., Kunst u. Wissensch. d. »Hamburg. Korrespondenten« vom 12. Mai 1889); M. E. Houck (*Verslag der Vereenig. ter beoefening van Overijsselsch regt en geschiedenis*, 1893, S. 17 ff.).

stücken R.'s sind nur zwei Variationsreihen bekannt geworden: »*Partite diverse sopra l'Aria*: Schweiget mir von Weiber nehmen¹). *altrimenti chiamata La Meyerin*« und ein »*Ballet*«²).

Die Wahl des »Mayerin«-Liedes durch Reincken erinnert uns schon an Froberger.³) Dass sich dahinter nähere Beziehungen zur Wiener Schule bergen, bestätigt ausser Anderem⁴) ein aufmerksamer Blick auf die Stücke selbst. Die letzten drei Variationen der »Mayerin« tragen ausgeprägt den Charakter von Courante, Sarabande und Gigue. Wir begegnen also derselben Komplikation von Variation und Suite, wie bei Froberger. Musikalisch ist die gleiche Verwandtschaft zu statuieren. Die schlichte Figuration der Mitteldeutschen ist nicht Reincken's Sache, gleich den Wienern entfaltet er allen Glanz des Klaviersatzes und der Spieltechnik; Reincken überragt sie sogar durch grössere Mannigfaltigkeit in den *agremens*, durch figurativen Reichtum und virtuose Behendigkeit.

Von Reincken's Zeitgenossen, Christian **Flor** in Lüneburg —

geboren 1626, wahrscheinlich in Hamburg ausgebildet, seit Mitte der fünfziger Jahre Organist an St Lamberti und seit 1676 dazu noch an St. Johannis in Lüneburg, Freund Joh. Rist's, gestorben 1697 zu Neuenkirchen in Holstein⁵) —

kommt nur eine Fuge⁶) in Betracht. Sie ist eine zwischen Klavier und Orgel schwankende dreiteilige Canzona, deren Faktur mit einem Scheidemann'schen Stücke einige Ähnlichkeit hat⁷). Im Einzelnen steht jedoch Flor's Komposition beträchtlich dahinter zurück

Mehr lässt sich über einen seiner Nachfolger, Georg **Böhm**, sagen.

B., 1661 in Goldbach bei Gotha geboren, erhielt 1698 als Nachfolger Flor's das Organistenamt an St. Johannis in Lüneburg, um das er sich von Hamburg aus beworben hatte. Hier wirkte er bis in ein hohes Alter hinein; er scheint noch 1739 am Leben gewesen zu sein⁸). Als Schüler B.'s kennen wir Joh. Graff. — B.'s Vokalwerke sind bis auf eines verschollen.

---

1) Reincken heirathete erst 1685, also im Alter von 62 Jahren!
2) Sie stehen in Andr. Bach's Klavierbuch (Leipzig). Die *Partite* sind von der *Vereenig. v. N.-Ned. Mus.* in *Uitgave XIV* neu ediert worden
3) Siehe oben S. 176.
4) Reincken hat sich einen Traktat Poglietti's über die Komposition kopiert (handschriftlich auf der Hamburger Stadtbibliothek).
5) W. Junghans, J S. Bach als Schüler der Partikularschule zu St. Michaelis in Lüneburg (Progr. des Johanneums, 1870) S. 37 f.
6) Handschriftlich in *Ms*. P. 320, S. 95 und *Ms* P. 557, S. 25 (Berlin). Neudruck in Körner's »Orgelvirtuose«, Nr 44.
7) Siehe oben S. 118. :
8) W. Junghans (a. a. O., S. 38 ff.).

Von seinen Spielstücken gehören die meisten als Choralbearbeitungen¹) auf die Orgel; für Klavier sind 4 Präludium mit Fuge und 4 Suiten erhalten²).

Die Grundlage seiner musikalischen Bildung muss Böhm in Mitteldeutschland erhalten haben, während sie im Norden ausreifte. War es in seiner Heimat nach Pachelbel's Vorgang³) nichts Neues, Chorale wie weltliche Lieder der Klaviervariation zu unterwerfen, so übertrug der im Norden wirkende Böhm die klaviermässige Choralvariation auf die Orgel, somit den Formenbestand seiner zweiten Heimat um Neues bereichernd. Form und Stil seiner Suiten verraten zweierlei Einflüsse. Die in Esdur, Cmoll und Amoll halten die normale viersätzige Ausdehnung inne, wie sie in Mitteldeutschland gebräuchlich war; einzelne stilistische Züge, wie die Tonwiederholungen in diesem Beispiel —

weisen auf eine nähere Bekanntschaft mit J. Krieger's- Werken hin. Die vierte Suite, in Ddur, aus *Ouverture*, *Air*, *Rigaudon*, *Trio* (Dmoll), *Rondeau*, *Menuet* und *Chaconne* bestehend, bewegt sich dagegen in französischem Fahrwasser, in dem sich ja auch Witte¹) und Fischer⁵) zurecht gefunden hatten. Von den Franzosen hat sich Böhm gleichfalls »die ganze Zierlichkeit der *agrémens* angeeignet, ohne doch in die französische Schnörkelsucht und Coquetterie zu verfallen«⁶. Dass an dieser Hinneigung Böhm's zur französischen Klaviermusik Fischer⁷) nicht ganz schuldlos sein mag, lehrt das Präludium mit seinen »auf- und abwandelnden harpeggierten, vollgriffigen Akkorden«. Im Übrigen steht aber Böhm musikalisch bedeutend höher als Krieger und die Franzosen; »er überragt sie an norddeutschem harmonischen

---

1) Eine eingehende Würdigung hat ihnen Spitta (J. S. Bach, I S. 192f., 200 ff.) zu Teil werden lassen.
2) In Andr. Bach's Klavierbuch (Leipzig). Neuausgabe eines Klavierstücks durch C. F. Becker (Ausgew. Tonstücke f. d. Pianoforte aus d. 17. u. 18. Jahrh.).
3) Siehe oben S. 201 f.
4) S. 214.
5) S. 225 f.
6) Spitta (a. a. O., S. 205).
7) Vgl. oben S. 223.

Reichtum und an ausdrucksvollen Gedanken«. Seine Suiten[1]) bilden in gleicher Weise, wie die von Fischer, die »Vorstufe zu den Bach'schen«.

Dass es Pachelbel gewesen sein soll, der »die Ouverturenart [Lully's] auf dem Klaviere einführte«, ist Mattheson[2]) bis heute auf Treue und Glauben nacherzählt worden. Erst neuerdings[3]) ist darauf aufmerksam gemacht worden, dass man »bei der viel geringern Beziehung, in der Pachelbel zu den Franzosen stand, und da das Klavier mehr Böhm's, die Orgel Pachelbel's Provinz war«, vermuten sollte, dass Böhm sie zuerst aufs Klavier übertragen hätte. Diese Vermutung scheint in der That das Richtige zu treffen. Die handschriftliche Überlieferung, die doch gerade Pachelbel's Werke erstaunlich bevorzugt hat, legt uns kein einziges Stück vor Augen, das auch nur annähernd der französischen Ouvertüre entspräche, also mit einem breiten, langsamen Einleitungssatz beginnt, darauf ein feuriges Fugato folgen lässt und mit der ganzen oder abgekürzten Einleitung schliesst. Auch kein anderer Meister ausser Böhm, selbst Fischer nicht, hat sich mit einer Klavierouvertüre sehen lassen. Gegenüber einem solchen Thatbestande fällt Mattheson's Behauptung um so weniger ins Gewicht, als sie auf einer irrtümlichen Auffassung dessen beruht, was Walther wenige Jahre vorher in seinem Lexikon gesagt hatte. Walther rühmt an Pachelbel »so wohl auf dem Clavier als in der Composition eine besondere Geschicklichkeit, indem er jenes auf eine gar angenehme Art zu *tractiren*, diese aber, da er sich mit am ersten in Teutschland die liebliche Manier von *Ouverturen* darinnen einzuführen bemühete, gar trefflich darzugeben wusste«. Hier ist ganz deutlich von Instrumental-, nicht Klavierouvertüren die Rede. Das Verdienst, diese zuerst geschaffen zu haben, ist demnach für Böhm in Anspruch zu nehmen.

Böhm's Fuge endlich ist ihrer thematischen Erfindung, ihrer Durchführung und ihrem Bau nach durchaus norddeutschen Gepräges und den Toccatenfugen eines Reincken und Buxtehude nahe verwandt.

Die Persönlichkeit Böhm's tritt uns somit als ein nahe an den Norden heran gerückter Vorposten mitteldeutscher Klavierkunst entgegen. Mit seinen Kompositionen nimmt er demzufolge »zwischen den mitteldeutschen und norddeutschen Meistern ungefähr dieselbe Mittelstellung ein, wie sein Aufenthaltsort zwischen den thüringischen Städten und den Hauptplätzen der nordischen Meister mitten inne liegt«, ohne doch eine völlige Verschmelzung der beiden Kunstrichtungen herbeiführen zu können.[4]) Zu dieser Aufgabe war erst Seb. Bach berufen.

---

1) Spitta (a. a. O. S. 206), dem damals die Fischer'schen Suiten nicht vorlagen, nannte deshalb Böhm's »ohne Besinnen die besten, welche ihm aus der Periode vor S. Bach bekannt sind«.
2) »Ehrenpforte«, Artikel »Pachelbel«.
3) Spitta (a. a. o. S. 206).
4) Spitta (a. a. O. S. 192).

Joh. Anton Coberg —

geboren 1650 zu Rotenburg an der Fulda, in Hannover unter Cl. Abel und Nic. Ad. Strunck im Gesang und Klavierspiel ausgebildet, Organist der neustädtischen und Hofkirche, Günstling Ag. Steffani's, gelegentlich eines Besuches in Berlin 1708 gestorben[1]) —

sei noch kurz erwähnt, weil er »damals zugleich unter die gebildeten Männer und starken Klavierspieler gehörte, indem er nicht nur die sogenannten französischen *Suiten* sehr gut spielen konnte, sondern auch Lateinisch, Italienisch und Französisch verstand«. Eine Klaviersuite[2]) seiner Hand ist aber zu wenig, um darauf ein Urteil zu gründen.

Ihren Höhepunkt erreichte die norddeutsche Kunst in Dietrich **Buxtehude.**

B., 1637 als Sohn des Organisten Johann Buxtehude[3]) an der Olaikirche zu Helsingör auf Seeland geboren, erhielt die erste Ausbildung wohl durch seinen Vater. Walther's Angabe, dass Joh. Theile sein Lehrer gewesen sei, beruht, wie es scheint, auf einem Irrtum. B. kam 1667, einer Berufung folgend, nach Lübeck und erhielt am 11. April 1668 als Nachfolger Fr. Tunder's[4]) die Organistenstelle an St. Marien; einer Zeitsitte gemäss heiratete er eine der hinterbliebenen Töchter seines Vorgängers. Durch die Einrichtung der »Lübeckischen Abendmusiken« erweckte B. ein ungeahnt reiches Musikleben in der Stadt, von dem der Ruf weit durch Deutschland ging. Seinem fruchtbaren Schaffen setzte der Tod am 9. Mai 1707 ein Ziel[5]). Von B.'s Beziehungen zu gleichaltrigen Zeitgenossen sind die zu A. Werckmeister, J. Pachelbel und J. V. Meder bekannt. Auch einer jüngeren Generation galt B. viel. Man weiss, dass Händel und Mattheson 1703 und Seb Bach 1705 B. aufsuchten. Seine bedeutendsten Schüler waren Nik. Bruhns, Dan. Erich, G. D. Leiding und Vinc. Lübeck. — B.'s Orgel- und Klavierwerke, nur handschriftlich überliefert, sind durch eine kritische Gesamtausgabe allgemein zugänglich[6]).

---

1) Gerber (N. L.).
2) In Grimm's Tabulaturbuch von 1698 (Spitta's Nachlass).
3) Geboren 1602, von 1639 bis 1671 Organist der Olaikirche, zog danach zu seinem Sohne nach Lübeck, wo er am 22. Januar 1674 starb.
4) Siehe über Tunder die Allg. Deutsche Biographie.
5) Die Hauptquellen über Buxtehude's Leben und Wirken sind: Joh. Moller, *Cimbria literata* (Kopenhagen 1744, II S. 132 f.); H. Jimmerthal, Beschreibung der grossen Orgel in der St. Marienkirche zu Lübeck (Erfurt u. Leipzig 1859); Ph. Spitta (J. S. Bach, I S. 254 ff.); H. Jimmerthal, D. Buxtehude, historische Skizze (Lübeck, 1877); C. Stiehl, die Organisten an der St. Marienkirche und die Abendmusiken zu Lübeck (Leipzig, 1886). Vgl. auch J. Bolte (Vierteljahrsschr. f. Mus. 1892, S. 503).
6) Wir verdanken sie Ph. Spitta, demselben Manne, der durch eine liebevoll eingehende Würdigung von Buxtehude's Werken die hohe geschichtliche Bedeutung des Meisters zuerst zur Geltung gebracht hat. Sollte eine Neuauflage der Edition einmal erforderlich sein, so wird dabei auch *Ms. acc.* 4107 (Berlin) herangezogen werden müssen. Diese Quelle ist nicht nur von grossem kritischen Wert, sondern bietet noch sechs bisher unbekannte Stücke,

»Buxtehude's Stärke ruht vor allem in der reinen, durch keine poetische Idee beeinflussten Instrumentalmusik. Hier bildet er Pachelbel's musikalischen Gegenpol. Wurde Pachelbel epochemachend durch seinen Orgelchoral und das, was sich aus der eindringenden Beschäftigung mit den volkstümlichen Melodien ergab, so wurde es Buxtehude durch seine grossen, von einem reichen Geiste erfüllten unabhängigen Tonstücke. Somit trat Buxtehude in eine innere Verwandtschaft mit den Süddeutschen, denen der protestantische Choral so gut wie ganz fehlte« [1]), die dafür aber auf dem Boden der Toccata und Fuge die kunstvollsten Gebilde zur Blüte brachten. Das Band der Verwandtschaft hat, wie wir gesehen haben, nicht erst Buxtehude geknüpft. Kaum hatte die erste Generation von Sweelinck's norddeutschen Schülern dessen fruchtbare Anregungen und somit neue Kraft bis in die feinsten Adern ihrer heimischen Kunst hinein geleitet, so fühlte die nächste bereits wieder das Bedürfnis, sich höher zu strecken und tiefere Wurzeln zu schlagen. Diesmal entsandte der Norden seine musikalischen Talente nach dem sonnigen Süden, und sie brachten als Gewinn Frescobaldi's Kunst heim, die nun allenthalben, in Hamburg, Altona, Husum, Flensburg, Stade, Lübeck, Lüneburg, Celle, Hannover, Braunschweig, den Pulsschlag kompositorischen Schaffens beschleunigte. Das Gesamtresultat dieser Entwickelung liegt in Buxtehude's Werken vor Augen. Die italienischen Formen: Toccaten mit fugierten Zwischensätzen, Fugen mit motivischen Themaumbildungen nach Art der Canzonen, Variationsgebilde wie Passacaglia und Ciaconnen — sie bilden den wertvollen Besitzstand, dessen sich auch die Süddeutschen mit aller Kraft bemächtigt hatten. Was aber Nord und Süd von einander durch eine weite Kluft scheidet, das ist der Stil. Durch seine ganze Vergangenheit stand auch darin der Süden stets Italien nahe; dem Norden war dagegen durch Sweelinck eine Richtung auf das Virtuose gegeben, und auf diesem Wege schritt er fort. »Der Pedalgebrauch der Süddeutschen beschränkte sich auf gehaltene Tieftöne oder langsam fortschreitende Noten, während im Norden das Pedal bei allen Formen, selbst im Präludium und in der Fuge, ein entscheidendes Wort mit zu reden hat«. Durch die Bravour der Orgeltechnik gelangte somit der norddeutsche Stil je länger, je mehr zu einem eigenartigen Charakter. Will man seiner deutlich gewahr werden, so stelle man die beiden Grössten, Muffat und Buxtehude, einander gegenüber: »in der Harmonik, der Klangverwendung, der

---

[1]) Spitta (J. S. Bach, I S. 260 f.)

Stimmung ist ein Unterschied, wie zwischen Mittagssonne und Abendrot«.

Der Umstand, dass die norddeutsche Instrumentalkunst am letzten Ende völlig auf das Gebiet der Orgelmusik übertrat, ist der Grund, weshalb wir darauf verzichten müssen, Buxtehude's Meisterwerke einer näheren Betrachtung zu unterziehen. Was er für Klavier geschrieben hat, besteht für uns nur in einer Komposition, einer Suite über den Choral »Auf meinen lieben Gott«. Das Stück, die merkwürdige Folge von Allemande, Double, Sarabande, Courante, Gigue aufweisend, gehört zu der Gattung klaviermässiger Choralbehandlung, deren wir kurz zuvor bei Böhm zu gedenken Veranlassung hatten. Die »VII Clavier-Suiten, worinnen die Natur und Eigenschaft der Planeten artig abgebildet werden«[1]) sind uns verloren gegangen. Die Litteratur wäre sonst um ein interessantes Gegenstück zu Kuhnau's »Biblischen Historien« reicher[2]).

Ein Fall, in dem Buxtehude mit älteren wie jüngeren Meistern eine Ideengemeinschaft aufweist, ist oben[3]) schon gezeigt worden. Hier mögen noch zwei erwähnt sein. Der zweite Chor in Händel's »Messias« beginnt mit einer Doppelfuge[4]):

deren zweites Thema bereits in einer Fuge Buxtehude's fertig vorliegt[5]):

In einem anderen Thema derselben Fuge:

---

1) Mattheson (Vollk. Kapellmeister, S. 130).
2) Man lese bei Spitta (a. a. O. S. 259) nach, welche Gedanken Buxtehude in seinem Programm zum Ausdruck gebracht haben könne.
3) S. 206 f.
4) In Chrysander's Übersetzung.
5) Spitta's Ausgabe, I S. 94.

schlummert der Keim für das Schlussallegro eines *Concerto grosso* von Händel[1]):

Wir sind am Ziel unserer Darstellung, die neben der erstrebten Vollständigkeit hoffentlich auch nicht die übersichtliche Gruppierung des breitschichtigen Materiales vermissen lässt. Werfen wir von hier aus einen kurzen Blick über die durchmessene Strecke hinweg zurück, so fällt uns zunächst der eigentümliche Querstand in der Entwickelung der Orgel- und Klaviermusik dieser Periode in die Augen. Nicht in gleichem, sondern gerade in umgekehrtem Verhältnis, wie sich die Orgelmusik der verschiedenen Landstriche Deutschlands zur künstlerischen Höhe empor arbeitet, sehen wir auch die Zwillingsschwester, die Klaviermusik, zu grösserer Bedeutung gelangen. Zur grössesten im tiefsten Süden Deutschlands, wo das Klavier fast bis zuletzt auf die Gestaltung der Formen und des Stiles seinen entscheidenden Einfluss ausübte, und zur geringsten im hohen Norden, dessen eigentliches Interesse sich um die Orgel konzentrierte. Ferner bemerken wir, dass sich eine wichtige Grenzveränderung zwischen den beiden früheren Hauptgebieten der deutschen Kunstpflege vollzogen hat. Machte bis etwa 1650 die ganze Breite Deutschlands südlich von Halle die Einflusssphäre der italienischen Kunst aus, so hat sich in der Zeit danach ein beträchtliches Stück aus der Mitte davon losgelöst, Sachsen, die Thüringischen Lande und das in einem scharfen spitzen Winkel herausragende Nürnberg umfassend, während die übrigen südwestlichen Gebiete, von Baiern bis zum Elsass, in ihrem Abhängigkeitsverhältnis verblieben. In Mitteldeutschland entwickelte sich nun eine neue Richtung, die vom Süden die freien Formen, vom Norden den Choral und die Variation übernahm und zwischen Orgel- und Klaviermusik ein ziemliches Gleichgewicht herstellte. Was diese Periode ihrer Folgezeit als Erbe hinterliess, das war die Aufgabe, die trotz mancher gegenseitigen Anlehnung selbständigen Kunstrichtungen zu verschmelzen und die Kräfte, die an allen Punkten sich geregt hatten, einheitlich zusammenzufassen.

---

[1]) Chrysander's Gesamtausgabe, Bd. 30, Nr. 12.

Zweites Kapitel.
Italien.

Den geschichtlichen Entwickelungsgang der deutschen Klaviermusik die zweite Hälfte des 17. Jahrhunderts hindurch verfolgend, hatten wir häufig uns überzeugen können, dass der Einfluss, den die italienische Klaviermusik auf die Richtung der Deutschen in Spiel und Komposition ausübte, gegen früher an Ausdehnung und Nachhaltigkeit noch gewachsen war. Das Wirken Frescobaldi's, der die Kunstbestrebungen seiner Vorgänger nach allen Seiten hin zu einem harmonischen Abschluss geführt hatte, verursachte zunächst und am wesentlichsten diese Steigerung, um so mehr, da einige deutsche Meister von Bedeutung als seine Schüler sein Lebenswerk unmittelbar fortsetzten. Mit dem Weiterschreiten der Zeit und der Entwickelung kamen jedoch neben und nach ihm noch andere Kräfte in Italien zur Geltung; und an Anzeichen dafür, dass auch diese in Deutschland Beachtung fanden, hat es nicht gefehlt. Es wird also die Aufgabe dieses Kapitels sein, die italienische Periode nach Frescobaldi einer näheren Betrachtung zu unterziehen und somit nachträglich der eben verlassenen Darstellung einen historischen Hintergrund zu schaffen, der einzelne Momente derselben deutlicher noch hervortreten lässt. Auf die Befriedigung des Wunsches, statt lauter einzelne Erscheinungen aufzuzählen, sie in einem grossen Zusammenhange stufenmässig aufzubauen, müssen wir freilich auch hier verzichten; die Ergebnisse der bisherigen Forschung sind noch nicht dazu angetan. —

Eine Persönlichkeit, die nach allem, was wir von ihr wissen, noch in die nächste Nähe von Frescobaldi gehört, ist Michelangelo Rossi.

Über R.'s Leben ist wenig bekannt. Jedenfalls gehörte er der jüdischen Familie Rossi an, die in Italien zahlreiche Komponisten als Mitglieder zählte. R. soll etwa von 1630 bis 1660 in Rom gewirkt haben.[1] Ausser einer Oper komponierte R. nachweislich folgendes Klavierwerk: »*Toccate e Corrente per Organo, ô Cembalo. In Roma* [o. J.] *a spese di Gio. B. Caifabri in Parione all' insegna della Croce di Genova*« [Kupferstich], das 1657 in zweiter Auflage erschien[2]. Einige Klavierstücke ausserdem sind handschriftlich erhalten[3].

---

[1] Eine Zusammenstellung aller Daten ist E. v. Werra zu danken (Monatsh. f. M. 1896, S. 123 ff.).

[2] Exemplare in Bologna (*Lic. Mus.*). Herr Chordirektor E. v. Werra in Konstanz war so gütig, die Benutzung seiner Kopie zu gestatten.

[3] In Bologna.

Wir hätten in Rossi einen Tonsetzer vor uns, der seiner Zeit um mindestens ein Jahrhundert vorausgeeilt ist, wenn wir einige Stücke, die seit einer Reihe von Jahren unter seinem Namen kursieren[1]), als echt anerkennen müssten; denn es sind fast vollkommen ausgebildete, zweiteilige Sonatensätze. Zur Annahme eines solchen Anachronismus liegt jedoch nicht die geringste Veranlassung vor[2]). Seine Toccaten und Correnten, Werke also, die unzweifelhaft von ihm herrühren, offenbaren eine musikalische Natur, die nicht einmal auf der Höhe ihrer Zeit stand, geschweige denn fähig war, sich über sie noch zu erheben. Das Wesen der Toccata in formeller wie in musikalischer Hinsicht hatte besonders Frescobaldi zu ungleich grossartigerer Vollendung gebracht; hinter seinen Schöpfungen bleiben Rossi's in jedem Betracht weit zurück. Man wird also künftighin Rossi als einen angeblich bedeutsamen Faktor in der Geschichte der italienischen Klaviermusik zu eliminieren haben. Immerhin ist uns sein Werk wertvoll als Spiegelbild einer Zeit, die trotz allen Fortmühens über die bedeutende und wahre Grösse eines Frescobaldi noch nicht hinauskam.

Das Gesagte gilt mehr oder weniger auch von einer anderen Persönlichkeit. Mauritio **Cazzati** —

um 1649 Kapellmeister in Ferrara, danach lange Zeit an S. Petronio in Bologna thätig, veröffentlichte hier eine »*Partitura di Correnti e Balletti per sonare nella Spinetta, Liuto, ò Tiorba overo Violino e Violone col secondo Violino a beneplacito. Opera 30. In Bologna 1662, per Ant. Pisarri*«[3]).

giebt seiner *Partitura* einen modernen Anstrich nur durch die erkennbare Bezugnahme auf den herrschenden Geschmack in der Kammermusik, da er eine oder zwei Violinen zur Ausführung zulässt. Indem er hauptsächlich akkordfähige Instrumente im Auge hat, wie Spinett und Laute, und für sie Stücke intavoliert, die ursprünglich polyphon gestaltet waren, greift er jedoch auf eine Praxis zurück, die schon während der ältesten Periode der italienischen Klavierlitteratur im Schwange war[4]). Das ist wiederum ein merkwürdiges Kennzeichen für eine Zeit, der das Wirken Frescobaldi's eigentlich noch fest im Gedächtnis haften musste.

Eine jüngere Generation, so scheint es, wurde sich eher der Bedeutung Frescobaldi's bewusst; das ist aus ihrem Streben zu schliessen, zunächst in seine Fussstapfen einzutreten. Francesco Antonio Mamiliano **Pistocchi** —

---

[1]) L. Köhler (*Les maîtres du clavecin*), E. Pauer (Alte Meister): *Andantino* und *Allegro*.
[2]) E. v. Werra (a. a. O.) hat darauf zuerst nachdrücklich hingewiesen.
[3]) Exemplar in Bologna (*Lic. Mus.*).
[4]) Siehe oben S. 27 ff.

geboren 1659 in Bologna, entwickelte sich früh zu einem musikalischen Wunderkind, gab als achtjähriger Knabe heraus: »*Cappricci puerili variamente composti e passeggiati in 40 modi sopra un Basso d'un Balletto. Per suonarsi nel Clavicembalo, Arpa, Violino et altri Stromenti. Del quinto bimestre del Anno 1667. Opera prima. In Bologna, Gia. Monti*«[1] und wurde später der Begründer einer bis heute grundlegend gebliebenen Gesangsschule —

ist mit seinen *Cappricci puerili* ein Vorgänger Spiridion's[2]). Es erweist sich als die nämliche Verknüpfung der modernen Generalbasspraxis mit der älteren Kunst der Variation, wenn Pistocchi über einem und demselben Grundbass dessen Harmonien auf vierzig verschiedene Arten zu immer wieder neuen, in sich selbständigen Gestaltungen kombiniert.

Deutlicher tritt Frescobaldi's Einfluss bei Fabritio **Fontana** hervor.

F., um 1650 in Turin geboren, gab als Organist an S. Pietro im Vatikan heraus: »*Ricercari per organo... In Roma, 1677, Gio. Angelo Mutii*«[3]) [Partitur in Typendruck].

Mit Frescobaldi's *Fantasie* (1608) und *Ricercari et Canzoni francese* (1615)[4]) ist nämlich das musikgeschichtliche Fundament von Fontana's *Ricercari* im Wesentlichen gekennzeichnet. Von dort her kennen wir bereits die Modernisierung der alten Ricercarform durch gegenseitige Verknüpfung der mit jedem neuen Abschnitt wachsenden Zahl von Fugenthemen[5]), sowie die Erweiterung der Gio. Gabrieli'schen Spezialität durch eine melodisch freie Handhabung der Themen[6]). Wir sehen jedoch dabei, dass Fontana ein Formenprinzip, das Frescobaldi, von der Fantasie zur Canzona und zum Capriccio aufsteigend, zu freiester Vollkommenheit durchgebildet hatte und das musikalisch wie geschichtlich uns als das grundlegendste Resultat seines ganzen Schaffens erschien, sich so gut wie gar nicht angeeignet hat. Fontana versetzt wohl die Haupt- und Nebenthemata gern in Gegenbewegung[7]), benutzt auch gelegentlich das Hauptthema in verlängerter Gestalt[8]). Aber nur ein einziges Mal[9]) wagt er es,

---

1) Exemplar in Bologna (*Lic. Mus.*). Eine nähere Einsicht in das Werk liess sich leider nicht ermöglichen.
2) Siehe oben S. 247 ff.
3) Exemplar in Rom (*S. Cecilia*). Zur Benutzung lag eine von Herrn Chordirektor E. v. Werra angefertigte und von ihm freundlichst überlassene Kopie vor.
4) Siehe oben S. 129 f., 185.
5) Nr. 1, 5, 6.
6) Nr. 9 und 12.
7) Nr. 3, 7, 8, 9, 10, 11, 12.
8) Nr. 2 am Schluss.
9) Nr. 8.

sein Thema rhythmisch umzuprägen, während doch Frescobaldi gerade durch die vielseitige Ausdeutung und Umbildung eines und desselben melodischen Gedankens seine gewaltige schöpferische Kraft auf Schritt und Tritt erwies. In dieser Reserve Frescobaldi gegenüber, die hier nicht näher begründet werden kann, stimmt Fontana mit seinem in Deutschland lebenden Genossen Poglietti[1] auffallend überein.

Einige thematische Parallelen werfen ein ähnliches Licht auf Fontana's kunstgeschichtliche Stellung. Ein Konnex besteht zunächst zwischen Fontana's Ricercar Nr. 3 —

einer Fantasie Frescobaldi's[2] —

und Poglietti's Ricercar Nr. 2:

Dass es sich um keine zufällige Ähnlichkeit handelt, müssen wir aus dem Grunde annehmen, weil eines der Nebenthemata Frescobaldi's —

sich auch bei Fontana wieder vorfindet:

Zu zwei andern Themen Frescobaldi's aus dem gleichen Werke[3] vergleiche man sodann Fontana's Ricercar Nr. 10:

---

[1] Siehe oben S. 184.
[2] *Fantasie* (1608) Nr. 11.
[3] Siehe oben S. 88, 95.

Auf ein Ricercar Merulo's[1]) endlich —

führt uns das achte Ricercar Fontana's zurück:

Den Eindruck, dass die Klaviermusik Italiens in der zweiten Hälfte des 17. Jahrhunderts in Bahnen kreiste, die Frescobaldi eröffnet hatte, bestätigt ein Sammelwerk, das Giulio Cesare Aresti um die Wende des Jahrhunderts erscheinen liess.

Der Titel lautet: »*Sonate da Organo di varii autori* [Kupferstich ohne Ort und Jahr][2]. Die Komponisten der hierin enthaltenen Werke sind ausser Aresti, der als Organist in Bologna lebte, und den schon genannten Poglietti und Kerl: P. A. Ziani († 1711), C. F. Pollaroli, G. B. Bassani (Lehrer A. Corelli's, † 1715 in Ferrara), M. Giustiniani, Schiava, G. P. Colonna (Lehrer Bononcini's, † 1695 in Bologna), C. Monari.

Aresti's *Sonate* haben mit userm modernen Formenbegriff noch nichts zu schaffen; es sind instrumentale Tonstücke. Alle Sätze ausser einigen, die für die Elevation bestimmt sind, also der Orgellitteratur angehören, stehen wie die Werke der vorher erwähnten Tonsetzer auf der Grenzscheide zwischen Orgel und Klavier. Der Form nach wären sie den Toccaten, Canzonen und Capricci zuzuweisen. Wir bemerken bei den Canzonen die für Frescobaldi charakteristische Umbildung des Anfangsthema's und bei den Capricci die klaviermässige Abschwenkung der Form von Frescobaldi's Norm, wie sie in Deutschland Kerl[3]) weiter fortsetzte. Sehr häufig tritt uns endlich noch eine Eigentümlichkeit der Themabildung entgegen, deren Wurzel bis zu den alten Canzoni francese zurückreicht. Die Eigentümlichkeit besteht in dem mehrfachen Wiederholen des Anfangstones, sei es in Vierteln, Achteln oder Sechszehnteln. Von Frescobaldi, der für seine Canzonen so geartete Motive gern benützte, hat sich die Vorliebe für solche Tonwiederholungen auf die Deutschen Froberger, Kerl, Pachelbel und viele Andere weiter vererbt.

Von allen Tonsetzern Aresti's erwähnen wir nur einen, Carlo Francesco **Pollaroli** —

---

[1] *Ricercari* (1567) Nr. 1.
[2] Exemplar in München. Näheres über dies Werk giebt A. G. Ritter (Z. Gesch. d. Orgelsp., I S. 40 ff.).
[3] Siehe oben S. 187 f.

P., um die Mitte des 17. Jahrhunderts in Brescia geboren, wurde am 13. August 1690 Organist an S. Marco in Venedig, war ein sehr fruchtbarer Opernkomponist und starb im Dezember 1730 —

noch besonders, weil eines seiner beiden Capricci auch Seb. Bach bekannt war[1]).

So klein und beschränkt der Überblick ist, den wir haben gewinnen können, so viel sehen wir doch, dass die italienische Klaviermusik, von dem Gros der Musiker, die höchstens nur in Äusserlichkeiten an Frescobaldi anknüpften, einen frischen und kraftvollen Anstoss zur Weiterentwickelung nicht erhielt. Dieser konnte erst von einem Manne ausgehen, der, den Geist von Frescoboldi's Schaffen tief begreifend und voll erfassend, die Kraft besass, da einzusetzen, wo jener aufgehört hatte. Das war Bernardo Pasquini.

P. wurde am 8. Dezember 1637 zu Massa de Valnevola in Toscana geboren, aber nicht als Sohn Ercole Pasquini's, der 1614 bereits gestorben war. Seine musikalischen Studien soll P. unter L. Vittori und A. Cesti getrieben haben; die beste Unterweisung in der Klavier- und Orgelmusik gaben ihm jedoch Frescobaldi's Werke, die er sich zum Teil kopierte[2]). Nachdem P. einige Zeit im Dienste des Fürsten Gio. Batt. Borghese gestanden hatte, wurde er Organist an S. Maria Maggiore in Rom. Im Jahre 1664 weilte er auch einmal flüchtig in Paris. P. starb am 22. November 1710. — P. hat eine grosse Zahl von Klavierstücken geschaffen, aber sie nicht zum Druck gebracht. Was zu P.'s Lebzeiten erschien, beschränkt sich auf einige Toccaten in den Sammlungen von Roger und Walsh[3]). Neuerdings sind mehrere Stücke herausgegeben worden, die jedoch noch lange nicht die volle Bedeutung des Mannes ins Licht rücken.[4]) Von P.'s Schülern kennen wir seinen Neffen Bern. Ricordati, Bern. Gaffi, Fr. Gasparini, Fr. Durante, G. M. Casini, J. Ph. Krieger, G. Muffat.

In seinen besten Mannesjahren war Pasquini durch sein kirchliches Amt und seine Beteiligung an der Oper genügend in Anspruch genommen und somit nicht in der Lage, viel an die Herausgabe seiner Werke zu denken. Sechzig Jahre alt geworden, kam ihm aber — so scheint es — doch der Gedanke, was denn aus jenen werden solle, wenn er einmal nicht mehr sei, und

---

1) Es steht in Andr. Bach's Klavierbuch (Leipzig) und stammt eben aus Aresti's Sammlung.
2) Die Kgl. Bibliothek zu Berlin besitzt noch eine Kopie von Frescobaldi's *Fantasie* (1608) mit der Notiz »*Libro copiato di propria mano, e per uso dal Sig. Bernardo Pasquini*«.
3) Siehe oben S. 181, Anm. 1, 2.
4) Farrenc (*Trésor des pianistes, III*), Weitzmann (Gesch. d. Klav. 2. Aufl.). Den schätzbarsten Beitrag hat J. S. Shedlock geliefert durch eine mit bio- und bibliographischem Vorwort versehene Neuausgabe (*Selection of Pieces by Pasquini*, London, Novello) und durch den Versuch einer geschichtlichen Würdigung (*The Pianoforte Sonata*, London, Methuen, 1895, S. 74 ff.).

damit der Entschluss, sie bei Zeiten durch Sammlung vor Verzettelung zu bewahren. Im Jahre 1697 begann Pasquini die Ausführung des Planes mit der Zusammenstellung seiner Klavier- und Orgelwerke und beendete sie 1708, also zwei Jahre vor seinem Tode, in vier starken Bänden[1]). Da Pasquini sein Vermögen an irdischem Gut den Armen vermachte, so sicherte er durch die Sammlung seinem nächstverwandten Neffen Bernardo Ricordati das geistige Resultat seines Lebens[2]). Wir dürfen uns vorstellen, dass Pasquini diese Arbeit auf Grund älterer einzelner Aufzeichnungen verrichtete. So vergass er auch nicht anzumerken, wenn er einige Stücke durch Abschriften seiner Zeit schon an dritte Personen (Italiener, Spanier, Franzosen, Deutsche, Dänen, Engländer, Schotten)[3]) weitergegeben hatte. Dass Pasquini dabei auch einigermassen chronologisch verfuhr, die Reihenfolge der Stücke also nach der Zeit ihrer Entstehung anordnete, ergiebt sich bei näherer Prüfung des musikalischen Inhaltes der vier Bände als wahrscheinlich.

»Sonate per gravecembalo« — so lautet zwar der Titel der ganzen Sammlung gemäss der Aufschrift des ersten Bandes. Die hierin enthaltenen Stücke sind jedoch von einer Mannigfaltigkeit des Baues und musikalischen Charakters, dass ohne weiteres klar ist: Pasquini wendet den Begriff *Sonata* in der ganz allgemeinen Bedeutung an, wie auch Aresti. Als »Spielstücke« finden sich hier allerlei Fugenformen, Toccaten, Tänze, Tanzvariationen, Suiten und eigentliche Klaviersonaten zusammen; — ein buntes Vielerlei von Kompositionsformen, wie es von Pasquini's Vorgängern nur ein Frescobaldi beherrschte. Dass dies Symptom geistiger Verwandtschaft zwischen beiden Meistern keine zufällige vereinzelte Erscheinung ist, wird die weitere Untersuchung bestätigen.

In der Fugenkomposition begann Frescobaldi mit den alten Formen des Ricercars und der Fantasie, erweiterte sodann durch ihre Gesetze die Canzona francesa und erreichte schliesslich im Capriccio sein Fugenideal, das die wesentlichsten Elemente der voraufgegangenen Typen in Vollkommenheit und Freiheit

---

[1]) Der erste befindet sich auf der Kgl. Bibliothek zu Berlin (*Ms. L. 215*) und umfasst die Jahre 1697 bis April 1702. Die anderen drei besitzt das *British Museum* in London (*Ms. add. 34, 504*); ihre Niederschrift datiert vom Mai 1704 bis Dezember 1708.

[2]) Zwei der Londoner Autographe tragen die Aufschrift: *Ad usum Bernardi (Felicis) Ricordati (de Baggiano in Etruria) nepotis Bernardi Pasquini Etruriensis.*

[3]) Diese Aufstellung diene als Beleg für den Passus der Grabschrift: *musicis modulis apud omnes fere Europae Principes nominis gloriam adeptus* (s. Shedlock, *The Pianof. Son.* S. 71 f.).

neben einander zur Geltung brachte. Frescobaldi's Endziel wurde für Pasquini der Ausgangspunkt. Eines seiner Capricci diene als Beispiel für alle andern [1]). Das Hauptthema

wird uns zunächst nur durch eine kurze Fuge von zwei Durchführungen bekannt gemacht; um so reicher behandelt erscheint es dafür im zweiten Abschnitt, der das Thema auch zeitweilig an seinem Endstück verändert oder es in Gegenbewegung versetzt. Im dritten Abschnitt gesellt sich zu dem verkürzten Hauptthema ein rhythmisch noch lebhafterer Gegensatz:

Nach dieser Ablenkung tritt die ursprüngliche Gestalt des Hauptthemas wieder in den Vordergrund, diesmal jedoch von einem Gegenthema begleitet —

das sich auch seinerseits noch mit einem dritten Motiv verknüpft:

Dieselben drei Themata behält der fünfte Abschnitt bei, geht jedoch auf ihre Kombinationsfähigkeit gründlicher ein und erprobt auch ihre Umkehrung. Die folgenden Abschnitte gelangen nun zu wirklichen Umbildungen des Hauptthemas. Der sechste leitet sich zunächst folgendes Motiv ab —

---

[1]) Sie stehen im Berliner Band auf S. 1, 62 und 77. Dies dritte, oben analysierte Stück ist bezeichnet als *Ricercare con la fuga in più modi*.

indem gleichzeitig auch der für Frescobaldi charakteristische Taktwechsel erfolgt. Der siebente drängt dann den melodischen Gang noch enger zusammen:

Setzt das Thema des achten Abschnittes diesen Weg fast bis zur Unkenntlichkeit der melodischen Verwandtschaft fort —

so erinnert dafür der letze, neunte Abschnitt um so deutlicher an den Anfang —

Das Hauptthema, rhythmisch nur ein wenig variiert, und ein aus seinen Umbildungen gewonnenes Gegenmotiv reichen sich hier die Hände.

Was Frescobaldi in seinen Capricci erreicht hatte, verstand Pasquini, wie wir sehen, sich sehr gut anzueignen. In den übrigen Fugenformen jedoch, die für Frescobaldi nur Durchgangsstationen gewesen waren, ist das nicht mehr der Fall. Über Pasquini's Fantasien können wir freilich nicht urteilen[1]), wohl aber über seine Ricercari[2]). Er giebt zunächst, wie beim Capriccio, eine kurze Exposition der Themata, die er zu behandeln gedenkt, und thut dies dann ausführlich in einem zweiten Teil, der das Hauptthema, ohne es motivisch umzudeuten, doch in mannigfacher Weise biegt und wendet, seinen melodischen Accent wechselnd rückt, es in ganzer oder teilweiser Gegenbewegung anwendet. Das ist eine Formenbehandlung, durch die Pasquini

---

[1]) Der Berliner Band (S. 50) enthält nur ein Bruchstück.
[2]) Eins steht im Berliner Band (S. 55); es ist das von J. S. Shedlock veröffentlichte.

sowohl von Frescobaldi wie von seinen älteren Vorgängern entschieden abweicht. Die *Canzoni francese*[1]) entwickeln sich zwar in Frescobaldi's Manier durch motivische Umprägung des Hauptthemas fort, beschränken sich aber in der Zahl der Abschnitte auf nur zwei oder drei, einen Umfang also, wie er in Deutschland schon seit Froberger massgebend geworden war. Mit einer *Fuga*[2]) verlässt Pasquini vollends den musikalischen Boden Frescobaldi's; das Thema und sein Gefährte bilden das Material, aus dem sich in einfachster Weise das Stück erbaut. Die so entstehende Form erinnert uns an gewisse ähnliche Erscheinungen der Wiener und Pachelbel'schen Schule.

Typische Mannigfaltigkeit weisen auch Pasquini's Toccaten oder Tastaten auf. Da ist eine[3], worin über sehr lange gehaltenen Tieftönen die Oberstimmen ein flüchtiges Spiel treiben, — eine von der Gattung, die Frescobaldi und seine Nachfolger durch den Zusatz *per li Pedali* kennzeichneten und die in S. A. Scherer ihren intensivsten Vertreter fand. Eine andere gliedert sich in mehrere Abschnitte verschiedenartigen Charakters, läuft also mit der Muffat'schen Toccata parallel, dieser allerdings hinsichtlich der Formenabrundung und der Grossartigkeit der gesamten Architektonik den Vorrang lassend. Ein drittes Stück[5]) präsentiert sich als *Toccata con fuga*; das Schlussstück der ursprünglich dreiteiligen Form ist also weggefallen, während der fugierte Mittelteil von früher sich jetzt zu einem selbständigen Satz ausgewachsen hat. Aus demselben Entwickelungsprozess resultierten ja auch die Präludien mit Fugen von Pachelbel und Kuhnau. Eine vierte Spezies vertritt die *Toccata con lo Scherzo del Cucco*[6]), die sich in ähnlicher Art, als es Kerl that, die Tendenz des Frescobaldi'schen Capriccios auferlegt. Das sind jedoch alles nur Abarten und vereinzelte Erscheinungen; die grosse Menge der übrigen Toccaten[7]) folgt übereinstimmend dem Zuge von Frescobaldi's Toccata mit ihrem harmonischen Ausgleich aller je vor ihm in der Toccata treibend gewesenen Kräfte. Sie ist die eigentliche Basis, von der aus auch Pasquini sich die Kunstform zu eigen gemacht hat. Frescobaldi's imposante Grösse, die gerade in den

---

[1] Im Berliner Band S. 37, 44, 129; das mittlere Stück steht im Neudruck bei Shedlock.
[2] S. 887.
[3] S. 182.
[4] S. 44.
[5] S. 213.
[6] S. 247.
[7] S. 193, 196, 200, 204, 217, 219, 223, 237, 262, 265, 268, 271, 284, 284, 287, 292, 297, 309, 322, 377.

Toccaten für alle Zeiten unübertroffen geblieben ist, vermag Pasquini zwar nicht zu überbieten, auch nicht ihr gleichzukommen; wohl aber hat er von diesem Höhepunkt aus einen Seitenweg entdeckt und weiter verfolgt, auf dem für ihn und andere ein bedeutsamer Gewinn erzielt wurde. Frescobaldi war vom Scheitel bis zur Sohle ein Meister des Kontrapunkts, dessen festes Gefüge selbst seine freiesten Tonstücke durchzieht. Pasquini aber als Kind einer neueren Zeit und als Opernkomponist neigt schon mehr nach Seiten gefälliger Melodik und reizvoller Harmonik hin. Als Stilprobe diene eine kleine Stelle[1]):

Dieser Kontrast erklärt die Natur von Pasquini's Toccaten. Jener übermächtige Zug der Improvisation, die fessellos erschien und doch bis ins kleinste Detail hinein einer eminenten Kunst des polyphonen Satzes als Ausfluss diente, eignet ihnen nicht mehr, so wenig, wie das unaufhörliche Andrängen immer neuer Motive, die das Ziel nicht absehen lassen. Ruhig und sonnig ist Pasquini's Tonsprache. Seine Spielmotive haben nicht die kraftvolle Gestalt wie bei Frescobaldi; sie gleichen vielmehr zarten Blattranken, die des Haltes bedürfen. Ihn finden sie an einem Gerüst von Harmonien, deren Verbindung uns Modernen bei weitem natürlicher und ansprechender entgegenkommt, als die der Alten. Und da nur wenige Motive sich zum Spiel zusammenfinden, verdichtet sich ihr Gewebe auch zu melodisch wie harmonisch gehaltvolleren und einheitlicheren Tonstücken, wie es

---

1) Im Berliner Band S. 194.

etwa Pachelbel's Fantasien sind, hin und wieder sogar zu der abgeschlossenen Form der Etüde eines Fischer und Kuhnau, wie das Beispiel¹) lehrt:

Gab Frescobaldi am Schlusse seines Schaffens allen musikalischen Formen, die auf schwankendem Steg zwischen Orgel und Klavier gestanden hatten und dies trotz ihm auch noch weiterhin thaten, eine kirchliche Tendenz, so langt also Pasquini mit seinen Toccaten fast auf dem entgegengesetzt liegenden Punkte an. Das homophone und melodische Wesen des Klavierstils hat sich als verjüngendes und keimfähiges Element dem polyphonen Orgelstil beigemischt.

Um vieles stärker äussert sich nun natürlich diese charakterische Eigenart Pasquini's in den Formen, die zur unbestrittenen Domäne der eigentlichen Klaviermusik gehören: im Tanz und in der Variation. Grosse Freiheit des Klavierstils im Vergleich zu Frescobaldi zeigt Pasquini schon in einer Reihe einzelner Tanzformen und zweiteiliger liedartiger Gebilde (*Allemanda, Aria, Bizzarria*)²); voll entfaltet sehen wir sie aber vor uns in den umfangreichen oder kleineren Variationsreihen über bekannte Volksmelodien (*Bergamasca, Follia*), Tänze (*Allemanda, Correnta, Saltarello, Passacaglia*) und frei erfundene Stücke (*Bizzarria, Aria*)³). Ähnliches wie den Gebrauch des *trillo longo*⁴) —

---

1) Berliner Autograph S. 217.
2) S. 264, 275, 278, 280, 299, 302, 339, 412, 413, 417 ff.
3) S. 10, 18, 48, 69, 72, 75, 109, 149, 174, 208, 229, 257, 293. 303, 340, 348, 354, 361, 390, 397, 407, 409, 414.
4) S. 15; ähnlich S. 169, 255. Vgl. dazu oben S. 213, 219.

die ganz klaviermässige Akkordzerlegung[1] —

die Anwendung des Orgelpunktes[2] —

und die Kombination entgegengesetzter Rhythmen[3] —

1) Berliner Autograph S. 167.
2) S. 260.
3) S. 30; ähnlich S. 32.

hat Frescobaldi noch nicht aufzuweisen. Auch darin geht Pasquini über diesen hinaus, dass er gelegentlich die Hauptmelodie ganz verlässt und auf ihren harmonischen Unterbau in der Art Murschhauser's ein selbständiges melodisches Stockwerk aufsetzt. Was Frescobaldi aber bereits kannte, nämlich einzelne Variationen zu Tanztypen auszuprägen und auch diesen dann Variationen anzuhängen, das wendet Pasquini noch viel häufiger an.

Direkte thematische Entlehnungen Pasquini's aus Frescobaldi's Werken lassen sich zwar nicht nachweisen, doch ist in der Wahl gewisser Volksmelodien als Variationsstoff eine gewisse Übereinstimmung zu bemerken. *La Bergamasca*, von Pasquini zweimal variiert, findet sich in kunstmässiger Gestaltung zuerst bei Frescobaldi (1635), nach ihm auch bei Fasolo und Scherer[1]). In der Lautenmusik des 16. und in der Violinmusik des 18. Jahrhunderts kann man ihr ausserdem häufig begegnen. Ihr Anfang hat eine flüchtige Ähnlichkeit mit dem protestantischen Choral »Nun danket alle Gott«. Dass dieser der Bergamasca-Melodie entnommen sei, erscheint jedoch mehr als fraglich[2]). — Noch beliebter war *La follia* (*La folie d'Espagne*). In früheren Zeiten zunächst von den Lautenspielern eifrig vorgetragen, wurde sie später eine Lieblingsmelodie der Klavierspieler und Violinisten. Nächst Frescobaldi (1614/1616) und Pasquini seien von italienischen Bearbeitern genannt Corelli (1700), Vivaldi, Farinelli. In England und Deutschland wurde danach die Melodie so populär, dass die ganze singende und spielende Welt sich an ihr ergötzte. Auch Seb. Bach hat ihr in der Bauern-Cantate (1742) einen Platz gegeben. Noch zu Anfang dieses Jahrhunderts bereitete die *Folie* den Guitarre spielenden Dilettanten Vergnügen. Über die Geschichte dieser Tanzmelodie liesse sich ein ganzes Buch schreiben[3]).

Pasquini's Persönlichkeit würde geschichtlich schon bedeutsam genug sein, wenn man ihm das als Verdienst anrechnen möchte, was sich aus der bisherigen Darstellung als solches ergiebt: dass er zu einer Zeit, wo Italien anscheinend nicht reich war an fruchtbaren Klavierkomponisten, durch ein verständiges Anknüpfen an Frescobaldi's reiches Schaffen die heimatliche Kunst in folgerichtiger Weise weiter entwickelt hat. Pasquini ist aber für seine Zeit nicht nur vermittelnder Träger einer älteren Tradition gewesen, er hat ihr vielmehr von sich aus auch neue Wege gewiesen. Soweit sich das geschichtliche Material übersehen lässt, darf Pasquini zunächst den Anspruch darauf erheben, der Erste gewesen zu sein, der in der italienischen Klaviermusik die Form der Suite gepflegt hat. Zweitens hat er als Erster in Italien den

---

[1]) Siehe oben S. 246, Anm. 1.
[2]) Shedlock (Vorwort zur Pasquini-Ausgabe).
[3]) Siehe Fr. Chrysander (G. F. Händel, I, S. 357), Ph. Spitta (Vierteljahrsschr. f. Mus., I, S. 77), Shedlock (Vorwort zur Pasquini-Ausgabe).

Versuch gemacht, die Form der Violinsonate auch in der Klaviermusik einzubürgern.

Pasquini's **Suitenform** ist der Hauptsache nach dreisätzig und begreift in sich *Allemanda*, *Correnta* und *Giga*[1]). So wenig gilt ihm dies jedoch als Normalform, dass er sich selbst von dieser Dreizahl mannigfache Abweichungen gestattet. So reiht er einmal an die beiden ersten Tänze eine Ctaktige *Aria*[2]) oder setzt eine *Correnta* hinein zwischen eine belanglose *Tastata* und *Aria*[3]). Andererseits bildet Pasquini auch eine viersätzige Form, indem er der Giga noch ein schwerer gearbeitetes Stück anhängt, dessen Charakter sich dem der Allemande nähert und das so die Form in ganz neuer Weise abrundet[4]). Das Sonderbarste ist aber, dass Pasquini endlich noch zweisätzige Suiten bildet, bestehend aus *Allemanda* mit *Correnta*, *Giga* oder *Bizzarria*[5]), sich also auf das alte Verhältnis von Pavana und Gagliarda, Passamezzo und Saltarello zurückversetzt.

Von dem deutschen Prinzip, Tanzpaare zusammen zu setzen, deren Einzelglieder durch Taktmass, Charakter und Tempo kontrastieren, hat Pasquini, wie man sieht, keine Kenntnis. Er ist vielmehr bei der äusserlichen Aneinanderreihung von Tänzen stehen geblieben, wie sie die Franzosen beobachteten. Das ist aber auch alles, was er den Letzteren verdankt. Denn im Übrigen denkt und empfindet Pasquini durchaus nur als Italiener Strebten die Franzosen und die ihnen folgenden Deutschen danach, die rhythmische Prägnanz der einzelnen Tänze bis in die feinsten Fasern zu treiben, so folgt Pasquini dagegen der Neigung, gerade alle hervorstechenden Merkmale zu planieren. Verhältnismässig am wenigsten wird noch die Allemande davon betroffen, umsomehr haben aber die Tänze ungeraden Taktes an Charakteristik verloren Die alte Courante besass einen »ernsten und nachhaltig leidenschaftlichen« Ausdruck und stand mit Vorliebe in $^3/_2$-Takt. Pasquini's Correnta behält die Tendenz zum »Flüchtigen und Eilenden« bei, die bereits Frescobaldi's gleichnamige Stücke verrieten, und beschleunigt ihren Fluss zum $^3/_8$-Takt. Damit ist denn der Gegensatz, der früher zwischen der ernsthaften Courante und der hurtigen Gigue herrschte, soweit aufgehoben, dass Correnta und Giga sich nur noch durch den fugierten

---

1) Berliner Autograph (S. 278, 317, 336).
2) S. 373.
3) Im Londoner Autograph; Neudruck bei Shedlock.
4) Berliner Autograph (S. 243, 313, 329, 355, 381, 404).
5) S. 300, 326, 333.

Anfang der letzteren äusserlich unterscheiden[1]). Auch im Kompositionsstil schliesst sich Pasquini den früheren Suitenmeistern nicht an, weder den Franzosen, die in der Imitation des zackigen Lautensatzes ein geeignetes Mittel fanden, die Vielgestaltigkeit der Rhythmik zu befördern, noch den Deutschen, »denen es hauptsächlich um harmonische Vertiefung des Ausdrucks zu thun war«. Der Sinn Pasquini's ist hingegen auf das rein Melodische gerichtet; unter der fliessenden Oberstimme kommen die Mittelstimmen kaum zu besonderer Entwickelung. Im Zusammenhange damit steht ein weiteres Moment. Frescobaldi hatte der Variationstechnik durch Heranziehung von Tanzformen der Suite die Operationsbasis erweitert. Daraus leitet Pasquini, genau wie Froberger, das umgekehrte Verhältnis für die Suite ab; der musikalische Stoff der Allemande kehrt variationsartig nicht allein in der Corrента, sondern auch in der Giga wieder, bildet also den einheitlichen Grundgedanken für die ganze Folge. Somit ist Pasquini's Suite nicht mehr, was sie ursprünglich war, eine musikalische Idealisierung gewisser poetischer Vorstellungen, sondern davon abstrahiert ein mehrgliedriges Tonstück auf rein musikalischer Grundlage, als solches der Sonate viel näher stehend, denn dem wirklichen Tanz. Ein Blick auf die zeitgenössische Violinlitteratur lehrt uns, dass man sich in der That dieser Verwandtschaftsbeziehungen bewusst war. Eine Reihe von Corelli's Violinsonaten z. B. hat die dreisätzige Suitenform Pasquini's, sogar mit Belassung der Tanznamen Allemande, Corrente, Giga[2]).

So wenig wie in den Suiten zieht Pasquini auch in den Sonaten[3] die Grundsätze in Erwägung, die man ausserhalb Italiens beobachtete. Nur in der ersten Idee stimmen Pasquini und Kuhnau überein, da sie nämlich beide die Violinlitteratur angehen, um aus ihr für die Klaviermusik eine mehrsätzige und die Suite an Freiheit überragende Kompositionsform zu entnehmen. Mit dem ersten Schritt zur Verwirklichung ihrer Absichten schlagen sie jedoch zwei völlig entgegengesetzte Richtungen ein. Kuhnau, der eine Beschränkung der Satzzahl nicht kennt und nicht brauchte, hat seine Ungebundenheit wahrscheinlich Bassani zu verdanken; Pasquini lehnt sich dagegen an den jüngeren Corelli an, da er über drei Sätze nicht hinausgeht. Bei Kuhnau kam nur hin und wieder etwas von der Eigenart der Violintechnik

---

[1]) Siehe auch Ph. Spitta (J. S. Bach, I, S. 680 ff., besonders 694).
[2]) J. S. Shedlock (The Pianoforte Sonata, S. 8).
[3]) Sie stehen alle in dem ersten der Londoner Bände. Eine Sonate findet man als Probe in Shedlock's Ausgabe.

zum Durchbruch, aber selbst an solchen Stellen verlor er darüber nicht die spezifischen Klangmittel des Klavierinstruments aus den Augen. Er beschnitt das fremde Gewächs an Wurzeln und Zweigen, um es auf neuem Boden heimisch zu machen. Pasquini vollzieht dagegen eine fast buchstäbliche Übertragung, so dass der Kunstform nichts Wesentliches abhanden kommt. Statt zwei Violinen über einem gemeinsamen Generalbass gegeneinander konzertieren zu lassen, nimmt er zwei Klaviere, die sich natürlich auch ihre Harmonien allein greifen können, und schliesst sich somit älteren italienischen [1]) und englischen [2]) Vorläufern an. Kuhnau, der zeigen wollte, wie man auf dem Klavier den Kunstbau einer Violinsonate bis zu einem gewissen Grade täuschend nachahmen könne, musste seine Kompositionen bis in die kleinste Note genau ausführen; dem Spieler ist nur die Anbringung von Ornamenten überlassen. Anders verfährt Pasquini. Er schreibt je zwei bezifferte Bässe hin, und nun verlangt er, dass die Spieler nach Massgabe der die Harmonie andeutenden Ziffern sich die Oberstimmen, also auch die Melodie vorher ausarbeiten, oder richtiger gesagt, im Augenblick improvisieren. Er setzt also eine Fertigkeit des Generalbassspiels bei seinen Zeitgenossen voraus, die sie sicherlich auch gehabt haben werden. Wie wir an Spiridion a Monte Carmelo [3]) und Pistocchi [4]) sahen, musste ja ein tüchtiger Generalbassist ohne Weiteres imstande sein, die Harmonien eines bezifferten Basses nicht allein in hunderterlei instrumentalen Wendungen zu variieren, sondern sie auch zu selbständigen Tonstücken zu formieren. Gewann endlich Kuhnau in der Sonate einen Träger für die musikalische Ausdeutung poetischer Ideen, so ist sie für Pasquini gleich der Suite nichts weiter als eine rein musikalische Form geblieben.

Erinnern wir uns nun noch einmal an eine Frage, die uns schon bei Kuhnau beschäftigte, wem wir nämlich den ersten Versuch zur Klaviersonate zuzuschreiben haben, so steht wohl die Thatsache fest, dass zwischen Kuhnau und Pasquini von einer gegenseitigen Beeinflussung mit keinem Wort die Rede sein kann. In Italien wie in Deutschland sahen wir die musikgeschichtlichen Voraussetzungen alle soweit erfüllt, dass es für beide Künstler zur Schaffung der Klaviersonate nur eines einfachen Schrittes bedurfte, den jeder ohne Schwierigkeit selbständig unternehmen

---

[1]) Siehe oben S. 36.
[2]) S. 68.
[3]) S. 220.
[4]) S. 263.

konnte. Wir werden uns also mit dem Gedanken vertraut zu machen haben, dass es sich mit der Klaviersonate ähnlich verhält, wie mit manchem anderen geistigen Fortschritt, auf den zwei Männer fast gleichzeitig, aber an verschiedenen Orten und ohne Kenntnis von einander stiessen. Selbst wenn man Kuhnau ein Mitrecht an der Erfindung einräumt, bleibt Italien immerhin ein gewisses Übergewicht gewahrt, insofern es das ältere instrumentale Vorbild für die neue Form gab. Im Grunde kommt aber auf die zweifellose Feststellung des wahren Verhältnisses so ungeheuer viel nicht an. Denn von der Sonate in modernem Sinne sind beide Meister fast noch gleich weit entfernt. Wohl gaben Pasquini und Kuhnau die erste Anregung, aber ihre Prinzipien mussten noch manchen Entwickelungsprozess durchmachen, ehe jenes Endziel erreicht werden konnte.

Einige Parallelen, die Pasquini's viel nähere Beziehungen zur italienischen Musik beleuchten, sind bereits von anderer Seite[1]) nachgewiesen worden. Pasquini's Sonate —

hat unverkennbar auf Dom. Scarlatti's Stück[2]) eingewirkt:

Ziemliche Ähnlichkeit besteht sodann noch zwischen Pasquini's Sonate —

und dem *Larghetto* eines Violinkonzerts von Vivaldi (Op. 3, Nr. 6) —

---

1) Shedlock (Pasquini-Ausgabe und *The Pianof Son*)
2) Nr. 52 der Czerny'schen Ausgabe

desselben, das Seb. Bach[1]) für Orgel bearbeitet hat.

Neben Pasquini haben wir mit wenigen Worten noch Alessandro **Scarlatti's** zu gedenken —

des Gründers der berühmten neapolitanischen Tonschule, geboren 1659, gestorben am 24. Oktober 1725[2]).

Scarlatti war seiner Zeit ein bedeutender Komponist für Kirche, Kammer und Oper, als solcher natürlich mit der in Italien hoch entwickelten Praxis des Generalbass- und Klavierspiels genau vertraut. Da zudem J. J. Quanz ihm kurz vor seinem Tode nachrühmen konnte, dass er »das Clavicymbal auf eine gelehrte Art zu spielen gewusst habe[3]), so ist die Überlieferung, Scarlatti habe eine Reihe von Klavierstücken komponiert, bisher ohne Weiteres respektiert worden. Dagegen ist aber erstlich die Unglaubwürdigkeit der Quellen ins Treffen zu führen.

Die älteste Erwähnung von Klavierstücken Scarlatti's befindet sich im Katalog der Musiksammlung des Abts Santini[4]). Danach soll dieser von Scarlatti »*Toccate e fughe per Organo*« besessen haben. Ein neuerer Schriftsteller[5]) erweitert diese summarische Angabe — ob auf Grund eigener Anschauung, ist mindestens fraglich — dahin, dass es »*Deux livres de toccates pour clavecin ou orgue*«, sowie »*Une suite de pièces de clavecin*« gewesen seien, wobei unerwähnt bleibt, ob es sich um Drucke oder Handschriften handelt Handschriftliche »*Fughe per il Cembalo overo per l'organo*«, als deren Autor Scarlatti genannt ist, besitzt die Wiener Hofbibliothek. Von hier sind einige Stücke zum Neudruck gelangt[6]).

Noch triftiger sind stilistische Gründe. Während des ganzen Zeitraumes, den wir hier vor Augen haben, sahen wir die eigent-

---

1) Ed. Peters, Orgelwerke, Bd. 8, S. 15 ff. Siehe dazu P. Waldersee (Vierteljahrsschr. f. Mus. 1885, S. 375).

2) Was man über sein Leben weiss, ist am besten in Grove's *Dictionary* mitgeteilt.

3) Siehe Quanzens Selbstbiographie in Marpurg's »Historisch-kritischen Beyträgen zur Aufnahme der Musik« (Berlin, I, 1754 S. 197 ff.).

4) *Catalogo della Musica esistente presso Fortunato Santini in Roma. Roma 1820*, S. 42. Die Sammlung selbst, lange Zeit für verloren gehalten, gehört jetzt, freilich in sehr ungeordnetem und ziemlich defektem Zustande, der Domkirchenbibliothek zu Münster (s E Vogel, Jahrb d Musikbibl Peters, I, S 55)

5) Fétis (*Biogr. univ*).

6) Bei Diabelli in Wien Pauer (Alte Klaviermeister); Köhler (*Les. maîtres du Clavecin*); Farrenc (*Le trésor d. pian.*, III).

lich bewegenden Kräfte der Entwickelung von Frescobaldi ausgehen und in hohem Grade noch bei Pasquini wirken. In Rom, das demgemäss die führende Bedeutung Venedigs mehr und mehr an sich zog, empfing auch Scarlatti seine musikalische Bildung. Die charakteristischen Merkmale dieser Zeit nach Frescobaldi — erwartet man — müssten nun doch auf Schritt und Tritt in den Werken eines Meisters zu finden sein, der sich nur gelegentlich als Gast bei der Klavierkomposition aufhielt. Das ist aber nicht der Fall. Die äusserste Grenze der bisherigen Fugenkomposition, das Capriccio Frescobaldi-Pasquini's, ist in den angeblichen Fugen Scarlatti's weit überschritten. Allein der Umstand, dass die letzten Themaeinsätze der tiefsten Stimme immer in Oktaven gegriffen werden, deutet zur Genüge an, auf wie ganz anderer Grundlage diese Stücke fussen. Diese Grundlage hatte eine Generation später, Al. Scarlatti aber schwerlich. Somit haben wir es hier, wie schon bei Rossi, mit untergeschobenen Kompositionen zu thun. Ihr Komponist war nicht Aless. Scarlatti, sondern sein Sohn Domenico[1]). Wer sie nur einen Augenblick neben die »Katzenfuge« etwa stellt, der wird auf weitere Beweise gern verzichten.

Ist nun auch Al. Scarlatti aus der Liste der eigentlichen Klavierkomponisten zu streichen so hat er doch auf andere Weise den Entwickelungsgang der Klaviermusik wesentlich bestimmt. Seine Opernsinfonien wurden, wie wir sehen werden, mit die Hauptursache, dass die Klaviersonate sich mehr und mehr auf die Dreisätzigkeit — Rasch, Langsam, Rasch — konzentrierte.

Wie in der Komposition, so gelangten die Klaviermeister Italiens dieser Zeit auch in der äusseren Spieltechnik nicht wesentlich über Frescobaldi hinaus. Einen deutlichen Begriff davon giebt uns Lorenzo **Penna** —

ein aus Bologna gebürtiger Karmelitermönch. P. gab »*Li primi Albori musicali, per li Studiosi della Musica figurata*« in Bologna heraus, die, in drei Bücher eingeteilt, von 1656 bis 1696 fünf Auflagen erlebten. Hier kommt das dritte Buch, vom Generalbass handelnd (*per suonare l'Organo sopra la Parte*), in Betracht.

Der Fingersatz, den Penna vorschreibt, ist noch ganz derselbe, wie vor hundert Jahren bei Diruta. Aufsteigend bewegen sich die Finger der rechten Hand e' er nach dem andern, zuerst der mittlere, danach der Ringfinger; dann wieder der mittlere und so fort, wobei wohl zu beachten ist, dass die Finger nicht

---

[1]) Ihm weist sie auch Czerny zu, sicherlich durch andere handschriftliche Quellen, sowie durch die erwähnten stilistischen Gründe dazu veranlasst.

zusammen anschlagen. Im Herabsteigen aber spielt erst der
mittlere, dann der Zeigefinger, wieder der mittlere und so fort.
Die linke Hand verfahre beim Aufsteigen umgekehrt, d. h. sie
nehme erst den mittleren, dann den Zeigefinger, beim Herabsteigen aber erst den mittleren, dann den Ringfinger. Dabei giebt
Penna noch die Regel, dass beide Hände nicht tiefer als die Finger
liegen dürften, sondern hoch, die Finger aber ausgestreckt gehalten werden müssten. Auch in Einzelheiten, die auf den Vortrag abzielen, dass man z. B. die Anfangsakkorde der Toccaten
harpeggieren solle, bringt Penna nur das zum Ausdruck, was
längst in Übung war.

Drittes Kapitel.
Frankreich.

Der innige Kontakt zwischen der französischen und deutschen
Klaviermusik, den Froberger geschaffen hatte, bedeutete für
letztere, wie wir uns erinnern, nach mehreren Seiten einen
ausserordentlichen Gewinn. Nach Froberger's Tode vergingen
zunächst mehrere Jahrzehnte, während deren die Deutschen sich
bestrebten, die fremden Elemente gründlich und innerlich zu
verarbeiten. Nachdem dies aber geschehen, wandten sie sich
von neuem und in verstärktem Masse dem französischen Kunstgeschmack zu, der sich natürlich inzwischen ebenfalls mehr ver-
feinert hatte. Diese geschichtliche Entwickelung der französischen
Klaviermusik zu beleuchten und so die auffallende Schwenkung
in Deutschland gegen Ende des 17. Jahrhunderts nachträglich zu
begründen, soll in diesem Kapitel versucht werden.

Die Chambonnières'sche Schule setzte zunächst Nicolas Antoine **Le Bègue** fort.

B., 1630 in Lyon geboren, wurde Organist an St. Merri in Paris und
1678 nebst Tomelin, Buterne und Nivers als Nachfolger von De la
Barre Hoforganist Ludwigs XIV[1]). Er starb am 6. Juli 1702 in Paris[2]).
Ausser Orgel- und Vokalwerken sind von ihm bekannt »*Les Pieces de Cla-
vessin. A Paris. 1677*« in zwei gestochenen Büchern; in Amsterdam bei E.
Roger erschienen davon Nachdrucke[3]).

---

1) Siehe den *Mercure galant*, 1678, S. 124 f.
2) Fétis (*Biogr. univ.*).
3) Exemplare in Berlin, Paris. Teilweiser Neudruck bei Farrenc (*Le trésor d. pian.* III).

Die *Pieces de Clavessin* von Le Bègue sind natürlich Suiten[1]) von echt französischer Architektonik. Die drei- oder viersätzige Grundform, von der ein Chambonnières ausgegangen war und die in Deutschland und Italien von Anfang bis zu Ende Norm blieb, ist zwar auch in Le Bègue's Suiten deutlich erkennbar: stets eröffnen Allemande, Courante, Sarabande, manchmal noch Gigue die Reihe der Tänze. Auf diesen stereotypen Anfang lässt jedoch Le Bègue, wie es zuvor schon L. Couperin gethan hatte, noch eine bunte Menge anderer Tanzgestalten folgen, Gavotte, Menuet, Canaris, Ballet, Bourée, Chaconne, Rondeau, Passacaille, Air, ohne dabei auf eine bestimmte Ordnung zu achten.

In mehreren Punkten weicht nun aber Le Bègue von seinen Vorgängern ab. Zunächst macht er die Mode der Überschriften nicht mit; ein einziges Stück trägt die Bezeichnung *Air de Hautbois*, alles Übrige begnügt sich mit dem schlichten Tanznamen. Das Streben, das sich hierin ankündigt, die Suite auf eine rein musikalische Basis zu stellen, gewinnt durch ein anderes Moment noch an Bedeutung. Le Bègue durchbricht nämlich zuerst das bisher so peinlich innegehaltene Prinzip der Tonarteneinheit. Der Ort, wo dies zur Erscheinung kommt, sind fast alle Suiten in Moll[2]). Nach einer Reihe von Tänzen, die ganz gut für sich eine Suite bilden könnten, schlägt die Molltonart plötzlich zum tonal-, ja selbst terzverwandten Dur um; auf Dmoll folgt Ddur u. s. w., oder Bdur auf Gmoll. Beabsichtigte Le Bègue damit dem Einerlei der Molltonart einen frischen, belebenden Zug zu geben, so erreicht er dies da, wo die Suite nach zwei Sätzen in Dur zu Ende ist[3]) Le Bègue hebt aber auch, indem er die Tonart wechselt, noch einmal mit einer Courante an und lässt ihr eine Reihe von Tänzen folgen, die wiederum zusammen eine Suite abgeben könnten. Statt die Tonarteneinheit wirksam zu paralysieren, fällt er ihr dadurch doch wieder anheim und trägt zudem den Nachteil mit fort, dass nun das Ganze in zwei völlig zusammenhangslose Hälften zerbricht. Mochte indessen dieser erste Versuch Le Bègue's künstlerisch missglückt sein, immerhin lag ihm ein guter Gedanke zu Grunde. In zweckmässigerer Weise verwertet, sollte er einer späteren Generation bessere Frucht zeitigen.

Seinen vielgliedrigen Suiten setzte Le Bègue *Préludes*[4]) voran. Der Form nach sind sie mit denen Couperin's nicht pa-

---

[1]) Die Originalausgabe wendet diesen Gattungsnamen freilich noch nicht an, wohl aber der holländische Nachdruck.
[2]) Buch I, Nr. 1, 2, 3, II, Nr 2.
[3]) Buch I, Nr. 3; II, Nr. 2.
[4]) In den Amsterdamer Nachdrucken fehlen sie.

rallel; denn sie präludieren wirklich nur in toccatenhafter Weise und verdichten sich nicht zu einem fugierten Mittelsatz. Um so bemerkenswerter ist die Übereinstimmung in dem äusseren Bilde ihrer Aufzeichnung. Wie man an einem Beispiel¹) ersieht —

hat auch hier die französische Lautenmusik²) Pate gestanden. Dazu bemerkt Le Bègue: »Ich habe die Préludes mit möglichster Ungezwungenheit darzustellen gesucht, in Rücksicht auf ihr musikalisches Gefüge sowohl, wie auf die Spieltechnik des Klaviers. Denn dessen Sache ist es, Akkorde vielmehr in ihre Bestandteile zu zerlegen und mehrmals anzuschlagen, als sie orgelmässig zu binden und auszuhalten«³). Während jedoch Couperin dem Spieler keinerlei Anhalt für den Vortrag seiner *Préludes* gab, deutet Le Bègue wenigstens in den gröbsten Umrissen ihre taktische Gliederung durch Taktstriche an.

Was den Kompositionsstil endlich anlangt, so befleissigt sich Le Bègue einer ungleich grösseren Freiheit des Klaviersatzes als Couperin. Kontrapunktik spielt bei ihm nur eine untergeordnete Rolle; er zeigt sich vorwiegend als Harmoniker, dem mehr am akkordischen Klang, denn an flüssiger, glatter Stimmführung liegt. Wie er mit der Chromatik schaltet und waltet —

1) Anfang des *Prélude* zu Buch I, Nr. 3.
2) Siehe oben S. 162.
3) J'ay taché de mettre les preludes avec toute la facilité possible tant pour la conformité que pour le toucher du Clavecin, dont la maniere est de separer et de rebattre plustost les accords que de les tenir ensemble a l'orgue.
4) Buch I, Nr. 1, *Sarabande grave*.

als wenn er ein Mann unserer Zeit wäre, ist im 17. Jahrhundert vollends beispiellos.

Der innige Konnex, in dem früher Laute und Klavier gestanden hatten, hörte auch jetzt noch keineswegs auf, wie die Thätigkeit eines gewissen **Perrine** beweist.

P. gab in Kupfer gestochen heraus »*Pieces de Luth en Musique avec des Regles pour les toucher parfaitement sur le Luth, et sur le Clavessin.* Paris *1680*« [4]).

Perrine's *Pieces* enthalten nämlich weiter nichts als Lautenstücke der beiden berühmtesten **Gaultier** (des älteren Jacques und des jüngeren Denis), nur für Clavecinisten durch Übertragung in die gewöhnliche Notenschrift spielfertig eingerichtet. Aber alles Keimhafte in der französischen Lautenmusik an Formen und Spieltechnik, das nur irgendwie der Klaviermusik Nutzen bringen konnte, war thatsächlich doch längst in ihr Bereich hinübergeleitet worden. So musste man trotz Perrine zu der Erkenntnis gelangen, dass eine Weiterentwickelung auf einem Boden, dessen wertvollste Kraft ausgesogen war, eigentlich aussichtslos sei. Jean Henri **d'Anglebert** sehen wir deshalb auf der Umschau nach neuen Gesichtspunkten.

---

1) Nr. 2, *Sarabande grave*.
2) Nr. 3, *Sarabande grave*.
3) do., *2me Menuet*.
4) Exemplar in Paris. Siehe darüber O. Fleischer (Vierteljahrsschr. f. Mus. 1886, S. 22, 178 ff.).

A., Schüler von Chambonnières und Hofclavecinist Ludwigs XIV., gab heraus »*Pieces de Clavessin avec la maniere de les jouer; diverses chaconnes, ouvertures, et autres airs de Mr. de Lully, mis sur cet instrument; quelques fugues pour l'Orgue, et les principes de l'accompagnement. Livre premier. Paris, chez l'auteur, 1689*«, wovon bei E. Roger in Amsterdam ebenfalls ein Nachdruck erschien [1]).

In der Aufzeichnung und musikalischen Haltung seiner *Préludes* —

usw.

sowie in den Grössenverhältnissen der darauf folgenden Suiten zunächst mit Le Bègue übereinstimmend, geht d'Anglebert im Übrigen doch seinen eigenen Weg weiter. War Le Bègue nahe daran gewesen, ganz nach Art der Deutschen die Suite zu einer abstrakt musikalischen Form zu machen, so sucht d'Anglebert aus einem ganz richtigen nationalen Gefühl heraus wieder den Anschluss an das Theater zu gewinnen. Statt den vier Grundformen eine grosse Reihe beziehungsloser Tänze folgen zu lassen, wie es Le Bègue that, schaltet d'Anglebert mitten ein oder gliedert er an beliebte Ouvertüren und Tänze aus den Opern [3]) J. B. Lully's, dessen Werke seit 1672 die Pariser Bühne auf lange Zeit beherrschten, und volkstümliche Melodien [4]). Die Übersichtlichkeit des aus vielen einzelnen Teilen zusammengewürfelten Ganzen vermochte Le Bègue selbst durch das musikalische Mittel des Tonartenwechsels nicht aufrecht zu erhalten. Obwohl nun d'Anglebert's Suite nicht minder weitschichtig ist und sich selbst in die Schranken der Tonarteneinheit zurückbannt, müssen wir uns gleichwohl vorstellen, dass sie von den Zeitgenossen um Vieles leichter und williger gefasst sein wird. Der Wechsel zwischen

---

1) Exemplare in Berlin, Wien, Paris, Haag (Scheurleer). Teilweise Neudrucke bei Farrenc (*Le trés. d. pian. II*), Weitzmann (Gesch. d. Kl. 2. Aufl.), Ritter (Z. Gesch. d. Orgelsp. II, S. 77f.).
2) Nr. 1.
3) *Cadmus, Roland, Phaeton, Armide, Atys, Triomphe de l'Amour, Proserpine, Acis et Galathée.*
4) Es sind zwei *Airs anciens* (*Où estes vous allés — Le beau Berger Tirsis*), zwei *Vaudevilles* (*La Bergere Annette — Menuet de Poitou*) und die *Folies d'Espagne*.

frei erfundenen idealisierten Tänzen und wirklichen Bühnentänzen, deren allbekannte Melodien wie die eines Potpourris in jedem Hörer eine Reihe von konkreten theatralischen Erinnerungen wachriefen, war eben ein wirksameres Mittel, das musikalische Interesse in Spannung zu erhalten; denn es entstammte aus derselben Sphäre, wie die Suite überhaupt, und wurde nicht erst von aussen her adaptiert.

Als Anhang zu seinen Suiten, die übrigens charakteristisch genug mit einem *Tombeau de Mr. de Chambonnières* abschliessen, giebt d'Anglebert den Käufern seines Buchs noch einige Fugen mit. Der Titel bestimmt sie zwar ausdrücklich für die Orgel. Orgelgemäss sind sie auch, insofern ihr Kompositionsstil wirklich polyphon und nicht dem lautenhaften Klavierstil verwandt ist. Dennoch gehören sie mit vollem Rechte auch in den Kreis unserer Betrachtungen. Das Orgelpedal tritt an keiner Stelle selbständig auf; die Stücke befinden sich also ebensogut in der Schwebe zwischen Orgel und Klavier, wie viele andere vor- und nachher. Und schauen wir die Themata der fünf Fugen an: —

französisch — das sieht man — ist nur ihre Auszierung durch *agrémens*; ihre motivische Entwickelung aus einander und dann weiter ihre gesonderte Durchführung stehen durchaus unter dem Einflusse der italienischen Klavier- und Orgelmusik. Mag der Franzose immerhin beteuern, dass es fünf Fugen seien; mit dem Massstabe eines Frescobaldi und Pasquini gemessen, machen sie aber ein Capriccio aus. In diesem plötzlichen Berücksichtigen rein italienischer Formengesetze wird übrigens der Geschichtskundige eine Parallelerscheinung zu der bedeutsamen Stellung sehen, die fast zu gleicher Zeit Carissimi's Oratorien und Cantaten in Frankreich einnahmen.

D'Anglebert's Klaviersatz bedeutet geschichtlich etwa das Endresultat der ganzen vorherigen Entwickelung von Chambonnières an. Die mannigfaltigen, zierlichen *agrémens* der Laute, ihre Eigenart, alles akkordische Miteinander in ein figurenhaftes Nacheinander aufzulösen, dazu das imitatorische Spiel mit kleinen Motiven, die doch nicht zu freien, kontrapunktischen Gestalten heranwachsen, sondern einem grossen melodischen und harmonischen Zuge unterthan bleiben, — diese einzelnen Elemente, von den Vorgängern verschiedentlich noch einseitig betont, erscheinen bei d'Anglebert in vollkommenster gegenseitiger Durchdringung und Verschmelzung, in einer musikalisch höheren Einheit. Auf diesem Wege, den nachstrebende Deutsche wie J. K. F. Fischer mit besonderem Eifer weiter verfolgten, gab es jedoch für die Franzosen kein Vorwärts mehr. Es trat bei ihnen ein Umschwung ein, dessen erste Spuren wir in den Werken von Louis **Marchand** beobachten können.

M., 1671 in Lyon geboren und am 17. Februar 1732 in Paris gestorben [1], besass als Klavier- und Orgelspieler einen hervorragenden Ruf. Zeitweilig bekleidete er mehrere Organistenposten auf einmal neben seinem Amte als Hoforganist. »Die Gesellschaft in Paris riss sich um ihn. Die Schüler drängten sich von allen Seiten heran« [2]. Durch Arroganz und Launenhaftigkeit zog er sich jedoch die Ungnade des Königs zu und musste Frankreich auf einige Zeit verlassen. So kam er 1717 nach Dresden, wo die oft erzählte, aber auch vielfach ausgeschmückte Begegnung mit Seb. Bach stattfand [3]. M. scheint mehr als Virtuos und Lehrer, denn als Komponist gewirkt zu haben. Man findet zwar einige Klavierwerke von 1705 und 1718 zitiert, aber Exemplare derselben sind bisher noch nicht nachgewiesen worden. Dass sie umfangreich sein sollten, falls sie wirklich zu Tage kämen, lässt sich billig bezweifeln nach dem Bestande, der bekannt ist: 1) »Livre premier. Pieces de Clavecin. Paris chez Christ. Ballard 1702« und 2) »Livre second ... Paris 1703« [4]. Beide in Kupfer gestochene Hefte bestehen aus

---

1) Diese den bisherigen Angaben zuwiderlaufenden Daten hat Spitta (J. S. Bach, I, S. 575) festgestellt.

2) Näheres darüber findet man bei Gerber (A. L.) Fétis (*Biogr. univ.*), Hilgenfeldt (J. S. Bachs Leben etc. 1850, S. 23 f.), Caecilia (Mainz, Schott, 1825, S. 85).

3) Wie sie sich wahrscheinlich abgespielt hat, lese man bei Spitta (J. S. Bach, I, S. 575 ff., 815 ff.) nach.

4) Herr Professor Dr. O. Fleischer fand 1885 diese beiden, nirgends erwähnten Drucke in der Pariser Nationalbibliothek und war so gütig, eine Einsicht in seine Kopien zu gestatten.

je 8 Blättern und enthalten nur je eine Suite. Was durch Neudruck von ihm bekannt geworden ist[1]), lässt M.'s Eigenart nicht deutlich erkennen.

In der formalen Behandlung der Suite völlig ein Genosse Le Bègue's, tritt Marchand mit seinem Stil aus dem Kreis der bisher genannten französischen Meister merklich heraus. Von dem Farbenreichtum vollgriffiger, polyphon verzweigter Harmonie hinweg strebt Marchand zur durchsichtigen, homophonen Verbindung von nur zwei oder drei Stimmen. Gleichzeitig schrumpft auch das blühende Leben, das sich früher in dem feinsten melodischen Geäder der Begleitstimmen regte, fast ganz zu starren, ausdruckleeren Harmoniebewegungen zusammen. Sein Klaviersatz rauscht also nicht mehr in kraftvoller, orchestral wirkender Pracht einher, sondern fliesst in spezifisch klaviermässiger Eleganz und Zierlichkeit leidenschaftslos dahin, und alle charakteristischen Züge, die früher dem Klaviersatz aus der Lautenmusik noch anhafteten, sind nun bis zur Unkenntlichkeit verflüchtigt. Dass Marchand selbst zu dieser auffallend raschen Wandlung des französischen Klavierstiles den stärksten Anstoss gegeben haben sollte, ist bei seinem Mangel an intensiver schöpferischer Kraft kaum anzunehmen; er gab wohl nur dem, was seine Zeit empfand und wünschte, adäquaten Ausdruck. Der Zug der Zeit war aber durch Lully's Opern und durch die Kammermusik der Italiener mehr und mehr auf eine gefällige, geschmeidige Melodik hin gelenkt worden. Sie machte sich um so leichter auch in der Klaviermusik geltend, da diese nach dem vollendeten Aufsaugen alles Lautenhaften für Neues wieder empfänglich geworden war. Aus dieser Zeitströmung heraus begreifen wir wohl, wenn die Franzosen nach fünfzigjähriger Arbeit an der Ausbildung der Suite zu Kunstanschauungen abschwenkten, von denen die Italiener, wie Pasquini, ausgingen, um eine Form zu pflegen, in der sie doch nie recht heimisch wurden.

Kaum hatte sich diese innere Regung nach aussen hin bemerkbar gemacht, so trat auch schon der Mann auf, der dank seiner hervorragenden Befähigung als Virtuos und als Komponist wie Keiner neben ihm berufen war zu verhüten, dass die französische Klaviermusik ihren ruhmvollen Traditionen gänzlich untreu würde, um ins ungewisse Extrem hinauszusteuern, berufen auch, mit fester Hand Altes und Neues zu vereinen, François **Couperin**, den Zeitgenossen und Spätere mit Recht durch den Beinamen *le Grand* ehrten.

---

[1]) Busby-Michaelis (Gesch. d. Musik, 1822, II), J. F. Beyer (1 Gavotte, Bremen, Präger).

C., ein Enkel seines berühmten Oheims Louis Couperin, 1668 in Paris geboren und durch den Organisten Tolin hauptsächlich gebildet, wirkte als Organist an St. Gervais in Paris. Seit 1693[1]) übertrug ihm Ludwig XIV. dazu noch weitere Obliegenheiten. C. wurde Hoforganist in Versailles, unterrichtete mehrere ältere und jüngere Mitglieder des Königlichen Hauses und wurde einer der wenigen Intimen, die bei den kleinen Kammerkonzerten allsonntäglich mitwirkten. Die letzten Jahre seines Lebens wurden C. durch fortdauernde Kränklichkeit getrübt; davon erlöste ihn 1733 der Tod. C., durch seine Thätigkeit nach vielen Seiten hin in Anspruch genommen, war erst verhältnismässig spät dazu gekommen, seine Kompositionen vor die Öffentlichkeit zu bringen. Erst 1713 begann er damit und fuhr nur in langsamem Tempo fort, weil er auf die exakte Drucklegung peinlich bedacht war[2]). Allerdings kamen so Ausgaben zu Stande, die, was Sauberkeit, Genauigkeit und Übersichtlichkeit des Druckes anlangt, mit zu den besten Erzeugnissen des damaligen Musikkupferstichs gehören. Von Klavierwerken C.'s kommen hier folgende in Betracht: 1) »*Pièces de Clavecin* ... *Gravés par du Plessy. Premier Livré. A Paris, 1713*«; 2) »*Second Livre de piéces de Clavecin* ... *Gravé par Sr. du Plessy. A Paris*« [1717]; 3) »*Troisième Livre de piéces de Clavecin* ... *A Paris, 1722*« (gestochen von Louis Hüe); 4) »*Quatrième Livre de Piéces de Clavecin* ... *Gravé par du Plessy. A Paris, 1730*«; 5) »*L'art de toucher Le Clavecin. A Paris, 1716*«; zweite vermehrte Auflage 1717 (Text von Bercy, Notenbeispiele von Du Plessy gestochen[3])). Die vier Bücher [praktischen Inhaltes sind Jedermann in einer vorzüglichen deutschen Gesamtausgabe[4]) zugänglich.

Couperin's Suiten oder *Ordres*, wie er sie nennt, beginnen, ohne sich erst mit einem *Prélude* in dem bekannten Stile seiner Vorgänger aufzuhalten, alle sofort mit irgend einer Tanzform. Nur ein einziges Mal steht kein Tanz am Anfang, sondern [ein Stück in Lully'scher Ouvertürenform[5]). Im Übrigen weisen die *Ordres* diejenigen Dimensionen des Umfanges auf, an die sich die französischen Klaviermeister von jeher gewöhnt hatten. Die vier Grundpfeiler der Form, statt architektonisch zu dominieren, sind durch eine unabsehbare Fülle reizvoller und pikanter Tanzgebilde

---

[1]) Nicht 1701, wie Gerber (A. L.) und Fétis angeben. Im Vorwort des ersten Klavierbuchs (1713) sagt Couperin ausdrücklich: *il y a vingt ans que j'ay l'honneur d'estre au Roy, et d'enseigner presqu'en même temps à Monseigneur le Dauphin-Duc de Bourgogne, et à six Princes ou Princesses de la Maison Royale.*

[2]) Im Vorwort des ersten Klavierbuchs bemerkt Couperin: *Le public me pardonnera la lenteur du travail en faveur de l'exactitude. On sçait assés qu'un auteur n'a que trop d'interest de donner une édition corecte de ses ouvrages, lors qu'ils ont eu le bon-heur de plaire: s'il est flaté par les aplaudissemens des connoisseurs, il est mortifié par l'ignorance, et les fautes des copistes, c'est le sort des manuscrits recherchés ... Il y a plus d'un an qu'on travaille à ce premier Livre. je n'y ay épargné ny la dépence, ny mes peines; et l'on ne devra qu'a cette extrême attention l'intelligence et la précision qu'on remarquera dans la gravûre.*

[3]) Exemplare in Paris, Berlin.

[4]) Von J. Brahms und Fr. Chrysander besorgt, Bergedorf 1871 und 1888. Es sind 2 Bände, je 2 Bücher enthaltend.

[5]) Chrysander's Ausgabe, Band II, S. 187.

völlig überwuchert. Obschon sie ihre fundamentale Bedeutung längst verloren haben, behaupteten sie jedoch unter den eingedrungenen anderen Tänzen immerhin ihren Platz. Das ist wenigstens noch in den ersten beiden Klavierbüchern Couperin's der Fall, aber in den beiden letzten verzichtet er hin und wieder gänzlich auf sie und bringt Konstellationen von Tanzformen zu Stande, die mit dem ursprünglichen Typus nicht das Geringste mehr zu schaffen haben. Es sind nicht mehr bestimmte Tänze, die sich zu einer Gemeinschaft vereinigen, sondern willkürlich gewählte. Dasjenige Moment, das die Suite gerade von der Sonate hauptsächlich trennte, wird also durch Couperin ausser Wirksamkeit gesetzt[1]). Zu dieser Auflösung der Suitenform gelangte Couperin auf eine geschichtlich sehr wohl begreifliche Weise. Der Versuch Le Bègue's, die Vielheit von Tänzen zu einem Ganzen von wechselseitigen, rein musikalischen Beziehungen zusammen zu schliessen, hatte wenig oder gar keinen tieferen Erfolg gehabt. Im Gegenteil, man bemühte sich, die Fäden, durch die von Anfang an die Suite an das theatralische Ballett gekettet war, nunmehr straffer anzuziehen. Bei d'Anglebert vollzog sich diese Annäherung noch in einer mehr äusserlichen Weise; Couperin gab ihr dagegen innere Berechtigung. Darin aber war, wie gleich gezeigt werden soll, das Aufgeben des ursprünglichen Formengesetzes der Suite mit eingeschlossen.

Mit einer bedeutsamen Erklärung im Vorwort des ersten Klavierbuchs[2]) übergab Couperin seine *Ordres* der Öffentlichkeit. »Ich habe — sagt er etwa — bei der Komposition meiner Stücke allezeit einen bestimmten Gegenstand vor Augen gehabt. Verschiedene Gelegenheiten, über die ich hier nicht nähere Rechenschaft ablegen möchte, legten mir einen solchen nahe; ihm entspricht der jedesmalige Titel des Stückes. Wenn einige dieser Titel für meine Person allzu schmeichelhaft erscheinen sollten, so bemerke ich demgegenüber, dass die den Titeln entsprechenden Stücke gewissermassen Porträts sind, die man, wenn ich sie vor-

---

1) Aus diesem Grunde wäre es besser, für die normalen Tanzgruppen die Bezeichnung Suite beizubehalten, statt sie, wie Riemann (Monatsb. f. M. 1894) vorschlägt, in Anlehnung an die extravaganten *Ordres* Couperin's »Ordnungen« zu nennen.

2) *J'ay toûjours eu un objet en composant toutes ces piéces: des occasions différentes me l'ont fourni, ainsi les Titres répondent aux idées que j'ay eües; on me dispensera d'en rendre compte: cependant comme parmi ces Titres, il y en a qui semblent me flater, il est bon avertir que les piéces qui les portent, sont des espèces de portraits qu'on a trouvé quelques fois asses ressemblans sous mes doigts, et que la plûpart de ces Titres avantageux, sont plûtôt donnés aux aimables originaux que j'ay voulu representer, qu'aux copies que j'en ay tirées.*

trug, bisweilen ziemlich ähnlich gefunden hat und dass die meisten der vorteilhaften Titel mehr die Liebenswürdigkeit der Originale als das Gelingen meiner Kopien zum Ausdruck bringen sollen.« Couperin porträtiert aber nicht nur Persönlichkeiten, die er ganz allgemein bezeichnet (z. B. *L'Auguste, La Majestueuse, La Voluptueuse, La Séduisante, La Galante*) oder mehr individualisiert (z. B. *La Bourbonnoise, La Manon, La tendre Nanette, Les Matelotes Provençales, Les Vandengeuses, La Basque, La Couperin*), sondern er schildert auch allgemeine Affekte (z. B. *Les Sentiments, Les Idées heureuses, Les Regrets, Les Langueurs-tendres, Les Amusemens, Les Charmes*) und ganze Vorgänge. In einem dreiteiligen Stück, *Les Pèllerines* überschrieben, stellt er die Wallfahrt dar, das Erbitten eines Almosens und den Dank dafür; in einem zweiten dreiteiligen Stück, *La Triomphante*, Kriegserklärung, Kampf und Siegesfanfare. Ein anderes Mal personifiziert Couperin die französischen Nationaltugenden und -Fehler zu einer Reihe von Dominos, die am Fastnachtsabend hintereinander vor uns aufziehen. Es erscheinen: die Jungfräulichkeit mit ganz undurchsichtiger Maske, die Scham mit rosa, die Leidenschaftlichkeit mit hochroter, die Hoffnung mit grüner, die Treue mit blauer, die Beharrlichkeit mit rötlichgrauer, die Gleichgiltigkeit mit violetter Maske, die Koketterie in verschiedenen Farben. Ihnen folgen liebenswürdige alte Schwerenöter und angejahrte junge Haushälterinnen mit purpurnen Masken und verwelktem Laub, hinterher unermüdlich Glück verkündende Kuckucke mit gelber Maske, die schweigende Eifersucht dunkelgrau, die schwarze Verzweiflung. Das Fest ist vorüber, die Fasten mit ihren Bussübungen beginnen, *L'âme en peine!* Geradezu theatralisch zugespitzt ist ein Stück von anscheinend stark satirischer Tendenz, *Les Fastes de la grande et ancienne Menestrandise*, das in fünf Akte zerfällt. Im ersten Akt treten die Honoratioren und Geschworenen auf, im zweiten Greise und Bettler, im dritten Jongleure, Tänzer und Springer mit Bären und Affen, im vierten die Invaliden und Krüppel im Dienste der *grande Menestrandise.* Im fünften Akt rufen Betrunkene, die Affen und Bären eine grosse Panik hervor; die ganze Gesellschaft zerstiebt nach allen Seiten. Auch die Beobachtung der Natur hat Couperin vielfach zu musikalischen Ideen angeregt. So schildert er denn ruhige Landschaftsbilder (z. B. einen blühenden Obstgarten, Rosen, Lilien), zeichnet irgend welche bewegte Erscheinungen nach (wie das Flattern des Schleiers, das Murmeln des Baches, die Wellen, die Bienen, die Schmetterlinge, die Fliege) und imitiert endlich rhythmisch eigenartige Naturlaute (z. B. das Klappern der Windmühle, das Schnarren der Weckuhr, den Klang der Glocken, das Klopfen der Hämmer, Harfenspiel, Trommelwirbel, Trompetenfanfare, Kuckucksruf, Nachtigallenschlag).

Den Gebrauch der Überschriften hat Couperin, wenn wir in Betracht ziehen, was seine Vorgänger darin leisteten, nicht eingeführt, wohl aber verallgemeinert. Bei ihnen war die musikalische Empfindung stets accessorisch; ein erläuterndes Wort musste unumgänglich da sein, um den Hörer von vornherein auf den Standpunkt zu verweisen, von dem aus der Komponist sein Werk verstanden wissen wollte. Das Gesagte trifft zwar ebenso für die überwiegende Mehrzahl von Couperin's Stücken zu, berücksichtigt aber noch nicht Alles. Denn auf dem Wege, der von hier aus zur instrumentalen Programmmusik führte, ist Couperin, soweit sich urteilen lässt, zuerst von den französischen Klaviermeistern ein gutes Stück vorwärts gegangen. Die Miniaturporträts und Genrebildchen fesselten ihn nicht auf die Dauer; er reiht mehrere von ihnen an einander, um breitere Situationen, ja ganze Aktionen zu schaffen. Endlich erreicht er die Grenze, wo die Überschrift eigentlich aufhört, Vorbedingung für das richtige Verständnis des Musikstückes zu sein: Naturlaute, wie Vogelstimmen und Imitationen charakteristischer Instrumentalklänge vermag das Ohr des Hörers in ihrer Bedeutung unmittelbar, ohne den Wegweiser des Wortes zu erfassen. Wir sehen also, Couperin's Klavierstücken sind im Grossen und Ganzen dieselben programmatischen Tendenzen immanent, denen der Deutsche Kuhnau Ausdruck lieh. Wenn aber auch beide Meister sich an einem gemeinsamen Ziele treffen, so ist doch die Richtung, in deren Verfolgung sie es erreichten, sehr verschieden und für Beide kennzeichnend. Der Deutsche kam von der Sonate her, Couperin von der Suite. Beide suchten sie zunächst von den Fesseln und Schranken der Ausgangsform loszukommen, Couperin in der Weise, dass er schliesslich auf die Tanznamen, selbst auf die bis dahin unerlässlichen verzichtete. Was Kuhnau bis zu einem gewissen Punkte gelang, vermochte aber Couperin nicht zu erreichen. Die Tanznamen unterdrückt er wohl, die Tanztypen kann er aber nimmermehr von sich abstreifen. So frei sich die programmatischen Partien über ihre Umgebung erheben, der Rahmen, in den sie gespannt sind, zieht sie wieder hernieder. So bleiben denn die *Ordrés*, was im Grunde auch die älteren Suiten waren, eine verfeinerte Art von Ballettmusik; das Genre der Orchestertänze aus Lully'schen Opern wird, wie es d'Anglebert anbahnte, von Couperin in grossem Massstabe auf dem Klaviere fortgesetzt[1]).

---

[1]) Diese Darlegung will das von Ph. Spitta (J. S. Bach, I, S. 695 f.) Gesagte erweitern und berichtigen.

Fassen wir nun die musikalische Beschaffenheit der *Ordres* näher ins Auge. Der Abwechselung zu Liebe in der Reihenfolge der Stücke hat Couperin gleich d'Anglebert die Einheit der Tonart geopfert; er mengt jedoch ganz anders als dieser tonikaverwandtes Dur und Moll durch einander. Anfang und Ende stehen bei Couperin unbedingt in der gewählten Haupttonart; Wechsel der Tonart findet nur bei den Mittelstücken statt. Eine Ausnahme davon macht nur *Ordre* Nr. 25, wo sich auch die Lully'sche Ouvertürenform findet. Hier folgen auf Esdur zweimal Cdur und Cmoll. Die Tonart wechselt nun nicht bloss zwischen zwei verschiedenen Tänzen, sondern auch in einer neuen Art, wie sie im Menuett mit Trio noch der modernen Zeit geläufig ist. Ein Tanz erhält nämlich in sich ein Gegenstück in Dur oder Moll, und diese beiden Teile bilden als *Première* und *seconde partie* oder als *Majeur* und *Mineur* rhythmisch ein Ganzes. In einzelnen Fällen tritt dazu noch die Repetition des ersten Stückes. So versteht es also Couperin, den Reiz und die Annehmlichkeit des Tonartenwechsels stets rege zu erhalten, ohne doch das Gefühl für die eigentliche Grundtonart zu irritieren. Man sollte meinen, Couperin wäre nun auch im Ausbau des Moll- und Dursystems zum vollen Quintenzirkel über seine Vorgänger hinausgegangen. Dem ist jedoch auffallender Weise nicht so. Obwohl die vier Klavierbücher 27 *Ordres* enthalten, finden sich darin nur vertreten Cmoll, Cdur, Dmoll, Ddur, Emoll, Edur, Esdur, Fdur, Fmoll, Fismoll, Fisdur, Gmoll, Gdur, Amoll, Adur, Bdur, Hmoll — also nicht wesentlich mehr, als bei seinem Oheim Louis Couperin.

Die Folgerichtigkeit, mit der Couperin den äusseren und inneren Ausbau der französischen Suitenform als solcher vollzog, ist gewiss hoch anzurechnen. Weniger in ihr, als vielmehr in der überaus eigenartigen Individualität seines Klavierstils liegt jedoch der tiefere Grund für Couperin's unvergängliche historische Bedeutung. Der lautenhafte Klavierstil der älteren Suitenmeister, so feine Arbeit im Kleinen er auch mit sich brachte, litt doch, wie wir sahen, an einer gewissen Breitspurigkeit des Klanges und Schwerfälligkeit der Bewegung. Breiten vollgriffigen Klaviersatz finden wir bei Couperin nur an ganz wenigen vereinzelten Stellen seiner frühesten Werke, z. B.[1])

---

[1]) Ausgabe von Brahms, Band I S. 54.

und dann vorzugsweise in den Allemanden, Couranten und Sarabanden. In den übrigen, nicht konstanten Tanzformen aber und, je weiter er fortschreitet und die Suite erweitert, auch in den Grundformen gerät Couperin immer mehr in einen zwei- oder dreistimmigen Klaviersatz —

dessen Leichtflüssigkeit durch geschmackvolles Einflechten von Sequenzen —

---

1) Ebenda S. 143.

und durch den entschiedenen, bestimmten Zug, der allen seinen melodischen Gestalten anhaftet —

ungemein beflügelt wird. Dann ist Couperin geradezu unerschöpflich darin, immer wieder neue Klangfähigkeiten des Klaviers aufzudecken und sie scharf pointiert herauszustellen. Man nehme nur seine Werke selbst zur Hand und beobachte aufmerksam Seite für Seite; das Erstaunen, wie mannigfaltig die eben angedeuteten Eigenschaften des Couperin'schen Stiles in die Erscheinung treten, wird nicht gering sein. Und das will sehr viel sagen, wo doch die Zweiteiligkeit, die pronozierte Rhythmik der Tanzformen und der galante Zweck der Stücke überhaupt dem Streben nach freier Entfaltung hinderlich im Wege lagen. Zu den frappantesten Beispielen, in welcher Weise Couperin den Klavierklang zu meistern versteht, gehören die *Piéces croisées*. Wie das Beispiel zeigt —

---

1) A. a. O. S. 45.
2) A. a. O. S. 79.

298 Drittes Buch: Die Ausbildung der Suite etc.

Les Tic-Toc-Choc, ou les Maillotins.

bringt der Name die Eigenschaft der Stücke zum Ausdruck, dass die Töne der rechten und linken Hand sich mannigfach in einander verschränken. Couperin will aber nicht, dass beide Hände nun fortwährend über einander springen und ihre gleichmässige Bewegung hindern, sondern wünscht zum Vortrag dieser Stücke ein Klavier mit zwei Manualen, die nicht gekoppelt sind und — wie man zusetzen darf — auch verschieden registriert sein können. Der Hörer, der den Spieler nicht sieht, könnte dann annehmen, dass er zwei Klaviere höre. Solche Stücke sind demzufolge ohne Weiteres zum Duettieren für irgend welche andere Instrumente gleicher Gattung, wie Violinen, Flöten, passend. Spielern gegenüber, die nur ein einmanualiges Instrument besitzen, verzichtet dagegen Couperin auf diese interessante Klangwirkung; er bittet sie, die linke Hand eine Oktave tiefer, oder, wo das des Umfangs wegen nicht angeht, die Oberstimme eine Oktave höher zu spielen. Was er in den *Pièces croisées* nur andeutet, nämlich ein Zusammengehen zweier Spieler, das führt Couperin auch in einer Allemande für zwei Klaviere[3] sehr lehrreich wirklich aus.

---

[1] Chrysander's Ausgabe, Band II S. 83.
[2] Vorwort zum 3. Klavierbuch: *Celles qui porteront ce même titre devront être jouées sur deux Claviers, dont l'un soit repoussé, ou retiré. Ceux qui n'auront qu'un Clavecin à un Clavier, ou une épinéte, joueront le dessus comme il est marqué, et la Basse une octave plus bas; et lorsque la Basse ne pourra être portée plus bas, il faudra porter le dessus une octave plus haut. Ces sortes de pièces, d'ailleurs seront propres à deux Flutes, ou Haubois, ainsy que pour deux Violons, deux Violes, et autres instrumens à l'unisson, bien entendu que ceux qui les exécuteront les métront à la portée des leurs.*
[3] Ausgabe von Brahms, Band I S. 160.

Eigenartig sind ferner Couperin's *agrémens*[1]). Die früheren Meister und namentlich Couperin's Vorfahren hatten schon mit besonderem Fleisse an der Ausbildung von Spielmanieren gearbeitet, die den an sich glänzenden, doch weder trag- noch ausdrucksfähigen Ton des Clavecins beleben sollten. An ihre Errungenschaften knüpfte Couperin an; was irgend anging, behielt er bei, um dies durch manches Neue zu erweitern. Wie grossen Wert Couperin auf die genaueste Beobachtung dieser *agrémens* legte und wie er sie als einen ganz wesentlichen Bestandteil seines Stiles aufgefasst wissen wollte, hat er selbst mit grossem Nachdruck betont[2]). Um seinerseits nichts ausser Acht zu lassen, was irgendwie dazu dienen könnte, dem Spieler die Intentionen des Komponisten zu enthüllen, fügte Couperin den meisten Stücken, wenigstens allen freieren Tanzformen kurze Angaben über den Charakter des Vortrages bei, eine Sorgfalt, die in diesem Masse bisher noch von keinem Komponisten für nötig gehalten worden war. Ebenso neu ist seine prinzipielle Anwendung gewisser Zeichen für richtige Phrasierung. Sie beschränken sich nicht bloss auf die Bezeichnung von *legato* und *staccato*, sondern erstrecken sich auch auf die Angabe der Melodieeinschnitte, natürlich nur in zweifelhaften Fällen, und auf gewisse dynamische Finessen. Merkwürdig ist, dass Couperin dabei

auszuführen vorschreibt, gerade das Gegenteil also von dem, was ein moderner Klavierspieler thun würde. Couperin's Wunsch war es, an bestimmten Stellen ausserdem noch genau den Fingersatz

---

1) Vorwort zum 1. Klavierbuch: *Le Clavecin est parfait quant à son etendue, et brillant par luy même; mais comme on ne peut enfler, ny diminuer ses sons, je sçauray toûjours gré à ceux qui par un art infini, soutenu par le goût, pouront ariver à rendre cet instrument susceptible d'expression, c'est à quoy mes ancêtres se sont apliqués, indépendamment de la belle composition de leurs piéces: j'ay tâché de perfectionner leurs découvertes . . . J'ay été obligé pour faciliter l'intelligence et la maniere de toucher mes piéces dans l'esprit qui leur convient d'établir de certains signes pour marquer les agrémens, aïant conservé autant que je l'ay pu ceux qui étoient en usage.*

2) Vorwort zum 3. Klavierbuch: *Je suis toûjours surpris (apres les soins que je me suis donné pour marquer les agrémens qui conviennent à mes Piéces) d'entendre des personnes qui les ont aprises sans s'y assujétir. C'est une négligence qui n'est pas pardonnable, d'autant qu'il n'est point arbitraire d'y mettre tels agrémens qu'on veut. Je déclare donc que mes piéces doivent être exécutées comme je les ay marquées: et qu'elles ne feront jamais une certaine impression sur les personnes qui ont le goût vray, tant qu'on n'observera pas à la lettre, tout ce que j'y ay marqué, sans augmentation ni diminution.*

zu bezeichnen. Nur die Rücksicht auf die Schwierigkeit der technischen Herstellung liess ihn davon abstehen[1]). Gleichwohl fand er Gelegenheit, wie wir sehen werden, um auch in dieser Beziehung seine hervorragende klaviertechnische Begabung ausreichend zur Geltung zu bringen.

Alle diese Eigenschaften zusammen genommen drücken Couperin's Musik ein ganz eigenes Gepräge auf. Nach Seiten des Ausdruckes hin hält sie eine gewisse Mittellinie inne, auf der das Gravitätische und Muntere, Zarte, Anmutige und Innige wohl zu ihrem Rechte kommen. Exzentrische Leidenschaftlichkeit, die sein Empfinden in die Tiefe düsterer Schwermut tauchte oder es zu kühnem Anflug befeuerte, ist damit ausgeschlossen. Selbst da, wo programmatische Tonmalerei waltet, fehlt ihr jeder realistische Zug; sie überschreitet nirgends die enggezogenen Grenzen des formal Abgerundeten und Schönen. Dieser seiner innersten Natur war sich Couperin übrigens wohl bewusst. Was ihn fortreisst, gesteht er, sei ihm nicht so lieb, als was ihm zu Herzen geht[2]). Mit diesem Gefühlsinhalt harmoniert aufs Innigste das äussere Gewand der fein pointierten Tanzrhythmik und der zierlichen, graziösen, brillanten Spieltechnik. Mag Couperin immerhin Anderen an Tiefe des rein musikalischen Schaffens unterlegen gewesen sein, als Klaviervirtuos war zu seiner Zeit keiner ihm als ebenbürtig zur Seite zu stellen. Von ihm lernten selbst noch Bach und Händel. So wurde Couperin die Unsterblichkeit zu Teil, die er während seiner letzten Krankheit und den Tod vor Augen im Interesse seiner Familie als Lohn seines fruchtbaren Schaffens erhofft hatte[3]). —

L'Art de toucher le Clavecin war in erster Linie für die Besitzer und Spieler von Couperin's Klavierbüchern bestimmt; sie sollte alle die Bemerkungen enthalten, die Couperin bei den Noten selbst nicht anbringen konnte, deren Befolgung jedoch seiner Meinung nach zur geschmackvollen Ausführung seiner Stücke unumgänglich wäre[4]). Vor allem lag ihm daran, sich über das

---

[1] Vorwort zum 1. Klavierbuch: *J'avois dessein de marquer par des chiffres, les doigts dont il faudroit se servir, du moins à de certains endroits qui ne sont pas indifferents; mais cela auroit jetté de la confusion dans la gravûre.*

[2] Ebenda: *J'avoueray de bonne foy, que j'ayme beaucoup mieux ce qui me touche, que ce qui me surprend.*

[3] Vorwort zum 4. Klavierbuch: *Comme personne n'a gueres plus composé que moy, dans plusieurs genres, j'espere que ma Famille trouvera dans mes Portefeuilles dequoy me faire regretter, Si les regrets nous servent à quelque chose apres la vie; Mais il faut du moins avoir cette idée pour tacher de meriter une immortalité chimerique où presque tous les Hommes aspirent.*

[4] Vorwort: *au moins dois-je assurer tous, que ces principes sont absolument nécessaires pour parvenir à bien exécuter mes Piéces.*

Wesen und die praktische Behandlung der *agrémens*, wie über die Grundregeln seines Fingersatzes unzweideutig vernehmen zu lassen. Indem das Lehrbuch diesen Hauptzweck erfüllt, ist es die Brücke, die uns zum unmittelbaren Verständnis seiner virtuosen Eigenart hinüberführt. Couperin war jedoch viel zu sehr Künstler, als dass er bei dieser Gelegenheit mit allgemeinen Bemerkungen und persönlichen Erfahrungen, die sich zwanglos seiner Darstellung einfügten, hätte zurückhalten sollen. Vielmehr gönnte er auch ihnen einen breiten Raum; gerade sie sichern dem Buch noch einen besonderen Geschichtswert.

Couperin eröffnet sein Lehrbuch mit Vorschriften bezüglich der Körper- und Handhaltung und mit der Darlegung von Grundsätzen, die er beim ersten Klavierunterricht mit Erfolg angewendet habe. Am geeignetsten, so sagt er, ist das Alter von sechs oder sieben Jahren, um mit dem Unterricht zu beginnen, weil die Finger dann am bildungsfähigsten sind. Auf eine gute Körperhaltung kommt zunächst viel an. Der Klavierstuhl muss so hoch sein, dass des Sitzenden Ellenbogen, Handgelenke und Finger mit ihren unteren Flächen eine Ebene bilden. Kindern soll man ein Kissen unter die Füsse legen, damit sie hieran eine Stütze finden, um den Körper in gehörigem Gleichgewicht zu halten. Der Abstand des Körpers vom Klavier beträgt bei ausgewachsenen Personen etwa ein Viertel Meter, bei Kindern je nach ihrem Alter weniger. Man sitzt mitten vor dem Klavier, wendet sich jedoch ein klein wenig nach rechts hin; die Kniee sind nicht krampfhaft geschlossen, und die Füsse stehen bequem neben einander, der rechte aber etwas nach auswärts. Verzerrungen des Gesichts beim Spielen verleidet man sich und Anderen am besten durch den Spiegel, der auf dem Pult anzubringen ist. Ein zu hoch stehendes Handgelenk gewöhnt man durch sanften, allmähligen Druck mit einer biegsamen Gerte von oben nach unten, oder umgekehrt. Angemessen ist es, beim Spielen nicht mit dem Kopf, dem Körper oder den Füssen den Takt zu markieren, angemessen auch, eine gefällige Miene zur Schau zu tragen. Wer auswendig vorträgt, hefte seine Blicke nicht auf einen bestimmten Gegenstand, lasse sie aber auch nicht ruhelos schweifen; er betrachte sein Publikum so ungezwungen, als sei er innerlich gar nicht beschäftigt. Die Finger müssen alle möglichst nahe über den Tasten schweben; bei zu hohem Fall wird der Ton sonst trocken und hart. — Für den allerersten Jugendunterricht bedient man sich am besten eines Spinetts oder nur eines Clavecin-Manuales. Besonders ist jedoch darauf zu achten, dass das Klavier nur schwach bekielt sei. Denn ein virtuoses, geschmackvolles Spiel hängt nicht von der Klangstärke, sondern von der Geschmeidigkeit und Freiheit der Finger ab. Spielt aber ein Kind von vornherein auf beiden Manualen des Clavecins, so muss es seine Finger überanstrengen, um die Saiten zur Ansprache zu bringen; daraus resultieren dann oft für später hartes Spiel und schlechte Handhaltung. Während der ersten Zeit des Unterrichts ist es auch nicht ratsam, die Kinder allein üben zu lassen. Sie sind noch viel zu zerstreut, um auf sich selbst genügend Obacht zu geben, und verderben im Augenblick, was ihnen in dreiviertel Stunden mühsam beigebracht worden ist. Couperin empfiehlt desbalb den Klavierlehrern, um ja sicher zu gehen, möchten sie bis zur nächsten Stunde den Klavierschlüssel abziehen! Wenn ein junger Anfänger zugleich spielen und die Noten verfolgen soll, so liegt es nur zu nahe, dass dabei die Finger in Unordnung geraten, sich verzerren und die *agrémens* an Sauberkeit einbüssen. Daraus folgt, dass es vorteilhafter ist, den Kindern erst eine Anzahl von Stücken fest beizubringen, nachdem sie vorher die Namen der Töne und ihre Lage auf dem Klavier gelernt haben. Weiterhin sind dann auf der einen Seite die gewöhnlichsten *agrémens* in Angriff zu nehmen, dazu kleine Fingerübungen, Passagen oder Harpeggiogänge, von der einfachsten Form und den leichtesten Tonarten ausgehend bis zur kompliziertesten Gestalt und zu den schwierigsten Tonarten. Unausgesetzte Übung soll man dabei namentlich auf die *tremblemens* verwenden: sie müssen allen Fingern, [den guten wie den schlechten, gleich geläufig werden. Parallel mit dieser technischen Entwickelung soll andererseits eine allmählich tiefere Einführung in die Tabulatur erfolgen, die dem Schüler eine genaue Kenntnis der Intervalle, der Tonarten, ihrer vollkommenen und unvollkommenen Kadenzen, der Akkorde, der Bassbezifferung vermittelt. Danach steht dann dem Schüler der Weg offen zum Generalbassspiel wie zum freien, virtuosen Vortrag. Wer irgend kann, betreibe, bevor er sich zum Accompagnement wendet, zwei oder drei Jahre lang allein virtuose Studien; er wird dann gegen die üblen technischen Nachwirkungen des Generalbassspieles gefeit sein. Wer sich aber zu diesem vornehmlich entscheidet, versäume wenigstens nicht, daneben fleissig Solostücke zu spielen. Denselben Lehrgang müssen endlich ältere Personen, denen schwere Arbeit die Geschmeidigkeit der Finger entzogen und die Empfindsamkeit der Nerven abgestumpft hat, und solche, die einen schlechten Unterricht genossen haben, durchmachen; doch zuvor ist es nötig, dass sie sich einer Massage unterwerfen, die durch ein Ziehen der

Finger nach allen Seiten hin ihnen möglichst die ursprüngliche Elastizität wieder schenkt.

Einzelnen Momenten dieser Methode widmet nun Couperin im Folgenden eine breitere Auseinandersetzung. Er bespricht zunächst die Ausführung der *agrémens*. Bei dem **Fingersatz** derselben fällt besonders die systematische Anwendung des Fingerwechsels auf einer und derselben Taste auf, wodurch sich Couperin, wie er zeigt, von den älteren Meistern unterscheidet. Er ist es auch, der zuerst den Gebrauch einführt, beim *pincé* anzugeben, ob der untere Hilfston ein Ganz- oder Halbton sein soll. Darauf folgen einige jener kleinen **Fingerübungen** für die rechte Hand, deren Motive sich sequenzenartig über Terzen, Quarten, Quinten, Sexten, Septimen, Oktaven auf- und abwärts erstrecken. Diese Übungen sollen vom Schüler in allen Tonarten vorgenommen werden. Der Skalenfingersatz, wie ihn Couperin bei dieser Gelegenheit vorschreibt —

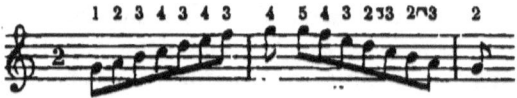

stammt zwar aus der Chambonnières'schen Schule[1]); ausserdem wendet er aber noch einen zweiten an —

den er namentlich für alle ♯- und ♭-Tonarten als bequemer empfiehlt. Als neu bezeichnet er endlich seine Art, Terzengänge zu spielen:

er vermag sie zu binden, während die Alten alle Terzen mit dem zweiten und vierten Finger griffen, eine solche Folge also nur *staccato* wiedergeben konnten. Ähnliche Übungen auch für die linke Hand darbietend, knüpft Couperin daran Bemerkungen über den {unklaviermässigen Charakter der *batteries* und einen

---

1) Siehe oben S. 160.

geschichtlich interessanten Exkurs über die Verschiedenheit des italienischen und französischen Kunstgeschmackes.
»Die harpeggierten Bassfiguren, wie z. B.:

kommen aus den italienischen Sonaten her. Meine Ansicht geht dahin, dass man ihre Anwendung auf dem Klavier auf ein geringes Mass beschränken möge. Das Klavier hat seine Eigenart ebensogut wie das Violon. Wenn das Klavier seine Töne nicht anschwellen lassen kann, wenn das wiederholte Anschlagen einer und derselben Taste ihm schon ganz und gar nicht ansteht, so hat es dafür andere Vorzüge: die bestimmte Höhe und das reine Angeben des Tones, den brillanten Klang und den grossen Tonumfang. Da sich aber die Franzosen mit Vorliebe auf alles Neue stürzen, selbst auf Kosten des guten und wahren Geschmacks, dessen sie sich vor den andern Nationen rühmen zu dürfen glauben, so könnte man einen Mittelweg einschlagen. Die Behendigkeit der Sonatenschreibweise ist auch auf dem Klaviere wirksam, wenn man zu einem bewegten harpeggierten Bass eine ebensolche Oberstimme setzt und langsame Sätze vermeidet, mit deren Bass sich der dicht in einander geflochtene, synkopierte Klavierstil nicht gut vereinigen lässt.« —

»Unsere Art, Musik aufzuzeichnen, leidet genau wie die Schrift unserer Sprache an gewissen Mängeln: wir schreiben Ton und Wort anders, als sie in Wirklichkeit erklingen. Daher kommt es, dass Ausländer unsere Musik weniger gut, als wir die ihrige spielen. Die Italiener notieren ihre Musik genau in den Werten, wie sie sie gedacht haben. Wir spielen dagegen beispielsweise mehrere auf einander folgende Achtel punktiert, obwohl sie gleichwertig geschrieben sind. Der letzte Grund dieser Verschiedenheit ist, wie ich glaube, folgender. Wir vermengen das äussere Taktmass mit der inneren Gefühlsbewegung (*cadence* oder *mouvement*), dem Geist und der Seele der Musik. Die Sonaten der Italiener sind einer solchen inneren Regung kaum fähig; unsere Klavier- und Kammermusikwerke scheinen jedoch alle einen gewissen Gefühlsinhalt zu haben. Da man für diese immanenten Ideen noch keine bestimmte Zeichen erdacht hat, so suchen wir dem Mangel abzuhelfen, indem wir durch wenige Worte, wie zart, lebhaft u. s. w., andeuten, was man aus der Musik heraushören soll. Ich wünschte wohl, Jemand

Drittes Kapitel: F. Couperin. 305

gäbe sich die Mühe, diese Bezeichnungen zum Nutzen des Auslandes zu übersetzen, und ermöglichte es ihm so, über die Vortrefflichkeit unserer Instrumentalmusik selbst zu urteilen.«

Die Methode seines Fingersatzes, der wie bei Diruta in moderner Weise bezeichnet ist, fasst weiterhin Couperin nicht in kurze Regeln zusammen, sondern erläutert sie auf elf Seiten an der Hand einer grossen Zahl von Beispielen aus seinen ersten beiden Klavierbüchern. Als charakteristisch für Couperin erweist sich auch hier der stumme Fingerwechsel auf einer Taste und dazu die häufigere Heranziehung des fünften Fingers beider Hände. Einer wirklich geläufigen, uneingeengten Fingersetzung kann sich freilich auch Couperin noch nicht rühmen. Von Intervallgriffen abgesehen, spielt der Daumen nur eine untergeordnete, nebensächliche Rolle. In wenigen Fällen kommt vorübergehend das moderne Untersetzen des Daumens zum Durchbruch:

Zu guterletzt giebt Couperin seinem Leser acht mit reichlichem Fingersatz ausgestattete *Préludes* in die Hand, weil solche Stücke dazu dienen, die Finger gewissermassen warm zu spielen, öfter auch dazu, ein Klavier, das man noch nicht kennt, zu probieren. Couperin bringt sie aber noch näher in Beziehung zu seinen Kompositionen, indem er sie in denselben Tonarten setzt, wie die *Ordres* der ersten beiden Klavierbücher. So mag man die *Préludes* als Einleitung zu diesen Stücken benützen. Wie sich Couperin also in formaler Hinsicht seinen Vorgängern nachträglich anschliesst, so thut er es auch rein musikalisch. »Das *Prélude*« — erklärt Couperin — »ist eine freie Komposition, in der die Phantasie jeder Regung folgt. Es giebt aber nur Wenige, die derartige Gebilde im Augenblicke zu schaffen vermögen, Gebilde, die sich zu ausgearbeiteten Stücken etwa verhalten, wie

Prosa zu Versen. Die Alten haben deshalb den *Préludes* keine feste, taktische Gliederung gegeben. Die meinigen sind taktmässig notiert, aber nur im Interesse der Lernenden; sie vorzutragen bemühe man sich, ohne den Zeitwert der Bewegungen peinlichst zu beobachten, und in möglichst gefälliger Weise.«

Der Leser, der sich der Lehrbücher eines Paumann, Diruta und Spiridion erinnert, wird bei manchen Einzelheiten Couperin's lebhaft an sie gedacht haben, aber sich auch darüber klar geworden sein, dass dieselben Momente hier in ein ganz anderes Licht gerückt erscheinen. Bei Couperin handelt es sich nicht um eine Lehre vom Kontrapunkt und Generalbass, von Komposition und Improvisation, von Dingen, die den Organisten und Klavierspieler gleich sehr angehen, sondern stets und ständig um die äussere Technik des Klavierspieles. Was sich als Hauptgedanke durch das ganze Buch Couperin's hindurchzieht, ist das Streben, aus der Tonfähigkeit des Klaviers heraus die Ausdrucksmittel zu entwickeln, die seinem Charakter durchaus entsprechen, und sie bis zur möglichsten Virtuosität zu vervollkommnen. Die kleinen melodischen Gebilde, an denen die Alten ihren Kontrapunkt und Generalbass übten, gelten Couperin lediglich als technische Übungen für Finger und Hände. Couperin's Werk ist also die erste Klavierschule in eigentlichem Sinne. Sie bezeichnet den Punkt der geschichtlichen Entwickelung, von wo aus Klavier und Orgel, ohne je wieder Rücksicht auf einander zu nehmen, völlig getrennte Wege einschlagen. Sie inauguriert die moderne Zeit, die dem schaffenden Künstler den reproduzierenden Virtuosen als gleichberechtigt zur Seite stellt.

Viertes Kapitel.

England.

Die Zeiten, denen England nach dem Tode der Königin Elisabeth entgegen ging, waren musikgeschichtlich für dies Land viel verhängnisvoller, als etwa der dreissigjährige Krieg für Deutschland. Wo bei uns der Krieg wirklich zerstörend gehaust hatte, da kehrten doch nach dem Frieden bald wieder geordnete Musikzustände wieder, und wo die Schaffenskraft lahm gelegt war, da erstarkte sie machtvoller, denn zuvor; in England aber zog die politische Brandung die nationale Tonkunst unerbittlich

Stück für Stück ins Grab. Wohl wirkten noch einige grosse Meister aus dem goldenen Zeitalter der Elisabeth als Träger der ruhmreichen Tradition. Wo sich aber die politischen Verhältnisse zu einem »Kampf zwischen dem mündig gewordenen Volke und dem schrankenlosen absolutistischen Prinzip der Stuarts« (1603 bis 1649) zuspitzten, »da war keine Zeit, in der man an ernste Kunstpflege denken konnte«; das Musikverständnis und -Bedürfnis der Menge sank auf ein beträchtlich niedrigeres Niveau herab. Einen zweiten Todesstreich erhielt die englische Tonkunst durch die Herrschaft der Puritaner (1649—1660), die den Hof stürzten, die Kirchenmusik abschafften und die Orgeln zerstörten. »Einigen der königlichen Musiker gelang es, in begüterten Familien gewinnbringenden Unterricht zu erteilen, andere erfuhren direkte Begünstigung durch Cromwell, aber der Mehrzahl der Kunstgenossen glückte es nun nicht mehr, sich ein auch nur einigermassen erträgliches Auskommen zu verschaffen. Trotzdem die republikanische Regierung beschlossen hatte, die rückständigen Besoldungen zu bezahlen, trotz aller Mühe, die sich die Musiker gaben, für sich und ihre Kinder Brot zu finden, blieb es ihnen nicht erspart, in einer Petition (1656) die öffentliche Mildthätigkeit für sich aufzurufen. Es war der letzte Schritt, den sie thun konnten; und sie entschlossen sich erst zu ihm, als eine Anzahl der Ihrigen dem Hungertode zum Opfer gefallen war«. Die Restauration des Königtums (1660) »liess die Kirchenmusik sofort wieder aufleben; mit allem Eifer ging man daran, an Stelle der zerstörten neue Orgeln aufzustellen«. Aber unter Karl II. (1660 bis 1685) »sank England, die Vormacht des protestantischen Europas, zum Vasallenstaat Frankreichs herab«. Nun überfluteten fremde Elemente in grosser Zahl das Land; sie besiegelten das Schicksal der nationalen Tonkunst endgiltig[1]).

Diese geschichtlichen Verhältnisse bestimmten naturgemäss auch die weiteren Schicksale der Virginalmusik. Die Zeit unmittelbar nach dem Tode der Königin Elisabeth zehrte zunächst von dem Erbe der grossen Vergangenheit: 1611 erschienen die *Parthenia* und danach viele Neuauflagen derselben. Mit eigener Produktion gaben sich höchstens nur Wenige ab, ohne doch mit ihren Werken an die Öffentlichkeit zu kommen. Als Einziger ist hier George **Jeffries** [Jeffreys] zu nennen.

---

1) Ausführlicher behandelt und näher begründet hat dies Einwirken politischer, religiöser und sozialer Verhältnisse auf die englische Musik des 17. Jahrhunderts W. Nagel (Gesch. d. Musik in England, Teil II, Strassburg 1897).

J. war Organist Karls I. in Oxford; ihm wird eine Handschrift[1]) wie es scheint, nicht mit Unrecht zugeschrieben[2]).

Wenn Jeffries ausser frei fugierten Stücken auch Vokalwerke spielte, so muss man annehmen, dass er sich zum Teil in den Bahnen der älteren Meister bewegte. Die vorkommende Erklärung der Wörter *presto, adagio, piano, fortis* weist jedoch daneben noch auf gewisse Einflüsse der italienischen Musik hin.

Zwei Komponisten aus der Zeit der Puritanerherrschaft lernen wir durch das Virginalbuch der Elisabeth Rogers[3]) von 1656 kennen: es sind John Tilleth und Thomas Strengthfeild. In ihren Kompositionen »erscheint die linke Hand schon sehr vernachlässigt, von der ernsten, gediegenen Struktur des früheren Virginalsatzes ist wenig mehr zu finden. Die Stücke gefallen sich in sinnlosen Verzierungen und Gemeinplätzen; programmatische Musik — z. B. eine Schlachtszene — fehlt gleichfalls nicht«[4]).

Der Sturz des Puritanismus, die Wiederherstellung des Königtums und der Kirchenmusik führten äusserlich zwar günstigere Verhältnisse für den Beruf der Musiker herbei, aber der Zusammenhang dieser neueren Zeit mit der alten ist zerrissen. Das Ausland gewinnt so vollkommen die Oberhand, dass sich kaum noch einzelne Regungen selbständiger nationaler Kunst bemerken lassen. Darüber täuschen selbst die anscheinend grössere Produktion und der Umstand, dass sie auch auf Publikum rechnen durfte, nicht hinweg. Zuerst haben wir Mathew Lock [Locke] aufzuführen.

L., um 1620 zu Exeter geboren, wurde von Edward Gibbons ausgebildet, machte eine Studienreise nach dem Kontinent, trat nach seiner Rückkehr in den Hofdienst und starb als Organist der Königin Katharina im August 1677[5]). L. gab heraus »*Melothesia or Certain General Rules for Playing upon a Continued-Bass with A Choice Collection of Lessons for the Harpsichord & Organ of all Sorts... The First Part. London, 1675*«[6]).

Im Vorwort seiner *Melothesia* macht Lock den Leser zunächst mit den Ornamenten bekannt. Aus der Tabelle ersehen wir, dass die Form derselben mit den französischen *agrémens*, die in gewissem Sinne die Tonbewegung bildlich nachahmen, keine

---

[1] London, *Brit. Mus.*, *Ms. add.* 10, 338.
[2] Siehe W. Nagel (a. a. O., II, S. 198, 214).
[3] London, *Brit. Mus.*, *Ms. add.* 10, 337.
[4] W. Nagel (a. a. O., II, S. 214).
[5] W. Nagel (a. a. O., II, S. 226 f).
[6] Exemplar in London (*Brit. Mus.*). Über dies Sammelwerk kann der Herausgeber nicht aus eigener Anschauung berichten. Er stützt sich auf Mitteilungen, die ihm Mr. J. S. Shedlock in Teddington uneigennützig zur Verfügung stellte, wofür ihm auch an dieser Stelle aufrichtig gedankt sei.

innere Gemeinschaft hat. Die englischen Ornamente beruhen vielmehr auf der Strichmanier der Virginalmusik. Neben diesen Rest nationaler Anschauungen tritt aber sofort ein fremdes Element in den kurzen Anweisungen, die Lock sodann bezüglich des Generalbassspieles erteilt. Er nimmt, wenn auch in der elementaren Weise der ersten deutschen Generalbasslehren[1]), auf eine Kompositionspraxis Rücksicht, die auch in England sich alle Formengattungen erobert hatte.

An dem eigentlichen musikalischen Inhalt ist Lock nicht allein beteiligt; mit seinen Kompositionen vereinigen sich Stücke von Chr. Preston, John Roberts, William Gregorie, William Hall, Robert Smith, John Banister, John Moss und G. Diesnett[2]). Dies Streben nach Koalition ist schon charakteristisch genug für den damaligen Standpunkt der englischen Klaviermusik. Fruchtbare Produktionskraft fehlt ihren Vertretern in erster Linie; mit dem Wenigem, was sie schaffen, wagen sie sich allein gar nicht hervor. Unter diesem Mangel leidet dann auch ihre musikalische Qualität. Wo ist die enorme Variationskunst der Virginalisten geblieben? Weggeblasen. Im Fahrwasser der modischen Suite treiben die neuen Komponisten einher, es fehlt ihnen aber die Kraft, aus dem bunten und reichen Blumenstrauss der französischen Tänze ein einheitliches, in sich fest gefügtes Arrangement zu treffen, wie es die Deutschen vermochten. So weist eine Suite *Prelude, Almain, Corant, Gavott* und *Country Dance* als Bestandteile auf, eine andere dagegen *Almain, Saraband, Virago* und *Roundo*. Eine dritte schliesst mit einer *Jig*, eine vierte mit einem *Rant*. Wieder eine beginnt mit einer *Jig-Almain*. So ungleichmässig die Form im Ganzen verläuft, so thun es die Tanzformen im Einzelnen nicht minder. Man muss solche Stücke wie diese vor Augen nehmen, um sich klar zu machen, wie ausserordentlich geschickt und gewandt gerade die Franzosen jeden Tanztypus mit seiner eigenartigen Rhythmik zur Geltung zu bringen wussten. Von vereinzelten erfreulicheren Ansätzen abgesehen, erscheint auch der Umfang der Einzelteile fast zur Bedeutungslosigkeit zusammengeschrumpft; das Sichbreitmachen des homophonen Stiles und das Zurücktreten kontrapunktischen Denkens sind nur danach angethan, die Inhaltslosigkeit noch deutlicher hervortreten zu lassen. Irgend welche Geistesverwandtschaft mit dem idealisierten Tanzgefüge (*ordre*) der Franzosen oder mit der geschlossenen, rein

---

[1]) Siehe oben S. 168f.
[2]) Nähere Nachrichten über diese Komponisten findet man in Grove's *Dictionary*, besonders aber in W. Nagel's Schriften (»Annalen der englischen Hofmusik« und »Geschichte der Musik in England«).

musikalischen Suitenform der Deutschen bethätigen also die englischen Stücke in keiner Beziehung. Wie die Suiten Pasquini's[1]) geben sie nur ein fast bis zur Unkenntlichkeit verblasstes Abbild von dem ursprünglichen Wesen der eigentlichen Suite; sie sollen ja auch weiter nichts als Unterrichtsstücke (*Lessons*) sein.

Derselben Zeit gehören auch zwei Sammelwerke der Londoner Verleger John und Henry Playford an.

> Sie sind betitelt: »*Musick's Hand-maid: New Lessons & Instructions for the Virginals or Harpsichord.* London 1678« und »*A Second Part of Musick's Hand-Maid containing the Newest Lessons, Grounds, Sarabands, Minuets, & Jiggs, Set for the Virginals, Harpsichord, & Spinet.* London 1689«. Eine Neuauflage dieses zweiten Teils erschien unter dem Titel «*A Choice Collection of Lessons, Being Exellently Sett to the Harpsichord* ... London, 1705«[2]). — Zur Notation sind zwei sechslinige Systeme und als Verzierungszeichen im ersten Teil nur die beiden Parallelstrichelchen der älteren Virginalmusik benützt, während im zweiten Teil noch über das entwickeltere Strichsystem Lock's hinausgegangen wird.

Der erste Teil der *Musick's Hand-maid* zeigt uns ein Geschichtsbild, das dem aus Lock's *Melothesia* gewonnenen sehr ähnelt. Auch hier geben sich in den *Lessons*, zu denen Lock, William Lawes und einige Unbedeutendere beigesteuert haben, *Almaines, Corants, Sarabands, Jeggs, Symphonies, Prelude* und ältere bekannte Volksweisen[3]) ein genau so zwangloses Stelldichein.

Auf einer etwas höheren Stufe steht indessen der zweite Teil, in dem Dr. John Blow, Henry Purcell, Val. Snow und William Turner vertreten sind. Hier finden wir nicht bloss wieder schmächtige, kurze Tänze, sondern auch Variationen, *Grounds*, die wie ein letzter Nachhall aus Englands grosser Zeit uns anmuten. Die Bauart derselben ist zwar nicht so grandios und reich gegliedert, wie die der alten Virginalisten; es kommt in ihnen mehr der primitivere Variations-Charakter der Chaconne zum Vorschein. Sie überragen jedoch an Harmoniereichtum und Erfindungskraft die oft grausam gedankenarmen Tänze. Als Beispiel diene einer dieser *Grounds*, der mutmasslich von Purcell herrührt.

---

[1]) Siehe oben S. 277 f.
[2]) Exemplare in London (*Brit. Mus.*), Oxford (Taphouse).
[3]) *The Canaries or the Hay, Antick Dance, Rants, Selenger's Round* etc.

Viertes Kapitel: G. B. Draghi. H. Purcell.

Neben Engländern traten auch fremde Komponisten auf den Plan, so z. B. Giovanni Battista **Draghi** —

 der etwa um 1670 nach England kam, sich hier durch Kompositionen einen Namen machte, 1677/1678 als Nachfolger Lock's Organist der Königin Katharina wurde und von Klaviersachen »*Six select Suites of Lessons for the Harpsichord*« veröffentlichte[1]).

Seine Stücke sind »klein, aber geschickt gesetzt, meist im Tanzrhythmus gehalten. Darunter befinden sich zwei Menuetten und mehrere mit programmatischen Überschriften«. Der Nachweis, ob und inwiefern Draghi auf die Entwickelung der englischen Klaviermusik Einfluss gewonnen habe, muss freilich einer genaueren Untersuchung vorbehalten bleiben. So viel lässt sich jedoch immerhin schon sagen, dass die italienische Klaviermusik der englischen manche Anregung gegeben hat. Das geht unzweideutig aus den Stücken des bedeutendsten englischen Musikers dieser Zeit, Henry **Purcell,** hervor.

 P. wurde 1658 oder 1659 als Sohn eines königlichen Kapellsängers geboren und trat 6 Jahre alt ebenfalls in die Hofkapelle ein, in der er auch »nach eingetretenem Stimmbruche verblieb, hörend, lernend und auch zuweilen seine schöpferische Kraft bethätigend«. Die Lehrer, deren Leitung er hier folgen konnte, waren nach einander H. Cook, Pelham Humfrey, Dr. John Blow; dazu standen ihm als Freunde der Familie M. Lock und G. B. Draghi nahe. P. wurde 1680 Organist an der Westminster-Abtei und 1682 Organist der königlichen Kapelle, starb aber schon am 21. November 1685 nach einem kurzen Leben angestrengtesten, fruchtbarsten Schaffens für

---

[1]) Siehe W. Nagel (a. a. O, II, S. 245 f.). Ein Exemplar des Werkes ist bisher nicht nachgewiesen worden.

Kirche, Oper und Kammer[1]). Von Klavierstücken P.'s erschienen zu seinen Lebzeiten nur die in Playford's *Musick's Hand-maid* enthaltenen, weitere gab die Witwe heraus unter dem Titel »*A Choice Collection of Lessons for the Harpsichord or Spinnet Composed by y*^{e} *late Mr. Henry Purcell. London. Printed on Copper Plates for M*^{rs} *Frances Purcell, Executrix of the Autor. 1696*«, die mehrere Auflagen erlebte. Eine grosse Zahl hat sich ausserdem handschriftlich erhalten[2]). —

Die Notation der gedruckten Sachen kommt mit der im zweiten Teil der »*Musick's Handmaid*« überein.

Der Einfluss Italiens und Frankreichs, dem die Tonkunst Englands während der zweiten Hälfte des 17. Jahrhunderts in stetig wachsendem Masse unterlag[3]), lässt sich am reinsten in Purcell's Klaviermusik erkennen. Seine gedruckten Suiten, die fast durchgängig durch *Preludes* eingeleitet sind[4]), setzen sich zumeist aus drei Sätzen zusammen: *Almand, Corant, Saraband*, oder an Stelle der letzteren *Minuet*[5]) oder *Hornpipe*[6]). Einige Suiten[7]) beschränken sich selbst auf zwei Tänze: *Almand* und *Corant* oder *Hornpipe*. Das war, wie wir wissen, auch das Formenprinzip Pasquini's[8]). Zu dieser einen Übereinstimmung gesellen sich noch andere. Gleich Pasquini verwischt auch Purcell die scharfen Linien der einzelnen Tanzphysiognomien, allein die Allemande ausgenommen; er geht sogar noch weiter und entfernt aus den Tänzen jeglichen motivischen Konnex, somit also die Suite auf den tiefen Stand der *Lessons* herabdrückend. Italienisches Gepräge tragen sämtliche *Preludes*, mögen sie kurz oder lang sein; Purcell laufen merkwürdigerweise hier und da einzelne Wendungen mit unter, wie sie sich häufig in den Toccaten der älteren Venetianer vorfinden und die den Stücken ein fast antiquiertes Aussehen geben. Eine *Toccata*[9]) endlich liefert den bündigsten Beweis für Purcell's Hinneigung zur italienischen Klaviermusik. Sie besteht aus mehreren Abschnitten, die teils

---

1) Die Quellen über sein Leben, sowie eine zusammenfassende Darlegung seines Wirkens giebt Nagel (a. a. O., II, S. 247 ff.).
2) Eine kritische Gesamtausgabe mit allen Quellennachweisen enthält der von W. Barclay Squire besorgte Band VI der *Purcell Society*.
3) Vergl. darüber W. Nagel (a. a. O., II, S. 247 ff.).
4) Ein *Prelude* fehlt nur in der 7. Suite (Ausgabe der *Purcell Society*).
5) Suite 1 und 8.
6) Suite 7.
7) Suite 3 und 6.
8) Siehe oben S. 279.
9) Diese Toccata (S. 42 des Bandes der *Purcell Society*) findet sich auch unter den zweifelhaften Kompositionen Seb. Bach's (Ausgabe der Bachgesellschaft, Band 42, S. 250). Stilistische Gründe (z. B. die Oktavengriffe der linken Hand im 4. Abschnitt) sprechen jedoch mehr für Purcell's Autorschaft. Auf diese Parallele hat mich übrigens Herr Oberbibliothekar Dr. Kopfermann in Berlin freundlichst hingewiesen.

fugiert, teils frei recitativisch verlaufen, thematischen Zusammenhang allerdings nicht aufweisen. Purcell kannte aber auch die französische Klaviermusik seiner Zeit. Unter den vielen einzeln stehenden Kompositionen von ihm finden wir einige, deren Überschriften auf Frankreich hindeuten, *Gavott*, *Borry* (Bourée), *Rigadoon* (Rigaudon) und — wohlgemerkt — eine *Ouverture* von Lully'scher Form[1]). An Englands eigene grosse Vergangenheit erinnern nur einige *Grounds*.

Purcell's **Fingersatz** ist der von F. Couperin sogenannte »alte« —

englisch ist allein die Fingerbezeichnung der linken Hand, vom kleinen Finger als 1 ausgehend[2]).

Mit dem Tode Purcell's — so fassen wir das Resultat unseres dritten grossen Rundgangs zusammen — war Englands Rolle in der Geschichte der Klaviermusik ausgespielt. Die künstlerische Eigenart in der Behandlung der Variation, wodurch sich England während seiner Glanzzeit vor den kontinentalen Musikstaaten ausgezeichnet hatte, war ja schon in der vorhergehenden Periode mehr oder weniger Allgemeingut geworden. Während dieser Periode sahen wir die ursprüngliche Kraft noch einmal schwach aufflackern, aber mehr nur in einigen belanglosen Äusserlichkeiten, denn von innen heraus. Verlor das europäische Konzert in England einen wesentlichen Faktor, so wuchs ihm andererseits in Deutschland ein neuer, vielseitigerer und nachhaltigerer heran. In unermüdlicher, gewissenhafter und gründlicher Arbeit hatten sich die deutschen Meister die fortschreitenden Errungenschaften der tonangebenden Länder, Italien und Frankreich, zu eigen gemacht. So erfüllten sie die geschichtliche Mission, das Erbteil

---

1) S. 56 der englischen Ausgabe.
2) Siehe oben S. 303.

Frescobaldi's zu verallgemeinern und seine fugierten Formen und Toccaten weiter zu bilden; sie schufen ferner der französischen Suite eine neue Heimat, deren andersartige Kunstverhältnisse das fremde Gewächs einer selbständigen neuen Formation entgegen führten. Und an diesem doppelten Ausbau betheiligten sich nicht einzelne Männer und alle nach der gleichen Richtung, sondern der Same der Anregung ging in allen Gegenden Deutschlands auf mit einer Fruchtbarkeit, die wir heute noch bewundern dürfen. Was Deutschland innerhalb dieses Zeitraums produzierte, das hält ohne Frage dem Kunstschaffen Italiens wie Frankreichs das Gleichgewicht. Freilich nur als Ganzes genommen; denn in Deutschland gab es vor der Hand noch Niemanden, der ähnlich, wie Pasquini und F. Couperin in Italien und Frankreich, das deutsche Kunstvermögen zusammenfasste und somit in sich repräsentierte. Aber für ein solches Genie war die Zeit erfüllet und der Weg bereitet. Als es danach hervortrat, da war es auch im stande, Deutschlands Weltstellung auf dem Gebiete der Klaviermusik mit einem allseitig anerkannten Siege zu inaugurieren.

Viertes Buch.
Die klassische Blütezeit der Suite.
Von etwa 1720 bis um 1750.

Erstes Kapitel.
Deutschland.

Unterschieden sich die bisher betrachteten Geschichtsperioden des deutschen Klavierspiels durch die jeweiligen Richtungen, nach denen es durch bedeutende Persönlichkeiten und Kunstbewegungen des Auslandes für längere Zeit hingelenkt wurde, so knüpft dagegen der Zeitraum, den wir nun zu durchmessen haben, an die Vergangenheit unmittelbar an: dieselben Stätten, die früher im Zentrum der Entwickelung standen, strahlen auch weiterhin Licht und Wärme aus, und die Kreise der Musiker, die der Klavierkomposition ihre Kraft widmen, bleiben so weite, als sie gewesen waren. Wäre dieser enge, äussere Zusammenhang beider Perioden allein massgebend gewesen, so würde es sich von selbst verboten haben, die Darstellung hier gerade durch eine Ruhepause zu unterbrechen. Je weniger auf der Oberfläche sichtbar die Gründe solcher Periodisierung sind, um so fühlbarer sind sie jedoch innerlich. Das musikalische Denken und Schaffen der kommenden Meister tritt uns als ein viel intensiveres und umfassenderes entgegen und ihre Zeit als die voll aufgegangene Blüte einer Vergangenheit, die einen reichen Segen von Knospen, aber auch lebensunfähigen darunter, angesetzt hatte. War es mühsam gewesen zu beobachten, unter wie verschiedenen Lebensbedingungen sich die Knospen entwickelten und wie mannigfaltige Formen sie annahmen, so dürfen wir uns jetzt der Blüte erfreuen, ohne von ihrer Betrachtung durch Rückblicke zu weit und lange abgelenkt zu werden. —

Viertes Buch: Die klassische Blütezeit der Suite.

Von jeher war die Kaiserstadt Wien eigentlich der Ort gewesen, der das Niveau der musikalischen Bestrebungen Süddeutschlands regelte und bestimmte; in dieser Bedeutung wuchs es, je mehr Oper, Oratorium und Kammermusik hier neben der Kirchenmusik eine hervorragende Pflege erfuhren[1]). Auf diesem Boden, der früher schon für die Klaviermusik bemerkenswerte Früchte gezeitigt hatte, kam auch jetzt ein Talent in die Höhe, auf dessen Würdigung wir nach beiläufiger Nennung einiger weniger tief in die Geschichte eingreifender Männer, wie **Johann Josef Fux** —

geboren 1660 in Steiermark, von 1698 bis 1740 Hofkapellmeister und Hofkompositor der Kaiser Leopold I., Joseph I. und Karl VI., fruchtbarer Komponist von Werken für Kirche, Kammer und Oper, ein hervorragender Kontrapunktlehrer, dessen Bedeutung noch heute nicht übersehen werden kann[2]). Handschriftlich existieren von ihm einige Stücke für Orgel oder Klavier[3]).

und Giovanni **Castello** —

einem geborenen Italiener, der 1722 in Wien eine »Neue Clavier-Übung, bestehend in einer *Sonata, Capriccio, Allemanda, Corrente, Sarabanda, Giga* und *Aria, con XII Variazioni, d'intavolatura di Cembalo*« [Kupferstich][4]) herausgab. —

näher einzugehen haben: es hiess Gottlieb **Muffat.**

M., Georg Muffat's Sohn, wurde am 25. April 1690 in Passau getauft. In den Anfangsgründen der Musik durch den Vater unterrichtet, kam M. nach dessen Tode (1704) nach Wien, wurde Hofscholar und Schüler Fuxens, unter dessen Anleitung er »durch vieljährige Mühe in der Schlagkunst so weit als möglich zu kommen« bestrebt blieb. Am 3. April 1717 wurde M. Hoforganist, er bekleidete dies Amt bis zu seiner Pensionierung 1763, daneben noch thätig als Begleiter von Opern- und Kammermusik-Aufführungen, als Organist der verwitweten Kaiserin Amalia Wilhelmine († 1742) und als Lehrer von Mitgliedern des kaiserlichen Hauses. Nach mehreren Jahren wohlverdienter Ruhe starb M. am 10. Dezember 1770[5]). M.'s Lebenszeit reicht zwar weit über die Grenzen des hier zu betrachtenden Zeitraums hinaus, doch sein einziges gedrucktes Klavierwerk erschien noch innerhalb desselben: »*Componimenti Musicali per il Cembalo ... Scolpit in rame et fatti stampare da Gio. Christiano Leopold Intagliatore in Augusta*« [wahrscheinlich

---

1) Siehe oben S. 166 Anm. 2.
2) v. Köchel, J. J. Fux (Wien 1872).
3) Wien (Gesellsch. d. Musikfreunde), Berlin (*Ms.* P. 247, 407). Neudruck zweier Fugen in Körner's »Orgelvirtuos«.
4) Ein Exemplar ist bisher nicht nachgewiesen v   den; Titel nach Walther und Gerber (N. L.). Siehe auch Matthesou *(Critica Musica,* I, S. 151).
5) Zu den oben S. 190, Anm. 1, angegebenen Quellen über beide Muffat ist hier noch G. Adler's eingehende musikgeschichtliche Studie über Gottl. Muffat besonders zu erwähnen (Einleitung zur Ausgabe der *Componimenti*).

Juli 1739]¹). Ausserdem ist eine Reihe von Tänzen, Suiten und Fugen M.'s handschriftlich überliefert²).

Muffat's *Componimenti* enthalten in sieben Serien „allerley Gattungen artiger *Caprices*, oder so genanten *Galanterie*-Stück". Den ersten sechs hat Muffat einen ziemlich gleichmässigen Bau gegeben. Den Anfang macht eine *Ouverture*³), *Fantaisie*⁴) oder ein *Prelude*⁵), woran sich in geschlossener Folge *Allemande*, *Courante* und *Sarabande*⁶) oder nur die ersten beiden Tänze allein⁷) anreihen. Auf dieses bekannte historische Suitenfundament sind alsdann mehrere Gebilde freier Wahl gestellt: Tänze verschiedenen Genres, wie *Air*, *Rigaudon*, *Menuet* mit oder ohne *Trio*, *Bourée*, *Hornpippe*, Charakterstücke, wie *La Hardiesse*, *La Coquette*, *Cornes de Chasse*⁸), oder Sätze allgemeiner Bestimmung, wie *Adagio* und *Fantaisie*. Gekrönt wird dies Gebäude entweder durch die traditionelle *Gigue*⁹) oder durch ein *Finale*¹⁰). Die letzte Serie besteht nur aus einer *Ciacona* mit 38 Variationen.

„Betreffend die Nahmen derer Stücke, so habe mich lieber der Frantzösischen, als der Welschen bedienet, damit ich nicht von dem gemeinen Gebrauch abweiche". Mit diesen Worten bestätigt Muffat, was aus dem eben Gesagten schon hätte gefolgert werden müssen, dass er mit seiner Suitenform hauptsächlich auf dem Boden der französischen Klaviermusik steht, deren wachsenden Einfluss in Deutschland bereits J. Krieger's¹¹),

---

1) Nachdem lange Zeit nur ein mangelhafter französischer Neudruck des Werkes (Farrenc, *Trés. des pian.* X.) zu haben war, erschienen 1896 zwei deutsche Neuausgaben auf einmal. Die erste besorgte G. Adler (Denkmäler d. Tonkunst in Österr., Jahrg. III), die andere F. Chrysander (Supplement 5 zu Händel's Werken). Beide haben die wichtigen und sehr mannigfaltigen Verzierungen Muffat's sorgfältig beibehalten; Chrysander hat zudem die Reprisen, die im Original durch Zeichen angedeutet sind, vollständig ausstechen lassen.

2) Sie sollen in einem späteren Bande der »Denkm. d. Tonk. in Österr.« zur Veröffentlichung gelangen. Unter den handschriftlich Muffat zugeschriebenen Fugen befindet sich auch die oben (S. 184, Anm. 4) erwähnte. Ob auch sie nur zweifelhaftes Gut Muffat's ist, wie E. v. Werra annimmt, darf eingehender Spezialforschung überlassen bleiben.

3) Nr. 1 und 5.
4) Nr. 3, 4 und 6.
5) Nr. 2.
6) Nr. 2, 3, 4, 5, 6.
7) Nr. 1.
8) In den handschriftlichen Suiten Muffat's (siehe darüber G. Adler's Einleitung zu seiner Muffat-Ausgabe, S. X) finden sich noch mehrere dieser Art: *Le Bastard*, *Jalousie*, *La Folie*, *Portrait d'une ame contente*, *La Fausse Ingenieuse*, *Les Pensées consolées*, *Le cœur insinuant*, *L'obeissance*, *La gayeté*, *Le Paysan*.
9) Nr. 2, 4, 5, 6.
10) Nr. 1 und 3.
11) Siehe oben S. 210.

Kuhnau's[1]) und vor allem Fischer's[2]) Werke dokumentiert hatten. Unschwer erkennt man, dass besonders F. Couperin Muffat's bedeutendstes Vorbild war. So grosse Ähnlichkeit auch Muffat hinsichtlich der geschichtlichen Stellung seiner Suiten mit Fischer aufweist[3]), vermitteln sie doch Beide der deutschen Kunst französisches Wesen, so entschieden gehen sie aber in ihrem Verhalten gegenüber der deutschen Suitenform, wie sie durch Froberger, J. Krieger und Kuhnau gestaltet war, aus einander. Während Fischer sich halb und halb von ihr loskettete, bewahrt Muffat sein Deutschtum mit vollem Ernst. Er giebt der deutschen viersätzigen Grundform ihr Hausrecht wieder und bringt den Ballettcharakter der französischen Suite nur da zur Geltung, wo er den musikalischen Grund nicht mehr erschüttern kann: zwischen den Gliedern des letzten Tanzpaares, eine Stelle übrigens, die vordem vorübergehend von Kuhnau, prinzipiell aber von Seb. Bach — Näheres darüber später — als die passendste schon ausersehen war.

Die Meinung, dass Muffat sich bei der Bildung seiner Suitenform an Bach angelehnt habe, liegt scheinbar zwar nahe[4]), lässt sich aber geschichtlich kaum stützen. Bach's sogenannte »Deutsche Suiten« erschienen 1726 bis 1731 heftweise und 1731 als »Erster Theil der Clavierübung« zusammen. Muffat's Suiten sind fast gleichzeitig in den Jahren 1725 bis 1735 entstanden[5]). Bach war zu dieser Zeit wohl ein weithin anerkannter Meister, aber das Licht seiner Kunst strahlte merkwürdiger Weise hauptsächlich nur auf die Gegenden zurück, denen er selbst viel zu verdanken hatte: Mittel- und Norddeutschland; der Süden mit Wien trat ihr erst sehr viel später nahe. Es fehlt auch an inneren Gründen nicht. Eine Bekanntschaft mit Bach's Werken hätte in der musikalischen Natur eines Mannes, der so empfänglich und gleichzeitig produktiv war wie Muffat, eine sichtliche Revolution hervorrufen müssen. Nach Anzeichen, die nur irgendwie auf Bach zu deuten wären, sucht man jedoch bei Muffat vergebens. So gut wie sich aus der Beschaffenheit des geschichtlichen Bodens, auf dem Muffat stand, der Umriss seiner Suitenform begreifen lässt, ebenso können wir von daher andere Übereinstimmungen mit Bach im Einzelnen ableiten, ohne diesen als Quelle dafür in Anspruch nehmen zu müssen. Ist es also nicht richtiger, dass man sich Muffat's und Bach's Bestrebungen, die im Laufe der Zeit verschieden gewordenen Suitentypen organisch zu verschmelzen, genau so selbständig und geschichtlich unverbunden daliegend vorstelle, wie etwa die Sonatenversuche Pasquini's und Kuhnau's?

---

1) S. 238.
2) S. 225 f.
3) Fischer stellte ebenfalls ein Air oder eine Chaconne mit ihren Variationen als Suiten für sich hin (siehe oben S. 226).
4) Ihr wird auch, wie es scheint, von G. Adler (Einleit. z. Muffat-Ausgabe, S. VIII ff.) der Vorzug gegeben.
5) G. Adler (a. a. O., S. VIII f.).

Die Physiognomie der einzelnen Suitensätze weist eine Mischung verschiedenartiger Elemente auf. Die beiden *Ouvertures* sind Lully'scher Abstammung: aus dem Rahmen zweier wuchtiger und langsamer gehaltenen Partien springt eine flotte Fuge heraus. Der Wiener Klavierschule giebt Muffat damit eine Bereicherung ihres Formenbestandes, die anderwärts bereits vor ihm von d'Anglebert, Purcell und Böhm[1]) vollzogen war. Gerade im umgekehrten Verhältnis zu einander, also nahe an Scarlatti's Ouvertüre heran stehen die Glieder der *Fantaisies:* zwei belebtere Sätze, deren letzter fugiert ist, umgeben ein recitativisches *Adagio*. Auch diese Form war den Wiener Klaviermeistern, soweit sich darüber urteilen lässt, vor Muffat noch nicht geläufig, von J. Krieger[2]) aber doch schon einmal versucht worden. In der Mitte zwischen beiden Arten stehen das *Prelude* und die eine der *Fantaisies*[3]), insofern sie den Baustil der Ouvertüren nur unvollkommen und nicht ganz rein repräsentieren. Deutsches Wesen endlich giebt den Einleitungssätzen ihren besten Kern. Die Fugen begnügen sich zwar alle nur mit einem Thema, reihen sich aber hinsichtlich der gedrungenen und dabei klaviermässig einfachen Ausnützung des gegebenen thematischen Materiales, sowie der ebenmässigen Gliederung durch motivisch gewonnene Zwischenspiele den besten Fugen Kuhnau's[4]) an.

Ähnlich liegt das Verhältnis bei den eigentlichen Tanzformen. Die deutsche Suite hatte während ihrer ganzen Entwickelung, soweit wir sie verfolgt haben, beständig geschwankt zwischen zwei Prinzipien, ohne sich endgültig für eines zu entscheiden: sollten die Hauptsätze harmonisch wie melodisch aus einander hervorgehen oder sollten sie nach freier, unabhängiger Gestaltung streben? So lange die deutschen Musiker mit dem französischen Ballett noch nicht auf vertrauteren Fuss gekommen waren und Tanzgebilde einfacher Struktur und harmlosen Charakters schufen, war es ja für die deutsche Suite sicherlich ein Vorteil, dass sie in dem variationenhaften Zusammenhang ihrer Einzelglieder ein festes Element von musikalischer Bedeutung besass. Sie mussten jedoch dies anfänglich wohlthuende Band als leidige Fessel fühlen, sobald sie es den Franzosen in der charaktervollen Ausprägung der Tanztypen nachthun wollten; denn auf dem Grunde innerer Verwandtschaft liess sich nicht gleichzeitig auch ein scharfer Kontrast erzeugen. Diesen Konflikt, um den selbst Bach und

---

1) Siehe oben S. 258, 287, 313.
2) Siehe oben S. 213.
3) Zur dritten Suite gehörig.
4) G. Adler (a. a. O., S. XV).

Händel, wie wir später zeigen werden, nicht ohne Anstoss herumkamen, hat nun Muffat in befriedigendster Weise aus dem Wege geschafft. Von dem Versuch, die Tänze an einem einzigen melodischen Faden aufzureihen, steht er von vornherein ab; wo ihm ein solcher erwünscht ist, bekennt er sich offen zur Variation. Ihm liegt vielmehr daran, den ursprünglichen Sinn der Suitenform zu klarem Ausdruck zu bringen, dass sie ein veredeltes und verfeinertes Abbild der auf dem Theater aufgeführten Tanzreihen darbiete. Die Mittel zu dieser musikalischen »Transsubstantiation«[1]) fand Muffat in höchster Vollendung bei F. Couperin vor. Ihm verdankt er denn auch den überaus wohlproportionierten Bau seiner zweiteiligen Tanzsätze mit ihren Reprisen und codaartigen Verlängerungen, ihm die Feinfühligkeit und Eleganz der Tanzrhythmik, endlich den erfrischenden Wechsel der Tonart, den Muffat jedoch nicht nur beim Trio des Menuets und andern Einschiebseln der Suitenform, sondern auch bei ihren Grundbestandteilen, bei der Sarabande vornehmlich anwendet und dem er ferner einen weiteren Spielraum eröffnet; ausser der Haupttonart berührt er stets das analoge Moll oder Dur, sowie die Moll- oder Durtonart der Ober- und Unterterz[2]). Auch mit der englischen Klaviermusik vom Ausgang des 17. Jahrhunderts muss Muffat irgendwie bekannt geworden sein. In der deutschen Litteratur vor Muffat ist wenigstens eine *Hornpipe* nicht nachzuweisen gewesen; wir erinnern uns aber ihres Vorkommens bei Purcell[3]). Mehr als ganz äusserliche Anregung konnte Muffat bei den Engländern schwerlich finden; er hätte dazu von seinem künstlerischen Niveau tief herabsteigen müssen. Die Anschauungen, durch die er sich sonst noch von F. Couperin wesentlich unterscheidet — es handelt sich um Muffat's *Courantes, Gigues* und *Airs* — brauchte er deshalb sicherlich nicht erst durch Vermittelung der Engländer empfangen zu haben, denen sie auch nicht ursprünglich eigen waren; der Weg war vielmehr ein direkter. Die Italiener hatten den Hauptsätzen der Suite ihre scharf pointierte Rhythmik genommen und ihnen allen die Tendenz zum melodisch Eilenden, Flüchtigen gegeben. Bei Pasquini[4]) trat diese Neigung vorerst in der *Correnta* auf; sie erstreckte sich bei Andern weiter auf die *Giga* und *Aria*. So entstanden Typen, die sich von den entsprechenden französischen der *Courante, Gigue* und des *Air* merklich unterscheiden. Muffat hat nun wohl die französischen Bezeichnungen beibehalten,

---

1) G. Adler (a. a. O., S. XII ff.).
2) G. Adler (a. a. O., S. XVI).
3) Siehe oben S. 342 und G. Adler (a. a. O., S. XI).
4) Siehe oben S. 277.

ist aber im Wesen der Tänze vorzugsweise den Italienern gefolgt[1]). Er giebt somit zwar ein gut Teil der Charakteristik wieder auf, die für die deutsche Suite immerhin einen beträchtlichen Gewinn bedeutete, aber er kommt dadurch in der Idealisierung der Suitenform im Ganzen einen Schritt weiter als F. Couperin. Durch die grössere Freiheit mehreren Tanztypen gegenüber, an die Couperin stets noch gebunden blieb, vermochte Muffat die musikalische Gegensätzlichkeit der einzelnen Glieder, ohne dass doch ihre innere Eigenart gänzlich zerstört wurde, bedeutend zu steigern.

Muffat's Variationen über die *Ciacona* bezeichnen geschichtlich den Punkt, an dem sich die verschiedenen Richtungen deutscher Variationskunst zu harmonischem Ausgleich zusammenfinden. Ebner, Froberger, Reincken und Buxtehude[2]) hatten kein Bedenken getragen, Variation und Suite verschiedentlich in einander zu vermengen. Muffat, der die Suite von allem Variationshaften säuberte, hält nun aber auch umgekehrt die Variation vom Tanzcharakter frei. Von der Suite entlehnt er kein die Form alterierendes, sondern nur ein rein musikalisches Element, den Wechsel mit der analogen Molltonart, der, in der Mitte angebracht, der ermüdenden Eintönigkeit von 38 Variationen wirksam vorbeugt. Pachelbel[3]) und der ganze Tross seiner mitteldeutschen Schüler pflegten die Figuration, die in wechselnder Weise den Grundbass und die Melodie veränderte. Von ihnen reserviert sich Muffat nur das Wesentlichste: das unbedingte Festhalten am Grundbass und, soweit es sich irgend ermöglichen lässt, das Zusammenfassen von je zwei Variationen in der Weise, dass das Figurationsmotiv, das erst die rechte Hand beschäftigte, nun auch von der linken übernommen wird. So gewinnt er die Möglichkeit, wie Murschhauser[4]), auch Variationen zu schaffen, die den Boden der Anfangsmelodie gänzlich verlassen und auf den allein gebliebenen Bass neue, frei sich nach allen Seiten hin erstreckende Gebilde setzen. Indem Muffat diese Behandlungsweisen sorgsam gegen einander abwägt und mit einander mischt, erzielt er mit rein musikalischen Mitteln eine innere Beweglichkeit der Form, die vordem nur durch eine Übertretung der formalen Grenzen zu erreichen gewesen war. Demgemäss hat er am Schluss der Variationen so stark das Gefühl weiten Entferntseins vom Anfangsthema, dass er am Ende gewissermassen als den komprimiertesten Ausdruck alles dessen, was er in Tönen hatte sagen wollen, das

---

[1]) G. Adler (a. a. O., S. XIV).
[2]) Siehe oben S. 167, 176, 256, 261.
[3]) S. 199 f., 282 ff.
[4]) S. 224.

Thema noch einmal wiederholt, — ein Verfahren übrigens, das, wie man aus Georg Muffat's noch häufigerer Wiederholung in seiner *Passacaglia* schliessen mag, wohl im Rondeau der Franzosen wurzelt.

Dass sich unter den Einflüssen, die Muffat's Formengestaltung mit bestimmten, auch seine musikalische Ausdrucksweise vertiefte und ausweitete, ist nur natürlich. Die Eigenart seines Klavierstils vereinigt in sich die homophone Melodik der Italiener, das auch in den Mittelstimmen lebhafte motivische Spiel der Franzosen, sowie die deutsche Harmoniefülle und Gründlichkeit des Satzes. Einzelheiten dieses Mischstiles lassen sich teilweise bis an ihre Quelle zurück verfolgen. Harpeggierte Akkordgriffe —

man beachte übrigens die hierbei vorkommende Enharmonik —, recitativische Ergüsse im Wechsel mit toccatenhaften Passagen —

---

1) Suite Nr. 5, *Ouverture*. Ähnliches in Suite Nr. 6, *Fantaisie*, und Nr. 3, *Ouverture*.

2) Suite Nr. 4, *Fantaisie*.

gehörten schon zu den Ausdrucksmitteln eines Fischer, Kubnau und Böhm[1]). Im Anbringen von Sequenzen mit Geschmack und ohne Überladung war F. Couperin[2]) vorangegangen. Da aber bei Muffat alles innig verschmolzen ist und jeder Ausdruck aus seiner Umgebung organisch erwächst, so haftet seinem Stil gleichwohl ein Zug selbständiger, neuer Individualität an, die dann auch ihrerseits zu neuen Effekten den Weg findet. In dieser Hinsicht ist folgende kleine Stelle charakteristisch:

In allen Erfordernissen des Vortrags und der Spieltechnik endlich stützt sich Muffat wesentlich auf F. Couperin. Von ihm hat Muffat die *agrémens*, sowie die Angabe betreffs Erniedrigung oder Erhöhung der Hilfstöne übernommen, auffallender Weise aber seine dynamischen und agogischen Zeichen nicht. Couperin's Wunsch nach genauer Bezeichnung des Affekts vor jedem Stück erfüllt Muffat durch italienische Beischriften, wie *Grave, Adagio, Andante, Tempo moderato* und *giusto, Allegretto, Allegro, Spirituoso, Vivace, Dolce, Affettuoso, Cantabile*. Gleich Couperin hat Muffat »zu *recommandieren*, dass man sich der Fein- und Sauberkeit dergestalten befleisse, damit zugleich das *Tempo* und gute Gesang oder *Modulation* beybehalten werde«. Beim Fingersatz rät Muffat wie Couperin, »durchgehends den Gebrauch des Daumens [auf den Obertasten] zu vermeiden, ausgenommen, wo man Octaven zu nehmen hat, oder die Nothwendigkeit [der Griffe] es anderst erfordert«, wie z. B. in der linken Hand folgender Stelle —

---

1) Siehe oben S. 228, 253, 257. 2) S. 296. 3) Suite Nr. 3, *Fantaisie*.
4) Suite Nr. 4, *Fantaisie*.

und in der rechten bei dieser:

Mit Couperin teilt Muffat endlich noch die Vorliebe für den stummen Fingerwechsel auf der angeschlagenen Taste.

Muffat gebührt — das wird der Einblick in seine *Componimenti* wohl klar haben sehen lassen — eine bedeutsame Stellung in der Musikgeschichte Deutschlands. Die Höhenlinie, die Froberger als Suitenkomponist inne gehalten hatte, war von seinen jüngeren Nachfolgern, so erfolgreich sie auch sonst seinen Anregungen nachgingen, nicht wieder erreicht, geschweige denn weiter geführt worden. Erst Muffat trat in dieser Hinsicht als ebenbürtiger Meister sein künstlerisches Erbe an. Kosmopolit wie Froberger, vereinigte auch Muffat in sich die musikalischen Errungenschaften dreier Nationen; den geschichtlichen Erfolgen, die Muffat dadurch erzielte, war jedoch eine ungleich grössere Tragweite beschieden. Froberger hatte es die deutsche Klaviermusik zu danken, dass sie hinter dem Auslande nicht allzuweit zurückblieb. Aber damit übernahm sie noch nicht die entschiedene Führung in der geistigen Weiterentwickelung der Suitenform; Frankreich behielt gleichwohl das herrschende Ruder in der Hand und steuerte jene einer Richtung zu, von der sich die Deutschen mehr und mehr entfernten. Was F. Couperin am Ende derselben schuf, stellte also alles in den Schatten, was Froberger's Nachfolger dagegen aufzubieten hatten. So vollkommen und feinsinnig nun aber die französischen Meister ihre heimische Suite ausgestaltet hatten, konnten sie trotzdem nicht hindern, dass sie einseitig blieb, machten sie sich doch selber, aus Mangel an Gelegenheit oder an Lust, nicht die Gedanken zu nutze, auf die man anderwärts, besonders in Deutschland geraten war. Diese Aufgabe, die verschiedenartigen Entwickelungstypen alle zu einem einheitlichen Wesen zu verschmelzen, erfüllte Muffat. War aber Froberger's Suite nur eine Bereicherung des deutschen Formenschatzes geworden, so bedeutete diejenige Muffat's mehr noch einen ent-

---

1) Suite Nr. 3, *Fantaisie*.

scheidenden Sieg Süddeutschlands im internationalen Kunstwettbewerb. Vermöge ihrer Universalität durfte sie nicht nur Couperin's Suite in die Schranken herausfordern, sondern war sie auch den im Wachstum stehen bleibenden Typen des Auslandes in jeder Beziehung überlegen. Hatte die deutsche Klaviermusik der voraufgegangenen Zeiten mehr nur ihre Fähigkeit erwiesen, alles Fremde in ihr Bereich zu ziehen, sich nutzbar zu machen und anzupassen, so kommt nun bei Muffat auch ihr zweites Merkmal sieghaft zum Durchbruch, die unverwüstliche schöpferische Kraft, die überall da noch zu wuchtigem Schlage und kühnem Wurf ausholen kann, wo der Arm anderer Nationen sich nicht mehr zu erheben vermag. Als Repräsentant der deutschen Kunst in diesem Sinne steht Muffat's Persönlichkeit am Eingange der klassischen Zeit der Wiener Klaviermusik.

Über den Verlauf der mehr nach Seiten der Orgelmusik hin neigenden Kunst belehrt uns zur Genüge Karlmann **Kolb** —

<blockquote>
der als Benediktinerpater der Abtei Aspach in Augsburg erscheinen liess »*Certamen Aonium id est Lusus Vocum inter se innocue Concertantium, Continens Praeambula, Versett: atque Cadentias, ab octo tonis. Sumptibus Joh. Christiani Leopoldi, Augustae Vindelicorum (1733)«*[1] [Kupferstich].
</blockquote>

Kolb's *Certamen Aonium* schliesst sich inhaltlich einer Reihe von Werken süd- und südwestdeutscher Meister an, die in ähnlicher Weise Präludien, kurze Fugen oder Versetten und Nachspiele (*Cadenze*) für die acht Kirchentöne zum Gebrauche beim katholischen Gottesdienst darboten[2], ist also für solche Leute bestimmt, die »zuvor die Harpffen Davids, oder das Lob Gottes, und die eingezognere Museu affectiren: nicht aber den Apetit zu viel nach denen Galanterien hengen werden«. Um so merkwürdiger ist der fast rein klaviermässige Stil, der sich in den Präludien und Cadenzen namentlich breit macht. Wie das zweite Präludium beginnt —

---

1) Exemplar in Berlin. Über Kolb siehe E. von Werra (Haberl's Kirchenmus. Jahrb. 1897, S. 30).
2) Siehe oben S. 229.

so geht es bis zu Ende fort; es ist eine richtige Etüde. Im dritten, das sich durch Überladung mit ermüdenden Sequenzen auszeichnet, stossen wir nach Akkordharpeggien beider Hände auf eine sonderbare Anwendung von Enharmonik —

und Chromatik —

das sechste und achte Präludium nähern sich in ihrem musikalischen Wesen sogar ziemlich augenfällig dem Charakter einer Allemande, wie man aus dem Anfang des ersteren ersehen mag:

Die Höhe, zu der Muffat die Wiener Schule hinanführte, erreichten die Klaviermeister Südwestdeutschlands keineswegs. In ihrem Schaffen offenbart sich aber dafür ein fortschrittliches Streben, das in diesem Masse ihren Vorgängern abging, da sie durch zu enge Bande an Wien gefesselt waren. In erster Linie müssen wir hier der Musiker Nürnbergs gedenken, das um diese Zeit den Grund zu seiner später hervorragenden Stellung im deutschen

Erstes Kapitel: W. H. Pachelbel.

Musikalienhandel legte. Hier wirkte als Träger eines hochangesehenen Namens Wilhelm Hieronymus **Pachelbel** —

als Sohn Johann Pachelbel's 1685 in Erfurt geboren, vom Vater natürlich unterrichtet, anfänglich Organist in Fürth, dann 1706 an St. Jacobi in Nürnberg und nach dem Tode des Vaters an St. Sebald[1]). P. gab in Kupfer gestochen heraus: 1) »*Praeludium* und *Fuga*«, Verlag des Komponisten [1725][2]). Zweite Ausgabe mit dem Titel: »Neu componirtes Praeludium und Fuga ... Nürnberg, Joh. Christ. Weigels seel. Wittib«[3]). 2) »Musicalisches Vergnügen bestehend in einem Praeludio, Fuga und Fantasia, so wohl auf die Orgel als auch auf das Clavier vorgestellt. J. W. Franck. sculps.«[4]) Von seinen handschriftlich hinterlassenen Werken[5]), die teilweise für Orgel komponiert sind, ist eins neu gedruckt[6]).

Als Orgelkomponist ein würdiger Nachfolger seines berühmten Vaters, betritt Pachelbel in seiner Klaviermusik eine ganz neue Bahn. In beiden Werken türmt er gewaltige, grossartige Formen auf, gegen die sich des Vaters grösste Toccaten wie schwächliche Zwerge ausnehmen. Nach einigen präludierenden Toccatengriffen und -Figuren setzt beide Male eine **Fuge** ein, aber von welcher Art! Langgestreckt und von auffallender Beweglichkeit sind die Themen — eines diene hier als Beispiel:

---

1) Walther (Lexikon), Mattheson (Ehrenpforte).
2) Exemplar in Berlin.
3) Kopie in Berlin (*Ms. acc.* 788ᵃ).
4) Exemplar in Berlin, Haag (Scheurleer).
5) Berlin (Kgl. Bibliothek *Ms. P.* 802; Kgl. Institut f. Kirchenmus.), Darmstadt. Über ein mit Unrecht W. H. Pachelbel zugeschriebenes, vielmehr von Seb. Bach komponiertes Stück siehe Band 42 der Bachgesellschaft (S. XXVII und 241).
6) Körner's »Orgelvirtuos«, Nr. 326.

Nachdem der Gefährte das Thema wiederholt hat, beginnt nun nicht ein polyphones Spiel mit thematisch gebildeten Motiven, sondern eine wilde Flucht von klaviermässigen Passagen, gebrochenen Akkorden, kurzen Figuren, die sich durch die Partien beider Hände jagen. Wenn sie endlich bei einer Kadenz halt machen, so setzt das Thema ein, um alsbald wieder von den anstürmenden virtuosen Tonwellen überflutet zu werden. Diese Stücke, weder im alten noch modernen Sinne eigentliche Fugen, sondern eher Konzertsätzen mit ihrem Wechsel zwischen *tutti* und *solo* vergleichbar[1]), haben der Form nach ihre Vorgänger in gewissen Capricci der Wiener Meister und Buttstett's[2]. Klaviertechnisch aber stehen sie auf einer bedeutend höheren Stufe. Der virtuose Effekt schwingt hier das Szepter. In den schärfsten Kontrasten bewegt sich das Tempo hin und her (*allegro, adagio, presto, affettuoso, vivace*), dazu gesellt sich der echoartige Wechsel zwischen *f* und *p*. Greifen wir von den vorüberrauschenden Figuren einige besonders typische heraus, so bemerken wir an ihnen ein förmliches Schwelgen in Sequenzen, im Zerlegen von Akkorden und Intervallen —

ein Streben, den Händen keine Ruhe zu lassen, sie unermüdlich zu beschäftigen selbst da, wo eine Hand die kleinen Motive bewältigen könnte, als wesentlich neu das Überspringen der Hände —

---

1) Die *Fantasia* beginnt auch wirklich mit vollen Akkordsätzen, die an den Kadenzstellen regelmässig wiederkehren.
2) Siehe oben S. 234.

Erstes Kapitel: Leffloth. Förtsch. Scheuenstuhl.

letzteres besonders ein Zeichen dafür, dass Pachelbel mit seiner Klaviertechnik den Italienern um vieles näher steht, als den Wienern.

Nächst Pachelbel wäre Johann Matthäus **Leffloth** zu nennen —

gestorben 1733 als Organist in Nürnberg[1], Komponist zweier gestochener Werke: 1) »*Sonata* und *Fuga*«; 2. »*Divertimento Musicale, consistente in una Partita da Cembalo. Norimberga*« [1728][2]).

Sein *Divertimento* ist eine Suite, aus *Praeludium*, *Allemande*, *Courante*, *Siciliana*, zwei *Menuets*, *Rondeau*, *Gique* bestehend. Der Form wie dem Klavierstil nach hat sie den zurück gelegenen Standpunkt Joh. Pachelbel's weit überholt, um wenigstens die Stufe von Krieger's oder Kuhnau's Suiten etwa zu erreichen.

Als dritter gehört hierher Wolfgang **Förtsch** —

der als Organist an St. Lorenz in Nürnberg herausgab »Musikalische Kirchwey-Lust ,bestehend Erstlich in einer *Clavier-Fugen*, nebst einer *Aria* mit 4 *Variationibus* und einer *Choral-Fugen*... gespielet am Kirchwey Fest dieses 1734ten Jahres, in der Haupt-Kirchen zu St. Laurenzen.. Nürnberg, Joh. Wilh. Rönnagel, 1734«[3]).

In seinen Variationen den schlichten, anmutigen Ton des alten **Pachelbel** treffend, kehrt Förtsch in der **Fuge** die Bravour des jüngeren heraus, ohne sie allerdings wie dieser zu meistern. An einigen Stellen streift aber Förtsch besonders nahe an den Konzertstil heran: er lässt streckenweise beide Hände in Oktaven neben einander gehen und bildet kurze Übergänge zur Tonika zurück in dieser Weise:

Michael **Scheuenstuhl** —

geboren am 3. März 1705 zu Guttenstetten im Bayreuthischen, 1722 Organist in Wilhelmsdorf, 1729 bis zu seinem Tode (wann?) Organist an St. Michaelis

---

1) Lexika Walther's und Gerber's.
2) Das erste Werk ist bisher nicht nachgewiesen, das zweite befindet sich in Berlin (handschriftlich in Darmstadt). Typographisch mit dem Werk von Förtsch verwandt, wird es wohl auch in gleichem Verlage erschienen sein.
3) Exemplar in Berlin. Siehe Gerber (A. L.).

zu Hof, Komponist folgender Werke: 1) Klaviersonate, 1786, selbst gestochen; 2) »Gemüths- und Ohrergötzende Klavier-Übung, bestehend in 6 leichten nach heutigem Gout gesetzten Galanterie-Partien, meistens für Frauenzimmer componirt. Nürnberg. Zwei Teile«; 3) »Die beschäftigte Muse Clio, oder III Galanterie-Suiten auf das Clavier«. 4) »Zwei Klavierkonzerte«, Nürnberg, 1738 [1]).

muss hier wenigstens noch genannt werden, obgleich ein Einblick in seine Werke nicht zu erlangen war.

Das Musiktreiben der profanen Welt fand auch in den Klöstern Südwestdeutschlands ein Echo. Wir begegnen jetzt öfter Männern, die dem Beispiele Spiridion's [2]) gefolgt sind; in Würzburg, nicht allzu fern von Nürnberg, z. B. einem gewissen Justinus —

einem Karmelitenpater (à desponsatione B. M. V.)[3]), der folgende Werke herausgab: 1) »Chirologia Organico-Musica, oder Musicalische Hand-Beschreibung, d. i. Reguln und Exempeln des Manuals, oder der Orgelkunst, bestehend: In Partitur-Reguln und Exempeln; nicht weniger in Toccaten, Fugen etc. Cantaten und andern Ariosen Schlag-Stucken. Nürnberg, J. Chr. Lochner, 1711«). 2) »Musicalische Arbeith und Kurtz-Weil. Das ist: Kurtze und gute Reguln der Componier und Schlag-Kunst. Voll- und Lehr-griffige Schlag-Stuck. Dem Scholarn: Zwey Hand voll Arbeith. Dem Liebhaber: Zwey Hand voll Kurtz-Weil. Augspurg und Dillingen, J. C. Bencards Seel. Wittib, 1723«[4]).

Seine Hauptabsicht, dem Leser die Praxis des Generalbassspieles und alles, was dazu von Kontrapunkt und Setzkunst erforderlich ist, klar zu machen, erreicht Justinus durch Erläuterungen und eine grosse Zahl praktischer Beispiele zugleich. Beide Werke bereichert er aber ausserdem noch durch »Schlagstücke«, die, musikalisch bedeutender als die von Spiridion, auch geschichtlich mehr Beachtung verdienen. Diejenigen des zweiten Werks sind für Cembalo ausschliesslich bestimmt.

Justinus giebt zunächst dreizehn Partien. Die einzelnen Sätze derselben haben bis auf wenige, als Adagio und Allegro bezeichnete, keine Überschriften; ihre Anzahl schwankt zwischen vier und elf. Dass es sich gleichwohl um Suiten handelt, darüber kann nach der Tonartengleichheit der Gruppen in sich, nach dem gelegentlichen, deutlichen Hervortreten von Tanztypen und nach der systematischen Benutzung des Tonartenzirkels [5]) kein Zweifel bestehen. Den Suiten folgen zehn Ariae Pastorellae, zweiteilige, liedhafte Stückchen, und ein Capriccio, das sich als eine regelrechte Musette erweist. Daran schliessen sich eine »Soldaten-

---

[1]) Siehe über ihn Mattheson (»Ehrenpforte«, S. 316) und Gerber (A. L.).
[2]) Siehe oben S. 216 ff.
[3]) Walther und Gerber (N. L.).
[4]) Ein Exemplar beider Werke in Berlin.
[5]) Cdur, Cmoll, Ddur, Dmoll, Esdur, Emoll, Edur, Fdur, Gmoll, Gdur, Amoll, Adur, Bdur.

Marche«[1]) und eine *Aria* mit fünf Variationen im Stile des alten Pachelbel an. Vollkommen überrascht werden wir aber endlich durch eine *Cembalo-Sonata alla moderna*. Sie besteht aus einem kurzen Adagio, einem figurenreichen Allegro, einem kurz überleitenden Adagio und einem melodisch gehaltvolleren Allegro, welche Abschnitte aber alle nur einen einzigen Satz formieren. Die moderne Klaviersonate hat auch Justinus nicht gefunden, wie man sieht; sein Stück giebt uns jedoch den Beweis, dass Kuhnau's erster Gedanke nicht vergessen worden war, sondern in der Stille tiefere Wurzeln schlug.

Welche Stellung neben den Genannten Conrad Michael **Schneider** —

in den dreissiger Jahren angesehener Musikdirektor und Organist am Münster in Ulm [2]) und Herausgeber einer in sechs einzelnen Partien zu Augsburg erschienenen »Clavier-Übung« [3]). —

einnimmt, lässt sich leider nicht genau angeben. Was wir aber über den Inhalt seines Werkes wissen, berechtigt wenigstens zu der Annahme, dass für dies im Wesentlichen das mitgilt, was wir über die besser zugänglichen Kompositionen von Franz Anton **Maichelbek** zu sagen haben.

M., geboren am 6. Juli 1702 zu Reichenau bei Konstanz, wirkte als Praesentiarius am Münster von Freiburg im Breisgau und starb am 14. Juni 1750[4]). Er gab heraus: 1) »Die auf dem *Clavier* spielende, und das Gehör vergnügende *Caecilia*, das ist: VIII. *Sonaten*, So nach der jetzigen Welschen Art, Regel- und Gehör-mässig ausgearbeitet, sowohl auf denen Kirchen- als Zimmer-*Clavieren* zu gebrauchen seynd ... *Opus I.* Augspurg, druckts und verlegts Joh. Jacob Lotter, 1736« [Typendruck][5]); 2) »Die auf dem *Clavier* lehrende *Caecilia*, Welche guten Unterricht ertheilet, Wie man nicht allein im *Partitur*-Schlagen mit 3. und 4. Stimmen spielen, sondern auch, wie man aus der *Partitur* Schlag-Stück verfertigen, und allerhand Läuff erfinden könne. Darneben auch die Reglen zum *componiren* .. mit Beyfügung vieler *Exempeln*, wie auch denen *Maniren* zur Orgel, und 8. Kirchen-*Tonen* mit Schlag-Stücken an die Hand giebt ... *Opus II.* Augspurg, J. J. Lotter, 1738« [Typendruck][6]).

»Nach der jetzigen Welschen Art ausgearbeitete *Sonaten*« nennt Maichelbek die Stücke seiner »auf dem *Clavier* spielenden *Caecilia*«; damit verweist er sie in dieselbe Rubrik hinein, wie

---

1) Sie besteht aus mehreren Abschnitten, deren Überschriften lauten: *Musquet, Dragon, Courass, Hussar, Sipos* oder Pfeiffer, Kehrauss.
2) Herrn Elias Frik ausführliche Beschreibung des Münstergebäudes zu Ulm, herausgeg. von G. Haffner, Ulm 1777, S. 64.
3) Siehe darüber Lexikon Walther's und Gerber's (N. L.).
4) Siehe E. v. Werra (Haberl's Kirchenmus. Jahrb. 1897, S. 28 ff.).
5) Exemplar im Haag (Scheurleer) Zur Einsicht lag ein Herrn L. Liepmannssohn göriges Exemplar vor
6) Exemplar in Berlin.

wir es nach unserer Kenntnis von Pasquini's Suiten[1], thun müssten. Es sind eigentlich Suiten mit oder ohne[2] Einleitungssätze, mit willkürlich wechselndem Grundriss der Form, die sich der Hauptsuitensätze ebenso gut entschlägt, wie sie sie benützt, mit einem Worte, echt italienische Kompositionsgebilde, die zwischen Suite und Sonate die Mitte halten, von dieser die musikalische Gedankeneinheit und die Bezeichnung einiger Sätze als *Allegro, Adagio, Presto*, von jener die Tonartengemeinschaft und nach italienischem Geschmack stark abgeschliffene Tanzformen entlehnend. Damit ist also das Band, das die südwestdeutsche Klaviermusik mit der Wiener Schule bisher verknüpfte, zerschnitten.

Nur natürlich ist es, dass auch Maichelbek's Klavierstil von der Couperin'schen Art Muffat's gänzlich abweicht. Er schreibt grundsätzlich nur zweistimmig: eine Melodie und darunter, »dem Liebhaber nach Leichte zu dienen«, einen möglichst einfachen Bass. »Die *Tremulen, Mordanten*, Trillern etc.« überlässt er dem Spieler und legt das ganze Schwergewicht auf eine zierlich behende, fliessende oder gewandt figurierte Melodik, dabei immer auf spezifische Klaviereffekte bedacht bleibend. Dass er dazu italienische Meister gründlich studiert hat, das sehen wir an vielen Einzelheiten. Wir finden hier die nachmals so beliebt gewordene und in Italien besonders geübte Art, für die linke Hand in bequemer Weise einen Akkord zu zerlegen, den sogenannten Albertischen Bass —

[1] Siehe oben S. 277 f.
[2] Nr. 3 und 4.
[3] S. 25 des Originaldruckes.

das wiederholte Anschlagen derselben Taste durch beide, sich schnell ablösende Hände —

Dom. Scarlatti'sche Sprünge —

klaviermässige Auflösung von Vorhalten und Dissonanzen in höherer oder tieferer Oktavlage —

1) S. 59.   2) S. 50.   3) S. 62.   4) S. 66.

prickelndes Spielen mit chromatischen Nebentönen —

überraschende Trugschlüsse —

alles Dinge, die wir am künstlerischsten vollendet im homophonen Klaviersatz der Italiener vorfinden werden.

Halten wir mit dem Hauptmotiv der Gigue von Maichelbek's F moll-Suite —

das der Gigue aus Nr. 6. der französischen Suiten Seb. Bach's zusammen, so ist die Ähnlichkeit zu überraschend, um hier verschwiegen zu werden.

»Die auf dem *Clavier* lehrende *Caecilia*«, Maichelbek's zweites Werk, ist ein Lehrbuch. Nachdem in Kürze die Schlüssel, Vorzeichnungen, Mensuren, Noten- und Pausenwerte aufgezeigt und die Begriffe der musikalischen Bewegung und des Akkords erörtert worden sind, bespricht Maichelbek die Regeln der kontrapunktischen Satztechnik bis zur Doppelfuge und der von Instrumenten begleiteten Vokalfuge. Diesem ersten Teil des Buchs folgt der zweite mit einer ausführlichen Anleitung zum Generalbassspiel,

---

1) S. 47.
2) S. 75.

die Eigenschaften der verschiedenen Intervalle und Akkorde, mannigfaltige Formationen des Basses, ähnlich aber methodischer wie sie Spiridion[1]) benutzt hatte, sowie die Kadenzbildung unter Vorlegung zahlreicher Beispiele demonstrierend. Es ist bemerkenswert, dass Maichelbek nicht unterlässt zu zeigen, »wie man die *Partitur* nach den Ziffern [d. h. die vollen Akkordgriffe] verringere und Schlag-Stuck [eigentliche Klavierstücke] aus jedem *Bass* machen könne«[2]). Der dritte Teil endlich ist praktischen Inhalts: er bietet Präludien und Fugen, Fughetten oder Versetten zu den acht Kirchentönen, die Maichelbek genau so klaviermässig behandelt wie Kolb[3]). Der Wert dieses Lehrbuches ist nicht zu unterschätzen. Maichelbek fasst zum ersten Male eigens für die Klavierspieler alles zusammen, was sie damals können und wissen mussten. Was ihm dabei an erschöpfender Gründlichkeit abgeht, ersetzt er durch systematische Übersichtlichkeit. Ihm kam es ja auch nicht darauf an, »denen Herren *Instructoribus* in Ihren Sachen etwas einzureden, sondern den Lehrnenden besser *ad captum* zu bringen«.

Dem zweiten Teil sind einige Nebenbemerkungen angefügt, von denen besonders die über den Fingersatz Beachtung verdienen. Maichelbek, der übrigens die Finger sonderbarer Weise noch wie Ammerbach[4]) benennt, betont in ganz neuer Weise die Notwendigkeit, den Daumen unterzusetzen, wie folgende Beispiele zeigen:

---

1) Siehe oben S. 247 ff.
2) S. 265, 279.
3) S. 325.
4) S. 13.

In Nördlingen machte sich Johann Kaspar **Simon** einen Namen als Komponist.

S., Organist, Musikdirektor und vierter Schulkollege in Nördlingen gegen 1750 [1]), gab heraus 1) »Leichte *Praeludia* und *Fugen* durch die *Tone: C.D.E.F. G.A. Bdur* welche so wohl auf der Orgel, als auf dem *Clavicordio*.. können gespielet werden. Erster Theil, Augspurg, Joh. Jak. Lotters Seel. Erben«. 2) »Leichte und wohlklingende *Praeludia* und *Fugen* durch die *Tone: C.D.E.F. G.A.Hmoll*.. Anderer Theil..«[2]). 3) »Gemüths Vergnügende *Musicalische* Neben-Stunden bestehend in auserlesenen *Galanterie* Stucken aufs *Clavier* nach heutigem *Gousto* gesezt. Augspurg, J. J. Lotters Seel. Erben«. Zwei Teile[3]).

Simon's Präludien und Fugen bilden immer ein Ganzes derart, dass das kurzgehaltene Präludium unmittelbar in die Fuge überläuft und diese am Schluss mit wenigen schwungvollen Passagen oder vollen Griffen — z. B.:

auf das Präludium zurückdeutet. Während die Klaviermässigkeit der Einleitungen Simon's Zugehörigkeit zur jüngeren Generation offenbart, befolgt er in den eigentlichen Fugen die soliden Grundsätze des alten Pachelbel[4]).

---

1) **Gerber** (A. L.), **Ritter** (Z. Gesch. d. Orgelsp. I S. 161).
2) Ritter's Kopie beider Werke im Besitz des Herrn Chordirektors Ernst v. Werra zu Konstanz. Ein Stück daraus neugedruckt von **Ritter** (a. a. O. II S. 167).
3) Beide Teile in Berlin. Ein unvollständiges Exemplar des ersten allein besitzt noch Herr Chordirektor Ernst v. Werra.
4) Siehe oben S. 204.

Auch in der Erfindung der Themen ist er ihm nahe verwandt. Simon's F moll-Thema

reiht sich der grossen Kette an, die wir von einem Thema Joh. Pachelbel's ihren Ausgang nehmen sahen¹).

Dies Fugenwerk Simon's unterscheidet sich also vorteilhaft von vielen ähnlichen Produkten seiner südwestdeutschen Genossen für die Orgel, da es sich in gleicher Weise von dem virtuosenhaften Zerfliessen der Fugenform, wie von dem kunstunwürdigen Verflachen derselben fern hält.

Die »Neben-Stunden« Simon's umfassen sechs Suiten, doch von einem ganz anderen Bau und Wesen, als diese Kompositionsform bisher aufwies. Jede Suite ist wohl viersätzig (1. *Introduction, Allegro*; 2. *Andante, Affettuoso, Largo*; 3. *Menuet* mit einem zweiten alternierenden *Menuet*; 4. *Presto, Allegro, Gigue*, aber von den einzelnen Sätzen, den dritten allein ausgenommen, ist der typische Tanzcharakter gewichen, um allgemeinen Bezeichnungen, wie sie in der Kammer- und Klaviersonate herrschend waren, Platz zu machen. In dem Bestreben, wie Maichelbek²) die Suitenform der Sonate anzunähern, überholt Simon seinen Vorgänger auch noch durch andere Eigentümlichkeiten seiner Suiten. Zunächst durch den regelmässigen Wechsel der Tonart: während erster Satz, erstes Menuet und letzter Satz die Haupttonart innehalten, intonieren dazwischen zweiter Satz und zweites Menuet (Trio) das tonale oder terzverwandte Moll. Sodann durch die formale Gestaltung der einzelnen Sätze: neben solchen, die der alten Suite gemäss zweiteilig sind, finden wir eine beträchtliche Zahl anderer, die dreiteilige Anlage haben, obwohl äusserlich nur zwei Teile markiert sind. Der zweite Teil geht dabei, nachdem die melodischen und harmonischen Bewegungen unter geringen Abänderungen auf der Dominante ausgeführt worden sind, in ein vollständiges *da capo* des ersten Teiles über, der stets in der Tonika schliesst. Die Schreibweise Simon's endlich ist vollends sonatenhaft, von schwachen Spuren der einstigen Tanzcharakteristik in den Menuets abgesehen. Oktavenkantilenen beider Hände am Anfang —

---

1) Siehe oben S. 206.
2) Siehe oben S. 331 f.

und am Schluss, —

Einsätze, die wie ein Orchestertutti ausschauen, —

Begleitung einer bewegten Melodie durch einfache Oktavengänge der linken Hand, —

Zerlegung von Begleitakkorden in lebhafte Figuren —

und Übergreifen beider Hände —

das sind lauter kompositions- und spieltechnische Dinge, die den klassischen Suitenmeistern aller Länder fern lagen, auf die aber die italienischen Klavierkomponisten durch ihre Vorliebe für die freiere Sonate hingedrängt wurden. Das Ideal der alten eigentlichen Suite verkörperten Muffat und Seb. Bach; die grosse Masse der Komponisten neben und nach ihnen schwenkte, da eine weitere Entwickelungsfähigkeit der Form nicht mehr zu entdecken war, zur Sonate ab. Zu den Produkten dieses Überganges gehören auch Simon's Suiten.

Noch weiter sehen wir diesen geschichtlichen Prozess sich vollziehen bei Isfried **Kayser** in Marchthal —

der als Musikdirektor des Prämonstratenserklosters in Marchthal[1]) (Würtemberg) herausgab: »III Parthiae Clavi-Cimbalo accomodatae .. 1746«[2]).

Auf ihre äussere Gruppierung hin betrachtet, zeigen Kayser's Suiten fast das Bild von französischen *Ordres*. Um ein *Menuet*

---

[1]) **Gerber** (N. L. unter »Kaiser«).
[2]) Ein Originaldruck ist bisher nicht nachgewiesen worden. Eine durch den Organisten **Joh. Ant. Graf** zu Mattighofen angefertigte Kopie besitzt Herr Chordirektor E. von **Werra** in Konstanz.

mit *Trio* als Mittelpunkt krystallisieren sich *Concerto, Intrada, Ouverture, Corrente, Fantasia, Cantabile, Gavotte, Capriccio* vorn und *Passepied* mit *Trio, Gavotte, Siciliana, Adagio, Rigaudon, Gique, Finale* hinten an. Einen französischen Zug hat ferner die Rhythmik der eigentlichen Tanzformen. In dieser Hinsicht verdient der Passepied der ersten Suite mit seiner ungezwungenen, eleganten Melodik trotz des spröden ⁵/₈-Taktes besondere Erwähnung:

Die Tänze haben sich endlich auch den Suitenstil am reinsten bewahrt, während sonatenhafte Ausdrucksmittel nur in den Stücken allgemeineren Charakters und italienischer Herkunft (*Adagio, Finale, Cantabile, Concerto, Intrada*) bevorzugt erscheinen. Um so stärker hat aber dafür das Vorbild der Sonate auf die innere Gestaltung der einzelnen Stücke eingewirkt, so weit sie nicht, wie die Ouvertüre Lully'scher Form oder die als Rondeaux- behandelten Gavotten, eine vorgeschriebene Bahn innehalten mussten. Sie sind samt und sonders in drei Teile gegliedert, von denen der dritte wie bei Simon auf den ersten zurückgreift. Hier sind jedoch die Merkmale der Sonatenform noch um vieles deutlicher. Der erste Teil moduliert stets nach der Dominante hin, so dass die Wiederholung desselben im dritten Teil nicht wörtlich, sondern nur mit umgestaltenden Änderungen erfolgen kann. Und der zweite Teil, bei Simon lediglich eine Übertragung des ersten auf die Dominantstufe, erscheint bei Kayser als eine Art von Durchführung, bei der das Anfangsthema in mehreren Tonarten auftritt, reichlich untermischt mit Figuren, die dem ersten Teil entstammen oder ohne solche Anlehnung frei dazu kommen.

Etwa die Mitte zwischen Simon und Kayser nimmt **August Büx** (Pix) ein —

Pater und Chordirektor des Prämonstratenserstifts zu Schussenried (*Sorethum*) bei Ravensburg (Würtemberg), von dem 1746 zwei Partien »aussgangen« [1]).

---

1) Eine alte Abschrift der Stücke von Büx, der in keinem Musiklexikon genannt ist, besitzt Herr Chordirektor E. v. Werra zu Konstanz. Seiner Freundlichkeit verdanke ich auch den Nachweis, dass unter *Sorethum* Schussenried zu verstehen ist, wo (nach Seb. Brunner, Ein Chorherrenbuch, Würzburg u. Wien 1883, S. 756 f.) ein Prämonstratenserstift damals bestand.

Wie Kayser die Form im Grossen aufbauend und die einzelnen Sätze stilisierend, je nachdem es Tänze[1]) oder Stücke allgemeiner Bezeichnung sind, — Dom. Scarlatti'sches Gepräge zeigt am auffallendsten diese Stelle:

— entscheidet sich Büx doch noch nicht so prinzipiell für die dreiteilige Gliederung aller Sätze, sondern wechselt wie Simon zweiteilige mit dreiteiligen ab.

In Norddeutschland hatte die Orgelkunst je länger desto mehr ein entschiedenes Übergewicht über die Klaviermusik erlangt. Von denjenigen Meistern, die Buxtehude's ruhmvolle Traditionen fortsetzten, war also ein Fortschritt nach Seiten der eigentlichen Klavierkomposition kaum zu erwarten. Ein Zeuge dafür ist Vincent **Lübeck.**

L., 1654 zu Padinghüttel bei Bremen geboren, erhielt seine Erziehung zu Flensburg, wo sein Vater als Organist an St. Marien wirkte. Wie seine späteren Orgelkompositionen beweisen, geschah sie in der Richtung der Buxtehude'schen Schule. Im Jahre 1674 bereits wurde L. zum Organisten an der Hauptkirche St. Cosmae und Damiani zu Stade erwählt; 1676 verheiratete er sich, zwei Söhne (von 8 Kindern) ergriffen den Beruf des Vaters. L. verliess Stade 1702, um als Nachfolger des pensionierten Conr. Möhlmann, Organisten an St. Nikolai, nach Hamburg zu gehen. Hier wirkte er angesehen und geachtet bis zu seinem Tod, der am 9. Februar 1740 eintrat. Ihm folgte im Amte sein gleichnamiger Sohn, der dem Vater schon seit 1735 adjungiert gewesen war. Ein älterer Sohn, Pet. Paul, hatte den Posten u Stade erhalten. Als vorzüglichster Schüler L.'s wird H. H. Lüders genannt[2]). L. veröffentlichte eine »Clavier-Uebung« bestehend im Praeludio, Fuga, Allemande, Courante, Sarabande und Gigue ... auff ersuchen einiger guten Freunde ... [Hamburg] Anno 1728« (Kupferstich)[3]).

Das erste Stück der »Clavier-Uebung«, ein Präludium mit Fuge, die am Schlusse in Figuren des Präludiums zurückläuft, ist

---

1) Unter ihnen befindet sich auch eine *Hornepipe*.
2) Ausser den von Walther, Gerber, Mattheson gegebenen Nachrichten konnten Dokumente aus dem Kirchenarchiv zu Stade benutzt werden, deren Exzerpte mir der verstorbene Prof. Spitta s. Z. gütigst überlassen hat.
3) Exemplar in Berlin.

seinem ganzen Wesen nach eigentlich nichts anderes als ein Orgelstück Buxtehude'scher Faktur. Die darauf folgende, aber nicht im Zusammenhange damit stehende Suite viersätziger Normalform weist zwar eine von der Orgel unabhängigere Ausdrucksweise auf, erreicht aber gleichwohl bei weitem nicht die Freiheit und Beweglichkeit des Klaviersatzes von J. K. F. Fischer, geschweige denn von Muffat. Daraufhin sehe man besonders die Courante an. Auch hinsichtlich der Formenbehandlung im Einzelnen steht Lübeck nicht auf der Höhe der Zeit. Eine wirklich charakteristische Physiognomie zeigt allein die Gigue; den übrigen Formen fehlt mit dem typischen Rhythmus auch das weitgespannte Grössenverhältnis der beiden Teile zu einander, Dinge also, die der norddeutsche Organist nur durch intimere Kenntnis französischer Meister hätte gewinnen können.

War es möglich, dass Buxtehude's Orgelschüler als Klavierkomponisten unversehens die geschichtliche Kontinuität verloren, so empfanden dafür andere Norddeutsche um so dringender das Bedürfnis, den Anschluss nach dem Süden hin wieder zu gewinnen. Welchen Erfolg dies Streben hatte, sehen wir zunächst an Johann **Mattheson.**

M., am 28. September 1681 in Hamburg geboren und am 17. April 1764 ebenda gestorben, trat in seinen jungen Mannesjahren als Sänger, Instrumentalvirtuos und Komponist auf. Diplomatische Fähigkeiten, schriftstellerische Gewandtheit und ausgebreitete Sprachkenntnisse trugen ihm dann das Sekretariat an der englischen Gesandtschaft in Hamburg ein; alle freie Zeit kam indessen doch der Musik zu Gute. Für die Aufführungen im Dom, dessen Musikdirektor M. wurde, sowie für andere Gelegenheiten komponierte er viel, vorzüglich aber arbeitete er an Schriften theoretischen, praktischen und geschichtlichen Inhalts. Seine litterarische Versabilität brachte ihn in nähere Beziehungen zu einem grossen Kreise von Musikern; am lehrreichsten ist wohl sein Verhältnis zu G. F. Händel. Wie interessant die ganze Persönlichkeit gewesen ist, kann man aus der Verschiedenartigkeit der Urteile ersehen, die heute noch über M.'s geschichtliche Bedeutung und seinen Charakter gefällt werden[1]). — Für die Geschichte der Klaviermusik kommen folgende Werke M.'s in Betracht: 1) »*Sonate pour le Clavecin . . dediée à qui la jouera le mieux.* Hamburg 1713.« 2) »*Pieces de Clavecin en Deux Volumes.* London, J. D. Fletcher, 1714«. Eine Titelausgabe dieses Werkes, mit einer Vorrede M.'s von 1715 versehen, ist das »Harmonische Denckmahl, aus zwölf erwählten Clavier-Suiten, von arbeitsamer und ungemeiner *Structur,* errichtet. London, J. D. Fletcher, 1714«. 3) »Die wohlklingende Fingersprache, in zwölf Fugen, mit zwey bis drey *Subjecta* entworfen, und ...

---

[1]) Das scharfe Urteil, das Fr Chrysander (G. F. Händel, I) über Mattheson ausspricht, hat L. Meinardus (»J. M. und seine Verdienste um die deutsche Tonkunst«, Waldersi 's Samml. mus. Vorträge, Leipzig, Breitkopf & Härtel, 1879, Heft 8) zu mildern versucht. Dem Kritiker und Theoretiker M. ist neuerdings F. Krome (»Die Anfänge des mus. Journalismus in Deutschland«, Leipziger Dissert., 1896) gerecht geworden.

Herrn Georg Friedrich Händel zugeeignet. Hamburg, 1735 und 1737«. Eine neue Auflage erschien unter dem Titel »Les Doits Parlans en Douze Fugues doubles à deux et trois Sujets pour le Clavecin à Nuremberg, aux depens de Jean Ulric Haffner. 1749«[1]). Alle Werke sind in Kupfer gestochen. In modernen Sammlungen findet man Verschiedenes neugedruckt[2]).
— Von M.'s theoretischen Schriften waren für Klavierspieler berechnet 1) »Exemplarische Organistenprobe... Hamburg 1719«; 2) »Grosse Generalbassschule... Hamburg 1731«; 3) »Kleine Generalbassschule... Hamburg 1735«; 4) »Fr. E. Niedt's Musikalische Handleitung... vermehrt, verbessert, mit verschiedenen Grundrichtigen Anmerkungen von M. herausgegeben. Hamburg 1721«. M. war übrigens als junger Mann bereits ein firmer Cembalist. Er pflegte, nachdem er seine Rolle auf der Bühne zu Ende gespielt hatte, ins Orchester hinabzusteigen, um am Cembalo weiter zu akkompagnieren.

Gleich mit seinem ersten Werk, der »Sonate vors Clavier, derjenigen Persohn gewidmet, die sie am besten spielen wird«, verlässt Mattheson mit aller Entschiedenheit den norddeutschen Standpunkt. Die Sonate besteht aus einem einzigen Satz. Der Ausdehnung nach — er umfasst 205 Takte — ein wahres Monstrum, lässt dieser ein neues Formonprinzip hervortreten. Den Anfang macht eine von vollen Akkorden begleitete Kantilene (Gdur), die dann von Passagen und Figuren abgelöst wird, bei jeder Kadenzierung aber stets ganz oder teilweise wieder auftaucht. Nach einem Abschluss in der Tonika beginnt der zweite Teil im parallelen Emoll mit noch weiter sich erstreckenden Passagen, deren Wogen jedoch immer wieder das Gesangsthema zum Vorschein bringen, und endigt in der Dominante (Hmoll). Ein da capo des ersten Teils beschliesst die Sonate[3]). Mattheson, der Kuhnau's Werke kannte und schätzte, wird durch sie vermutlich angeregt worden sein, seine Sonate zu schreiben, aber in ihnen fand er eine solche dreiteilige Form nicht vor. Er wird sie ebensowenig von dem Alternieren des Menuetts mit seinem Trio oder von der damals beliebt gewordenen da capo-Arienform abstrahiert haben. Der bewusst und scharf ausgeprägte Kontrast zwischen breiten Akkordmassen und zweistimmigem Passagenspiel weist vielmehr unverkennbar auf das italienische Konzert hin, das im ersten Allegrosatz ganz ähnlich Orchestertutti mit Figurationen des Soloinstrumentes verbindet und den Anfangsteil am Schlusse wiederholt. Wenn nun auch Mattheson mit seiner Sonate Kuhnau

---

1) Exemplare aller Werke, mit Ausnahme der ersten Ausgabe von 3), befinden sich in Berlin, diese besitzt die Gesellsch. d. Musikfreunde in Wien.

2) Farrenc (Trésor. XI), Köhler (Les maîtres du Clav.), Pauer (Alte Meister; der junge Klassiker [Breitkopf & Härtel]; Alte Klaviermusik [Senff]).

3) Siehe auch die Beschreibung von J. Faisst (Caecilia, Mainz, Schott, Bd. 25, S. 157).

gegenüber selbständig verfahren ist, als Pfadfinder in dem Sinne, wie Kuhnau, dürfen wir ihn doch wohl nicht bezeichnen. Auf das italienische Konzert war schon vorher, wie wir sehen werden, ganz besonders Seb. Bach, als er in Weimar lebte, verfallen. Und da Mattheson mit Bach's Werken schon geraume Zeit vor 1713 bekannt war[1], so ist anzunehmen, dass er nur nachgeahmt hat, was dieser zuerst versuchte. Jedenfalls hat Mattheson selbst für seine Sonate nicht die Bedeutung in Anspruch genommen, als ob sie eine neue Bahn eröffnete. Noch nach mehreren Dezennien äusserte er vielmehr[2]: »Seit einigen Jahren hat man angefangen, Sonaten fürs Clavier (da sie sonst nur für Violinen und dergl. gehören) mit gutem Beifall zu setzen — wir denken dabei auch an Justinus —: bisher haben sie noch die rechte Gestalt nicht, und wollen mehr gerühret werden, als rühren, d. i. sie zielen mehr auf die Bewegung der Finger als der Herzen.«

Unmittelbar vor dieser Stelle erklärt Mattheson: »Eine vornehmere Stelle unter den Gattungen der Instrumental-Melodien bekleidet die *Sonata*, mit verschiedenen Violinen oder auf besondern Instrumenten allein, z. E. auf der Querflöte etc. deren Absicht hauptsächlich auf eine Willfährig- oder Gefälligkeit gerichtet ist, weil in den Sonaten eine gewisse *Complaisance* herrschen muss, die sich zu allen bequemet, und womit einem jeden Zuhörer gedienet ist. Ein Trauriger wird was klägliches und mitleidiges, ein Wollüstiger was niedliches, ein Zorniger was heftiges u. s. w. in verschiedenen Abwechselungen der Sonaten antreffen. Solchen Zweck muss sich auch der Componist bei seinem *adagio, andante, presto etc.* vor Augen setzen: so wird ihm die Arbeit gerathen«. Diese Ausführung gilt jedoch lediglich der Kammersonate und darf keineswegs auf Mattheson's Klaviersonate bezogen werden.

Kuhnau ist dagegen Mattheson's Leitstern in seinen *Pieces de Clavecin*. »Damit ich von der eigentlichen Veranlassung zu dieser Arbeit etwas melde« — heisst es im Vorwort, — »so kan nicht umhin dem Hochgelahrten *Doctori* Herrn Johann Kuhnau die Ehre zu thun, und gar gerne zu gestehen, dass dessen so genandte Neue Clavier-Übung bey mir eine löbliche *Emulation* verursachet habe. Wie weit ich es nun getroffen, und in welchen Stücken ich mit unter die Nachfolger desselben möge gerechnet werden, solches überlasse hiemit so wol ihm selbst, als auch der gantzen Musicalischen Welt.« Angesichts der Behandlung der Suitenform als Ganzes wird man Mattheson's geistige Gemeinschaft mit Kuhnau ohne weiteres bestätigen[3]. Die Suiten haben mit nur wenigen Ausnahmen[4] Einleitungssätze, denen die normalen und frei ge-

---

[1] Ph. Spitta (J. S. Bach, I, S. 393).
[2] »Der Vollkommene Capellmeister« (Hamburg 1739, S. 233).
[3] Siehe oben S. 238.
[4] Suite Nr. 3, 4, 8.

wählten Tanzformen unter strikter Innehaltung der Tonarteneinheit folgen. Die Selbständigkeit, mit der Mattheson an den Grundlinien ändert, ist jedoch etwas grösser. Er schliesst an die Gigue mehrmals noch ein Menuet oder ein Air an und setzt statt einer zwei Couranten, Dinge, die sich Kuhnau nicht gestattete. Ihm ähnlich schliesst Mattheson den variationshaften Zusammenhang zwischen Allemande und Courante nicht aus, führt ihn aber gleichfalls nirgends vollständig durch. Auch in der musikalischen Ausgestaltung der Tänze hält Mattheson das mittlere Niveau Kuhnau's[1]) inne. Der Jüngere, den französischen *agrémens* gegenüber genau so enthaltsam wie der Ältere, erscheint nur hin und wieder in melodischer Beziehung abgeklärter und natürlicher, wie als Klaviertechniker reifer. Belege dafür findet man im Air der fünften Suite —

im Air der sechsten Suite (man beachte wohl das Auftreten der Melodie im Tenor), namentlich aber in dem dazu gesetzten Double von fast Händel'scher Vornehmheit:

---

[1]) Siehe oben S. 139.

Von den Einleitungssätzen Mattheson's haben einige wohl Kuhnausches Ansehen[1]): die *Fantaisie*[2])

und die *Boutade*[3]) —

beides Stücke, die man als melodische Etüden ansprechen darf Die übrigen Sätze wenden sich jedoch anderen Formen zu. Die *Tocatine*[4]) ergeht sich in auf- und abwallenden Harpeggien und Passagen. Die *Preludes*[5]) sind gleichfalls toccatenhaft, nur melodisch greifbarer herausgearbeitet, als die *Tocatine*. Die beiden *Ouvertures* und die *Symphonie*[6]) endlich verlassen vollends den Horizont Kuhnau's, da sie der Lully'schen Ouvertürenform ihren Tribut zollen.

Der Kunst der Fuge, die Kuhnau in seinen Einleitungssätzen mit besonderem Nachdruck zur Geltung gebracht, Mattheson aber

---

1) S. 239 ff.
2) Suite Nr. 5.
3) Suite Nr. 9.
4) Suite Nr. 2.
5) Suite Nr. 1, 6, 7.
6) Suite Nr. 11, 12, 10.

so gut wie gar nicht berücksichtigt hatte [1]), ist nun sein drittes Werk, »die wohlklingende Fingersprache«, fast ausschliesslich gewidmet. Die naheliegende Meinung, dass sich Mattheson wie in den Suiten so auch in den Fugen der Gefolgschaft Kuhnau's angeschlossen habe, wird jedoch durch nähere Kenntnisnahme von dem Werk nicht bestätigt. Was Mattheson von Kuhnau übernommen haben könnte, ist einzig die behäbige Ruhe, seine thematische Arbeit auszuspinnen — ein Charakterzug, der ausser Kuhnau auch J. Krieger eigen war. In allem Übrigen geht aber Mattheson durchaus eigene Wege. Das zeigt sich schon in dem musikalischem Wesen seiner Themen. Neben solchen mitteldeutscher Art finden wir bei Mattheson einige, die fast Arienanfängen gleichen —

dann wieder andere, die ausgesprochen instrumentale Tendenz haben. Freien Ab- und Zugang von Stimmen gestattete sich auch wohl Kuhnau, er macht aber der klaviermässigen Griffwillkürlichkeit nie so weitgehende Zugeständnisse, wie Mattheson, der, ohne dass es die Stimmenführung verlangt, wo es ihm beliebt, voll in die Tasten greift. Überhaupt tritt in der Fugenarbeit Mattheson's ein viel freieres, moderneres Empfinden zu Tage. Seine Zwischenspiele stehen weder dem Gedanken noch der Länge nach in einem gewissen Parallelismus; er gewinnt sie auch nicht immer thematisch, die Figurenmotive benutzt er, wie sie ihm gerade einzufallen scheinen. Um dem Eintritt des Themas nach einem Zwischenspiel besondere Wucht zu geben, verdoppelt er gelegentlich den Bass zu Oktavengriffen oder lässt das im Bass erscheinende Thema in Oktaven auftreten. Zu klaviermässiger Wirkung steigert Mattheson endlich die Schlusspartien, indem er die letzte Durchführung ganz wiederholt oder sie zu einer Fermate hindrängt, um

---

1) Nur in der 11. Suite findet sich eine Fuge, sonderbarer Weise vor der Ouvertüre.
2) Nr. 5.
3) Nr. 6.

dann mit vollen Akkorden, Passagen oder Figuren zu schwungvollem Ende zu kommen. In dieser Weise behandelt Mattheson nicht nur einfache und Doppelfugen, sondern auch eine Tripelfuge[1]. Aus ihren Themen —

wie aus ihrer Engführung kurz vorm Schluss und aus diesem selbst —

---

[1] Nr. 10.

mag man ersehen, wie weit Mattheson über Krieger und Kuhnau hinausgegangen ist.

Es ist nicht ohne geschichtliche Bedeutung, dass Mattheson dies Fugenwerk gerade Händel widmete. Dieser war 1703 als 18jähriger Jüngling nach Hamburg gekommen, imponierte aber Mattheson gleichwohl, denn »er war starck auf der Orgel: stärcker als Kuhnau, in Fugen und Contrapuncten, absonderlich *ex tempore* ... wie ich solches hundertmahl, mit grössester Verwunderung, angehöret habe.« Händel war es auch, der Mattheson damals »einige besondere Contrapunct-Griffe eröffnete«[1]. Als eine Art von Revanche dafür haben wir die »Fingersprache« aufzufassen. Händel kannte sicherlich auch Mattheson's Suiten. Denn er hat nicht nur den Anfang von der Allemande der 5. Suite —

sondern auch den Anfang der zweiten Courante der 9. Suite Mattheson's —

im Gedächtnis behalten und an analogen Stellen weiter verwertet[2]).

Mattheson's Tonalität ist die moderne, wie es bei einem Manne nicht anders zu erwarten ist, der »des lange verbannt gewesenen *ut, mi, sol, re, fa, la,* todte (nicht *tota*) Musica unter ansehnlicher Begleitung der 12 griechischen *Modorum* als ehrbarer Verwandten

---

1) Fr. Chrysander (G. F. Händel, I, S. 85, III S. 211).
2) Vergl. Fr. Chrysander's Gesamtausgabe (Bd. 2, S. 128, 59).

und Trauerleute, zu Grabe gebracht und mit einem Monument zum ewigen Andenken beehrt« hat[1]). Ein kleines Zöpfchen, das ihm und seiner Zeit vom alten Tonsystem her noch anhing, hat er aber dabei ahnungslos übersehen. So bildet es denn einen belustigenden Kontrast zu seinem Eifer um die Beisetzung der Kirchentonarten samt allen ihren Attributen, wenn er trotzdem fortfährt, die Erniedrigung der sechsten Tonstufe bei den Moll-, die der vierten bei den Durtonleitern mit ♭-Vorzeichnung in alter Weise als zufällig, nicht als wesentlich zu behandeln, demgemäss also bei Bdur und Gmoll nur ein, bei Cmoll und Esdur nur zwei, bei Dmoll gar kein ♭ vorzuschreiben oder gar zwischen altem und neuem Brauch hin und her zu pendeln.

In seinen Schriften über den Generalbass fasst Mattheson alles zusammen, was vor ihm Männer wie Werkmeister (1698), Bödecker, Kresse (1701), Treiber (1704), Njedt (1706), Heinichen (1711) niedergelegt hatten. So giebt er denn nicht nur einen gedrängten Abriss, wie Maichelbek, sondern ein in allen Teilen ausgebautes System. Die höchste und letzte Stufe der italienischen Generalbasskunst, die vom Cembalisten nicht Akkordgriffe allein, sondern darüber hinaus noch die eminente Improvisationsfähigkeit forderte, »den Generalbass, und darüber gesetzte Zahlen zu variiren, artige Inventiones zu machen, und aus einem schlechten Generalbasse Präludia, Ciaconen, Allemanden, Couranten, Sarabanden, Menuetten, Giguen und dergleichen leichtlich zu verfertigen« — diese Stufe hat man nun auch in Deutschland erreicht.

Vielleicht mehr noch als der konservative Mattheson trug Georg Philipp **Telemann,** der sein Leben lang mitten im Getriebe des modernen, alle Welt beherrschenden Opernwesens stand, dazu bei, die Klaviermusik Norddeutschlands einem Ausgleich mit den Errungenschaften anderer Gegenden und Länder entgegen zu führen.

T., am 14. März 1681 in Magdeburg als Sohn eines Predigers geboren, erhielt seine Schulbildung in Magdeburg, Zellerfeldt und Hildesheim, bei vielen Gelegenheiten Proben seiner kompositorischen Veranlagung abgebend, obwohl er regelrechten Unterricht nie erhielt. Um die Rechte zu studiren, begab er sich 1701 über Halle, wo er mit Händel Freundschaft schloss, nach Leipzig, geriet jedoch auch hier bald wieder in ein musikalisches Fahrwasser. Er gründete ein *Collegium musicum,* schrieb Kirchenmusiken und Opern, in denen er selbst agierte, und wurde 1704 Organist an der Neuen

---

[1]) »Das beschützte *Orchestre*«, Hamburg 1717; Streitschrift gegen J. H. Buttstett (siehe oben S. 233), der Mattheson's »Neueröffnetes *Orchestre* (1713) durch eine Schrift »*Ut, mi, sol, re, fa, la, tota Musica et Harmonia aeterna,* Erfurt [o. J.]« bekämpft hatte.

Kirche. Im selben Jahre folgte er einer Berufung als Kapellmeister nach Sorau, um 1708 nach Eisenach, 1711 nach Frankfurt a. M., 1721 als Nachfolger des Musikdirektors Gerstenbüttel nach Hamburg zu übersiedeln, wo er trotz seiner 1722 erfolgten Wahl zum Leipziger Thomaskantor, einen achtmonatlichen Aufenthalt in Paris 1737 abgerechnet, bis an sein Lebensende verblieb; er starb am 25. Juni 1767[1]. — T. besass als Komponist eine erstaunliche Fruchtbarkeit, die er auf allen Gebieten bethätigt hat; der Menge nach halten seine Werke denen von Bach und Händel zusammen das Gleichgewicht. Dazu fand er noch Zeit, eine grosse Reihe derselben selber auf Zinnplatten zu stechen. Für Klavier veröffentlichte T.: 1) »Der getreue Music-Meister, welcher so wol für Sänger als Instrumentalisten allerhand Gattungen musicalischer Stücke, so auf verschiedene Stimmen und fast alle gebräuchliche Instrumente gerichtet sind, und moralische, Opern- und andere Arien, dessgleichen *Trii, Duetti, Soli* etc. *Sonaten, Ouverturen*, etc. wie auch *Fugen, Contrapuncte, Canones*, etc. enthalten, mithin das mehreste, was nur in der Music vorkommen mag, nach Italienischer, Französischer, Englischer, Polnischer, so ernsthaft- als lebhaft- und lustigen Abrt, nach und nach alle 14. Tage in einer *Lection* vorzutragen gedenket. *Hamburg*, 1728«[2]). — 2) »VI neue Sonatinen, welche auf dem Klaviere allein können gespielt werden, oder mit einer Violin oder Flöte und Generalbass«. — 3) »*Musique heroique ou XII. Marches*. Helden-Musik, oder 12 *Marches*, auf 2 *Hautbois* oder Violinen nebst dem Basse gerichtet, deren 6 mit einer Trompete und 3 mit 2 Waldhörnern begleitet werden können, alle aber auch auf dem Klaviere allein zu spielen sind«[3]). — 4) »XX Kleine Fugen, so wohl auf der Orgel, als auf dem Clavier zu spielen, nach besondern *Modis* verfasset und Benedetto Marcello gewidmet. Hamburg, Phil. Ludw. Stromer 1731«[3]). — 5) »*Fantaisies pour le Clavessin*; 3. *Douzaines*« [nach 1737][4]). — 6) »*XVIII Canons melodieux ou VI Sonates en Duo pour le Clavecin*, Paris 1738«[5]). Dazu kommen einige nur handschriftlich erhaltene Stücke[6]). — Was wir durch Neudruck[7]) von ihm kennen, haben wir im Wesentlichen Fremden zu verdanken.

»Der getreue Music-Meister« ist, wie Telemann im Vorwort bemerkt, »ein musikalisches *Journal*, und, meines Wissens, das erste, so vermittelst wirklicher Music, in Teutschland, zum Vorschein kommt. Haben sonst die so genannten monatliche, oder solche Schriften, die zu gewissen Zeiten Stück-weise herauskommen, vielfältig ihre Liebhaber gefunden, so solte ich glauben, es werde auch diese nicht gar verworfen werden, da sie, mit jenen, den Zweck hat, zu nutzen und zu belustigen«.

---

1) Selbstbiographie in Mattheson's »Ehrenpforte« (S. 354 ff.), Gerber (A. L.).
2) Exemplar in Berlin.
3) Exemplar in Königsberg.
4) Exemplar in Berlin.
5) Handschriftliche Kopie derselben in Berlin.
6) Berlin (*Ms. fol.* 188), Darmstadt.
7) Farrenc (*Trésor*, IX) Méreaux (*Les Clavecinistes*, II), Körner's Orgelvirtuos, »Der junge Klassiker« (Breitkopf & Härtel).

Telemann sah freilich voraus, »dass manche *Lection* mit etwas Schweiss begleitet seyn dürfte«. Aber im Vertrauen darauf, »dass ihn die Noten bisher fast so bald gesuchet, als er sich nach ihnen umgesehen«, und in der Erwartung, dass »auch andere, zu Anfüllung der Blätter, einigen Beytrag thun wollen«, machte er sich ans Werk. Zu stark war der buchhändlerische Erfolg nicht, denn mit der 25. Lektion, also mit einem Jahrgang liess es Telemann genug sein. Dass mit einem solchen Unternehmen aber trotzdem den Wünschen der Zeit gedient war, das beweist die grosse Zahl ähnlicher, zum Teil umfangreicher Sammlungen, die nach Telemann's Vorgang während des 18. Jahrhunderts entstanden sind und die wir als besonders wichtige Geschichtsquellen noch näher kennen lernen werden.

Was Telemann zum Inhalt dieses Musikjournals, dessen Vielseitigkeit aus dem Titel wohl genügend erhellt, an Klavierstücken beigesteuert hat, lässt uns sein Verhältnis zur Suite klar überschauen. In den Einleitungssätzen, die als Etüden oder Ouvertüren Lully'scher Form auftreten, gleicht er Mattheson; in allem Übrigen ist er dessen Antipode. Telemann ignoriert vollständig die deutsche viersätzige Grundform, um Tänze beliebiger Wahl an einander zu reihen. Wie weit er dabei der Willkürlichkeit der Franzosen Folge leistet, mag eine A moll-Suite[1]) zeigen. An eine *Ouverture*, *Bourrée*, *Gavotte* und *Loure* schliessen sich an *Allemande*, *Gigue*, *Menuet* und *Trio*. Galanterien französischen Geschmacks sind auch einzelne Charakterstücke, wie *La Poste*. Da Telemann's Suiten ihre räumliche Ausdehnung nicht so übertreiben, so braucht er nicht den Wechsel der Tonart öfter zu benützen; er durchbricht die Einheit aber stets im Trio. Von den einzelnen Tanzformen konserviert er nur die unumgänglich notwendigen rhythmischen Kennzeichen. Aus ihnen eine polyphone, reich ornamentierte Architektonik zu gewinnen, daran denkt er nicht im mindesten; als Mann der italienischen Oper schreibt er vielmehr glattfliessende, arienhafte Melodien mit einem die Harmonie nur eben andeutenden Bass, selten, dass bedeutungslose Fülltöne in der Mitte dazu treten. Italienisch bleibt seine Schreibweise auch da, wo sich seine Melodien zu wirklich instrumentalem Schwunge erheben. Einen weit liegenden Orgelpunkt in grossen Sprüngen zu erreichen und namentlich an Schlusskadenzen den zweistimmigen Satz noch zur Einstimmigkeit zu verengen, wie es Telemann in der *Giga* einer D moll-Suite[2]) thut —

---

[1]) Berlin (Ms. 188); das Stück ist von 1719 datiert
[2]) »Music-Meister«, S. 88.

das sind Ausdrucksmittel, die nur in der Luft um Dom. Scarlatti herum reif wurden.

»In Fugen und Contrapuncten diente Telemann die Feder des vortreflichen Hrn. Johann Kuhnau zur Nachfolge«, d. h. in der Zeit seines Leipziger Aufenthaltes. Aber auch die B. Marcello gewidmeten Fugen lassen noch etwas von diesem Einfluss erkennen. Sie sollen »den Lernenden ein Muster an die Hand geben, wie sie mit Fugen von 4 *Stimmen* und von Gattungen dieser Ahrt (einfachen, kanonisch behandelten und Doppelfugen) zu verfahren, und sich in die Abwechselung beyder Hände, indem eine Partie der andern nahe tritt, oder sich davon entfernet, zu schicken haben.« Sie erreichen diesen Zweck in gediegener, deutscher Art. Als fremdes, italienisches Element erkennt man aber darin die Zwischenspiele. Der Kürze wegen sind zwar »solche Zwischen-Clauseln, die viel laufendes in sich fassen«, möglichst vermieden worden. Wo sie aber doch Platz fanden, spricht aus ihnen ein sonatenhaftes Wesen.

Eine merkwürdige Station auf dem Bildungswege der Klaviersonate bezeichnen Telemann's *Fantaisies*. Obschon für sich numeriert und nach Dutzenden eingeteilt, sollen sie gleichwohl nicht als selbständige Stücke passieren. Es gehören vielmehr je zwei zusammen, die in dem Alternativverhältnis von Menuet und Trio zu einander stehen[1]). Nach jeder zweiten Fantasie wird die vorangehende repetiert, und die Tonarten beider Hälften sind stets verschieden, doch wie bei F. Couperin und Muffat allemal nah verwandt. Diesem aus der französischen Suite entlehnten Satzverhältnis hat nun aber Telemann durch die innere Struktur der Fantasien eine viel weitere Bedeutung gegeben. Das erste Dutzend der Fantasien beginnt mit einem schnellen Satz (*Tempo di Minuetto, allegro, vivace, presto*), an den sich in terzverwandter Tonart ein langsamer (*Largo, grave, adagio, dolce, cantabile*) anschliesst, gefolgt von einem *da capo* des schnellen. Man erkennt in dieser Gruppierung ohne weiteres die A. Scarlatti'sche Ouvertürenform. Ähnlich gebaut ist das dritte Dutzend[2]). Verschiedenheiten zeigen sich nur in der Haltung der drei Sätze. Die schnellen Stücke des ersten Dutzends laufen ohne Unterbrechung bis ans Ende, während sich im dritten Dutzend bei ihnen mehrfach Gliederung in zwei Teile vorfindet. Die langsamen Sätze, dort kurz gehalten und zum Teil rezitativischen Charakters, erscheinen hier ausgebreiteter und durchgängig zweiteilig. Einen wesentlich anderen Typus, der auch äusserlich durch französische Überschriften kenntlich gemacht wird, weist das zweite Dutzend auf. Die einzelnen Fantasien derselben beginnen stets mit einer langsamen Introduktion (*Gravement, pompeusement, lentement, modérément, tendrement, gratieusement, melodieusement, flateusement*), der in gleicher Tonart ein schneller, einteiliger, manchmal fugierter Satz (*Vivement, vite, gayment, allegrement, spirituellement, gaillardement*) und die Repetition des langsamen Anfangs folgen. Hier liegt also die Lully'sche Ouvertürenform zu Grunde. Das zweite Dutzend ist aber insofern gegen die beiden andern erweitert, als es an die Ouvertüre noch einen kurzen zweiteiligen, lebhaften Satz von gleicher Tonart als diese selbständig angliedert. Somit haben wir im ersten und dritten Dutzend eine Reihenfolge von drei Sätzen vor uns, von denen der dritte eine Wiederholung des ersten und jeder ouvertürenmässig gegliedert ist, im zweiten Dutzend eine Kombination von sechs Sätzen, wobei dreigliedrige

---

1) Die darauf abzielenden Bemerkungen Telemann's hat Farrenc im Neudruck ausgelassen!

2) Nur in Nr. 3 und 6 wird ein schneller Satz von zwei langsamen umgeben.

Ouvertüren mit zweiteiliger Liedform abwechseln und das letzte Paar gleichfalls eine Wiederholung des ersten ist. Da wir in beiden Fällen es nicht mit ausgesprochenen Tanzformen, sondern mit freien Gebilden zu thun haben, sind wir berechtigt, diese Gruppen als Sonaten anzusprechen.

Telemann's Klavierstil in den Sonaten gleicht den in den Suiten aufs Haar. Arienhafte Melodik —

und eine bemerkenswerte Spielfertigkeit mit kleinen Motiven von italienischer Behendigkeit —

---

1) Drittes Dutzend, Nr. 5.
2) Erstes Dutzend, Nr. 4. Vergl. dazu S. 334.

sind seine hervorstechendsten Merkmale. Auch in den Tonarten ist Telemann viel moderner, als etwa Mattheson. Dem Quintenzirkel, den Telemann in den *Fansaisies* durchläuft, fehlen nur die entlegeneren Tonarten Cis dur, Es moll, Fis dur, As moll, B moll, H dur; die übrigen aber zeichnet er, wenn auch nicht durchgehends, so doch grösstenteils in moderner Weise vor.

Sonaten von ganz anderer Art liegen in den *XVIII Canons melodieux ou VI Sonates en Duo pour le Clavecin* vor uns. Die Sonaten bestehen hierin aus drei Sätzen: zwischen zwei schnelle Sätze gleicher Tonart ist ein langsamer Satz, der eine verwandte Tonart anschlägt, eingeschoben; der dritte repetiert nicht den ersten, sondern hat seine eigenen Gedanken. Das ist die Form der damaligen Kammersonate. Telemann hat aber zugleich auch die Schreibweise derselben übernommen. Verwiese der Titel diese Stücke nicht ausdrücklich aufs Klavier, so würde man sie der streng kanonischen Führung beider Stimmen im Einklang[2], sowie der sprunghaften Melodik zufolge für Violinduette ohne Generalbassbegleitung hinnehmen; als Beispiel stehe hier der Anfang vom Adagio der ersten Sonate:

---

[1] Siehe vorhergehende Anmerkung.
[2] **Marpurg** (Abhandlung von der Fuge, 1754, II, S. 94) lobt sie als musterhaft.

Ihre Ausführung auf dem Klaviere wird Telemann wohl ähnlich gedacht haben, wie F. Couperin bei seinen *Piéces croisées*[1]). In diesen Sonaten folgt also Telemann, sieht man von der kanonischen Schreibweise ab, dem Beispiele Pasquini's[2]); und das lag für ihn, der so vieles für Kammermusik schuf und dabei auch ans Klavier dachte[3]), nicht allzu fern.

Telemann stand bei seinen Zeitgenossen in ausserordentlich hohem Ansehen, und zwar, da ihn sein Schicksal weit umhergeführt hatte, nicht nur bei denen des Nordens. Zählte man die bedeutendsten Musiker auf, so war Telemann unter den Ersten; selbst Bach und Händel blieben dagegen im Hintergrunde. Man kann daran ungefähr den Eindruck ermessen, den seine leichte, gefällige Musik allenthalben hinterliess. Es kann deshalb nicht verwundern, dass in Hamburg jüngere Komponisten seiner Fahne folgten. Einige derselben seien hier kurz erwähnt. Von **Kreysing** junior —

Organist an der Kirche der englischen Kaufmannsgesellschaft zu Hamburg um 1736[4])

kennen wir ausser einem etüdenhaften Präludium eine Klaviersuite[5]) von deutscher Normalform, nur am Schluss durch ein Menuet ausgedehnt. Eigenartig an ihr ist die chromatische Ausweichung an den Kadenzstellen aller Teile; fast modern mutet sie uns im Menuet an:

---

1) Siehe oben S. 297 f.
2) S. 278 f.
3) Vergl. seine »Sonatinen« und »Helden-Musik«. Ähnlich verfuhr auch F. Couperin (s. oben S. 298).
4) Gerber (A. L.).
5) Telemann's »Music-Meister«. (S. 25, 31, 39, 66). Als Orgel- und Sonatenkomponist zeigt sich Kreysing in *Ms. P. 295* (Berlin).

Von Johann Valentin Görner —

einem Bruder des Leipziger Thomasorganisten Joh. Gottl. Görner[1], geboren am 26. Februar 1702 in Pönig bei Chemnitz, in Dresden und Leipzig ausgebildet und nach längeren Reisen in Hamburg sesshaft[2] —

liegt ausser einer unbedeutenden *Passacaille* ein Galanteriestück, *Trouble-Fête* betitelt, vor[3], das deutliche Spuren der Bravourtechnik Dom. Scarlatti's aufweist, z. B.:

Die Abkehr von den Traditionen der älteren Sweelinck'schen Schule vollzog sich auch in anderen Städten des Nordens. In Hannover wirkte nach dieser Richtung hin Karl Johann Friedrich **Haltmeier** —

Hoforganist daselbst und, da Telemann, dessen Mutter ebenfalls eine geborene Haltmeier war, eine Schrift desselben 1737 in Hamburg zum Druck beförderte, vielleicht ein Verwandter Telemann's[4].

Die Fantasie, die wir von ihm kennen[5], ein toccatenartiges Präludium, nicht also von Telemann'scher Form, ist nur klein; die Anforderungen, die der Komponist in ihr trotzdem an die Spieltechnik stellt —

---

1) Ph. Spitta (J. S. Bach, II, S. 33 f., 36 ff.).
2) Walther's Lexikon.
3) Telemann's »Music-Meister« (S. 42, 58).
4) Gerber (A. L.).
5) Telemann's »Music-Meister« (S. 35).

beweisen, dass ihm die zeitgenössische italienische Klaviermusik nicht fremd war.

An die Spitze dieser ganzen Bewegung setzte sich aber, nachdem Friedrich II. 1740 den Thron bestiegen hatte, Berlin, als eine neue Sonne den Glanz Hamburgs bald überstrahlend. Hier schuf sich der grosse König, selbst ein gediegener Komponist und ein Virtuos ersten Ranges[1]), eine auserlesene Hofkapelle, deren Mitglieder samt und sonders zu den besten Vertretern ihres Instrumentes zählten und als deren Leiter ein Mann fungirte, der, wie Telemann in Hamburg und Hasse in Dresden, in Berlin die italienische Oper repräsentierte, Graun. Hier wurde nun endlich der Weg, wenn auch nicht gerade zuerst gefunden, so doch am nachdrücklichsten betreten, der die Klaviersonate zu ihrer »richtigen Form« führte. Ihrer weiteren Ausbildung wendete sich nach Ph. Em. Bach's Vorgang, da die Suite die Grenzen ihrer Entwickelungsfähigkeit erreicht hatte, seit 1750 alle Welt zu. Die Sonatenkomposition schwoll demgemäss zu einer Hochflut an, wie sie in Deutschland kaum die Suite erlebt hatte. Es wäre nun eigentlich unsere Aufgabe, die Werke Ph. Em. Bach's und seiner Berliner Kunstgenossen, soweit sie vor 1750 publiziert wurden, einer Betrachtung zu unterziehen. Da sie aber als Vorboten einer neuen gewaltigen Bewegung mit der Darstellung dieser selbst aufs Engste zusammengehören, so dürfen wir diese Aufgabe dem nächsten Bande überlassen, der die Entwickelung der Klaviersonate bis zu den Klassikern hin in einem Zuge gemeinsam behandeln soll. Wir richten also unseren Blick jetzt auf Mitteldeutschland, um zu sehen, wie dieses seine Vermittlerrolle zwischen Nord und Süd weiter durchführte.

Pachelbel's Schaffen und Wirken war, wie wir uns erinnern[2]), zum besten Teile der Kunst des Orgelspieles zu Gute ge-

---

[1]) G. Thouret, Friedrich d. Gr. als Musikfreund und Musiker (Leipzig, Breitkopf & Härtel, 1898).
[2]) Siehe oben S. 205.

kommen. Deshalb nimmt es uns nicht Wunder, in der mitteldeutschen Klaviermusik dieser Periode auf verhältnismässig nur wenige Spuren zu stossen, die direkt auf ihn zurückführen. Christian **Reichardt** —

geboren am 4. Juli 1685 in Erfurt, späterhin hier Organist, zweiter Ratsmeister und Mitglied mehrerer angesehener Gesellschaften, gestorben am 30. Juli 1775, als Lehrer und Gönner Jak. Adlung's bekannt[1] —

hat Choralvariationen[2] hinterlassen, deren Faktur mit Pachelbel's weltlicher Liedvariation[3] durchaus konform ist. Als Beispiel mögen wenige Takte hier stehen:

Dass sie die erste Zeile des Abgesangs vom Choral »Wer nur den lieben Gott lässt walten« einkleiden, wird selbst der Choralkundige nicht auf den ersten Blick hin erkennen.

Einen beträchtlichen Schritt weiter auf dieser von Pachelbel zuerst betretenen Bahn weltlicher Choralvariation ist Johann **Schmid** gegangen.

S., Organist an St. Blasii in Zella, ein Freund Seb. Bach's und Lehrer J. P. Kellner's[4], komponierte 1710 den 121. Psalm für Klavier[5]. Er scheint bald nach 1746 gestorben zu sein.

Ein Präludium voll gebrochener Akkorde und Passagen, das unmittelbar in eine Fuge Buttstett'scher Faktur[6] über ein sich in Sechzehnteln rasch bewegendes Thema übergeht, eröffnet eine Reihe von siebzehn klaviermässigen Variationen (Partiten), denen eine selbsterfundene, choralartige Melodie zum 121. Psalm zu Grunde liegt. In ihnen waltet aber nicht mehr die empfindungsvolle Sinnigkeit Pachelbel's, sondern das Raffinement der modernsten Klavierkunst. Nach sechs rein variationsmässig entwickelten Partiten folgen ausgeprägte Tanztypen: *Boutade, Allemande, Courante, Sarabande, Rigaudon, Air, Menuet, Trio, Cha-*

---

[1] Gerber (A. L.).
[2] Berlin (*Ms. acc. fol.* 4107, S. 109).
[3] Siehe oben S. 201.
[4] Ph. Spitta (J. S. Bach, II, S. 718).
[5] Handschrift (Autograph?) im Kgl. Institut f. Kirchenmus. zu Berlin.
[6] Siehe oben S. 234.

conne, Gigue, Passacaille. Über das alles hin ist ferner die ganze grosse Menge französischer *agrémens* ausgeschüttet, die im Verein mit dem sehr häufig benutzten Wechsel zwischen *f, p* und *pp* den Stücken ein durchaus virtuoses Gepräge verleihen. Dem soll auch der Vortrag entsprechen. Schmid bemerkt, dass »der Tackt sonderlich im *Praeludio* und etlichen *variationibus* nicht so *accurat* kan gehalten, sondern [wegen der kleinen Nötgen] die $^3/_4$ Tackte, als *Variatio* 4. 6. 12. 17. gantz *andante* müssen *tractiret* werden, indem man sich an etlichen Orthen gar wenig oder gar nicht an den Tackt zu binden hat«. So bereichert Schmid die Variationskunst Pachelbel's um Dinge, die ihr bisher fern gelegen hatten: wie Ebner und Froberger mischt er die Suitenform mit unter und bietet dazu, Böhm's Vorbild folgend, den ganzen Apparat der französischen Spieltechnik auf. Da er nach beiden Seiten hin von den allermodernsten Errungenschaften uneingeschränkten Gebrauch macht, überbietet er auch den schwachen Anlauf, den Buxtehude[1]) in gleicher Richtung gemacht hatte.

Zu den Klavierwerken Johann Peter **Kellner's** weiterschreitend, spüren wir von Pachelbel'schem Geist kaum noch einen Hauch.

K., geboren am 24. September 1705 zu Gräfenroda (bei Plaue), machte den Anfang in der Musik bei dem Kantor seiner Heimat, einem gewissen Nagel und seinem Sohn. Etwa 1720 studierte K. ein Jahr lang bei J. Schmid in Zella, von wo er noch auf ein Jahr zu H. F. Quehl nach Suhla ging. K. wurde 1725 Kantor in Frankenhain, folgte aber bald einem Rufe als Kantor und Organist in seine Heimat, wo er 1788 starb. Es war sein Stolz, von seiner Bekanntschaft mit Seb. Bach und Händel zu erzählen. Einer Anckdote zufolge soll K. einmal, als Bach zufällig in der Kirche anwesend war, auf der Orgel eine Fuge mit dem Thema *b-a-c-h* meisterhaft improvisirt haben[2]). — Von seinen Klavierwerken sind folgende durch den Stich bekannt geworden: 1) »*Certamen Musicum* bestehend aus Präludien, Fugen, Allemanden, Couranten, Sarabanden, Giquen, wie auch Menuetten und dergleichen. *Exc.* Christ. Friedr. Eschrich in Rudolstadt. Arnstadt, im Beumelburgischen Buchladen«. Suite I 1739, 1749, II 1740, 1749, 1751, III 1742, 1749, IV und V 1748, VI 1756. 2) »*Manipulus Musices*. Oder: Eine Hand voll Kurzweiliger Zeitvertreib vors Clavier. J. G Schübler sc. Arnstadt, im Boumelburgischen Laden«. Stück I und II 1753, III 1754, IV 1756[3]). Dass die Herausgeber neuerer Sammelwerke diese Kompositionen nicht eines Blickes gewürdigt haben, hat ihr Schöpfer wahrlich nicht verdient.

Die sechs **Suiten** in Kellner's *Certamen Musicum* werden alle durch Präludium und Fuge eingeleitet, denen ohne irgend

---

1) Siehe oben S. 261.
2) Marpurg (Historisch-kritische Beyträge, I, S. 439 ff.), Gerber (A. L.), Spitta (J. S. Bach, II, S. 729).
3) Exemplare beider Werke in Berlin (Kgl. Bibliothek und Kgl. Joachimsthalsches Gymnasium).

welche Beimischung anderer Bestandteile das erste Tanzpaar der Normalform folgt. Frei gebildet ist dagegen die andere Hälfte der Suiten. Wohl bilden auch hier einmal Sarabande und Gigue die Eckpfeiler, aber an ihre Stelle sind doch vorwiegend *Andante*, *Adagio* oder *Aria* einer- und *Allegro* andererseits gesetzt, zwischen denen Kellner gern noch ein oder zwei Menuets oder anderes mehr anbringt. Die Tonarteneinheit beobachtet Kellner in denjenigen Suiten, die wenigstens drei der normalen Tanzformen festhalten; er lässt aber einen Wechsel mit dem tonalen Moll da eintreten, wo die Sarabande durch die genannten allgemeineren Stücke ersetzt wird. Das innere Verhältnis der vier Hauptsätze zu einander anlangend, so greift Kellner wohl einmal[1]) auf eine Sequenzbildung der Allemande —

in der Courante —

---

1) In der ersten Suite; ähnlich geschieht es auch in der Allemande und Courante der zweiten Suite.

und Sarabande —

mit unverkennbarer Absichtlichkeit zurück. Davon aber abgesehen, besteht kein motivischer Zusammenhang zwischen den einzelnen Gliedern; sie stehen melodisch wie harmonisch frei neben einander. An allen Zügen dieser Formengestaltung hat, wie man sieht, Pachelbel keinen Anteil, sie resultieren vielmehr aus dem Status, den Bach, Händel und Muffat geschaffen haben.

Zu demselben für Pachelbel negativen Resultat führt die Betrachtung der einzelnen Sätze. Die Präludien sind entweder Etüden — das erste sieht fast wie ein Urahne des von Gounod melodisierten Bach-Präludiums aus:

— oder Konzertsätze, in denen volle *tutti*-Akkorde mit virtuosen *solo*-Partien ihr Spiel treiben. Kinder einer viel moderneren Zeit sind auch die Fugen. Wie Kellner am Schlusse das Thema zu derber Klavierwirkung noch einmal aufrafft —

oder die Schlusskadenz durch eine überraschend fremde Harmoniewendung verzögert —

das zeigt ihn auf demselben Wege begriffen, wie Mattheson[1]). Von den nicht als Tänze bezeichneten Sätzen lassen die langsamen, an Stelle der Sarabande befindlichen ohne Weiteres den italienischen Kammermusikstil erkennen. Die Allegrosätze am Schlusse sind entweder zweiteilig oder frei fugiert oder gar konzerthaft, wie einige Präludien. Besonders kennzeichnend für sie ist der Umstand, dass sie sich nicht, wie wir es bei zeitgenössischen süddeutschen Meistern beobachteten[2]), stilistisch scharf von den eigentlichen Tänzen unterscheiden. Der spezifisch italienischen Klaviertechnik des Über- und Ineinandergreifens beider Hände und anderen Stileigentümlichkeiten der italienischen Kammermusik er-

---

[1]) Siehe oben S. 347.
[2]) S. 340 f.

öffnet Kellner vielmehr in beiden Gruppen gleich freien Spielraum und geht darin selbst über Seb. Bach beträchtlich hinaus. Dadurch ist freilich ausgeschlossen, dass die Tanztypen mit französischer Prägnanz zur Geltung kommen, aber Kellner hat sich ihnen gegenüber doch nicht mehr Freiheiten herausgenommen, als etwa Bach und Muffat, und lässt die wesentlichsten Merkmale immerhin unangetastet.

In rein musikalischem Betracht gehören Kellner's Suiten unstreitig mit zu den besten, die in der Zeit nach Vollendung der Form durch Muffat und Bach veröffentlicht worden sind. Dazu stempeln sie nächst ihrer stilistischen Einheitlichkeit vor allem die muntere Frische ihres musikalischen Gehaltes, die sich stellenweise sogar zu kecker Laune erhebt. Möchten die hier mitgeteilten Anfänge einer Gigue —

und eines Menuets —

mehr noch als die hier versuchte Würdigung den Wunsch berechtigt erscheinen lassen, dass dies Werk Kellner's in der modernen Litteratur wieder zu Ehren komme.

Züge, die uns an Bach gemahnen, finden sich in Kellner's Suiten hin und wieder. Die oben angeführten Sequenzen z. B. gehören hierher. Durch ein noch handgreiflicheres Beispiel lässt sich aber seine Bekanntschaft mit Händel belegen: Kellner's Sarabande —

ist offenbar aus der Erinnerung an ein Händel'sches Orgelkonzert[1] entstanden.

Den Stücken in seinem *Manipulus Musices*, die zum »kurzweiligen Zeitvertreib vors Clavier« dienen sollen, hat Kellner keinen bestimmten Gattungsnamen gegeben. Sie weisen in der That auch keine einheitliche Form auf. Darf man das vierte Stück — bestehend aus einer französischen *Ouverture*, einem einsätzigen, sonatenhaften *Allegro*, einer *Polonaise*, einem *Menuet* und *Prestissimo* — noch als eine in ihren Konturen verwischte Suite betrachten, zumal da kein Glied die Tonart verlässt, so müssen wir das zweite und dritte Stück Telemann's Fantasien[2] zur Seite stellen. Wie diese setzen sie sich aus zwei der Tonart nach verwandten Hälften zusammen, die in sich je eine französische *Ouverture* und einen raschen Satz (*Allegro, Vivace, Presto*) von mehr oder weniger ausgeprägter Sonatenform vereinigen. Nur fehlt bei Kellner der ausdrückliche Hinweis darauf, dass die erste Hälfte nach der zweiten nochmals wiederholt werden soll. Das erste

---

[1] Chrysander's Gesamtausgabe, Band 28, S. 29.
[2] Siehe oben S. 354.

Stück ist aber vollends eine Sonate. Zwei schnelle Sätze umgeben ein in der Dominante stehendes *Adagio*[1]); der musikalische Zuschnitt der drei Sätze, namentlich des ersten, ist nur mehr konzert- als sonatenmässig.

Dies zweite Werk Kellner's mit seiner formalen Unentschiedenheit ist ein Zeuge dafür, dass sich auch in Mitteldeutschland der geschichtliche Übergang von der Suite zur Sonate ähnlich vollzog, wie im Südwesten[2]). Es steht, da es musikalisch alle Merkmale dieser Strömung an sich trägt, auch nicht auf der absoluten Höhe der Suiten. Zu dem Gediegensten sind noch die fugierten Mittelabschnitte der Ouvertüren zu rechnen, vereinzelt fesselt auch ein technisch gut eingekleideter Gedanke die Aufmerksamkeit; darüber hinaus ist aber von einem individuellen Erfassen des modernen, allem Polyphonen abgewandten Sonatenstils nichts zu spüren. Da giebt sich Kellner, wie alle Anderen, die die Mode mitmachen. Und ob er selbst bei ihnen mit Stellen, wie diese es ist:

[1]) Die »kleinen Nötgen« erinnern etwas an Joh. Schmid, seinen Lehrer.
[2]) Siehe oben S. 331 ff.

unbedingten Anklang gefunden hat, wird man wohl bezweifeln dürfen.

Den echten Typus eines Modekomponisten dieser Zeit repräsentiert Johann Nikolaus Tischer, den wir als letzten Ausläufer der Pachelbel'schen Schule hier nennen wollen.

T., 1707 in Königsee geboren, erhielt nach dem ersten Unterricht bei Joh. Balth. Rauche, dem Organisten seiner Heimat, Unterricht im Klavierspiel bei dem Organisten Joh. Graff zu Magdeburg. Von hier ging er nach Arnstadt, Rudolstadt, Braunschweig, Hamburg, Berlin, Dresden, von dem Verkehr mit den dortigen Musikern profitierend und noch andere Instrumente erlernend, bis er nach verschiedenen Bemühungen um ein festes Unterkommen — eine Zeit lang diente er als Regimentshoboist — 1731 Schloss- und Stadtorganist in Schmalkalden wurde, wo er 1766 starb[1]). Von seinen vielen Werken für Klavier, die alle in Nürnberg erschienen, sind folgende nachzuweisen: 1) a. »*Divertissement musical, contenant III Suites pour le Clavessin. Oeuvre I.*« b. *Oeuvre II*, ebenfalls 3 Suiten, c. *Oeuvre III*, 6 Suiten enthaltend[2]). 2) »Das vergnügte Ohr und der erquickte Geist in Sechs *Galanterie-Parthien* zur *Clavier*-Übung für das Frauenzimmer in einer leichten und *applicablen Composition*«. Drei Teile[3]). 3) »Sechs Leichte und dabey angenehme *Clavier-Partien* Jungen Anfängern zur Übung«. Sechs Teile[3]). 4) »Musicalische Zwillinge in zwey *Concerten* eines Thons vor das *Clavier* oder Harmonischer Freude auf Klingender Saite Erste Frucht, welche nach dem besten und reinesten Gousto heutiger Art in singenden Säzen hervorgebracht«. Sieben Teile. Der letzte trägt folgenden Sondertitel: »Leztes und leichtes Clavier Concert zum beschluss der Musicalischen Zwillinge, welches noch waehrender *Maladie* verfertiget und der *Music* liebenden Jugend zum *Exercitio* und andencken herausgegeben ... Oktober 1754«[4]). 5) »Harmonisches Ergötzen der aus *Musicalischen Penseen* bestehende Vier Jahr-Zeiten«[5]). Von den nicht nachzuweisenden Werken sei wenigstens eins seines bezeichnenden Titels wegen noch genannt: 6) »Wehklagendes *Kyrie* und frohlockendes *Halleluja*, oder harmonische Herzens-Belustigung in 2 Clavier-Conzerten aus Cmol und Cdur vorgestellet, worinne der Affect etlicher beygefügten Schriftstellen durch angenehme Melodien und *applicable Modulationes* in etwas exprimirt wird.«

Die verschiedenen Formationen der Suiten Tischer's[6]) in aller Genauigkeit aufzuzählen, hiesse ihnen eine Beachtung schenken, die sie weder musikalisch noch geschichtlich zu beanspruchen haben. Sie zeigen, dass die deutsche Suite unter dem Einfluss der fortschreitenden Sonatenentwickelung zur völligen Auflösung gebracht ist. Die Tonarteneinheit, nur selten beim Trio oder an anderer Stelle durchbrochen, erinnert noch am meisten an die alte Form; die Reihenfolge der Sätze hat aber deren Boden ganz und gar verlassen. Bildeten früher die vier Haupttänze den Kern,

---

1) Gerber (A. L.).
2) Exemplar vollständig in Darmstadt.
3) Vollständiges Exemplar in Berlin.
4) Vollständig in Berlin, die »erste Frucht« auch in Wolfenbüttel.
5) In alter Kopie in Berlin (*Ms. acc.* 2242).
6) In Nr. 1, 2, 3 der genannten Werke Tischer's.

um den herum allerlei charakteristische Stücke als angenehme Beigaben gruppiert waren, so führen jetzt die Intermezzi das grosse Wort. Den eigentlichen Mittelpunkt macht nunmehr das Menuet aus, um das sich ausser Stücken allgemeiner, italienischer Bezeichnung *Polonaise, Marche, Scherzo, Murki, Pastorale, Burlesque, Vieille, Harlequin, Villanelle, Tiroloise, Dance des Bergschotts, Hussarts, Pandours, Tolpatschs, Croats, Hanacks* als Hauptbestandteile drehen. Von Tänzen älterer Herkunft wagen sich nur *Sarabande, Giga, Gaillarde, Bourée, Gavotte, Hornepipe* ganz vereinzelt hervor; das ehrwürdigste und widerstandsfähigste Bollwerk der deutschen Form, die *Allemande*, hat vor einem charakterlosen Gebilde zweiteiliger Gliederung, *Prelude* oder *Introduction* genannt, den Platz räumen müssen, mit sich fortreissend die bedeutungsvolle Abstufung und innere Beziehung der einzelnen Sätze zu einander die Lebenskraft der alten Suite. Sieht man endlich auf den Kompositionsstil, so findet man auch hier alle Charakteristik verschwunden. Ausdrucksmittel und Phrasen, die durch die Kammermusik allgemeinstes Gut geworden sind und keinen Schimmer eines selbständig schöpferischen Empfindens verraten, bauschen sich zu hochtrabenden Gebilden auf, die doch so inhaltlos und gebrechlich sich erweisen wie Seifenblasen. Das ganze Geklingel mit den Läufchen der rechten Hand und den Murki-Bässen der linken, z. B.:

täuscht nicht einen Augenblick darüber hinweg, dass wir es hier mit einem homophonen Klaviersatz zu thun haben, der verzweifelt nahe an die Grenze des trivialsten, ödesten »Frauenzimmer«-Dilettantismus streift.

Die Erwartung, dass sich Tischer's Suitenbehandlung da, wo ihr programmatische Tendenz gegeben ist[1]), in einem besseren Lichte zeigen könnte, erfüllt sich nicht. Form, Stil und Programm stehen hier auf gleich niedriger Stufe. »Der liebliche Frühling, der lustige Sommer, der angenehme Herbst, der rauhe Winter« —

---

[1]) Nr. 5 der angeführten Werke.

so lauten die Überschriften. Was für treffliche Interpretation würden sie durch die dramatische Anschaulichkeit eines **Kuhnau** oder durch die pointierte Charakteristik eines **Couperin** erhalten haben! Bei Tischer aber bleiben die Worte leerer Schall; den vier Suiten, die ihnen entsprechen sollen, fehlt musikalisch jede Berechtigung zu einem Vergleich damit.

Tischer's Klavierkonzerte machen inhaltlich und technisch das Beste aus, das er geleistet hat. Ein schöpferischer Genius hat ihn freilich auch hier nicht inspiriert. Wir werden deshalb nicht unter allzu grossem Verlust darauf verzichten dürfen, uns jetzt die Bedeutung einer Kompositionsform näher vor Augen zu rücken, die wir schon mehrfach dem Verfall der Suitenform hatten Vorschub leisten sehen. Dazu wird sich ohnehin begründetere Veranlassung darbieten, sobald von Seb. Bach zu sprechen ist. —

Eine zweite Richtung der mitteldeutschen Klaviermusik dieser Periode lässt sich an **Kuhnau's** Wirken anknüpfen. Christian **Pezold** —

1677 bis 1733, Cembalist der königlichen Kapelle und Organist der lutherischen Kirche in Dresden, Lehrer C. H. Graun's[1]. Ausser einer Klaviersuite[2] kennt man von ihm ein »*Recueil des XXV Concerts pour le Clavecin*«[3]

kann freilich nicht mit Bestimmtheit als ihr Vertreter bezeichnet werden. Denn die einzige Suite, die wir von ihm kennen, hat eher französische Züge — die Sarabande verlässt die Haupttonart und folgt erst der Gigue — als Kuhnau'sche. Und zu einem Urteil über die Konzerte fehlt die genauere Kenntnis derselben. Mit mehr Recht dürfen wir dafür Gottfried Heinrich **Stölzel** hierher verweisen.

S., am 13. Januar 1690 als Sohn eines Organisten zu Grünstädtel (Sächs. Erzgebirge) geboren, bezog 1703 das Lyceum in Schneeberg, wo ihn der Kantor **Umlauft**, ein Schüler **Kuhnau's**, in der Musik unterrichtete. Nach weiteren Studien und Verweilen in Gera, Leipzig, Breslau trat S. 1713 eine Reise nach Italien an, wo er mit den berühmtesten Komponisten Bekanntschaft schloss. Nach seiner Rückkehr wurde er 1719 Kapellmeister in Gotha, wo er bis an seinen Tod, der am 27. November 1749 erfolgte, ungemein vielseitig thätig war[4]. S., der in allen Zweigen der Komposition zu den beliebtesten und angesehensten Meistern seiner Zeit gerechnet wurde, hat auch die Klaviermusiklitteratur mit Wenigem, aber Bedeutsamem bereichert.

Seine »Enharmonische Claviersonate«[5] gleicht ihrer Form nach **Kuhnau's** Sonatenversuchen. Einer aus harpeggierten Ak-

---

1) Gerber (A. L.).
2) In Telemann's »Music-Meister« (S. 84 ff.).
3) Dresden (Kgl. Privat-Musikaliensammlung).
4) Gerber (A. L.).
5) »Musikalisches Allerley von verschiedenen Tonkünstlern«, Berlin, Birnstiel, 1761, Stück 13. Der letzte Satz ist von Weitzmann (Gesch. d. Klav. 2. Aufl.) neu gedruckt worden.

korden bestehenden *Largo*-Einleitung folgt eine frei gearbeitete Fuge, den Beschluss macht ein *Dolce* im Menuetcharakter; alle drei Sätze stehen in gleicher Tonart. Worin dies Stück der modernen Klaviersonate näher kommt, ist der Umstand, dass die drei Sätze die musikalische Tendenz gemeinsam haben, sich enharmonisch zu entwickeln. Geht im Präludium fast jeder Takt enharmonisch in eine neue Tonart über, so beschränkt sich das Fugenthema

auf eine einzige derartige Verwechselung, um nicht den Boden der Tonart unter den Füssen zu verlieren, während sich der letzte Satz der Enharmonik nur noch als melodischer Würze bedient, die in der harmonischen Führung keine weitere Veränderung hervorruft.

Eine viersätzige Suite Stölzel's[1]) hat dadurch geschichtliche Bedeutung erlangt, dass Seb. Bach »zu dem Menuett derselben ein eben so reizendes wie gediegenes Trio hinzufügte«[2]).

Noch reiner und stärker Kuhnau'sche Art pflanzte Christoph **Graupner** fort.

G., 1683 oder 1684 zu Kirchberg (Sächs. Erzgebirge) geboren, kam, nachdem er den ersten Klavierunterricht bei dem Organisten Küster in seiner Heimat erhalten hatte, auf die Thomasschule nach Leipzig, wo Joh. Schelle und Joh. Kuhnau ihn musikalisch weiter förderten. Namentlich zu Kuhnau trat G. als sein Notist in sehr enge Beziehungen. Äussere Umstände veranlassten ihn 1706 nach Hamburg zu gehen, wo er glücklich bei der Oper als Cembalist ankam und das tolle Treiben unter R. Keiser's Direktion noch mitmachte. Doch kehrte er ihm gern den Rücken, um 1709 als Vizekapellmeister an den hessischen Hof nach Darmstadt zu gehen. Hier wirkte G., da er 1723 die Wahl zum Leipziger Thomaskantor abgelehnt hatte[3]), bis an sein Lebensende; er starb am 10. Mai 1760[4]). In Hamburg für die Oper thätig gewesen, schuf G. in Darmstadt hauptsächlich für die Kirche und das Klavier, für letzteres folgende Werke: 1) »Acht Partien auf das Clavier, Darmstadt 1718«[5]). 2) »Monatliche Clavier-Früchte, bestehend in Präludien, Allemanden, Couranten, Sarabanden, Menuetten, Giquen etc. meistenteils für Anfänger herausgegeben. Darmstadt, in Verlegung des *Autoris*, 1722.« Zwölf Hefte[6]). 3) »VIII Partien auf das Clavier, bestehend in Allemanden, Couranten, Sarabanden, Giquen, Arien,

---

1) Im Klavierbüchlein W. F. Bach's (s. Band 45 der Bach-Ausgabe S. 223 ff.).
2) Ph. Spitta (J. S. Bach, I, S. 663) und Ausgabe der Bachgesellschaft (Band 36, S. LXI, XCVII).
3) W. Kleefeld (Vogel's Jahrb. d. Musikbibl. Peters, IV, S. 70).
4) Mattheson (»Ehrenpforte« S. 410 ff.), Gerber (N. L.).
5) Exemplar in Darmstadt.
6) Exemplar unbekannt, Titel nach Gerber.

Gavotten. Erster Theil, Darmstadt 1726« [1]). 4) »Vier Jahreszeiten, bestehend in 4 Partien fürs Clavier. Darmstadt 1733« [1]). Ausserdem sind einige Stücke handschriftlich überliefert[2]). Doch nirgends findet sich etwas von ihm neugedruckt.

Wer Gelegenheit hat, Graupner's Klavierwerke in grösserer Anzahl eingehend zu prüfen, wird in ihnen ausser der mit Kuhnau gemeinsamen massvollen Auffassung der Suitenform und der gleichen Hinneigung zur Programmmusik vielleicht auch noch bedeutsame stilistische An- und Nachklänge konstatieren können. In wiefern etwa noch beide Georg Gebel —

der Vater, 1683 bis 1750, Organist in Breslau, der Sohn, 1709 bis 1753, Kapellmeister in Rudolstadt[3]) —

hier einzureihen wären, liesse sich erst nach Auffindung ihrer zahlreichen Klavierkompositionen mit Sicherheit angeben. Wie aber auch das Urteil darüber ausfallen mag, in dem Geschichtsbilde, das hier entworfen werden sollte, um für die allbeherrschende Erscheinung des grössten deutschen Klaviermeisters seiner Zeit einen möglichst vollständigen Hintergrund zu schaffen, wird es an den Hauptzügen wohl nichts Wesentliches zu ändern finden. So obliegt uns denn nur noch die Erfüllung der letzten Aufgabe dieses Kapitels, zu zeigen, wie Johann Sebastian **Bach,** der machtvollste Orgelmeister und der tiefsinnigste Meister der protestantischen Kirchenmusik, den Deutschland je gehabt hat, auch auf dem Gebiete der Klaviermusik zu den Grossen zu zählen ist, deren schöpferische Hand der werdenden Zukunft Weg und Ziel gewiesen hat.

Es wird genügen, von B.'s Lebensgang hier nur die hauptsächlichsten Daten anzuführen, da alle intimeren Einzelheiten als bekannt vorausgesetzt werden dürfen[4]). B. wurde 1685 wahrscheinlich am 21. März (31. gregorianischen Stils) als Sohn des Ratsmusikanten Ambrosius Bach in Eisenach geboren. Als der Vater 1695 starb, übernahm Joh. Christoph Bach, Organist in Ohrdruff, als älterer Bruder die Sorge für die Erziehung des Knaben. Nach fünf Jahren fleissigen Lernens und Musiktreibens kam B. durch Glück und Geschick in die Lage, sich sein Brot selbst zu verdienen; er wanderte 1700 nach Lüneburg, wo man einen tüchtigen Sänger und auch sonst musikalisch gewandten Jüngling wie ihn als Mitglied des Michaelis-Schulchores gerade brauchen konnte, und vollendete in drei Jahren seine Schulausbildung. Im

---

[1]) Exemplar unbekannt, Titel nach Gerber.
[2]) In Darmstadt, Berlin (Ms. an 102 in K.).
[3]) Gerber (A. und N. L.).
[4]) In der beträchtlichen Litteratur über Bach's Leben und Wirken nimmt Phil. Spitta's zweibändiges Werk (Leipzig, Breitkopf & Härtel, 1874 ff.) die erste Stelle ein. Seinem Gedankengange folgend, werden wir ihm auch hin und wieder Zitate entnehmen dürfen, die den Kern der Sache allemal kurz und bündig treffen.

Jahre 1703 fand B. ein vorläufiges Unterkommen als Violinist des Prinzen Johann Ernst in Weimar, acceptierte aber noch in demselben Jahre eine ihm mehr zusagende Stellung als Organist der Neuen Kirche und Leiter eines kleinen Schülerchores in Arnstadt. Doch in dem Masse, wie B. sich als Künstler vertiefte, wurden ihm anfangs bequeme äussere Verhältnisse zu enge und kleinlich. So verliess er 1707 Arnstadt, um den Organistenposten an St. Blasius in Mühlhausen zu übernehmen. Bereits 1708 folgte er einer Berufung als Hoforganist und Kammermusiker an den Hof zu Weimar. Als Kapellmeister des Fürsten Leopold übersiedelte er 1716 nach Köthen, 1723 endlich als Nachfolger des Thomaskantors Kuhnau nach Leipzig, wo er nach langer, reich gesegneter Thätigkeit am 28. Juli 1750 die erblindeten Augen für immer schloss. — Zum Stich gelangten von B.'s Klavierwerken und zwar zum Teil durch eigene Hand seit 1726 nur vier Teile der »Klavier-Übung«, die auch sehr vieles für die Orgel enthält. Die Vollendung der »Kunst der Fuge« erlebte B. nicht mehr. Schüler und Freunde sorgten jedoch schon bei Lebzeiten B.'s für die Verbreitung seiner Kompositionen durch zahlreiche Abschriften, die im Verein mit vielen Autographen das kritische Fundament für die umfassenden Gesamtausgaben der Neuzeit[1]) bildeten. *

Die musikalische Sphäre, die Bach als Knaben umgab, war stark erfüllt von der Kunst des alten Pachelbel. Abgesehen davon, dass dessen Name gerade in den thüringischen Landen guten Klang hatte[2]), verknüpften Pachelbel überdies mit dem Bach'schen Geschlechte noch engere Bande. Er war befreundet mit Joh. Michael Bach, Organist in Gehren, Sebastian's erstem Schwiegervater; ein ähnliches Verhältnis bestand wohl auch zwischen ihm und Joh. Christoph Bach, Sebastian's Oheim, von der Zeit ihres gemeinsamen Wirkens in Eisenach her. Der gleichnamige Bruder Sebastian's, der den verwaisten Knaben zu sich nach Ohrdruf nahm und ihn über die ersten Anfangsstufen des Klavier- und Orgelspiels hinweg führte, war endlich drei Jahre lang Pachelbel's Schüler gewesen. Aus dieser Zeit rührte noch eine Sammlung von Werken Pachelbel's und anderer Meister her, die »der Altersstolz Johann Christoph's dem Knaben vorenthielt. Durch das weitläuftige Gitter eines Schrankes konnte dieser den Gegenstand seiner Sehnsucht täglich liegen sehen; da schlich er sich bei nächtlicher Weile heran, langte durch die Gitteröffnungen und zog das zusammengerollte Heft heraus. Licht stand ihm nicht zur Verfügung, so musste der Mondschein aushelfen, den köstlichen Schatz durch Abschrift zu gewinnen«. Die mutmasslich frühesten, in Ohrdruf (1695—1700) entstandenen Jugendkompo-

---

1) Im Folgenden wird nur nach der kürzlich vollendeten Ausgabe der Bachgesellschaft zitiert werden. Wer sich über die grosse Zahl populärer und für den Vortrag eingerichteter Ausgaben und Bearbeitungen sonst noch zu orientieren wünscht, sei auf A. Prosniz (Handbuch der Klavierlitteratur, I, Wien, Wetzlar, 1884, S. 26 ff.) verwiesen.
2) Siehe oben S. 205, 233.

sitionen Seb. Bach's folgen denn auch unzweideutig Pachelbel's Richtung. Zu ihnen gehört eine Klavierfuge in Emoll[1]). »Dies Stück verrät seine Entstehungszeit sowohl durch die auffällige Steifheit aller seiner Themen als durch die Ängstlichkeit, mit welcher derselbe Kontrapunkt dem Hauptgedanken sich an die Fersen heftet, durch das konsequente Beharren in der Grundtonart bei nicht weniger als vierzehn Einsätzen des Themas, durch fast gänzliches Fehlen aller verbindenden Zwischensätze, als endlich durch eine auffallende Unspielbarkeit, indem die Form sich der Klaviertechnik noch nicht fügen wollte«.

Eine neue musikalische Welt that sich Bach in Lüneburg (1700—1703) auf. Bestimmenden Einfluss übte hier auf ihn G. Böhm[2]) aus, der denselben Bildungsgang durchlaufen hatte, wie ihn Bach eben betrat. Er war es, der Bach die Anregung zu mehrfachen Ausflügen nach Hamburg gab, um ältere Meister wie Reincken[3]) und V. Lübeck[4]) in ihrer Eigenart kennen zu lernen. Auch Bach's Neigung zur Bekanntschaft mit der französischen Musik, die am herzoglichen Hof im nahe gelegenen Celle eine begünstigte Pflege erfuhr, kann Böhm seinem künstlerischen Standpunkt gemäss nur begünstigt haben. Bis in diese Zeit »wird zum grossen Teile das Interesse zurückzuführen sein, das Bach den französischen Klavierkomponisten thatsächlich entgegengebracht hat. Eine Suite von N. Grigny und eine gleiche Komposition von Dieupart schrieb er sich eigenhändig ab. In Sammelwerken, welche sich späterhin Bach's Schüler zusammentrugen, finden sich die Arbeiten eines Marchand, Nivers, d'Anglebert, Dieupart, Clairembault, Dandrieu, Charpentier, Le Bègue, Le Roux, Le Ser als Beweis, dass Bach sie auf solche Sachen hinwies. Auch mit den Kompositionen des bedeutendsten unter jenen Künstlern, Fr. Couperin's, ist er wohl vertraut gewesen«. Überaus bezeichnend aber für das geistige Verhältnis des gereiften Böhm zu seinem jungen Landsmann ist es, dass auch Bach aus den Anregungen des Nordens in erster Linie seine Kunst des Orgelspieles bereicherte.

In Arnstadt (1703—1707) suchte Bach durch technische und kompositorische Studien zunächst die Lüneburger Errungenschaften sich völlig zu eigen zu machen. Dass er sich jedoch nicht einseitig auf sie allein zurückzog, beweisen einige Klavierwerke, die

---

[1]) Gesamtausgabe, Band 36, S. 155. Vergl dazu Ph. Spitta (a. a. O., I, S 216).
[2]) Siehe oben S. 256 ff. Vergl. dazu Ph. Spitta (I, S. 192 ff.).
[3]) Siehe oben S. 255 f.
[4]) Siehe oben S. 341.

in der ersten Arnstädter Zeit entstanden sind. Ein Stück bekundet durch seine Benennung und Anlage, dass sich Bach auch mit den letzten Aufsehen erregenden Werken Kuhnau's genau bekannt gemacht hat. Es ist eine *Sonata* in D dur[1]) von der Art, wie wir sie aus Kuhnau's »Frischen Clavier-Früchten« kennen. Dem liedhaft homophonen Einleitungssatz, dessen Wurzeln in der »anmuthigen Melodie« Jakobs[2]) liegen, folgt ein rezitativisch beginnendes, dann sich polyphon ausbreitendes Adagio, danach eine Fuge von echt Kuhnau'schem Zuschnitt in H moll. Nach abermaligem rezitativischen Zwischensatz beschliesst eine flotte Fuge in D dur das ganze Stück. Diese letzte Fuge enthält übrigens noch einen weiteren Fingerzeig auf die Richtung von Bach's Studien. Eine Quelle, die notorisch sehr flüchtig angelegt ist, giebt nämlich der Schlussfuge die Überschrift »*Thema all' Imitatio Gallina Cucca*«. In diesem korrumpierten Italienisch liegt nicht nur die Hinweisung auf die Nachahmung des Hennengeschreis, sondern auch auf die des Kuckucksrufs, der sich vom 15. Takt dem Hauptthema dauernd beigesellt:

Der Kuckucksruf gehörte aber, wie wir wissen[3]), nach Frescobaldi's Vorgang zu den beliebten Themen der österreichischen Schule; Kerl und Murschhauser haben ihn bedeutsam verwendet. Dass Bach sich mit diesen Meistern beschäftigt haben muss, erkennen wir aus der Gegenüberstellung mit Poglietti's[4]) »Hennengeschrey«:

---

[1]) Gesamtausgabe, Band 36, S. 19. Vergl. dazu Ph. Spitta (I, S. 239 ff.).
[2]) Siehe oben S. 251.
[3]) Siehe oben S. 139, 188, 214.
[4]) Oben S. 185.

Das Befolgen solcher Vorbilder erklärt dann auch zwanglos das für Bach sonst auffällige Kontrapunktieren durch ruhige Akkordfolgen.

Ähnlich verhält es sich mit einem zweiten Stück, einem »Capriccio. In honorem Joh. Christoph Bachii Ohrdruf« aus Edur[1]). Es ist ein frei fugierter Satz, worin »neben dem Thema noch allerhand andere, thematisch sich entwickelnde Elemente ihr unstetes Wesen treiben: anspruchsvolle Kontrapunkte, die es zu nichts bringen, flüchtig spielende Gänge, drein fahrende Masseneffekte«. Erscheint die behagliche Breite des Themas als ein Reflex von Kuhnau's Wesen und die reichliche Anwendung von verschiedenartigen *agrémens* als eine Errungenschaft der Lüneburger Studienzeit, so ist die Bezeichnung Capriccio für eine derartig locker ausgesponnene Fuge wieder spezifisch süddeutsch[2]). In einem dritten Stück, dem Capriccio »über die Abreise seines geliebten Bruders« (*sopra la lontananza del suo fratello dilettissimo*)[3]) verbindet Bach mit dem süddeutschen Begriff sogar die programmatische Tendenz von Kuhnau's »Biblischen Historien«.

    1. »*Adagio.* Ist eine Schmeichelung der Freunde, um denselben von seiner Reise abzuhalten.
    2. (*Andante*). Ist eine Vorstellung unterschiedlicher *Casuum*, die ihm in der Fremde könnten vorfallen.
    3. *Adagissimo.* Ist ein allgemeines *Lamento* der Freunde.
    4. Allhier kommen die Freunde, weil sie doch sehen, dass es anders nicht sein kann, und nehmen Abschied.
    5. *Aria di Postiglione.*
    6. *Fuga all' imitazione della cornetta di postiglione«.*

Eine vierte Komposition, Präludium und Fuge in Esdur[4]), giebt uns sodann die Gewissheit, dass unter den Wiener Musikern, deren Werke Bach durchstudierte, auch Froberger war[5]). Das altertümliche Passagenspiel im Präludium, die Art, dem Fugenthema in den Durchführungen stets neue Motive entgegen zu stellen und die Fuge durch ein toccatenhaftes Anhängsel zu beschliessen — das sind Froberger'sche Züge, die man, sobald man sie einmal gesehen hat, nicht vergisst. Freilich eignen sie auch Frescobaldi, aber dessen Bekanntschaft scheint Bach doch erst später gemacht zu haben. Derselben Zeit dürfte noch die Um-

---

    1) Gesamtausgabe, Band 36, S. 197. Vergl. dazu Ph. Spitta (I, S. 244 ff.).
    2) Siehe oben S. 187 f.
    3) Gesamtausgabe, Band 36, S. 190. Vergl. dazu Ph. Spitta (I, S. 234, 235 ff.).
    4) Gesamtausgabe, Band 36, S. 88. Vergl. dazu Ph. Spitta (I, S. 320 f.), der jedoch damals nur wenig von Froberger kennen konnte.
    5) Siehe oben S. 38 f., 180.

arbeitung einer Fuge des Freiberger Organisten Joh. Christ. Erselius angehören[1]). Denn wenn sie auch schon in beträchtlichem Grade Bach's Streben, sein Original kontrapunktisch zu vertiefen, hervortreten lässt, so erreicht sie doch noch nicht die Stufe seiner Weimaraner Bearbeitungen.

In Arnstadt werden endlich auch die Variationen über eine *Passacaglia*[2]) in Dmoll entstanden sein, die wir als die ältesten Versuche Bach's in dieser Formengattung anzusehen haben. Sie tragen durchaus deutsches Gepräge. Einen solchen, diatonisch die Quarte abwärts durchschreitenden Bass wie hier haben Fischer, Kuhnau und Pachelbel ebenfalls variiert; an ihre Art erinnert denn auch das wechselnde Verlegen der Figuration erst in die rechte, dann in die linke Hand. Die Wiederholung der ursprünglichen Melodie in ihrer einfachen Gestalt nach der siebenten, zehnten und letzten Variation endlich findet sich vorbildlich bereits bei dem älteren Muffat. —

Eine Studienreise, die Bach im Herbst 1705 von Arnstadt aus unternahm, um Buxtehude's vielgepriesenes Orgelspiel und seine »Abendmusiken« zu hören, dabei aber den ihm gewährten Urlaub um das Vierfache überschreitend, brachte das Missbehagen, das Bach über gewisse Pflichten seines Amtes empfand, zu offenem Ausbruch. So ging er denn 1707 gern nach Mühlhausen, um freilich auch dies vor kunstfeindlichen Strömungen bald zu verlassen. Seine künstlerischen Bestrebungen dieser Jahre waren lediglich auf die Kirchenmusik gerichtet. Sie blieben es zunächst auch noch in Weimar (1708—1717), wo sich Bach zu dem glänzenden Orgelspieler und Komponisten ausreifte, von dem wir heute noch zu lernen haben.

»Von grosser Bedeutsamkeit für Bach's gesamtes Künstlertum wurde sodann aber die neue Richtung, in welche er durch seine Stellung als Kammermusikus mit Macht gedrängt wurde. Zum ersten Male fand er hier Gelegenheit, mit der instrumentalen Kammermusik der Italiener sich gründlich bekannt zu machen. Die von ihnen hierfür geschaffenen Hauptformen waren die der Sonate und des Konzerts«. Bezüglich der Sonate und ihres mit der Suite verwandten Wesens darf auf früher Gesagtes[3]) verwiesen werden. »Das Konzert andererseits acceptierte von der Sonate den Satzwechsel; aber während dort vier oder mehr Abschnitte gefunden werden, ging der Konzertkomponist in der Regel nicht

---

1) Gesamtausgabe, Band 42, S. 55. Der Anhang bietet zu näherem Vergleich das Original dar.
2) Gesamtausgabe, Band 42, S. 234.
3) Siehe oben S. 242, 245.

über drei hinaus und brachte den langsamen Satz in die Mitte. Die Sonate bestimmte ferner nur die Anordnung verschiedener Sätze zu einem Ganzen, das Konzert aber auch den Bau der einzelnen Sätze. Die Form des ersten und gewichtvollsten Satzes bildete sich geradeswegs aus dem Gegensatz und Wetteifer zwischen Soloinstrument und Gesamtkörper. Ein möglichst prägnantes Tutti-Thema beginnt ausnahmslos den ersten Satz, dem sich so wie es geendet hat und in derselben Tonart das konzertierende Instrument mit einem mehr oder minder hervorragenden neuen Motiv, oft auch nur in figurierendem Tonspiel gegenübergestellt. Dies Verfahren wiederholt sich mit Umbildungen, Erweiterungen und gegenseitigen Verschlingungen in den nächstverwandten Tonarten. Der langsame Satz sollte dem Spieler zu grossem Ton und geschmackvollen Verzierungen Gelegenheit geben; ist er, wie gewöhnlich, kurz, so tritt das Tutti in die bescheidene Begleiterrolle zurück, bei längeren Ausführungen zerschneidet es an geeigneten Stellen das phantastische Solospiel, oder giebt auch wohl durch ein markierendes, stetiges Bassmotiv dem Ganzen Halt und Zusammenhang. Der letzte Satz hat meistens ein ungerades Zeitmass und lebhaft bewegten Charakter; seine Entwickelung ist entweder dem ersten gleichgestaltet, oder er ist liedhaft zweigetheilt, mit Repetition, nicht selten eine Gigue oder Corrente«. Diese Dreisätzigkeit entspricht, wie man sieht, der Al. Scarlatti'schen Ouvertüre.

Mit scharfem Blick erkannte Bach die Verwendbarkeit dieser Formen auch ausserhalb ihres eigentlichen Gebietes und machte sie sich zu Nutze zunächst dadurch, dass er sechzehn Violinkonzerte Ant. Vivaldi's klaviermässig arrangierte[1]. Bach's Verfahren bei der Übertragung der Konzerte lässt sich zur Zeit noch nicht vollständig übersehen, da man bis jetzt nur sechs der Vivaldi'schen Originale zum Vergleich heranziehen kann[2], doch ist ein ungefährer Schluss von ihnen auf alle wohl verstattet. »Bach behielt im Allgemeinen Vivaldi's Solostimme bei, schmückte sie aber durch Verzierungen und klaviermässige Passagen aus; er änderte sie, wo sie violinmässig geschrieben war. Harmonisch

---

[1] Bach's Bearbeitungen der Vivaldi'schen Konzerte stehen in Band 42 der Gesamtausgabe, S. 59 ff. Nun befindet sich in alter Handschrift auf der grossherzoglichen Bibliothek zu Darmstadt ein »*Concerto di B. Marcello, accommodé au Clavessin de J. S. Bach*«, von dessen Vorhandensein auch R. Eitner (Monatsh. f. M. 1891, S. 193) Notiz genommen hat. Diese Aufschrift ist erst neueren Datums; ursprünglich war nur zu lesen *Concerto del Sigre Bach*. Überdies gehört das Stück zu den Vivaldi'schen Arrangements.
[2] Ph. Spitta (I, S. 410 ff.), Paul Waldersee (Vierteljahrsschr. f. Mus. 1885, S. 356 ff.).

folgte er dem Originale, würzte aber nichtssagende Folgen durch eingestreute Dissonanzen. Zu Bach's geistigem Eigentum gehört eine bewegliche Führung der Bässe, Verlebendigung der Mittelstimmen und Hinzufügung von Kontrapunkten zu dem einsamen Gange der Violine«. Indem er derartig nach- und umbildete, hat er »in den meisten Fällen wirkliche Klavierstücke geschaffen und zugleich den musikalischen Gehalt um ein sehr Wesentliches bereichert«.

Von den italienischen Sonatenkomponisten beschäftigten Bach nachweislich Legrenzi, Corelli und Albinoni; doch liess er sich hier nicht auf eine vollständige Bearbeitung der Originalwerke ein, sondern griff nur einzelne Fugensätze heraus, um sie mit gleicher Selbständigkeit, wie die Konzerte, für die Orgel oder das Klavier umzugestalten. Letzterem passte Bach zwei Fugen Albinoni's an: eine in Adur[1], die andere in Hmoll[2]). Dieser zweiten hat Bach dann später, indem er sich noch mehr als Anfangs von dem Original entfernte und ein grossartiges Präludium[3] hinzufügte, diejenige Gestalt gegeben, in der sie allgemeiner bekannt ist[4]).

Für Bach's Streben, durch eindringendes Studium anderer Meister sich allseitig zu vertiefen, ist es ungemein bezeichnend, dass er in Weimar auch auf die italienische Orgelmusik genaueres Augenmerk richtete. Hier verschaffte er sich 1714 Frescobaldi's »Fiori musicali«[5]); und wenn wir in den handschriftlichen Sammlungen seiner Schüler vielfach Kompositionen von Aresti, Battiferri, B. Marcello, Pollaroli begegnen, so werden wir den Grund dafür ebenso, wie bei den französischen Stücken, in Bach's eigener Beschäftigung mit jenen Meistern erblicken dürfen.

Es konnte nicht ausbleiben, dass Bach aus so energischem Studium der Italiener nicht auch für sein selbständiges Schaffen zu profitieren suchte. War vor der Fuge ein Präludium möglich, so durfte dort ebenso gut ein dem Konzert nachgebildetes Stück stehen. Diesem Gedanken, den auch Andere, wie wir sahen, später gelten liessen[6]) hat Bach in mehreren Klavierkompositionen Ausdruck gegeben. Von dem »Concerto e Fuga« betitelten Stücke in Cmoll[7]) dürfen wir seiner inneren Unreife wegen hier schwei-

---

[1] Gesamtausgabe, Band 36, S. 173. Siehe Ph. Spitta (I, S. 424).
[2] Gesamtausgabe, Band 36, S. 224. Siehe Ph. Spitta (I, S. 425 ff.).
[3] Gesamtausgabe, Band 42, S. 211. Vergl. oben S. 327, Anm. 5.
[4] Gesamtausgabe, Band 36, S. 178.
[5] S. oben S. 128, Anm. 3.
[6] Siehe oben S. 328, 343 f., 363.
[7] Gesamtausgabe, Band 42, S. 190. Ph. Spitta (I, S. 415) will es in die Zeit des ersten Aufenthaltes in Weimar (1703) verlegt wissen.

gen. Dann kommt aber eine G dur-Toccata in Betracht[1]). Entwickelt sich der erste Satz derselben aus einem Tutti-Motiv, das übrigens an ein Vivaldi'sches Konzert erinnert, und einem Solo-Gegensatz, so ist der zweite Satz ein Adagio in der Paralleltonart E moll, dem nach einem konzertmässigen Halbschluss eine »froh und sonnig dahin gaukelnde« Fuge als dritter Satz folgt. In den Ausgang der Weimarer Zeit gehört vielleicht noch ein Präludium mit Fuge in A moll[2]), denn das Präludium ist ein breit angelegter erster Konzertsatz. »Wie bestimmt die Absicht Bach's war, lässt sich hier übrigens besonders deutlich aus dem Umstande erkennen, dass er in späteren Lebensjahren diese beiden Sätze mit Zwischenschiebung eines Adagio zu einem wirklichen Konzert[3]) für Flöte, Violine und Klavier mit Begleitung erweiterte«. Nicht konzerthaft, aber doch italienisch beeinflusst ist endlich eine »Aria variata alla maniera italiana« in A moll[4]). »Die Figuration liegt mit kaum nennenswerter Unterbrechung in der Oberstimme, der Bass geht einfach stützend darunter her, wenn es ihm gleich nicht an freier Bewegung fehlt. Wohl mit Absicht ahmen manche Stellen die Passagenart der Geige nach, auch tritt die Spielweise der arrangierten Vivaldi'schen Konzerte häufig entgegen«. Wie wesentlich aber Bach's Variationstechnik dadurch gewonnen hat, lehrt ein Vergleich mit den älteren Arnstädter Variationen.

Die genannten Werke, die ausschliesslich italienischen Einfluss verraten, repräsentieren nicht alles, was Bach in Weimar für Klavier setzte; er vergass dabei eben nicht seinen älteren Standpunkt. Dieser kommt zunächst in einer F dur-Suite[5]) zur Geltung, die nach dem Einleitungsstück, einer französischen Ouvertüre, als solche betitelt ist, was auch bei Bach's Vorgängern gelegentlich geschah, z. B. bei Böhm. Das anspruchslose, aus *Ouverture*, *Entrée*, *Menuet*, *Trio*, *Bourrée* und *Gigue* bestehende und den Tanzcharakteren sich fügende Stück ist deshalb von besonderem Werte, weil es zeigt, dass in Weimar Bach's schöpferische Kraft noch nicht intensiv auf den Ausbau der Suitenform gerichtet war. Wohl aber lagen ihm Formen näher, an denen er auch als Organist ein Interesse hatte und die es ihn immer mehr zu vervollkommnen drängte. Schliessen sich vier Fugen, je zwei in A dur und A moll[6]), im

---

[1]) Gesamtausgabe, Band 36, S. 63. Ph. Spitta (I, S. 416 f.). Eine der handschriftlichen Quellen nimmt übrigens das Stück für Händel in Anspruch, dieselbe betitelt es richtiger wie die übrigen als »*Concerto seu Toccata*«.
[2]) Gesamtausgabe, Band 36, S. 91. Siehe Ph. Spitta (I, S. 447).
[3]) Gesamtausgabe, Band 17, S. 22.
[4]) Gesamtausgabe, Band 36, S. 203. Siehe Ph. Spitta (I, S. 427).
[5]) Gesamtausgabe, Band 36, S. 44. Siehe Ph. Spitta (I, S. 428).
[6]) Gesamtausgabe, Band 36, S. 157, 161, 169, Band 42, S. 205. Siehe Ph. Spitta (I, S. 428 f.).

Grossen und Ganzen den Albinoni'schen an, so vollziehen zwei einzeln stehende Präludien in Cmoll und Amoll, auch Fantasien genannt,¹), eine Verschmelzung norddeutscher Harmonik mit einer Spieltechnik, die sich durch die Oktavensprünge der linken Hand mit Sicherheit als süddeutsche identifizieren lässt²). »Eine hervorspringende melodische Blüte fehlt dem einen wie dem andern durchaus, sie bieten nur Harmonienfolgen, welche sich an einem festen rhythmischen Spalier weiterranken«. Eine isolierte Gmoll-Fantasie³) »ist auf drei zusammengefasste Motive gebaut, welche alle den doppelten Kontrapunkt in der Oktave zulassen und an deren Versetzungen und Durchführungen sich das Stück in kräftigem Flusse entwickelt«. Diese Beschaffenheit kennzeichnet sie als vorgeschrittene Phase eines älteren Fantasietypus Pachelbel's⁴).

Diesen vereinzelten Formenversuchen ist eine Reihe von vier Toccaten gegenüber zu stellen. Die erste in D moll⁵), wie es heisst, Bach's erste Toccatenkomposition überhaupt, beginnt mit einem echt toccatenhaften Gang, um sich dann zum »gebundenen Spiel in sauberster vierstimmiger Harmonie« auszubreiten. Der zweite Satz ist eine Doppelfuge, doch nicht strenger Art. Dieselbe Freiheit, mit der der Oktavenaufstieg der ersten Themas

gleich in der nächsten Beantwortung zur Sexte, späterhin sogar bis zur Quinte und Quarte herabgedrückt wird, ermöglicht es auch dem zweiten Thema,

---

1) Gesamtausgabe, Band 36, S. 136, 138. Siehe Ph. Spitta (I, S. 429 ff.).
2) Böhm's Präludium (s. oben S. 257) als Vorbild, auf das Spitta hinweist, würde doch nur die eine Seite der Stücke erklären; Pogliotti's und Kerl's Toccaten (tutta de salti, s. oben S. 187) erklären erst die andere.
3) Gesamtausgabe, Band 36, S. 143. Ph. Spitta (I, 432 ff.) reiht ihr noch drei andere an. Die ersten sind jedoch weit mehr auf der Orgel zu verweisen, was auch seitens der Bachgesellschaft geschehen ist; die dritte aber trägt nach den neuerdings bekannt gewordenen Quellen die richtigere Bezeichnung »Toccata«. Wir stellen sie deshalb in die nächste Gruppe hinein.
4) Siehe oben S. 203.
5) Gesamtausgabe, Band 36, S. 36. Das ist jedoch eine später revidirte Fassung. Die Abweichungen der älteren verzeichnet das Vorwort. Siehe Ph. Spitta (I, S. 485 f.).

sich frei weiter- und umzubilden. »Es folgt ein zartklingendes Adagio, das an der Hand eines eintaktigen Motivs ruhelos von Tonart zu Tonart irrt« und als Schlusssatz wieder eine Doppelfuge, deren eigentlichem Beginn eine kurze Exposition des ganzen thematischen Materiales vorangeht[1]). Die Form der übrigen drei Toccaten[2]) stimmt damit im Wesentlichen überein; stets wechseln zwei fugierte und zwei freier gestaltete Sätze derart ab, »dass die fugierten die zweite und vierte Stelle einnehmen«. Die Verkettung formenstrenger und freier Gebilde mit einander war, wie erinnerlich, das Prinzip der Toccaten des älteren Muffat[3]) gewesen; Bach folgt ihm darin, verfährt aber dabei schöpferisch. Die Glieder, die Muffat als Episoden in einander verschränkte, setzt Bach als selbständige Sätze hin, die ihren musikalischen Gedanken bis auf den Grund nachgehen können. Trotzdem halten sich wie bei Muffat so auch bei Bach die einzelnen Teile das Gleichgewicht, nur haben sie hier viel grössere Dimensionen als dort. Ausserhalb der Einflusssphäre Muffat's liegt allein die Vierzahl der Sätze Bach's. Es scheint, als ob die italienische Kammermusik daran nicht ganz schuldlos ist; wenigstens verrät der zweite Satz der Ddur-Toccata in Anlage und Melodie eine frappante Hinneigung zur Konzertform, und die Schlussfugen sind wie die letzten Konzertsätze merklich leichter und flotter im Charakter, als ihre Schwestern am Anfang.

In zwei Toccaten[4]) der letzten Weimarer Jahre giebt Bach auch dieser Form noch vollendetere Fassung. Hatte er vorher die vier Sätze von einander losgelöst, um ihnen Raum zur Ausbreitung zu schaffen, so fügt er sie jetzt wieder in einander. Gleichzeitig entwickeln sich organisch die ersten Adagiosätze aus einem Fugenthema, und die Fugen selber treten in ein bedeutungsvolleres Verhältnis zu einander als früher: in der Fismoll-Toccata greift das zweite Fugenthema —

auf das Hauptmotiv des ersten Adagios —

---

[1]) Man denkt unwillkürlich an eine auffallend ähnliche Anlage bei Frescobaldi (siehe oben S. 135).
[2]) Gesamtausgabe, Band 36, S. 26, 47, 54. Ph. Spitta (I, S. 433, 436, 437).
[3]) Siehe oben S. 194.
[4]) Gesamtausgabe, Band 3, S. 311, 322 Ph. Spitta (I, S. 642 ff., 822).

zurück, in der Cmoll-Toccata ist die zweite Fuge gar eine direkte Weiterführung der ersten, nur gestaltet sie sich durch Beifügung eines zweiten Themas zur Doppelfuge:

Somit schafft denn Bach die letzten konzerthaften Elemente heraus und restituiert die Form in einer Weise, die stark an Froberger[1]) erinnert.

Es mag nicht überflüssig erscheinen, hier auf die überraschende Ähnlichkeit eines Gedankens hinzuweisen, den ungefähr um dieselbe Zeit Händel verarbeitet hat. Das erste Fugenmotiv in dem vierten der sogenannten Oboenkonzerte, 1716 komponiert[2]),

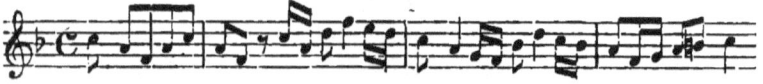

halte man mit dem ersten Fugenthema der Cmoll-Toccata zusammen und vergegenwärtige sich dazu die Art der Bearbeitung hier und dort. Das ist förmlich ein Spiegel, in dem man die weltweite Verschiedenartigkeit der beiden grossen Charakterköpfe auf kleinem Raum vor sich sieht.

»Neben die beiden Toccaten tritt endlich noch eine dreistimmige Fuge aus Amoll[3]). Es ist die längste Klavierfuge, welche Bach vollendet hinterlassen hat: sie zählt 198 Dreivierteltakte, ausserdem herrscht unaufhörliche Sechzehntelbewegung, so dass sie als ein *Perpetuum mobile* dem bekannten Weber'schen Sonatensatze an die Seite gesetzt werden kann. Man weiss nicht, was man an diesem Meisterwerke mehr bewundern soll, die immer fesselloser hervorbrechende Phantasiefülle, oder den sicheren Aufbau solcher Verhältnisse, oder die Spielfertigkeit und Ausdauer,

---

1) Siehe oben S. 171.
2) Chrysander's Gesamtausgabe, Band 21, S. 36.
3) Gesamtausgabe, Band 3, S. 334. Ph. Spitta (I, S. 644 f.).

welche es voraussetzt«. Das Stück repräsentiert die kunstvollste Ausgestaltung jener Fugenform eines Buttstett und W. H. Pachelbel[1]), bei der es weniger auf die eigentliche Durchführung als auf die glänzende Fortspinnung des Fugenthemas ankam.

Die Wanderlust, die Bach in früheren Jahren beseelt hatte, trieb ihn auch aus Weimar mehrmals hinweg. So wissen wir, dass er 1713 in Halle weilte, wo nicht viel fehlte, dass er Zachau's Nachfolger wurde, 1714 in Kassel und Leipzig, 1715 vielleicht in Meiningen, 1716 wieder in Halle, 1717 endlich in Dresden, wo das Zusammentreffen mit Marchand[2]) stattfand. Auch von Köthen aus (1717—1723) unternahm Bach, um dies gleich mit zu erwähnen, mehrere Kunstreisen: 1719 nach Halle, wo er Händel's Bekanntschaft machen wollte, 1720 nach Hamburg, wo er nochmals dem hochbetagten Reincken[3]) und zwar mit Klavierarrangements von dessen Streichsuiten aus dem *Hortus Musicus*[4]) unter die Augen trat, endlich 1721 nach Leipzig. —

Köthen, wo Bach als Cembalist und Komponist nur für die Kammermusik seines selbst musikübenden Fürsten zu sorgen hatte und von allen Anforderungen des Kirchendienstes befreit war, wurde nun der Ort, wo er zu umfassenden Grossthaten auf dem Gebiet der Klaviermusik Musse und Sammlung fand und ausnützte.

Wie die Praxis des Generalbassspieles über ihren ältesten Standpunkt, der nur eine lücken- und fehlerlose Aneinanderreihung von Akkorden gemäss den Ziffern des Grundbasses verlangte, allmählich herausgewachsen war, braucht hier nicht wiederholt zu werden[5]). Dass sich auch Bach, gleichviel ob auf theoretischem Wege oder allein durch andauernde Übung, eine allen Ansprüchen genügende Fertigkeit erworben haben muss, ist bei seiner frühen Amtsthätigkeit als Organist selbstverständlich. Zum Überfluss kennen wir ausser Zeugnissen staunendster Bewunderung von Zeitgenossen noch mehrere vollständig ausgeschriebene Akkompagnements Bach's, die seine hervorragende Eigenart ins hellste Licht rücken[6]). Die musikalische Spannkraft, die Bach bethätigte, indem er aus Werken anderer Meister neues, reicheres Leben erweckte, sie spornte ihn auch an, »sich in jedem Augenblicke nach Form und Ausdruck des betreffenden Tonstückes zu richten«

---

1) Siehe oben S. 234, 327 f.
2) Siehe oben S. 289.
3) S. 253.
4) Gesamtausgabe, Band 42, S. 29 ff. Näheres darüber bei Ph. Spitta· (Musikgeschichtliche Aufsätze, Berlin, Gebr. Paetel, 1894, S. 111 ff.).
5) Siehe oben S. 350.
6) Ph. Spitta (J. S. Bach, I, S. 712 f.).

und mit ihm das Akkompagnement so organisch zu verschmelzen, »dass man denket, es wäre die Melodey, so er mit der rechten Hand machet, schon vorhero also gesetzet worden«. Als eine wichtige Konsequenz dieser über die Gewohnheit der Zeit hinaus strebenden Kunst des Generalbassspiels haben wir Bach's Sonaten für Violine, Gambe oder Flöte mit Klavier anzusehen[1]). »Diese Werke sind fast durchaus strenge Trios, wirklich dreistimmige Sätze, zu denen das Klavier zwei Stimmen, eine Geige, Gambe oder Flöte die dritte liefert«. Wenn auch das Wesen der dreistimmigen Polyphonie, die in ihnen waltet, stark orgelgemäss ist, das Klavier also in seiner eigentlichsten Ausdrucksfähigkeit gestaltend nicht zur Geltung kommt, — diese Errungenschaft schenkten uns erst die Wiener Klassiker — so hat doch Bach zuerst den Weg betreten, der die deutsche Kammermusik zu diesem Ziele führte. Denn vorher, wo der Cembalist Sonaten nach denselben Regeln begleitete, wie der Organist die Kirchenmusik, wo das, was Beide spielten, ausserhalb des Machtbereichs vom Komponisten lag, war nicht daran zu denken gewesen, dass gerade von dieser inferioren Stelle aus den Kammermusikformen ein fördernder Einfluss kommen könnte, der sie zu ungeahnter Entwickelung trüge.

Bach's Laufbahn als Klavier- und Orgelspieler hatte, wie es bei einem geborenen Thüringer nicht anders zu erwarten gewesen war, von der Richtung Pachelbel's aus begonnen. Aber kaum waren die ersten Anfangsstadien überwunden, so entfaltete das Genie in ihm seine Flügel. Mit einem eminenten kompositorischen und technischen Talent, »das nur nötig hatte, die Leistungen bedeutender Künstler prüfend zu betrachten, um für sich daraus zu gewinnen«, paarte sich ein »rastloser Fleiss, der ihn zur Lösung selbstgestellter Aufgaben sogar des Nachts nicht ruhen liess«. So zog denn Bach, durch seine äusseren Lebensschicksale darin unterstützt, umfassend und vielseitig, wie keiner sonst der um ihn lebenden Kunstgenossen, nach einander alles in sich hinein, was Nord und Süd, Deutschland, Frankreich und Italien vor und zu seiner Zeit Bedeutendes hervorgebracht hatten und hervorbrachten. Am ersten offenbarte Bach die gewonnene Universalität als Orgelmeister in Weimar; in der zurückgezogenen Stille Köthens fasste er die Summe dessen zusammen, was in der Klaviermusik seines universalen Strebens Ziel gewesen war. Wie ernst er diese Aufgabe nahm, beweisen die erhaltenen »Klavierbüchlein« für Wil-

---

[1]) Gesamtausgabe, Band 9. Siehe darüber Genaueres bei Ph. Spitta (a. a. O. I, S. 709 ff.).

helm Friedemann und Anna Magdalena Bach, zahlreiche Entwürfe, Umarbeitungen, Versuche, sein Ringen nach passender Form und Benennung[1]). »Was er nun aber aus dem reichlichen Ertrag ernster Arbeit als das Beste gab«, das waren Werke, die eben nur auf der einsamen geistigen Höhe, die Bach allmählich erstiegen, den Lebensatem finden konnten: die Inventionen, die Sinfonien, des »Wohltemperierten Klavieres« erster Teil und die französischen Suiten.

Die Inventionen und Sinfonien[2]) hat Bach selbst stets als zusammengehörig betrachtet. Der gemeinsame Titel, den er ihnen bei der letzten Redaktion gab,

>Auffrichtige Anleitung, Wormit denen Liebhabern des *Clavires*, besonders aber denen Lehrbegierigen, eine deutliche Art gezeiget wird, nicht alleine (1) mit 2 Stimmen reine spielen zu lernen, sondern auch bey weiteren *progressen* (2) mit dreyen *obligaten Partien* richtig und wohl zu verfahren, anbey auch zugleich gute *inventiones* nicht alleine zu bekommen, sondern selbige wohl durchzuführen, am allermeisten aber eine *cantable* Art im Spielen zu erlangen, und darneben einen starcken Vorschmack von der *Composition* zu überkommen«.

bringt dies gehörig zum Ausdruck. Gleichwohl liegen die formalen Wurzeln beider Gruppen in total verschiedenem Bereich. Bei den Inventionen ging Bach von jenen Präludien eines Fischer, Kuhnau und Pasquini[3]) aus, die vorwiegend Übungszwecke zu verfolgen schienen. Solcher Stücke, die »zuerst auf erhöhte Geläufigkeit, Ausdauer und Ebenmässigkeit, sodann auf gesangreiches und polyphones Spiel« hinzielten, hat auch Bach eine ganze Reihe geschrieben. Aber sie genügten seinen weitergehenden Anforderungen nicht. Wie er jede seiner Kompositionen »im höchsten Grade technisch instruktiv gestaltete, so sollte auch umgekehrt ein edes Übungsstück nach seinem Gehalte ein echtes Kunstwerk sein«. Dies erreichte er der Form nach durch eine innere Gliederung, die »von Weitem an die Struktur der italienischen Arie erinnert. Der erste Teil pflegt sich durch eine entschiedene Kadenz auf der Dominante oder Obermediante deutlich abzutrennen, er kehrt mehr oder weniger verkürzt am Schlusse wieder. Nur die sechste Invention hat zweiteilige Liedform mit Repetition, doch wird auch hier am Ende des zweiten Abschnitts der erste im

---

1) Näheres darüber findet man bei Ph. Spitta (I, S. 660 ff.). Zu den Vorarbeiten sind besonders die bekannten achtzehn »kleinen Präludien« (Gesamtausgabe, Band 36, S. 118 ff.) zu zählen.
2) Gesamtausgabe, Band 3, S. 1 ff. Siehe Ph. Spitta (I, S. 665 ff.). Das älteste Autograph ist W. Friedem. Bach's »Clavierbüchlein«, ein zweites befindet sich in Berlin, das dritte besass früher L. Spohr.
3) Siehe oben S. 228, 239 f., 274.

Wesentlichen wiederholt, ein ausgebildeter Sonatensatz in der
Verkleinerung! Die erste und siebente Invention sind dreiteilig,
doch ohne zyklisch zu sein«. Diese Formenkombination war in der
deutschen Klaviermusik absolut neu. Die Sinfonien andererseits sind
»in ihren äussersten Umrissen durch das italienische Instrumental-
trio bestimmt worden. In den fugierten Sätzen derselben trat die
themavorspielende Stimme nicht allein, sondern über einem stützen-
den Generalbass auf, der mit den zugehörigen Harmonien vom
Cembalisten angeschlagen wurde. Nachher wurde der Generalbass mit in das fugierte Gewebe hineingezogen, und die harmonische Begleitung hatte sich den anderen Stimmen unterstützend
anzuschliessen, um sofort wieder füllend einzutreten, wo die Gänge
der anderen Instrumente eine harmonische Lücke zeigten«. Reste
dieser Manier sind namentlich an den Anfängen der Sinfonien sichtbar, freilich tritt dann der akkompagnierende Bass bald »als freie,
selbständige Stimme auf und erobert sich in der polyphonen Entwickelung sein volles und eigentümliches Recht«. Diese Form der
Sinfonien war auch viel weniger neuartig, als die der Inventionen.
Denn wir entsinnen uns, dass Kuhnau mit der Nachahmung ak-
kompagnierter Instrumentalfugen auf dem Klavier bedeutsam vorangegangen war[1]). Aber am letzten Ende entscheidet doch nicht
die grössere oder geringere Neuheit der Form, sondern ihr musikalischer Inhalt über den geschichtlichen Wert des ganzen Werkes.
Und der ist, wie es der klavierspielenden Welt nun wohl längst
zum Bewusstsein gekommen ist, ein hochbedeutender. »Nicht nur
die bei strengster Zwei- und Dreistimmigkeit keinen Augenblick
unterbrochene Polyphonie, welche trotzdem immer die Harmonie mit
ganzer Deutlichkeit und Fülle zu Tage treten lässt, nirgends durch
abgebrauchte Wendungen das Interesse erkältet, niemals durch
Wiederholungen ermüdet, sondern mehr noch die ganze Art der
Entwickelung jedes Tonbildes, die mit souveräner Freiheit geübten
Künste des Kanons, der Fuge, der freien Imitation, des doppelten
und dreifachen Kontrapunkts, der motivischen Gedankenbildung,
der Umdrehung der Themen, welche alle in Formen von nur
mässiger Ausdehnung mit und neben einander wirken, ohne
irgendwo ihre Existenz zu verraten, machen die Inventionen und
Sinfonien zu einem Unikum der gesamten Klavierlitteratur«.

Waren Bach's Inventionen und Sinfonien nur auf die damals
gebräuchlichsten Tonarten beschränkt geblieben (nämlich die Dur-
und Mollleitern auf C, D, E, F, G, A, ausserdem Es dur, B dur,
H moll), so dehnt sich das »Wohltemperierte Klavier«, in

---

[1]) Siehe oben S. 244 f.

dem Bach seine bisherigen Präludien und Fugen zu einem geschlossenen Ganzen vereinigte, über den ganzen Tonartenzirkel aus.

Der Originaltitel lautet: »Das wohl temperirte Clavier oder *Praeludia* und *Fugen* durch alle *Tone* und *Semitonia* so wohl *tertiam majorem* oder *Ut Re Mi* anlangend, als auch *tertiam minorem* oder *Re Mi Fa* betreffend. Zum Nutzen und Gebrauch der Lehrbegierigen *Musical*ischen Jugend als auch derer in diesem *Studio* schon *habil* seyenden besondern Zeit Vertreib aufgesetzet ... Anno 1722«[1]).

Dass Bach's »Wohltemperiertes Klavier« nicht einem unerhört neuen Prinzip ersten Ausdruck gab, konnten wir aus der Betrachtung der Periode vor Bach schon ersehen; Pachelbel und Fischer erschienen uns dort als wesentliche Vorgänger[2]). Soeben erfährt nun die Welt von einem dritten Manne, der vielleicht mehr noch als jene den unmittelbaren Anstoss zu Bach's Werk gab[3]). Bernhard Christian **Weber**, Organist zu Tennstedt (Reg.-Bez. Erfurt), ein Musiker, der geschichtlich bisher gänzlich unbekannt war, gab heraus: »Das wohltemperierte Clavier oder Praeludien und Fugen durch alle Tone und Semitonia sowohl Tertiam majorem oder Ut re mi anlangend, als Tertiam minorem oder Re mi fa« [ohne Ort, ca. 1689]. Leider lässt sich vorläufig nur die völlige Identität des Titels mit dem Bach'schen feststellen. Zur weiteren Untersuchung, ob ähnlich wie bei Fischer so auch von Weber's Werk noch einige musikalische Fäden in das von Bach mit übergelaufen sind, konnte das einzig bekannte Exemplar von Weber[4]) leider nicht herangezogen werden.

Alter Überlieferung zufolge soll das »Wohltemperierte Klavier« an einem Orte entstanden sein, »wo Bach jede musikalische Beschäftigung, ja alle musikalischen Instrumente entbehren musste; hier habe er Unmut und Langeweile durch einen solchen Zeitvertreib von sich fern zu halten gesucht. Vermutlich war dies auf einer der Reisen gewesen, auf denen er seinen Fürsten von Köthen aus zu begleiten hatte«[5]). Unter diesen Umständen kann jedoch nur die endgiltige Zusammenstellung des Werkes zu einem Ganzen stattgefunden haben, denn die Stücke im Einzelnen repräsentieren weder hinsichtlich der Zeit noch der Art ihrer Entstehung eine geschlossene Einheit.

Aus der Beschaffenheit eines der vier Autographe erhellt zunächst, dass Bach selbst die Präludien des ersten Teils ohne die Fugen einmal zusammen gesetzt hat. Die Präludien aus C dur, C moll, D moll, D dur, E moll, E dur, F dur, Cis dur, Cis moll, Es moll und F moll befinden sich sodann allein bereits in Wilh. Fried. Bach's »Clavierbüchlein« von 1720; bei ihrer Übernahme ins »Wohltemperierte Klavier« hat Bach die aus C dur, C moll, D moll und E moll

---

[1]) Gesamtausgabe, Band 14. Das Vorwort und Ph. Spitta (I, S. 837 ff.) geben Auskunft über die vorhandenen vier vollständigen Autographe des ganzen Werks.
[2]) Siehe oben S. 163 f., 174, 195, 198 f., 229 f., 241, 295.
[3]) R. Eitner (Monatsh. f. M. 1898, S. 128).
[4]) Im Besitz des Herrn Prof. Dr. H. Strahl in Giessen.
[5]) Ph. Spitta (I, S. 769 ff.).

erst noch wesentlich erweitert und umgestaltet. Gar bis in die Weimarer Periode scheinen die beiden Präludien aus Es dur und H moll zurückzureichen. Lehnt sich jenes an gewisse Orgeltoccaten jener Zeit an, so ist dies »ein imitatorisches Duett zweier Stimmen über einem stetig in Achteln wandelnden Basse«, der jedoch noch nicht wie in den Sinfonien zu motivischer Bedeutung aufsteigt. Für die Gleichzeitigkeit beider Stücke mag noch ihre innere Gemeinschaft sprechen: das Fugenthema des Es dur-Präludiums bildet das Anfangsmotiv des H moll-Präludiums. Die ursprünglich selbständige Stellung der Präludien lässt es denn auch begreiflich erscheinen, dass ihre »Stimmung manchmal nicht recht mit der der Fuge harmonieren will, so namentlich bei dem C dur-Präludium; und auch das winzige A moll-Präludium ist vor der in voller Waffenrüstung einher stolzierenden Fuge nicht recht am Platze«. — Unter den Fugen fallen die in A moll und Gis moll als ältere Jugendarbeiten auf, jene durch die »offenbare Nachbildung einer Buxtehude'schen Orgelfuge, diese durch die etwas steife Bewegung des Themas und seine akkordische Kontrapunktierung«.

Als zweites Moment, welches den Inhalt des »Wohltemperierten Klaviers« in zwei Gruppen scheidet, ist anzuführen, dass Bach nicht alle Gedanken aus eigener Erfindung geschöpft hat. Das Hauptthema der Cis moll-Fuge —

kommt bereits in einem *Crucifixus* Kerl's[1]) vor:

eines Meisters, dessen Werke Bach, wie mehrmals bemerkt wurde, doch wohl genauer gekannt haben muss. Dass hier ein zufälliges Zusammentreffen vorliegt, ist aus dem Grunde nicht anzunehmen, weil Bach denselben Gedanken in dieser Form —

bei der »Matthäuspassion« ebenfalls zum *Crucifixus* benützt hat[2]). Auf weitere Beziehungen des G dur-Präludiums und der G moll-Fuge zu Stücken Fischer's ist schon oben[3]) hingewiesen worden. Ob nun diese Sachlage genügenden Anhalt giebt, auch chronologisch die genannten Stücke zu fixieren und sie etwa nach Weimar zu verlegen, wo ja Bach fremden Anregungen am zugänglichsten war, soll hier indes nicht behauptet werden. Immerhin ist bemerkenswert, dass von einer Stelle aus, die »nicht ohne allgemeine Information

---

1) Berlin (*Ms. theor.* 4°. 160, Bl. 33 b).
2) Siehe dazu Ph. Spitta (II, S. 379, Anm.).
3) S. 229 f.

von Seiten der Söhne Bach's« gewesen ist[1]), die Gmoll-Fuge auch den Jugendarbeiten zugezählt worden ist.

»Nichtsdestoweniger bleibt das wohltemperierte Klavier auch als Ganzes eines der grössten instrumentalen Meisterwerke Bach's. Was darin sich nicht auf der höchsten Höhe hält, ist doch noch immer bedeutend genug, um mit Würde seinen Platz zu behaupten. Was der ästhetischen Gesamtbetrachtung vor allem auffällt, ist die grossartige Mannigfaltigkeit im Charakter der 24 Fugen. Jede ist in der That ganz und gar von jeder andern verschieden«, je nachdem Bach die mannigfaltigen Künste des Kontrapunkts auf den Gang der Entwickelung Einfluss gewinnen lässt, einfache, Doppel- oder Tripelfugen schreibt, das Thema vergrössert und es mit seiner ersten Gestalt kombiniert, Thema wie Kontrapunkte bald in gerader, dann wieder in umgekehrter Bewegung einschaltet, Engführungen im Abstande von Quinte, Oktave, Terz, Septime und Quarte auf einander häuft. Das Streben nach Verschiedenheit war vielleicht eben »der Grund, weshalb Bach die weniger bedeutenden, doch in ihrer Jünglingshaftigkeit eigenartigen Stücke aufnahm«. »Nicht weniger mannigfaltig sind die Präludien. Entspinnt sich auch ihre Mehrzahl in alter Weise aus einem nur rhythmisch ausgeprägten Motiv, das bei einigen zu festeren melodischen Umrissen hinüberspielt«, so greift Bach bei anderen ein geschlossenes Thema zu imitatorischer Behandlung auf, giebt wieder anderen die Form der Inventionen und Sinfonien, schreibt hier eine Toccata mit fugierten Zwischensätzen, dort ein an die Kammersonaten erinnerndes, melodiereiches Adagio oder gar ein Duett mit Bassbegleitung in zweiteiliger Liedform. Dazu kommt endlich, dass sich alle einzelnen Stücke in vornehmster Schlichtheit aussprechen. »Sie verzichten auf jeden äusserlich bestechenden Schmuck; höchste Solidität, ein keusches, bis in die letzte Note bedeutungsvolles Wesen ist ihr gemeinsames Merkmal«. Seinen Zeitgenossen und Schülern gab Bach damit ein Werk, das durch die künstlerische Vollkommenheit und durch die Strenge der Formen ohne seines Gleichen dastand, als ein Gebild staunenswerter Kunst ist es bis heute das tägliche Brot aller ernsthaften Klavierspieler geblieben; — »es wird auch unsere Tage überdauern und bleiben, so lange die Grundvesten der Kunst bestehen, auf denen Bach bauete«.

Das dritte grosse Klavierwerk der Köthener Periode ist der Klaviersuite gewidmet, einer Form, mit der sich Bach seit seiner

---

[1]) J. N. Forkel, Über J. S. Bach's Leben, Kunst und Kunstwerke (Leipzig 1802, S. 55).

kleinen Jugendkomposition nicht weiter angelegentlich beschäftigt zu haben scheint. Jetzt komponierte er aber eine ganze Reihe dieser Gattung¹), aus der er schliesslich sechs als die besten erwählte und ins »Klavierbüchlein« seiner zweiten Gattin Anna Magdalena einschrieb. Wir kennen sie unter dem Namen »Französische Suiten«²). In ihrer Form vermischen sich deutsche und französische Elemente: der deutschen Vierzahl von Tänzen, die in melodischer Unabhängigkeit auf einander folgen, sind vor der Gigue freie Tanzstücke (Air, Menuet, Trio, Gavotte, Bourrée, Loure, Polonoise) eingefügt. Diese Anordnung nahmen vor Bach Le Bègue und Marchand, von den Deutschen Kuhnau, Buttstett, Murschhauser, nach ihm besonders der jüngere Muffat³) vor. Bach vermeidet es aber, die Intermezzi derart überhand nehmen zu lassen, wie es die Franzosen thaten, und übertrifft andererseits seine deutschen Vorgänger, wenngleich er sich wie sie »in den äusseren Dimensionen möglichst eng an den zu Grunde liegenden Tanztypus anschliesst«, durch die musikalische Vertiefung der Formen. »Die einzelnen Stücke überbieten einander an unaussprechlichem und stets verschiedenem Reize«. Stunden ungetrübtesten, reinsten Lebensglückes, meint man, müssen es gewesen sein, als er diese Töne fand und mit höchster Formenvollendung und abgeklärtester Spieltechnik einer sonnigen Heiterkeit und einem ruhigen Gleichmass der Stimmung Ausdruck gab, die dem Werk für alle Zeiten den Stempel unvergänglicher Anmut und Frische aufgedrückt haben.

»Dass dieses Werk Schumann, den Bach verwandten Geist, ganz gefangen genommen hatte, hat er unabsichtlich bewiesen durch die Nachbildung, welche die Gavotte der E dur-Suite in einem seiner Streichquartette⁴) erfuhr«.

Die Erwähnung einer kleinen aber nicht uninteressanten Episode zwischen Bach's grossen Klavierwerken der Köthener Zeit darf am Schlusse derselben nicht unterbleiben. Die sechzehn Variationen (Partiten) über eine *Sarabanda* aus C dur⁵) werfen wieder einmal ein helles Licht auf Bach's unablässiges Streben, durch eigene Versuche sich die Kunst seiner Vorfahren in allen ihren Spielarten zu eigen zu machen. Nachdem Bach mit zwölf Variationen der Figuration Genüge gethan hat, beginnt er in den

---

1) Ausser mehreren Fragmenten sind noch drei Suiten vollständig erhalten, die Bach bei der letzten Überarbeitung aussonderte: sie stehen in A moll, Es dur und B dur (Gesamtausgabe, Band 36, S. 3, 8, Band 42, S. 243).
2) Gesamtausgabe, Band 45. Siehe Ph. Spitta (I, S. 767 f.). Über die autographen Quellen berichtet ebenderselbe (I, S. 836, II, S. 992).
3) Siehe oben S. 223, 236, 238, 284, 290, 348.
4) Op. 44, Nr. 3, A dur, das *Quasi Trio* im Finale.
5) Gesamtausgabe, Band 42, S. 221.

folgenden Abschnitten melodisch umzubilden. So gestaltet er die dreizehnte Variation zur Allemande, die folgende zur Courante, die sechzehnte zur Giguetta. In derselben Weise wie Froberger[1]) vermischt er also das Prinzip der Variation mit dem der Suite. Man wird mit der Annahme schwerlich fehl gehen, dass Bach auf diese Formenspezialität durch das direkte Vorbild Reincken's[2]) geraten ist, dessen Kompositionen ja gerade kurz vor 1720 für Bach Gegenstand eifrigster Studien waren. —

Die langen Jahre, die Bach in Leipzig verlebte (1723—1750), rückten zwar das Schwergewicht seiner öffentlichen Thätigkeit auf das Gebiet der konzertierenden Kirchenmusik hinüber, doch das stete Anwachsen seines Schülerkreises und der innere Drang, »aus der instrumentalen Musik, dem eigentlichen Quell seiner Kunst, auch weiterhin unmittelbar zu schöpfen«, riefen auch hier Klavierwerke hervor, deren Zahl nicht klein- ist und »denen ihr Gehalt den Charakter schwerer, vollreifer Früchte eines gesegneten Lebensherbstes verleiht«. Er setzte zunächst die Beschäftigung mit der Klaviersuite fort, deren Ausbau er durch zwei weitere Sammlungen vollzog.

Die sechs »englischen Suiten«[3]), so genannt, weil sie für einen vornehmen Engländer komponiert wurden, und zwar vor 1726, gehen über die französischen Suiten wenn nicht viel, so doch merklich hinaus. Die Grundform ist viersätzig und für Einschiebungen die Mitte des zweiten Tanzpaares offen geblieben; aber Bach setzt einmal neben die Courante noch ein zweites Exemplar, giebt diesem oder der Sarabande ein Double, sei es als richtige Variation[4]), oder nur als Variante für die reichere Auszierung der rechten Hand[5]), und schaltet andererseits vor der Gigue stets zwei Tänze gleicher Gattung ein (zwei Bourrées, Gavottes, Menuets, Passepieds), von denen der zweite als Trio die Tonart wechselt, was in den französchen Suiten nicht geschah. Vor sämtlichen Suiten stehen sodann Préludes, die den französischen abgingen. Am kleinsten ist noch das erste Prélude mit seiner freien Imitation eines gigueartigen Fugenmotivs. Die übrigen sind alle »in den grössesten Verhältnissen angelegt und mannigfaltig ausgestaltet«. Es sind fugierte Sätze[6]), von einer oben[7]) besprochenen Amoll-Fuge Abkömmlinge, die als neues Ele-

---

[1] Siehe oben S. 176.
[2] Oben S. 256.
[3] Gesamtausgabe, Band 45. Siehe Ph. Spitta (II, S. 633 f., 839 f.).
[4] Nr. 1, 6
[5] Nr. 2, 3
[6] Nr. 2, 5, 6.
[7] S. 383 f.

ment die Gliederung der *Da capo*-Arie aufweisen, oder Stücke[1]), die von dem Wesen des ersten Konzertsatzes ausgehend, dies ins Phantastische treiben. »Von den sinnigen und lieblichen französischen Suiten unterscheiden sich die englischen endlich auch innerlich durch ein männlich-kraftvolles, ernstes Wesen, durch das Streben aller Teile zum reichen und grossartigen Ausbau der Tanztypen«, auf den in vorbachischer Zeit bereits die unmittelbaren Vorgänger F. Couperin's und er selbst am Anfang seiner Laufbahn ihr Augenmerk gerichtet hatten.

Über die Verwandtschaft des Themas vom A moll-Prélude ist schon oben[2]) gesprochen worden. Hier haben wir nachträglich das des E moll-Prélude

seiner noch ausgebreiteteren Sippe[3]) zuzuführen. Das A dur-Prélude vergleiche man endlich mit der Gigue aus Händel's E moll-Suite[4]).

Sechs »deutsche Suiten«[5]) folgten den englischen unmittelbar nach; anfangs seit 1726 alljährlich stückweise erschienen, fasste sie Bach 1731 zum ersten Teil seiner »Clavierübung« zusammen.

Sie tragen den Titel: »Clavir-Ubung bestehend in Praeludien, Allemanden, Couranten, Sarabanden, Giguen, Menuetten, und andern Galanterien; denen Liebhabern zur Gemüths Ergoczung verfertiget .. Opus 1. In Verlegung des Autoris. 1731. Leipzig«. Dass Bach mit diesem Titel auf das gleichbenannte Werk Kuhnau's[6]) seines Vorgängers, Bezug nehmen wollte, offenbart sich dadurch, dass er »entgegen seinem früheren Verfahren die Stücke nicht Suiten, sondern wie Kuhnau Partiten nannte«.

Bei den deutschen Suiten kam es Bach nicht so genau wie bei den französischen und englischen darauf an, das äussere Formenschema inne zu halten: er hat an seiner viersätzigen Grundform geändert, indem er ausser den Einschaltungen zwischen dem letzten Tanzpaar zweimal[7]) auch solche in der Mitte vornahm, und dann einmal die Gigue durch ein Capriccio[8]) ersetzte. Dies dürfte jedoch als wesentliches Unterscheidungsmerk-

---

1) Nr. 3, 4.
2) S. 107.
3) S. 206 f., 337.
4) Chrysander's Gesamtausgabe, Band 2, S. 31.
5) Gesamtausgabe, Band 3. Siehe Ph. Spitta (II, S. 634 ff.).
6) Den gleichen Titel haben ausser Kuhnau vor Bach noch J. Krieger und Gio. Castello gebraucht (siehe oben S. 209, 238, 316).
7) In Nr 4, 6.
8) Nr. 2.

mal gegenüber den früheren Werken kaum ins Gewicht fallen, wenn nicht Bach dazu noch auf andere Weise seine Absicht deutlich zu erkennen gegeben hätte, die Übereinstimmung der Suiten in ihrem Wesen gerade zu vermeiden. Die Einleitungssätze sind alle unter sich verschieden. Beginnt die erste Suite mit einem Präludium, das sich etüdenartig aus einem fliessenden Motiv entwickelt, so hebt die zweite wie eine französische Ouvertüre mit einem pathetischen Grave an, wendet sich dann aber zu einem Adagio und einer Fuge im Stile der italienischen Sonaten. An den Spitzen der übrigen stehen je eine Fantasia von der Art der Inventionen, eine französische Ouvertüre, ein Präambulum, an den Bau des ersten Konzertsatzes erinnernd, und eine dreiteilige Toccata mit einer Fuge in der Mitte. Ebenso verschiedene Typen stellen auch die einzelnen Tanzcharaktere dar. Bach schreibt ebenso gut leidenschaftlich erregte Couranten[1]) französischen, wie flüssige und eilende Correnten[2]) italienischen Stils, neben fugierten Giguen[3]) französischen Genres auch eine homophone italienische Giga[4]) oder an Stelle derselben ein Capriccio[5]), das mit seinen Dezimensprüngen stark an Bach's D moll-Konzert für zwei Violinen erinnert. In den Allemanden und Sarabanden verschmelzen italienische und französische Elemente so innig, dass sie, von einer Allemanda[6]) entschieden Corelli'schen Zuges abgesehen, weder der einen noch der anderen Richtung allein angehörig zu rechnen sind. Unter den Intermezzi halten den französischen Menuets, Rondeau, Passepied und Air das Gleichgewicht italienische Stücke, die das rhythmische Merkmal der Tanztypen bis auf das Tempo di Minuetto oder Gavotta verwischen oder gar, wie Burlesca, Scherzo und Aria, überhaupt keinen Typus aufweisen. Selbst im Klavierstil macht sich hier zuerst das Eindringen spezifisch italienischer Technik an den Oktavengängen der linken Hand —

1) Nr. 2, 4.   2) Nr. 1, 3, 5, 6.   3) Nr. 3, 4, 5, 6.
4) Nr. 1.   5) Nr. 2.   6) Nr. 6.
7) Präludium von Nr. 1.

wie am Über- und Ineinandergreifen beider Hände —

bemerklich.

Welche dramatische Ausgestaltung eben diese Bdur-Giga durch Gluck erstlich im »Telemacco«, dann in der »Iphigenie in Tauris« erfahren hat, braucht als bekannt[3]) hier nur in die Erinnerung zurückgerufen zu werden.

Sieht man weiter auf den Inhalt der deutschen Suiten, so »scheint es, als habe Bach die Dehnbarkeit der Form bis aufs Äusserste erproben wollen. Etwas verschiedeneres, als die Allemanden aus Bdur und Ddur kann man sich nicht leicht denken, und doch ist den Forderungen des Tanztypus volle Genüge geschehen. Die gleiche Wandlungsfähigkeit offenbart Bach in den Sarabanden, doch hat er hier mehreremale[4]) die Fesseln des Typus wirklich gesprengt«. Die Giguen, früher einfach fugierte, im zweiten Teil mit der Umkehrung operierende Gebilde, treibt Bach bis zur Höhe der Doppelfuge hinauf; und in einem Falle[5]), wo er den charakteristischen Takt verschmäht, »geht sogar die eigentliche Tanzform in die Brüche, es bleibt nur ein energisch-leidenschaftliches Charakterstück übrig«. »Während also bei den französischen und englischen Suiten der Zuschnitt überall derselbe ist und der Erfindungsreichtum vielmehr in der Beschaffenheit der einzelnen Tongedanken sich äussert, legt uns jede der deutschen

---

1) Tempo di Menuetto in Nr. 5.
2) Giga in Nr. 1.
3) O. Jahn (Mozart, IV, S. 715), Marx (Gluck und die Oper, I, S. 201).
4) In Nr. 3, 5, 6.
5) In Nr. 6.

Suiten eine neue Reihe, man darf fast nicht mehr sagen von Formen, sondern von Kunsttypen vor, einen Reichtum an mannigfaltigen Gestalten, der ausserordentlich ist«. Mit ihrer Stellung als Schlussglied seiner eigenen Entwickelung in dieser Formengattung begreift man aber den geschichtlichen Wert von Bach's deutschen Suiten nur nach einer Seite hin. Die merkwürdige Parallele, in der sich der Entwickelungsverlauf der Bach'schen Suiten mit dem der französischen Suiten von Le Bègue bis zu F. Couperin[1]) hin befindet, gewährt der historischen Beurteilung noch einen weiteren Massstab. Wie F. Couperin den höchsten Standpunkt der französischen Suitenkomposition, so hat Bach den der Deutschen erreicht, beide vermöge einer universalen schöpferischen Kraft die ihnen voraus liegenden Stadien überbietend. Beide waren sie Vollender der Form; als sie gewesen waren, gab es in Frankreich wie in Deutschland eigentlich Neues in der Klaviersuite nicht mehr zu sagen. Die Suiten Muffat's und Rameau's bezeichnen im günstigsten Sinne nur einen Seitenweg, aber keinen erneuten Aufstieg; nach ihnen führte der Weg reissend schnell abwärts auf das Terrain der modischen Sonatenkomposition. Was Bach von Couperin trennt, sind nationale Unterschiede. Die französische Suite war zu fest auf die musikalisch-poetische Idee des wirklichen Bühnentanzes gebaut, als dass Couperin von der dem französischen Esprit nun einmal gefälligen Tanzform am letzten Ende völlig hätte abgehen dürfen. Die deutsche Suite dagegen hatte sich bald nach ihrer Verpflanzung zu einer rein musikalischen Form umgewandelt und zog aus der französischen nur immer das an sich heran, was dieser Bestimmung zu neuer Nahrung gereichen konnte. So kam denn Bach naturgemäss dazu, dem grübelnd sinnenden deutschen Gemüt zuliebe die Tanzformen so durchgreifend umzugestalten, so mächtig zu erweitern und harmonisch so tief zu erschöpfen, dass man fast kein Recht mehr hat, solche Tonwerke überhaupt noch Tänze zu nennen. Somit dürfen wir denn Bach, der in sich einheitlich verkörperte, was seine musikalischen Vorfahren mit heissem Bemühen erstrebt hatten, und der mit echtesten deutschen Empfindungen selbst die winzigsten Elemente durchtränkte, die noch die Spur fremden Einflusses verrieten, als den letzten grossen, deutschen Suitenkomponisten feiern.

Von 1729 bis 1736 war Bach Dirigent eines von Telemann in Leipzig gegründeten Musikvereins, der ausser Kammermusikwerken für Gesang auch Instrumentalstücke zur Aufführung

---

1) Siehe oben S. 283 ff.

brachte. Auch im Familienkreise pflegte er gern mit seinen Söhnen und Schülern ein Konzert »*vocaliter* und *instrumentaliter* zu *formiren*«. Den äusseren Anregungen, die Bach hier empfing, verdanken wir die Schöpfung einer neuen musikalischen Formengattung, des Klavierkonzerts. Den Weg dazu hatte er freilich schon, indem er in Weimar Violinkonzerte Vivaldi's, in Köthen Reincken's Kammersuiten und gleich anfangs in Leipzig eigene Violinsonaten und -Suiten für Klavier bearbeitete [1]), teilweise zurückgelegt. Nun ging er ihn zu Ende, indem er eigene Instrumentalkonzerte aus der Köthener Periode zu wirklichen Klavierkonzerten umformte. So entstanden aus einfachen Violinkonzerten sieben Konzerte für ein Klavier [2]), aus drei Konzerten für zwei Violinen oder Violine und Oboe drei für zwei Klaviere [3]), aus Violintripelkonzerten zwei für drei Klaviere [4]), aus einem Konzert für vier Violinen — allerdings von Vivaldi — eins für vier Klaviere [5]), sämtlich mit Orchester- und Generalbassbegleitung.

Allein schon diese kurze Aufzählung lässt den wesentlichen Unterschied zwischen Bach's jetzigem und früherem Verfahren deutlich hervortreten [6]). Seine Klavierarrangements von früher sollten freie Klavierstücke sein, mussten also ausser dem Solo auch das Tutti in sich verarbeiten. Jetzt aber setzte Bach an Stelle der Violine das Klavier dem Orchester als konzertierendes Instrument entgegen. Natürlich geschah dies wiederum nicht mechanisch und äusserlich. »Vielmehr formte Bach diejenigen Passagen und melodischen Gänge, welche zu violinmässig erfunden waren, um, suchte dann auch tiefere Lagen auf, welche der Violine unzugänglich waren, und stellte endlich für die linke Hand eine zweite Stimme her, die entweder mit den Continuo mitging oder ihn in bewegteren Gängen umspielte oder gar sich zwischen dem Continuo und der Oberstimme durchaus selbständig hielt«. Warf das Klavier früher ein objektives Spiegelbild des Widerstreites von Soloinstrument und Orchester zurück, so bildet es also jetzt völlig subjektiv einen der beiden, unmittelbar beteiligten Faktoren. Ihren Gegensatz hat nun aber Bach in einer ganz anderen Weise,

---
1) Letztere stehen im Band 42 der Gesamtausgabe. Siehe Ph. Spitta (I, S 686 ff., 707). Hierher ist auch die im zweiten Teil der »Klavierübung« stehende einzelne Klaviersuite aus H moll (Gesamtausgabe, Band 3; Ph. Spitta, II, S. 644 ff.) zu rechnen. »Es ist ein Stück, in welchem die Orchesterpartie auf das Klavier übertragen erscheint«.
2) Gesamtausgabe, Band 17.
3) Band 21.
4) Band 31³.
5) Band 43.
6) Siehe Ph. Spitta (II, S. 617 ff.).

als wir Modernen es seit Mozart gewöhnt sind, zum Ausbau der Form benützt. »Zu einem jeden Konzerte gehörte damals auch noch ein Klavier als generalbassierendes Instrument, um nicht nur das Soloinstrument zu stützen, sondern die verschiedenen im Tutti mitwirkenden Organe zu binden und zu einer Einheit zu verschmelzen. Dass auch bei Klavierkonzerten Bach's das akkompagnierende Cembalo in Anwendung kam, ist erwiesen. So konnte denn von einem entschiedenen Gegensatz zwischen Tutti und Soloinstrument in modernem Sinne nicht die Rede sein. Bach's Streben ging vielmehr dahin, dem Klavier im Konzerte die Rolle, welche es als Generalbassinstrument bisher gleichsam latent gespielt hatte, nunmehr auch öffentlich zu übertragen«, wie er es früher schon bei den Kammersonaten gethan hatte[1]). »Die rein musikalische Entwickelung erfolgt zwar in der durch die Konzertform vorgeschriebenen Weise durch das Gegeneinanderwirken zweier Mächte«. Aber je mehr sich Bach in dieser Kompositionsgattung zurecht findet, desto weniger wird von einem wirklichen Wettstreit zwischen Beiden etwas sichtbar. Das Tutti beschränkt sich immer mehr darauf, harmonisch zu akkompagnieren oder die Gänge des Klaviers zu verstärken. Zum Adagio schweigt es ganz; wo es hervortritt, ist seine Aufgabe, Fülle und Farbe zu geben. Davon abgesehen, könnte man es ohne Schädigung der Konstruktion des Ganzen entbehren, so ausschliesslich hält das Klavier die musikalische Entwickelung in der Hand. Kurz, alle diese Werke sind gewissermassen in Konzertform entwickelte Klavierkompositionen, die durch Mitwirkung von Streichinstrumenten eine grössere Ton-, Stimmen- und Farbenfülle erhalten haben«.

Nach dieser Richtung hin zog Bach in der That die letzte Konsequenz mit seinem »italienischen Konzert«[2]), »das man für das reifste Ergebnis von Bach's Wirksamkeit auf diesem Felde erklären muss«.

<small>Bach gab es gestochen heraus unter dem Titel: »Zweyter Theil der Clavier-Übung bestehend in einem Concerto nach Italiaenischem Gusto, und einer Overture nach Französischer Art, vor ein Clavicymbel mit zweyen Manualen ... in Verlegung Christ. Weigel Junioris«. [Ostern 1735.]</small>

Für Klavier allein komponiert, »erscheint es doch zugleich als ein heller Spiegel einer Form, die eigentlich für Violine und einen gegensätzlichen Instrumentenchor erfunden war. Der dem Violinwesen nachtrachtende Charakter tritt am greifbarsten im Andante hervor«, während in den beiden Ecksätzen »Tongedanken

---

<small>1) Siehe oben S. 384 f.
2) Gesamtausgabe, Band 3, S. 139. Siehe Ph. Spitta (II, S. 629 ff.).</small>

verschiedenen Charakters einander fortwährend konzertierend ablösen, Gedanken von so klarer Gruppierung und scharfer Gegensätzlichkeit, dass sie, um verständlich zu sein, des unterstützenden Klanggegensatzes nicht mehr bedürfen«. Die auf einem langen Umwege vollzogene stilistische Ausprägung der Form kehrt scheinbar zum Ausgangspunkt, den Bearbeitungen der Vivaldi'schen Konzerte, wieder zurück, ist aber durch eine Wiedergeburt aus dem Geiste des Bach'schen Klavierstils heraus eine wirkliche Weiterbildung geworden, statt eine mehr kopieartige Nachbildung zu bleiben.

Bach's italienisches Konzert fand bald mehrfache Nachahmung, freilich nur bei kleineren deutschen Komponisten[1]), denen eine weittragende geschichtliche Bedeutung versagt war. Nichtsdestoweniger vermittelte ihr fleissiges Nachschaffen den Übergang zu der modernen Klaviersonate. »Vom Konzert nahm die neuere Sonate nicht nur die Dreisätzigkeit, sondern sie fand auch das Adagio und den letzten Satz in ihr vollständig ausgewachsen vor. Nur der erste Satz ist hier noch ein ganz anderes Gebilde« als dort; seine endgiltige Form sollte ihm erst Dom. Scarlatti durch Verbindung der zweiteiligen Tanzform mit der dreiteiligen Arie geben. Bach »kannte wohl diese kombinierte Satzform und wandte sie einzeln auch gelegentlich an[2]); doch den letzten Schritt zur Gewinnung der modernen Sonatenform zu thun, sah er sich nicht veranlasst. Denn der Schritt führte zunächst wieder abwärts aus freien und weiten in kleinbürgerlich enge Tonverhältnisse; hierzu musste der Meister sich gerade zur Zeit seiner höchsten Reife am wenigsten getrieben fühlen. Er überliess das seinem Sohne Philipp Emanuel«.

Wiederum nach einer anderen Richtung hin zog Bach das Fazit seines künstlerischen Strebens mit den sogenannten »Goldberg'schen Variationen«[3]).

Sie erschienen als vierter Titel der »Clavier-Übung bestehend in einer Aria mit verschiedenen Veraenderungen vors Clavicimbal mit 2 Manualen . . .' Nürnberg in Verlegung Balth. Schmids«. [Ostern 1742.] Obigen Namen hat man ihnen gegeben, da sie Bach auf Wunsch des Freiherrn von Kayserling, der kränklich war, an Schlaflosigkeit litt und sich dann durch das Spiel Joh. Gottl. Goldberg's den Trübsinn vertreiben liess, für diesen Musiker komponiert hat.

Hatte sich Bach in seinen Variationswerken früherer Jahre an die landläufige Figuration einer Melodie unter steter Berück-

---

1) Siehe. oben S. 330, 368, 370, 372.
2) S. 386 f.
3) Gesamtausgabe, Band 3, S. 263. Siehe Ph. Spitta (II, S. 648 ff., 726).

sichtigung ihres Grundbasses und ihrer Harmonienfolge, sowie an der ebenfalls beliebten Einmischung der Suitenform genügen lassen, so warf er sich jetzt mit aller Entschiedenheit auf ein Variationsprinzip, das wohl gelegentlich schon vor ihm aufgetaucht war[1]), aber doch noch nicht allgemeine Geltung erlangt hatte. Von den bisher die Variation bestimmenden Faktoren lässt er den am meisten einschränkenden, die Melodie, fort und hält als musikalisches Motiv des Ganzen vom Thema nur den Bass fest. »In der Regel markiert ihn die erste Note des ganzen oder halben Taktes. Bei einzelnen Schritten springt er zuweilen eine Oktave auf- oder abwärts, je nachdem es die Bewegung des Stückes fügt; selten wird von seinem Gange einmal abgewichen, hier und da findet sich eine chromatische Alteration. Einige Male steigt er in die Mittel- oder Oberstimmen auf, doch so, dass er als wichtige Stimme sofort vernehmbar sind, und immer nur vorübergehend. Über dem Basse entwickelt nun Bach eine erstaunliche Fülle von Erfindung und Kunst. Freie Konzeptionen wechseln ab mit gebundenen, durchsichtige, fast homophone Sätze mit polyphonen Formen von grösstmöglicher Künstlichkeit. So bietet Variation 7 eine Gigue, Variation 16 eine vollständige Ouvertüre, Variation 25 ein reich verziertes Adagio nach Violinsonaten-Art, Variation 26 abwechselnd in der linken und rechten Hand eine Sarabande, während die andere Hand in Sechzehntel-Sextolen pfeilgeschwind dahin schiesst. Variation 10 ist eine Fughette, deren Thema aus dem Grundbass hervorgeht und die trotz regelrechtester Entwickelung doch bis zum Ende dem Laufe des Grundbasses folgt. Kanons sind darin vom Einklange an durch sämtliche Intervalle bis zur None; der Quintenkanon verläuft in der Gegenbewegung und noch dazu ist sein Anfang, sowie der des Sekundenkanons mittelst Verkürzung aus dem Themabasse gebildet. Die letzte Variation ist ein Quodlibet, in welchem über dem Basse zwei Volkslieder in einander verschlungen und imitatorisch durchgeführt werden«. Über die frühere Form, die, »an die Verhältnisse des Melodiethemas gebunden, einer Vertiefung und Weiterbildung widerstrebte«, erhebt sich die von Bach »unvergleichlich ausgeweitete und zur Entfaltung der verschiedenartigsten Kombinationen im Bereiche der Variationskunst« befreite Form turmhoch. »Er hat sie in eine hohe, ideale Region gehoben; durch ihn ist sie eine tiefsinnige, durchgeistigte Form geworden«. Dazu »zeigt sich seine Klaviertechnik von ihren glänzendsten und infolge der ausgiebigsten Benutzung zweier Manuale — wir denken an F. Couperin's *Pièces*

---

[1]) Siehe oben S. 63, 132, 224, 276, 321.

croisées [1]) — auch wieder ganz neuen Seiten«. Man sehe nur die schnellen Terzen- und Sextenläufe der 23., die trillernden Zweiunddreissigstel-Figuren der 28. und die schnellen Akkordwechsel zwischen rechter und linker Hand der 29. Variation.

»Wenn auch in der Folgezeit die ältere Variationenform fort und fort gepflegt worden ist und in vielen reizvollen Gebilden neue Blüten getrieben hat, die sinnigsten und gedankenvollsten Musiker haben bis auf die neueste Zeit in den Bach'schen 30 Veränderungen ihr erhabenstes Vorbild erkannt«.

Die Klavierstücke, die wir ausserdem noch aus Bach's Leipziger Zeit haben, sind alle Fugenwerke. Dazu gehört erstlich die chromatische Fantasie und Fuge in D moll [2]). Wie in ersterer das Klavierrezitativ eines **Krieger**, **Fischer** und **Kuhnau** die denkbar kühnste Gestalt gewonnen hat, so fällt an der Fuge »die genial verwegene Behandlung der Form« und technisch die klaviermässige Klangverstärkung des Schlusses durch Oktaven der linken Hand auf. Von einer zweiten Fantasie mit Fuge aus C moll [3]) ist die Fuge leider nur soweit überliefert, dass man sie »als ein besonders kühn und gross angelegtes Musikstück« bezeichnen darf. Die Fantasie »bringt nicht nur das Kunstmittel des Überschlagens der Hände zu grösserer Geltung, als es in der ersten deutschen Suite geschehen ist, sondern hat auch die zweiteilige repetirende Form des ersten Sonatensatzes«. Einerseits unter dem unverkennbaren Einfluss Dom. **Scarlatti**'s stehend, zeigt das Stück andererseits »ein Vorbild des Emanuel Bach'schen Sonatensates«. Die Doppelfugenform in ähnlich grossartiger Anlage veranschaulicht eine vollständig erhaltene A moll-Fuge [4]). Die dazu gehörige Fantasie erscheint ihres streng gebundenen Stiles wegen mehr als orgelgemäss.

»Weitaus die meisten Charakterstücke in Fugenform, die Bach noch für Klavier geschrieben hat, fasst ein Sammelwerk zusammen, das ein Gegenstück zum **Wohltemperierten Klavier** abgeben sollte und als dessen **zweiter Teil** bekannt ist« [5]).

---

1) Siehe oben S. 297 f.

2) Die Fantasie und Fuge ist vielleicht schon in Köthen komponiert; es existiert noch eine ältere Fassung von ersterer. An die Herstellung der endgiltigen Gestalt ging Bach spätestens 1730. Siehe Gesamtausgabe, Band 36, S. 71 (vergl. dazu S. XL ff., 219) und Ph. Spitta (II, S. 661).

3) Gesamtausgabe, Band 36, S. 145, 238. Siehe Ph. Spitta (II, S. 662). Das Autograph befindet sich in Dresden (Kgl. mus. Bibliothek).

4) Gesamtausgabe, Band 36, S. 81. Ph. Spitta (II, S. 663).

5) Gesamtausgabe, Band 14 und 45. Siehe Ph. Spitta (II, S. 663 ff.). Vergl. auch C. van Bruyk (Technische und ästhetische Analysen des wohltemperierten Klaviers, Leipzig, Breitkopf & Härtel, 1867).

Ein Autograph war bisher nur von der As dur-Fuge bekannt[1]), neuerdings ist aber in England ein fast vollständiges gefunden worden; trotzdem wissen wir den von Bach bestimmten Titel nicht mit voller Sicherheit. Doch daran, dass die neuere Benennung Bach's Absichten zuwider liefe, ist gleichwohl nicht zu denken, umso weniger, da Bach bei dieser zweiten Sammlung genau ebenso verfahren ist, wie bei der ersten. Im Jahre 1744 (oder vielleicht schon 1740) willens, die grosse Zahl einzelner Fugenwerke, die zu Unterrichtszwecken entstanden sein mochten, in eine gewisse Ordnung zu bringen und dabei endgiltig zu redigieren, griff er, wo Stücke fehlten, gelegentlich auf ältere Werke zurück, sie in ihrer alten Fassung belassend oder umarbeitend. Das C dur-Präludium mit Fuge ist in kürzerer und einfacherer Gestalt bereits aus dem Jahre 1726 bekannt[2]); das endgiltige Präludium ist eine dritte Fassung. Für die G dur-Fuge kennen wir drei verschiedene Präludien[3]), die älteste fällt auch ins Jahr 1726. Auf eine fast gleichzeitige Fuge, nur in F dur und mit einem andern Präludium versehen[4]), geht die As dur-Fuge des zweiten Teils zurück. Das Cisdur-Präludium und seine Fuge standen ursprünglich in C dur[5]); sie haben bei der Transposition eine wesentliche Umgestaltung erfahren. Das D moll-Präludium endlich ist aus einem einfacheren Präambulum[6]) älterer Zeit erweitert. Auch in diesem zweiten Teil sind die Fugenthemen nicht alle Bach's Eigentum; als in ihren Wurzeln weit zurückreichend lassen sich besonders die Themen der E dur- und F moll-Fuge nachweisen[7]).

Von dem ersten Teil unterscheidet sich der zweite »durch eine noch reichlicher mit Musik gesättigte Phantasie, eine weiter ausgreifende Gestaltungskraft und das Bestreben, noch schärfer geschnittene Charakterköpfe herauszubringen, — eine Verschiedenheit, die in den Lebensperioden des Meisters begründet liegt, während welcher die Mehrzahl der Stücke entstanden ist«. Sie springt sofort in die Augen, sobald man die Präludien beider Teile auf ihren Einzelcharakter und ihre Stellung zur Fuge hin ansieht. Die Mehrzahl der Präludien des ersten Teils bildeten Stücke herkömmlicher Art, aus einem akkordischen oder gangbaften Motiv etüdenartig herausgesponnen. Im zweiten Teil sind eigentlich nur drei Präludien so angelegt: D moll, H moll und Cis dur, letzteres wie Kuhnau'sche Präludien in eine Fughette ausmündend. Mit Vorliebe nimmt sich Bach aber bedeutende Themen, die er in breiter Polyphonie motivisch sorgfältig durchführt; ihre Gattung repräsentiert gleich am Anfang das C dur-Präludium. »Nicht weniger als zehn Präludien haben die zweiteilige Tanzform, die im ersten Teil nur einmal vorkommt; es sind kleine Sonatensätze im Emanuel Bach'schen Sinne, nur meistens viel polyphoner«. Das

---

1) Es befindet sich in Berlin (Kgl. Bibliothek). Vergl. Band 45, Vorwort.
2) Gesamtausgabe, Band 36, S. 224.
3) Gesamtausgabe, Band 36, S. 114, 220.
4) Gesamtausgabe, Band 36, S. 113.
5) Gesamtausgabe, Band 14, S. 243, Band 36, S. 225.
6) Gesamtausgabe, Band 36, S. 226.
7) Siehe oben S. 38 f., 93, 207, 337, 393.

B moll-Präludium ist fast eine zur Fuge verdichtete dreistimmige Sinfonie, und »das Cmoll-Präludium entwickelt sich gar aus drei prägnanten, kunstvoll durchgeführten Themen. Was der Zweck der Präludien eigentlich sein soll, das erfüllen im zweiten Teil die meisten von ihnen nicht. Sie regen durch sich selbst zu nachhaltig an und erschöpfen ein jedes seine eigene Stimmung. Sie stehen mit eigentümlichen Rechten nicht nur neben ihren Fugen, sondern manchmal selbst im Gegensatz zu ihnen. Aus Präludium und Fuge hat sich hier eine neue, zweisätzige Form gebildet, in der jeder Faktor dem anderen ebenbürtig ist«. — »Die in den Fugen entwickelte Kunstfertigkeit ist erstaunlich gross. Ausser den auch im ersten Teil gleich häufig angewendeten Künsten der Umkehrung, Engführung und Vergrösserung bringt Bach hier noch den doppelten Kontrapunkt der Dezime und Duodezime zu grossen Wirkungen. Dabei hält er aber jeden Beigeschmack von technischer Virtuosität, der dem älteren Werke stellenweise noch anhaftet, gänzlich fern. Neigten sich dort die staunenerregendsten kontrapunktischen Verwickelungen vom Kunstvollen zum Künstlichen, so erscheinen sie hier leicht, absichts- und anspruchslos. Sie sind dem reifen Meister nur Mittel zur lebensvollen, scharf und bedeutsam ausgeprägten Charakteristik.«

»Die Aufgabe, erschöpfend zu zeigen, was die höchstentwickelte Kunst in der Fugenform zu leisten vermögend sei, hatte der Fugenmeister ohne Gleichen auch im zweiten Teil des wohltemperierten Klaviers noch nicht gelöst und nicht lösen wollen. Sie blieb ihm als ein Letztes für den Spätabend seines Lebens übrig«, nachdem er mit dem »Musikalischen Opfer«, das im Anschluss an sein Auftreten vor Friedrich d. Gr. in Potsdam (1747) entstanden war, eine Vorstudie von sich gegeben hatte. Krankheit und vorzeitiger Tod wanden ihm aber die Feder aus der Hand, bevor er die »Kunst der Fuge«[1]) ganz vollendet hatte.

»Der Hauptsache nach haben wir uns die »Kunst der Fuge« im Jahre 1749 komponiert zu denken. Als Bach dann das Werk in Kupfer stechen lassen wollte, überarbeitete er sein Manuskript und vervollständigte es. Der grössere Teil war unter seiner Aufsicht schon gestochen, da erreichte ihn in der Mitte des Jahres 1750 der Tod. Die Hinterbliebenen waren gegenüber dem Rest des Manuskriptes, wie er sich in des Meisters Nachlass vorfand, nicht genugend unterrichtet; die erwachsenen Söhne waren fern, die Vollendung der Ausgabe geriet in sachunkundige Hände, welche Entwurf und Ausführung, Original und Arrangement, Zugehöriges und ganz Fremdes in wüster Unordnung auf die Kupferplatten brachten. Bach's letzten Willen in

---

1) Gesamtausgabe, Band 25¹. Siehe Ph. Spitta (II, S. 677 ff.). Eine musikalische Analyse des Werkes hat M. Hauptmann geschrieben (Erläuterungen zur Kunst der Fuge, Leipzig, Peters).

Betreff der Anordnung der Sätze wissen wir nur bis zur elften Fuge. Das ergiebt eine geschlossene Reihe. Die zweite Hälfte des Werkes enthält mehrere »anorganische Elemente, die auszuscheiden wären. Durch Miss- und Unverständnis gerieten in die Ausgabe ein älterer Entwurf zum zehnten Stück, sowie zwei Fugen für zwei Klaviere. Die letzteren sind Arrangements der beiden dreistimmigen Fugen (Nr. 13), deren zweite die erste in allen Stimmen umgekehrt zeigt, und welche zum Teil sehr schwer zu spielen sind, da die Stimmen manchmal so weit auseinander liegen, dass das Gleichzeitige nur sprungweise erreicht werden kann. Um diese Augenmusik auch dem Gehöre zugänglich zu machen, hat Bach die Fugen in der Weise übertragen, dass ein Klavier zwei Stimmen, das andere die dritte und ausserdem eine frei hinzukomponierte spielt. Das Resultat hat aber als Kunstwerk nur zweifelhaften Wert und war für das Gesamtwerk keinesfalls bestimmt, da es die Idee des Komponisten, eine Fuge mit lauter umzukehrenden Stimmen zu schreiben, zerstört zeigt und durch die Einführung eines zweiten Klaviers aus dem Stil des Ganzen herausfällt.« Über die Zugehörigkeit der unvollendeten grossen BACH-Fuge, über deren Ausarbeitung Bach gestorben ist, zur »Kunst der Fuge« sind die Meinungen noch geteilt. Während einerseits unter Hinweis auf den Torso der Mangel an Beziehungen auf das eigentliche Grundthema Grund zur Ablehnung giebt, werden andererseits[1]) mannigfache Möglichkeiten gezeigt, wie sich in dem fehlenden Teile das Thema in verschiedenartigen Umänderungen mit den drei Subjekten der BACH-Fuge vereinigt hätte zeigen können.

Der »Kunst der Fuge« liegt die Idee zu Grunde, »aus einem einzigen Thema durch Anwendung aller Mittel des strengen Kontrapunkts ein grosses vielsätziges und einheitliches Kunstwerk zu entwickeln«. Das geschieht, wenn man die zweifelhaften Elemente abrechnet, in fünfzehn Fugen und vier Kanons. »Die einfache, Doppel- und Tripelfuge, Fugen über melodische und rhythmische Umbildungen des Themas, Fugen in Engführung, mit Beantwortung in der Gegenbewegung, sowohl in gleichen Notenwerten, als in Verkleinerung und Vergrösserung, Fugen im doppelten Kontrapunkt der Oktave, Duodezime und Dezime, endlich Fugen, in welche alle drei und vier Stimmen und zwar in verschiedenen Stellungen zu einander umgekehrt werden, daneben zweistimmige Kanons in der vergrösserten Gegenbewegung und den drei gebräuchlichen Arten des doppelten Kontrapunkts ziehen an uns vorüber. Es sind Formen von den einfachsten an bis zu den denkbar schwierigsten, wie sie selbst Bach in seinem Leben noch nicht ausgeführt hatte«. Der Zweck, dem dies Werk dienen sollte, war ohne Zweifel zunächst ein lehrhafter. »Dies zeigt sich schon ganz äusserlich darin, dass es in Partitur gesetzt ist und die Stücke nicht Fugen, sondern Kontrapunkte genannt sind. Aber man würde doch sein Wesen missverstehen, wollte man in ihm

---

[1]) H. Riemann und B. Ziehn (Allg. Musik. Zeitung, Charlottenburg, 1894, Nr. 14 f., 33/34).

nicht ein echtes Kunstwerk erkennen von unvergleichlicher Kunstvollendung und unermesslicher Empfindungstiefe. Auch musikalisch muss es als geschlossene Einheit gelten, nicht nur deshalb, weil in allen Fugen dasselbe Thema herrscht, sondern vor allem, weil die einzelnen Teile auf einander bezogen werden und nur durch einander völlig zu verstehen sind. Dieses letzte Werk Bach's ist im Grunde nur eine einzige Riesenfuge in fünfzehn Abschnitten.« —

Lange bevor Bach als Komponist auf der Höhe seiner Meisterschaft angelangt war, hatte man in Deutschland seinen Namen als den des bedeutendsten Orgel- und Klaviervirtuosen ausser Händel schätzen gelernt. Die vielen Kunstreisen, die er unternahm, trugen nur dazu bei, diesen Ruf zu vergrössern und in immer weitere Kreise hineindringen zu lassen. Was seiner Virtuosität den Stempel der Eigenart aufdrückte, war erstlich eine staunenswerte Kraft der Improvisation[1]). Wie er »seine bewunderungswürdige gelehrte Art vielstimmig zu phantasieren« vor dem grossen Friedrich in Potsdam durch eine sechsstimmige Fuge aus dem Stegreif[2]) und sonst noch durch sein polyphon geartetes Generalbassspiel bethätigte, ist bekannt. Und wie sich Bach andererseits in rein technischer Beziehung bereits in Weimar den schwierigsten Aufgaben anderer Tonsetzer gewachsen fühlte[3]), lässt sein Ausspruch erkennen: »er glaube wirklich, alles und jedes ungesäumt und unbesehen vom Blatte spielen zu können«.

Dass Bach eine solche Höhe der Technik erreichte, hatte er ausser seinem Fleisse im wesentlichen seiner neuen Methode des Fingersatzes zu verdanken. Gelegentliche Bemerkungen[4]) über die Beschaffenheit des Fingersatzes in der Zeit vor Bach werden gezeigt haben, dass seine Ausbildung ursprünglich von dem Gebrauch der drei Mittelfinger beider Hände ausgegangen ist. Aber schon früh kam man damit allein nicht aus; grössere Intervalle mussten ja notwendig die Heranziehung des Daumens und kleinen Fingers bewirken, die, da sie doch einmal benützt wurden, ebenso für die geläufigere Bewältigung von schnellen Passagen gelegentlich Dienst leisten konnten. So schwankend und willkürlich, wie die Anwendung der beiden äusseren Finger, musste denn auch die Handhaltung sein. »Während auf der einen Seite das unbeteiligte Herunterhängen des Daumens eine gestreckte Fingerhaltung zur Folge hatte, bedingte andererseits das Eintreten dieses

---

[1]) Ph. Spitta (I, S. 640 f.).
[2]) Ph. Spitta (II, S. 711).
[3]) Ph. Spitta (I, S. 387).
[4]) S. 11, 13, 14, 41, 45, 49, 69 f., 82 f., 84, 115, 119, 149, 160, 204, 282, 303, 305, 313. Siehe dazu Ph. Spitta (I, S. 645 ff.).

so viel kürzeren Fingers naturgemäss ein Einziehen der übrigen«. Diesem Zustande des Ungewissen, Regellosen, Unrationellen machte Bach für seine Person ein Ende; auf welche Weise, zeigen vier von Bach eigenhändig mit vollständigem Fingersatz bezeichnete Stücke, unter ihnen als ausgedehnteste Proben das Cdur-Präludium mit Fuge aus dem zweiten Teile des »Wohltemperierten Klaviers« (ältere Fassung) [1]. Bei aufsteigenden Gängen der rechten Hand setzt der zweite Finger über den dritten, der dritte über den vierten und fünften, bei absteigenden der dritte über den zweiten, der fünfte über den vierten und dritten; aufwärts schiebt die linke Hand den dritten Finger über den zweiten, den fünften über den zweiten und vierten, abwärts den vierten über den fünften, den zweiten und dritten über den vierten. Das sind alles Kombinationen, die ebenso wie das im voraus berechnende Nachziehen der Finger den älteren Künstlern durchaus geläufig waren. Mochte Bach, schon in Rücksicht auf den kapriziösen französischen Suitenstil, die frühere Technik nicht einfach über Bord werfen, so verschloss er sich doch auch nicht der Erkenntnis ihrer teilweisen Unbeholfenheit, die namentlich in skalenartigen Passagen hemmend wirkte. »Für die Tonleiter stellte er desbalb die neue Grundregel auf, dass der Daumen der rechten Hand im Aufsteigen nach den beiden Halbtönen, im Absteigen vor denselben eingesetzt werden müsse, und umgekehrt bei der linken Hand«, scheut sich aber dabei nicht, gegebenen Falls selbst eine Ausnahme davon zu machen, indem er nach älterer Weise in der linken Hand mehrmals immer nur den zweiten Finger zum Überschlagen über den Daumen benützt. Eben weil Bach »sämtliche durch den Daumengebrauch ermöglichten Kombinationen in Anspruch nahm, ohne aber auf eine nach dem früheren Fingersatze allseitig ausgebildete Technik irgendwo zu verzichten, ergab sich ihm eine unbegrenzte Fülle der Möglichkeiten«. Wenn wir dazu erfahren, dass Bach »durch eifriges Üben die Finger beider Hände zur grössten Gleichmässigkeit in Kraft und Beweglichkeit und zur völligen Unabhängigkeit von einander brachte, indem er Triller und andere Manieren, F. Couperin's [2] Forderung gemäss, mit dem fünften und vierten Finger eben so rund und egal herausbringen lernte, so wird es vollständig begreiflich, weshalb für ihn technisch keine Schwierigkeiten mehr existierten«.

Hervorragende Eigenschaften besass Bach endlich noch als

---

[1] Man findet die Stücke in der Gesamtausgabe, Band 36, S. 237, 126, 224 f., die ersten beiden auch bei Ph. Spitta (I, Beilage 3).
[2] Siehe oben S. 302.

Lehrer der Musik[1]), auch als solcher die Bedeutendsten der Vorzeit: Hofheimer, die alten Venetianer Meister, Sweelinck, Frescobaldi, Chambonnières, Pachelbel, überragend. »Über die Art seines Lehrganges sind wir ungefähr unterrichtet. Zuerst liess er nur Übungen im Anschlag, in der Fingersetzung und in der gleichmässigen und unabhängigen Ausbildung der einzelnen Finger beider Hände vornehmen. Hierbei hielt er die Schüler wenigstens einige Monate fest, versüsste ihnen aber die bittere Kost durch anmutige Tonstückchen, in denen er jedesmal eine bestimmte technische Aufgabe zum Motiv nahm. Auch die Verzierungen mussten sie von Anfang an in beiden Händen ausdauernd üben. War nun in diesen Elementen eine gewisse Fertigkeit erreicht, so ging er grundsätzlich gleich zu schwereren Stücken über, vorwiegend seinen eigenen (Inventionen, Sinfonien, Suiten, Wohltemperiertes Klavier). Vor Beginn des Einstudierens spielte er sie vor und wusste den Schülern dergestalt Lust und Eifer zu erwecken, dass die günstigen Resultate nicht leicht ausblieben«. Fern ab lag ihm jede Ungeduld, wo es galt, »Anderen verstandesmässig sein Können klar und nutzbar zu machen. Es ist in gleichem Masse ehrfurchtgebietend und herzquickend, diesen Mann, dessen titanische Phantasie jetzt nach dem höchsten Ideale die Hand ausstreckte, in der nächsten Stunde sich zu einem seiner Schüler niedersetzen zu sehen, schüchternen Organisten- und Kantorsöhnen aus einfachsten Verhältnissen, unverdrossen ihnen die Mechanik des Fingergebrauchs erklären, teilnehmend dem Ungeschick durch Niederschreibung besonderer Übungsstücke zu Hilfe kommen, mit pädagogischer Einsicht durch eigene Musterausführungen sie zu höheren Zielen anspornen oder beim Generalbassspiel seine Finger und Hände unter die des spielenden Schülers mischen, um das Akkompagnement mit imponierenden Massen von Harmonien auszustaffieren, falls es zu mager geriet. So hatte Bach in Mühlhausen begonnen, so trieb er es vierzig Jahre später noch, dem Greisenalter nahe.«

Es ist hier füglich der Ort, die Namen der Bach'schen Schüler[2]), soweit sie bekannt sind, wenigstens in Kürze zu nennen. Was uns von ihren Leistungen im Einzelnen angeht, wird im nächsten Buche zu besprechen sein. Bach's Schüler waren:

in Mühlhausen:
Joh. Martin Schubart, Joh. Seb. Koch;

in Weimar:
Joh. Kasp. Vogler, Joh. Tob. Krebs, Joh. Gottfr. Ziegler;

---

1) Ph. Spitta (I, S. 658 ff.).
2) Ph. Spitta (I, S. 339, 516 ff., II, S. 719 ff.).

Joh. Schneider;

in Köthen:

in Leipzig:

Heinr. Nik. Gerber, drei Söhne des oben genannten Krebs, besonders Joh. Ludw. Krebs, Georg Friedr. Einicke, Joh. Friedr. Agricola, Joh. Fr. Doles, Gottfr. Aug. Homilius, Joh. Phil. Kirnberger, Joh. Chr. Altnikol, Joh. Chr. Kittel, Joh. Gottfr. Müthel, Rud. Straube, Christ. Transchel, J. G. Goldberg, Karl Gotth. Gerlach. Nur als Thomaner, nicht als Privatschüler, genossen seinen Unterricht: Christ. Nichelmann, Joh. Trier, J. G. Vogt, Chr. Sam. Barth.

Zu diesen Fremden kommen als Vertreter des Bach'schen Geschlechtes von den Söhnen: Wilh. Friedemann Bach, K. Phil. Em. Bach, Joh. Gottfr. Bernhard Bach, Joh. Chr. Friedr. Bach, — von den Nebenlinien: Joh. Ludw. Bach (Meiningen), Joh. Ernst Bach (Eisenach), Joh. Elias Bach (Schweinfurt).

Von allen einzelnen Zügen, die uns die eingehendere Betrachtung von Bach's künstlerischer Persönlichkeit vor Augen führte, dürfen wir, von dem Schlusse dieses Kapitels auf den Gang der Entwickelung zurück blickend, besonders zwei uns noch einmal kurz in Erinnerung bringen; sie sind es, die in gleich starkem Grade seiner strebenden Jugend wie seinem reifen Alter anhafteten und die deshalb am bedeutsamsten seine Stellung in der Geschichte der Klaviermusik bezeichnen. Universalität war der eine Grundzug seines Wesens. Die deutschen Musiker vor und zu Bach's Zeit wirkten ohne Ausnahme alle im Sinne und in der Richtung einer Schule; die Klaviermusik Deutschlands bestand aus einem Nebeneinander verschiedenartiger Kunstbestrebungen, deren Unterschiede sich selbst dann noch fühlbar machten, als Nord und Süd, Osten und Westen zu gegenseitiger Berührung hinneigten. Aus dem engen Bannkreis der »Schule« wuchs Bach früh empor. »Wie eine Pflanze sich instinktmässig der Sonne zuwendet, so neigte er sich dorthin, woher er fühlte, dass ihm Licht und Förderung strömen könnte.« Wo Meister lebten, von denen er glaubte lernen zu können, zu denen trieb es ihn trotz Amt und Pflichten. Denen aber, die nur noch durch ihre hinterlassenen Werke zu ihm sprechen konnten, widmete er Tage und Nächte unablässigsten Studiums. So lernte er Formen, Stilarten und Technik von Deutschen und Fremden aus der Gegenwart und Vergangenheit in einer derart souveränen Weise beherrschen, dass es ihm ein Leichtes war, sich jederzeit auf eine beliebige dieser Vorstufen zurück zu versetzen und in freier Improvisation alle ihre glänzendsten Eigenschaften zur Geltung zu bringen. Man vergegenwärtige sich nur Bach's Zusammentreffen mit Reincken und Marchand. Zur Universalität, die für sich allein als eine Frucht eisernsten Fleisses auch Anderen erreichbar sein kann, gesellte sich bei Bach als Zweites die schöpferische Kraft, das Genie, das

in der Nachahmung nicht sein volles Genügen, sondern nur das
Rüstzeug zu höheren Thaten fand. Was Bach von allen Seiten
her in sich aufgesaugt hatte, gab er zu neuer Einheit verschmolzen
wieder aus sich heraus. Wie er Variation und Suite, des Klaviers
ureigenste Formen, unter Berücksichtigung aller je hervorgetrete-
nen Bildungstypen in Form und Stil ihrer höchsten Klarheit, Abrundung und Dehnbarkeit entgegenführte, so brachte er auch die
zweiästige Entwickelung der Fugenform, an der zwei Jahrhunderte
gearbeitet hatten, zum endlichen, harmonischen Abschluss und
Ausgleich. Alle die Satzkünste, die als Reste zahlreicher früherer
Formen übrig geblieben waren, sich gründlich zu eigen machend,
schuf Bach mit ihnen für die orchestrale Klang- und Tonfülle der
Orgel Fugen von gigantischem Bau und blendendem Glanze. Einer
solchen Riesenkraft setzte das beschränktere Ausdrucksvermögen des
Klaviers als ausführenden Organs keine Schranke mehr; wie dort
im Grossen, so entfaltete er hier auf kleinstem Raum und doch
in unübertroffener Klarheit und Durchsichtigkeit die höchste Kunst.
Der geniale Meister zeigt sich endlich noch im Stil. Aus deutschem, französischem und italienischem Wesen, aus der massigen
Polyphonie der Orgel und der beweglichen Ausdrucksfähigkeit des
Klaviers erwuchs der Bach'sche Stil, die grossartigste Zusammen-
fassung alles vor ihm Gewesenen. Sollte wirklich einmal über
Deutschland eine Zeit heraufziehen, bar jeder historischen Pietät,
die es über sich gewönne, unsere Kunstvergangenheit teilnahms-
los in Schutt und Trümmern zerfallen zu sehen, ihre Spur wird
darum nicht völlig verwehen. In Bach's unvergänglichen Werken
wird, was jene gewollt und erstrebt, empfunden und gefühlt hat,
in vollkommenster Verklärung und lautester Reinheit weiter leben
und wirken.

Zweites Kapitel.

Italien.

Dass sich während der ersten Hälfte des 18. Jahrhunderts
in der italienischen Klaviermusik ein ganz ungeheurer Umschwung
hinsichtlich der Komposition wie der Spieltechnik vollzog, der
mit auffallender Schnelligkeit in Deutschland bekannt wurde und
auch hier die homophone Satzart und die freiere Bewegung der
Hände beförderte, haben wir im Verlaufe des eben beendeten
Kapitels häufig genug bemerken können. Es bleibt noch übrig,

uns hier, wenn nicht über die einzelnen Stadien dieser geschichtlichen Entwickelung in Italien, so doch über ihre hauptsächlichsten Vertreter näher zu orientieren.

Trotz des geringen Materiales, das hierfür zur Verfügung steht, können wir doch deutlich drei Richtungen neben einander verfolgen. Der wichtigste Vertreter der einen, die wir als eine direkte Fortsetzung der Frescobaldi-Pasquini'schen Schule zu betrachten haben, war Domenico **Zipoli.**

Z., um 1675 in Nola geboren als Sohn des Kapellmeisters der dortigen Kathedrale, wurde mit fünfzehn Jahren Zögling des *Conservatorio della Pietà dei Turchini*, wo er im Gesang, Kontrapunkt und Klavierspiel-unterrichtet wurde. Über seine Schicksale nach dem Verlassen der Anstalt 1696 schwebt vorläufig noch Dunkel[1]; wir wissen nur, dass er 1716 Organist der Kirche *del Giesu* in Rom war und als solcher folgendes Werk veröffentlichte: »*Sonate d'intavolatura per organo, e cimbalo. Parte prima: Toccata, Versi, Canzone, Offertorio Elevazioni post Comunio e Pastorale. Parte seconda: Preludij, Allemande, Correnti, Sarabande, Gighe, Gavotte e Partite. Opera prima.* 1716« (ohne Ort und Drucker)[2]. Ein Nachdruck dieses Werkes scheint folgendes zu sein: »*A third collection of toccates, vollentarys and fugues, for the organ or harpsichord, with particular great pieces for the church.* London *Walsh*« [o. J.][3].

Der erste Teil seiner *Sonate* — wir verstehen hierunter den älteren Begriff von Klangstücken — ist zwar für die Kirchenorgel bestimmt. Aber im Vorübergehen bemerken wir doch, dass uns die Anordnung der kleinen Sätze (Fugbetten, Versetten, Verse) aus den »Octitonien« süddeutsch-katholischer Meister der früheren Periode bekannt ist; jede Reihe wird hier nur durch eine Canzona beschlossen. Diese Schlusssätze grenzen Zipoli's Stellung schon nach einer wichtigen Seite hin ab. Mit Ausnahme der vierten Canzona, deren Anfangsthema

---

1) Fétis (*biogr. univ.*). Nach Marpurg (Historisch-kritische Beiträge I, S. 460) soll der Pariser Organist Michel Corrette anfänglich den Namen Zipoli angenommen haben, um mehr Käufer für seine Werke anzulocken. Daraufhin hat Gerber (N. L.) ohne Weiteres Dom. Zipoli und Mich. Corrette für eine und dieselbe Person erklärt, Ritter (Z. Gesch. d. Orgelsp.) ist ihm darin gefolgt. Die Richtigkeit dieser Annahme vorausgesetzt, wäre dann Zipoli über 100 Jahre alt geworden und hätte gerade im greisenhaftesten Alter die meisten Werke veröffentlicht. Aus diesem Grunde darf man Gerber's Angabe immerhin bezweifeln.

2) Exemplare in Berlin, Brüssel, Paris (*Conserv.*). Eine fast vollständige Neuausgabe des Werkes besorgte Farrenc (*Trés. d. pian.* XI), einzelne Stücke des zweiten Teils findet man bei Pauer (Alte Meister, Breitkopf & Härtel), Köhler (*Les maîtres d. Cl.*).

3) Exemplare im Haag (Scheurleer), Cambridge (*Fitzw. Mus.*).

in zwei folgenden Abschnitten einmal so —

und dann so —

d. h. also in der bekannten Weise Frescobaldi's und Pasquini's umgebildet und mit Gegenthemen vergesellschaftet erscheint, haben sich die übrigen zur Einsätzigkeit der gewöhnlichen Fugenform verflüchtigt. Sie führen deshalb eigentlich die Bezeichnung Canzonen zu Unrecht. Mit der Auflösung der Form hat sich auch das musikalische Wesen der Stücke unvorteilhaft verändert, denn es spottet aller Regeln des strengen Satzes. Nachdem das Thema zwei oder drei Mal eingeführt ist, geht es in klaviermässiger Zwei- oder Dreistimmigkeit, hier und da willkürlich durch vollere Griffe unterbrochen, weiter. Die Stimmen sind keine melodischen Individuen, verschwommen und unklar tauchen sie auf, um wieder ohne Spur zu verschwinden. Die Themaeintritte werden nicht durch vorhergehende Pausen vorbereitet, sondern erscheinen wirkungslos mitten im Verlauf einer Stimme. Auch wird das thematische Material nicht eigentlich verarbeitet, sondern mehr durch allerlei Beiwerk überwuchert, das gar keinen thematischen Bezug hat, und eine virtuose Schlusskadenz, z. B.:

bringt erst immer den Haupteffekt. Hier bietet sich uns also gleich ein Beispiel jener freien Behandlung der Fugenform, an die sich Musiker, wie ein Mattheson und Telemann[1]), als Vorbild anlehnen konnten, ohne freilich als Deutsche der gleichen Verflachung zu verfallen.

Das Thema der vierten Canzona —

dürfen wir einer stattlichen Anzahl gleichgearteter[2]) einreihen.

Der zweite Teil, in dem sich vier Suiten und zwei Variationsreihen befinden, steht in anderer Weise unter der Einwirkung der Schule Pasquini's[3]). Die Form der Suiten Zipoli's ist nach aussen und innen so beschaffen, wie die seines grossen Vorgängers. Was sie alle gemeinsam aufweisen, ist allein der Beginn mit einem *Preludio*, das indes zweiteilige Tanzform innehält und deshalb als selbständiges Glied zu rechnen ist; darauf folgt ein bunter Reigen: *Corrente, Aria, Gavotta, — Corrente, Sarabanda, Giga, — Allemanda, Gavotta, Minuetto, — Allemanda, Sarabanda, Gavotta, Giga*. Unter ihnen waltet ganz wie bei Pasquini, wenn schon nicht durchgehends, so doch vielfach melodischer Zusammenhang, der auch hier den fast gänzlichen Mangel an scharfer Tanzcharakteristik ersetzen muss. Da der Gegensatz der einzelnen Teile eigentlich nur auf dem Wechsel des Tempos beruht, so geht durch Zipoli's Suiten gleichfalls ein stark sonatenhafter Zug. Als unterscheidendes Merkmal gegen Pasquini kommt nur der Stil in Betracht. Zipoli's Satzweise ist bei Weitem nicht so dünn und im harmonischen Unterbau der Melodie dürftig wie Pasquini's. Wie für sie einerseits die Füllkraft des Klavieres durchaus in Anspruch genommen wird, so überrascht andererseits mancher feine, der Violintechnik abgelauschte Zug der Melodik, die gerade aus dieser Quelle den grössten Teil ihrer Schwungkraft und Geschmeidigkeit geschöpft zu haben scheint.

Die Variationen endlich sind das Einzige, worin Zipoli bedeutend hinter Pasquini zurücksteht. Auf reiner Figuration der Melodie oder des Basses fussend, zeigen sie weder formell noch stilistisch irgend einen neuen Zug von Bedeutung.

---

1) Siehe oben S. 347 f., 353.
2) Siehe oben S. 206 f., 230, 337.
3) Siehe oben S. 277 f.

Der römischen, konservativen Richtung parallel sehen wir eine zweite, ausgesprochen fortschrittliche verlaufen, die neapolitanische Tonschule. Von dem ersten der hierher gehörenden Musiker, Gaetano **Grieco** (Greco) —

> geboren um 1680 in Neapel, auf dem *Conservatorio de' Poveri di Gesù Cristo* unter Al. Scarlatti musikalisch gebildet, seit 1717 etwa dessen Nachfolger am Institut, später in gleicher Stellung am *Conservatorio S. Onofrio*, Lehrer von Fr. Durante und Dom. Scarlatti —

kann hier leider nichts Erschöpfendes gesagt werden, da seine Klavierwerke nur in wenigen und überdies schwer zugänglichen Handschriften[1]) überliefert sind. Was von ihm bekannt geworden ist, zeigt die Form der Toccata in vollster Auflösung, ohne dass man zugleich auch vielsagende Ansätze zu neuen Gestaltungen erkennte.

Niccolò Antonio **Porpora** —

> dem bedeutenden neapolitanischen Gesangsmeister (1686 bis 1767), im Klavierspiel einem Schüler A. Scarlatti's oder G. Grieco's —

wird eine Reihe von sechs Fugen zugeschrieben[2]). Ihre Echtheit vorausgesetzt, zeigen sie in noch bedeutenderem Masse als Zipoli's Canzonen kontrapunktische Freiheit. Aber wenn sie auch selbst mit zwei oder mehr Themen aufmarschieren, so kommt es doch zu keiner eigentlichen Fugenentwickelung; die Kontrapunkte gleiten unversehens in violinmässige Figurationen über, die wohl als Überleitungen gedacht sind, aber viel weiter ausgreifen und so den Hauptgedanken Luft und Licht benehmen. Zudem vermisst man bei ihnen das Walten einer inneren künstlerischen Ordnung, eine symmetrische, gegenseitige Bezugnahme. So thut denn Porpora im Grunde dasselbe, wie Grieco: er bricht das alte Haus ab, ohne ein neues an seine Stelle zu setzen.

Es ist wohl bemerkenswert, dass die Themen der ersten —

---

1) Brüssel (Nr. 6240 des Katalogs der Bibliothek von Fétis: »*Intavolature per il cembalo del Sign. Gael. Grieco*«; Autograph?), London (*Brit. Mus. Ms.* add. 14, 248). J. S. Shedlock (*Select. of pieces by G. Grieco*, London, Novello) verfolgte natürlich mehr den Zweck, hervorstechende Stilproben, als eine vollständige Übersicht der von Grieco angewandten Formen zu geben.

2) M. Clementi (*Selection of Practical Harmony for the organ or pianoforte*, London, 1, S. 38 ff.) veröffentlichte sie zuerst, natürlich ohne Angabe der Quelle, die bis heute noch nicht wieder gefunden ist. Von ihm übernahm sie Farrenc (*Trésor*, VIII) vollständig. Neuere, wie Méreaux und Pauer, bieten nur einzelne Fugen.

und sechsten Fuge Porpora's —

mit dem der grossen C dur-Orgelfuge[1]) Bach's —

und der C dur-Fuge im ersten Teil des »Wohltemperierten Klaviers«

unverkennbar in Parallele stehen.

Aus dem geschichtlichen Gährungsprozess, der in den Werken der eben genannten italienischen Komponisten die alten Formen der Fuge und Toccata stark getrübt erscheinen liess, gingen nun rein und klar Neubildungen hervor, die sich sehr bald als ungemein lebenskräftig und vieldeutig erweisen sollten, und eine moderne Kunst, die sich, obschon sie ihre Herkunft aus der alten deutlich zeigt, doch wie eine neue Welt vor uns aufthut: in Formengruppierung, Formenbau, Stil und Technik. An der Schwelle derselben steht Francesco **Durante.**

D.'s Geburtsjahr und -Ort werden sehr verschieden angegeben. Einerseits handelt es sich um Neapel, Grumo oder Frattamaggiore, andererseits um die Jahre 1684, 1686 oder 1693. Dass seine Klavierlehrer G. Grieco und A. Scarlatti waren, scheint festzustehen, ebenso wie es fraglich ist, dass er auch aus Pasquini's Unterricht Nutzen gezogen habe. Er starb 1756. Mit einer ziemlichen umständlichen Dedikation auf dem Titel erschienen von ihm »*Sonate per Cembalo divise in studii e divertimenti. Philippus de Grado sculp. Neap.*« [gegen 1732][2]).

Durante's sechs *Studii* stehen im Vollbesitze aller musikalischen Eigenschaften, die ein Porpora unentwickelt gelassen hatte. Das Thema, dort fast nebensächlich geworden, spielt hier wieder die ihm gebührende Hauptrolle, allerdings in gänzlich moderner Weise. Es zeigt sich nicht kunstvoll und mannigfaltig verschlungen in dem Gewebe einer streng durchgeführten Stimmenanzahl, es greift nicht zu den kontrapunktischen Hilfsmitteln der Umkehrung,

---

[1]) Edition Peters, Orgelwerke, Band 2, Nr. 1.
[2]) Exemplar in Berlin, in alter Handschrift vom Jahre 1732 auf dem *British Museum* in London. Einen vollständigen Neudruck des Werkes bietet Farrenc (*Trésor*, IX).

Vergrösserung, Verkleinerung und Engführung, sondern tritt überall in harmonischem Gewande auf. Aus den Harmonien, die das Thema in verschiedenen Lagen zulässt und die sich ihm wider die Regel der Stimmenführung gern frei zugesellen, fällt immer wieder ein neuer, überraschender Lichtreflex auf die beständig gleiche Gestalt des Hauptgedankens. Die Art, wie er sich bald hier, bald dort durch kurze Ansätze ankündigt, bevor er in voller Breite erklingt, oder wie er sich plötzlich aus einer anscheinend nur begleitenden Stimme heraus vernehmen lässt, ist ebenfalls charakteristisch, allerdings auch schon von Porpora und Zipoli angewendet. An Nebengedanken, die statt der Überleitungen Ranken gleich am Stamm des Themas empor klettern, ist auch in Durante's Fugen kein Mangel. Aber sie sind den analogen Gebilden Porpora's bedeutend überlegen. Teils ergeben sie sich aus Gegensätzen des Themas, teils aus seiner natürlichen melodischen Fortsetzung. Wo keines von Beiden der Fall ist, wird der rhythmische Charakter des ersten Zwischenspiels für alle übrigen festgehalten. Wo aber doch mehrere, verschiedenartige Überleitungen auftreten, beugen sie sich einer künstlerischen Symmetrie: einen Nebengedanken, den wir am Anfang sahen, finden wir sicherlich nochmals vorm Schlusse wieder. Die Kombinationen des Themas und die freien Zwischensätze stehen dann auch nicht in starrer Abgeschlossenheit einander gegenüber, wie bei Porpora, sondern greifen anmutig und zwanglos in einander über.

Was Durante's *Studii* vollends weit über die älteren Versuche erhebt, ist ihr Stil, dessen Eigenart sich aus der sorgfältigen Beobachtung und Benutzung der spezifischen Ton- und Klangfähigkeit des Klaviers gebildet hat. Durante's Themen brauchen nicht vokal zu denken und sorglich der Grenzen des Stimmenumfangs oder der Tonart zu achten, kühn und weit erstreckt sich vielmehr ihre Melodik; man betrachte daraufhin das Thema des ersten —

und sechsten *Studio*:

Wie sehr sich das Klavier von dem vokalen Kontrapunkt emanzipiert hat, sieht man aus Stellen, wie diese —

wo die Spiellage immer weiter in die Höhe hinauf gerückt wird, während die alten Satzregeln ein Verbleiben in der Anfangslage fordern müssten. Nicht in letzter Linie stehen dann noch die rein klavieristischen Effekte des Überschlagens der Hand —

---

1) *Studio* 1.
2) *Studio* 6.

der absichtlich weiten Griffe in rechter —

und linker Hand —

alles Dinge, die, kaum gedacht und einmal ausgeführt, ein überraschend starkes Echo, namentlich in der deutschen Klaviermusik[3]), hervorriefen.

Das Bewusstsein, mit diesen Stücken eine neue Bahn betreten zu haben, bewog wohl Durante, ihnen auch einen Namen zu geben, der möglichst keinen Gedanken an irgend eine der bisher üblichen Formen aufkommen liesse. Denjenigen Stücken[4]), die noch am meisten an den Ausgangspunkt seiner neuen Form erinnern, da sie ausser dem Thema noch mindestens ein Gegenmotiv doppelfugenartig behandeln, giebt er ausser ihrem Haupttitel noch die Nebenbezeichnung *Fuga*; alle anderen heissen aber nur *Studio*. Damit bringt Durante zum Ausdruck, dass man sie nicht etwa als freie Fugen, sondern als neue Formentypen auffassen möge. Sollen wir den gewählten Namen *Studio* etwa durch einen parallelen deutschen Begriff ersetzen, so wird es kaum anders möglich sein, als durch den technischen Begriff »Durchführungssatz«, in dem Sinne aufgefasst, wie wir bei der modernen Sonate, besser noch bei der breiter angelegten Sinfonie von einer Durchführung sprechen. Abgesehen davon, dass die voraufgehende Exposition der melodischen Grundgedanken in beiden verschieden ist, tragen sie, Durante's *Studii* und moderne Durchführungsteile, in der Art der Gedankenverknüpfung vollkommen gemeinsame Züge. Durante's Typus war eben berufen, bei der endgiltigen Gestaltung des ersten Sonatensatzes wesentlich mitzuwirken.

1) *Studio* 6.
2) *Studio* 4.
3) Siehe oben S. 328, 333, 339, 353, 364, 394 f.
4) *Studio* 4 und 5.

Den sechs *Studii* entsprechen nun sechs *Divertimenti*. Sie bewegen sich alle mit Ausnahme des dritten, das sich im Kanon der Oktave ohne Unterbrechung entwickelt, in einfachster zweiteiliger Liedform und erreichen nur einen bescheidenen Umfang. Mit ihrer gänzlich homophonen Melodik, die aus einem ganz kurzen, rhythmisch lebhaften Motiv heraus blüht, bilden sie einen anmutigen Gegensatz zu den voraufgehenden *Studii*. Dass es Durante's Absicht wirklich war, je ein *Studio* und *Divertimento* zu einer Einheit zusammen zu schliessen, geht schon aus der Gemeinsamkeit der Tonart hervor. Überdies finden sich noch in einzelnen *Divertimenti* Züge, die unverkennbar aus dem zugehörigen *Studio* geschöpft sind.

Von einer gewissen Entfernung her könnten wir Durante's Stücke etwa einer Anzahl Präludien und Fugen aus dem zweiten Teil von Bach's »Wohltemperiertem Klavier« vergleichen, nur unter dem Vorbehalt, dass die Anordnung der Teile gerade entgegengesetzt ist. Der Vergleich passt jedoch nicht, sobald wir das innere Wesen der zweisätzigen Form Durante's berücksichtigen. Da müssen wir sie als eine Zwischenstation auf dem Wege zur modernen Klaviersonate bezeichnen. Sie ist zwar nur zweisätzig und es fehlt ihr auch noch die Struktur des ersten Satzes, aber sie bringt dafür den Kontrast zwischen dem durchgearbeiteten ersten und leichtfüssig behenden letzten Satz zu vollkommenstem Ausdruck[1]).

Das mitgeteilte Thema von Durante's erstem *Studio* ruft eine Erinnerung wach, die vielleicht nicht ohne Bedeutung ist. Ganz ähnlich fasste bereits Kuhnau in den »Biblischen Historien« den Ausdruck für »Sauls Traurigkeit und Unsinnigkeit«:

Im weiteren Verlauf des ersten Stücks setzt Durante folgende Sequenz:

---

1) In wiefern das Ergebnis dieser Darstellung etwa eingeschränkt oder erweitert werden muss, würde sich erst nach genauer Prüfung der sonst noch handschriftlich überlieferten Stücke Durante's feststellen lassen.

ihre Ähnlichkeit mit der in der Gigue von Händel's Fmoll-Suite!, herauszufinden, wird man wenig Mühe haben.

In die moderne Zeit noch weiter hinein führt uns Domenico **Scarlatti.**

S., 1683 in Neapel geboren, empfing seine musikalische Bildung durch seinen Vater Al. Scarlatti, Fr. Gasparini und vielleicht auch G. Grieco. An die Öffentlichkeit trat er zuerst als Opernkomponist, 1715 wurde er Kapellmeister an S. Pietro in Rom. Vorübergehend weilte S. 1719 in London, wiederum im Dienste der Oper. Seine Kunst des Klavierspiels übte er in erster Linie seit 1721, nachdem er als Lehrer an den portugiesischen Hof nach Lissabon berufen worden war. Im Jahre 1725 befand sich aber S. wieder in Neapel, von wo er 1729 einem Rufe nach Madrid folgte. Leidend kehrte er 1754 nach Neapel zurück, wo er 1757 starb[2]). Bekannt ist die Erzählung seines Zusammentreffens mit Händel 1708 in Venedig und bald darauf in Rom, wo im Hause des Kardinals Ottoboni ein Wettstreit zwischen beiden Meistern stattfand. Auf dem Klavier waren sich beide ebenbürtig; im Orgelspiel erkannte S. Händel als den Überlegenen an[3]).

Von seinen Klavierwerken gab S. nur einen ganz kleinen Bruchteil selbst heraus unter dem Titel: »[30] *Essercizi per Gravicembalo di Don D. S. Cavaliero di S. Giacomo e Maestro dè Serenissimi Prencipe e Prencipessa delle Asturie*« [gestochen von B. Fortier, spätestens 1746][4]). Um so mehr beuteten die damaligen Verleger S.'s Kompositionen aus, die demnach handschriftlich weit verbreitet gewesen zu sein scheinen. Folgende alte Ausgaben von fremder Hand sind zu nennen: 1) »*XXX Sonate per il clavicembalo dedicate alla sacra Maestà di Giovanni Quinto, il giusto Rè di Portugallo ... Opera prima ... per G. Fr. Wiltvogel stampate a spese di Gio. Covens. A Amsterdam*«[5]). 2) »[42] *Voluntarys and Fugues made on purpose for the organ or harpsicord. London, printed by B. Cooke*« [herausgegeben von Thom. Roseingrave, ca. 1730—1737][6])., 3) »*Six double fugues for the organ or harpsicord, compos'd by Mr. Roseingrave. To which is added Sigr. Dom. Scarlatti's celebrated lesson for the harpsicord, with several additions by Mr. Roseingrave.*' London, Walsh«[7]).

---

1) Chrysander's Ausgabe, Band 2, S. 60.
2) Siehe Lexika von Fétis und Grove. Die Daten der letzten Lebenszeit sind noch nicht seit lange festgestellt (*Gazetta musicale*, Neapel, 15. Sept. 1838).
3) Fr. Chrysander (Händel I, S. 228).
4) Exemplar in Cambridge (*Fitzw. Mus.*) und Paris (*Conserv.*).
5) Exemplar in Berlin (Kgl. Bibl.).
6) Vollständig in drei Teilen zu Cambridge (*Fitzw. Mus.*), die ersten beiden Teile allein in London (*Sacred Harmonic Society*).
7) Exemplare in Brüssel und Cambridge (*Fitzw. Mus.*).

4) »Twelve Sonatas for clavichord. London, John Johnson, 1752«[1]). 5) »42 Suits of lessons for the harpsichord. London, John Johnson« [zwei Teile][2]). 6) »Pièces pour le clavecin. Gravé par le Hue, Paris, Boivin & Le Clerc« [ca. 1733, zwei Teile][3]). 7) »VI. Sonate per il cembalo solo, Opera prima. Alle spese di Gio. Ulr. Haffner in Norimberga« [Nr. 77][4]). Aber auch alle diese Ausgaben repräsentieren noch längst nicht den vollen Bestand der Werke, die S. für Klavier geschaffen hat. Zahllos ist die Menge der Handschriften, die über die bedeutenderen europäischen Musikbibliotheken verteilt sind. Die beträchtlichste handschriftliche Sammlung von S.'s Stücken besass einst der Abt Santini[5]).

Die Pflicht, S.'s epochemachende Werke in einer umfassenden und kritischen Neuausgabe der musikalischen Welt darzubieten, hätte in erster Linie Italien obgelegen; es hat sich aber derselben bisher noch immer nicht erinnert. Es überliess dem Ausland die Ehre, das geschichtliche Andenken des grossen Italieners zu sichern. Das ist zwar nicht durch vollständige, aber doch so gross angelegte Ausgaben[6]) geschehen, dass wenigstens die Grundzüge von S.'s Schaffen klar erkennbar sind.

Zur Komposition von Fugen scheint Scarlatti nicht besondere Hinneigung empfunden zu haben; denn zu der nach Hunderten zählenden Menge freier Klavierstücke stehen die fünf bekannten Vertreter jener Gattung in keinem recht annehmbaren Verhältnis. Zwei dieser Fugen[7]) sind zudem formell wie stilistisch entschieden minderwertig; mit ihren beweglichen Sechzehntelthemen, die kaum regelrecht ein-, geschweige denn durchgeführt werden und die Physiognomie alltäglicher Figuren tragen, machen sie den Eindruck fugenhafter Tastaten Pasquini'schen Stiles. Bedeutender und der Beachtung durchaus wert sind die anderen drei Fugen[8]). Stilistisch überbietet Scarlatti darin Durante sogar insofern, als er von der linken Hand nicht nur das Thema, sondern auch Kontrapunkte, wo sie wirken sollen, in Oktaven spielen

---

1) Exemplare in London (Sacr. Harm. Soc.), Cambridge (Fitzw. Mus.) und Glasgow.
2) Exemplar im Haag (Scheurleer).
3) Vollständig in Brüssel und Paris (Cons.), der zweite Teil allein in Berlin (Kgl. Joach. Gymn.).
4) Exemplar in Berlin (Kgl. Bibl.).
5) Siehe oben S. 281, Anm. 4.
6) Den Anfang machte eine Ausgabe, die als Oeuvres complettes betitelt seit 1803 in acht Heften bei Riedl in Wien herauskam. C. Czerny's Ausgabe »Sämtlicher Werke für das Pianoforte« folgte seit 1839 bei Haslinger in Wien. Dieselben Stücke verbessert und durch andere vermehrt veröffentlichte Girod bei Launer in Paris. Eine bedeutende Anzahl von Stücken nahm sodann noch Farrenc in seinem Trésor des pianistes (VI, VII) auf. Von neueren Ausgaben ist die bei Breitkopf & Härtel in Leipzig erschienene die reichhaltigste (60 Nrn.). Unsere Darstellung stützt sich auf die Ausgaben von Czerny und Breitkopf & Härtel.
7) Czerny, Nr. 191, 192.
8) Czerny, Nr. 198, 199, 200. Die »Katzenfuge« ist Nr. 30 bei Breitkopf & Härtel. Über die angebliche Autorschaft Al. Scarlatti's von einer dieser Fugen siehe oben S. 281 f.

lässt; dafür folgt er jenem wieder nicht auf die Höhe der freien Zwischenspiele und strebt statt dessen mehr nach wirklicher kontrapunktischer Entfaltung.

Dass das Thema der »Katzenfuge« —

durch das Hinüberlaufen einer Katze über die Tasten des Klaviers angeregt sei, ist wohl nur eine tendenziöse Anekdote, die mit der Satire eines gewissen zeitgenössischen Kupferstiches in Zusammenhang stehen mag. So ungewöhnliche Intervallschritte lagen der damaligen Zeit nicht eben fern. Man vergleiche nur das erste der mitgeteilten Durante'schen Themen.

Seine ureigene Domäne fand Scarlatti vielmehr in den von ihm *Essercizi* genannten freien Klavierstücken; in ihnen offenbart er eine mannigfaltige Kombinationskraft, die genial genannt werden muss. Diese Stücke sind es, an die man in erster Linie denkt, sobald der Name Scarlatti's genannt wird, und die für seinen geschichtlichen Nachruhm die festeste Stütze bilden. Die bunten Kaleidoskopbilder Scarlatti'scher Formen in allen ihren Wechselstellungen genau zu fixieren, ist eine der dankbarsten Aufgaben, die dem Musikhistoriker aus diesem Zeitraum gestellt werden kann. Wenn wir ihr gleichwohl aus dem Wege gehen, geschieht dies weniger aus besonderer Scheu, den Rahmen der summarischen Darstellung erheblich zu erweitern, als in der Voraussicht, trotzdem Vollständigkeit nicht erreichen zu können. Denn wie wir Scarlatti's Klavierkompositionen nicht einmal vollzählig überschauen können, so fehlt uns vor allem noch gänzlich ein kritischer Massstab für ihre zeitliche Aufeinanderfolge, die ihrerseits dann Aufschluss über den inneren Entwickelungsgang des Komponisten zu geben vermag. Wir beschränken uns also darauf, unter einem weiten Gesichtswinkel die bisher bekannte Menge der Stücke in grosse Gruppen zu sondern und diese der Betrachtung zu unterziehen.

Die überwiegende Mehrzahl der *Essercizi* Scarlatti's besteht aus einem einzigen Satze. Nach der inneren Gliederung desselben unterscheiden wir in dieser Hauptgruppe drei Formentypen.

Der erste Typus[1]) ist eine Nachbildung des ersten Konzertsatzes. Ein wuchtiges, unison anhebendes Tutti wechselt mit einem homophon und melodisch gestalteten Solo ab. Das eine Beispiel Scarlatti's von dieser Gattung ist ein Seitenstück zu Bach's »italienischem Konzert«. Ein Vergleich beider lehrt, wie

---

1) Czerny, Nr. 121.

viel tiefer der Deutsche doch die Form erfasste und wie unfrei sich der Italiener dem Formenschema gegenüber fühlt.

Der zweite Typus Scarlatti's kennzeichnet sich durch eine äussere Gliederung in zwei Teile. Der erste Teil schliesst dabei entweder in der Dominante oder in einer sonst verwandten Tonart. Die im ersten Teil motivisch aus einander entwickelten Gedanken wiederholt dann der zweite wenn auch auf anderer Tonstufe und mit einigen melodischen Umbiegungen, so doch in wesentlich derselben Reihenfolge. Im Hinblick darauf, dass dieselben musikalischen Mittel bei der Suitenkomposition eine Hauptrolle spielten, wird man es nicht für zufällig halten dürfen, wenn gerade dieser Typus bei Scarlatti durch Stücke vertreten ist, in denen sich mehr oder weniger ausgesprochene Tanzcharaktere zu erkennen geben. Die Sarabande[1] hat dabei freilich eine wesentliche Beschleunigung ihres Tempos erfahren; ein reines, suitenhaftes Wesen zeigen dafür die anderen Tänze: Allemanda[2]), Corrente[3]), Giga[4]), Gigue[5]), Gavotte[6]), *Tempo di Ballo*[7]), *Pastorale*[8]). Diesen Tanzgebilden dürfen wir Kompositionen zur Seite stellen, aus denen Beziehungen zu noch anderen Formen sprechen. Da sind Stücke[9]), deren Gedanken sich nicht, wie es bei den Tänzen geschieht, in anmutiger Ungezwungenheit motivisch fortspinnen, sondern mit zäher Konsequenz an einem bestimmten Rhythmus oder rhythmischen Motiv festhalten. Sie gleichen darin den etüdenhaften Präludien Pasquini's[10]) und deutscher Meister und unterscheiden sich von ihnen nur durch den modulatorischen Einschnitt in der Mitte. Die Anlage eines Stückes[11] endlich erinnert uns an den Bau der Al. Scarlatti'schen Ouvertürenform. Nach dem fugenähnlich einsetzenden ersten Teil in $3/8$ Takt tritt der zweite in $6/8$ Takt *alla siciliana* mit einem melodisch unvorbereiteten, gesangvollen Abschnitt auf, der am Ende zu einer abgekürzten Reminiszenz an den ersten Teil wieder in den $3/8$ Takt zurückkehrt. Die dreiteilige Ouvertürenform erscheint hier in das Prokrustesbett der zweiteiligen Tanzform eingezwängt.

---

1) Czerny, Nr. 18. Br. & H. Nr. 8.
2) Nr. 6, 9, 35, 98 (1, 4). Die fernerhin eingeklammerten Zahlen verweisen immer auf die Ausgabe von Breitkopf & Härtel.
3) Nr. 7, 10 (2, 5).
4) Nr. 88, 105.
5) Nr. 20 (14).
6) Nr. 19 (13).
7) Nr. 50 (33).
8) Nr. 72 (43).
9) Nr. 44, 120, 178 (34).
10) Siehe oben S. 274.
11) Nr. 110.

Sehen wir Scarlatti in den angedeuteten Formengattungen als Kind seiner Zeit, so zeigt ihn die dritte, am zahlreichsten vertretene, als ihren Meister. Dieser dritte Typus ist auch zweiteilig, wie die Tanzform; aber Scarlatti hat hier umgestaltend in das Wesen und Verhältnis beider Teile zu einander tief eingegriffen und die Schranken, die dort die motivische Entwickelung der Gedanken beengten, beseitigt. Die Tanzform in der Suite stand dem Grundgesetz der Form gemäss unter dem Einflusse eines bestimmten Rhythmus, und dieser Rhythmus drückte allen Gedanken, die das Tonstück entwickelte, mehr oder minder sein Gepräge auf. Frei von diesem Zwange giebt Scarlatti jedem motivischen Hauptgedanken des ersten Teils einen möglichst selbständigen Zug, lässt einem fugierten Motiv ein homophon begleitetes folgen, setzt einem lebhaften Passagen- oder Figurenspiel eine gesangreiche Melodie entgegen. Es giebt viele Stücke von Scarlatti, wo diese Kontrastwirkung nicht immer gleich auf den ersten Blick hin sichtbar wird, andere aber, wo er sie äusserlich durch Fermaten, Tonarten- oder Tempowechsel auf das Kräftigste unterstützt[1]). Die Art Scarlatti's, diese möglichst eigenartigen, selbständigen Gedanken im ersten Teil zu Gegensätzen zusammen zu fügen, ist nicht immer die nämliche und ebenso wechselnd ihre Zahl. Giebt er hier gewissermassen eine Exposition des Gedankeninhalts derart, dass er einen dem andern folgen lässt[2], so nimmt er dort bereits eine lebendigere Mischung vor, die fast schon wie eine Durchführung aussieht[3]). Sind es einmal nur zwei Motive[4]), so sind es ein anderes Mal drei oder vier[5]). — Mit wie freier Schöpferkraft Scarlatti die simple zweiteilige Tanzform durchdrang, kann man noch deutlicher aus seiner Behandlung des zweiten Teils in dieser Gattung ersehen. Seine Erscheinungsformen sind womöglich noch mannigfaltiger. Beginnt ihn Scarlatti in herkömmlicher Weise mit dem Anfangsmotiv des ersten Teils[6]), so lässt er es sich doch nicht in der schon einmal gehörten Art weiter entwickeln. Durch sequenzenartige Wiederholung auf mehreren Tonstufen nach einander, durch Kombination mit Motiven, die dem Anfangsthema im ersten Teil ferner standen, stellt er alle Hauptgedanken im zweiten Teil in sich verjüngende stets neue Beleuchtung. Scarlatti rückt noch weiter von dem Wesen der zweiteiligen Tanzform ab! Unter Verzicht auf die stereotype Anknüpfung

---

1) Nr. 15, 99, 111 (10).
2) Z. B. Nr. 19 (13).
3) Z. B. Nr. 36 (29).
4) Z. B. Nr. 15 (10).
5) Z. B. Nr. 131, 158, 179 (37).
6) Z. B. Nr. 14, 17, 26 (9, 13, 20).

an den Anfang des ersten Teils greift er eins von den anderen Motiven aus der Mitte heraus und entrollt nun von hier aus das thematische Material in zwanglos bunter Reihenfolge[1]); ja er scheut selbst davor nicht zurück, den zweiten Teil mit Gedanken einzuleiten, die absolut keinen thematischen Bezug haben[2]). So erreicht Scarlatti einen Kontrast beider Teile, der mit dem der Motive parallel läuft, giebt aber dafür auf der anderen Seite, indem er das Anfangsthema gänzlich unberücksichtigt lässt, die Geschlossenheit der Form wiederum preis. Als eine Vereinigung dieser drei Abarten, die den eben berührten Mangel ausgleicht, stellt sich die letzte dar[3]). Mit fremden oder dem ersten Teil entnommenen Motiven beginnend, leitet der zweite Teil nach kurzer Durchführung derselben zum Anfange des ersten zurück, um dessen Motive kurz zusammengedrängt zu wiederholen. Mit andern Worten: Scarlatti hat hier den Weg zur modernen Form des ersten Sonatensatzes gefunden.

Eine ganz kleine Minorität der *Essercizi*[4]) besteht aus zwei Sätzen derart, dass einem mässig schnellen, motivisch konstruierten ersten Satz ein sehr schneller, in gefälliger Melodik hinströmender Satz folgt. Das musikalische Verhältnis zwischen beiden ist also das gleiche, wie wir es bereits bei Durante[5]) fanden. Scarlatti's Stücke dürfen wir aber noch mit mehr Recht als Sonaten bezeichnen. Ihr erster Satz steht auf einer der Vorstufen zur wirklichen Sonatenform. Und dann überrascht uns Scarlatti in einer der Sonaten dadurch, dass er dem zweiten Satz ausgesprochene Rondeauform giebt.

So wichtig uns Spätgeborenen Scarlatti's Formversuche als die Vorläufer der modernen Sonate auch erscheinen, so ist doch fraglich, ob sie wie ein Lauffeuer so schnell die damalige musikalische Welt durcheilt haben würden, wenn sie nicht sonst noch hervorragende Eigenschaften besassen, die überall die höchste Begierde wachriefen, sich schleunigst mit ihnen bekannt zu machen. Als solche Eigenschaften dürfen wir in der That Scarlatti's Stil und Technik bezeichnen, wie er auch selbst seinen Stücken tiefe Intentionen abspricht und nur den geistreichen Scherz der Kunst an ihnen gelten lassen will[6]).

---

[1]) Z. B. Nr. 25 (19).
[2]) Z. B. Nr. 34 (28).
[3]) Nr. 39, 58, 188.
[4]) Nr. 122, 123.
[5]) Siehe oben S. 418.
[6]) *Non aspettarti in questi Componimenti il profondo Intendimento, ma bensì lo scherzo ingegnoso dell' Arte, per addestrarti alla franchezza sul Clavicembalo.* Vorwort an den Leser.

Das, was wir nach dem Massstab seiner besten und reifsten Werke als Scarlatti's Stil verstehen, hat er wie auch die Form nicht fix und fertig auf die Welt gebracht, sondern als Resultat geistiger Arbeit an sich selbst erst errungen. Als einen Tribut an die Anschauungen seiner Zeit haben wir es anzusehen, wenn Scarlatti sehr viele seiner Stücke noch gern mit Imitationen beginnt[1]), die in einigen Stücken[2]) fast zu einer kanonischen Anlage oder zur Fughette führen. Ebenso, wenn er in breitem, symphonischem Stile anhebt[3]), nach Art des Kammermusikadagio eine bewegliche Kantilene der rechten Hand mit gleichmässigen Bässen der linken begleitet[4]) oder allzu deutlich den Gegensatz zwischen einem Tutti und Solo fingiert[5]). Auch in Scarlatti's Meisterwerken sind derartige Klänge aus der Jugendzeit wieder zu finden, aber sie erscheinen hier nicht mehr mit aufdringlicher Absichtlichkeit, sondern wie in Verklärung und aus dem Geiste des Klaviers heraus wiedergeboren. Dieser Geist ist ein durchaus homophoner, nicht polyphoner; sein Lebensatem ist Harmonie und nur Harmonie. Harmonie ist der Mutterschoss seiner Melodien und Spielfiguren. Auf den Reiz des akkordischen Klanges zielt Scarlatti ab, wenn er den alten Gesetzen der Melodieführung entgegen irgend einen Gedanken durch verschiedene Oktavenlagen hindurch führt, wenn er die entlegensten Tonbereiche zu gleichzeitiger Wirkung verbindet, wenn er eine Periode ausdrucksvoller Harmonien nicht oft genug zu Gehör bringen und doch immer wieder einen neuen Zug in sie hineinlegen kann, sie so innerlich fort und fort steigernd. Nicht anders ist es schliesslich mit seinen kühnen Modulationen oder überraschend plötzlichen Übergriffen in fern gelegene Tonarten, die ihn sogar mitten inne zu anderer Vorzeichnung zwingen, sowie mit seiner Anwendung von Chromatik und Enharmonik.

Scarlatti's Technik endlich birgt die höchsten Anforderungen in sich, die bis dahin je an die Klavierspieler gerichtet worden sind. Vollgriffigkeit in beiden Händen zu beherrschen, als sei es zweistimmiger Satz, mit allen Fingern gleichmässig zu trillern, dieselbe Taste mit wechselnden Fingern rasch hinter einander anzuschlagen, beide Hände im Spiel von schnellen Figuren oder einzelnen Tönen geschickt einander ablösen zu lassen, — das hatten auch andere Künstler gelernt und angewendet. Dazu war

---

[1]) Z. B. Nr. 12, 18 (7, 12).
[2]) Nr. 8, 46, 119 (3, 57).
[3]) Nr. 116.
[4]) Nr. 39, 195 (51).
[5]) Nr. 59, 62.

vor allem eine gleichmässige Ausbildung aller Finger nach Seiten der Beweglichkeit hin von nöten, auf die das Spiel polyphoner Musik schon hinleiten musste. Als neu kommt aber bei Scarlatti die ausgedehnte Inanspruchnahme des Handgelenks und die unabhängige Bewegung beider Arme hinzu, Dinge, die zur glanzvollen Ausführung von Terzen- und Sextenläufen, von Oktavenpassagen, zum sicheren Überschlagen der Hände im schnellsten Tempo und zu den stellenweise kolossalen Sprüngen beider Hände selbst in Oktaven Vorausbedingung sind. Eine solche Technik staunte man überall wie ein fabelhaftes Wunder an, namentlich in Deutschland. Bach war doch gewiss der grösseste Virtuos im polyphonen Spiel, aber auch er beeilte sich, in der Technik noch von Scarlatti zu lernen[1]).

Es ist einmal gesagt worden[2]), dass »Scarlatti mit voller Rüstung in die Geschichte zu springen scheine«. Dass er gleichwohl mit Überkommenem zu rechnen hatte und wirklich rechnete, wird man nach obiger Darstellung nicht mehr in Abrede stellen mögen. Scarlatti's geschichtlicher Bedeutung geht dadurch kein Jota verloren, wir vermögen sie so vielleicht noch besser zu begreifen. Scarlatti war nicht ein Erfinder, der aus Zufall auf eine neue Form stiess, die zufällig sich als entwickelungsfähig erwies, sondern er war ein Genie, das mit der unversiegbaren Kraft, dem richtigen Instinkte und dem freien Empfinden eines solchen den verborgenen Weg suchte und öffnete, der aus der Kunst seiner Gegenwart in die Zukunft hinaus ging. Auf diesem Wege schuf er im Prinzip die Form des ersten und letzten Sonatensatzes und befreite er endgiltig den Stil und die Technik der Klaviermusik von der bis dahin immer noch fühlbaren Gemeinschaft mit der Orgelkunst. Bedeutet Bach für uns den universalen Abschluss einer Jahrhunderte erfüllenden Geschichte, so steht Scarlatti als Prophet auf der Schwelle der modernen Epoche, die zu einem neuen Wesen vereinigt, was in zwiefacher Entwickelung gross geworden war. Schüler Bach's waren es, die Scarlatti's geistige Nachfolger wurden.

Die dritte Richtung des italienischen Klavierspiels endlich hatte ihren Hauptsitz in Venedig; ihr Bestreben galt weniger der Ausprägung von Formentypen im Einzelnen, als vielmehr der Verbindung mehrerer dem Charakter nach verschiedener Tonstücke zu einem grösseren Ganzen. Als ihren bedeutendsten Vertreter haben wir Benedetto **Marcello** zu nennen.

---

1) Siehe oben S. 395, 401.
2) C. H. Parry, The Evolution of the Art of Music (2. Aufl., 1896, S. 202).

M., am 24. Juli 1686 als Spross einer vornehmen venetianischen Familie geboren, war eigentlich Jurist. Die Musik betrieb er daneben als Dilettant in des Wortes ursprünglicher guter Bedeutung. Ausser geistlichen und weltlichen Kompositionen von grosser Zahl sind viele Klavierwerke handschriftlich auf uns gekommen[1]. M. starb am 24. Juli 1739 in Brescia.

Marcello's *Suonate da Cembalo* weisen weder im Bau noch im musikalischen Wesen ihrer einzelnen Formenelemente irgend einen neuen bedeutsamen Zug auf. Von Pasquini her kennen wir die Art seiner Toccaten[2] und Etüden[3]. Die Anlage der Fugen[4], nicht auch ihr innerer Wert kommt den *Studii* Durante's gleich; trotzdem fanden sie Bewunderer in Deutschland[5]. Wie eine beträchtliche Reihe von Stücken aus kaum verhüllten Tanztypen — Allemande[6], Corrente[7], Sarabande[8], *Minuetto*[9], Gigue[10] — besteht, so bekunden andere den Einfluss der italienischen Kammermusik durch die Nachahmung der Al. Scarlatti'schen Ouvertürenform[11], des Gegensatzes zwischen Tutti und Solo[12], sowie von einteiligen, langsamen Sätzen, wie sie in Kammersonaten sehr häufig als Ein- oder Überleitungen anzutreffen sind[13]. Unzweifelhaft ist an diesem Formengebahren Marcello's Dom. Scarlatti, bei dem ja die Verhältnisse ganz ähnlich lagen, nicht unschuldig. Denn abgesehen von den ein- und dreiteiligen Sätzen Marcello's sind alle übrigen zweiteilig. Nur einer von ihnen kennt noch die primitivste Art, dass beide Teile sich melodisch und in der Taktzahl das Gleichgewicht halten[14]; alle anderen sind dagegen samt und sonders Abbilder Scarlatti'scher Sonatentypen. Unter ihnen finden wir sogar auch einmal[15] die Form des ersten Sonatensatzes und zweimal[16] die Rondeauform für den Schlusssatz ver-

---
1) Darmstadt, Berlin, Bologna. Neudrucke von Klavierstücken bei Pauer (Alte Meister), Farrenc (*Trésor* IX), Dupont-Sandré (*Ecole de Piano*), Méreaux (*Les clavecinistes*). Im Übrigen ist auf Eitner's ausführliche Bibliographie (Monatsh. f. M. 1891, S. 187 ff.) zu verweisen. Die Hauptquelle für unsere Besprechung Marcello's ist *Ms.* 13, 550 in quer 4° (Berlin), 18 Sonaten enthaltend.
2) Sonate 4, Satz 1; 18, 1.
3) Nr. 16, 1.
4) Nr. 1, 2; 2, 1; 4, 2; 7, 2; 10, 2; 11, 2.
5) Siehe oben S. 354.
6) Nr. 13, 2; 17, 1.
7) Nr. 8, 2; 13, 3; 14, 2; 15, 4; 18, 3.
8) Nr. 13, 1.
9) Nr. 18, 4.
10) Nr. 1, 3; 2, 3; 3, 4; 4, 3; 12, 3. 4; 14, 3; 15, 3; 16, 2.
11) Nr. 11, 1.
12) Nr. 3, 3; 9, 3.
13) Nr. 3, 1; 12, 1. Das erste dieser beiden Stücke entwickelt sich gleichzeitig in Form einer Passacaglia.
14) Nr. 2, 2.
15) Nr. 3, 2.
16) Nr. 2, 4; 9. 4.

treten. In dieselbe Parallele dürfen wir deshalb ebenfalls die fugenhaften Anfänge einiger Stücke[1] setzen.

Von den Gebilden nun, die durch die Krystallisation dieser mannigfaltigen Einzelformen entstanden sind, bestehen drei aus zwei, sieben aus drei und acht aus vier Sätzen, die sich alle innerhalb derselben Tonart bewegen und in ihrer Aufeinanderfolge kein gleichmässiges Prinzip erkennen lassen. Es sind im Grunde Suiten Pasquini'scher Art, nur stilistisch mehr mit sonatenhaften Elementen durchtränkt. Sie mögen wir mit zu den Vorbildern zählen, die etwas später auch in Südwestdeutschland die Suite allmählich in die Sonate überleiteten[2].

Im Stil und in der Technik folgt Marcello unverkennbar den Spuren D. Scarlatti's. Mag man hier und da auf Einzelzüge stossen, die der Eigenart nicht bar sind, wie z. B. ein Satz[3], der als *Staccato*-Studie gelten kann, so offenbart doch Marcello im Grossen und Ganzen wenig schöpferische Kraft. Seine Technik entwickelt bei weitem nicht den blendenden Glanz des grossen Neapolitaners. Bei aller Gewandtheit fehlt seiner Musik der Hauch einer fein empfindenden, bis ins Kleinste wählerischen und an Empfindung reichen Künstlerseele.

Unter den Fugenthemen Marcello's treffen wir einige gute Bekannte:

Neben Marcello ist Domenico **Alberti** hier zu erwähnen.

A., ungefähr 1717 in Venedig geboren, war Dilettant wie Marcello, starb aber sehr jung bereits 1740. Ausser Opern schrieb er ein Klavierwerk, das unter dem Titel »*VIII Sonate per il cembalo. Opera prima. London, J. Walsh*« erschien[6]. Auch in Paris soll dies Opus gedruckt worden sein. Handschriftlich existiert ausserdem noch Einiges«[7].

Alberti's Sonaten bestehen aus je zwei Sätzen in gleicher Tonart. Dem ersten Satz (gewöhnlich *Allegro*, nur einmal *Andante*)

---

[1] Nr. 3, 2; 9, 2; 12, 4; 15, 1; 16, 2; 17, 2.
[2] Siehe oben S. 277 f., 332, 337, 340, 366 f.
[3] Nr. 15, 1.
[4] Nr. 2, 1. Siehe oben S. 254.
[5] Nr. 10, 2. Siehe oben S. 206 f., 337.
[6] Exemplar im Haag (Scheurleer).
[7] Berlin (*Ms.* 430, 435).

folgt als zweiter *Andante, Allegro, Menuet, Giga — Presto, Tempo di Menuet* oder *Presto assai*. Der Bau dieser Sätze ist der gleiche wie bei den Vorgenannten: der zweite Teil bringt die Wiederholung des ersten oder unterlässt sie. In rein musikalischer Beziehung herzlich unbedeutend, haben diese Stücke doch eine grosse Rolle gespielt, die selbst heute noch nicht zu Ende ist. Durch sie kam die Begleitung mit gebrochenen Akkordfiguren, z. B.:

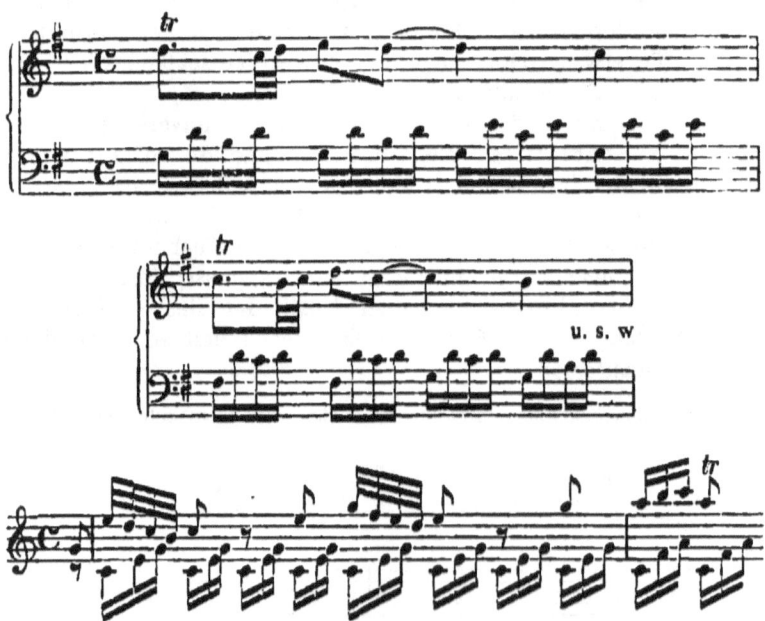

überall in Aufnahme[1]). Namentlich die Dilettantenkreise und die sie bedienenden Modekomponisten kultivierten die Alberti'schen Bässe, dieses Nichts in anspruchsvoller Gestalt, bis zum Überdruss.

Als Letzten nennen wir Giovanni Battista **Pescetti** —

Organist an S. Marco, geboren um 1704, gestorben Anfangs 1766, der während eines mehrjährigen Aufenthalts in London 1739 »*Sonate per Gravicembalo*«[2]) veröffentlichte.

Auf die Bezeichnung Sonaten dürfen seine Stücke nur unter demselben Vorbehalt, wie diejenigen Marcello's, Anspruch erheben, da sich in ihnen gleichfalls auf dem Boden einer ge-

---

[1]) Siehe oben S. 328, 332, 339, 348, 359, 367.
[2]) Fundort des Originals ist bisher nicht nachgewiesen. Einzelne Stücke daraus bei Farrenc (*Trésor*, IX), Pauer (*Alte Meister*, III). Siehe auch J. S. Shedlock (*The Pianoforte Sonata*, S. 28).

meinsamen Tonart die verschiedenartigsten Elemente: Fugen, Tanztypen, Kammermusikformen, zu einem Mischling von Suite und Sonate vereinigen, mag auch die Form des ersten Sonatensatzes hier öfter durchdringen. Stilistisch stellt Pescetti dagegen ein Bindeglied zwischen D. Scarlatti und Alberti dar.

Der in Pescetti's A dur-Sonate zu bemerkende Anklang an die fünfte Variation von Händel's E dur-Air[1]) —

dürfte, da ja Pescetti in London gewesen war, wohl mehr als Zufall sein.

Als keiner der drei Richtungen ausschliesslich angehörig möge Giuseppe Antonio **Paganelli** am Schlusse des Kapitels seinen Platz finden.

P., Paduaner von Geburt, wurde Direktor der Kammermusik des spanischen Königs in Madrid. Im Jahre 1733 kam er mit einer italienischen Operngesellschaft nach Augsburg; hier scheint er eine ganze Reihe von Jahren gelebt und gegen 1758 gestorben zu sein[2]). Von seinen Klavierwerken ist nur eines nachzuweisen: »*Divertissement de le beau Sexe ou six Sonatines pour le Clavecin. Premiere partie. Amsterdam, chez J. J. Hummel*« [ca. 1750][3]).

Seine Sonatinen haben mit Ausnahme der sechsten, die es nur bis auf zwei bringt, je drei Sätze von gleicher oder nach Suitenart in der Mitte wechselnder Tonart. Diese Stücke Paganelli's mögen das unmittelbare Vorbild eines Tischer[4]) gewesen sein, sie sind nur noch nicht ganz auf das triviale Niveau des Deutschen gesunken, wenn es auch allerkleinste Formen sind, in

---

1) Chrysander's Gesamtausgabe, Band 2, S. 33.
2) Gerber (A. L.).
3) Exemplar in Berlin.
4) Siehe oben S. 368 f.

die er sich »dem schönen Geschlecht« zu liebe einengt. Eine durch Neudruck[1]) bekannte Sonate von grösserer Ausdehnung müssen wir wirklich als solche gelten lassen. Das von zwei schnelleren Sätzen umgebene Andantino steht in der Dominante. Ihre musikalische Beschaffenheit besitzt von Allem etwas: Scarlatti'sche Sprünge und seine Behandlungsweise der beiden Teile, die hier jedoch noch nicht vollständig die moderne Sonatenform erreichen, und Alberti's Bassführung.

Drittes Kapitel.
Frankreich.

Bis gegen 1725 hatten wir die französische Klaviermusik eine einflussreiche Rolle in der deutschen Kunst spielen sehen. Danach trat aber eine ziemlich auffallende Reaktion ein; italienisches Wesen gewann in allen Formen bei uns die Oberhand. Die Erklärung für diese geschichtliche Erscheinung liegt nicht so fern. Nachdem die Deutschen ihre anfängliche Neigung, es den Franzosen mit theatralisch-poetisch angelegten Tanzsuiten gleich zu thun, überwunden hatten und auf der ganzen Linie nun danach strebten, aus jenen eine rein abstrakte, musikalische Form zu gewinnen, kam ihnen die moderne italienische Kunst gleichgesinnt entgegen. Diesem Zweibund trat jedoch Frankreich nur sehr bedingt bei; seine Meister zogen es doch vor, den Idealen der vergangenen Glanzperiode treu zu bleiben. Welche Stellung sich die französische Klaviermusik dadurch im internationalen Kunstleben schuf, wollen wir uns jetzt vergegenwärtigen.

Einige der hier in Betracht zu ziehenden Meister können wir nur eben nennen, da ihre Werke behufs näheren Einblickes nicht erreichbar waren, z. B. Jean François **Dandrieu —**

D. lebte von 1684 bis zum 16. Januar 1740, war Organist der Königlichen Kapelle, an St. Merry und St. Barthélemy und veröffentlichte folgende Klavierwerke: 1) »*Premier Livre de pièces de clavecin contenant plusieurs divertissemens dont les principaux sont les caractères de la Guerre, ceux de la Chasse et la Fête du Vilage. Paris 1724*«[2]). 2) »*Second Livre de pièces de clavecin ... Paris [1727]*«[3]). 3) »*Troisième livre de pièces de clavecin ... Paris 1734*«[3]). 4) »*Principes de l'acompagnement du clavecin exposes dans des*

---

1) Pauer (Alte Meister III).
2) Exemplare in Paris (*Conservatoire*) und Wien.
3) Exemplar in Paris (*Conserv.*)

tables dont la simplicité et l'arangement peuvent, avec une médiocre atention, faire conoître les règles les plus sures et les plus nécessaires pour parvenir à la téorie et à la pratique de cête sience. Paris [zwischen 1724 und 1727]« [1]). — Was daraus handschriftlich [2]) oder durch Neudruck [3]) bekannt ist, giebt leider keine vollständige Anschauung. Immerhin sei eine kleine Stilprobe, der Anfang von *La Gémissante*, nicht unterdrückt:

wer denkt dabei nicht an Göthe's Gretchen in Schubert's Komposition?

und François d'Agincourt. —

A., aus Rouen gebürtig, war Organist der Metropolitankirche daselbst, starb am 18. Juni 1758, gab heraus »*Pièces de clavecin, Premier livre. Paris 1733*« [4]).

Alles, was wir wünschen können, ist dagegen von Louis Claude Daquin zur Hand.

D., geboren am 4. Juli 1694 und gestorben am 15. Juni 1772, hatte schon als sechsjähriger Knabe Ludwig XIV. vorspielen dürfen. Seine Ausbildung übernahm L. Marchand. D. wurde später nach und nach Organist an St. Paul, St. Antoine und bei den Franziskanern. Bei der Bewerbung um den ersten Posten konkurrierte mit ihm J. Ph. Rameau. Von D.'s Klavierwerken ist nur bekannt: »*Ier Livre de pièces de clavecin ... Gravées par Le Hue. A Paris, 1735*« [5]).

Dass Daquin Marchand's Schüler war, würden wir, auch ohne dass es die Biographie bestätigt, aus seinen Klavierstücken

---

1) Exemplare in Paris (*Conserv.*), Haag (Scheurleer).
2) Berlin (Kgl. Bibliothek *Ms. P.* 804; Joach. Gymn. *Ms.* 583).
3) Farrenc (*Trésor*, IX).
4) Exemplar in Paris (*Conserv.*). Siehe auch J. B. Weckerlin (Katalog dies. Bibl. S. 455 f.).
5) Exemplar: in Berlin und Paris (*Conserv.* und Nationalbibl.). Einzelne Stücke im Neudruck bietet Farrenc (*Trésor*, IX).

ersehen können. In seinem meist zwei- und drei-, selten vierstimmigen Satz von fliessender Melodik und ausgeprägt homophonem Wesen ist des Lehrers Art[1]) ganz unverkennbar. Daquin ist sogar in seiner Hinneigung zum italienischen Stil noch etwas weiter gegangen als Marchand; denn wir finden bei ihm auch das eifrige Ablösen beider Hände im Spiele von schnellen Läufen oder von Harmonien, die durch mehrere Oktaven hindurch gebrochen sind, sowie das Wechseln der Oktavlagen, technische Eigenheiten, die von weitem an Scarlatti erinnern. Überaus bezeichnend ist es aber, dass darüber hinaus Spuren fremder Einwirkung gänzlich fehlen. Im Ausbau der Formen im Grossen wie im Kleinen ist Daquin ein Franzose von reinstem Blute geblieben.

Daquin gruppiert die Stücke seines Klavierbuchs zu Suiten. Historisch richtiger wären sie als *Ordres* zu bezeichnen. Die Überschriften deuten, wie bei F. Couperin[2]), zum Teil auf persönliche Beziehungen, deren Konnex mit der Musik für uns nicht mehr erkennbar ist, anderenteils bringen sie eine programmatische Tendenz zum Ausdruck, der die Musik auch wirklich folgt. So charakterisiert Daquin die *Musette*, *Guitarre*, den *Tambourin*, den *Coucou*, von bewegten Erscheinungen die tosenden Winde (*Les vents en courroux*) und die Schwalbe (*L'hirondelle*). Er schildert selbst eine grössere Szene, eine Reihe von Vorgängen (*Les plaisirs de la chasse*): Die Jäger werden herbei gerufen, es ertönt ein Marsch, die Meute wird losgelassen, in wilder Jagd wird der Hirsch gestellt, die Hunde bekommen ihren Beuteanteil, und die Jäger finden sich zu vergnüglicher Mahlzeit zusammen[3]). Um durch die Aufeinanderfolge der Tonbilder, deren Zahl zwischen drei und zehn schwankt, nicht zu ermüden, wendet Daquin gleichfalls den Tonartenwechsel an, alterniert jedoch nur zwischen tonalem Dur und Moll; Quint- oder Terzverwandtschaft berücksichtigt er nicht. Auch Couperin's Vorliebe, aus einem Stück durch Versetzung ins andere Tongeschlecht eine *seconde partie*, gewissermassen ein Trio, zu gestalten[4]), finden wir bei Daquin wieder. Seinen eigenen Weg, der etwa da anfängt, wo Couperin[5]) aufgehört hat, geht aber Daquin in den Einzelformen. Von dem Grundriss der eigentlichen Suite geben nur zwei Allemanden und

---

[1]) Siehe oben S. 290.
[2]) S. 292 f.
[3]) *L'appel des chasseurs* — *Marche* — *L'appel des chiens* — *La prise du cerf* — *La curée* — *Rejouissance des chasseurs*.
[4]) Siehe oben S. 295.
[5]) S. 292.

eine Courante Kunde; und selbst wenn wir je zwei Rigaudons und Menuets noch dazu rechnen, stehen ihnen doch die Charakterstücke in erdrückender Überzahl entgegen. Das Streben, das sich hierin ankündigt, die Form auf ein fast rein poetisches Fundament zu rücken, wird durch ein zweites Moment lebhaft unterstützt. An die Stelle der zweiteiligen Tanzform, die Daquin für seine Zwecke als zu begrenzt empfunden haben muss, setzt er einerseits dreiteilige, deren zweiter Teil den ersten zunächst in der Dominantlage, dann in der Tonika wiederholt[1], mit noch grösserer Vorliebe jedoch die durch Couplets beliebig zu vergrössernde Rondeauform, die mehr als die Hälfte der Stücke beherrscht. Eine Gavotte, ein Air oder sonst ein Tanzstück durch die Form des Rondeau musikalisch bedeutungsvoller auszugestalten, das haben auch die älteren Meister, namentlich F. Couperin, gelegentlich nicht von der Hand gewiesen. Daquin forciert jedoch ganz offenbar dies Prinzip, mit der Wirkung, dass der reizvolle Wechsel mannigfaltiger Tanztypen, der Couperin's klassische Suiten zierte, ihm verloren geht und dass seine Suiten die vornehme Höhe, auf der musikalische Form und poetische Idee einen harmonischen Bund schliessen, nicht erreichen.

Als letzten und hauptsächlichsten Repräsentanten dieser Periode des französischen Klavierspieles haben wir noch Jean Philippe **Rameau** zu würdigen.

R., am 25. September 1683 als Sohn des Organisten Jean Rameau in Dijon geboren, offenbarte frühzeitig musikalische Fähigkeiten; als siebenjähriger Knabe vermochte er schon jedes Musikstück *prima vista* auf dem Klavier auszuführen. Auf die Jesuitenschule gethan, hielt er es hier nicht aus; sein Vater musste ihn herausnehmen und überliess ihn seinen musikalischen Neigungen. Achtzehn Jahre alt, reiste R. nach Italien, er weilte 1704 in Mailand, aber nur auf kurze Zeit. Er schloss sich einem italienischen Impresario an, der Frankreich durchziehen wollte, in dessen Truppe als Cembalist zu Marseille, Lyon, Nime, Albi und Montpellier auftretend. Der abenteuerlichen Existenz satt, ging R. nach Paris, wo es ihm glückte, bei den Jesuiten in der Rue St. Jacques den Organistenposten zu erhalten. Seine Bemühung, 1707 die Organistenstelle an St. Paul zu erlangen, wurde aber durch Daquin vereitelt; er wandte deshalb Paris den Rücken, ging nach Lille, St. Etienne, Clermont, überall Organistenämter übernehmend und an der Vertiefung seines theoretischen Wissens arbeitend. Im Jahre 1720/21 kehrte R. nach Paris zurück, um zunächst mit theoretischen Schriften an die Öffentlichkeit zu treten, die weit über die Grenzen des Landes hinaus Aufsehen erregten. Gleichzeitig trat er mit Opernversuchen hervor. Hatten die ersten noch keinen Erfolg zu verzeichnen, so wandte sich das Blatt, nachdem R. in A. J. J. le Riche de la Poupelinière einen mächtigen Gönner gefunden hatte, der dem Komponisten sein Haus und seine Privatbühne zur Verfügung stellte. So viele Widersacher ihm auch seine Opern wie sein

---

[1] Vergl. dazu S. 337, 340.

Charakter schufen, so nahmen sein Ruhm und Ansehen doch beständigen Aufschwung. Als er hier am 12. September 1764 starb, beklagte man allgemein das Dahinscheiden des grössten französischen Meisters seiner Zeit. — R.'s Klavierwerke sind diese: 1) »*Premier Livre de pièces de clavecin ... Gravées par Roussèl 1706 A Paris*«. 2) »*Pièces de Clavessin avec Une Méthode pour la méchanique des doigts où l'on enseigne les moyens de se procurer une parfaite execution sur cet instrument. A Paris ... Gravé par Louise Roussel*« [1724]. Neuauflagen 1731, 1736. 3) »*Nouvelles suites de Pièces de Clavecin avec des remarques sur les différens genres de Musique. Gravées par M*ᴸˡᵉ *L. Roussel. A Paris*« [um 1736]. 4) »*Pièces de Clavecin en concerts, avec un violon ou une flute et une viole ou un deuxième violon. Gravé par Hue 1741*«. Neuauflage 1752. Alle diese Werke sind durch eine vor einigen Jahren begonnene, französische Neuausgabe Jedermann zugänglich geworden¹); in der man auch eine Anzahl handschriftlich Rameau zugeschriebener Stücke findet.

Das Werk, mit dem der 23 jährige Rameau 1706 debütierte, ist eine Suite²), bestehend aus *Prélude*, in altfranzösischer Manier taktlos notiert, von der Mitte an sich aber melodisch verdichtend, zwei Allemanden, Courante, Gigue, zwei alternierenden Sarabanden, *Vénitienne*, Gavotte, Menuet. Wohl zu glauben ist, dass das Pariser Publikum von diesem einen Werke nicht gleich ein grosses Wesen machte. Wer es wirklich in die Hand nahm, sagte sich sicherlich, dass es sowohl durch die Form im Grossen, wie durch den leichtflüssigen Stil der einzelnen Sätze eigentlich nur als Nachahmung Marchand's³) erscheine, und gewann aus den wenigen Spuren einer kräftigeren, gehaltvolleren melodischen Zeichnung bei Rameau noch nicht die Vorstellung einer eigenartigen, vollständig abgeklärten Persönlichkeit.

Über eifrigen Studien, die den von Rameau selbst tief gefühlten Mangel an einer gründlichen, schulmässigen Ausbildung ausgleichen sollten, vergingen achtzehn Jahre, ehe er mit einem zweiten Klavierwerk, den *Pièces de Clavessin* von 1724, sein Glück versuchte, das ihm diesmal hold war. Und mit Recht; denn Rameau zeigt sich in ihnen als ein reifer Künstler, der über blosse Kopie hinaus zur Errungenschaft einer Individualität gekommen ist. Freilich ist es kein neuer Formentypus, den Rameau in den beiden Gruppen⁴) dieses Werkes feststellt, andererseits

---

1) Die musikalische Redaktion leitet C. Saint-Saëns, die Ausgabe erscheint in Paris bei A. Durand & Fils und in Leipzig bei Breitkopf & Härtel. Dem ersten Bande, die Klavierstücke enthaltend, geht eine biographische Studie von Ch. Malherbe (S. IX ff.) vorauf; der zweite Band bringt die Werke für Kammermusik.
2) Band 1, S. 1—18.
3) Siehe oben S. 290.
4) Band 1, S. 20—35, 36—59. Es darf auffällig erscheinen, dass die Herausgeber unterlassen haben, diese Gruppierung nach Ordres auch äusserlich zu kennzeichnen.

436 Viertes Buch: Die klassische Blütezeit der Suite.

gleicht er aber auch nicht der geringeren Suite Marchand's, sondern dem durch F. Couperin klassisch gewordenen *Ordre*. Zu den Tänzen der Grundform gesellen sich freiere, poetische Tonbilder mannigfachen Genres[1]). Unter zwanglos-gefälligem Wechsel des Tongeschlechts und des Charakters reihen sich die Glieder aneinander. Mit dieser Übereinstimmung im rein Formalen geht jedoch nicht auch eine solche im musikalischen Wesen Hand in Hand. Rameau's ganze Melodik hat einen stärkeren Zug, sie ergiesst sich in volleren Strömen. Sein Stil ist zudem an neueren, italienischen Ausdrucksmitteln wesentlich reicher als der Couperin'sche; wir finden ziemlich häufig weite Griffe und grosse Sprünge, Läufe und Akkordharpeggien von beiden, schnell wechselnden Händen ausgeführt, das Überschlagen der Hände auf mancherlei Art. Dadurch erscheinen denn die Rameau'schen Charakterstücke gegen die von Couperin gehalten im allgemeinen kräftiger in der Farbe und Pointe, schärfer in den Umrissen, grösser an Gestalt.

Am deutlichsten kann man sich dies Verhältnis Rameau's zu Couperin machen, wenn man die von Beiden als *Tambourin* bezeichneten Stücke vor Augen nimmt; Couperin's Komposition[2])

ist offenbar das Vorbild der Rameau'schen

---

1) *Les tendres plaintes, les soupirs, le lardon, l'entretien des Muses; La Villageoise, La joyeuse, La follette, La boiteuse, Les Cyclopes, Les niais de Sologne; Le rappel des oiseaux, les tourbillons, Tambourin.*
2) Fr. Chrysander's Ausgabe, Band 2, S. 118.

gewesen[1]); sie stehen sich gegenüber wie Skizze und Gemälde.

Wie fest Rameau die *Ordres* Couperin's als Ziel seiner klaviermusikalischen Bestrebungen ins Auge gefasst hatte, lehren die *Nouvelles suites* von 1736. In bedeutend stärkerem Masse als früher giebt zwar Rameau Einwirkungen der Kunst Scarlatti's nach: wir finden hier nicht nur ausser den erwähnten technischen Einzelheiten noch das Abwechseln zwischen zwei Manualen (*doux, fort* oder *hardiment, sans alterer la mesure, gracieusement*), sondern selbst die sonatenhafte Erweiterung der zweiteiligen Tanzform, dergestalt, dass sich im ersten Teile mehrere gegensätzliche Gedanken entwickeln, die der zweite in wechselnder Reihenfolge und Kombination wiederholt und durcharbeitet[2]). Aber trotzdem steht Rameau innerlich auf Seiten Couperin's. Ihm dienen alle die italienischen Errungenschaften nicht dazu, von dem Banne des Tanzes loszukommen, sondern gerade dazu, der poetischen Tendenz der beiden *Ordres*[3]) durch wechselvollere, musikalische Mittel einen noch grösseren Spielraum zu gewähren[4]).

Auf eine neuartige Verbindung des Klaviers mit anderen Instrumenten wies schon die Besprechung Couperin's[5]) hin. Wenn

---

[1]) Das 4. Buch Couperin's erschien zwar erst 1730, also sechs Jahre nach dem Werk Rameau's, alle Umstände weisen jedoch darauf hin, dass das betr. Stück lange vorher schon komponiert und in den Pariser Kreisen bekannt war.

[2]) *Les trois mains* (Band 1, S. 67) *la poule* (S. 86), *l'enharmonique* (S. 94), *L'Egyptienne* (S. 96). Hierher gehört von den handschriftlich sicher beglaubigten Stücken auch *La Dauphine* (S. 100).

[3]) Band 1, S. 60—80, 81—99.

[4]) Von den Charakterstücken dieses Opus bringt es eines sogar zu ziemlich realistischer Naturschilderung. Die Henne (*la poule*) gackert bei Rameau also:

co co co co co co co co dai

Vergl. dazu oben S. 375.

[5]) Siehe oben S. 298.

auf die musikalischen Konsequenzen derselben dort nicht näher eingegangen wurde, so geschah dies aus begreiflichen Gründen. Von den *Concerts royaux*, die Couperin für die Sonntagskonzerte bei Hofe komponierte und die er mit vier Kammermusikern unter grossem Beifall zur Aufführung brachte, kennen wir gewissermassen nur einen Klavierauszug, der dem dritten Buch angehängt ist. Gelegentliche Angaben darin bezeichnen wohl manche Einsätze der einzelnen mitwirkenden Instrumente, es ist jedoch nicht möglich, so lange die Stimmen selber verschollen bleiben, ihren ferneren Verlauf, die Art ihres Zusammenwirkens mit dem Klaviere und den besonderen Anteil, der diesem gerade zukommt, genau zu fixieren. Nach keiner dieser Seiten hin sind wir aber bei Rameau's *Pièces de clavecin en concerts* von 1741 im Unklaren; hier liegt das ganze Aufführungsmaterial in mehrfacher Gestalt vor. Ihnen wird ein künftiger Herausgeber der Couperin'schen Konzerte zunächst seine Aufmerksamkeit zuwenden müssen. Sie geben ihm Fingerzeige, die um so bedeutsamer sind, als alle Umstände es wahrscheinlich machen, dass Rameau, wie in seinen besten Werken für Klavier allein, so auch in den Konzerten in die Fussstapfen Couperin's eingetreten ist.

Rameau's Konzerte[1]) bestehen aus drei oder vier Sätzen, an deren Ausführung ausser dem Klavier je eine Violine oder Flöte und eine Bassviole oder zweite Violine beteiligt sind. Dass wir es nicht etwa mit einer Art italienischer Kammersonaten zu thun haben, widerlegt die musikalische Beschaffenheit der Stücke. Abgesehen davon, dass sie als Charakterstücke gewisse persönliche Beziehungen Rameau's zum Ausdruck bringen[2]), stehen sie alle in einer Tonika, wechseln höchstens das Tongeschlecht und entsprechen im Verhältnis ihrer beiden Satzteile den Tanztypen der unbegleiteten Klaviermusik. Richtig würden sie also *Ordres* für Kammermusik zu nennen sein. Dagegen wird ein Protest nicht zu erheben sein, namentlich wenn man bedenkt, dass Rameau selbst einige Sätze derselben herausgriff und durch Vereinfachung des Stimmengewebes zu bequem spielbaren Klavierstücken arrangierte[3]), wie er auch andererseits nicht nur sämtliche Konzerte, sondern dazu noch einige Klavierstücke zu Sextetten[4]), oder richtiger gesagt Quintetten[5]), umschrieb. Aus dem Wesen der

---
1) Band 2, S. 1—37.
2) Siehe Näheres darüber im Vorwort zu Band 2, S. XXIII ff.
3) Band 1, S. 104—113.
4) Band 2, S. 38—142.
5) Die beiden Violoncelli gehen meist im Einklang miteinander; die wenigen Intervallgriffe kann auch ein Spieler allein bewältigen.

Klaviermusik ist ferner der Stil der Konzerte herausgewachsen.
Dem Klavier liegt dabei nichts ferner, als die Rolle eines Generalbassinstruments zu spielen; es konzertiert vielmehr mit den anderen Instrumenten und entfaltet dabei ganz besonders alle Bravour modern-italienischer Spieltechnik. Die Harmonieverbindungen, die das Klavierarrangement in ununterbrochenem Zuge uns vorführt, verteilt der Komponist in den Konzerten an die verschiedenen Organe. Bei imitierenden Anfängen tritt ein Instrument nach dem andern auf. Wenn die Begleitinstrumente bereits alle Harmonie fassen, kann das Klavier schweigen; andererseits ahmt das Klavier allein nach, was die Instrumente als ein Tutti haben hören lassen. Wo den Instrumenten die Melodie obliegt, geht das Klavier mit füllenden Harmonien darunter oder legt sich mit arabeskenartigen Tonfiguren zwischen und um sie, oder umgekehrt. Aber im Wesentlichen übernimmt doch das Klavier die eigentliche Führung, auf dessen Weg die Instrumente ein buntschillerndes, wechselnd farbiges Licht fallen lassen. Somit gelangt Rameau auf gleichem Wege, wie Bach[1]), zu dem Ziel, das Klavier von der Fessel des Generalbasses zu erlösen und ihm im Wettstreit mit anderen Instrumenten einen seinem Ausdrucksvermögen angemessenen Wirkungskreis zu eröffnen, aber mit anderem Erfolge. Mehr als Bach's Kammermusikwerke mit obligatem Klavier stehen doch Rameau's Konzerte dem Wesen unserer modernen Kammermusik nahe, — ein geschichtlicher Ruhm, den Rameau, wenn nicht alles täuscht, zu einem guten Teile freilich auch seinem Vorgänger Couperin wird überlassen müssen.

Dem zweiten der Klavierwerke Rameau's ist eine *Méthode de la méchanique des doigts sur le clavessin* beigefügt, deren Inhalt er später zwecks selbständiger Veröffentlichung noch erweiterte[2]). Um Rameau's klavierpädagogische Ansichten kennen zu lernen, genügt es aber, einen Blick in den älteren Aufsatz[3]) zu werfen.

Den Anfänger setzt man, meint also Rameau, derart vors Klavier, dass erstlich die horizontal gerichteten Ellenbogen sich höher als die Klaviatur befinden, und dann so nahe heran, dass die Hand mittelst der natürlichsten Bewegung des Handgelenks auf den vorderen Teil der Tasten fallen muss. Lässt man nun den ersten und fünften Finger auf die Tasten gehen, so ist damit die Richtung angegeben, der auch die Mittelfinger zu folgen haben.

---

1) Siehe oben S. 384 f.
2) Sie erschien unter dem Titel »*Dissertation sur les différentes méthodes d'Accompagnement pour le Clavecin ou pour l'Orgue. Paris, 1742*«.
3) Mitgeteilt im Band 1, S. XXX ff.

Demgemäss muss man sie aus ihrer gestreckten Lage einziehen und krümmen und dazu die Ellenbogen ungezwungen den beiden Seiten des Körpers anschliessen. Sobald diese natürliche Lage der Finger, Hände und Ellenbogen hergestellt ist, hat man weiter nichts zu thun, als danach die Höhe des Klavierstuhls einzurichten und darauf zu achten, dass diese äussere Haltung unter allen Umständen bewahrt wird, es sei denn, dass man die Hand von einem Ende des Klaviers zum anderen springen lassen muss. Die nächste Aufgabe besteht nun darin, das Handgelenk locker und elastisch zu machen, weil dadurch die Finger die notwendige Freiheit und Leichtigkeit ihrer Bewegung erhalten. Die dazwischen gelegene Handfläche muss wie abgestorben sein; sie dient nur dazu, die Finger zu halten oder sie in Lagen zu bringen, wo sie durch ihre vertikale Bewegung allein nicht hinkommen würden. Die Fortbewegung der Hände wie der Ellenbogen ist dabei auf das möglichst geringste Mass zu beschränken. Wo auseinander liegende Töne durch Ausstrecken der Finger zu erreichen sind, braucht man also nicht mit der Hand zu springen. Ist dies dennoch notwendig, so suche man thunlichst mittelst einfachen Falles der Finger weiter zu kommen. Jedenfalls ist eine grössere Bewegung immer erst da am Platze, wo eine geringere nicht genügt. Der Anschlag der Finger sei endlich kein hartes Klopfen, sondern mehr ein sanftes Fallen.

Diese Vorbemerkungen wohl beherzigend, beginnt der Schüler die praktische Übung dieser *leçon*:

zunächst mit jeder Hand für sich. Es kommt dabei darauf an, dass jeder Finger seinen Anschlag vollführen lernt, ohne dass ein anderer Finger oder die Hand sich mitbewegt, dass mit dem Aufheben des einen Fingers gleichzeitig das Niederdrücken des anderen erfolgt und dass der erhobene Finger seiner Taste doch so nahe bleibt, als ob er sie berührte. Von grosser Wichtigkeit ist es ferner, dabei jeglichen krampfhaften Nachdruck der Hand zu vermeiden, die im Gegenteil ganz locker und leicht die Finger gehen lassen soll. Drittens aber ist auf die Gleichmässigkeit des Anschlags aller Finger peinlich zu achten, ohne die man sich

Leichtigkeit und Schnelligkeit des Spieles nicht erwerben kann. Auf schwach bekielten Klavieren anfangend, geht man zu stärkeren über, bis die Fingerkraft derart vorhanden ist, um die härtesten Tasten gleichmässig und schnell anzudrücken. Hier angelangt, spielt nun der Schüler mit beiden Händen zugleich und gewöhnt sie so an die parallele, wie an die entgegengesetzte Richtung, je nachdem er sie gleichzeitig oder nacheinander einsetzen lässt. Demnächst ist die Übung der *agrémens* vorzunehmen, aber auch ohne sie wird der Schüler schon jetzt imstande sein, ein kleines Menuet, dessen Melodie sich im Bereich von fünf Tönen hält[1]), ohne Schwierigkeit auszuführen.

Wird nun das Quintengebiet beliebig erweitert, so bedarf es eigentlich nur der doppelten Übung, durch Hinwegschieben jedes anderen Fingers über den Daumen und durch das Untersetzen des Daumens unter jeden anderen Finger die Hand in normaler Lage über eine neue Tastengruppe zu rücken. Die Sicherheit darin kommt namentlich dem Spiel von Passagen zu gute, die ♯- oder ♭-Vorzeichnung haben, wenn man vermeidet, den Daumen und kleinen Finger auf Obertasten zu setzen, ersteren vielmehr entweder vor oder nach der Obertaste in Anwendung bringt.

Eine Ausnahme von dieser Grundregel macht Rameau nur in einem Falle, wo er deshalb ausdrücklich einen anderen Fingersatz angiebt:

Er wäre mit Hilfe des stummen Fingerwechsels leicht zu umgehen, aber von einem solchen spricht Rameau nicht, scheint ihn also auch nicht zu wünschen.

Wo man die Vorschrift findet, eine Passage mit beiden Händen abwechselnd auszuführen, kommt es darauf an sie so gleichmässig zu Gehör zu bringen, als wenn eine Hand allein sie spielte, und namentlich an den Übergangsstellen von einer Hand zur anderen gut zu binden[3]). Dasselbe gilt von den gebrochenen Akkordfiguren (*batteries*), wenn man sie mit beiden, einander ablösenden Händen spielt. Dies Überspringen der Hände macht jedoch keine Schwierig-

---

1) Band 1, S. 49.
2) Band 1, S. 37.
3) Hier begeht Rameau, der doch so streng die Ausbildung aller Finger zu gleichmässiger Tonstärke verlangt, allerdings die Inkonsequenz, von dem Gebrauch des fünften Fingers möglichst abzuraten, in der nicht ausgesprochenen Voraussetzung, dass dieser den übrigen Fingern gegenüber doch nicht als gleichstark zur Geltung kommt.

keit, sobald man über ein lockeres Handgelenk verfügt und wenn man mit einem Blick das richtige Eintreffen der springenden Hand überwacht.

Auf zwei Arten dieser sprunghaften *batteries* macht Rameau noch besonders aufmerksam:

hinzufügend, dass er zuerst dergleichen anwende; wenigstens sei noch nichts Derartiges erschienen[2]). Diese Priorität kann jedoch Rameau nur beanspruchen unter der Voraussetzung, dass man dabei allein an die französische Klaviermusik denkt. Anderenfalls hätte er sich Dom. Scarlatti gegenüber in ein zweifelhaftes Licht gestellt.

Sind nach allen diesen Richtungen hin beide Hände zu technischer Vollkommenheit gelangt, dann kann man endlich die Stuhlhöhe allmählich so weit vermindern, bis sich die Handgelenke etwas tiefer als die Klaviatur befinden. Das veranlasst die Hand, sich den Tasten eng anzuschmiegen, und giebt somit dem Spiele die anzustrebende grösste Gebundenheit. —

Wenn die Franzosen von Rameau sprechen, so pflegen sie, wie die Deutschen ihren Bach und die Engländer Händel, ihn als den bedeutendsten französischen Musiker des 18. Jahrhunderts, als den typischen Vertreter seiner Zeit und Nationalität zu bezeichnen. Gegen diese Einschätzung mag, soweit dabei Rameau als Opernkomponist und Theoretiker in Frage kommt, nichts einzuwenden sein, sie erscheint aber sicherlich zu hoch, sobald man Rameau's Schaffen auf dem Gebiet der Klaviermusik vom allgemeinen, geschichtlichen Standpunkt aus erwägt. Gewiss ist seine Persönlichkeit des Reizes individueller Züge nicht bar, die um so mehr Lob verdienen, da sie dem Autodidakten nur mit grösstem Bemühen erreichbar waren. Als solche rechnen wir die Aneig-

---

1) Band 1, S, 54.
2) *Je crois que ces dernieres batteries me sont particulières, du moins il n'en a point encore paru de la sorte.*

nung der modern-italienischen Spieltechnik, ihre Einreihung in den methodischen Lehrgang, die Begründung eines Fingersatzes, der viel mehr als der Bach'sche die Neuzeit ankündigt. Aber andererseits darf man sich doch nicht verhehlen, dass die Höhe der Klassizität für die ältere französische Klaviermusik in Komposition, Spiel und Lehre bereits durch F. Couperin erreicht war. Diese Höhe hat Rameau wohl gewahrt, aber nicht noch gefördert; dazu fehlte es ihm an ursprünglicher, schöpferischer Kraft.

Viertes Kapitel.
England.

Mit Purcell's Tod war die Brücke der vergangenen nationalen Tonkunst Englands abgebrochen. Was das musikliebende Volk im Lande nicht mehr fand, nahm es um so lieber von aussen. Der Import wuchs denn auch bedeutend. Die Verleger druckten alles, dessen sie, gleichviel ob auf rechtmässigem Wege oder nicht, aus der Fremde, aus Deutschland, Frankreich, namentlich aber Italien nur irgend habhaft werden konnten[1]. Fremden Künstlern wurde jetzt England vielleicht mehr noch als früher das gelobte Land, da Gold und Ruhm in Fülle zu ernten war. Der Mode und dem Geschmack, die sie diktierten, mussten sich die einheimischen Musiker beugen, wenn anders sie bei ihrer Unfähigkeit, Neues anzubahnen und zu schaffen, anständig existieren wollten. Schwand die Kompositionskraft dahin, so setzte die technische Virtuosität umso grössere Blüten an. Ein getreues Spiegelbild dieser Zeitströmung zeigen einige Erscheinungen, die uns aus den ersten Dezennien des 18. Jahrhunderts entgegen treten.

Während der Jahre 1709 bis 1738 gab der wegen seiner Raublust berüchtigte Londoner Verleger J. Walsh in fünf Heften ein Sammelwerk heraus, —

> *The Ladys Entertainment or Banquet of musick being a choice Collection of the newest and most airy lessons for the harpsicord or spinnet, together with several excellent preludes, tocatas, and most favourite song tunes in the opera*[2].

---

1) Siehe oben S. 181, 342, 419 f., 428, 429.
2) Exemplar in Paris (*Conservat.*). Siehe dazu J. B. Wockerlin (Katalog d. Bibl. S. 475 f.).

ein Werk, das weiter nichts als Arrangements beliebter Stücke aus den modernsten Zugopern darbietet. Bis zu welchem virtuosen Raffinement man sich dabei verstieg, können wir besonders deutlich an den Bearbeitungen von William **Babell** sehen.

B., um 1690 in London geboren und 1723 gestorben, war ein eifriger Bewunderer Händel's und arrangierte eine ganze Reihe von Opernstücken für Klavier. Als das wichtigste Werk in dieser Beziehung sind anzusehen die »*Suits of the most Celebrated Lessons Collected and Fitted to the Harpsicord or Spinnet with Variety of Passages by the Author*. London, J. Walsh« [1713/14] [1].

Bezeichnend schon ist es, dass Babell die einzelnen Bühnengesänge »durch eigne, im Händel'schen Stil gehaltene Präludien und Variationen zu förmlichen Suiten verband«, noch mehr jedoch die Art, wie er sie dem Klaviere anpasste. Mit einem blossen Klavierauszug der Ouvertüren oder Arien hat er sich nicht begnügt, sondern alles dazu gethan und zu einem spielbaren Ganzen verschmolzen, was auch bei der wirklichen Bühnenaufführung von den Mitwirkenden über ihre vorgeschriebenen Noten hinaus noch geleistet wurde. Dazu gehören nicht allein die Harmoniegriffe des Generalbassisten, sondern vor allem die Koloraturausschmückungen der Gesangspartien und die freien Veränderungen bei der Wiederholung des ersten Arienteiles. »Vor allem ist das Studium des grossen Stückes, mit welchem Babell seine Sammlung beschliesst — Rinaldo-Arie *Vo' far guerra*, mit Cembalo-Soli — ebenso lohnend wie anziehend«. Die fortwährend steigende Bravour der Klaviersoli mit ihren Oktavengriffen der linken, den vollen Akkordgriffen beider Hände, mit ihren rauschenden Passagen und mit der Schlusskadenz, die in engstem Stich allein vier grosse Folioseiten einnimmt, stempelt gerade dieses Stück zum »grössten Virtuosenstück für Klavier, welches bis zum Jahre 1713 gedruckt wurde«.

Von dieser Zeit an schossen nun in England auch die Klavierschulen wie Pilze aus dem Boden. Wenigstens die ersten drei seien hier genannt:

1. *The Harpsichord Master*. 1722.
2. *The Harpsichord Illustrated and Improved, wherein is shown the italian Manner of Fingering*. 1733.
3. *The Complete Tutor for the Harpsichord or Spinnet, wherein is shown the Italian manner of Fingering* [o. J.].

---

[1] Exemplar in Oxford (Taphouse). Die Händel'schen Stücke hieraus hat Fr. **Chrysander** neu ediert (Gesamtausgabe Händel's, Band 48, S. 210 ff.; siehe dazu das Vorwort, S. VII f.).

Und hielt sich anfänglich noch der Purcell'sche Fingersatz[1]) im Gebrauch, so kam dafür bald der italienische in Aufnahme:

ebenso rückwärts.

Dies Wenige muss genügen, um die Beschaffenheit des Terrains zu charakterisieren, das nun Georg Friedrich **Händel** vorfand.

Auch bei H. können wir uns darauf beschränken, nur die Hauptstationen seines Lebens kurz anzugeben, da die Einzelheiten bekannt sind[2]). H. wurde am 23. Februar 1685 in Halle geboren. Wie er als kleiner Knabe nächtlichen Klavichordübungen in der Dachkammer oblag, wird man überall erzählt finden. Ein gelegentlicher Besuch mit seinem Vater in Weissenfels entschied über seine Zukunft; dem für das Studium der Rechte bestimmten Knaben wurde nun nicht länger ein geregelter Musikunterricht vorenthalten. Er empfing ihn durch Fr. W. Zachau. Danach bezog er die Universität und versah von 1702 bis 1703 den Organistendienst an der Schloss- und Domkirche. Mit achtzehn Jahren, 1703, ging H. in die Welt hinaus. Das erste Ziel seiner Wünsche war Hamburg, wo er 1703 bis 1706 das Operntreiben mitmachte. Danach ging er 1706 nach Italien, wo er u. A. mit Dom. Scarlatti Bekanntschaft schloss. Als Kapellmeister kehrte er 1710 nach Hannover zurück, machte aber schon in demselben Jahr eine Reise nach London, der von 1712 bis 1716 eine zweite folgte. Nach kurzem Aufenthalt ging H. noch 1716 wieder nach London; hier hat er, sieht man von einigen Geschäftsreisen nach Italien und Deutschland ab, bis an seinen Tod gelebt. Er starb am 14. April 1759. — Von H.'s Klavierwerken erschienen zu seinen Lebzeiten folgende: 1) »*Suites de pièces pour le Clavecin. Premier Volume. London, printed for the Autor, 1720*«. Einen Nachdruck davon veranstalteten G. F. Witvogel in Amsterdam 1723 und Walsh 1734. 2) »*Suites de pièces pour le Clavecin. Second volume. London, Walsh, 1733*«. Unberechtigter Raubdruck! Daraus gab Witvogel in Amsterdam für sich heraus »*Prelude et Chaconne avec LXII Variations. Opera prima*«(!) 3) »*Suites de pièces pour le Clavecin. Third Collection. London, Walsh*« [o. J.]. Davon liess Witvogel einen Teil erscheinen unter dem Titel »*Five Sets of lessons for the Harpsichord, four by G. F. Handel, the other by J. H. Fiocco*«. 4) »*Six Fugues or*

---

1) Siehe oben S· 343.
2) In der ebenfalls sehr beträchtlichen Händel-Litteratur steht füglich Fr. **Chrysander**'s »G. F. Händel« (Leipzig, Breitkopf & Härtel, 1858 ff.) obenan. Wenn so vielfach die Nichtvollendung des bedeutsamen Werkes bedauert worden ist und die Befürchtung immer begründeter wird, dass es gar ein Torso bleibe, so liegt das an Umständen, die mehr die musikalische Welt selbst, als der hochverdiente Forscher und Gelehrte verschuldet hat. Beweis dafür ist die Geschichte der sogenannten Deutschen Händelgesellschaft. Als Ersatz für das Fehlende seien drei kleinere Schriften aus neuerer Zeit genannt: H. Kretzschmar (Samml. mus. Vortr. von P. Waldersee, Nr. 55—56, 1883) Fr. Volbach (H. Reimann's »Berühmte Musiker«, Nr. 2, Berlin 1897), Br. Schrader (Reclams Univers. Bibl. Nr. 3497).

Voluntarys for the Organ or Harpsichord. Troisieme Ouvrage. London, Walsh, 1735«. Einen Nachdruck veranstaltete Boivin in Paris. Irgend eine Autorität fehlt zwei Ausgaben, die bald nach Händel's Tode erschienen und nur Arrangements enthalten; das sind 5) »*Lessons for the Harpsichord.* 4th *Book*, London, Walsh«; 6) »*Pièces pour le clavecin* 5e *Ouvrage*, London, John What«[1]).

Als Händel 1710 zum ersten Male nach England kam, hatte er als Klavierspieler schon ruhmvolle Tage hinter sich; es war noch nicht lange her, dass Händel und Dom. Scarlatti einander sich als gleichstarke Virtuosen erprobt hatten. So wenig an der Richtigkeit dieser Thatsache zu zweifeln sein mag, so schwer verständlich ist sie doch wohl Manchem erschienen. Was lag denn auch bisher zur historischen Beurteilung vor? Auf der einen Seite eine grosse und trotzdem nicht vollzählige Menge von Kompositionen, über deren Entstehungszeit vollstes Dunkel herrschte, und andererseits Werke, die Dezennien nach 1708 erst erschienen, teilweise noch dazu gegen den Willen des Komponisten, und von denen man nicht wissen konnte, ob und wie sie als Massstab für ein jugendlicheres Kunstvermögen zu betrachten sind. Und wenn man ohne Rücksicht auf solche innere Fragen die Werke, wie sie eben da sind, gegen einander in die Wagschale warf, so hielt es erst recht schwer, ein Gleichgewicht zwischen ihnen zu erzielen. Statt das Gebiet zu zeigen, worin beide Persönlichkeiten gleich gross waren, liess ein derartiger Vergleich eher ihre Verschiedenheit um so deutlicher hervortreten. Was Scarlatti betrifft, so ist oben[2]) versucht worden, auf kritischem Wege die Entwickelungsstadien seiner Formen vom Anfang bis zur Reife näher zu begrenzen. Ähnlich ist es nun auch bei Händel möglich, nachdem die jüngsten Forschungen ein Klavierbuch aus seiner Jugendzeit[3]) an den Tag gebracht haben. Die Ergebnisse dieser überaus wichtigen Geschichtsquelle mit den Nachrichten verknüpfend, die wir sonst über Händel's Jugendzeit besitzen, wollen wir versuchen, seinen künstlerischen Standpunkt Scarlatti wie der englischen Klaviermusik gegenüber von Neuem zu beleuchten.

»F. W. Zachau[4]), Händel's Lehrer in Halle, hatte kaum das dreissigste Lebensjahr überschritten, als ihm Händel zugewiesen wurde, hatte also nicht mit Allem abgeschlossen, sondern arbei-

---

[1]) Nicht nur die authentischen Werke, sondern eine ganze Reihe älterer Entwürfe und liegen gebliebener Stücke findet man in F. Chrysander's Gesamtausgabe der Werke Händel's, Band 2 und 48. Auf sie stützt sich auch unsere Besprechung. Auf A. Prosniz (Handbuch d. Klavierlitter. S. 24 f.) sei verwiesen, wer die übrigen kennen lernen will.
[2]) S. 421 ff.
[3]) Fr. Chrysander's Gesamtausgabe, Band 48, S. V und 146—175.
[4]) Fr. Chrysander (G. F. Händel, I, S. 23 ff.).

tete selber noch rüstig an seiner Durchbildung«. Nicht imstande, länger als eine kurze Zeit mit seiner eigenen, beschränkten Kunstfertigkeit dem lernbegierigen, leicht fassenden jungen Händel als Vorbild zu dienen, nahm er zur Litteratur der unmittelbarsten und weiteren Vergangenheit seine Zuflucht. »Was der Lehrer an in- und ausländischen Musikalien besass, wurde bei passender Gelegenheit hervorgesucht. Er zeigte dem Schüler die mannigfaltigen Schreibarten verschiedener Völker nebst eines jeden Verfassers Vorzügen und Mängeln. Rare Sachen wurden abgeschrieben, damit sich durch anhaltende Betrachtung deren Vortrefflichkeit noch besser einpräge. Eins der so entstandenen Musikbücher, datiert 1698 und mit »G. F. H.« bezeichnet[1], hat Händel lebenslang aufbewahrt. Es enthielt verschiedene Arien, Chöre, Capricci, Fugen und andere Musikstücke angeblich von Zachau, [J. Fr.] Alberti, Froberger, [J.] Krieger[2]), Kerl, Ebner, [D.] Strunck u. A.« Aber diese vielseitige Art von Zachau's Unterricht brachte eben die Schwingen des Händel'schen Genius zur Entfaltung. Sie gab ihm »die grundfeste Sicherheit und reife Erfahrung« in der Fugenkunst, die bereits in Hamburg einem Mattheson die grösste Bewunderung abnötigte[3]). Wie tief und fest damals Händel die Leistungen der Zachau besonders nahe stehenden süd- und mitteldeutschen Meister in sich aufnahm, das sehen wir an den absichtlichen Reminiszenzen späterer Werke an Poglietti, Kerl, Georg Muffat, Pachelbel, Fischer, Kuhnau[4]). Gerade das Betreiben so universaler Studien legte den Grund zu einem hervorstechenden Zug von Händel's künstlerischer Persönlichkeit, die besten und ausdrucksfähigsten Gedanken anderer Meister und von sich selber fest im Gedächtnis zu halten, um ihnen an geeigneter Stelle mit gleichen oder grossartigeren Mitteln eine neue, höhere Bedeutung zu geben. So verfuhr er nach seinem Weggang aus Halle auch noch mit Werken Mattheson's, Buxtehude's[5]) und Gottl. Muffat's[6]), um nur deutsche Namen zu nennen.

Die natürlich scheinende Erwartung, dass sich Händel in Halle nicht bloss mit dem »Untersuchen fremder Erzeugnisse«, sondern auch mit eigenen Kompositionsversuchen deutscher Art und Richtung beschäftigt haben werde, findet ihre volle Bestä-

---

1) Leider ist es verschollen.
2) Vergl. oben S. 214.
3) S. 349.
4) S. 182, 185, 188 f., 193, 207 f., 229, 231, 254 f.
5) S. 261 f., 349.
6) Chrysander's Ausgabe seiner *Componimenti*, Vorwort.

tigung durch das erwähnte Jugendbuch. Seiner äusseren Beschaffenheit nach ist es zwar erst um 1710 geschrieben, innere Gründe legen aber die Annahme nahe, dass »darin nur eine ältere Sammlung seiner Stücke kopiert sein wird«. Zwei Stücke davon dürfen wir ohne Bedenken in die letzte Hallesche Zeit verlegen: zwei Suiten[1]). Beide sind regulär viersätzig; der zweiten geht nur ein *Preludium* von echt süddeutscher, toccatenhafter Figuration vorauf, und ihrer Sarabande folgen noch zwei Variationen. Allemande und Courante sind beidemal in Froberger's Sinne melodisch verwandt. Alle Sätze sind ferner wenig ausgedehnt, das Gleichmass der beiden Satzteile tritt fast überall hervor. In ihrer Technik ist nichts zu finden, das einen anderen, als rein deutschen Hintergrund hätte. Dem musikalischen Wesen endlich ist wohl schon Händel's spätere melodische Geschmeidigkeit anzumerken, aber es erhebt sich doch noch nicht über den Standpunkt eines Krieger oder Kuhnau. — In die Hamburgische Zeit hinein führen uns eine Suite und ein *Prélude* mit *Capriccio*[2]). Die Suite hat erstlich einen Einleitungssatz von französischer Ouvertürenform, die wir sonst bei Keinem der süd- oder mitteldeutschen Meister, wohl aber bei den Norddeutschen in dieser Zeit antreffen, und zweitens an Stelle der Gigue eine *Ciacona* mit zehn Variationen, letzteres ein Anzeichen, dass Händel der hergebrachten Suitenform freier gegenüber zu treten beginnt. Das andere ist ein rechtes Virtuosenstück: ein *Prelude* mit auf- und abwallenden Harpeggien und Passagen und ein *Capriccio*, das sich in stetig lebhafter Bewegung frei imitatorisch weiterspinnt, wie es süddeutscher Meister Art war. Mattheson liess sich zwar später vernehmen[3]): »Händel wusste, wie er zum ersten mahl in Hamburg kam, fast nichts, als lauter regel-mässige Fugen, zu machen, und waren ihm die *Imitationes* so neu, als eine fremde Sprache, wurden ihm auch eben so saur« und strich sich gern als den Überlegenen »auf dem Flügel« heraus; doch so gar schlimm kann es nach beiden Seiten hin nicht gewesen sein. Zufällig können wir diesen beiden Stücken Händel's spätere Mattheson's gegenüber stellen: ein ebenso geartetes Präludium (*Tocatine*)[4]) und seine erste Sonate[5]). Obschon Mattheson sie hatte ausreifen lassen können, überragen sie Händel's Jugendarbeit in technischer Bravour nur unerheblich.

---

[1]) Band 48, S. 146, 149.
[2]) Band 48, S. 170, 166.
[3]) *Critica Musica*, 1722, I, S. 243.
[4]) Siehe oben S. 346.
[5]) S. 349.

Was das Jugendbuch sonst noch enthält, müssen wir uns als in Italien geschaffen denken. Eine *Suite à deux Clavecins*[1], von der leider nur ein Klavierpart vorliegt, legt uns den Gedanken an Pasquini's zweiklavierige Sonaten nahe[2]. Ein italienischer Zug ist an ihr auch die Benennung der Allemande als *Preludium*. Von zwei ferneren Suiten[3] für ein Klavier ist die eine nur dreisätzig, ohne Courante; die andere, mit einem *Preludium* beginnend, zeigt Normalform, doch in der Mitte des letzten Tanzpaares um eine *Aria* mit sieben Variationen und ein *Menuet* bereichert. Das gegenseitige Ablösen der Hände im Spiel von Passagen (Präludium) übte Händel schon, bevor er nach Italien ging; aber spezifisch italienisch sind dafür andere Merkmale, zunächst formale. In der *Giga* der zweiten Suite stehen die Satzteile in gar ungleichem Verhältnis; der zweite ist dreimal so lang als der erste und zeigt auch nicht die übliche melodische Entsprechung, sondern spinnt sich ganz frei motivisch aus. Einer ganz ähnlichen Störung im inneren Gleichmass des deutschen Tanzgebildes unterliegt die *Allemande* derselben Suite. Täuscht nicht Alles, so spiegeln diese beiden Sätze mit ihrer formalen Unsicherheit den ersten Eindruck wider, den Händel von Dom. Scarlatti's[4] Anfangsversuchen, die zweiteilige Tanzform zu erweitern, empfing. Nicht die geringste Spur von Unbeholfenheit haftet dagegen der *Gigue* der ersten Suite an. Es überrascht zunächst, sie in einem Zuge ohne mittlere Teilung und Reprisen fortströmen zu sehen; doch fasst man die Struktur näher ins Auge, so erkennt man den Grund dafür. Der erste Teil wird sehr wohl wiederholt, nur nicht Ton für Ton, sondern in neuer und erweiterter Kombination seiner motivischen Gedanken. Der Beginn des zweiten Teiles ist an der Modulation in die Unterdominante zu erkennen; dieser wird nicht wiederholt, geht aber, nachdem er das Hauptmotiv mit den Nebengedanken mannigfaltig verknüpft hat, zum ersten Teil zurück, um ihn wiederum neu und anders zu formieren. Wir sehen, Scarlatti hat hierzu Händel den Weg gewiesen, wir sehen aber auch, dass dieser, weit entfernt, sklavisch zu folgen, mit staunenswerter Elastizität des Geistes jenen in der Konsequenz seiner Idee fast noch überflügelt. Neben diese Gigue gehört unmittelbar die *Sonatina*[5]. Sie hat Giguecharakter und zeigt dieselben musikalischen Verhältnisse, nur in kleinerem Massstabe, geht also jener

---

1) Band 48, S. 162.
2) Siehe oben S. 279.
3) Band 48, S. 148, 152.
4) Siehe oben S. 423 f.
5) Band 48, S. 150.

wohl zeitlich voran. Der Fortschritt, den Händel in Italien stilistisch über seinen deutschen Standpunkt hinaus machte, ist nicht scharf hervortretend, aber doch an kleinen Momenten erkennbar. Harpeggierte Bassakkorde künden Alberti's Manier; Harpeggien, durch mehrere Oktaven von einer Hand zu spielen, Ineinanderverschränken beider Hände, die melodisch gefällige Art der oft ausgedehnten Sequenzen, das Beginnen eines Tanzstückes durch eine längere Passage der rechten Hand, imitiert von der linken, ehe die Harmonie sich ausbreitet, das sind Züge, die wiederum auf D. Scarlatti deuten.

Vergegenwärtigen wir uns nun die Stunde, da sich Händel und Scarlatti im Palaste des Kardinals Ottoboni 1708 gegenüber traten[1]. Dass der Italiener dem Deutschen auf der Orgel selbst den Preis zuerkannte, ist ohne Weiteres begreiflich. Wir brauchen nicht einmal anzunehmen, Scarlatti sei in der Fugenkunst damals der dieselbe verflachenden jüngeren italienischen Richtung gefolgt, und können ihm ruhig den Vollbesitz der Pasquini'schen Schulung zugestehen, an Gediegenheit und Tiefe in der Behandlung und im Improvisieren von einfachen und Doppelfugen konnte er gleichwohl Händel nicht gleichkommen. Anders liegt die Sache aber bei dem Wettstreit auf dem Klaviere. Um hier das Urteil der Preisrichter zu verstehen, müssen wir bedenken, dass auch Scarlatti noch jung war. Seine Meisterwerke mit ihrer epochemachenden Klaviertechnik mussten erst geschaffen werden; ihre Zeit kam in Madrid. Das Element, in dem er sich als junger Mann bewegte, war dagegen die reine, zweiteilige Tanzform, in der auch Händel gut zu Hause war. Was Scarlatti ihr kompositorisch zufügte und wie er sie technisch auszeichnete, befand sich noch im Anfangsstadium, und das machte sich Händel, der gekommen war zu lernen, bald zu eigen, wie wir eben sahen. Die Hauptsache also war Beiden in der That gemeinsam; der Unterschied, der sich zwischen ihnen bemerkbar machte, war nicht persönlicher, sondern nationaler Art, mit dem Hinweis auf die Abweichungen der italienischen Suite von der deutschen ist er genügend charakterisiert. Wäre Scarlatti als der Techniker, als den wir ihn aus seinen späteren Werken kennen, damals schon auf dem Kampfplatz erschienen, so würde der Ausgang doch wohl ein anderer gewesen sein. Als nun Händel nach England kam und sich hier hören liess, da musste es den Engländern noch anders ergehen wie den römischen Kunstrichtern. Die englische Suite stand damals günstigsten Falls auf der Höhe der

---

[1] Siehe Fr. Chrysander (G. F. Händel, I, S. 228).

italienischen, deren Vertreter Pasquini hier wohl bekannt war[1]). Scarlatti's Ruhm war aber noch nicht hierher gedrungen, und von der deutschen Musik im ersten Jahrzehnt des 18. Jahrhunderts wusste man anscheinend sehr wenig. So trat Händel den Engländern als Personifikation italienischen und deutschen Wesens völlig überraschend entgegen. Sie mögen wie angewurzelt dagestanden haben, als sie ihn gar auf der Orgel hörten. Dass eine Improvisation von solcher Kunst überhaupt möglich sei, das musste einem Engländer bei der tiefgesunkenen Bedeutung dieses Instrumentes in seinem Lande schier unfassbar scheinen.

Den Kranz seiner Jugendkompositionen liess Händel 1710, wie es scheint, einem Freunde in England zum Andenken zurück. Als er sich später dauernd hier niederliess und sein Ruf in alle Kreise drang, regte sich allgemeiner das Verlangen, seiner Werke habhaft zu werden. Und so machte es sich ganz natürlich, dass Stücke, die er damals von sich gegeben hatte, und solche, die er danach gelegentlich zu Unterrichtszwecken schuf, von einer Hand zur anderen gingen und schliesslich einem spekulativen Verleger zwischen die Finger gerieten, der sich Kapital daraus zu schlagen beeilte. Wohl oder übel sah sich nun Händel genötigt, um nicht in falsches Licht zu geraten, der Wirkung solcher Raubdrucke durch eine authentische Publikation entgegen zu treten. In dieser Absicht gab er die erste Sammlung seiner Klavierstücke 1720 zum Druck[2]). Die einzelnen Sätze derselben sind nicht alle erst komponiert, nachdem der Entschluss zur Herausgabe gefasst war, sondern finden sich zum Teil schon in dem Jugendbuch[3]) oder in anderen früheren Arbeiten[4]). Diese hat aber Händel ausgefeilt, erweitert und zu den neuen in künstlerische Ordnung gerückt.

Von den acht Suiten der ersten Sammlung hat eigentlich jede ihren besonderen Bau, doch können wir sie in zwei Gruppen sondern, je nachdem in ihnen deutsche oder italienische Formenelemente vorwalten. Wo es deutsche sind[5]), da bildet die normale Tanzvierzahl den Baugrund, zu dem ein einleitender Satz hinführt. Doch Händel nimmt die vorhandene Fläche nur einmal[6])

---
[1]) Siehe oben S. 269.
[2]) Band 2, S. 1—60. Siehe Fr. Chrysander (G. F. Händel. III, S. 185 ff.).
[3]) Dritte Suite: *Prélude, Air* mit 5 Variationen (im Jugendbuch 7). Siebente Suite: *Sarabande.*
[4]) Dritte Suite: *Presto*, ist eine Überarbeitung eines älteren *Lesson* (Band 48, S. 191). Der fugierte Mittelsatz der *Ouverture* zur siebenten Suite stammt aus der Oper »Almira« von 1705.
[5]) Nr. 1, 4, 5, 8.
[6]) Nr. 4.

wirklich voll in Anspruch; in zwei Fällen[1]) lässt er die Sarabande aus, in einem[2]) setzt er an die Stelle des zweiten Tanzpaares ein Air mit fünf Variationen. In ähnlicher Stufenfolge nehmen die italienischen Formenelemente der zweiten Gruppe[3]) an Zahl zu. Verlässt die eine Suite[4]) erst in ihrem Schlusssatz, einem zweiteiligen Presto mit ausgesprochenem Tutti- und Solo-Motiv, den gewohnten Formencharakter, so greifen italienische Satztypen in zwei anderen[5]) schon an bedeutsamerer Stelle ein. Das erste Tanzpaar wird dabei durch Andante und Allegro, beide nach Scarlatti's Art dreiteilig angelegt, ersetzt, das zweite folgt in normaler Weise. Andererseits ist nur eine sonatenhafte Gigue übrig geblieben, ihr gehen voran Prélude, ouvertürenmässiges Largo, auf der Dominante schliessend, Fuge, Sätze also, die auf die italienische Kammersonate hindeuten. Endlich tritt deren Form noch in voller Klarheit auf[6]): es folgen sich Adagio, mit reich figurierter Melodie über einem Bass von gleichmässiger Achtelbewegung und Schluss auf der Obermediante, Allegro, dessen zweiter Teil nach einer Art Scarlatti'scher Durchführung an den ersten wieder anknüpft, arioses, kurzes Adagio, in der Dominante endigend, flotte Schlussfuge. Um das Mass voll zu machen, treten dazu noch Verschiedenheiten in der Beschaffenheit der Einleitungssätze. Wogen die Préludes hier[7]) in glänzenden Harpeggien auf und nieder, so erfassen sie dort[8]) ein kurzes rhythmisches Motiv, dessen vielfacher Verschlingung tief empfundene Harmonien entquillen. Am Anfang finden wir auch einmal[9]) eine Fuge, mehrmals[10]) Prélude mit Fuge oder statt dessen[11]) eine Ouvertüre französischer Form. Als ein mehr verborgenes, doch geschichtlich nicht zu übersehendes Moment verzeichnen wir schliesslich das verschiedene musikalische Verhältnis der Glieder eines jeden Paares zu einander. Stehen einmal[12]) beide Paare, Allemande mit Courante, Air mit Presto, in melodischem Zusammenhange, ein anderes Mal[13]) nur Allemande mit Courante oder[14]) Andante mit Allegro, so herrscht in allen übrigen Sätzen Selbständigkeit. In denkbar stärkstem Gegensatze zu dieser Mannigfaltigkeit der Satzweisen steht die grossartige und wundervolle Einheit des Händel'schen Stiles, in dem sich deutsche Polyphonie und Harmoniefülle, italienische Homophonie und Scarlatti'sche Spieltechnik und als Drittes, Neues französische Rhythmik und

---

1) Nr. 1, 8.
2) Nr. 5.
3) Nr. 2, 3, 6, 7.
4) Nr. 3.
5) Nr. 6, 7.
6) Nr. 2.
7) Nr. 1, 3.
8) Nr. 5, 6, 8.
9) Nr. 4.
10) Nr. 3, 8.
11) Nr. 7.
12) Nr. 3.
13) Nr. 4.
14) Nr. 7.

Verzierungskunst zusammen schliessen. Keines dieser Elemente steht im Vordergrund, jedes hat Teil am anderen; es ist ein grosser, starker Wille, der über Allem künstlerisch waltet.

Um die allgemeingeschichtliche Bedeutung dieses Suitenwerkes richtig abzustecken, brauchen wir uns nur an die Lage der Zeit zu erinnern. Was die letzten nennenswerten deutschen Suitenmeister, Fischer, Kuhnau, Böhm, erreicht hatten, war gewiss hervorragend, aber jedes für sich einseitig. Einseitig begann auch Händel's Kunstschaffen, wie uns das Jugendbuch zeigt. Aber zehn Jahre genügten, um ihn zu universaler Reife und Vollkommenheit zu fördern. Nun vermochte er, in souveränster Beherrschung alles dessen, was vor ihm war, die Suite auszuweiten, zu vertiefen und als Kunstform zu erhöhen, dabei überall die äussersten Grenzen berührend, die ihr gezogen waren. Damit war Händel zu Ende, als Bach eben erst an dieselbe Aufgabe herantrat, um sie zehn Jahre später auf gleiche Art zu lösen. Couperin's Lebenswerk war erst zur Hälfte gethan, und an Muffat und Rameau, die beide an Couperin anknüpften, war noch nicht zu denken. Somit hat Händel Grösseres geleistet, als einer der anderen Meister. Während überall noch Schulrichtungen auf den Ausbau der Suite einwirkten, gab er ihr zuerst klassische Vollendung in universalem Sinne. Auch die Meinung[1]), dass Händel's Suiten kein geschichtlich notwendiges Glied in der Entwickelung der Suite darstellten, können wir nicht teilen. Über Couperin, Rameau, Bach, Muffat hinaus ist doch von einer Weiterbildung der Suite gleichfalls nicht mehr die Rede. So wenig man von ihnen sagen wird, dass sie sich »dem Strome der Entwickelung ruhig zur Seite stellten«, so wenig kann dies auch von Händel gelten. Im Gegenteil, wir haben gesehen, wie die kleinen Komponisten Südwest- und Mitteldeutschlands, gewisse Italiener und sogar Rameau gerade auf dem Wege, den Händel eröffnet hatte, weiter schritten. Dieser Weg führte unmittelbar zur Sonate. In diesem Sinne gehört Händel durchaus einer geschichtlichen Kette als ein wesentliches Glied derselben an; die Andern, Bach, Couperin und Muffat, schlossen vielmehr ab, ohne dass sie unmittelbare Gefolgschaft fanden.

Obwohl der ersten Sammlung von Klavierstücken noch andere nachkamen, so ist dies Werk doch das einzige, nach dem allein sich die geschichtliche Beurteilung Händel's als Suitenmeister

---

1) Ph. Spitta (J. S. Bach, II, S. 649 f.); Fr. Chrysander (G. F. Händel, III, S. 194).

richten darf. Denn an die zweite und dritte Sammlung[1]) hat er seine ordnende, umgestaltende und glättende Hand nicht anlegen können. »Erwerbsüchtige Verleger besorgten ja diese Fortsetzung, denen es natürlich mehr auf die Käufer als auf die Kunst ankam«. Müssen wir auch darauf verzichten, Händel's vielseitige Gestaltungskraft im Grossen durch diese widerrechtlichen Ausgaben neu beleuchtet zu sehen, so sind diese doch in anderer Beziehung ergiebige Geschichtsquellen. Da die einzelnen Stücke nicht einer letzten Redaktion unterworfen worden sind, sondern diejenige Gestalt behalten haben, in der sie zuerst gebildet wurden, da sie ferner eine ganz zwanglose Folge innehalten, aus der nur Händel selbst geordnete Gruppen hätte entstehen lassen können[2]) so bieten sie in ihrer Gesamtheit ein ähnlich buntes Bild, das wir wie das Jugendbuch über Händel's inneren Entwickelungsgang nicht resultatlos befragen dürfen.

Wir finden zunächst eine Reihe von Suiten, die bereits das Jugendbuch enthielt, und vergleicht man beide Fassungen, so erkennt man, dass Händel selber bereits am Werke gewesen sein muss, die Jugendstücke seinem reifen Standpunkt entsprechend umzugestalten. Jene unter Scarlatti's Einfluss aus der Form geratene Allemande erscheint hier[3]) durchgreifend geändert; die ihr folgenden Suitenteile sind gänzlich neu. Von einer anderen Jugendsuite hatte Händel das Präludium für die erste Sammlung verwendet, Walsh konnte also nur die übrigen Sätze drucken[4]). Bei einer dritten Suite von früher fehlte die Courante; sie ist ganz offenbar von Händel nachkomponiert worden. Da aber die Sarabande bereits der ersten Sammlung einverleibt war, musste sie Walsh auslassen[5]). In einer vierten Suite[6]) hat Händel der Allemande eine fliessendere Bassführung und der Sarabande ein reichverziertes Gewand gegeben. Von den übrigen Suiten, die beide Sammlungen als neu enthalten, entfallen zwei[7]) auf die Hamburger, wenn nicht gar noch auf die Hallische Zeit, so dass der Anklang der einen an ein Mattheson'sches Stück[8]) diesen in einer nicht mehr unbekannten Weise charakterisieren würde.

---

1) Band 2, S. 63—122, 125—158. Siehe dazu Fr. Chrysander (a. a. O., III, S. 195 ff.).
2) Aus diesem Grunde bezeichnete Händel die Ausgaben wohl hauptsächlich als fehlerhaft.
3) Band 2. S. 75, Band 48, S. 153.
4) Band 2, S. 84 ff., Band 48, S. 149.
5) Band 2, S. 88 ff., Band 48, S. 148.
6) Band 2, S. 97 ff., Band 48, S. 146 f.
7) Band 2, S. 125, 128.
8) Siehe oben S. 349.

Eine letzte Suite[1] steht namentlich mit ihrem Menuet und der Gavotte (en rondeau) F. Couperin auffallend nahe.

Zu den zwei Variationsreihen der ersten Sammlung kommen aus den beiden anderen noch mehrere Exemplare[2] hinzu; als Grundmelodien behandelt hier Händel mit Vorliebe Chaconnen. Der Typus seiner Variationen ist ausschliesslich süddeutsch-italienisch. Anfänglich die Hauptmelodie der Umspielung unterwerfend, verlässt Händel, namentlich wenn er die Reihe weit ausdehnt, deren Faden und hält nur den Bassfortschritt mit seinen Grundharmonien fest. Ab und zu setzt er darüber neue melodische Gebilde, besonders in den Mollvariationen, meist aber begnügt er sich, aus dem beständigen Harmoniegewebe die mannigfaltigen Figurationen herauszuspinnen. Worin Händel seinen süddeutschen Vorläufern bei weitem überlegen erscheint, ist die erstaunliche Phantasiefülle, die im Auffinden und Umprägen der Variationsmotive unerschöpflich quillt. Es ist in der That unstreitig, dass sie gerade »eine besondere Zierde dieser Sammlungen bilden«. Zu der polyphonen Kunst, die Bach in seinen letzten Variationen entfaltete, hat freilich Händel mit einem kleinen Kanon in der Oktave, dem Schlussstück einer Reihe von 62 Variationen, nur den Anfangsschritt gethan.

Im übrigen enthalten beide Sammlungen nur noch italienische Formen. Da ist ein *Capriccio*[3], das uns an Durante's vornehme, freie Fugenform erinnert. Dem Bau der da capo-Arie folgen ein Stück ohne Titel, ein *Capriccio* und ein *Allegro*, dem noch ein kurzes Präludium vorangeht[4]). Kommt in einem *Lesson*[5] das Wesen des ersten Konzertsatzes mit seinem Widerspiel von Tutti und Solo zur Geltung, so repräsentiert eine letzte Gruppe von Stücken[6], die als *Fantasia*, *Sonatina* oder *Sonata* bezeichnet sind, mehr oder weniger Scarlatti'sche Sonatentypen.

Hätte Händel die Redaktion dieser beiden Sammlungen besorgen können, so würde er, nach dem in der ersten Sammlung von ihm beobachteten Verfahren wenigstens zu schliessen, ausser an Umarbeitungen und andere Gruppierung wohl auch daran gedacht haben, die Suiten mit Präludien und Fugen zu bedenken. Die Raubdrucke waren aber einmal erfolgt; somit verstand er sich dazu, »gleichsam als einen Nachtrag zu ihnen dem Verleger

---

1) Band 2, S. 100.
2) Band 2, S. 66, 69, 140, 136.
3) Band 2, S. 131.
4) Band 2, S. 63, 144, 148.
5) Band 2, S. 140.
6) Band 2, S. 133, 150, 151, 154.

156 Viertes Buch: Die klassische Blütezeit der Suite.

Walsh 1736 sechs Fugen«[1]) zum Druck zu überlassen. Um dieselbe Zeit entstanden, wie die ins erste Klavierbuch aufgenommenen Fugen[2]), werfen sie mit diesen auf Händel's Verhältnis zur Kunst der Fuge ein helles Licht.

Leider sind wir bei den Fugen nicht in der glücklichen Lage beobachten zu können, wie Händel zu der hohen Meisterschaft ihrer Behandlung allmählich heranreifte. Wir wissen nur, dass er bereits in Hamburg durch die Improvisation einfacher und doppelter Fugen Staunen erregte, kennen aber weder aus dieser Zeit noch aus seinen italienischen Lehrjahren geschriebene Kompositionen dieser Gattung. Anders würde es sich verhalten, wenn sich eine gewisse andere Fugensammlung als echt erweisen liesse. Es existieren nämlich noch sechs kleine Fugen, die Händel komponiert haben soll. Sie erschienen ohne Quellennachweis zuerst zu Anfang unseres Jahrhunderts unter dem Titel »*Fugues faciles pour l'Orgue ou Piano Forte composées par le célèbre G. F. H.*« bei A. Diabelli in Wien[3]). Äusserlich betrachtet, stellt ihre Authentizität zweifellos auf den allerschwächsten Füssen. Ihnen gänzlich Händel's Namen abzusprechen, dazu scheint jedoch trotzdem unbedingte Notwendigkeit nicht vorhanden zu sein. Das Jugendbuch hat uns gezeigt, wie Händel seinen Suiten-Typus unter fremden formalen Einflüssen modelte. Es ist nicht ausgeschlossen, dass diese Fugen ganz ähnlich ein bisher nicht für möglich gehaltenes Entwickelungsstadium seines Fugensatzes bloss legen, dass sie das Bindeglied zwischen der deutschen Art eines Kuhnau und der italienischen des Durante darstellen. Dabei ist auch wohl zu berücksichtigen, dass wir zwischen allem, was unfertig erscheinen mag, doch auf manche Züge stossen, die gut Händelisch sind. Diese Echtheit der Fugen durch eine nähere kritische Beleuchtung derselben noch annehmbarer zu machen, ermöglicht vielleicht einmal eine andere Gelegenheit.

Dass Händel mit seinen Fugenarbeiten grossenteils der Richtung eines Joh. Krieger und Kuhnau gefolgt ist, bemerkte bereits sein Zeitgenosse Mattheson[4]). Ebensowenig blieb diesem aber verborgen, dass aus Händel's Fugen »doch ein gantz anderer Geist hervorleuchtet, und zwar ein solcher, der alle Auswege der Harmonie dergestalt kennet und besitzet, dass er nur damit zu schertzen oder zu spielen scheinet, wenns andern arbeitsam vorkömmt«. Fügt man hinzu, dass dieser »andre Geist« sich teils aus der intimen Berührung mit der neueren italienischen Kunst, teils aus Händel's ureigenstem Wesen ergab, so ist damit thatsächlich die geschichtliche Stellung der Händel'schen Fugen in Kürze gekennzeichnet. Ein Thema[5]) ausgenommen, das ziemlich

---
[1] Band 2, S. 161—174. Siehe Fr. Chrysander (G. F. Händel, III, S. 200 ff.).
[2] Band 2, S. 9, 13, 24, 40, 55.
[3] Man findet sie in der Gesamtausgabe, Band 48, S. 183—190. Fr. Chrysander, der sie früher (G. F. Händel, III, S. 200, Anm.) als echt und als Jugendwerke gelten liess, erkennt ihnen neuerdings (Band 48, Vorwort S. VI) jede Authentizität ab.
[4] »Vollkommener Capellmeister«, S. 439 f.
[5] Fuge der E moll-Suite (Band 2, S. 24).

deutlich Pachelbel's che Züge trägt, charakterisiert alle übrigen
eine Krieger's und Kuhnau's Fugenthemen eigene Sangbarkeit, die
so gross ist, »dass alle Noten gleichsam mit einander sprechen und
schwatzen«. Zwei stammen denn auch wirklich von Kuhnau her, und
Händel hat gerade sie als Material für zwei Vokalfugen ausersehen[1]).
Trotz dieses vokalen Zuschnittes pulsiert aber in Händel's Themen
ein weitaus reicheres und volleres Leben; nicht beeinträchtigt
von alltäglichen, hergebrachten Wendungen erheben sie sich vermöge der Prägnanz ihrer Rhythmik und der Schwungkraft ihrer
Melodik zu denkbar höchster Freiheit, Selbständigkeit und Gegensätzlichkeit. Händel ist auch insofern ein Nachfolger Kuhnau's,
als er bei der Behandlung seiner Themen diese als Hauptquell
seiner kontrapunktischen Begleitmotive in Anspruch nimmt, durch
Umkehrung und Weiterbildung derselben das Thema allseitig zu
erschöpfen sucht. Doch auch hierin erweist sich Händel als der
unzweifelhaft Überlegene. Seine Fugen haben alle eine viel breitere Anlage; seine Zwischenspiele leiten nicht möglichst bald
wieder zum Thema zurück, sondern ergehen sich in behaglichster
Breite, bis sich »an Stellen, da es keiner vermuthet noch suchet«,
deshalb um so wirkungsvoller das Hauptthema wieder zur Geltung
bringt. Händel bildet auch Zwischenspiele, die ganz seitab vom
Thema liegen, benützt sie dann aber zu einer parallelen Gliederung der Fuge. Ehe das Thema in seiner ganzen Breite einsetzt,
liebt er es ferner, seinen Anfang sequenzenartig mehrmals anzu-
heben. Sodann führt er nicht eine bestimmte Anzahl von Stimmen streng durch, sondern so frei, wie ein Gedanke plötzlich
aus dem Tongewoge auftaucht, verschwindet er auch wieder;
andererseits übernimmt eine Stimme, die bisher nur zu begleiten
schien, unversehens die Führung des Themas, das sich, um be-
deutungsvoll einzusetzen, zu Oktavverdoppelungen oder gar vollen
Harmoniegriffen steigert. Das sind, wie wir sehen, alles Formenelemente, die sich die neuitalienische Schule, Dom. Scarlatti
und Durante an der Spitze, zurecht gelegt hatte und deren
Bedeutung einem Händel am allerersten klar werden musste.
Was wir als Ausfluss seines eigenen Wesens noch an den Fugen
zu rühmen haben, ist nicht sowohl die einmal[2]) bemerkbare
Kombination des Hauptthemas mit seiner Umkehrung nach Art
der Kerl'schen Canzonen, als besonders die überaus ungezwungene, fast unwillkürlich scheinende Zusammenführung desselben

---

[1]) Siehe oben S. 207 f., 254. Über die innere Verschiedenheit dieser
Fugen Händel's in ihrer instrumentalen und vokalen Fassung siehe Fr. Chrysander (G. F. Händel, III, S. 205 ff.)
[2]) G dur-Fuge, Band 2, S. 163.

mit den Nebenmotiven unter Entfaltung einer Kunst des doppelten Kontrapunkts, die die höchste Bewunderung herausfordert. Hier schweisst Händel zu »einem dicken, kurtzen Golddrat« zusammen, woraus Andere »hundertmahl so lange Fäden ziehen« würden. Dazu kommt endlich, dass unter den elf Fugen nicht eine ist, die in Struktur und Stimmung der anderen auch nur annähernd gliche. Sie offenbaren insgesamt eine Kraft der musikalischen Charakteristik, wie sie nur den Grössesten im Reiche der Tonkunst gegeben ist. Nur ein Werk giebt es, das sich ebenbürtig neben sie stellen kann, Bach's »Wohltemperiertes Klavier«[1]). Eine höhere Vollkommenheit der Form ist der Fuge nach beiden Meistern in der Richtung, die sie vertreten, nicht gegeben worden. Was beide trennt, sind Unterschiede der Persönlichkeiten. Bach war vorwiegend ein Orgelmeister, der seine beste Kraft aus der norddeutschen Schule geschöpft hat, Händel ein Klaviermeister, der süddeutsch gebildet seine Vollendung in Italien fand.

Die Frühreife, die Händel's Suiten und Fugen gegenüber den gleichzeitigen Bach'schen Werken kennzeichnet, tritt ganz merkwürdig auch auf dem Gebiete der Kammermusik zu Tage. Ihr war Händel schon in Halle sehr zugethan; er äusserte selbst einmal: »ich komponierte damals wie der Teufel, am meisten für die Oboe, die mein Lieblingsinstrument war«[2]). Sechs Sonaten für zwei Oboen und Bass, die zu diesem Ausspruch Veranlassung geben, sind verschollen. Als Ersatz dafür ist unlängst eine Gambensonate[3]) aufgefunden worden; »sie wird um 1705 in Hamburg entstanden sein, wo damals das Gambenspiel blühte und die schönsten Gamben jener Zeit von dem grossen Meister Joachim Tielke verfertigt wurden«. Das Stück ist triomässig gearbeitet; ausser dem Bass spielt das Klavier noch eine zweite obligate Stimme, die in den beiden Aussensätzen die Gänge des Soloinstruments imitiert, im Mittelsatz aber ihm Akkordharpeggien unterbreitet. Die Dreistimmigkeit ist auch sonst nicht immer ganz polyphon gehandhabt; namentlich der letzte Satz überrascht durch die Bereicherung und Verschönerung des dünnen Stimmengewebes mit spezifisch klaviermässigen Ausdrucksmitteln. Dies Stück gilt uns als ein wichtiges Dokument für Händel's geschichtliche Bedeutung. Zehn Jahre, bevor Bach den äusseren Anlass fand, sich als Kammermusikkomponist zu bethätigen, und bevor er sich

---

1) Händel's Fugen haben merkwürdigerweise auch das Bestreben, den Kreis der Tonarten zu durchlaufen; sie stehen in Cmoll, Dmoll, Emoll, Fdur, Fmoll, Fismoll, Gmoll, Gdur, Amoll, Bdur, Hmoll.
2) Fr. Chrysander (G. F. Händel, I, S. 44).
3) Band 48, S. III und 112.

zu den Sonaten mit obligatem Cembalo-Akkompagnement hindurch arbeitete[1]), da war Händel schon vollständig mit sich im Klaren über die notwendige Beschaffenheit eines solchen. Rechnet man es Bach als Verdienst an, den Generalbass in die planvolle Komposition selbst einbezogen zu haben, so darf neben ihm Händel als sein Vorläufer nicht ungenannt bleiben.

Stand auch die Virtuosität Händel's, als er nach England kam, bereits auf einer hohen Stufe, so wird sie doch, gleich wie seine Komposition, sich hier noch ausgereift und individualisiert haben. Für Händel überaus charakteristisch sind die Gelegenheiten, die er ihr gab sich zur Geltung zu bringen. In Opern wie Oratorien Händel's begegnen wir Stellen, wo ein beigesetztes »*ad libitum*« oder »*Cembalo*« des Komponisten Wunsch andeutet, der Generalbassist möge hier seiner Phantasie frei die Zügel schiessen lassen. Ein Beispiel dieser Art wurde schon bei der Besprechung Babell's erwähnt. Mattheson[2]) bemerkt dazu: »Der phantastische Nahm ist sonst sehr verhasst; allein wir haben eine Schreib-Art dieses Nahmens, die wol beliebt ist, und hauptsächlich ihren Sitz im Orchester und auf der Schaubühne, nicht nur für Instrumente, sondern auch für Sing-Stimmen behauptet. Er bestehet eigentlich nicht sowol im Setzen oder Componiren mit der Feder, als in einem Singen oder Spielen, das aus freiem Geist oder, wie man sagt, *ex tempore* geschiehet.... Aber es gehören tüchtige Köpffe dazu, die voller Erfindungen stecken, und an allerhand Figuren reich sind. Andrer Künstler zu geschweigen, so hat der berühmte Händel offt, in seinen Schauspielen, solche Akkompagnements gesetzet, dabey das Clavier allein, nach des Spielers Gefallen und Geschicklichkeit, ohne Vorschrifft [d. h. ohne ausgeschriebene Noten] in diesem Styl hervorragte: welches seinen eignen Mann erfordert, und etlichen andern, die es haben nachthun wollen, nur schlecht von der Faust gegangen ist; ob sie gleich sonst ziemlich Sattelfest waren«. Es scheint, als ob diese instrumentalen Zwischensoli in Händel auch die Idee seiner Orgelkonzerte hervorriefen; sie dienten, wie man weiss, als eine Art Zwischenaktsmusik bei seinen Oratorienaufführungen. Wir sahen[3]), dass er in den Solopartien hier gern auf Kompositionen älterer Meister zurückgriff, ihren musikalischen Gedanken einen grösseren Rahmen und ein glänzenderes Kolorit gebend. In späteren Jahren der Blindheit »zog er es vor, sich lieber auf seine Erfindung als

---

1) Siehe oben S. 384 f.
2) Vollkomm. Capellmeister, S. 87 f. Siehe dazu Fr. Chrysander (G. F. Händel, III, S. 215 ff.).
3) Siehe oben S. 182, 185, 188 f.

auf seine Erinnerung zu verlassen: denn indem er dem Orchester nur das Gerippe oder die Ritornelle eines jeden Satzes gab, spielte er alle Solosätze aus dem Stegreif«. Dass Händel auf solche Weise »nicht bloss die entzückte und begeisterte, welche musikalisch hochgebildet waren, sondern auch denen das Ohr öffnete, die für diese Kunst keinen Sinn zu haben meinten«, ist wohl der beste Beweis dafür, dass Händel »Virtuosität in einem Grade besass, der so unübertroffen wie segenbringend war«.

Händel's Hand- und Fingerhaltung wird folgendermassen geschildert[1]): »Seine Hand war so fett und rund, dass die Knöchel, die doch gewöhnlich hervor stehen, bei ihm, wie bei kleinen Kindern, Grübchen bildeten und im Fleische lagen; sein Anschlag war dessen ungeachtet so sanft und der Ton des Instrumentes so gemässigt, dass seine Finger an die Tasten anzuwachsen schienen. Sie waren so gebogen und dicht an einander, wenn er spielte, dass man keine Bewegung und kaum die Finger selbst wahrnehmen konnte«. Eine solche Technik, die übrigens Rameau's ideale Forderungen merkwürdig erfüllt, bedingte ganz notwendig den systematischen Gebrauch des Daumens in moderner Weise. Es dürfte deshalb nicht zu fern liegen, zwischen Händel's erstem Auftreten in England und der bald danach hier gebräuchlich werdenden »italienischen Fingersetzung« einen ursächlichen Zusammenhang zu vermuten.

Wir stehen an der Schwelle der neueren Zeit. Hinter uns sehen wir die Formen, in denen sich das musikalische Denken dreier Jahrhunderte bewegte, Fuge, Variation und Suite, auf den Gipfel ihrer klassischen Vollendung erhoben; vor uns liegt die Zeit, da jene Formen mehr oder weniger vom Schauplatz abtreten und die Sonate fast im gesamten Reich (der Tonkunst zur Herrschaft gelangt. Dieser bedeutsame Wendepunkt in der Musikgeschichte bezeichnet gleichzeitig einen wichtigen Umschwung in dem Verhältnis der bisher wirksam gewesenen nationalen Kräfte unter einander. Englands Produktion hat sich bis auf den Grund erschöpft; der Glanz, der es zu Händel's Zeiten noch einmal umgiebt, ist nur ein erborgter. Frankreich erscheint äusserlich durch Rameau auf der Höhe seines alten Ruhmes gehalten; doch es tritt mehr und mehr abseits der geschichtlichen Entwickelung,.

---

[1]) Fr. Chrysander (G. F. Händel, III, S. 218).

da es von innen heraus nicht weiter zeugen kann. Italien, das Land, in dem die polyphonen Formen die massgebendste Pflege gefunden hatten, wo sie aber auch am ersten verblühten, fand hauptsächlich durch Scarlatti wenigstens den Weg zu einer neuen Spieltechnik, die für die Musik aller Länder die grösste Bedeutung gewinnen sollte, und entwickelte aus den Trümmern der alten Formen die neue der Sonate, der die Zukunft gehörte. An die Spitze der musikalischen Nationen ist aber unstreitig Deutschland getreten. Lange standen hier die einzelnen Schulen in Abhängigkeit von fremden Kunstrichtungen und in Widerstreit zu einander, bis sie Bach universal vereinigte. Nun sind es nur zwei grosse Zentren, die an der Geschichte der deutschen Klaviermusik weiter wirken: Berlin, der Hauptsitz der norddeutschen Bach'schen Schule, und Wien, die durch Muffat vorbereitete Wirkungsstätte unserer süddeutschen Neuklassiker. Stand auch Italien vorläufig noch im Wettbewerb mit ihnen, so sollte doch die Zeit nicht mehr fern sein, da Deutschland, in sich geeinigt, die Hand nach der Siegespalme ausstrecken durfte.